JOSÉ PEÑA SOLÍS
Abogado *Summa Cum Laude*, Doctor en Derecho
y Profesor Titular de la Universidad Central de Venezuela

MANUAL DE DERECHO ADMINISTRATIVO

Volumen 1

Edición actualizada por Nélida Peña Colmenares

Centro para la Integración y el Derecho Público

Cita sugerida:
José Peña Solís, *Manual de Derecho Administrativo*, Vol. 1 (Caracas: Centro para la Integración y el Derecho Público, 2026)

Primera publicación: Centro para la Integración y el Derecho Público (CIDEP), Venezuela, 2021.

ISBN: 979-8-90529-006-0

Publicado por
CENTRO PARA LA INTEGRACIÓN Y EL DERECHO PÚBLICO
Un sello editorial de CIDEP LLC
www.editorial.cidep.online
editorial@cidep.online

ÍNDICE

LA EDICIÓN

El Centro para la Integración y el Derecho Público (CIDEP) tiene el privilegio de ofrecer a los estudiantes, profesionales e investigadores del Derecho una nueva edición actualizada del Manual de Derecho Administrativo del profesor José Peña Solís.

Este manual, en sus tres volúmenes, es uno de los clásicos del derecho público venezolano y con el paso del tiempo se ha convertido en una referencia obligada al analizar temas propios del Derecho Administrativo, desde sus antecedentes históricos hasta las actividades que lleva a cabo la Administración hoy por hoy.

Se trata de un trabajo conocido por todos los que han estudiado el Derecho Administrativo, pero cuya consulta, al menos desde hace unos años, se tornaba cuesta arriba para quienes no hubiesen adquirido alguna de sus reimpresiones (la última de ellas de 2009 respecto de la original edición fechada en el año 2000) o se encontraran impedidos de acudir a las bibliotecas universitarias donde reposan.

Por este motivo, y visto que uno de los objetivos del CIDEP es impulsar la divulgación del pensamiento jurídico, a la par de fomentar su estudio y discusión, propusimos al profesor José Peña Solís la actualización del manual para su nueva edición, complaciéndonos sobremanera su aceptación y que además la realizaría junto con la profesora Nélida Peña Colmenares.

De este modo, gracias a ambos profesores, el Manual de Derecho Administrativo recobra su vigencia e invita una vez más a disertar sobre las instituciones del Derecho Administrativo.

En el CIDEP esperamos que el lector encuentre esta edición de provecho, a la par que le invitamos a estar atentos a la publicación de los otros dos volúmenes que integran este manual y otros clásicos que en el Centro nos hemos propuesto reeditar para el provecho de estudiosos de esta disciplina.

Jorge Luis Suárez Mejías

Director General del CIDEP

PRESENTACIÓN

Este primer volumen de mi Manual de Derecho Administrativo escrito y publicado en el año 2000, tuvo una gran acogida de los estudiantes y en general los abogados dedicados al Derecho Público, al punto que hasta el año 2009 fue reimpreso en seis oportunidades, y desde 2010 se encuentra totalmente agotado, siendo reclamada su reedición por los estudiantes.

Tomando ello en consideración y debido a la gentil invitación del Profesor Antonio Silva Aranguren, Director Ejecutivo del CENTRO PARA LA INTEGRACIÓN Y EL DERECHO PÚBLICO (CIDEP) para su reedición, decidí aceptar la propuesta con la condición de que su contenido se mantuviera sustancialmente igual, y que se encargara de su actualización formal la profesora Nélida Peña Colmenares, docente de la Universidad Central de Venezuela.

Esa actualización recayó esencialmente en los siguientes aspectos: **a)** supresión de muy pocas partes que actualmente carecen de pertinencia concretamente la relativa al Derecho Comunitario Andino; **b)** leyes derogadas y; **c)** la jurisprudencia anterior al año en que se publicó el libro y del mismo año de su publicación, la cual fue sustituida por las últimas sentencias, dictadas básicamente, por el Tribunal Supremo de Justicia (TSJ), en sus Salas Constitucional y la Sala Político Administrativa.

Como consecuencia casi natural del proceso de actualización normativa (leyes y reglamentos), en algunos casos de modificación o derogatoria de esos textos, fue necesario modificar las tesis interpretativas que encontraban su base de sustentación en los mismos, por supuesto, si resultaba procedente, e igualmente ocurrió al citar las nuevas tesis jurisprudenciales sustitutivas de las que figuran en el libro, las cuales fueron objeto del análisis respectivo, la más de las veces, en forma crítica.

Debo añadir que las referencias a las tesis doctrinarias que sirven de fundamento al libro, en la gran mayoría de los casos, se mantuvieron inalteradas, y solo muy pocas resultaron modificadas.

Con estas actualizaciones el libro recobra su vigencia, y de alguna manera se superan los casos de obsolescencia normativa, jurisprudencial y doctrinaria; por consiguiente, pensamos que puede ser de ayuda para los profesores de la materia, para los estudiantes y para los egresados.

Desde luego, las tesis que contiene, tanto las que se mantuvieron inalteradas como las que se actualizaron y matizaron, siguen siendo sometidas al escrutinio de los operadores jurídicos.

Reitero mi agradecimiento al CIDEP y a la profesora Peña, por su encomiable labor de actualización, en los términos indicados precedentemente, del presente libro.

José Peña Solís

Caracas, agosto de 2021

LA ACTUALIZACIÓN

Es un honor para mí y a la vez un gran compromiso haber sido encargada de la actualización formal del primer volumen del Manual de Derecho Administrativo del Profesor José Peña Solís, y no dudé en aceptar ese reto cuando me fue propuesto por el autor, pues coincido con el profesor Antonio Silva Aranguren, Director Ejecutivo del CENTRO PARA LA INTEGRACIÓN Y EL DERECHO PÚBLICO (CIDEP), en la necesidad de su reedición con la correspondiente actualización normativa, para atender la demanda de los estudiantes de Derecho, de los profesores de la materia y los abogados especialistas. Al ser publicado el volumen primero del referido Manual de Derecho Administrativo en el año 2000, este se convirtió en un texto de consulta casi obligatoria, por ser uno de los pocos libros de Derecho que para la época se ajustó a los nuevos fundamentos del Estado y el ordenamiento jurídico previstos en la Constitución de 1999, los cuales desarrolló de manera didáctica y profunda desde la perspectiva del Derecho Administrativo, centrándose exclusivamente en temas como las fuentes del derecho, el principio de legalidad administrativa y las potestades discrecionales de la Administración Pública.

Ahora bien, en vista de que la mayoría de las tesis recogidas y la fundamentación doctrinaria del libro se han mantenido inalteradas en el tiempo, el trabajo que me correspondió realizar consistió en la revisión de los instrumentos jurídicos cuyo análisis sirvió de base al autor para desarrollar los referidos temas, y en virtud de que muchos de ellos han sido derogados o modificados parcialmente, sustituirlos por los que se encuentran vigentes, que en algunos pocos casos, como dice el autor en su presentación, dio lugar a modificar las tesis hermenéuticas que encontraban su base de sustentación en los mismos. Dejo constancia que la labor cumplida ha sido un tanto compleja porque desde el año 2000, como es bien sabido, mediante leyes y decretos con fuerza de ley, han sido múltiples los cambios normativos que se han realizado en el ámbito del Derecho Administrativo, caracterizados por su incoherencia e inconsistencia conceptual, siendo muchas veces producto de la extrapolación mecánica de normas de ordenamientos extranjeros, razón por la cual he puesto mi mayor empeño y dedicación en hacer una revisión exhaustiva de cada una de esas modificaciones para buscar el hilo conductor de las mismas, cual permitiera hasta donde fuera posible construir una línea argumental que sirviera de sustento a la elaboración a las nuevas tesis hermenéuticas mencionadas anteriormente.

Finalmente, agradezco al profesor José Peña Solís que me dio la confianza para llevar a cabo este proyecto, así como al profesor Antonio Silva Aranguren, Director Ejecutivo del CIDEP.

Nélida Peña Colmenares

Caracas, agosto de 2021

CAPÍTULO I:
ADMINISTRACIÓN PÚBLICA. SENTIDO ORGÁNICO Y SENTIDO MATERIAL. ADMINISTRACIÓN PÚBLICA Y ADMINISTRACIÓN PRIVADA. FUNCIÓN ADMINISTRATIVA EN EL ÁMBITO DE LAS FUNCIONES DEL ESTADO

I. UNA EXPLICACIÓN NECESARIA ACERCA DEL DESARROLLO DE LOS TRES PRIMEROS TEMAS DEL PROGRAMA DE DERECHO ADMINISTRATIVO I

En el Programa de Administrativo I de la Escuela de Derecho de la Facultad de Ciencias Jurídicas y Políticas de la Universidad Central de Venezuela, la primera unidad se intitula "La Administración Pública y el Derecho Administrativo", desagregándose a su vez dicha unidad en ocho temas. El tema 1 se denomina "La Administración Pública en sentido orgánico y en sentido sustancial, Administración Pública y administración privada", el tema 2 "La Administración en sentido sustancial. La función administrativa en el ámbito de las funciones del Estado", y el tema 3 "El Derecho Administrativo. Etapas. Supuestos históricos y socioeconómicos". Ahora bien, pese a que guardamos ciertas reservas acerca de la forma como aparece estructurado dicho programa, mantenemos nuestro propósito, como lo expusimos en el primer volumen de este trabajo (*Lineamientos de Derecho Administrativo*, 1995), de ajustarnos enteramente al mismo; sin embargo, consideramos imperativo hacer algunas consideraciones acerca del ordenamiento conceptual y didáctico de los mencionados temas, sobre todo de los dos primeros, las cuales deben ser tomadas en cuenta por los lectores al momento de aproximarse al desarrollo que daremos a los referidos temas.

En ese orden de ideas cabe observar que en ausencia de objetivos planteados en términos de conducta observable en el programa de una asignatura, como ocurre en el caso bajo examen, la articulación lógica desde el punto de vista conceptual y didáctico de los temas, sin llegar a sustituir los objetivos, adquiere una importancia capital. En nuestro criterio la referida articulación falta en los temas 1, 2 y 3, puesto que la experiencia demuestra que a los dos primeros se les ha venido dando un desarrollo autónomo, sin llegar a vincularlos mínimamente con el concepto de Derecho Administrativo, lo que conduce a su total descontextualización. En efecto, no cabe duda que desde el punto de vista metodológico resulta clave en la identificación o calificación de cualquiera disciplina científica o de una rama de dicha disciplina, delimitar su objeto fundamental de estudio. Por tanto, solo sí el proceso enseñanza aprendizaje se orienta en ese sentido tiene absoluta pertinencia, tanto desde el punto de vista científico como didáctico, estudiar a la Administración Pública, puesto que esa realidad, o ese sector de la realidad -reiteramos- constituye el objeto del Derecho Administrativo.

Pero precisamente debido a que los citados temas del programa no obedecen a la mencionada orientación se produce la indicada descontextualización, pues, insistimos en que si bien es necesario estudiar a la Administración Pública, tal estudio debe tener entonces como finalidad única demostrar la razón por la cual dicha realidad constituye el objeto del Derecho Administrativo, lo que necesariamente debe conducir a ubicarla en el correspondiente entorno histórico y conceptual, derivado de la discusión doctrinaria que durante mucho tiempo se desarrolló en Europa, y que aún pervive en ese Continente, con mucha menor intensidad, acerca de si el referido objeto (la administración) debe entenderse en sentido objetivo o subjetivo, ya que únicamente de esa manera adquiere verdadera importancia, a nivel de una Escuela de Derecho, estudiar el concepto de Administración Pública en los sentidos antes indicados.

En cambio, el Programa -porque no sigue la indicada orientación- presenta los temas 1 y 2, sin hacer ningún tipo de referencia a ese vínculo histórico conceptual, en virtud de que se limita en el primero, a aludir al concepto de Administración Pública en general, a su sentido orgánico y material y a establecer la diferencia entre administración pública y privada, y en el segundo, a desarrollar el concepto de Administración Pública en sentido sustancial, acudiendo para ello a las importantes, pero también complejas tesis formuladas por las denominadas Escuelas Jurídicas (de Viena, Francesa e Italiana). De allí que esa articulación temática del programa de lugar a la formulación de la presente crítica, la cual -insistimos- obedece al carácter didáctico que pretendemos darle a este libro.

Más aún: el desarrollo del Tema 2 (Escuelas) luce innecesario e inclusive improductivo. Innecesario porque existe una tendencia dominante en la doctrina extranjera y nacional que se traduce en colocar el énfasis en el sentido subjetivo del concepto de Administración Pública, e improductivo porque la cabal comprensión de las tesis esbozadas por las nombradas Escuelas, impondría la necesidad de que el docente se detuviera en el estudio del marco socio histórico en el cual surgen las mismas, y lógicamente en el examen del estadio de desarrollo de las Administraciones de los países donde se originaron y cobraron mayor impulso las tesis postuladas por esas Escuelas, y lo que es más importante aún: vincular cada una de esas tesis con el correlativo concepto de Derecho Administrativo, pues de lo contrario se correría el riesgo de proporcionar a los estudiantes un conocimiento parcelado y memorístico, lo que resultaría contraproducente en el contexto de los objetivos que se persiguen con el proceso enseñanza-aprendizaje en cualquiera institución o carrera del subsistema de educación superior.

Sobre la base de los razonamientos anteriores, pasamos a desarrollar en este capítulo los temas 1 y 2 del programa, pero –insistimos– teniendo como eje de ese desarrollo la delimitación del objeto del Derecho Administrativo, acudiendo a tal efecto al examen sucinto de la discusión doctrinaria que en el siglo pasado y parte del presente se desarrolló en Europa acerca del sentido objetivo o subjetivo del concepto de Administración, así como de la primacía del primero.

II. La Administración Pública: objeto del Derecho Administrativo

Como expusimos en el punto anterior, reiteramos que en la identificación o calificación de una disciplina científica o de una rama de la misma, resulta necesario delimitar con precisión su objeto, esto es, deslindar el sector de la realidad objetiva que ella habrá de estudiar preeminentemente, pues si esto no resulta posible, entonces tampoco será posible, en estricto rigor conceptual, atribuirle a un sector del conocimiento la calificación de disciplina científica. En el caso que nos ocupa la doctrina y la jurisprudencia concuerdan en que efectivamente existe un sector de la realidad denominado Administración Pública que constituye el objeto del Derecho Administrativo, sobre cuya delimitación conceptual desde finales del siglo pasado, se suscitó una intensa y extensa polémica resuelta –como veremos más adelante– a favor de la tesis que coloca como fundamento de la definición de administración el sentido orgánico o subjetivo de la misma. De modo, pues, que siendo la Administración Pública el objeto del Derecho Administrativo, este debe reputarse como una disciplina de la Ciencia Jurídica.

Sin embargo, es importante hacer notar con Giannini (1991), que en ningún caso dicha disciplina puede ser concebida, como lo hizo el formalismo jurídico alemán, esto es, como una rama de esa ciencia delimitada por confines exactos, o dicho de otra manera, conceptuada como un estanco. En ese orden ideas, el citado autor afirma que predicar la existencia de un cierto sector del derecho significa:

> ...que un ordenamiento positivo contiene un número de principios jerárquicamente ordenados, cuya disposición a efectuar calificaciones jurídicas se puede referir a un gran número de hipótesis normativas; en nuestro caso existe un derecho administrativo en tanto y cuanto existen muchos principios que como se dice corrientemente, regulan toda la legislación administrativa: así cada acto normati-

vo emanado en materia administrativa pasa automáticamente a insertarse en el sistema de las calificaciones previstas por los principios que regulan el sector.

La posición del autor de la cita transcrita no hace más que poner de relieve otro de los requisitos que conforme a los estudiosos de la Metodología de la Ciencia, debe acompañar a todo sector del conocimiento que pretenda ser calificado como ciencia o disciplina científica, esto es, su carácter sistemático (sistema), cuyo estudio no forma parte del tema bajo examen, pero que la sola lectura de la emblemática cita transcrita, conduce a sostener, sin entrar en mayores análisis, que la indicada característica está presente en el Derecho Administrativo, pues ciertamente contiene "*un conjunto de principios jerárquicamente ordenados que regula toda la legislación administrativa*". Queda pues, de esta manera demostrado, en forma sucinta, -preliminarmente- que el Derecho Administrativo tiene un carácter sistemático, pero sobre todo interesa insistir en que además de ese rasgo o característica, su objeto está constituido por la Administración Pública. Por tanto, corresponde ahora examinar dicho objeto, en el entendido de que cualquier intento de definición del Derecho Administrativo pasa por situar a la Administración Pública como su esfera material de estudio o análisis. Claro está que en este capítulo únicamente nos aproximaremos conceptualmente a dicha realidad, en virtud de que los restantes temas del programa -capítulos de este libro- están destinados a su estudio pormenorizado.

III. Concepto de Administración. Administración en sentido orgánico o subjetivo y Administración en sentido objetivo, material o sustancial. Administración Pública y administración privada

1. Concepto de administración (sentido orgánico y en sentido sustancial)

Comencemos por indicar que nos referiremos de una vez al concepto de Administración Pública, esto es, únicamente desde el punto de vista jurídico, omitiendo todo el bagaje conceptual implícito en el término administración, ya estudiado por la Ciencia de la Administración, la Sociología y otras disciplinas científicas. Siguiendo esa orientación cabe observar que unánimemente la doctrina postula el carácter anfibológico del vocablo, en virtud de que adopta dos significados distintos, e inclusive contrapuestos, ya que por una parte alude a una actividad, esto es, a la realización de una acción para el logro de uno o varios asuntos, o mejor dicho, a la gestión de esos asuntos, y por la otra, a la persona u organización que realiza la acción o gestión. Por eso es común escuchar en el lenguaje coloquial y jurídico expresiones como las siguientes: "*El Ministro cumplió con una regla de sana admi-*

nistración". "*El deber de buena administración impone que la discrecionalidad del funcionario tenga límites*". "*La Administración sanitaria está colapsada*". "*La Administración en su actuación debe estar presidida por el principio de transparencia*". Las dos primeras reflejan el concepto de administración como actividad, y las dos segundas como persona u organización.

Esta doble acepción del término ha conducido a la mayoría de los tratadistas a hablar de administración en sentido sustancial u objetivo y en sentido orgánico o subjetivo, o lo que es mismo, referirse a administración como función y a administración como organización (SANTAMARÍA, 1991, CASSESE, 1994, RIVERO, 1984). Otros dentro de ese mismo marco conceptual utilizan el término Administración para referirse al sentido subjetivo u orgánico, lo que equivale a decir "*sede administrativa*" y al sentido sustancial u objetivo para enunciar actividad o función administrativa (GIANNINI, 1991). En Venezuela existe consenso doctrinario acerca de los dos sentidos que admite el vocablo Administración en el contexto del Derecho Administrativo (BREWER, 1980, LARES, 1990, MOLES, 1991).

2. Recepción de la tesis concerniente a las dos sentidos del concepto de administración en la Constitución de 1999

Es necesario comenzar este acápite destacando que la Constitución integra expresamente la Administración Pública al Poder Público, lo que sin duda constituye un avance conceptual, y coloca al texto constitucional a la par de los más avanzados en esa materia, pues hasta ahora tal integración constitucional tenía un carácter implícito, al presuponerse doctrinaria y jurisprudencialmente una especie de simbiosis entre el Poder Ejecutivo y la Administración Pública, la cual ciertamente encontraba un respaldo en algunos textos legislativos, siendo el más representativo de ellos la derogada Ley Orgánica de la Administración Central. Sin embargo, debe hacerse notar que el aludido respaldo tampoco resultaba explícito, en virtud de que a diferencia del precepto constitucional contenido en el artículo 141, que sin lugar a duda integra la Administración al Poder Público, las indicadas previsiones legislativas se limitaban a enumerar los órganos de la Administración Central, sin establecer ningún nexo o vínculo que permitiera explícitamente postular su integración al Poder Público. Apenas se observa una orientación en ese sentido en el artículo 2 de la última modificación del Decreto con rango y fuerza de ley de la reforma de la Ley Orgánica de la Administración Central, publicada el 14-12-1999, actualmente derogada.

Pues bien, una vez tocado el punto anterior que será desarrollado más adelante, corresponde retomar el hilo de la exposición acerca de los sentidos del término Administración en el texto constitucional, y así se observa que el artículo 141 constitucional preceptúa:

> La Administración Pública está al servicio de los ciudadanos y ciudadanas y se fundamenta en los principios de honestidad, participación, celeridad, eficacia, eficiencia, transparencia, rendición de cuentas y responsabilidad en el ejercicio de la función pública, con sometimiento pleno a la ley y al derecho.

Pero antes de aludir a los dos sentidos del término administración que aparecen claramente deslindados en el dispositivo constitucional transcrito, no podemos dejar pasar la oportunidad, aunque el asunto lo abordaremos en detalle más adelante, para hacer notar que la Constitución no se limita a incluir a la Administración Pública en el entramado de los Poderes Públicos, sino que se inscribe dentro de la corriente del constitucionalismo más avanzado, que coloca como nota esencial, o definidora de las Administraciones Públicas, el carácter servicial. Dicho en otros términos: su finalidad fundamental es servir a los "*intereses generales*", según la Constitución española (art. 103.1), a los "*ciudadanos y ciudadanas*", según la venezolana (art. 141). De allí, pues, que *prima facie*, pueda afirmarse que el texto constitucional a la par de integrar a la Administración al Poder Público contiene una concepción moderna acerca de la función que corresponde realizar a ese complejo orgánico la cual, dicho sea de paso, está en sintonía con el nuevo concepto de democracia participativa y protagónica que en el texto constitucional consagra.

En lo que atañe ya definitivamente al punto bajo examen, es preciso advertir que el precepto contenido en el artículo 141 constitucional, viene a constituir un modelo didáctico que permite demostrar los dos sentidos del término administración mencionado en el epígrafe. Y ello es así porque su simple lectura permite colegir que la expresión "*La Administración Pública*" está referida al sentido subjetivo u orgánico, en virtud de que alude al conjunto de órganos del Poder Público encargados de ejercer la función pública, esto es, la actividad destinada a servir a la comunidad, por lo que también resulta sencillo inferir que la expresión está referida al sentido material, sustancial u objetivo. Igualmente quedan revelados ambos sentidos cuando se relaciona la nota definidora de la función (carácter servicial), antes indicado, con la Administración (complejo orgánico).

De modo, pues, que el precepto examinado demuestra inconcusamente la recepción del carácter anfibológico del término administración por parte de la Constitución de 1999. Pero además a lo largo del texto se encuentran bastante otros ejemplos. Así, el sentido objetivo o material aparece en los artículos 160, 164 (num. 3, 7, 10), 167 (num. 1), 169, 171, 174, 178, 267 y 293 (num. 5), y el sentido orgánico o subjetivo 187 (num. 3), 239 (num. 2), 251, 259, 275, 277 y la Disposición

Transitoria Cuarta (num. 5). En fin, no solo doctrinaria y jurisprudencialmente, sino también constitucionalmente, resulta admitido en Venezuela el carácter anfibológico del término administración, por tanto, se impone dilucidar el sentido que debe privar en lo atinente a la delimitación del objeto del Derecho Administrativo, lo cual haremos más adelante, en virtud de que así lo impone la organización del aludido programa de la asignatura.

3. Administración Pública y Administración Privada

A. Improcedencia de la comparación de la Administración Pública con la privada

Una vez que hemos decidido abordar el estudio de la Administración desde el punto de vista preeminentemente jurídico, luce desacertado entrar a examinar a la Administración Privada, aunque sea tangencialmente, puesto que ello comporta colocarse en una opción metodológica no jurídica, sin embargo, no podemos evitarlo porque constituye un punto explícito del programa que, dicho sea de paso, consideramos inútil, pues coincidimos con SANTAMARÍA (1991), cuando sostiene al respecto:

> Por más que los temas abstractos de estructura y funcionamiento de la Administración Pública sean materialmente similares a los de las administraciones privadas, desde el punto de vista formal las diferencias son insalvables: el régimen jurídico al que la Administración Pública está sometida, como consecuencia de su integración en el aparato estatal es, salvo excepciones, absolutamente diverso del que preside el funcionamiento de las administraciones privadas. Un estudio conjunto de una y otras resultaría, por lo mismo, metodológicamente heterogéneo e inaceptable.

B. Indicadores utilizados en la comparación (el interés público y el interés privado. La incidencia de los dispositivos de la Constitución de 1999)

Cabe precisar que el requerimiento contenido en el programa se limita a la comparación de las Administraciones Públicas con las privadas, por lo cual a los fines de dar cumplimiento al mismo acudiremos a los indicadores comúnmente utilizados por la mayoría de la doctrina: el fin perseguido y los medios utilizados, por ambas clases de Administraciones, haciendo notar, por cuanto concierne al primero, que en el caso de la Administración Pública se concreta en el interés público o general. Ahora bien, qué deba entenderse por interés público no resulta nada sencillo, pese a que la Constitución de 1999, parece enunciar el concepto de interés público, vinculándolo a la Administración Pública en el citado artículo 141 de la Constitución cuando la define como una organización servicial de la comunidad, o de los "*ciudadanos y ciudadanas*", lo que indudablemente constituye un respaldo a la tesis que convierte en variable fundamental a dicho concepto a los fines de la comparación de la Administración Pública con la privada. Pero al mismo tiempo tal respaldo contribuye poco a proporcionar pistas que permitan al intérprete llegar a su definición y de ese mismo tenor son las enunciaciones de "*interés público*" contenidas en los artículos 113, 115, 150, 151, 302, *ejusdem*, o sea, que la Constitución, no obstante la importancia del concepto bajo examen, se abstiene de definirlo.

Sin embargo, el abandono de la definición normativa del interés público no es privativo de nuestra Constitución, sino que es general en casi todas las de los demás países. Al respecto sostiene NIETO (1991) que "*las normas nunca nos dicen en qué consisten los intereses generales, sino únicamente para qué valen y cuáles son las consecuencias jurídicas de su apreciación*". Lo cierto es que pese a la indicada indefinición normativa del interés público, de todas maneras se impone una aproximación al mismo. Acudir a la ayuda de la doctrina tampoco significa resolver fácilmente el asunto, debido a que la discusión se plantea a partir de la relación intereses particulares - interés general, lo cual comporta una gran carga ideológica. Esta circunstancia ha dado lugar a que en la búsqueda del interés general o público, hayan surgido diversas denominaciones, siempre contrapuestas al interés particular, como las siguientes: interés del reino, interés de la comunidad, interés del pueblo, interés de la nación e interés del Estado, todas cuestionadas por algunos autores sobre la base de que en realidad el interés general es siempre el interés de grupos poderosos. Prescindiendo de la señalada carga ideológica cabe reiterar que desde el punto de vista jurídico actualmente suele utilizarse "*interés general o público*", más el segundo que el primero, siendo los autores franceses quienes más han trabajado en su definición, en virtud de que casi siempre lo han vinculado al concepto de Derecho Administrativo. Así VEDEL (1980) aborda esa definición desde la perspectiva cuantitativa y cualitativa, la cual por ser bastante descriptiva, pasamos a transcribir:

> Finalmente, el interés público no es en esencia distinto del interés de las personas o los grupos; resulta de un arbitraje entre los diversos intereses particulares. Este arbitraje se realiza según dos directivas. Unas veces el interés público será el del grupo más numeroso: la expropiación que tiene por objeto permitir el paso de una vía férrea sacrifica el interés del propietario al de los innumerables usuarios de la vía. Otras veces, el interés público se definirá no cuantitativamente, sino cualitativamente: los enfermos, los indigentes no constituyen el grupo más numeroso de la población, pero el valor de la salud y de la vida humana lo elevan sobre el valor de los intereses pecuniarios del conjunto de los ciudadanos y, debido a ello, existe, a costa de los contribuyentes una existencia médica gratuita.

PAREJO ALFONSO (1992) sostiene que la noción de interés general *"se refiere a los bienes jurídicos imputables a la colectividad, cuya tutela, corresponde por ello, a los poderes públicos, es decir, a las organizaciones estatales"*. En todo caso, la noción se asienta sobre la base, como expresa NIETO, de admitir el interés general como trascendente de los intereses particulares, o sea, algo cualitativamente distinto y superior a estos, no obstante, puede coincidir en determinadas circunstancias con el interés particular de una persona o de un grupo de personas.

En suma, el interés público, de conformidad con lo expuesto anteriormente es: **a)** cualquier bien jurídico de toda la comunidad o de la mayoría de ella (seguridad, tranquilidad, salud, en fin, orden público), pudiendo ser de una parte reducida de la misma, pero relativo a un valor esencial a dicha comunidad; **b)** trasciende al interés particular o a los intereses particulares de grupos económicos, políticos, etc. que formen parte de la comunidad; **c)** es superior al interés particular; superioridad esta que se deriva de la propia Constitución, permitiendo de esa manera que en aras de su tutela puedan sacrificarse legítimamente intereses particulares, como en el caso de la expropiación y; **d)** corresponde a órganos identificados en la Constitución o en la Ley, cuando esta no lo hace, calificar a los bienes jurídicos de la comunidad, como interés público.

Esa orientación es la que siguen otros autores cuando explican el fin de la Administración Pública, en virtud de que según ellos, existe un conjunto de necesidades esenciales que no pueden ser satisfechas por cada ciudadano actuando por sí mismo, en virtud de que son comunes a toda la sociedad y, por ende, exceden las posibilidades de cualquier particular. Esas necesidades a las cuales no puede responder la iniciativa privada, y cuya satisfacción resulta esencial para toda la sociedad, constituyen el dominio propio de la Administración Pública, esto es, el ámbito del interés público o general. (RIVERO, 1984). Atendiendo a los anteriores planteamientos doctrinarios, en virtud de la señalada inexistencia de definición normativa, es posible afirmar, con la finalidad de hacer la comparación requerida por el programa, que interés público es el interés de la comunidad, el cual constituye el fin único y fundamental de la Administración Pública, responde al deber de satisfacer aquellas necesidades que por su extensión, por su particularidad o por su falta de rentabilidad, desde el punto de vista económico, trascienden a los particulares, al no poder ser atendidas por ellos. Por ejemplo, salud, defensa y seguridad nacionales, educación, etc.

Cuando se contrasta la indicada finalidad de la Administración Pública, con la perseguida por los particulares (administraciones privadas), inmediata y claramente se revela la diferencia, pues la finalidad de estas aparece signada por la búsqueda de una ventaja personal o patrimonial. En esa búsqueda, como señala RIVERO puede existir una coincidencia entre el interés del particular y el de la sociedad, y en tal sentido menciona el caso del panadero que satisface la necesidad de pan, el cual es un producto fundamental para una colectividad, pero a la vez hace énfasis en que dicha coincidencia no resulta estrictamente necesaria.

C. Otros indicadores de la comparación (el contrato y el acto administrativo. La incidencia de los dispositivos constitucionales y legales)

Existiendo una diferencia tan acusada entre los fines de la Administración Pública y los de las administraciones privadas, parece lógico, y así es ciertamente, que los medios a los cuales acudan para la consecución de los aludidos fines sean significativamente diferentes. En efecto, la consecución de una ventaja personal o patrimonial parte del principio de que todos los particulares se encuentran en una relación de paridad o igualdad jurídica; por tanto, en el logro de ese cometido será el producto del esfuerzo de cada individuo el que señale la diferencia, pues, en nuestro caso, el principio recogido en el artículo 21 de la Constitución (de igualdad o de no discriminación) impide que un particular pueda considerarse superior a otro, y lo que es más importante que sus actuaciones atendiendo a esa consideración sean legítimas; de allí que el instrumento fundamental que el ordenamiento coloca a disposición de los particulares sea el contrato, que por definición no es más que un acuerdo de voluntades (en el caso voluntades paritarias).

En cambio, como corresponde a la Administración la tutela del interés general o público, lo cual, como indicamos precedentemente, se logra mediante la satisfacción de necesidades vitales para los componentes de la sociedad, resulta necesario que el ordenamiento jurídico le otorgue a la Administración un instrumento de tal naturaleza que le permita imponer su voluntad sobre la de los administrados o particulares, originándose de esa manera una relación totalmente desequilibrada entre la primera y los segundos, debido a que comporta una ruptura del plano de igualdad que por disposición constitucional se configura entre los particulares, sin que en este caso llegue a producirse, por obra de la Ley, una lesión al principio de igualdad contemplado en el citado artículo 21 de la Constitución de 1999.

Dicha ruptura configura lo que tradicionalmente se conoce en la doctrina italiana como una relación autoridad - libertad, que privilegia al primero de los términos de la misma, en virtud de que en el desarrollo de sus funciones la Administración Pública está dotada de un conjunto de potestades, cuyo ejercicio posibilita que las autoridades administrativas, mediante actos unilaterales, puedan debilitar o disminuir y hasta extinguir derechos subjetivos de los administrados. Entre esos privilegios cabe mencionar que el contenido de los actos emanados de la Administración, así como sus efectos sobre los administrados en los términos antes expuestos (modificación, constitución y extinción de situaciones jurídicas subjetivas de los administrados), son determinados unilateralmente por la autoridad administrativa, lo que configura la característica de los actos administrativos denominada por la doctrina italiana imperatividad, y por la española ejecutividad.

El privilegio de la ejecutividad o imperatividad significa que los actos o proveimientos administrativos tienen carácter ejecutorio, por lo tanto constituyen título suficiente para su ejecución. Para que se comprenda mejor como opera este privilegio de la Administración, veamos lo que ocurre normalmente en las relaciones jurídicas privadas con el ejemplo de un contrato de arrendamiento en que una de las partes se niega a cumplir su obligación (pagar el canon de arrendamiento). Ante ese incumplimiento la otra parte (arrendador), deberá ocurrir ante un Tribunal para lograr que el arrendatario cumpla, mediante la correspondiente acción judicial originándose lo que se conoce como fase de cognición del proceso. Si no cumple voluntariamente el fallo judicial, entonces el arrendador estará obligado a pasar a la siguiente fase del proceso (solicitar la ejecución). Veamos ahora como es la situación en la relación jurídico administrativa, es decir, cuando la Administración dicta un acto que afecta el derecho subjetivo de un administrado, verbigracia la destitución de un funcionario público. Una vez dictado el acto de destitución del funcionario, este adquiere el carácter de ejecutorio, por tanto sin necesidad de acudir a ningún Tribunal, inmediatamente produce la ruptura de la relación de servicio con el funcionario sancionado (destitución). Queda así demostrado el privilegio de la ejecutividad o imperatividad de los actos emanados de la Administración con la finalidad de tutelar el interés público.

Vinculado al anterior privilegio, aunque algunos autores lo consideran integrado al anterior (ejecutividad), surge otro denominado por un sector de la doctrina italiana autotutela, y por la española de ejecución forzosa o privilegio de ejecutoriedad, que opera en el caso de los actos que imponen cargas a los administrados, es decir, aquellos que deben ser ejecutados por los propios destinatarios, y estos una vez dictado el acto se niegan a cumplirlo, como por ejemplo, cuando la Dirección de Ingeniería de un Municipio ordena la demolición de un inmueble, por motivos de ruina, o por cualquier otra causa. Ante tal negativa o incumplimiento la Administración Municipal atendiendo al privilegio de la ejecutoriedad está facultada a realizar por sí misma la demolición del inmueble, o sea, que puede sustituir al administrado y ejecutar forzosamente el proveimiento, aun contra la resistencia del administrado.

D. Fundamento del privilegio de la ejecutividad y ejecutoriedad de los actos administrativos

Se han formulado varias tesis doctrinarias para tratar de fundamentar estos privilegios, así GIANNINI (1990) ha sostenido que se apoya en principios no escritos que el Estado contemporáneo heredó del Estado absoluto, el cual es adaptado a las circunstancias propias de cada ordenamiento. Pero quizás la tesis predominante, también propuesta por la doctrina italiana, sea la que postula que la ejecutividad y la ejecutoriedad se fundan en la presunción de legitimidad de los actos administrativos, en virtud de que los mismos son dictados para tutelar un interés público o general, por tanto, se reputan legales hasta prueba en contrario, a diferencia de lo que ocurre con los particulares cuando pretenden ejecutar los efectos de un acto privado (contrato), para lo cual requieren que previamente una autoridad judicial declare la legitimidad de dicho acto.

Ahora bien, la doctrina nacional coincide con la extranjera en lo concerniente a la presunción de legitimidad de los actos administrativos, como fundamento de su ejecutividad y ejecutoriedad, y la Ley Orgánica de Procedimientos Administrativos (LOPA) recoge claramente dichos privilegios. En efecto, en el artículo 8 aparece delineado el primero: "*Los actos administrativos que requieran ser cumplidos mediante actos de ejecución, deberán ser ejecutados por la administración en el término establecido. A falta de este término, se ejecutarán inmediatamente*", y en el 79 se consagra la ejecutoriedad: "*La ejecución forzosa de los actos administrativos será realizada de oficio por la propia administración salvo que por expresa disposición legal deba ser encomendada a la autoridad judicial*". El artículo 80 *ejusdem* contiene las modalidades de ejecución forzosa, diferenciando los casos de la ejecución indirecta con respecto al obligado, y de la ejecución personal por el obligado, y este se resista a cumplirlos.

La aplicación de este privilegio origina la regla que postula el carácter no suspensivo de los recursos administrativos y contencioso administrativos que se interpongan contra los actos de la Administración, a diferencia de lo que ocurre en sede judicial, con el recurso de apelación, el cual por regla general además del efecto devolutivo *ipso iure* produce el suspensivo. Hasta ahora esa regla ha prevalecido en forma pacífica, en virtud de que no ha sido sometida a ningún tipo de cuestionamiento ni doctrinario ni jurisprudencial, pese a la vigencia del artículo 68 de la Constitución de 1961, consagratorio -según la mayoría de la doctrina- del derecho a la "*tutela judicial efectiva*". O sea, que a diferencia de lo que ha ocurrido en otros países, como por ejemplo España, en los cuales se ha dudado de la constitucionalidad de artículos similares a los transcritos 8, 79 y 80 de la LOPA, por considerar que coliden con el precepto que consagra el derecho a la tutela judicial efectiva (art. 24 CE), en Venezuela se ha admitido su compatibilidad constitucional. Por tanto, no hay razones para pensar que la vigencia de la Constitución de 1999, que en su artículo 26 establece sin ningún tipo de duda, como si podía ocurrir con el artículo 68 del texto de 1961, el derecho a la tutela judicial efectiva en los siguientes términos: "*Toda persona tiene derecho de acceso a los órganos de administración de justicia para hacer valer sus derechos e intereses, incluso los colectivos o difusos, a la tutela efectiva de los mismos, y a obtener con prontitud la decisión correspondiente*".

Sin embargo, lo que podría considerarse como el perfeccionamiento literal de la consagración del derecho bajo examen, podría conducir a cualquier interesado a postular la inconstitucionalidad de los artículos 8 y 79 de la LOPA, pero sobre todo de aquellos que se derivan de esos dispositivos normativos que consagran el carácter no suspensivo de los recursos administrativos y contencioso administrativos en diferentes textos legislativos, como el 87 de la misma ley antes citada, que establece categóricamente que la interposición de cualquier recurso en sede administrativa no suspende la ejecución del acto impugnado, salvo previsión expresa de la Ley.

Ahora bien, en sede contencioso administrativa no está prevista una disposición que establezca expresamente el carácter no suspensivo de los recursos contenciosos administrativos, como lo establecía el artículo 136 de la derogada Ley Orgánica de la Corte Suprema de Justicia, pero implícitamente es posible admitir que esta tesis sigue vigente, a tenor de lo dispuesto en el artículo 104 de la Ley Orgánica de la Jurisdicción Contencioso Administrativa (LOJCA), del 22-06-2010, que establece que a petición de las partes el tribunal competente puede conceder la medida cautelar solicitada, dentro de las cuales sigue siendo clásica, la medida cautelar de suspensión de efectos del acto administrativo. En sede constitucional, una disposición similar la recoge la Ley Orgánica del Tribunal Supremo de Justicia (LOTSJ), del 01-10-2010, en su artículo 130. En definitiva, se mantiene la vigencia del carácter no suspensivo del recurso contencioso administrativo o de la demanda de nulidad de los actos de la Administración, en los términos de la LOJCA.

Pensamos que el planteamiento impugnatorio del carácter ejecutorio de los actos administrativos no deja de tener fundamentación, máxime si se toma en cuenta la consagración del derecho a la tutela judicial efectiva (art. 26), así como al de la presunción de inocencia (art. 49, num. 2) en la Constitución de 1999, sobre todo si los actos tienen carácter sancionatorio. En efecto, como ha sostenido García De Enterría (1989) en su magnífica monografía "*Hacia una nueva Justicia Administrativa*", de lo que se trata es de contrastar a los fines de asumir una posición al respecto, son los derechos fundamentales del ciudadano frente a un principio de rango legal, o de construcción doctrinaria, como es la ejecutividad de los actos administrativos, lo que en criterio del aludido autor debe conducir a optar, en el caso de que el ciudadano sea titular de derechos fundamentales, por la protección de estos, y soslayar la ejecutividad. Consideramos necesario, dado el carácter didáctico del presente manual, transcribir la parte medular de la posición de García De Enterría:

> Siempre que se invoquen con alguna seriedad, derechos fundamentales, la regla es precisamente el carácter suspensivo del recurso y esto tampoco por una razón puramente mecánica, sino porque los derechos fundamentales son el fundamento del orden jurídico, en tanto que la ejecutoriedad de la acción administrativa es un instrumento ordinario, sumamente respetable, de gestión administrativa, pero no es en sí mismo un fundamento del orden.

Es preciso advertir que la indicada tesis del autor español no ha tenido receptividad general ni a nivel legislativo ni jurisprudencial. En efecto el Tribunal Constitucional de ese país, según lo expuesto por Entrena Cuesta (1991), ha sostenido que el carácter no suspensivo de los recursos encuentra su fundamento tanto en el interés general como en el de los terceros beneficiarios, por el acto que se recurre y que es compatible con la Constitución. En la sentencia citada se sostiene que el derecho a la tutela judicial efectiva se satisface facilitando que la ejecutividad pueda ser sometida a la acción de un Tribunal y que este, con la información y contradicción que resulte menester, resuelva sobre la suspensión. Al parecer esta tesis jurisprudencial ha privado sobre el ánimo de los legisladores porque dos leyes muy importantes y estrechamente relacionadas con el tema que nos ocupa se han abstenido de consagrar el carácter suspensivo de los recursos. En efecto, ni la Ley 30/92, de 26 de noviembre, denominada de Régimen Jurídico de las Administraciones Públicas y del Procedimiento Administrativo Común, derogada por la Ley 39/2015, del 1 de octubre, del Procedimiento Administrativo Común de las Administraciones Públicas, ni tampoco la Ley 29/1998, de 13 de julio, de la Jurisdicción Contencioso Administrativa, que entró en vigencia en 1999, contienen disposición alguna sobre el carácter suspensivo de los recursos, y antes por el contrario, mantienen la potestad excepcional tanto de la Administración como de los órganos jurisdiccionales de suspensión de los efectos del acto, mientras se dicta la decisión definitiva.

Lo cierto es que la tesis que propugna el carácter suspensivo de los recursos formulada por García De Enterría, al principio consiguió adherentes en la propia España, país en el cual en el año 1978 fue sancionada la Ley 62/1978 sobre Protección de los Derechos Fundamentales, que recogía la aludida tesis, siendo posteriormente derogada. Igualmente en otros países de Europa ha sido consagrada parcialmente, sobre todo en relación a actos sancionatorios dictados por la Administración. En Venezuela, cabe resaltar que el Código Orgánico Tributario de 1994 que estuvo vigente hasta el año 2001, contenía un dispositivo normativo que le confería carácter suspensivo a los recursos contencioso tributarios (art. 189), pero fue derogado por la reforma del año 2001, que dispuso categóricamente:

> La interposición del recurso no suspende los efectos del acto impugnado; sin embargo, a instancia de parte, el tribunal podrá suspender parcial o totalmente los efectos del acto recurrido, en el caso que su ejecución pudiera causar graves perjuicios al interesado o si la impugnación se fundamentare en la apariencia de buen derecho.

Actualmente, no existe ninguna excepción en el ámbito contencioso tributario.

Tampoco tiene carácter suspensivo el recurso contencioso que se interpone contra los actos mediante los cuales la Contraloría General de la República formula reparos a los funcionarios públicos, como sí lo establecía el artículo 92 de la Ley Orgánica de la Contraloría General de la República de 1995. Por tanto, es posible concluir que en la actualidad no existe excepción del principio del carácter no suspensivo de los recursos que se interponen contra los actos de la Administración Pública activa, tributaria y contralora.

Finalmente al anterior privilegio habría que añadir potestades específicas de la Administración, tales como la expropiatoria, reglamentaria, anulatoria, revocatoria, correctiva, etc., todas previstas en el ordenamiento jurídico venezolano (Constitución y LOPA).

De manera pues, que conforme a la mayoría de los ordenamientos jurídicos, así como a la doctrina, también mayoritaria, la Administración Pública está legitimada para utilizar procedimientos autoritarios a los fines de tutelar el interés general, o sea, para lograr la satisfacción de las necesidades vitales de la colectividad, a los cuales, en términos generales, no tienen acceso las administraciones privadas para el logro de sus fines.

Queda pues, claramente establecida la diferencia existente entre la Administración Pública y los particulares (administraciones privadas), derivada de los indicadores precedentemente analizados, pero pese a su claridad, el establecimiento de dicha diferencia no escapa a las críticas de la doctrina. Así, SANTAMARÍA (1991) sostiene al respecto:

> Como todas las formulaciones dialécticas simples, esta distinción resulta excesivamente simplificadora, y por ende, inexacta: no es

cierto que los particulares no puedan perseguir -lo hacen, de hecho- fines de interés general, ni tampoco que las técnicas de decisión unilateral sean desconocidas en el mundo privado (como lo prueban por ejemplo la patria potestad y el poder de dirección empresarial); por otra parte la Administración emplea, cada vez con mayor extensión, las formas privadas de contratación junto a las técnicas de imposición autoritaria.

Pese a la crítica transcrita consideramos que en la tesis de RIVERO -que nos ha servido de modelo metodológico en el presente libro- se encuentran contenidas las premisas que permiten establecer las diferencias sustantivas entre la Administración Pública y las administraciones privadas, pues no se requiere un análisis profundo para percatarse que la aludida crítica se asienta fundamentalmente en excepciones que aunque pertinentes, carecen de entidad para predicar la inexistencia de las mencionadas diferencias; por consiguiente, no hacen más que confirmar la regla derivada de la tesis bajo examen, por lo cual debe concluirse que la misma continúa siendo válida, y además muy útil, desde el punto de vista científico y didáctico, para que quienes se inician en el estudio del Derecho Administrativo, puedan comprender postulados básicos que son inherentes a su objeto (Administración Pública). Sin embargo, no dejamos de observar que la tesis que postula esas diferencias puede llegar a perder terreno significativamente, si la postura doctrinaria que postula la primacía de los derechos fundamentales sobre el privilegio de la ejecutividad y ejecutoriedad de los actos emanados de la Administración, llega a ganar más espacios en el derecho positivo.

IV. LA ADMINISTRACIÓN EN SENTIDO SUSTANCIAL. LA FUNCIÓN ADMINISTRATIVA EN EL ÁMBITO DE LAS FUNCIONES DEL ESTADO

1. Premisa introductoria

En el punto III.2 de este capítulo indicamos que el término administración admitía dos acepciones, en virtud de que podía ser entendido en sentido subjetivo u orgánico y en sentido objetivo o sustancial, pero nos abstuvimos de explicar la importancia que en la historia del Derecho Administrativo ha jugado el carácter anfibológico del referido término. Es ahora cuando corresponde -conforme al Programa de Administrativo I- hacerlo. En ese orden de ideas cabe reseñar que la doctrina europea enseña que desde mediados del siglo XIX existía consenso entre los tratadistas del Derecho Administrativo en estudiar a la Administración Pública como sujeto u organización, o sea, como parte de uno de los tres poderes del Estado (el Ejecutivo), lo que conducía entonces a considerar como objeto de dicha rama del Derecho, a la Administración conceptuada en ese sentido (subjetivo).

Santamaría (1991) afirma que en el último tercio de dicho siglo, el positivismo jurídico cuestionó fuertemente ese planteamiento doctrinario, porque no "*respondía a la premisa axiomática de la homogeneidad de su objeto*". En efecto, los partidarios de la corriente positivista para fundamentar ese cuestionamiento demostraron que la Administración realizaba actividades iguales a las funciones propias de los demás Poderes, ya que dictaba normas, aunque de otro rango, al igual que lo hacía el Parlamento, y resolvía conflictos intersubjetivos de intereses (decisión de recursos administrativos), como lo hacían los órganos jurisdiccionales. Así mismo advirtieron que la aludida semejanza ocurría también a la inversa, pues los Poderes Legislativo y Judicial realizaban funciones propias de la Administración, y a su vez el Poder Legislativo ejercía funciones del Judicial y viceversa.

Ante esta indudable heterogeneidad del objeto de la Administración definida como organización, propusieron cambiar el estudio de los Poderes del Estado, entre los cuales se contaba a la Administración Pública, ya que formaba parte del Poder Ejecutivo, por el estudio de sus funciones independientemente, del órgano que las realizase. Fue así como se impuso la necesidad de examinar la administración conceptuada como función en abstracto, lo que dio origen a una incesante búsqueda de una definición de la administración en sentido objetivo o sustancial en abstracto, que permitiera identificar una actividad estatal como administrativa, independientemente del órgano de donde proviniese. Por tanto, atendiendo a la definición buscada, la función administrativa ya no sería más un monopolio de la Administración o del Poder Ejecutivo, pues perfectamente podía llegar a reputarse como tal, a determinadas actividades del Parlamento o del Poder Judicial.

En esta indagación participaron los juristas europeos más prestigiosos de la época, llegando a escribirse múltiples libros y trabajos sobre el tema, al punto que doctrinaria y didácticamente esos autores pueden agruparse en corrientes de pensamiento, las cuales fueron consideradas como verdaderas escuelas, siendo las más importantes la de Viena, la Francesa y la Italiana, cuyas tesis pasamos a estudiar de manera sucinta, pero reiterando que el análisis histórico demuestra que esa búsqueda, después de transcurridos más de medio siglo, resultó absolutamente infructuosa, lo que condujo a los teóricos del Derecho Administrativo a volver la vista al planteamiento inicial, esto es, a conceptuar a la Administración en sentido orgánico o subjetivo, sin que tal actitud llegase a significar la supresión total de dicha indagación, en virtud de que todavía persisten unos pocos que siguen orientados en esa línea conceptual, pero ciertamente la mayoría de la doctrina –insistimos– retornó al concepto inicial, pues al parecer quedó descartada la posibilidad de definir en abstracto la función administrativa, al punto que Giannini (1990) llegó a afirmar en un intento por poner fin a la discusión que "*no existe una caracterización objetiva de la función administrativa*".

Una vez realizada la exposición anterior, cabe acotar que las tesis formuladas por las citadas Escuelas acerca del concepto de administración en sentido sustancial, que se incluyen en el Programa, surgen al calor de la búsqueda también de la reafirmación del Derecho Administrativo como disciplina de la ciencia jurídica, para lo cual resultaba clave, como es dable imaginarse, delimitar conceptualmente el objeto de la naciente disciplina. Sin embargo, en este punto es preciso destacar que si la mayoría de la doctrina del continente, donde precisamente se inició esa indagación infructuosa, considera inútil, abordar el estudio de dichas tesis, pareciera casi lógico soslayarlo igualmente en nuestro medio, razón por la cual ese tema debería ser eliminado del Programa. No obstante, fieles a nuestro objetivo, dado que aún permanece en ese instrumento pedagógico, pasamos a desarrollarlo con las limitaciones antes indicadas.

2. Escuela de Viena

Esta corriente, cuyos máximos exponentes fueron Hans Kelsen y Adolfo Merkl, formula la denominada teoría gradualista o de la doctrina pura del derecho, que aunque cuestiona abiertamente al "*pandectismo alemán*" (teoría formal sustancial de Laband, Jellinek y Mayer), en principio comparte uno de los grandes defectos que se le imputaron a aquella teoría, debido a que reduce el derecho únicamente a "norma" (normativismo), rechazando terminantemente la incidencia de toda otra, cualquiera que fuera su naturaleza (económica, social, ética, política, etc.) en la concepción del Derecho, pasando en ese sentido a ser también, al igual que el pandectismo, como asienta Giannini (1990), una "*una gran construcción teórica universalizante*".

Sostiene Parejo Alfonso (1984) que Kelsen con esta teoría busca configurar el esquema básico de la ciencia jurídica, partiendo para ello de varias premisas fundamentales, destacándose la relativa a los objetivos del conocimiento, los cuales divide, según el citado autor, atendiendo al siguiente razonamiento:

> ...en razón de la división o dualismos entre el mundo del ser real (toda la realidad tanto la física como la psíquica o psicológica) y el mundo del deber ser (lo que no es realidad pero debe ser). Sobre estos supuestos descansa el postulado de la pureza del método jurídico. El Derecho es un objeto independiente en tanto que pertenece a la esfera de lo normativo (del deber ser), razón por la cual la Ciencia del Derecho es una ciencia autónoma.

Precisamente atendiendo a la premisa transcrita, KELSEN estima que la pureza del método jurídico impone la eliminación de toda consideración ético jurídica, ya que la Ciencia del Derecho se ocupa de él en cuanto tal, es decir en cuanto norma, lo que conduce al rechazo de la incidencia de toda variable sociológica en dicho método, pues la "*sociología se refiere a los hechos, mientras que el Derecho pertenece al mundo de las normas*"; de allí que la "*pureza*" conduzca a concebir al Derecho como un sistema puramente normativo, o dicho en términos del propio KELSEN:

> ...es solamente un sistema de normas a los cuales las normas prestan o no su conformidad. Los actos por los cuales estas normas son creadas y aquellos con los cuales se relacionen solo tienen importancia para el derecho así concebido en la medida en que son determinados por normas jurídicas. Desde este punto de vista, tienen el carácter de actos jurídicos, pero no forman parte del sistema de normas jurídicas.

De otro lado, partiendo de la idea de la imputación de los actos emanados de personas físicas al Estado, plantea que dicha imputación es válida en tanto en cuanto se origina en una norma jurídica, y que la misma resulta posible por la personalidad jurídica del Estado, la cual a su vez es una creación del Derecho, concretizada también en una norma jurídica, por consiguiente, no debe su existencia –agrega PAREJO ALFONSO– a una eficacia causal o moral, sino exclusivamente normativa, razón por la cual no puede existir dualismo entre Estado y derecho. Esta concepción del Estado como expresión del orden jurídico lleva a KELSEN a sostener que la teoría de los tres poderes o funciones del Estado versa sobre las diferentes etapas de creación de las normas jurídicas, en un proceso graduado o escalonado (creación y ejecución).

Así postula que el ordenamiento jurídico se forma por grados en forma sucesiva, por derivación escalonada, de manera que cada instancia o norma es ejecutiva, o ejecuta una instancia (norma) superior, y a la vez normativa de una instancia inferior, porque crea dicha norma, de tal manera que para este autor el ordenamiento no es un sistema de normas de igual jerarquía, sino más bien un ordenamiento "*graduado*" compuesto de diferentes estratos de normas jurídicas, en cuyo vértice está la norma más alta, la fundamental, constituyendo el fundamento de la validez de todo el ordenamiento jurídico. En este postulado teórico radica, puede decirse, el origen de la denominada "*pirámide de Kelsen*", la cual, en nuestro criterio, no hace más que reflejar gráfica, y sobre todo didácticamente, la aludida integración graduada de normas en el ordenamiento jurídico. Es preciso advertir en este punto que la famosa "*pirámide*", aun haciendo abstracción de los fundamentos conceptuales de los cuales se deriva, ha contribuido y sigue contribuyendo, con las naturales adaptaciones, a la mejor comprensión y aplicación del principio de jerarquía normativa sobre el cual se articulan la mayoría o todos los distintos sistemas normativos que rigen a los Estados, sobre todos a aquellos que adoptan una forma federal, o una estructura descentralizada.

De otra parte, cabe reconocer que si se acude a la Teoría Kelseniana en la búsqueda de la definición de administración en sentido objetivo o sustancial, la conclusión será negativa, pues como enseña PAREJO ALFONSO:

> ...para la teoría pura del Derecho la actividad administrativa del Estado no se aparece como una función desarrollada para el cumplimiento de un supuesto interés público, sino como una serie de acciones de personas diversas, consideradas por el orden jurídico como determinación de supuestos de hecho relevantes jurídicamente y que se manifiestan bien en calidad de cumplimiento del deber normativo (solutio de las normas), bien en creación de normas secundarias.

Ahora bien, una vez descritos sucintamente los principales postulados de la teoría gradualista, es preciso advertir que correspondió al administrativista de la mencionada Escuela, ADOLFO MERKL (1935), partiendo de los lineamientos fundamentales de la teoría comentada, intentar construir una definición de administración en sentido sustancial. Efectivamente, como quedó dicho, el proceso de creación del orden jurídico, se operacionaliza por grados, en cada una de los cuales se ejecuta la correspondiente norma jurídica, de tal manera -en criterio de MERKL- que la ejecución de la norma superior o base de todo el ordenamiento (Constitución) originaba la función legislativa, por lo cual debía ubicarse en el segundo grado de dicho ordenamiento, y a su vez la ejecución de la Ley originaba tanto la función administrativa como la jurisdiccional, a las que correspondía el tercer grado; de modo, pues que en el marco de esta teoría, caracterizada por el riguroso formalismo explicado, debía concluirse que ambas funciones (administrativa y jurisdiccional) resultaban iguales tanto por su naturaleza como por su contenido, en virtud de que constituían fundamentalmente el producto de la ejecución de la Ley, es decir tenían carácter sublegal.

En el contexto de esta tesis se imponía, por tanto, establecer una diferencia entre ambas funciones, pues de lo contrario resultaría imposible llegar a la definición abstracta de la función administrativa en sentido sustancial, ya que -como vimos antes- el proceso de ejecución de la Ley conducía a dos funciones formalmente idénticas. En esa búsqueda MERKL afirmó que la diferencia radicaba en que los órganos constitutivos de la Administración eran subordinados jerárquicamente, por tanto, dependientes, mientras que los que integran la jurisdicción eran independientes, en razón de que:

> ...la administración está dispuesta de una manera jerárquica y esta jerarquía implica que los órganos superiores de la misma tienen atribuida la plenitud de las facultades entre ellas la interpretación de la ley, y, en cambio los órganos inferiores habrán de acomodar su aplicación a las órdenes recibidas de los primeros.

A partir de la citada conclusión el administrativa de la Escuela de Viena construye su definición de Administración en sentido material u objetivo en los siguientes términos: "*las funciones de aquel complejo orgánico regido por relaciones de dependencia que se revelan en el derecho de dar instrucciones del órgano superior, y en el deber de obedecerlas del órgano inferior*", o también como "*la actividad ejecutiva condicionada por instrucciones mediante las cuales se interpreta la ley*", lo que a su vez le permite referirse al Derecho Administrativo, así:

> La teoría del Derecho Administrativo que se apoya en el concepto expuesto de administración tiene la ventaja, sobre todas las determinaciones conceptuales realizadas hasta ahora, y, en este sentido, posible, que se le abre a conocimientos específicamente jurídicos, acaso conocimientos muchos más pobres de los que se esperaban del manejo habitual, generalmente subestimada, entre legislación, justicia y administración, pero, de todas maneras, tantos conocimientos y de tal clase, que de su conjunto resulta una disciplina jurídica particular: la teoría del Derecho Administrativo.

De otro lado, MOLES CAUBET (1992), al resumir la tesis de la Escuela de Viena afirma que al esta colocar el origen de las funciones estatales en el proceso de formación del ordenamiento jurídico en forma gradual, conceptúa a la administración, lo mismo que a la jurisdicción, como ejecución inmediata de la Ley (sublegal) y mediata de la Constitución, que constituyen actividades sublegales, correspondientes al tercer grado de creación del orden jurídico. Por esa razón se ve constreñida a acudir al carácter dependiente o subordinado de los órganos que ejecutan la primera, cuya estructura se articula sobre la base del principio de jerarquía administrativa, frente al independiente de los que realizan la segunda, en cuyo funcionamiento a lo sumo puede hablarse de órganos coordinados, para establecer la diferencia entre ambas, lo que le permite llegar a la definición de administración propuesta por MERKL, transcrita *supra*.

En fin, sobre la base de lo expuesto anteriormente, podemos concluir que en la construcción del concepto de administración en sentido sustancial, MERKL parte de un punto vista meramente formal, en virtud de que lo deriva exclusivamente de la ejecución del segundo grado de creación del ordenamiento jurídico, enfatizando el carácter dependiente o subordinado de los órganos que integran a la Administración Pública, con la finalidad de diferenciarlo de la jurisdicción. Al respecto sostiene MOLES CAUBET, que pese a representar una construcción respetable científicamente, soslaya importantes expresiones de la actuación de la Administración, como son los servicios públicos y las empresas públicas; de allí -observa este autor- que la fundamentación del concepto de Derecho Administrativo en la definición de administración en sentido sustancial propuesta por la Escuela de Viena, sin duda, revelaría una reducción en el objeto de esta disciplina (Administración).

Cabe, finalmente añadir que la "*pandectística*" alemana, comandada en el campo del Derecho Público por LABAND, JELLINEK, y en el Administrativo por OTTO MAYER que formuló sus tesis a finales del siglo XIX, al cual algunos Manuales de Derecho Administrativo incorporan a la Escuela de Viena, tal vez porque ejerció una notable influencia sobre MERKL, definió a la administración acudiendo a una fórmula reduccionista o residual, pues ante la imposibilidad de lograr esa definición ideal abstracta, estimó que administración era la actividad estatal que resultaba luego de excluir la legislación y la jurisdicción, o dicho de otra manera, toda la actividad del Estado que no era ni legislación ni justicia. A tal fin partió de la premisa de que la totalidad de la actividad estatal se concretaba en legislación, justicia y administración, y dado que las dos primeras ya habían sido determinadas tanto histórica como conceptualmente, bastaba desde el punto de vista formal, restar la que no había podido ser determinada aun siguiendo esa metodología (la administración) de la totalidad de las actividades estatales para llegar a la señalada definición, esto es: actividad del Estado que no puede ser conceptuada ni como legislación ni como justicia.

3. Escuela Francesa

Se considera a LEON DUGUIT y MAURICE HAURIOU como los creadores de esta Escuela, quienes con los naturales matices no hacen más que expresar, en realidad, la corriente conocida como "*realismo jurídico*" que nace en Francia en los inicios del presente siglo, para oponerse fundamentalmente, sostiene GIANNINI, al academicismo en que estaba desembocando la ciencia jurídica francesa, pero obviamente también se opone a la pandectística alemana, en virtud de que reivindica "*el conocimiento de la sociología e incluso de la ciencia política y de la economía, pero como elementos de control de la elaboración jurídica y de confrontación de las aplicaciones de ésta*" (GIANNINI), todo lo cual como sabemos era categóricamente rechazado por la pandectística. En este contexto tanto DUGUIT como HAURIOU consideran, con los matices ante señalados, que la administración es la actividad estatal destinada a lograr el funcionamiento de los servicios públicos. Así, el primero considera que la diferenciación entre las funciones estatales surge del contenido de los actos, sin tomar en cuenta el órgano de donde emanan, postulando de esa manera la existencia de tres tipos de actos: actos regla, actos condición y actos subjetivos, integrando los primeros la función legislativa, y los segundos y los terceros la función administrativa; pero a la vez en el concepto de acto administrativo incluye las operaciones materiales que garantizan el funcionamiento de los servicios públicos; de allí que defina a la función administrativa "*como la actividad estatal consistente en realizar, en vista del funcionamiento de los servicios públicos, actos subjetivos, actos condición y operaciones materiales*" (DUGUIT, 1913). Es necesario tener presente, como sostiene MOLES CAUBET (1992), que para DUGUIT el servicio público responde a una concepción sociológica con "*derivaciones jurídicas*". Posteriormente BONARD y JÉZE, discípulos de DUGUIT, basándose en los postulados fundamentales de la aludida tesis del Maestro, sostienen la existencia de una identificación definitiva de la administración con el servicio público, razón por la cual el último (JÉZE, 1930, 1954) de los nombrados afina el concepto jurídicamente, definiéndolo como:

> ...tarea para dar satisfacción regular y continua a cierta categoría de necesidades de interés general, con sujeción a un régimen jurídico especial. En todo servicio propiamente dicho, observase la existencia de reglas jurídicas especiales que tienen por objeto facilitar el funcionamiento regular y continuo del mismo, de dar, lo más rápida y completamente posible, satisfacción a las necesidades de interés general.

En suma, la Escuela Francesa identifica a la función administrativa con el servicio público, por cuanto es la actividad de gestión de dichos servicios; concepción esta que por lo demás va a privar incuestionablemente en Francia durante casi cincuenta años, pero que después de la Segunda Guerra Mundial, como lo veremos en su oportunidad, comienza a declinar notoriamente. Precisamente debido a la identificación que se produce entre servicio público y administración en sentido sustancial, el objeto del Derecho Administrativo, cuyo contenido va estar constituido por el régimen jurídico especial integrado por reglas diversas del Derecho Común, conforme con esa tesis, toda gestión de servicios públicos, por ser estos equivalentes a administración debe estar sometida al Derecho Administrativo.

Finalmente hay que destacar que esta tesis, al sucumbir el predominio del concepto de servicio público como sostén fundamental de todo el Derecho Público Francés, así como de otra cantidad de países permeables a su influencia, perdió igualmente su base de sustentación, lo que bastaría para considerarla superada, e inclusive aun en el tiempo en que predominaba, como sostiene MOLES CAUBET, resultaba incompleta, en virtud de la imposibilidad de reducir la administración a meros servicios públicos, pues si bien "*todo servicio público es administración, no toda la administración es servicio público*", verbigracia las empresas públicas.

4. Escuela Italiana

Los exponentes de esta Escuela (Orlando, Romano y Zanobini), sostenían que la administración era la actividad realizada para la consecución de los fines del Estado, o para el logro de los intereses públicos o colectivos. En tal sentido Orlando (1940) consideraba que la administración "*era la actividad del Estado para realizar sus fines*", actividad esta que no constituye toda la estatal, sino la dependiente de la actuación de los fines del Estado, puntualizando que esos fines eran los relativos al orden público y al desarrollo de bienestar físico, económico y espiritual del pueblo. Zanobini (1958), se orienta en ese mismo sentido cuando la define como "*la actividad práctica que el Estado desarrolla para cuidar, de modo inmediato, los intereses públicos que asume en sus fines propios*".

De modo, pues que la denominada Escuela Italiana desde el siglo XX ha definido a la administración atendiendo a los fines del Estado y a los intereses públicos y colectivos que asume como tales, tesis esta que otros autores de ese país han formulado como "*tutela concreta de intereses públicos*", pero que ha sido cuestionada por Giannini porque ese tipo de actividad puede ser realizada no solo por la Administración, sino también por el Poder Legislativo y el Poder Judicial. Este mismo autor señala que últimamente se ha acudido a cánones formales para tratar de caracterizar a la administración, destacándose entre ellos el tipo de procedimiento a través del cual se expresa la actividad, por cuanto cada Poder tiene un procedimiento típico (Bassi, 1959), de esta manera el Poder Legislativo cuenta con el procedimiento legislativo, el Poder Judicial, con el procedimiento jurisdiccional, y el Poder Ejecutivo o Administrativo con el procedimiento administrativo, por tanto, según Giannini (1991):

> ...los actos de los diversos poderes, o por lo menos los más importantes y significativos, no podrían tener lugar sino a través de estos procedimientos y bajo la forma típica implícita en cada procedimiento. Así las funciones y no sólo aquélla administrativa serían definibles por un rasgo de derecho positivo: la adopción necesaria de una cierta estructura procedimental.

5. A manera de conclusión sobre el concepto de administración en sentido objetivo

Terminamos el punto programático relativo a las denominadas Escuelas Jurídicas que han formulado tesis a los fines de definir la administración en sentido sustancial u objetivo, recordando lo expuesto al inicio del mismo, esto es, la inutilidad de su inclusión en un programa de Derecho Administrativo I, a los fines de derivar el concepto de esta disciplina jurídica, sin dejar de reconocer, por el contrario, que el conocimiento de las aludidas tesis debería ser necesario para formar especialistas en Derecho Administrativo.

Ahora bien, pese a que es indudable la calidad científica de esas construcciones teóricas (formal - sustancial, teoría pura del derecho, servicio público, interés público, procedimiento administrativo), cabe resaltar que actualmente la doctrina mayoritaria (Santamaría, García De Enterría, Giannini) está conteste en que todo ese inmenso esfuerzo científico desarrollado por los más connotados autores del Derecho Público europeo a finales del siglo pasado y comienzos del siglo XX, no pudo concluir exitosamente, pues cada una de las tesis reseñadas, fueron inmediatamente objeto de los severos cuestionamientos que asomamos someramente en páginas anteriores, lo que en definitiva impidió que pudiera llegarse a un acuerdo doctrinario acerca de una definición abstracta de la función administrativa, pues, reiteramos, que ninguna de las tesis planteadas estuvo exenta de las aludidas críticas.

La dificultad, o casi se podría decir, la imposibilidad de lograr la señalada definición ha conducido a un autor, del prestigio científico de Giannini (1991), a expresar en forma categórica -como indicamos al principio- que:

> ...llegados a este punto, hemos de admitir que una caracterización objetiva de la función administrativa no existe. Entiéndase bien, no es que no sea abstractamente concebible un derecho positivo que posea un canon de caracterización objetiva de tal función. Lo que ocurre es que históricamente un derecho positivo de esas características no ha existido ni existe.

Por lo tanto, queda claro, entonces, que privará en el contexto del presente trabajo el concepto de administración en sentido orgánico o subjetivo, razón por la cual también la noción de Derecho Administrativo presente en el mismo estará condicionada por el referido sentido que le atribuimos a su objeto fundamental: la administración pública. Lógicamente debe advertirse que eso no significa que en el desarrollo no vamos a aludir al concepto de administración en sentido material, o mejor de función administrativa, pero por supuesto que sin pretender otorgarle ese carácter abstracto que constituyó el objeto de la búsqueda reseñada, es decir, administración *per se* independientemente del órgano del Poder Público donde emane, y que pretendía convertirse en el eje articulador del concepto de Derecho Administrativo.

6. La función administrativa en el ámbito de las funciones del Estado

A. Planteamiento del problema

Precisamos que pasamos a desarrollar este punto porque forma parte del Programa, pues conforme a la conclusión reflejada en el acápite anterior, si bien dentro de las funciones del Estado, debe contarse, sin duda, a la administrativa, la misma como ha quedado demostrada no es homogénea, y lo que es más importante -insistimos- no es definible ni caracterizable objetivamente en forma abstracta, lo que ha conducido a Giannini (1991) a afirmar que:

> Se puede decir, por tanto, que los derechos positivos contemporáneos conocen, como actividades caracterizables mediante elementos objetivos, funciones administrativas singulares, en cuanto funciones atribuidas a aparatos singulares de la organización administrativa; de una función administrativa se puede solamente hablar, en cambio, en un sentido subjetivo: equivalente a aquel de actividad de la administración (organización).

Inclusive el citado autor llega a sostener que la expresión función administrativa es una síntesis verbal utilizada para describir el conjunto de funciones desarrolladas por la Administración, las cuales son individualizadas dentro del conjunto de toda la actividad desarrollada por la Administración. Aun cuando se pueda estar en desacuerdo con esta tesis, lo importante de destacar es que al no elaborar ninguna de las citadas Escuelas, ni tampoco la doctrina actual, una definición abstracta y objetiva de la función administrativa de carácter incuestionable, intentar ubicar o identificar -en el caso de Venezuela- dicha función en el ámbito de las funciones del Estado, comporta la decisión de adherirse a cualquiera de las teorías antes estudiadas, o sencillamente soslayar ese pronunciamiento y dejar a la doctrina y a la jurisprudencia en libertad de adscribirse a cualquiera de ellas, o bien formular una distinta.

En efecto, la identificación de esas funciones puede realizarse teniendo presente la teoría de la formación del derecho por grados (gradualista), y partir de allí derivar la formación de las funciones del Estado, de tal manera que la ejecución resulte la variable fundamental para caracterizar a la función administrativa, porque esta se originaría precisamente en la ejecución inmediata de la Ley y mediata de la Constitución, por lo cual siempre sería de rango sublegal. Igualmente posibilitaría el reconocimiento de la función gubernativa, en virtud de que la misma surgiría de la ejecución inmediata de la Constitución, al igual que la función legislativa, por lo cual revestiría rango legal.

Igualmente puede considerarse la posición de la Escuela Germánica (Teoría formal - sustancial) que definía la administración como la actividad que resultaba de restar de la totalidad de la actividad estatal, las funciones legislativa y la jurisdiccional. También resultaría válido en este orden de pensamiento identificar a la función administrativa con los servicios públicos (Escuela Francesa), o definirla vinculándola a los fines del Estado, o a los intereses públicos colectivos (Escuela Italiana clásica), o a la tutela de los intereses concretos, o al procedimiento típico mediante el cual se expresa dicha función (nueva Escuela Italiana).

Llegado a este punto es necesario subrayar que no resulta difícil adherirse o hasta repostular una tesis como la formulada por los positivistas a finales del siglo XIX, con la finalidad de cuestionar el concepto de administración en sentido orgánico, esto es, a considerar la existencia de una función administrativa, independientemente del órgano que la realice, lo que a su vez permite terminar con el monopolio de dicha función por parte del Poder Ejecutivo o Administración Pública, pudiendo postular de esa manera que la misma se extiende al Poder Judicial o al Poder Legislativo, esto es, que los órganos de esos Poderes pueden dictar proveimientos administrativos. Reconocemos que en Venezuela en el marco de esa tesis sería posible traer a colación casos -contados- de funciones administrativas ejercidas por órganos de los Poderes antes nombrados, lo que dicho sea de paso, pareciera corresponderse con la tesis de antigua data formulada por el pandectismo alemán (formal - sustancial); sin embargo la enorme dificultad radica, como lo demuestra la sucinta reseña histórica realizada anteriormente sobre el tema, en llegar a esa definición objetiva o abstracta de la función administrativa, que como es dable imaginarse está también presente en nuestro país, en virtud que el logro de esa meta pareciera, visto el esfuerzo cuantitativo y cualitativo realizado por la doctrina europea, resulta sumamente problemático y complejo, máxime si se toma en cuenta que la doctrina nacional ha desarrollado muy poco este asunto, sino que inclusive las meras definiciones acerca de la función administrativa provenientes de autores nacionales resultan muy escasas.

Efectivamente, cabe precisar que el examen de la doctrina y la jurisprudencia nacionales revela que una posición al respecto resulta prácticamente inexistente, pues salvo en el caso de BREWER, que en el prólogo del libro "*El concepto de Derecho Administrativo*", de LUCIANO PAREJO ALFONSO (1984) en un acápite denominado "*La función administrativa dentro de las funciones del Estado*", la define "*como la gestión, en concreto del interés público por el Estado como sujeto de Derecho que se relaciona con los administrados*", definición que a primera vista se acerca a la tesis italiana, debido a que pareciera estar fundamentada en la gestión del interés público, la cual, como sabemos, ha sido seriamente criticada, porque dicha tutela no resulta idónea para caracterizar nada en concreto. En tal sentido sostiene Giannini "No *tanto, téngase en cuenta, porque los otros poderes atiendan también a la tutela concreta de intereses públicos, cuanto porque existen otras funciones que tienen tal objeto y están confiadas a dichos poderes*".

El aludido autor ejemplifica en Italia con las funciones atinentes a la jurisdicción voluntaria, policía judicial, administraciones judiciales y a la ejecución de penas, con todas las cuales se persigue la tutela de un interés público y están confiadas a poderes distintos al Ejecutivo o a la Administración Pública. Y añade Giannini que bajo el aspecto jurídico la tutela de los intereses públicos se desarrolla de formas tan diversas entre sí, que es difícil encontrar un rasgo unificador común jurídicamente significativo. De allí entonces la razón –en criterio de la doctrina expuesta– que imposibilita construir una definición objetiva de función administrativa sobre la base de la tutela del interés público. Lo que no significa pensamos nosotros que esa variable carezca de significación a los fines de definir descriptivamente a la administración o función administrativa.

Sin embargo es justo reconocer que Brewer, pese a que alude a la gestión del interés público en la definición transcrita, cuando explica la misma no parece atribuirle mayor peso a los fines de imprimirle el referido carácter objetivo a dicha definición, pues el examen de los fundamentos de esa explicación, así como los ejemplos que utiliza para lograr tal finalidad, evidencian que la tesis pareciera aproximarse mucho más al "*pandectismo alemán*" (teoría formal sustancial), pues cuando afirma que tanto las Cámaras Legislativas como los Tribunales ejercen funciones administrativas pone de relieve la premisa fundamental de la Escuela Germánica que predicaba que todo Poder ejercita una función principal, y de modo secundario puede ejercitar otras que únicamente son suyas formalmente, mientras que sustancialmente pertenecen a otro Poder. Posteriormente Brewer concreta en términos categóricos este argumento en el libro "*Fundamentos de la Administración Pública*", en los siguientes términos:

> Al contrario todos los otros órganos del Estado también ejercen la función administrativa: Las Cámaras Legislativas, al autorizar o aprobar diversos actos de los órganos ejecutivos o al dictar actos relativos a su personal o servicios administrativos, realizan la función administrativa y los órganos del Poder Judicial también realizan la función administrativa, al dictar actos concernientes a la administración de personal o los servicios de los tribunales, o al imponer sanciones policiales.

En fin, la definición propuesta por Brewer al inscribirse de alguna manera en una teoría superada como la formal sustancial, también resulta inidónea en la búsqueda de una definición objetiva de la administración o función administrativa, pero sirve en el indicado contexto de relatividad en que se subsume el punto del programa, denominado "*la función administrativa en el ámbito de las funciones del Estado*", para tratar de darle un desarrollo lógico al mismo.

De otra parte, es preciso acotar que en algunas sentencias proferidas por la extinta Corte Suprema de Justicia pudiera derivarse una concepción de función administrativa próxima a la de la teoría gradualista postulada por Kelsen y Merkl, ya que en dichos fallos se procede a identificar los actos emanados de la Administración, o de cualquier órgano estatal, mediante el establecimiento de la distancia que guardan con la Ley Suprema, en el respectivo proceso de ejecución. Así, por ejemplo, está concebido el de la Sala Político Administrativa, de fecha 14-09-1993, Exp. N° 10037, en el cual se lee:

> Excluidos del ordinal 3° del artículo 215 de la Carta Magna los actos administrativos dictados por los cuerpos deliberantes nacionales, es forzoso concluir en que los "demás actos" a que aquél se refiere, han de ser aquéllos emitidos por los cuerpos legislativos nacionales, en ejecución directa e inmediata de las disposiciones constitucionales, teniendo por tanto sin serlo, rango equiparable al de la Ley.

Ha de advertirse que la tesis expuesta en el fallo transcrito (distancia del acto de la Constitución en el proceso de ejecución de esta) encuentra recepción en el texto constitucional de 1999, por lo que concierne al establecimiento de la competencia de la Sala Constitucional del TSJ, o sea, en el establecimiento del criterio que sirve para identificar a los actos de rango legal que no se consideran típicos por su denominación, verbigracia leyes, decretos con fuerza de ley, tratados, etc. Dicho criterio aparece categóricamente expresado en el artículo 336 (num. 2 y 4), los cuales aluden a los actos dictados en ejecución directa e inmediata de la Constitución por cualquier órgano estatal en ejercicio del Poder Público. Y el criterio no hace más que trasuntar la tesis de la Escuela de Viena que, extrapolada a nuestro ordenamiento jurídico, permite diferenciar la función administrativa (administración), que en el marco de esa teoría siempre tiene un carácter sublegal, de la función legislativa, o aquella función del Poder Público, independientemente del órgano de donde emane, porque al ejecutar directa e inmediatamente a la Constitución tiene rango legal, mas -insistimos- tal extrapolación no posibilita, como no lo posibilitó en su tiempo, formular un concepto abstracto de administración en sentido objetivo.

B. Necesidad de sustentar un criterio de función administrativa para poder explicarla en el resto de las funciones del Estado en el marco de la Constitución de 1999

La exposición anterior demuestra que en forma asistemática la doctrina y la jurisprudencia ponen de relieve la influencia de las Escuelas Germánicas y de Viena en la hipotética formulación de una definición de la función administrativa, claro está, sin pretensiones de que revista el ansiado carácter objetivo. Pues bien, excluyendo la referida pretensión y en la búsqueda de un concepto descriptivo de función administrativa, se impone en primer lugar, señalar que se entiende por función en términos generales a la actividad jurídica desarrollada por un agente o una autoridad pública para obtener un fin ajeno, es decir, no propio de él, que ha sido fijado por la Ley. En otros términos es una actividad jurídica cumplida en interés ajeno. Por tanto, si se parte de la definición anterior la actividad funcionalizada es común de todos los Poderes Públicos, correspondiéndole a la Constitución y a las leyes, la delimitación de cada una de ellas, tal como lo preceptúa el artículo 136, primer aparte, de la Constitución de 1999.

Precisamente esa delimitación legal, a la que también puede llegarse por vía conceptual, ha conducido a la doctrina a predicar la existencia de las tres funciones clásicas: legislativa, ejecutiva (administrativa) y judicial, las cuales tradicionalmente se han correspondido con los Poderes Legislativo, Ejecutivo y Judicial. Pues bien, en sintonía con la definición de función expuesta precedentemente resulta sencillo identificar a la función legislativa y a la función judicial, e igualmente siguiendo las enseñanzas doctrinarias puede formularse una definición descriptiva de la administrativa en los siguientes términos: la actividad jurídica desarrollada por autoridades administrativas en ejercicio de poderes o competencias administrativas, para el cuidado o tutela de intereses públicos específicos de la colectividad, predeterminados por la Ley.

De modo, pues, que debe tratarse de actividades jurídicamente relevantes, por ejemplo, dictar un reglamento o expropiar un bien, que entran en la esfera de competencia de un órgano o un ente integrado a la Administración Pública, concebida en sentido orgánico (por ejemplo el Consejo de Ministros o un Ministerio), las cuales son realizadas por este en ejercicio de potestades administrativas (por ejemplo la potestad reglamentaria o la potestad expropiatoria) para la tutela de intereses públicos concretos (por ejemplo, la regulación de la dotación de viviendas a damnificados, o la construcción de una edificación educativa).

Es necesario subrayar que la función administrativa es el resultado del ejercicio de potestades administrativas para cuidar intereses públicos concretos, cuya expresión se traduce necesariamente en actos jurídicos. Sin embargo, como señala la doctrina italiana no toda actividad jurídica de la Administración puede considerarse función administrativa, pues es bien sabido que perfectamente la Administración Pública puede actuar mediante actos jurídicos de derecho privado, sobre todo en determinados sectores (patrimonial, contractual), inclusive adoptando figuras típicas de esa rama del derecho, como son las sociedades, asociaciones y fundaciones.

Giannini antes que hablar de función administrativa en el sentido descriptivo precedentemente expuesto, prefiere denominarla "*actividad administrativa funcionalizada*", y expresa que ello ocurre en el caso de que una norma establezca que dicha actividad se realiza en procura del interés general, o de un interés ajeno al sujeto que la realiza, y hace notar que en principio, todas las actividades que desarrolla el conjunto de aparatos administrativos que conforman la Administración, son funciones, correspondiéndole al derecho positivo establecer el contenido de esas diversas funciones. Por tanto, conforme a la tesis del aludido autor -insistimos- no es posible predicar la existencia de una función administrativa abstracta y objetiva, sino más bien diversas actividades funcionalizadas ejecutadas por los múltiples complejos orgánicos que integran a la Administración Pública.

De modo, pues, que dentro del contexto del marco conceptual anterior debe entenderse el punto del programa denominado "*La función administrativa dentro de las funciones del Estado*", de tal suerte que a los efectos del desarrollo de dicho punto resulta irrelevante hablar de "*función administrativa*" o de "*actividad administrativa funcionalizada*", porque ambas expresiones aluden a la misma connotación conceptual, pero nosotros preferimos utilizar la primera, porque es la que se puede derivar del artículo 141 de la Constitución de 1999, que atribuye a la Administración Pública el ejercicio de la función pública. Ahora bien, concebida de esa manera la función administrativa debe admitirse, en estricta puridad lógica, que todos los órganos estatales, es decir todos los que integran los Poderes Públicos, desagregados vertical y horizontalmente pueden realizar funciones de esta naturaleza, por lo que entonces no resultarían de la esfera de competencia exclusiva de las Administraciones Públicas (órganos de la Administración Central o entes de la Descentralizada de los distintos entes territoriales).

No obstante, debemos reconocer que en realidad esta tesis no hace más que trasuntar en el fondo, a la famosa teoría formal - sustancial ya planteada en el último tercio del siglo pasado por la doctrina del derecho público alemán, y de alguna manera, como vimos, recogida en la definición propuesta por BREWER, la cual, reiteramos, consideraba un axioma la relación entre un poder y la correspondiente función principal, en el entendido que únicamente eran admisibles tres poderes (Legislativo, Ejecutivo y Judicial), pero que en todo caso explicaba la división de funciones acudiendo a la fórmula "*formal - sustancial*", que le permitía aseverar que un Poder, por ejemplo, el Legislativo, solo ejercía una función principal (sancionar las leyes), pero secundariamente podía ejercer otras (ejercer la función disciplinaria sobre sus miembros y empleados), que eran suyas "*formalmente*", pero que "*sustancialmente*" pertenecían a otro Poder; de manera que sancionar las leyes era una función formal y sustancialmente legislativa; en cambio, ejercer la función disciplinaria sobre los miembros del poder legislativo era formalmente legislativa y sustancialmente administrativa.

En suma, –insistimos– que cuando se intenta examinar el tema la "*función administrativa*" en el ámbito de las funciones del Estado, tal como aparece en el Programa, y tal como lo desarrollamos sintéticamente aquí, aunque se acuda al criterio de la colaboración funcional a que alude el artículo 136 de la Constitución, sin duda habrá que tomar muy en cuenta todos los argumentos expuestos anteriormente acerca de la imposibilidad doctrinaria de esbozar una definición objetiva de la función administrativa, pero sobre todo las características que presenta el marco doctrinario en el cual se inscribe la situación: casi inexistencia de posturas conceptuales al respecto, falta de desarrollo de las pocas que se han esbozado, referencias esencialmente empíricas, como las que aparecen en el transcrito fallo del máximo tribunal, a la aludida teoría gradualista, todo lo cual paradójicamente ha conducido a que se pueda igualmente hablar de las función legislativa en el ámbito de las otras funciones del Estado, así como de la función judicial en el ámbito de las demás funciones, circunstancia esta que realmente no genera mayores problemas por existir consenso doctrinario en torno a las definiciones de estas dos últimas funciones.

Por consiguiente en orden al concepto de "*función administrativa*" de carácter descriptivo expuesto precedentemente, del cual se desprende la inexistencia de un monopolio por parte de la Administración Pública en el ejercicio de la función administrativa, resulta concluyente que todos los órganos a quienes se atribuyen las funciones legislativa y judicial, también pueden ejercer y ejercen la aludida función administrativa. Así, por ejemplo ocurre, cuando la Asamblea Nacional, a quien la Constitución confiere la función legislativa, organiza su servicio de seguridad interna o ejecuta las resoluciones concernientes a su organización y funcionamiento, o concede la autorización para la enajenación de bienes inmuebles del dominio privado de la Nación (art. 187, num. 21, 23 y 12 Const.), e igualmente sucede cuando un Juez impone una sanción disciplinaria a uno de los empleados que prestan servicios en el Tribunal que dirige (conforme a lo dispuesto en el artículo 98 de la Ley Orgánica del Poder Judicial).

En suma, conforme a la tesis bajo examen la *"función administrativa"*, pese a ser propia fundamentalmente de los órganos administrativos, puede ser ejercida por los órganos a quienes la Constitución atribuye el ejercicio de las funciones legislativa y judicial.

Finalmente, conviene para la mejor comprensión de este punto del programa, visto que lo hemos expuesto en forma sucinta, expresar, como lo afirmamos precedentemente, que en Venezuela, los órganos que tienen atribuido el ejercicio de las funciones legislativa y jurisdiccional, están facultados para ejercer la administrativa, pero a su vez los órganos administrativos realizan funciones legislativas y judiciales. Así, por ejemplo, normalmente la Administración dicta normas sobre la base de disposiciones constitucionales y legales, verbigracia, reglamentos ejecutivos (art. 236, num. 10 *ejusdem*), decretos con fuerza de ley (art. 203 y 236 num. 8 *ejusdem*), reglamentos independientes, sin basamento normativo, actos todos que de acuerdo con la teoría esbozada por la pandectística alemana serían formalmente administrativos y sustancialmente normativos. Así mismo la Administración ejerce la función jurisdiccional cuando resuelve controversias entre administrados. Es el caso del Inspector del Trabajo que califica el despido de una mujer embarazada con fuero maternal, o de un directivo sindical (art. 418, 419 y 420 num. 1, del Decreto con fuerza de Ley Orgánica del Trabajo, de los Trabajadores y Trabajadoras, LOTTT, del 07-05-2012), entre administrados y la propia Administración, al decidir los recursos de reconsideración, jerárquico, o revisión interpuestos contra sus propios actos (art. 94, 95 y 97 de la LOPA). Igualmente los órganos jurisdiccionales ejercen funciones normativas, por ejemplo, la LOTSJ, por resultar compatible con la Constitución de 1999, faculta al TSJ para dictar las normas concernientes a los derechos y obligaciones de los empleados al servicio de dicho Tribunal, y dictar su reglamento interno (art. 36, num. 10 y 12).

De otra parte, la Asamblea Nacional también desarrolla funciones sustancialmente jurisdiccionales, cuando autoriza la detención y enjuiciamiento de alguno de sus miembros (art. 200 Const.), o autoriza el enjuiciamiento del Presidente de la República (art. 266, num. 2 *ejusdem*). De este modo, queda demostrado que todos los Poderes Públicos en Venezuela ejercen en forma principal una función típica, pero igualmente pueden realizar las que corresponden a los otros Poderes, y se explica igualmente cómo se distribuye la función administrativa en el ámbito de las funciones del Estado.

C. Función administrativa en los nuevos Poderes Públicos delineados en la Constitución (Poder Ciudadano y Poder Electoral)

La Constitución de 1999 añade a la trilogía de los Poderes Públicos Nacionales, Legislativo, Ejecutivo y Judicial, dos nuevos: El Poder Ciudadano y el Poder Electoral (art. 136), por tanto, se impone aunque sea sucintamente determinar, en primer lugar, si los órganos que lo integran en tanto componentes del Poder Ciudadano son reconducibles, aun atendiendo a la especificidad de sus funciones, al complejo orgánico y de entes denominado Administración Pública. En otros términos, si es posible de la Administración del Poder Ciudadano y de la Administración del Poder Electoral, o si por el contrario, no es posible ubicarlos en el aludido complejo. En el desarrollo de esta línea de razonamiento es preciso, *prima facie*, por razones metodológicas, pero sobre todo conceptuales, excluir de la Administración Pública a los Poderes Públicos, cuya función específica y fundamental es crear el derecho, esto es, a nivel nacional, el Poder Legislativo representado por la Asamblea Nacional (art. 186 Const.) o garantizarlo, esto es, el Poder Judicial integrado por el denominado sistema de justicia (art. 253), de tal suerte que dicha exclusión pareciera conducir a conceptuar a los dos Poderes restantes como integrantes de la Administración Pública desde el punto de vista orgánico.

Corresponde ahora determinar si las funciones que les atribuye la Constitución resultan encuadrables en la noción de "*función administrativa*" en el sentido descriptivo que permitió desarrollar el punto anterior, y así se observa que conforme al artículo 274 Constitucional corresponde a los órganos del Poder Ciudadano, en tanto integrantes del mismo:

> ...prevenir, investigar y sancionar los hechos que atenten contra la ética pública y la moral administrativa; velar por la buena gestión y la legalidad en el uso del patrimonio público, el cumplimiento y la aplicación del principio de legalidad en toda la actividad administrativa del Estado, e igualmente promover la educación como proceso creador de la ciudadanía, así como la solidaridad, la libertad, la democracia, la responsabilidad social y el trabajo.

La sola lectura el precepto constitucional transcrito revela que se atribuye a los órganos del Poder Ciudadano, especialmente al Consejo Moral Republicano, la tutela y el cuidado de intereses públicos específicos, como la ética pública, la moral administrativa, el respeto al principio de legalidad administrativa y la promoción de la educación como proceso creador de la ciudadanía. Por lo tanto, al atribuirse el cuidado de esos intereses públicos concretos, se configuran funciones administrativas, en virtud de que los órganos del Poder Ciudadano, además las ejercen mediante potestades administrativas, tal como se desprende de los artículos 275 y 277 ejusdem. Escapa a los objetivos de este trabajo entrar a examinar las atribuciones de los demás órganos de este Poder: Ministerio Público, Contraloría General de la República y Defensoría del Pueblo, los cuales tienen funciones propias en cuanto tales, que exceden las generales antes transcritas atribuidas al Poder Ciudadano.

Por lo que concierne al Poder Electoral cabe señalar que sus atribuciones aparecen enumeradas en los diez numerales que integran el artículo 293 constitucional, y su examen evidencia que la mayoría de ellas se inscriben en el concepto de "*función administrativa*" en el sentido descriptivo expuesto precedentemente. En efecto, todas ellas, revelan la voluntad de la Constitución de atribuirle la tutela y cuidado de intereses públicos concretos a los órganos del Poder bajo examen (organización, administración y dirección de los procesos electorales y de referendos que se celebren en el país, organización, dirección y supervisión del registro electoral, y organización, inscripción y registro de las organizaciones con fines políticos).

De modo, pues, que el anterior examen sucinto realizado tanto desde el punto de vista orgánico, como sustantivo, de los Poderes Ciudadanos y Electoral, conduce a sostener que los órganos de dichos Poderes son reconducibles al complejo orgánico denominado Administración Pública, y que sus atribuciones encuadran en el concepto de "*función administrativa*" recogido en el presente trabajo, por tanto, se puede concluir señalando que entre las funciones administrativas del Estado están comprendidas la casi totalidad de las ejercidas por los Poderes Ciudadano y Electoral.

BIBLIOGRAFÍA

BREWER, ALLAN. *Derecho Administrativo*. Tomo I. UCV. Caracas, 1975.

___, *Fundamentos de la Administración Pública*. Editorial Jurídica Venezolana. Caracas, 1984.

BASSI, FRANCO. *Contributo allo estudio delle funzione dello Stato*. Giuffrè. Milano, 1969.

CASSESE, SABINO. *Las Bases del Derecho Administrativo*. Instituto Nacional para la Administración Pública. Madrid, 1994.

CERULLI IRELLI, VINCENZO. *Corso di Diritto Amministrativo*. Giapichelli Editori. Torino, 1997.

DE LAUBADERE, ANDRE. *Traité de Droit Administratif*. Librairie Générale de Droit et de Jurisprudence. París, 1976.

DUGUIT, LEON. *Las transformaciones del Derecho Público*. Editorial Francisco Beltrán. Madrid, 1933.

ENTRENA CUESTA, RAFAEL. *Curso de Derecho Administrativo*. Volumen I. Tecnos. Madrid, 1989. Novena edición.

GARCÍA DE ENTERRÍA, E. y TOMAS-RAMÓN FERNÁNDEZ. *Curso de Derecho Administrativo I*. Civitas. Madrid, 1997.Octava edición.

GARCÍA DE ENTERRÍA, EDUARDO. *Hacia una nueva Justicia Administrativa*. Civitas. Madrid, 1989.

GIANNINI, MASSIMO. *Premisas Sociológicas e Históricas del Derecho Administrativo*. Instituto Nacional de la Administración Pública. Madrid, 1987.

___, *Derecho Administrativo*. Instituto Nacional de la Administración Pública. Madrid, 1991.

___, *Diritto Amministrativo*. Giuffrè. Milano, 1970.

GONZÁLEZ PÉREZ, JESÚS. *Comentarios a la Ley de la Jurisdicción Contencioso Administrativa*. Civitas. Madrid, 1998. Tercera edición.

GONZÁLEZ PÉREZ, FRANCISCO GONZÁLEZ NAVARRO y OTROS. *Comentarios a la Ley 4/1999 de 13 de enero, de modificación de la Ley 30/1992*.Civitas. Madrid, 1999.

JEZE, GASTÓN. *Los Principios Generales del Derecho Administrativo*. Editorial Depalma. Buenos Aires, 1954.

KELSEN, HANS. *Teoría Pura del Derecho*. Editorial Universitaria de Buenos Aires. Buenos Aires, 1981.

MARIENHOFF, MIGUEL. *Tratado de Derecho Administrativo Tomo I*. Abeledo - Perrot. Buenos Aires, 1964.

MAZZAROLLI L. G. PERICU y OTROS. *Diritto Amministrativo I*. Monduzzi Editore. Firenze, 1993.

MARTÍN MATEO, RAMÓN. *Manual de Derecho Administrativo*. 18° ed. Editorial Trivium. Madrid, 1996.

MERKL, ADOLFO. *Teoría General del Derecho Administrativo*. Editorial Revista de Derecho Privado. Madrid, 1935.

MOLES CAUBET, ANTONIO. "Lecciones de Derecho Administrativo". En *Revista de la Facultad de Ciencias Jurídicas y Políticas* N° 84. UCV. Caracas, 1992.

NIETO, ALEJANDRO. "La Administración sirve con objetividad los intereses generales". En *Estudios sobre la Constitución Española en homenaje al profesor Eduardo García de Enterría*. Civitas. Madrid, 1991.

ORLANDO, V. E. *Diritto Pubblico Generale*. Giuffrè. Milano, 1940.

PARADA. RAMÓN. *Derecho Administrativo I*. Marcial Pons. Madrid, 1997.

PAREJO ALFONSO, LUCIANO. *El Concepto de Derecho Administrativo*. Editorial Jurídica Venezolana. Caracas, 1984.

RIVERO, JEAN. *Derecho Administrativo*. UCV. Caracas, 1984.

ROMANO, SANTI. *Corso di Diritto Amministrativo*. Cedam. Padova, 1937.

SANTAMARÍA PASTOR, JUAN. *Fundamentos de Derecho Administrativo I*. Centro de Estudios Ramón Areces, S.A. Madrid, 1991.

SAYAGUES LASO, ENRIQUE. *Tratado de Derecho Administrativo*. Edición del autor. Montevideo, 1963.

ZANOBINI, GUIDO. *Corso do Diritto Amministrativo*. Giuffrè. Milano, 1958.

CAPÍTULO II: DERECHO ADMINISTRATIVO. ETAPAS. SUPUESTOS HISTÓRICOS Y SOCIOECONÓMICOS

I. POLÉMICA DOCTRINARIA ACERCA DEL PERÍODO HISTÓRICO EN QUE NACE EL DERECHO ADMINISTRATIVO

Conviene recordar que el Derecho Administrativo es una disciplina jurídica reciente, y hasta puede calificarse de novísima si se compara con el Derecho Civil. Sin embargo la determinación de lo que puede denominarse su *"fecha de nacimiento"* o su *"origen histórico"* ha generado una intensa e interesante polémica entre los autores. Así la corriente mayoritaria -propugnadora de la tesis considerada como clásica- apareja el nacimiento del Derecho Administrativo al inicio de las llamadas *"revoluciones burguesas"*, y más concretamente a la Revolución Francesa. Entre los partidarios de esta tesis encontramos a notables juristas de distintas épocas y países. Por ejemplo, en Francia pueden mencionarse, entre otros, a HAURIOU, DUGUIT, RIVERO y WEIL; en Italia a SANTI ROMANO, ZANOBINI y GIANNINI; en Alemania, a MAYER y a MERKL y; en España, a GARCÍA DE ENTERRÍA y a GARRIDO FALLA.

La otra tesis, cuyo postulado es absolutamente contrario a la primera, en virtud de que niega categóricamente que el Derecho Administrativo haya surgido como una derivación o consecuencia de la Revolución Francesa, sostiene que el verdadero origen de dicha disciplina jurídica debe buscarse en el estadio anterior a la Revolución Francesa, esto es, en el Estado Moderno o *"Antiguo Régimen"*, ya que el examen del asunto en el contexto del desarrollo histórico de ambos períodos lo que revela, según los partidarios de esta postura doctrinaria, es la existencia de un proceso de continuidad y perfeccionamiento de las instituciones básicas del Derecho Administrativo durante la Revolución Francesa, precisamente porque habían surgido durante el período histórico correspondiente al Estado Moderno (Absolutismo). Entre los autores partidarios de esta corriente se destacan, entre otros, en España, GALLEGOS ANABITARTE, en Francia, JEAN-LOUIS MESTRE, y en Italia, con matices, CANNADA BARTOLI.

II. SÍNTESIS DE AMBAS TESIS

1. Tesis clásica o mayoritaria (origen del Derecho Administrativo con el advenimiento del Estado de Derecho)

Como expusimos anteriormente la *"tesis clásica"* postula que el Derecho Administrativo nace con la Revolución Francesa, o lo que es lo mismo con el llamado "*Estado de derecho*", debido a que el fundamento mismo de dicha disciplina jurídica radica en determinados principios fundamentales que sirvieron de soporte a ese movimiento revolucionario, tales como el de separación de poderes, el de legalidad, y el de reconocimiento de los derechos ciudadanos (libertad, igualdad, propiedad, etc.), los cuales encuentran expresión concreta, en lo que a justicia administrativa se refiere, en la separación de las funciones judiciales y administrativas establecida mediante la Ley 16-24 de agosto de 1790 (art. 13).

Por medio de esa ley, como veremos más adelante, se sustrae la actuación de la Administración de la esfera de competencia de los Tribunales, configurándose de esa manera una especie de juzgamiento por la propia Administración, debido a que se atribuye a los Directorios de Distrito y Departamento (nivel local) y a los Ministros (nivel central), la función de decidir los recursos que interpusiesen los administrados contra la Administración (justicia administrativa).

Posteriormente, atendiendo a la referida separación de funciones la Ley Napoleónica de Organización Administrativa, de 17-02-1800, confiere la mencionada competencia a los Prefectos, a nivel local, previa asesoría de los Consejos de Prefectura, y la Constitución del Año VIII (1800) se la atribuye a los Ministros, a nivel central, pero con la asesoría del Consejo de Estado creado por ese mismo instrumento jurídico; por consiguiente, resultaba condición de validez del acto mediante el cual un Ministro decidía la impugnación interpuesta por un ciudadano, que ese Ministro conociera previamente la opinión del Consejo de Estado, que en realidad era el órgano encargado de elaborar los proyectos de decisiones, de tal modo que el Ministro resolvía, pero su resolución estaba preparada por un órgano especializado jurídicamente.

La importancia que jugó el Consejo de Estado en el nacimiento y posterior consolidación del Derecho Administrativo como disciplina jurídica, queda reflejada emblemáticamente en la posición de WEIL (1994), quien la expone en los siguientes términos:

> De ahí que fuese rápidamente establecida la no aplicación en los litigios entre la administración y los particulares, de las normas del Código referentes a arrendamientos de servicios, contratos y res-

> ponsabilidad. Sustraída a los tribunales, la administración se veía por lo mismo sustraída también al Derecho Civil. Y es así, como el Consejo de Estado forjó, actuando ante cada caso concreto, las reglas aplicables a la administración, y como se fraguó la existencia de un Derecho Administrativo autónomo; es decir, de un derecho que, ciertamente, podría tener alguna semejanza en algunos casos concretos con el Derecho Civil, pero que no derivaba su autoridad del Código Civil. El Consejo de Estado ha segregado el Derecho Administrativo como una glándula segrega su hormona; la jurisdicción ha precedido el derecho y, sin aquélla, éste no hubiese nacido.

De modo, pues, que conforme a la tesis en comento, de la cual WEIL –recordamos– es uno de sus adherentes, el nacimiento del Derecho Administrativo está directamente vinculado, en una relación causa efecto, con el advenimiento de la Revolución Francesa, pues la conjugación y aplicación en la sociedad francesa de los principios informadores, antes citados, de dicha Revolución, permitió, en criterio de la doctrina española, el "*embridamiento del Poder*", en virtud de que se puso fin a la arbitrariedad de la monarquía, así como a la concentración del poder, y al mismo tiempo fueron reconocidos los derechos ciudadanos, abriendo cauces legales para su ejercicio, todo lo cual posibilitó, o mejor dicho, generó el surgimiento de este nuevo *corpus jurídico*, sustancialmente distinto al Derecho Civil.

2. Tesis minoritaria (origen del Derecho Administrativo en el Estado Moderno o Absoluto)

Esta tesis postula como premisa fundamental que el Derecho Administrativo surgió en el "*antiguo régimen*", esto es, en el denominado Estado Moderno, Estado Absoluto o "*Estado Policía*", en razón de que principios como la división del poder así como los límites del mismo, ya estaban presentes en el referido régimen; por lo tanto, su aplicación es anterior a la fecha de inicio de la Revolución Francesa. Todos los autores partidarios de esta posición utilizan como argumentos básicos, las tesis esgrimidas por ALEXIS DE TOCQUEVILLE en la obra "*L' Ancien Régime et la Révolution*", escrita en la década de los treinta del siglo XIX, quien en criterio de CARMEN CHINCHILLA (1992) sostenía que la centralización, la tutela administrativa y la justicia administrativa eran obras del Antiguo Régimen, y no de la Revolución Francesa.

Uno de los autores, como expresamos precedentemente, que se inscribe en esta línea de pensamiento es el español GALLEGOS ANABITARTE (1971), quien siguiendo a TOCQUEVILLE afirma que en la Monarquía Francesa ya existía una jurisdicción de autoridades reales para asuntos públicos administrativos, semejante a la que será instaurada después de la Revolución. De otro lado, el autor francés JEAN-LOUIS MESTRE (1985) es partidario de la existencia de la autonomía del Derecho Administrativo durante el Antiguo Régimen porque, en su criterio, durante ese período se aplicaban a la Administración verdaderas reglas de derecho, las cuales tenían una finalidad propia, y resultaban sustancialmente distintas a las del Derecho Civil, debido a que esa finalidad consistía precisamente en colocarle límites al poder. Por esa razón concluye predicando la existencia de la disciplina, y destaca que los juristas del Estado Moderno, a pesar de que conocían sus principios y particularidades, desconocían, en cambio, la expresión "*Derecho Administrativo*", la cual viene aparecer por primera vez en el siglo XIX.

Finalmente, el autor italiano CANNADA BARTOLI (1989) participa de esta tesis, pero lo hace con importantes matizaciones, ya que si bien no admite totalmente, tampoco niega en forma absoluta, la influencia de la Revolución Francesa en el nacimiento del Derecho Administrativo. En efecto, sostiene, en ese orden de ideas, que en realidad debe hablarse de una relación de continuidad entre lo ocurrido en el Antiguo Régimen, y lo que posteriormente sucede con el advenimiento de la Revolución, debido a que en el primero nace realmente la disciplina, y en la segunda sus principios fundamentales. Esta afirmación que revela la aludida matización queda gráficamente reflejada en la siguiente expresión del citado autor:

> La lección de Tocqueville no permite, sin embargo, que la continuidad lo explique todo y reduzca la aportación de la Revolución Francesa a retoques de lo que ya existía (...) en los hombres del Antiguo Régimen, el puesto que la noción de Ley debe ocupar en el espíritu humano estaba vacante.

Hasta aquí nos hemos limitado a exponer en forma resumida las premisas fundamentales que sirven de sustento a ambas tesis, así mismo transcribimos algunas ideas de autores que apoyan una u otra, pero debe quedar claro que escapa a los objetivos del presente libro, hacer un estudio pormenorizado de las distintos argumentos, o de los argumentos fundamentales que concurren a respaldar a la tesis clásica, o a la tesis que apareja el nacimiento del Derecho Administrativo al Antiguo Régimen. En todo caso los lectores tendrán la posibilidad de formarse una mediana idea en torno a una u otra, porque a continuación pasamos a realizar una apretada síntesis histórica de los supuestos que condicionaron el nacimiento del Derecho Administrativo, ya visto como *corpus* jurídico especial, o como disciplina científica, desde la perspectiva del siglo XIX, lo que impone un examen muy rápido de los aspectos más relevantes –a los efectos de reflejar el contenido de este tema del Programa de Administrativo I–, del Estado Moderno y del Estado Liberal Burgués.

III. ESTADO MODERNO (ANTIGUO RÉGIMEN), ESTADO ABSOLUTO O ESTADO POLICÍA Y SU RELACIÓN CON EL NACIMIENTO DERECHO ADMINISTRATIVO

1. Ubicación histórica del Estado Moderno

Es preciso advertir que la expresión Estado Moderno suele ser utilizada por los autores para referirse a la organización política instaurada en Europa desde los años finales del siglo XV hasta fines del siglo XVIII. Cabe expresar que si se pretendieran establecer algunos hitos más precisos acerca de su vigencia cronológica podría pensarse en dos acontecimientos históricos de suma importancia: el descubrimiento de América (1492) y el inicio de la Revolución Francesa (1789). De otra parte, es cierto que también los autores prefieren denominarlo "*Estado Policía*" y "*Estado Absoluto*", denominaciones estas que tienen que ver más con el período histórico en que se ubica, que con las características sustantivas del mismo, e inclusive normalmente también suele encontrarse en los libros la expresión "*Antiguo Régimen*", para referirse al Estado Moderno, lo que no deja de evidenciar una paradoja, por lo menos terminológica ("*Estado Moderno – Antiguo Régimen*"), razón por la cual algunos historiadores han propuesto denominarlo más bien período de la Monarquía Absoluta.

Una vez realizado el deslinde cronológico y terminológico, cabe señalar que los autores precisan que el Estado Moderno surge de las cenizas del régimen feudal, lo que va a originar el nacimiento de los Estados Nacionales y la concentración de todas las potestades y funciones estatales en el Rey o Monarca, quien ostenta la soberanía a título personal, en virtud de un poder divino, por lo cual está por encima de la Ley, y desvinculado totalmente de ella. Más adelante corresponderá examinar cada una de esas características, a los fines de relacionarlas con el tema que nos ocupa.

2. Período histórico que precedió al Estado Moderno

Como es sabido por todos, con la caída del Imperio Romano de Occidente (año 476 d. C) se inició el período histórico de diez siglos conocido como Edad Media, en el cual se asiste a la desintegración del Sacro Imperio Románico Germánico, y a la división de su territorio en numerosos reinos, pero igualmente es este el período en que tiene lugar la formación de los denominados Estados Nacionales. Los historiadores suelen dividirlo, atendiendo a la evolución histórica europea, en Alta Edad Media, la cual se extendería hasta el siglo X, y Baja Edad Media que llegaría hasta mediados del siglo XV. A los fines que nos interesan cabe resaltar que durante los primeros tiempos de este período se produce un proceso de desurbanización, y consiguientemente uno de ruralización, el cual se acentúa en los inicios del siglo VII, debido al colapso de los circuitos comerciales en toda Europa, pues las comunicaciones terrestres en la práctica quedan interrumpidas, debido a la inseguridad que generaba la dispersión del poder político (ausencia de un poder central), a lo que debe añadirse que la irrupción del Islam y de los piratas sarracenos que terminan por ponerle fin al escaso comercio existente entre el Mediterráneo y el Imperio Bizantino. Estas y otras situaciones privilegian al sistema feudal, en razón de que los grandes latifundios devienen en verdaderas entidades autárquicas desde el punto de vista económico, desconectándose de los órganos centrales de los reinos, lo que hace que el ejercicio del poder político por parte de los titulares de los reinos se minimice, ya que sus fines institucionales tienen muy poca relevancia en la sociedad, y lo que es más importante, como señala Santamaría (1991), el poder público se patrimonializa, pues:

> El desplazamiento del poder hacia los latifundios rurales hace que sus propietarios lo ejerzan en virtud de los mismos títulos jurídicos por los que poseen la tierra; el poder sobre el territorio no será ya un poder abstracto y público de dominación, sino un conjunto de facultades derivadas del derecho de propiedad; y el poder sobre las personas que trabajan en la explotación agraria será el derivado de contratos de arrendamiento, o de pactos derivados a través de los cuales los colonos buscan la protección física del señor a cambio de jurarle fidelidad (hechos éstos en los que se encuentra el origen del sistema feudal).

Por otra parte, es preciso destacar que en la Alta Edad Media la sociedad estaba sumamente influenciada por el sentimiento religioso, lo que originaba el predominio de una concepción teocéntrica del Derecho, en virtud de que Dios y Derecho eran dos ideas indisolublemente vinculadas; además, pese a que todos los hombres de la época se sentían como integrantes de la comunidad de la Cristiandad, en la cual regía en forma universal el derecho natural, el derecho divino y el derecho canónico, igualmente existía, quizás debido a las dificultades en las comunicaciones, una inmensa cantidad de ordenamientos particulares que se correspondían con la jurisdicción de cada reino, todos los cuales, sin embargo, estaban impregnados de la aludida concepción teocéntrica. Por tanto, en esa época no resulta posible hablar de la existencia del Derecho Público y mucho menos de Derecho Administrativo.

La situación descrita se mantiene con mayores o menores altibajos en toda Europa hasta el siglo XI, cuando comienzan a sucederse una serie de importantísimos acontecimientos, entre los cuales cabe citar la denominada revolución agrícola (arado con ruedas, sustitución del buey, utilización de instrumentos de cultivo de hierro, etc.), originándose de esta manera excedentes en la producción, lo que aunado a la reapertura de los circuitos comerciales dio nueva vida al comercio. A estos factores se suma la crisis en las relaciones Papado-Imperio, todo lo cual posibilita el acrecentamiento del poder político en los Monarcas de cada reino, quienes frente a los poderes supraestatales del Imperio y del Papado, cada día adquieren mayor independencia, en virtud de que cobra vigencia la doctrina del rechazo frente a toda intervención externa. Pero más importante aún resulta la consolidación de ese poder en el interior de los reinos, esto es, frente a los señores feudales, ya que el Rey se coloca a la cabeza de todo el sistema, y en virtud del aludido origen divino de su poder, los mencionados señores pasan a ser sus vasallos, y a deberle obediencia.

Hay que añadir otros dos acontecimientos importantes que se inician en este período: la fundación de ciudades, alrededor de las cuales gira la clase naciente de la burguesía mercantil y artesanal, y la constitución de Asambleas Estamentales, con participación de la burguesía. Durante estos primeros tiempos todavía el Rey no llega a concentrar la totalidad de los poderes, sino que comparte algunos de ellos con las aludidas Asambleas Estamentales, las cuales logran obtener de sus enfrentamientos con los reyes, las denominadas "*declaraciones de derecho de los súbditos*" siendo quizás una de las más famosas la denominada Carta Magna de Juan sin Tierra de Inglaterra, en el siglo XIII (1215); de modo pues, que en este período surge un poder dual, constituido por el Rey y por las Asambleas Estamentales, cuyas relaciones aparecían regidas, en gran parte, por las mencionadas declaraciones.

Ya para finales del siglo XV las monarquías nacionales aparecen consolidadas, tanto externa como internamente, al punto que las fronteras territoriales aparecen delimitadas, y lo que es más importante todavía: prácticamente desaparece el aludido régimen dualístico (Rey-Asamblea Estamental), y pasa el Rey a concentrar todos los poderes y funciones estatales; además dichas monarquías comienzan a contar con una organización administrativa, caracterizada por las relaciones jerárquicas que se establecen entre el Poder Central y los delegados locales.

En esta etapa de la Edad Media se produce una transformación del sistema jurídico, pues como consecuencia de la integración de los Estados Nacionales comienza a notarse una tendencia creciente a la formación de Derechos Nacionales, imponiéndose, además, como producto de la secularización de la vida y del mismo derecho, que este debe ser una creación del hombre, y no algo dado por Dios, o una emanación espontánea de la sociedad. Así mismo las tesis que fundamentaban el poder real del emperador son trasladadas al orden interno, y van a servir para negar cualquier poder extraterritorial (*rex in regno suo est imperator*) e internamente tal negativa encuentra respaldo en la doctrina del *dominus*, pero no por razón de la propiedad, sino más bien por la protección que el Rey brinda a los súbditos.

Sin duda que en este período histórico se transforma el régimen jurídico del poder público, e inclusive llega a producirse un notable avance en la ciencia jurídica, debido a la fundación de la Universidad de Bologna, el descubrimiento de textos de la compilación Justinianea, y la iniciación de la enseñanza del Derecho mediante la glosa de los textos jurídicos, sin embargo, todavía nada hace pensar en el nacimiento, existencia o vigencia del Derecho Administrativo, pues las obras de los autores que surgen con los referidos acontecimientos están dedicadas al Derecho Civil y al Derecho Canónico.

En suma, todo el conjunto de acontecimientos sucintamente reseñados, así como otros igualmente relevantes, pero que no es el caso mencionar, condujeron al surgimiento del llamado Estado Moderno, Estado Absoluto, Estado Policía o Antiguo Régimen.

3. Aproximación al Estado Moderno, Absolutista o "Policía" (Antiguo Régimen)

A. Distintas denominaciones

Los tratadistas suelen utilizar las expresiones "*Estado Moderno*" "*Absoluto o Absolutista*" y "*Estado Policía*", e inclusive "*Antiguo Régimen*", para referirse a las particulares características que adoptaron las Monarquías Nacionales Europeas después del derrumbe del régimen feudal, en el período comprendido entre finales del siglo XV y finales del siglo XVIII. Ahora bien, la denominación Estado Moderno obedece fundamentalmente a la asociación que se hace –debido a la coincidencia histórica– con el período que algunos historiadores denominan "*Tiempos Modernos*", que adviene inmediatamente que se supera el período feudal, y se extiende hasta finales del siglo XVIII. Pero lógicamente más que a una referencia meramente histórica, el concepto aparece asociado a características esenciales que distinguen el ejercicio del poder político y administrativo por parte del Monarca, del ejercido en épocas anteriores. Concretamente, en ese orden ideas, cabe observar que el Rey asume la totalidad de las funciones estatales, que en la etapa inmediatamente anterior compartía medianamente con las Asambleas Estamentales (concentración del poder monopólicamente por el Rey), extendiéndose las manifestaciones de ese poder a todos los órdenes de la vida social, lo que a su vez incrementa significativamente las actividades estatales; de allí el nombre de Estado Absoluto, pues el titular del poder –monarca– no admite compartirlo con ninguno, ni tampoco acepta límites al ejercicio del mismo.

De otra parte, en principio la denominación "*Estado Policía*", solo puede entenderse como equivalente a "*Estado Arbitrario*", esto es, aquel en el que el poder carece de límites, y por consiguiente, el Monarca se encuentra total y absolutamente desvinculado de la Ley. Por consiguiente, la mencionada expresión no debe confundirse con la ciencia de la Policía o el Derecho de Policía que encontró un significativo desarrollo fundamentalmente en los Estados Germánicos y en Italia, pues dicha noción, producto de la Ilustración, como sostiene Parejo Alfonso (1984), aludía al tratamiento teórico y sistemático de toda la actividad pública. En igual sentido se orienta Giannini (1991), quien expresa que la "*policía*" se define "*por su significado*", entonces común, hoy solo técnico, de actividad dirigida a la ordenada convivencia de la colectividad. La ordenada convivencia está considerada como ligada indisolublemente a la promoción del bienestar, de donde la actividad de policía llega a transformarse en "*actividad de bienestar*".

De modo, pues, que la expresión "*Estado Policía*" equivale a Estado arbitrario, porque los actos de sus titulares aparecen totalmente desvinculados del derecho, por lo que resultan inimpugnables; luego, decir "*Estado Policía*" resulta igual a decir Estado Absoluto. Sin embargo, es preciso aclarar que la denominación al parecer proviene de la literatura jurídica alemana, derivada del concepto de policía que se manejó en algunos de los Estados Germánicos -como se indicó precedentemente-, en los cuales se identificaban los fines del Estado con el concepto de policía antes expuesto (tratamiento teórico y sistemático de la actividad pública); luego, únicamente en el contexto de esa doctrina y de ese marco socio histórico cobraría pertinencia conceptual -siempre reservándola para determinados Estados Germánicos- la expresión "*Estado Policía*", lo que evidentemente constituiría una excepción un tanto sofisticada de su uso; de allí que en términos generales debe entenderse como equivalente a "*Estado Absoluto*" o "*Estado Arbitrario*". No obstante la anterior aclaratoria permite ubicarse conceptualmente frente a la mentada expresión.

Por otro lado, la expresión "*Antiguo Régimen*" comenzó a utilizarse durante la Revolución Francesa, con una carga emocional y política, para contraponerlo al nuevo régimen (Estado Liberal Burgués de Derecho), en función de las notas esenciales que caracterizaban a dicho régimen (desvinculación de la Ley, concentración del Poder y desconocimiento de los derechos ciudadanos), y así se continuó usando en tiempos ulteriores, pasando de esa manera a los textos históricos, politológicos y jurídicos.

B. Bases doctrinarias (políticas-económicas) del Estado Moderno

Los autores coinciden en señalar como las bases político-filosóficas más importantes del Estado Absoluto, a las teorías de la soberanía, de la razón de Estado y del origen divino del poder de los reyes, y como base económica el sistema mercantilista. Es cierto que todas las señaladas bases doctrinarias obedecen de alguna manera, o mejor dicho, constituyen especies de respuestas a la situación de violencia presente en la mayoría de los pueblos en esta época (revueltas y guerras civiles), debido a la inexistencia de un poder fuertemente centralizado (dispersión del poder). En la búsqueda de una solución a esta situación comienzan a esbozarse tesis que propugnan la unificación y concentración de todos los poderes en el Monarca, pues para la época el poder del Papado y del Imperio resultaban casi irrelevantes. Es así como surge la teoría de la soberanía formulada por Bodino -quien escribe a finales del siglo XVI-, citado por Brewer (1980), la cual era conceptuada en su obra intitulada los "*Seis Libros de la República*", como lo determinante o esencial en el poder político de un Estado y definida como "*el más alto, absoluto y perpetuo poder sobre los ciudadanos de una república*". Absoluto en virtud de que era superior a cualquier otro, y además pertenecía única y exclusivamente al Monarca, con ilimitada libertad, sin compartirlo con ninguna otra persona o institución. Y perpetuo debido a su carácter permanente, y además porque trascendía a la persona concreta que lo ejercía.

Contribuye a reforzar ideológicamente este régimen la famosa tesis de la "*Razón de Estado*" de Maquiavelo -quien escribió su obra fundamental "*El Príncipe*" a mediados del siglo XVI-, autor que si bien vivió en Italia, país en el cual el régimen feudal nunca tuvo las características del resto de Europa, de todas maneras dicha tesis sirvió de fundamento político ideológico al Estado Moderno, por cuanto partía de la premisa que postulaba que el Estado debía ser manejado conforme a una moral particular, presidida por los principios de posibilidad o necesidad, desatendiendo de esa manera cualquier otro tipo de exigencias, o dicho en otras palabras, por una moral distinta a la de los hombres que lo integraban, la cual resultaba susceptible de sacrificarse cuando el interés del Estado así lo impusiera. A las tesis anteriores se añade el denominado postulado teocrático o del origen divino de los reyes, cuya base radicaba en sostener que el poder de los monarcas derivaba de Dios, razón por la cual toda resistencia al Rey era considerada como una rebelión contra Dios.

La base económica del Estado absoluto es el sistema mercantilista que se asienta en la necesidad de acumulación de riquezas (metales preciosos por parte de los países), lo que conduce a que los Estados para lograr ese objetivo privilegien las exportaciones sobre las importaciones, produciéndose de esa manera el tránsito de una economía agrícola a una comercial, originándose un intenso proceso de intervencionismo estatal, bien directamente, asumiendo en algunos casos el control de la producción de determinados productos de exportación, o indirectamente, estimulando mediante el desgravamen fiscal, o los incentivos, ciertas industrias, cuya producción estaba destinada fundamentalmente a la exportación. Demás está decir que un régimen económico que estaba basado fundamentalmente en el intervencionismo estatal debía tener una importante incidencia en la estructura organizativa de la Administración Pública, como en efecto la tuvo, lo que da pie al surgimiento de una fuerte burocracia real y estamental, así como también al fenómeno de la *"patrimonialización de los oficios"*, o sea, la venta de los oficios públicos a los integrantes de la burguesía, como una forma de financiamiento del Estado.

De modo, pues, que las doctrinas políticas y económicas anteriormente reseñadas en forma sucinta, van a constituir los fundamentos del Estado Moderno o Absoluto, pero su expresión más característica, o mejor la que más nos interesa a los fines de lograr los objetivos del programa, es la concentración de todos los poderes en la figura del monarca, y su consiguiente testimonio jurídico.

C. Concentración de todos los poderes estatales: posición jurídica del Rey (desvinculación de la Ley)

Ya hemos dicho que donde mejor se visualiza el concepto de Estado Absoluto es en la persona del Rey, quien encarna todos los poderes, incluyendo aquellos que en el siglo anterior habían logrado reivindicar las asambleas estamentales; por tanto, resultaba obvio que esa situación modificara la posición jurídica del Monarca. Tal concentración de poderes queda reflejada emblemáticamente en un pasaje que atribuye BERTHELMY –citado por ENTRENA CUESTA (1991)– a uno de los cortesanos de Luis XIV, en los siguientes términos: "*Todos vuestros súbditos os deben su persona, sus bienes, su sangre, sin tener derecho a pretender nada. Sacrificando todo lo que ellos tienen cumplen con su deber y no os dan nada, porque todo es vuestro*".

Por consiguiente, tan especial situación condujo a la aludida modificación de la posición jurídica del Monarca. En efecto, como este era el titular de la soberanía, conceptuada como poder absoluto, según la tesis de BODINO, de dicha titularidad derivaba una consecuencia inmediata: su desvinculación de la Ley, pues como sostiene SANTAMARÍA (1991) "*el rey es superior a la ley, no está obligado por ella; el mismo es autor de la ley, y nadie puede quedar vinculado por sus propios mandatos*", no obstante acota el mismo autor, que esa desvinculación era de la Ley humana, no del Derecho Natural, del Divino ni del "*derecho de gentes*", los cuales sí lo obligaban, ya que debe recordarse, como expusimos precedentemente, que tanto el derecho propiedad como los contratos eran instituciones de los aludidos Derecho Natural y de "*gentes*", sobre las cuales, en principio, el Rey estaba impedido de actuar. Por esa razón la doctrina admite que ciertamente existían unos límites excepcionales a la actuación de los Monarcas. Sin embargo, dichos límites podían ser franqueados mediante determinados instrumentos que a tal efecto podía utilizar el monarca, destacándose entre ellos los llamados *rescriptos contra jus naturale ac gentium*.

Solo si estos rescriptos eran dictados *cum causa rationali* producían el referido franqueamiento, o expresado de otra manera, el quebrantamiento del derecho (de propiedad y de los contratos) del súbdito, pero hay que destacar que en esos casos tal quebrantamiento generaba un deber de indemnización a favor de este, lo que sin duda constituye un antecedente de la institución que hoy conocemos como expropiación por causa de utilidad pública o social. Además, en esta época todavía sobreviven los instrumentos de intervención utilizados por los Reyes durante la Edad Media, o sea, las "*regalías*" y la *pax publica*.

Cabe recordar que durante este período si bien existían las funciones administrativas y judiciales, ambas eran realizadas por los mismos funcionarios, quienes eran delegados del Monarca, con la diferencia de que dichos funcionarios actuaban de manera diferente cuando lo hacían como titulares de órganos administrativos, de cuando lo hacían en el papel de titulares de órganos judiciales, pues en este último caso adoptaban formalidades solemnes, admitían el contradictorio y utilizaban procedimientos y formas judiciales; en cambio, en el primer caso actuaban sumariamente y sin formas judiciales.

El procedimiento mediante el cual se desenvolvían las funciones judiciales de los delegados del Rey, que constituía una especie de garantía de los súbditos (un tanto equivalente, con las naturales y grandes diferencias al "*debido proceso*"), pierde importancia en el siglo XVIII en razón de que el Monarca resuelve que las decisiones de los titulares de los mencionados órganos, cuando actuaban en sede judicial revistiesen el carácter de irrevisables, porque a diferencia de lo que ocurría en los siglos precedentes, es suprimida la apelación ante los órganos superiores, permitiéndose apelarlas únicamente ante el propio Rey. Al mismo tiempo son eliminados los procedimientos y solemnidades propios del debate de los asuntos contenciosos, es decir, que las controversias judiciales pasan a decidirse, como si fueren meros asuntos administrativos.

Pese a que la instauración y posterior desarrollo del Estado Moderno condujo, como hemos visto, a sustanciales cambios en la organización administrativa del Estado, debido al intervencionismo en la economía y a la necesaria estructura organizativa requerida para financiar a los ejércitos; sin embargo, es necesario hacer notar que esa nueva situación no dio lugar, como podría pensarse, al surgimiento del Derecho Público y mucho menos al Administrativo. En efecto, los autores europeos enseñan que todo el esfuerzo estuvo concentrado en el derecho privado y en la teoría política. No obstante, SANTAMARÍA (1991) alude al florecimiento del Derecho Público en Alemania durante este período histórico, explicándolo así:

> Alemania es, sin lugar a dudas, la patria del Derecho Público Moderno hasta la Revolución Francesa. Y ello tiene una explicación distinta de la que pueden darnos los tópicos acerca de la capacidad germana para el razonamiento abstracto: El Derecho Público es un producto intelectual sumamente delicado e inestable, que sólo puede fructificar en los regímenes políticos donde se da una limitación al poder. Y esto es justamente lo que ocurre en la Alemania del Sacro Imperio Romano - Germánico: hasta el siglo XVII existe una tensión constante entre el poder del emperador y el de los príncipes territoriales, con una división efectiva de competencias entre unos y otros; una situación que consagran los Tratados de Westfalia de 1648, que convierten al Imperio en un poco más que una Confederación de Estados; una situación, por tanto, enormemente compleja en términos jurídicos que no es de extrañar que estimulase la aparición de textos de Derecho Público.

En conclusión, la reseña anterior –en todo caso muy sucinta, y por ende parcial– sobre las principales instituciones del Estado Absoluto o Moderno, vinculadas al posible nacimiento del Derecho Administrativo, evidencia que existen pocos signos que permitan afirmar que esa disciplina jurídica tuvo su origen en el mencionado período histórico. En efecto, quizás entre ellos sea posible enumerar dos constituidos por: **a)** las precarias señales que se extraen de algunos reinos germánicos, como sostiene el autor antes citado, dirigidas fundamentalmente a preconizar la existencia de un primitivo Derecho Público, derivado de la relación de convivencia que llega a configurarse entre el Imperio y los reinos, mas en ningún caso la de un Derecho Administrativo y; **b)** la normativa dictada por el Monarca para la Administración del Estado, la cual si bien resulta semejante, por su carácter autoritario, a la que posteriormente informará el denominado régimen administrativo, a partir de la Revolución Francesa, guarda una diferencia cualitativa con ella, porque presenta la particularidad de que si bien se impone a los súbditos, resultaba inaplicable al Rey, y en definitiva a la Administración, o sea, que desconoce el verdadero sentido de la Ley. Además de las aludidas señales resulta imposible identificar otras, o mejor dicho, las fundamentales, que van a surgir durante e inmediatamente después de la Revolución Francesa; de allí entonces que la razón pareciera acompañar a la tesis –mayoritaria– que apareja el origen del Derecho Administrativo al advenimiento de la Revolución Francesa, por cuanto de la misma se derivaron sus principios e instituciones básicas, las cuales pasamos a estudiar a continuación.

4. Estado Liberal Burgués de Derecho o Estado de Derecho y el nacimiento del Derecho Administrativo

A. Planteamiento general (concepto y delimitación histórica)

Se denomina "*Estado Liberal burgués*" o Estado de Derecho, al tipo de Estado surgido con las denominadas revoluciones liberales, en especial la Francesa, que pusieron fin al Estado Absoluto o Moderno, el cual pasó a ser el "*Antiguo Régimen*", cuyos postulados económicos, jurídicos y políticos fundamentales fueron: el liberalismo, la separación de poderes, el reconocimiento de los derechos de los ciudadanos (libertad, igualdad, etc.) y la primacía de la Ley sobre los ciudadanos y el Estado. A diferencia del período histórico correspondiente al Estado Moderno, resulta muy difícil intentar colocarle hitos al Estado de Derecho, en virtud de que con la definitiva derrota de Napoleón en 1815 se produjo la denominada Restauración del antiguo régimen, y a mediados del siglo XX, concretamente después de la segunda guerra mundial, la mayoría de los Estados Europeos, pasan de Estados liberales de derecho a Estados sociales de derecho. Pero si todas esas vicisitudes históricas imposibilitan la colocación de los aludidos hitos, en cambio, no impiden afirmar que las características estructurales del Estado de Derecho se han mantenido, con mayores o menores matizaciones, incólumes desde la Revolución Francesa, inclusive durante el período en que toda la realeza europea se une a los fines de restaurar en sus tronos a los monarcas que los habían perdido como consecuencia de las Revoluciones Burguesas y de las guerras iniciadas por Napoleón, hasta la actualidad, o dicho de otra manera: los principios fundamentales del Estado de Derecho han pervivido desde la Revolución Francesa hasta nuestro tiempo.

De otra parte, los adjetivos que acompañan a este tipo de Estado ("*liberal*" y "*burgués*"), encuentran su fundamentación -el primero- en los postulados económicos filosóficos y políticos de la denominada doctrina liberal, y el segundo, debido a que correspondió a la burguesía, clase ascendente desde el punto de vista económico y social, entre otras razones por la denominada patrimonialización de los oficios, y por integrar mayoritariamente el denominado Tercer Estado en Francia, protagonizar las revoluciones burguesas. Esto es tan cierto que algunos autores (GIANNINI) suelen llamarlo también Estado monoclase o de una sola clase, en virtud del señalado predominio absoluto de la burguesía, y la exclusión del poder de las otras clases, tanto de la nobleza, como del pueblo. Suele emplearse igualmente la denominación "*Estado de derecho*" que, como veremos más adelante con mayor detenimiento, alude a la vinculación del Estado por el derecho producido por sus propios órganos, así como al reconocimiento de los derechos subjetivos de los ciudadanos.

B. Fundamentos doctrinarios (históricos, políticos, jurídicos y económicos) de la Revolución Francesa (Estado de Derecho)

La Historia demuestra que casi siempre en un período histórico se gestan las ideas y movimientos que van a conducir al nacimiento de uno nuevo. Ese fenómeno no dejó de ocurrir en el caso del Estado Moderno, pues en el campo político prontamente comenzaron a surgir tesis que abogaban, no por la destrucción de la Monarquía absoluta, sino más bien por colocarle límites al ejercicio del poder por parte del Rey. Es así como en Inglaterra LOCKE postula en 1690 la tesis de la división de los poderes, y propone que sean tres los poderes: el Poder Legislativo encargado de producir el derecho, incluyendo en el mismo las funciones del Poder Judicial; el Poder Ejecutivo constituido por el respaldo de la fuerza al Poder Legislativo, y el Federativo, cuya función es la paz, la guerra y las alianzas, y en definitiva es, en criterio del citado autor, el "*poder de relación externa de la comunidad como un todo*".

MONTESQUIEU en su libro "*El Espíritu de las Leyes*" publicado en 1748, retoma la tesis del autor inglés con muy pocas diferencias, en virtud de que igualmente postula la existencia de tres poderes: el Legislativo que se corresponde con el Legislativo de LOCKE, excluyendo la función judicial a la cual confiere autonomía atribuyéndosela al Poder Judicial, desconocido como tal en la tesis del autor inglés, el cual va a ser el segundo Poder que propone el francés, y finalmente el Poder Ejecutivo que comprende tanto el Poder Federativo como el Poder Ejecutivo del inglés (ejercicio de la coacción). Quizás la diferencia entre estos dos autores estribe en que MONTESQUIEU era partidario de la independencia de los poderes, o mejor dicho de su igualdad, pues de lo contrario resultaría que el poder no podría frenar el poder, postulado este inexistente en la tesis de LOCKE.

En realidad la tesis de la división de los Poderes postulada por LOCKE y MONTESQUIEU, aplicada en Inglaterra y en la Constitución Norteamericana de 1787, si bien constituyó, como expresamos antes, uno de los postulados políticos de la Revolución Francesa, fue transformada por este Movimiento en "*separación de poderes*", como lo veremos más adelante. Sin embargo, cabe observar desde ya, que a diferencia de la interpretación que se le dio durante la vigencia del Estado Absoluto a la tesis comentada, con la cual se pretendía más bien organizar el poder para el logro de ciertos objetivos, en la Revolución Francesa fue convertido en el principio sobre el cual se articuló toda la doctrina que preconizaba la necesidad de eliminar la concentración de todas las potestades en la figura del Monarca, al punto que el mismo es recogido emblemáticamente en el artículo 16 de la Declaración de los Derechos del Hombre y del Ciudadano así: "*Toda sociedad en la que garantía de los derechos no se encuentra asegurada, ni determinada la separación de los poderes, no tiene constitución*" (énfasis añadido).

El otro principio clave sobre el cual se monta la Revolución Francesa es el de legalidad, construido sobre la idea de Rousseau expresada en su obra "*El Contrato Social*", publicada en 1762, atinente a la concepción de la Ley como expresión de la voluntad general, así como al carácter general de la misma. Parte el citado autor de la premisa relativa a que el hombre nace libre, pero mediante el contrato social enajena parte de esa libertad en la comunidad; por tanto, únicamente la voluntad de la comunidad, que se corresponde con la voluntad general, que se expresa en la Ley, está legitimada para restringir dicha libertad, porque al obedecer a la "*voluntad general el individuo no hace más que obedecerse a sí mismo*" o dicho de otra manera, para Rousseau la libertad era un estado anterior al contrato y a la comunidad; por consiguiente, solo admitía limitación por la voluntad general, es decir, por la Ley. Esta tesis aparece cabalmente recogida también en la Declaración de los Derechos del Hombre y del Ciudadano de 1789, en su artículo 4:

> La libertad consiste en hacer todo lo que no perjudica a otro: así, el ejercicio de los derechos naturales de cada hombre no tiene otros límites que los que aseguran a los otros miembros de la sociedad el goce de esos mismos derechos. Estos límites no pueden ser determinados más que por Ley.

Sin duda que esta concepción de la Ley, elevada, como expresamos antes, a la categoría de principio o postulado fundamental de la Revolución Francesa va a tener incidencia en la organización y en el ejercicio del Poder, pues al ser la Ley expresión de la voluntad general, lo es también de la soberanía nacional, razón por la cual vincula a los ciudadanos, pero igualmente a los titulares de los Poderes Públicos; de allí la idea de la auto vinculación de dichos poderes, por sus propios actos normativos, erigida como una condición *sine qua non* para la vigencia de un Estado de Derecho. Por lo demás esa es precisamente la ratio que va a informar el artículo 3 de la Constitución de 1791, que preceptuaba: "*No hay en Francia autoridad superior a la de la ley. El Rey no reina sino por ella, y sólo en nombre de la ley puede exigir obediencia*".

A los anteriores postulados o principios, se añade el relativo al reconocimiento de los derechos a los ciudadanos, el cual tal vez resulte más comprensible si tomamos en cuenta que su aplicación condujo a que de súbditos en el Estado Absoluto, los individuos pasan a ser *cives* o ciudadanos en el Estado de Derecho. Este principio es recogido en la citada Declaración de los Derechos del Hombre y del Ciudadano, fundamentalmente en sus artículos 1 y 2, los cuales estatuyen respectivamente: "*Los hombres nacen y permanecen libres e iguales en derecho*" y "*El fin de toda asociación política es la conservación de los derechos naturales e imprescriptibles del hombre. Estos derechos son la libertad, la propiedad, la seguridad y la resistencia a la opresión*".

Cabe acotar que durante todo el proceso revolucionario la tutela de esos derechos resulta privilegiada, pues no solo van a ser consagrados en la mencionada Declaración de los Derechos del Hombre y del Ciudadano, sino también en los distintos instrumentos jurídicos que regularon la Revolución en todas sus etapas. Además la consagración jurídica se realiza en sus tres vertientes fundamentales:

> ...de la igualdad (supresión de la servidumbre; abolición de los privilegios nobiliarios), la libertad (tanto en su aspecto político –de expresión, de reunión, de pensamiento, de libre circulación, de garantía procesal y penal– como económico –libertad de industria y comercio–) y la propiedad (SANTAMARÍA, 1991).

En fin, la consagración y reconocimiento de los citados derechos a los integrantes de la comunidad les confiere el estatus de ciudadanos, quienes van entonces a contar con un espacio que será infranqueable a los Poderes Públicos, salvo disposición en contrario de la Ley.

Finalmente, cabe destacar que la base económica del Estado de Derecho radica en el denominado "*liberalismo económico*", doctrina esta que surge para contraponerse al intervencionismo estatal generado con el mercantilismo, y que además se inscribe en el pensamiento general de la Ilustración, que en definitiva va a condicionar considerablemente el surgimiento del tipo de Estado en comento. Consideramos necesario en este punto traer a colación la forma como en dicho pensamiento –Ilustración–, según GARCÍA PELAYO (1977), era concebida la sociedad:

> ...un orden espontáneo dotado de racionalidad, pero no de una racionalidad previamente proyectada, sino de una racionalidad inmanente, expresada en leyes económicas y de otra índole, más poderosas que cualquier ley jurídica, y una racionalidad, en fin, no de estructura vertical o jerárquica, sino horizontal y sustentada capitalmente sobre relaciones competitivas a las cuales se subordinan las otras clases o tipo de relaciones. Tal estructura inmanente de la sociedad no sólo tiene una solidez superior a cualquier orden o intervención artificial, sino que genera, además, el mejor de los órdenes

posibles tanto en el aspecto económico, mediante los maravillosos resultados de la oferta y la demanda.

En el contexto de ese marco conceptual el contenido de todo el liberalismo económico quizás puede resumirse en la célebre frase "*laissez faire laissez paser, le monde va de lui meme*" (dejar hacer, dejar pasar, el mundo marcha solo), que traducía o resumía el dogma de la no intervención del Estado, que como tal implicaba la abstención absoluta de los órganos estatales en la vida económica, la cual por el juego de la oferta y la demanda se auto equilibraba, correspondiéndole a dichos órganos únicamente las funciones atinentes al mantenimiento del orden público, a la construcción de determinados tipos de obras públicas y a la defensa de las fronteras, en el entendido que el ejercicio de las mencionadas funciones tenían como finalidad el pleno ejercicio de la libertad económica (libertad de competencia).

Correspondió a ADAM SMITH iniciar la sistematización de esta concepción, quien postulaba la reducción de las funciones del Estado a las tres anteriormente señaladas, y que en esa materia (económica) la actuación estatal debía revestir un carácter enteramente residual. Una vez triunfante la Revolución Francesa se inicia la aplicación de esta doctrina, lo que en principio condujo al desmontaje de todo el aparato estatal encargado del intervencionismo económico (eliminación de los monopolios, favorecimiento de la libertad de comercio, de industria, etc.), pero de alguna manera el mismo desarrollo de la Revolución condujo prontamente, como veremos más adelante, a quebrantar parcialmente la aludida doctrina.

C. Antecedentes históricos de la Revolución relacionados con el origen del Derecho Administrativo

Una vez expuestos los fundamentos doctrinarios del Estado de Derecho, resulta necesario referirse a los antecedentes históricos más inmediatos de la Revolución Francesa, por estar muy relacionados –según la mayoría de los autores– con el nacimiento del Derecho Administrativo. A tal fin conviene recordar que en el último tercio del siglo XVIII se producen en Francia, debido al caótico estado de las finanzas públicas, gravísimos enfrentamientos entre la nobleza y la monarquía, pues la primera tenía total dominio de los *Parlements*, que eran los órganos judiciales (Tribunales) dotados además de los poderes de "*registro y de devolución*" de los actos normativos emanados del Rey. El primero consistía en la potestad de asentar en sus registros las leyes y ordenanzas emanadas del Monarca, como condición previa y necesaria para que pudieran entrar en vigencia, y el segundo, en la facultad de rechazarlas y devolverlas cuando, en criterio del Parlamento (Tribunal) contravinieran leyes fundamentales del Reino.

Ahora bien, los aludidos enfrentamientos ocurrieron en el período comprendido entre 1774 y 1789, debido a que en distintas oportunidades el Parlamento de París se negó a registrar leyes y así mismo rechazó algunas que tenían por objeto establecer un impuesto directo que recaía sobre la propiedad rústica (subvención territorial), a los fines de lograr superar el referido estado de las finanzas del Estado. Los últimos enfrentamientos tuvieron lugar cuando el Rey, ante la negativa de registrar la referida Ley, decidió suprimir el Parlamento de París, produciéndose entonces una rebelión de todos los Parlamentos de Francia, razón por la cual el Monarca se vio obligado a retirar la Ley. Una vez restaurados los Parlamentos, el Rey presentó ante el de París varios proyectos de empréstitos, los cuales también fueron rechazados, viéndose forzado a ordenar la detención de varios de sus Magistrados y a decretar una reforma judicial, mediante la cual eliminaba los referidos privilegios a los Parlamentos.

Estas medidas no fueron acatadas por los Parlamentos y la nobleza se rebeló en toda Francia contra El Rey, solicitando la convocatoria de los Estados Generales, a la cual accedió el Monarca después de muchas vacilaciones, fijando la reunión para el 01-05-1789. Después de la instalación, como es sabido el Tercer Estado o Estado Llano, integrado fundamentalmente por representantes de la burguesía, dominó a los Estados Generales, pues los representantes del clero y de la nobleza los abandonaron, iniciándose de esa manera los acontecimientos que originaron la Revolución Francesa, y el surgimiento del Estado de Derecho.

D. La tesis que postula la vigencia del Estado de Derecho como condición para el nacimiento y existencia del Derecho Administrativo

En los puntos anteriores revisamos todos los postulados que sirvieron de base a la Revolución Francesa, y ya sabemos además que la mayoría de la doctrina sostiene que con este acontecimiento histórico surge el denominado Estado de Derecho; de allí que algunos autores han pensado –relacionando esos acontecimientos históricos– que la configuración de este tipo de Estado resultó una condición necesaria para el nacimiento del Derecho Administrativo, o dicho de otra manera, que el Derecho Administrativo es un producto del Estado de Derecho. Al respecto cabe precisar que el núcleo esencial de la definición de este tipo de Estado, como enseñan ENTRENA CUESTA (1991) y GIANNINI (1991), radica en constatar la presencia o vigencia en el mismo de dos variables, a saber: **a)** el reconocimiento de los derechos subjetivos de los ciudadanos frente al Estado, quienes de súbditos en el Antiguo Régimen, pasan a ser ciudadanos, en virtud de que se produce el expreso reconocimiento de los aludidos derechos, y consecuencialmente, el otorgamiento de los medios judiciales para defenderlos, y **b)** el sometimiento de la Administración a la Ley o al Derecho (principio de legalidad), esto es, la auto vinculación del Estado a las normas que el mismo produce, y en consecuencia la necesidad de actuar ajustado a dichas normas, so pena de que sus actuaciones puedan ser anuladas.

Atendiendo al anterior marco conceptual que sirve de soporte al Estado de Derecho, habrá que convenir, como acertadamente afirma Giannini, que la tesis a que alude el epígrafe es falsa, lo cual queda demostrado con el ejemplo que hace valer el citado autor, cuando se refiere a los países anglosajones, sobre todo a Estados Unidos de Norte América y a Gran Bretaña, países a los cuales nadie dudaría en darles el calificativo de Estados de Derecho, y sin embargo, originalmente no tuvieron, e inclusive actualmente no tienen un verdadero Derecho Administrativo. Por tanto, admitida como válida esta conclusión, no queda más que examinar cuáles de los postulados condicionantes de la Revolución Francesa jugaron realmente un rol decisivo en el nacimiento del Derecho Administrativo.

E. Hechos determinantes *del* nacimiento del Derecho Administrativo durante la Revolución Francesa

a. Separación de las funciones administrativas y judiciales (Ley 16-24 de agosto de 1790)

Partidarios como somos de aparejar el nacimiento del Derecho Administrativo al advenimiento y desarrollo de la Revolución Francesa, consideramos que todos los postulados que sirvieron de base a la misma, sin duda, tuvieron incidencia en el surgimiento de esta especial rama del Derecho, pues precisamente la referida especialidad va a radicar en que se trata de una nueva normativa para regular un régimen singularmente distinto al anterior, o sea, el que nace de las cenizas del Estado Absoluto; sin embargo, es preciso reconocer que solo algunos de esos principios o postulados pueden considerarse determinantes en el nacimiento del Derecho Administrativo, y entre ellos vale destacar el concerniente al de la división de poderes caracterizado por la particular interpretación que le dieron los revolucionarios al aludido principio formulado por Montesquieu, el cual pasó a ser de separación, por cuanto mediante la mentada interpretación la Administración va a quedar exceptuada de ser juzgada por el Poder Judicial, y le corresponderá a ella misma auto juzgarse, lo que constituye una clara desnaturalización del principio, tal como fue concebido originariamente por Montesquieu. Efectivamente, la indicada interpretación, al parecer tuvo como causa el temor que tenían los conductores de la Revolución a una reacción del antiguo régimen que aún estaba enquistado en los *Parlements*, es decir, en los Tribunales, ya que tenían muy presente que había sido la rebelión de dichos órganos frente al Rey, el origen de la convocatoria de los Estados Generales, y el hecho coyuntural que a su vez permitió el inicio de la Revolución, por lo que decidieron no correr ese tipo riesgo (vuelta al Antiguo Régimen), y por tanto dieron una aplicación al principio de división de poderes distinta de la propuesta por el autor francés, e inclusive distinta a la aplicada en la Constitución Norteamericana y en Inglaterra.

En efecto, tal aplicación conduce tempranamente a que se separen de una manera determinante las funciones judiciales y administrativas, y así fue consagrado en la Ley sobre Organización Judicial de 16-24 de agosto de 1790, cuyo artículo 13 preceptuaba: "*Las funciones judiciales son distintas de las funciones administrativas. Los jueces no podrán, bajo pena de prevaricación, perturbar en forma alguna las operaciones de los cuerpos administrativos, ni citar ante sí a los administradores en razón de sus funciones*".

Además al año siguiente en el Código Penal fue tipificada como delito la "*inmisión*" de los jueces en las funciones administrativas, perfeccionándose de este modo el sistema de la separación de las funciones administrativas y judiciales, el cual pasó en esos mismos términos a las Constituciones posteriores, y aún está vigente en Francia en su idea original. Ahora bien, una vez legalizada esa separación, correspondió a la Asamblea determinar quién, entonces debería juzgar a la Administración, o en otra palabras ¿a qué órgano se atribuiría la competencia para resolver las controversias en que la Administración fuese parte? Fue así como logró imponerse la idea de que el juzgamiento de la Administración (especie de lo que es hoy el contencioso administrativo) debía atribuirse a la propia Administración, y mediante las leyes 6-7 de septiembre y 7-16 de octubre de 1790, dicha competencia es conferida a los Directorios de Distrito y Departamento, a nivel local y a los Ministros, a nivel central. Posteriormente, mediante la Constitución Napoleónica del Año VIII, en el año 1800, son creados órganos colegiados para asesorar a la Administración activa en la decisión de los conflictos: a nivel local los Consejos de Prefectura, y a nivel central el Consejo de Estado.

O sea, que durante los diez años que van entre 1790 y 1800 la esencia de lo que hoy llamamos función contencioso administrativa estuvo encomendado a la propia Administración activa (Directorios de Distritos y Departamentos y Ministros), y a partir de 1800 sigue siendo competencia exclusiva de la Administración activa, pero bajo la asesoría de órganos colegiados, especialmente del Consejo de Estado. En este caso el Ministro no podía resolver el conflicto sin previamente solicitar y conocer la opinión del mencionado órgano. Es esta la etapa en que los autores colocan la fecha de nacimiento del Derecho Administrativo, pues el Consejo de Estado, creado con funciones de propuestas legislativas, y como consultor del Ejecutivo (Ministro) en la resolución de las controversias que se suscitaban entre este y los administrados, en ejercicio de esta función arbitró un conjunto de trámites semejantes a los judiciales, e inclusive abrió un procedimiento contradictorio, a los fines de tomar conocimiento pleno de los hechos y fundamentalmente respetar el derecho a la defensa.

Solo después de haber dado cumplimiento al reseñado procedimiento elaboraba el dictamen que debía presentar al Ministro. Precisamente en esa labor consultora -sostiene la doctrina mayoritaria- radica el origen del Derecho Administrativo, pues al Consejo de Estado le resultaba imprescindible arbitrar soluciones jurídicas novedosas, dadas las particulares características del régimen, las cuales si bien eran elaboradas siguiendo la metodología del Derecho Privado, resultaban sustancialmente distintas a las reglas contenidas en este. Además en el mismo año 1800 se produce la Reforma Administrativa de Napoleón, la cual estuvo caracterizada por la reorganización de las estructuras administrativas, sobre la base de los principios de la centralización, la uniformidad y la jerarquía administrativa; de modo que las reglas que van a integrar dicha disciplina estarán signadas por esas importantes características que imprimen una estructura distinta a la Administración Pública. O dicho de otro modo, las reglas jurídicas que van a regular a la Administración en sí misma, y a la Administración en su relación con los administrados, tienen por fuerza de los hechos y del derecho (características del Estado de Derecho y de la organización administrativa) que ser necesariamente diferentes a las de Derecho Privado, y así lo entendió prontamente el Consejo de Estado, derivando reglas y principios distintos de los de este, que le dieron la connotación de *corpus* jurídico especial al Derecho Administrativo.

Queda así demostrada la influencia que jugó la separación de las funciones judiciales y administrativas en el nacimiento del Derecho Administrativo, en virtud de que el auto juzgamiento por la propia Administración, con la asesoría del Consejo de Estado (que produce la ruptura del principio de la división de Poderes, pues conforme al mismo la Administración por integrar al Poder Ejecutivo tenía que ser juzgada por el Poder Judicial), condujo -reiteramos- al surgimiento de una nueva disciplina, distinta sustancialmente al Derecho Privado.

b. Vigencia del principio de legalidad

Sin duda que la vigencia del principio del sometimiento de los ciudadanos y de la Administración a la Ley, por ser esta la expresión de la voluntad general, también va a jugar un papel de primer orden en el nacimiento del Derecho Administrativo. Al respecto conviene recordar que la Administración que surge de la Revolución Francesa es tanto o más poderosa que la del Antiguo Régimen, pues se trasladan a esta todas las potestades autoritarias de dicho Régimen, inclusive al conferírsele la competencia del auto juzgamiento, como vimos en el punto precedente, de alguna manera ella concentra toda la función administrativa y una parte significativa de las función jurisdiccional (las relativas a las controversias que se suscitaban entre la Administración y los administrados), que era precisamente lo que ocurría en el Estado Absoluto, pues los delegados del Monarca ejercían a la vez funciones administrativas y judiciales, sin embargo, es necesario subrayar que la gran diferencia en el régimen que nace con la Revolución Francesa va a radicar en la vigencia del principio de legalidad, es decir, en la sujeción de la Administración al derecho, lo que resulta sustancialmente distinto a la desvinculación absoluta del Monarca y sus delegados (Administración) a la Ley, que como hemos visto era la situación que caracterizaba al Estado Absoluto, puesto que el Monarca -insistimos- estaba desvinculado de toda norma jurídica.

Luego, la eliminación de ese inmenso poder, conduce al verdadero reconocimiento de los derechos de los ciudadanos, quienes en ejercicio de los mismos quedan legitimados para cuestionar, mejor dicho, impugnar los actos de la Administración todavía muy poderosa que surge de las cenizas del absolutismo, cuando sus órganos actuaban infringiendo la Ley. Claro está que por muy poderosa que pareciera por tener la potestad de auto juzgarse, perdió el carácter absoluto al estar sujeta a la Ley, y sus actos ser susceptibles de cuestionamiento aunque fuese por ante ella misma. No obstante, cabe acotar que si bien la vigencia del principio bajo análisis, significó -como suele decirlo la doctrina española- un "*embridamiento*" del poder, prontamente esa Administración nacida de la Revolución y de la reforma napoleónica de 1800, logró participar en el ejercicio de la función mediante la cual se concreta la Ley, bien mediante propuestas legislativas, o mediante el desarrollo de la potestad reglamentaria, dictando normas subordinadas a la Ley. De este modo, la Administración logra acceder al ejercicio de la potestad normativa, la cual en principio constituía un monopolio del Poder Legislativo, lo que acrecienta aún más su poder, pero en el entendido que también esas normas la vinculan.

Queda, pues, demostrado como la vigencia del principio de legalidad jugó un papel protagónico en el nacimiento del Derecho Administrativo, ya que sin la sujeción de la Administración al Derecho, no resultaba posible un verdadero reconocimiento de los derechos ciudadanos y mucho menos la existencia de la justicia administrativa, variables estas que resultaban y resultan claves en la instauración de un derecho especial, diferente del Derecho Privado, como lo es el Administrativo.

Finalmente, es preciso subrayar, como lo expusimos precedentemente, que la armonización dialéctica del principio de legalidad, con el de justicia administrativa, en el seno de un Poder Ejecutivo (Administración) casi tan poderoso como el del Antiguo Régimen, originó a su vez un conjunto de principios que a la postre condujeron al surgimiento de una normativa especial que permitía garantizar la libertad de los ciudadanos frente a la autoridad de la Administración. Normativa que constituyó el Derecho Administrativo, el cual desde sus orígenes estuvo presidido, como afirma Giannini (1991) por dos polos contrapuestos: el de la libertad y el de la autoridad.

c. A manera de conclusión acerca del nacimiento del Derecho Administrativo

Toda la exposición anterior, que como expresamos al inicio del punto resulta parcial e incompleta, evidencia, en nuestro criterio, que el origen del Derecho Administrativo debe aparejarse al advenimiento de la Revolución Francesa, sobre todo a la vigencia de los principios de legalidad, de reconocimiento de los derechos ciudadanos y de separación de las funciones administrativas y judiciales, lo que dio lugar al surgimiento de una jurisdicción distinta a la civil, a la cual debían acudir los ciudadanos para litigar contra la Administración, así como a la reforma administrativa emprendida por Napoleón en el año 1800, todo lo cual condujo a la aparición de ese "*corpus jurídico*" denominado Derecho Administrativo, derivado fundamentalmente de la actuación del Consejo de Estado en su carácter de órgano consultor del Ejecutivo (Ministros). Pero igualmente es necesario reconocer que si bien dicha disciplina jurídica no puede llegar a considerarse como la expresión de una continuidad de instituciones surgidas en el Antiguo Régimen, igualmente es preciso aceptar que algunas de ellas como las relativas al poder autoritario de la Administración, y a la concentración de las funciones administrativas y judiciales (en lo atinente a los recursos contencioso administrativos), derivadas de la concentración de todos los poderes en el Monarca, tienen su origen en el Estado Absoluto, y fueron asumidas por la Administración que se origina en Revolución y sobre todo la que impone la Reforma Napoleónica, pero, dicha asunción aparece contextualizada dentro del marco institucional de los aludidos principios, lo que incuestionablemente transformó cualitativamente las mencionadas instituciones. De allí el motivo que nos conduce a pensar que debe rechazarse la tesis que coloca el nacimiento de esta disciplina jurídica en el Estado Moderno o Absoluto, pese a la parcial aludida continuidad institucional.

5. Desarrollo del Derecho Administrativo (etapas)

A. Etapa de la Justicia Retenida (1800-1872)

Si bien resulta difícil intentar colocar límites precisos a los estadios de desarrollo de una institución o de una disciplina científica, en el caso del Derecho Administrativo, de admitirse la tesis que ubica su origen en el surgimiento y desarrollo de la Revolución Francesa, entonces el asunto se simplifica, debido a que la doctrina está conteste en que resulta posible identificar ciertas etapas en su desarrollo, utilizando como variable de acotamiento cronológico el funcionamiento del Consejo de Estado Francés. En efecto, como quedó expuesto, el mencionado órgano fue creado mediante la Constitución del Año VIII (1800), y funcionó como asesor de los Ministros en la resolución de las controversias contencioso administrativas hasta el año 1872. Durante ese período denominado doctrinariamente como "*Justicia Retenida*", porque en definitiva, si bien, ante la proposición del recurso por el administrado, resultaba indispensable solicitar el dictamen del Consejo de Estado, de todas maneras a quien correspondía la decisión era a los Ministros.

De otra parte, es preciso indicar que todo ese período de funcionamiento del Consejo de Estado estuvo signado por las vicisitudes históricas del Estado Francés. Así durante la Restauración dicho Consejo no tuvo ni la misma actividad ni la misma influencia que durante los años en los cuales predominaba el régimen liberal. Lo cierto es que independientemente de las referidas vicisitudes, la historia reconoce el enorme prestigio jurídico que siempre mantuvo el mencionado órgano, debido a que actuó en defensa de la libertad y en procura del respeto del principio de legalidad, y como dato curioso, pero que resulta revelador del mencionado prestigio, cabe subrayar que los autores franceses reseñan que en tres cuartos de siglo de funcionamiento, únicamente en dos oportunidades el Ejecutivo se apartó de la propuesta de resolución, emanada del Consejo de Estado.

Durante el período que va desde 1800 a 1872 (de la justicia retenida o del Ministro Juez) se inicia y desarrolla lentamente la configuración del Derecho Administrativo como un *corpus* jurídico especial, diferente al Derecho Privado, utilizando como metodología los conceptos elaborados por este derecho, pero con enormes limitaciones, pues tal elaboración, en criterio de GIANNINI (1991), se traducía más en descripciones meramente morfológicas, que en principios jurídicos. Por esa misma razón al analizar esta etapa del Derecho Administrativo, SANTAMARÍA (1991), al igual que la mayoría de los autores, la califica como de iniciación, sin que llegue a consolidarse ni como sector normativo, ni como disciplina científica. En ese orden de ideas el antes citado jurista español caracteriza la mencionada etapa así:

> Con todo la andadura del Derecho Administrativo científico en esta etapa que se cierra en 1870 es bastante penosa. Se trata de una etapa de iniciación en las que la doctrina explora diversas líneas metodológicas y en la que la coherencia científica de las exposiciones brilla muchas veces por su ausencia. Con frecuencia las obras generales no superan el nivel de meros catálogos legislativos o jurisprudenciales, carente de vertebración mediante principios institucionales: o el de puras descripciones de la organización administrativa y de sus principales tareas.

De la cita transcrita se evidencia el estado del Derecho Administrativo en la etapa que corre hasta 1872, sin embargo, quizás para entenderla mejor, resulte conveniente sintetizar el desarrollo de la misma atendiendo a las principales obras que sobre la materia fueron publicadas durante este período. En ese orden de ideas la doctrina enseña que correspondió el honor al jurista italiano GIAN DOMÉNICO ROMAGNOSI escribir por primera vez sobre Derecho Administrativo, ya que en 1814 publica en Milán la obra intitulada "*Principi Fondamentali del Diritto Amministrativo onde teserne le Instituzioni*"; siendo también el primero que utiliza la expresión "*Derecho Administrativo*". Fue seguido por el francés MACAREL, quien en 1817 publica la obra denominada "*Elementos de Jurisprudencia Administrativa*". En 1819 se crea la cátedra de Derecho Público y Administrativo en París, la cual es suprimida durante la Restauración y reabierta en 1828. De este período es también CORMENIN, quien escribe una obra intitulada "*Temas de Derecho Administrativo*". Con posterioridad al Segundo Imperio (1850) surgen un gran número de autores, entre los cuales destaca BATBIE, produciéndose por esa causa lo que HAURIOU va a llamar la organización científica del Derecho Administrativo. En el resto de Europa el desarrollo científico de esta disciplina jurídica cobra mucho menos fuerza.

B. Etapa de la Justicia Delegada

Con la Ley 24 de mayo de 1872 se inicia la etapa de la denominada "*Justicia Delegada*", en virtud de que el Consejo de Estado es transformado en un verdadero Juez de las controversias que se suscitaban entre los administrados y la Administración, es decir, de órgano consultivo de la Administración, pasa a órgano decisor, con un carácter absolutamente independiente del Ejecutivo. En esta etapa, como veremos más adelante, es cuando dicho órgano dicta decisiones claves en la consolidación del Derecho Administrativo. Cabe advertir que la expresión francesa "*Justicia Delegada*", pese a la independencia y autonomía que va a tener el órgano encargado de ejercer la referida función, se debe a la concepción que desde la Revolución privaba en

Francia sobre la soberanía, de la cual era titular únicamente el pueblo o la nación; de modo que siendo la justicia una expresión de la soberanía, dicha función solo podía ser objeto de delegación; de allí entonces que al transferirse de esa manera al Consejo de Estado por el pueblo, se hablase de *"justicia delegada"*.

En la etapa bajo examen, en criterio de GIANNINI (1991), se visualizan dos direcciones netamente diferenciadas en la evolución del Derecho Administrativo: una que pudiera denominarse de corte predominantemente jurisprudencialista, que encuentra su desarrollo en Francia, gracias a la labor del Consejo de Estado, y la otra de corte fundamentalmente dogmática, que se desarrolla en Alemania, gracias a la actividad de investigación y reflexión desarrollada por un notable grupo de juristas, de ese país, en el campo del Derecho Público. En lo que toca a la primera afirma CASSESE (1994) que la consolidación del Derecho Administrativo en este período obedece a tres factores: **a)** la afirmación de la especialidad del Derecho relativo a la Administración y su separación del Derecho Privado; **b)** la atribución de las controversias que se suscitan entre la Administración y los administrados a un Juez especial (el Consejo de Estado) y **c)** el equilibrio que se establece entre las prerrogativas de la Administración y los derechos de los ciudadanos, mediante la vigencia y aplicación del principio de legalidad.

El papel de esos tres factores en el desarrollo del Derecho Administrativo lo sintetiza el mencionado autor así:

> Esos tres factores interactúan, reforzándose unos a otros: el juez especial refuerza la especialidad del Derecho Administrativo (otro camino habría tomado el Derecho Administrativo, si aun siendo un Derecho especial, hubiese sido remitido al Juez ordinario, llamado también a dirimir conflictos entre particulares); las leyes administrativas crearon nuevos espacios para la actuación del juez administrativo; el Derecho Judicial y el Derecho legislativo se desarrollan a la par. Estos tres elementos crean la "masa crítica" para la afirmación de la nueva rama del Derecho, la del Derecho Administrativo. Las administraciones reguladas por él se llamarán de Derecho Administrativo, para distinguirlas de aquéllas sometidas al Derecho privado y a los jueces ordinarios.

a. La Decisión (Arrêt) Blanco y la afirmación de la especialidad del Derecho Administrativo

Como expusimos anteriormente, la orientación francesa que opera en la consolidación del Derecho Administrativo es predominantemente jurisprudencialista, por lo cual resulta necesario examinar, aunque sea someramente una o dos de las decisiones del Consejo de Estado que jugaron un papel importante en la derivación de ciertos principios fundamentales que condujeron a la afirmación del Derecho

Administrativo como *corpus* jurídico especial, y como disciplina científica, entre las cuales sobresale la famosa "*arrêt Blanco*", dictada por el Tribunal de Conflictos en 1873.

Dicho fallo es proferido con ocasión de la demanda interpuesta por el padre de la niña Agnes Blanco que había sido golpeada por un pequeño carro cargado de tabaco, conducido por cuatro empleados de la fábrica estatal de tabacos. La demanda fue interpuesta contra los cuatro trabajadores y contra el Estado como responsable civil de la imprudencia de sus trabajadores, y fundamentada en los artículos 1832 y 1833 del Código Civil. Dicha demanda fue presentada ante el Tribunal Civil de Burdeos, siendo solicitada la declinatoria de competencia por el Prefecto de Gironda, solicitud que fue negada por el Tribunal, razón por la cual el caso fue conocido por el Tribunal de Conflictos, el cual acoge la tesis de la incompetencia del Tribunal Civil, afirmando el principio de la responsabilidad del Estado, pero especificando que dicha responsabilidad no es general ni absoluta, y que posee "*sus reglas específicas*", para cuya aplicación únicamente es competente la jurisdicción administrativa. En realidad la declaratoria se fundamentó en los argumentos esgrimidos por el Comisario de Gobierno (David), quien sostuvo en esa oportunidad que los jueces ordinarios eran radicalmente incompetentes para conocer todas las cuestiones en que estuviese implicada una Administración Pública en el ejercicio de un servicio público. CASSESE (1994) sostiene que con dicho fallo:

> ...se afirma la autonomía del Derecho administrativo respecto al Derecho privado; afirma la autonomía del juez administrativo frente al Derecho privado, y enuncia el criterio de la atribución de la competencia al juez administrativo (criterio del service public, retomado después por la Escuela del mismo nombre...).

De modo, pues, que esta decisión calificada por diversos autores franceses como la "*piedra angular del Derecho Administrativo*" o "*verdadera revolución jurisprudencial*", puede considerarse que ciertamente constituye una verdadera afirmación de la especialidad de esta rama del Derecho Público, pues hasta 1921, cuando es dictada la "*arrêt bac D'Eloka*" rigió en forma incuestionable la idea de su especialidad, dado que debía regular en forma exclusiva a la Administración Pública. Es precisamente esa decisión de 1921 la que modifica dicho criterio, al declarar que la Administración Pública, según los casos, puede ser regulada bien por el Derecho Administrativo, bien por el Derecho Privado.

b. El Consejo de Estado como Juez especial de las controversias suscitadas entre la Administración y los administrados

Como se expresó precedentemente otro de los factores que contribuyó a la consolidación del Derecho Administrativo en la etapa bajo examen, fue el otorgamiento de independencia y autonomía al Consejo de Estado para resolver las controversias a que se refiere el epígrafe, lo que ocurrió, como sabemos, en el año 1872. Fue así como a partir de esta fecha el referido órgano aumenta significativamente su actividad contralora de la actuación de la Administración, al punto que como señala WEIL (1984):

> Se atenúan los severos requisitos exigidos para admitir los recursos por exceso de poder, y se amplían los medios de anulación. Se afianza la responsabilidad del Estado a la vez que se distingue la de la responsabilidad personal de la de los funcionarios. Adquiere fisonomía propia la teoría de los contratos administrativos y toma cuerpo la de la decisión ejecutoria.

Cabe hacer notar que en esta época el Consejo de Estado orienta su actividad en dos direcciones precisas: la tutela de los derechos ciudadanos y la regulación del funcionamiento de la Administración Pública, de tal manera que a la vez que tutela los derechos de los administrados, protege los privilegios de la Administración, lo que se va a traducir en la gran contradicción aún presente en la normativa que integra el Derecho Administrativo, esto es, el binomio autoridad-libertad. Claro está que la actuación del Consejo de Estado, aun en presencia del referido binomio, estará presidida, a los fines de adoptar sus decisiones, por el principio del sometimiento de la Administración a la Ley (legalidad).

Queda de este modo demostrado el papel protagónico que jugó el Consejo de Estado en la consolidación del Derecho Administrativo en esta etapa que bien puede extenderse hasta 1920, pues sobre la base de los principios fundamentales que sirvieron de soporte a la Revolución Francesa (legalidad, igualdad, separación de poderes, tutela judicial, etc.) va construir en forma sistemática un cuerpo de doctrina jurisprudencial, del cual se derivaron las principales bases conceptuales del Derecho Administrativo. Pero además es necesario subrayar que en este período, a diferencia del anterior, la doctrina jugó un papel bastante importante en la referida consolidación. Efectivamente, esta es la época de las obras de LAFERRIERE (*Traité de la Jurisdiction Administrative*, 1887), de HAURIOU (*Précis de Droit administratif*, 1893), de DUGUIT (*Etudes de Droit Public*, 1901), y de BHERTELEMY (*Traité Elementaire de Droit Administratif*, 1900), así como las obras de JEZE, BONARD, ROLLAND y APPLETON.

En esta etapa también se nota en Italia una tendencia a la consolidación del Derecho Administrativo, con el aporte de autores como Orlando, Ranelletti, Cammeo y Romano.

c. Derecho Administrativo en Alemania

Anteriormente señalamos que a partir de 1870 en el continente europeo el Derecho Administrativo había encontrado dos desarrollos diferentes, pero ambos orientados hacia su consolidación como una disciplina jurídica especial. En el caso de Francia dicho desarrollo estuvo signado fundamentalmente por la actividad del Consejo de Estado, y en el germánico por la obra teórica de varios autores en el campo del Derecho Público, entre los cuales destacan en el último tercio del siglo XIX y primeros años del siglo XX Laband, Jellinek, Gierke, y concretamente en el campo del Derecho Administrativo Otto Mayer, quien con su obra "*El Derecho Administrativo Alemán*" (1895) ejerció una influencia notable en toda Europa.

Es preciso subrayar que los teóricos del Derecho Público Alemán elaboraron una construcción conceptual fuertemente impregnada de autoritarismo, dado el sistema impuesto por Bismarck, la cual pretendió, como observa Giannini, ser una teoría universalizante y totalmente descontextualizada de la Historia, lo que sin duda condujo a su rechazo por una parte de la doctrina no alemana, sin embargo, varios de los principios que sirvieron de fundamento a la aludida construcción conceptual encontraron asiento, con los debidos matices, en casi todos los ordenamientos del mundo occidental. Así por ejemplo, son de factura alemana, entre otros, la teoría del órgano, los conceptos de reserva legal, de Ley en sentido formal y material y la tesis sobre la personalidad jurídica del Estado.

Sin duda que la construcción de Mayer en el campo del Derecho Administrativo estuvo presidida por los referidos principios, al punto que Giannini afirma al respecto:

> No tanto en Otto Mayer, en el que aparece instintivamente velado, como ya en sus seguidores, se mantiene que todos los ordenamientos generales pertenecieron a los Estados, y que a todos se les podría aplicar la división de funciones, por lo que siempre y en todas partes las administraciones públicas debían ser calificadas de aparatos del poder ejecutivo, con la consecuencia de que habría existido siempre un derecho administrativo, aunque la ciencia no hubiera sido capaz de advertir su presencia (el así llamado derecho administrativo desconocido) (...) Cuando se cayó en cuenta que Inglaterra y Estados Unidos no tenían derecho administrativo hubo quien no dudó en responder que estos eran países jurídicamente en vía de desarrollo.

Reiteramos que la construcción dogmática del Derecho Público realizada por los juristas alemanes antes mencionados, tuvo una gran influencia en el mundo europeo, e igualmente partiendo de esas mismas bases, la formulada POR OTTO MAYER y sus seguidores, debido al nivel de abstracción conceptual de los principios que le servían de fundamento. Por tanto, resulta indudable que también contribuyó, desde ese ángulo, a la consolidación del Derecho Administrativo en esta etapa.

Cabe finalmente señalar en relación al desarrollo del Derecho Administrativo, que la doctrina está conteste que esta disciplina jurídica vivió una etapa de esplendor en el período comprendido entre 1870 y el término de la Primera Guerra Mundial, pero que en cambio en los años transcurridos entre las dos grandes guerras, operó una especie de paralización de ese desarrollo, limitándose los autores y el mismo Consejo de Estado a asimilar y perfeccionar los grandes principios y conceptos rectores elaborados en la denominada etapa del esplendor (1870-1920). Pero al finalizar la Segunda Guerra Mundial en 1945 el Derecho Administrativo vive un nuevo renacimiento, sobre todo en Italia, país en el cual destacan juristas de la talla de GIANNINI, SANDULLI, ALESSI y VIRGA, entre otros. En Francia DE LAUBADERE, WALLINE, RIVERO, EISENMANN y VEDEL, entre otros. En España, ese renacimiento opera después del año 1950, cuando comienza a publicarse la Revista de la Administración Pública, destacándose entre otros GARRIDO FALLA, GARCÍA DE ENTERRÍA, ENTRENA CUESTA y GARCÍA TREVIJANO. En Alemania se destaca FORSTHOFF, WOLFF y HUBER, entre otros. Con posterioridad a 1970, se mantienen muchos de los nombrados, pero en casi todos esos países surge una nueva camada de administrativistas que no es el caso mencionar en este trabajo.

C. Derecho Administrativo en la actualidad

Como ha quedado demostrado en las páginas precedentes, es a partir de 1870 cuando el Derecho Administrativo comienza a consolidarse como sector normativo y como disciplina científica, pero en todo caso en aquella época era concebido -y continúa siendo así- como el conjunto de normas, principios y conceptos reguladores de la Administración Pública, la cual incuestionablemente constituía y constituye el instrumento para el logro de los fines del Estado. Por tanto, necesariamente deberá existir una correspondencia entre el tipo de Estado y la Administración que le sirve de sustento, lo que a su vez conduce a que oficial u oficiosamente el Derecho Administrativo por ser el *corpus* jurídico especial de la Administración Pública, tenga que estar sufriendo modificaciones y matizaciones en función de los cambios que se producen en la concepción, estructura y funcionamiento de esa Administración. De allí que resulte necesario tener muy en cuenta que el Estado Liberal burgués de Derecho, por fuerza de un conjunto de factores que mencionaremos sucintamente más adelante, va a sufrir una enorme transformación, para pasar a ser un Estado Social de Derecho, y actualmente en la mayoría de los países ha pasado a ser un Estado Social y Democrático de Derecho.

Efectivamente, en los primeros años del siglo XX, debido a los imperativos surgidos con ocasión de la Primera Guerra Mundial, el Estado se ve constreñido a intervenir autoritariamente tanto en la economía como en el campo social, asumiendo competencias y funciones que anteriormente no poseía. Pero poco a poco los dirigentes del Estado se percatan que tal intervención no tenía el carácter coyuntural que le atribuían, en virtud de que sin la misma resultaba muy difícil lograr los cometidos estatales; por tanto, no solo la mantienen sino que la extienden tanto cualitativa como cuantitativamente, razón por la cual el Estado pasa a ser el regulador y contralor de todo el sistema social y económico, bien mediante medidas directas o indirectas, con la finalidad de que dicho sistema le garantice a la colectividad el acceso a los servicios públicos (transporte, correos, aseo urbano, etc.), y además le proporcione las prestaciones necesarias (seguridad, empleo, seguridad social) que les produzcan el bienestar mínimo requerido. He allí la razón de la transformación de Estado Liberal a Estado Social de Derecho. Pero a lo anterior se añade el rescate de los derechos políticos por parte de todos los sectores de la población de casi todos los países, especialmente del derecho al sufragio directo y universal, lo que ha conducido que además de Estado Social de Derecho, haya devenido en Estado Social y Democrático de Derecho.

Resulta obvio que un Estado con esas características requiera una Administración concebida sobre nuevas bases, debido al natural crecimiento de los órganos y entes estatales, así como de sus competencias, imponiéndose la modificación de las estructuras de la Administración, surgiendo de esa manera técnicas como la de la descentralización, la regionalización, la utilización de técnicas típicas del Derecho privado (sociedades mercantiles, fundaciones, asociaciones, etc.) para gestionar los servicios públicos y lograr cumplir con las prestaciones destinadas a garantizar el bienestar mínimo de la colectividad, la cogestión con los trabajadores y la comunidad, etc.

Este panorama de la Administración Pública actual que ya comienza en muchos países a mutarse mediante el fenómeno de la privatización, conduce a visualizar cambios significativos en el Derecho Administrativo, pues insistimos que está constituido íntegramente por el sector normativo regulador de la Administración Pública, y por tanto, todos los cambios operados en la misma repercuten en dicha disciplina jurídica. En efecto, o bien dichos cambios se suceden para regular las nuevas técnicas organizativas surgidas por fuerza de la dinámica de la sociedad, de tal manera que dichos cambios en el sector normativo vienen a ser una respuesta al funcionamiento fisiológico o mejor dicho "*patológico*" de la Administración, o bien son la expresión de la previsión de los planificadores, conduce a que primeramente se produzca el cambio en la normativa para posteriormente regular las transformaciones que habrán de producirse en la parte estática o dinámica de la Administración Pública.

De otra parte, esta forma de funcionar la Administración para tratar de realizar el Estado Social de Derecho, también está seriamente afectada por la necesidad de respetar los derechos de los administrados, los cuales una vez introducido en la Constitución el concepto de "*derechos fundamentales*" (vida, libertad, sufragio, etc.), cada vez complican más la ecuación derechos de los ciudadanos - privilegios de la Administración, pues la tendencia en el caso de los derechos fundamentales pareciera dirigida a romper el viejo dogma de privilegiar el interés general supuestamente tutelado por la Administración, frente al interés particular encarnado en un derecho fundamental. Es el caso citado en el capítulo anterior de leyes de varios Estados europeos, y el caso del nuestro derogado Código Orgánico Tributario (1994), que frente a las notas de la ejecutividad y ejecutoriedad de los actos administrativos, anteponía el carácter suspensivo de los recursos contencioso administrativos, cuando en su fundamentación se invocaba la infracción de derechos fundamentales. En fin, todo este conjunto de elementos un tanto desquiciadores de un orden anterior, que pese a ser de reciente data, pasa a ser repentinamente "*viejo*", conduce como sostiene SANTAMARÍA a la pervivencia de un derecho administrativo oficial, uno subterráneo y otro marginal. Pero llegado a este punto consideramos necesario para su mejor comprensión, transcribir -aunque la cita sea un poco larga- las acertadas ideas del mencionado jurista, quien sostiene:

> La descripción de este derecho administrativo oficial, así como de estos nuevos ordenamientos *underground* surgido junto a aquel, es el contenido propio de esta obra. Para ilustrar lo dicho, pues, deben bastar aquí algunos ejemplos tomados al azar. Así el que hemos denominado metafóricamente Derecho administrativo subterráneo opera fundamentalmente en el sector capital del principio de legalidad y de la teoría de las fuentes: el primado absoluto de la institución parlamentaria y de la ley como instrumento habilitante de potestades de la administración se halla socavado por instituciones que hacen realidad el fenómeno del desplazamiento del poder normativo en favor del Ejecutivo: decretos leyes, decretos legislativos, deslegalización, reglamentos independientes, reglamentos de entidades autónomas. Se proclama enfáticamente el principio de la vinculación positiva de la Administración a la ley, pero todos sabemos que la realidad es muy otra: que, irresistiblemente la ley sigue sien-

> do un mero límite, y no sólo la fuente única de poderes de la Administración. Se afirma que la potestad reglamentaria pertenece al Gobierno (art. 97 C.E.), pero ello no obsta para que la ejerzan muchas de las autoridades y organismos subordinados a él, con o sin habilitación al respecto.
> Por su parte el que hemos llamado Derecho administrativo marginal posee una extensión material muy superior: la teoría clásica de los actos administrativos (declaración de voluntad, de juicio, de conocimiento o deseo de la Administración) ignora el inmenso mundo de las actividades materiales, prestacionales o no, que la Administración hoy realiza. La teoría de los contratos administrativos continúa anclada en la contemplación beatífica de la trinidad de los tipos contractuales propia del Estado Liberal (ejecución de obras, servicios y suministros), cuando la actividad convencional del Estado se desarrolla en una inmensa gama de contratos y convenios atípicos, que van desde la compra de productos de primera necesidad a los convenios urbanísticos, pasando por los contratos programas celebrados con empresas públicas. La propia teoría de las normas, por último, se halla aún encorsetada por la dualidad de la ley - reglamento olvidando figuras atípicas pero capitales- surgidas a su margen, como las directivas, los planes de toda índole, las recomendaciones y las normas que emanan no de un mandato unilateral, sino de un procedimiento paccionado.

Sin duda que la larga cita transcrita resulta emblemática para intentar entender y aproximarse al Derecho Administrativo de nuestro tiempo, fruto, como expresamos anteriormente, de los cambios propios del Estado Social y Democrático de Derecho, los cuales se han incrustado en los intersticios de las viejas, pero fundamentales instituciones del Estado Liberal de Derecho, así como de las transformaciones que actualmente están ocurriendo en aquel, fundamentalmente derivadas del fenómeno de la "*privatización*", y de la imposición de las tesis "*neoliberales*" en el campo económico. Por tanto, resulta necesario, como lo veremos más adelante, superar los esquemas clásicos del Estado Liberal y del consiguiente Derecho Administrativo derivado del mismo, para aprehender y sistematizar las instituciones que corresponden al que SANTAMARÍA denomina Derecho Administrativo no oficial (subterráneo y marginal), y de esa manera poder acceder a una visión pretendidamente totalizadora o globalizadora del Derecho Administrativo de nuestros tiempos.

D. Breve referencia a la tesis de la "huida" del Derecho Administrativo

En principio es preciso recordar que el Derecho Administrativo es la rama del Derecho que disciplina a las Administraciones Públicas, y esto ha sido así desde los que pueden considerarse sus inicios, derivados de la Ley 16-24 agosto de 1790 (separación de las funciones administrativas y judiciales), como desde también de los inicios de su consolidación (*arrêt Blanc*) y desarrollo (*arrêt bac D' Eloka*), configurándose de esa manera una especie de derecho estamental destinado a exclusivamente a regular a la Administración Pública. Sin embargo, la última de las mencionadas decisiones del Consejo de Estado Francés, establece claramente que la Administración también podía ser disciplinada por el derecho privado, y en la práctica ello ha sido y es así, con la particularidad de que esa regulación siempre ha tenido un carácter marginal, en lo concerniente a la frecuencia de su utilización, y a las pocas áreas de aplicación, cuando se compara con la del Derecho Administrativo, que como se dijo tiene un carácter general. En todo caso, interesa destacar que opera dicha regulación cuando la Administración actúa como sujeto de derecho de común, en tanto poseedor de la capacidad jurídica general determinada por el Derecho privado.

Pues bien, hasta tiempos recientes la Administración Pública estaba regulada por normas de Derecho Administrativo y de Derecho Privado en la proporción antes indicada, pero sobre la base de la eficiencia y eficacia que proporciona la utilización de normas de Derecho Privado, se ha impuesto en la mayoría de los países occidentales la tesis de la privatización de un significativo número de organizaciones públicas. Pero antes de seguir adelante se impone aclarar que la privatización a la que aludimos en este acápite no está referida al traspaso de los activos patrimoniales del sector público al sector privado, como lo propugna la corriente neoliberal, que sin duda es el término que se acomoda a dicho concepto, sino más bien a la situación que se origina en las decisiones de los Poderes Públicos de crear sociedades estatales, o entes públicos, regidos por el Derecho Privado, para cuidar y tutelar los intereses públicos, o que funciones públicas sean ejercidas conforme a procedimientos de Derecho Privado.

Por supuesto que la importancia del planteamiento radica en que la tendencia en la instauración de este tipo de privatización es intensa y creciente, de tal suerte que las Administraciones Públicas, que deciden crear ese tipo de entes regidos por el Derecho Privado, soslayan de esa manera el régimen jurídico administrativo, al que están sometidos en todas sus actuaciones los órganos administrativos, el cual comporta, como sostiene RETORTILLO-BAQUER (1996), "*un sistema de vinculaciones y controles que, tratándose de res pública, resultan obligados: un sistema consecuentemente, de garantías de los administrados*".

Precisamente a la imposición de la aludida tesis aplicada por los Poderes Públicos en muchos países, de eludir mediante el mecanismo de la creación de entes de derecho privado (sociedades, asociaciones y fundaciones) y de entes públicos regidos por el Derecho Privado, es lo que se ha denominado en España la "*huida*" del Derecho Administrativo. Demás está decir que la tesis en comento ha sido cuestionada por la mayoría de la doctrina de ese país, entre otros por PARADA (1997), quien sostiene:

> Cuando la Administración escapa del Derecho Administrativo, disfrazándose de Sociedad Anónima o de Ente Público sujeto al Derecho Privado, no deja de ser Administración y debería, en consecuencia, estar sujeta a los principios constitucionales. Sin embargo, el Derecho privado no sirve para garantizar que, efectivamente, dichos principios (igualdad, mérito, capacidad, objetividad, neutralidad, prohibición de arbitrariedad) se cumplen, y no sólo porque son irrelevantes en el Derecho Privado, sino porque al faltar en éste la exigencia de un procedimiento previo, justificador y legitimador de los actos jurídicos, como se impone para las administraciones públicas por el artículo 103.5, se impide que los Tribunales ordinarios puedan controlar la actuación de la Administración con arreglo al Derecho privado, se ajuste a aquellos principios.

De modo, pues la referida tesis de la "*huida*" del Derecho Administrativo que se origina en la postura de los propios Poderes Públicos de crear sociedades estatales o entes públicos, ambos regidos por el Derecho Privado, atendiendo a la eficacia y eficiencia derivada de la aplicación de los procedimientos de esa rama del Derecho, resulta bastante controversial, pues en todo caso si se atiende a la finalidad perseguida con ella, entonces habrá que convenir que el análisis de sus bondades o deficiencias, deberá realizarse en cada ordenamiento particular, pues de adherirse a la postura de PARADA relativa a que Constitución Española al preceptuar que la Administración está sujeta a la Ley y al Derecho, quiere sujetar a la organización administrativa únicamente al Derecho Administrativo, por lo que cuando se regula mediante el Derecho Privado, se estaría infringiendo el referido precepto, entonces una posición de elemental lógica, impone el estudio del ordenamiento para determinar si tal tesis está consentida explícita o implícitamente, para de seguidas analizar los resultados de su aplicación, esto, es si ha jugado o juega un papel determinante en el mejoramiento de la eficacia y eficiencia de la función administrativa. Así por ejemplo en Venezuela la figura de las personas jurídico de derecho privado estatales aparecen previstas en el artículo 145 de la Constitución de 1999, cuando se establece la prohibición general de contratación de las personas que prestan servicios a los entes públicos o a una de esas sociedades, con los mismos. El referido precepto debe ser armonizado con los artículos 142, que alude a los intereses públicos en corporaciones o entidades de cualquier naturaleza, y el 289 (num. 3), *ejusdem*, que se refiere a los órganos, entidades y personas jurídicas del sector público, y de esa manera es posible postular *prima facie*, que los órganos competentes del Poder Público están facultados para crear entes privados que sean regulados por procedimientos de esa naturaleza. De allí entonces que en el caso de Venezuela resulta necesario profundizar el examen de la tesis sobre la "*huida*" del Derecho Administrativo, para poder emanar un pronunciamiento sobre las bondades de la misma.

IV. HACIA UNA DEFINICIÓN DEL DERECHO ADMINISTRATIVO

La exposición contenida en las páginas precedentes –tanto de este capítulo como del anterior– nos permite llegar a dos conclusiones importantes en la búsqueda de una definición del Derecho Administrativo, a saber: **a)** Que la doctrina mayoritaria está conteste en negar la existencia de una definición abstracta y objetiva de Administración en sentido sustancial, concediéndole, por tal razón, primacía al concepto de Administración en sentido orgánico o subjetivo. **b)** Que el Derecho Administrativo nace y se consolida como un *corpus* jurídico especial, y por ende, distinto del Derecho Privado, pese a que el método y los principios de este sirvieron de base fundamental para la elaboración y construcción de aquel. De tal manera que en este orden de razonamiento cualquier intento de definir al Derecho Administrativo, tendrá que estar presidido por las indicadas conclusiones, lo que sin duda conduce al predominio de una concepción subjetiva u orgánica, así como a ponderar en la misma la especialidad de la referida disciplina.

Es preciso reconocer que no resulta posible tampoco encontrar una definición totalmente acabada e incuestionable del Derecho Administrativo, pues todo intento en ese sentido terminará por reflejar la posición doctrinaria de la cual participe el autor, pero además la situación se torna más compleja aún, debido a la intensa y extensa discusión que durante un largo período se suscitó en torno a la determinación de la naturaleza del objeto de dicha disciplina, esto es, la Administración (sentido sustancial y sentido orgánico); de allí que en la literatura jurídica encontremos tantas definiciones como autores, todas las cuales en criterio de BOQUERA OLIVER (1992), son susceptibles de ser clasificadas en una de estas tres categorías: subjetivas, funcionales y mixtas. Como es de imaginarse la primera categoría se fundamenta en el criterio subjetivo u orgánico, la segunda en el objetivo o sustancial y la tercera en una combinación de los anteriores criterios. A los fines de demostrar la afirmación anterior, y al mismo tiempo de lograr un elemento de ejercitación, mediante la ubicación en la correspondiente categoría, transcribimos un conjunto de definiciones aportadas por los más importantes autores en el campo del Derecho Administrativo:

> Derecho de naturaleza estatutaria, en cuanto se dirige a la regulación de las singulares especies de sujetos que se agrupan bajo el nombre de Administraciones Públicas, sustrayendo a estos sujetos singulares del Derecho común (GARCÍA DE ENTERRÍA, 1990).

Sistema de normas que tiene por objeto disciplinar la función administrativa del Estado, la disciplina, es decir, de los sujetos a quienes la Ley le atribuye el ejercicio de dicha función, así como también las relaciones que se conectan con el desarrollo de la aludida función (ALESSI, 1974).

El conjunto de reglas jurídicas derogatorias del derecho privado que rigen la actividad administrativa de las personas públicas (RIVERO, 1984).

Sistema que regula 1. El ejercicio de la función administrativa. 2. El régimen de los servicios públicos. 3. Las condiciones imperantes en la gestión de las empresas administrativas. 4. El *status* del conjunto de órganos que constituyen la Administración - institución. 5. Los elementos de conexión con otros sistemas de Derecho (MOLES CAUBET, 1992).

El conjunto de reglas jurídicas que rigen la actividad administrativa de las entidades públicas y de aquellas personas privadas que participan en esa actividad o que son afectadas por ella (LIBARDO RODRÍGUEZ, 1989).

Derecho Administrativo es por ello solamente aquel que regula (en modo relevante para los terceros) la organización de la Administración Pública, así como la actividad administrativa que esta desarrolla (SANDULLI, 1974).

Conjunto de normas del Derecho público interno que regulan la organización y la actividad de las Administraciones públicas (ENTRENA CUESTA, 1989).

Rama del derecho público interno, que comprende las normas del ordenamiento jurídico y los principios de la jurisprudencia y la doctrina aplicables a la estructura y funcionamiento de la administración (LÁREZ, 1990).

El conjunto de normas y de principios de derecho público interno, que tiene por objeto la organización y el funcionamiento de la administración pública, así como la regulación de las relaciones interorgánicas, interadministrativas y las de las entidades administrativas con los administrados (MARIENHOFF, 1964).

Aquella parte del Derecho público que regula la organización y el funcionamiento del Poder ejecutivo y sus relaciones con los administrados, así como la función administrativa de los diversos Poderes y Órganos constitucionales del Estado (GARRIDO FALLA, 1989).

El derecho administrativo es el conjunto de normas y principios que regulan y rigen el ejercicio de una de las funciones del poder, la administrativa. Por ello podemos decir que el derecho administrativo es el régimen jurídico de la función administrativa y trata sobre el circuito jurídico del obrar administrativo (DROMI, 1996).

La sola lectura de las definiciones transcritas demuestra que todas ellas se articulan, como lo hemos dicho desde la primera página de este trabajo, alrededor del concepto de Administración, diferenciándose únicamente en el sentido que le atribuyen al mismo: subjetivo y sustancial o funcional, dando lugar a definiciones subjetivas u orgánicas, u objetivas o funcionalistas, o mixtas cuando ellas resultan de la combinación de los criterios presentes en las dos anteriores; de tal modo que cada una resulta ubicable en cualquiera de las categorías aludidas por BOQUERA OLIVER.

En realidad no entra dentro de las finalidades de la obra realizar un análisis acerca de las diferentes categorías de definiciones que se han formulado en relación a la disciplina del Derecho Administrativo (subjetivas, funcionales y mixtas, entre otras), en primer lugar, porque, como indicamos precedentemente, preferimos la clase de definición que coloca el acento en el sentido orgánico o subjetivo de la Administración Pública, lo cual pese a constituir un criterio expresado por la mayoría de la doctrina, no por ello, como hemos visto, resulta incuestionable, en segundo lugar, porque lo que más nos interesa, debido al carácter didáctico de la obra, es que el lector pueda comprender de manera operacional ¿qué es el Derecho Administrativo?, y para ello resulta necesario que aprehenda las variables fundamentales que le permitan, inclusive, elaborar su propia definición.

En tal sentido lo primero que debe tenerse presente al momento de intentar aproximarse a esa definición, es *el objeto* del Derecho Administrativo, el cual como hemos repetido insistentemente está constituido por la Administración Pública. Sin embargo, cabe acotar que en este proceso de aproximación conceptual cuando nos referimos a Venezuela y en general a los Estados descentralizados territorialmente (federales u organizados regionalmente), no basta saber que ese es el objeto del Derecho Administrativo, pues a dicho conocimiento debe añadírsele que en los mencionados Estados existen múltiples Administraciones Públicas, las cuales en grandes líneas pueden reducirse a la Nacional, la Estadal y la Municipal. Una vez delimitado el objeto, el cual si bien genéricamente puede identificarse como la Administración Pública, en nuestro caso, por las razones antes expuestas, está constituido por las Administraciones Públicas. El segundo paso que debe darse en este proceso consiste en observar *la actuación* que realizan esas Administraciones Públicas para el logro de los fines de interés general que les impone el ordenamiento jurídico, pero a la vez es necesario saber que dicha actuación puede tener carácter interno, dando lugar a las denominadas relaciones interorgánicas, o externo, originando en ese caso, las relaciones intersubjetivas.

Hasta aquí la identificación de las variables fundamentales que deben ser consideradas para la definición operacional mencionada, nos ha conducido en realidad a la identificación del objeto del Derecho Administrativo: la Administración Pública, con la particularidad de que es vista, como señala didácticamente ENTRENA CUESTA, en su momento estático, esto es, como organización, y en su momento dinámico, es decir, en funcionamiento para el logro de los fines públicos. Sin embargo, en el proceso que hemos acometido no debe olvidarse que existen otros Poderes del Estado, como el Legislativo y el

Judicial que dictan determinados tipos de actos que sustantivamente son idénticos a los emanados por los órganos de la Administración Pública (actos sustancialmente administrativos y formalmente legislativos y judiciales), los cuales se originan según Cosculluela Montaner (1993) "*cuando esos Poderes Públicos desempeñan actividades de carácter relacional con los administrados y con su personal*"; por tanto, esta categoría de actos o estas actuaciones de dichos poderes, también forman parte, o mejor dicho, integran igualmente el objeto del Derecho Administrativo, sin que ello llegue a constituirse en un obstáculo que desnaturalice una definición que se construya colocando como marco de referencia a la Administración Pública, o a las Administraciones Públicas, como su objeto fundamental, dado el carácter marginal, tanto cuantitativa como cualitativamente, de los referidos actos de los Poderes Legislativo y Judicial.

Ahora bien, sin duda que estamos ante un objeto particular (Administración Pública en sus momentos dinámicos y estáticos, y actos administrativos de los Poderes Legislativo y Judicial), distinto al que se conforma de la realidad jurídica que origina las relaciones jurídicas entabladas entre particulares; por consiguiente, para disciplinar dicho objeto resulta necesario un marco regulatorio constituido por un conjunto de conceptos y principios, diferentes a los del Derecho privado, articulados de tal manera que den lugar a un subsistema normativo especial. Ese subsistema que, como hemos visto, surgió históricamente de su distanciamiento o separación del Derecho Privado, lo que le proporcionó su especialidad y autonomía, elaborado por vía jurisprudencial, legislativa y doctrinaria, constituye la disciplina jurídica denominada Derecho Administrativo.

1. Derecho Administrativo como sistema normativo y como disciplina científica

Cabe observar que algunos autores suelen referirse al Derecho Administrativo como sistema normativo y como disciplina científica, en el primer caso identifican al conjunto sistemático de normas que resulta del parcelamiento del ordenamiento jurídico (Penal, Civil, Mercantil, Constitucional, etc.), cuya finalidad es regular o disciplinar la organización y funcionamiento de la Administración Pública. No obstante, como bien apunta Santamaría (1991) ese concepto debe ir más allá, pues pese a la denominación utilizada "*sistema normativo*", resultaría erróneo reducirlo únicamente a normas, en virtud de que en el proceso de interpretación y aplicación de las mismas, se originan nuevas normas, pero sobre todo conceptos y principios ordenadores que "*actúan como elementos vertebradores del sistema y que, al tiempo reobran sobre el mismo al operar como fuente de nuevas normas y criterios interpretativos*".

De manera que si bien el concepto del Derecho Administrativo como "*sistema normativo*" encuentra su base de sustentación en la normación especial reguladora de la Administración Pública, en realidad abarca también el conjunto de conceptos y principios derivados fundamentalmente de la interpretación y aplicación de la aludida normación, utilizados para resolver conflictos en sede administrativa y en sede jurisdiccional, todo lo cual le proporciona la idea de sistema. Es importante destacar que en algunos países la noción de Derecho Administrativo como "*sistema normativo*" ha servido como elemento esencial en la determinación de la competencia de los órganos de la Jurisdicción Contencioso Administrativa. Así aparece consagrado en el artículo 1 de la Ley de la Jurisdicción Contencioso Administrativa de España (Ley 29/1998, de 13 de julio), que preceptúa:

> 1. Los Juzgados y Tribunales del orden contencioso- administrativo conocerán de las pretensiones que se deduzcan en relación con las la actuación de las Administraciones públicas sujetas al Derecho Administrativo con las disposiciones generales de rango inferior a la Ley y con los Decretos Legislativos cuando excedan los límites de la delegación (énfasis añadido).

Hemos traído colación la utilidad de la concepción del Derecho Administrativo como "*sistema normativo*" porque sin mencionar la correspondiente expresión literal, la extinta Corte Suprema de Justicia, en Sala Político Administrativa, en reiterados fallos a partir del proferido el 05-06-1986 (Caso Fetraeducación) dio aplicación a la misma. Efectivamente, en la citada sentencia, ese Máximo Tribunal se declaró incompetente para conocer un recurso de nulidad interpuesto por la aludida Federación Sindical contra un acto del Ministerio de Educación, mediante el cual procedió a descontar un día de salario a los obreros que le prestaban servicio, por haber suspendido ilegalmente sus actividades. La Corte basó dicha declaratoria en que el acto impugnado no había sido dictado en ejecución de normas de Derecho Administrativo. En efecto, la parte final del referido fallo disponía:

> Por todo lo expuesto, concluye la Sala que su competencia y la de los otros órganos de la jurisdicción contencioso -administrativa, en lo atinente a los recursos contencioso- administrativos de anulación ha de quedar circunscrita al conocimiento de las pretensiones que se dirijan a impugnar los actos emitidos por los órganos de la Administración Pública en ejecución de normas de Derecho Administrativo y, por consiguiente, se encuentran excluidos del control de esa misma jurisdicción los actos de la Administración Pública emitidos con arreglo a otras ramas del ordenamiento jurídico positivo (civil, mercantil, laboral, etc.) (énfasis añadido).

Queda de este modo expuesto el concepto de Derecho Administrativo como "*sistema normativo*", el cual, sin duda, tiene además del significado propio de esa rama del Derecho (regulador de la Administración Pública), en algunos países –incluyendo el nuestro, en virtud de la jurisprudencia reiterada del Máximo Tribunal- adquiere la connotación de un indicador de la competencia de la Jurisdicción Contencioso administrativa, en lo atinente a los recursos de nulidad interpuestos contra actos emanados de la Administración Pública, como se evidencia de la jurisprudencia antes transcrita parcialmente.

Como indicamos precedentemente, algunos autores suelen hablar también del Derecho Administrativo como disciplina científica para referirse al sistema conceptual que resulta del proceso de reflexión e investigación acerca de dicha rama jurídica, llevado a cabo en las Universidades y en los Institutos de investigación de educación superior. Con la finalidad de intentar establecer la diferencia entre ambas concepciones, una parte de la doctrina ha acudido a la comparación de los sujetos que con su actuación contribuyen a la elaboración de dichas concepciones (sistema normativo y disciplina científica). En el primer caso (sistema normativo) todos los operadores jurídicos (abogados, jueces, etc.), y en el segundo (disciplina científica) solo docentes e investigadores universitarios. Igualmente con ese propósito diferenciador han añadido que los ámbitos materiales aparecen delimitados o parcelados en la enseñanza universitaria, mas no ocurre así en el sistema de normas que aplican los jueces contencioso administrativos. En tal sentido señalan que existe un conjunto de disciplinas, como el Derecho Financiero o el Sanitario, las cuales se enseñan en forma independiente, por lo cual no formarían parte del Derecho Administrativo; en cambio, en la práctica forense los jueces las consideran como un único sistema de normas integrado al Derecho Administrativo.

Estimamos que hablar del Derecho Administrativo como "*sistema normativo*" y como "*disciplina científica*", conduce a una división artificial e innecesaria, pues el Derecho Administrativo es uno solo, y resulta tanto de la actividad de todos los operadores jurídicos como del proceso de reflexión e investigación de los docentes e investigadores universitarios. Efectivamente, como dijimos antes, por tener un objeto claramente delimitado, el Derecho Administrativo es un sistema normativo que, sobre la base de criterios y principios rectores, permite explicar y resolver situaciones problemáticas (judiciales o no) que se suscitan en el seno de la Administración Pública o con ocasión de su funcionamiento. Y ese sistema que continúa perfeccionándose día a día, requiere tener como fuente fundamental de retroalimentación permanente los resultados que se derivan de las investigaciones en el campo jurídico, pero además dicho sistema se nutre igualmente de la actividad de los operadores jurídicos ordinarios, la cual se traduce en la jurisprudencia contencioso administrativa, así como en la doctrina elaborada por los órganos administrativos que también interpretan y aplican la normativa administrativa.

Por lo tanto, desde el momento en que se conceptúa el Derecho Administrativo como un sistema, carece de sentido y de utilidad establecer una diferencia entre una concepción de ese Derecho como sistema normativo, y otra concepción como disciplina científica, pues son dos caras de la misma moneda, lo que conduce a hablar únicamente del Derecho Administrativo, cuya definición, una vez expuestos los elementos operacionales necesarios que deben estar presente en cualquiera que se formule, puede ser elaborada sin ningún tipo de dificultad por el lector. En todo caso sintetizamos esos elementos: **a)** Objeto, o la Administración Pública en su aspecto estático y dinámico, y algunos actos de los Poderes Legislativo y Judicial, concretamente, los relacionados con los administrados y con su personal; **b)** el carácter sistemático y especial y; **c)** su pertenencia al Derecho Público interno.

2. Ventaja de definir al Derecho Administrativo a partir de las variables fundamentales enunciadas

Que el Derecho Administrativo, o mejor dicho su contenido ha estado sujeto a constantes modificaciones desde el mismo año 1872; que después de la Segunda Guerra Mundial dichas modificaciones han crecido geométricamente, y que en la época actual continúan acrecentándose, resulta una verdad casi incuestionable. Tales cambios encuentran su razón de ser –como lo dijimos antes– en el hecho de que la Administración Pública es el instrumento mediante el cual el Gobierno planifica y ejecuta sus políticas tanto gubernativas, como administrativas, razón por la cual la modificación de esas políticas, derivada, por ejemplo, del tránsito de un tipo de Estado a otro, comporta necesariamente cambios en la Administración, tanto en su organización como en su funcionamiento. Así ocurrió con el paso del Estado Liberal Burgués de Derecho, en el cual la Administración tenía un papel subsidiario en la vida económica y en general en la vida social, al Estado Social y Democrático de Derecho, en el cual la Administración de jugar el aludido rol subsidiario cobró un rol protagónico, al intervenir en casi todos los órdenes de la vida, llegando inclusive a constituir empresas, acudiendo al uso de las formas jurídicas típicas del Derecho Privado, para satisfacer las necesidades colectivas, o como señala un autor alemán para cumplir con la "*procura existencial*" de los ciudadanos.

Sin embargo, observamos que actualmente en la mayoría de los países ese "*intervencionismo*" estatal ha sido seriamente cuestionado, produciéndose una especie de "*vuelta*" o regreso, con las debidas matizaciones, al liberalismo ("*neoliberalismo*"), lo que ha dado lugar al fenómeno de las "*privatizaciones*", que en algunos caso ha resultado masivo, como ocurrió en la década de los noventa en Argentina. Todos los ejemplos anteriores, así como muchos otros vinculados con las funciones que le corresponde cumplir a la Administración Pública, explican el porqué de los constantes cambios a que está sujeto el Derecho Administrativo, y a la vez expresan una especie de relación causa-efecto entre la Administración Pública y esa disciplina jurídica.

Ahora bien, es importante destacar que la indicada "*vuelta*" al liberalismo, no puede significar en ningún caso, que según algunos ha originado una pérdida de espacio del Derecho Administrativo a favor del Derecho Privado (especie de "*huida*" por esta razón), pues aún en los países en los cuales las privatizaciones resultan masivas, y porque no decirlo casi brutales, como ocurrió en Argentina, el Derecho Administrativo mantiene su vigencia, pues sabemos que cualquiera que sea la modalidad de privatización a la que se acuda, siempre la Administración mantiene el control sobre la mayoría de las actividades privatizadas, pues lo contrario sería negar la idea de que existen unos fines que el Estado debe tutelar directa o indirectamente. Así, por ejemplo, si en Venezuela es privatizada totalmente la industria telefónica, ciertamente su gestión y manejo quedará en manos de sus propietarios, pero el Estado en el momento de suscribir el respectivo contrato, deberá reservarse ciertos mecanismos de control y supervisión que le permitan salvaguardar los intereses públicos. Igual ocurrirá con otros sectores de la economía, como electricidad, aguas, aseo urbano, líneas aéreas, etc.

Todo lo expuesto anteriormente tiene como finalidad tratar de demostrar que una definición de Derecho Administrativo elaborada sobre la base de las variables fundamentales mencionadas en los acápites anteriores (objeto: la Administración Pública, carácter sistemático y especialidad) mantendrá su vigencia, independientemente de que el contenido del Derecho Administrativo cambie como consecuencia de la transformación de los fines de la Administración Pública y de las nuevas áreas que deberá normar la disciplina jurídica, la cual a su vez seguramente cobrará nuevas orientaciones derivadas de las leyes administrativas, la doctrina administrativa y la doctrina judicial. En efecto, cuando se define el Derecho Administrativo como la rama del Derecho Público Interno que regula a la Administración Pública en sus aspectos organizacional (estático) y relacional (dinámico), debido al carácter formal de la definición, poco importa la estructura que adopte la Administración para enfrentar los nuevos retos o cometidos estatales (fórmulas organizativas), ni tampoco las modalidades para relacionarse con los administrados (actos, contratos, actos materiales, actos normativos, etc.). De allí entonces la ventaja metodológica de abordar la definición del Derecho Administrativo partiendo de las variables fundamentales antes mencionadas.

V. EL PROBLEMA DE LOS CRITERIOS DE APLICACIÓN DEL DERECHO ADMINISTRATIVO

A pesar de que la doctrina admite en forma unánime que el objeto del Derecho Administrativo, como se desprende de las definiciones transcritas precedentemente, es la Administración Pública; sin embargo, tal postura no conduce a postular que dicha disciplina, como expresamos antes, sea autosuficiente, esto es, que todas y cada una de las actuaciones de la Administración estén regidas por el Derecho Administrativo, pues actualmente las múltiples facetas que esta adopta (contralora, prestadora de servicios, empresaria, concedente, contratante, etc.), niegan cualquiera posición que se pretenda adoptar en ese sentido; antes por el contrario, razones lógicas elementales favorecen la tesis que afirma que la Administración, en determinados y precisos casos, tiene que ser regulada por el Derecho Privado, y no por el Derecho Administrativo.

A su vez la anterior conclusión origina un problema de notable entidad, relativo al establecimiento de los criterios que permiten determinar en qué casos debe aplicarse el Derecho Privado a las actuaciones de la Administración Pública. En la búsqueda de los mismos se han formulado numerosas tesis, tales como las relativas a los "actos de autoridad y a los actos de gestión", de antigua data, la cual se basa en que la Administración realiza dos tipos de actuaciones perfectamente diferenciadas: como autoridad, es decir, sobre la base del *ius imperium*, dotado de potestades que restringen y hasta extinguen derechos de los administrados (actos de autoridad), y como un particular, o sea, cuando realiza una pura y simple gestión, para lo cual no es requerido el ejercicio de potestad pública alguna, como lo hace cualquier particular (actos de gestión). Únicamente en el primer caso se aplicaría el Derecho Administrativo a la Administración, y en el segundo el Derecho Privado.

A la anterior tesis siguió la del "*servicio público*", originada, como sabemos en Francia (DUGUIT), la cual postulaba que toda gestión de un servicio público por parte de la Administración, actuara esta como autoridad o como un simple particular, de todas maneras debía estar regida por el Derecho Administrativo, la cual dicho, sea de paso, aparece plenamente recogida en la mencionada *arrêt Blanc* de 1873. Contemporánea con la de los servicios públicos fue formulada por HAURIOU la denominada tesis de la "*prerrogativa*" que, como sostiene GARCÍA DE ENTERRÍA es casi una reproducción de la concerniente a los actos de autoridad y de gestión, ya que la prerrogativa supone una actuación de los órganos administrativos con medios jurídicos excepcionales o exorbitantes respecto de los del Derecho Privado. Luego, cuando las actuaciones administrativas están presididas por la idea de la prerrogativa, entonces deben ser reguladas por el Derecho Administrativo, de lo contrario serán disciplinadas por el Derecho Privado.

Todos los criterios anteriores, por motivos que no corresponde mencionar en este punto, se han demostrado insuficientes, razón por la cual como sostiene Cosculluela Montaner, un sector de la doctrina ha acudido a juicios dominados por el relativismo, en virtud de que niega la existencia de un criterio único que permita delimitar la aplicación del Derecho Administrativo, pero sobre todo que en caso de llegar existir dicho principio, rechaza que este pueda mantenerse indefinidamente en el tiempo.

Sin embargo, en España García De Enterría y Santamaría han formulado dos tesis en la búsqueda de una solución al problema, las cuales debido a su novedad y construcción lógica pasamos a sintetizar. El primero de los citados autores plantea que "*el problema no es, pues, el de determinar los límites positivos de aplicación del Derecho Administrativo, sino el inverso, sus límites negativos: cuándo y por qué se aplican a la Administración los Derechos Generales, cesando así su ordenamiento estatutario específico*". Y al respecto aclara que los puntos de fricción se presentan en lo que se refiere al Derecho de la Organización y al Derecho Patrimonial, dado que la Administración Pública utiliza formas propias o típicas del Derecho Privado para gestionar el interés público, tales como la sociedad comercial, el contrato de trabajo, contratos de arrendamiento, contratos en general, etc. El citado autor explica esas situaciones tratando de demostrar que las "*formas de Derecho Privado se han objetivizado y constituido en técnicas independientes que pueden utilizarse de manera puramente instrumental por los entes públicos*".

Pero lo más importante de destacar de la tesis de García de Enterría es que él enfatiza que la evidencia del carácter instrumental de dichas formas, radica en que todo el tiempo, en el aspecto sustantivo de esa utilización, está presente un núcleo público, una previa decisión de carácter público. Y ejemplifica con el caso de las empresas estatales mediante las cuales se gestiona un interés público conforme a un régimen de Derecho Privado, sin embargo, la decisión de constituirlas (sociedades comerciales, civiles, fundaciones, etc.), tiene un carácter público y es adoptada conforme a un procedimiento establecido en la Ley. De allí, pues, el carácter instrumental que García De Enterría le otorga al uso de formas jurídicas típicas de Derecho Privado por parte de la Administración Pública, lo que a la vez revela el criterio de aplicación de ese Derecho a la Administración.

Santamaría después de reconocer que el problema de determinar cuándo aplicar el Derecho Administrativo, y cuándo las restantes ramas del Derecho, es bastante complejo, formula unos criterios que califica de orientadores, y que a nosotros nos parecen bastante prácticos y operacionales, que a continuación pasamos a resumir:

i) "*La decisión a priori, por parte de la Administración, sobre el régimen jurídico a emplear en una acción concreta*". Este criterio lo explica el autor con un ejemplo: ante la decisión de crear una persona jurídica para gestionar un servicio público, la pregunta que debe formularse la Administración es si lo hace mediante una forma pública (instituto autónomo), o mediante una privada (sociedad, asociación o fundación). Reconoce que el problema se plantea ante la inexistencia de una norma que regule la situación, y en ese caso recomienda tomar en cuenta los siguientes principios: **a)** "*Primado de la Organización*": los entes constituidos en forma de derecho privado emplearán, salvo excepciones, formas y técnicas de ese derecho, y los constituidos bajo forma pública adoptarán, salvo excepciones, técnicas y formas de Derecho Administrativo. En Venezuela sería el caso de una fundación del Estado (Fundación Venezolana de Investigaciones Sismológicas, FUNVISIS), o de un ente público territorial, o descentralizado institucionalmente respectivamente (municipio o instituto autónomo). **b)** "*La naturaleza de la función a la que pertenece la operación cuestionada*". Si la operación es de carácter público, porque exige técnicas de autoridad, deberá emplearse, salvo excepción, la forma del Derecho Administrativo; si es de carácter económico o similar a las que se suscitan entre privados, la técnica será de Derecho Privado. En Venezuela, se podría ejemplificar con las actividades de policía administrativa (sanitaria, bancaria, urbanística, etc.), y con la compra de determinados de bienes muebles (computadora, máquinas, papel, etc.). **c)** "*El carácter y dimensión de la operación misma*". En este sentido puntualiza el autor citado que la lógica aconseja que en la adquisición de bienes de un valor considerable predominen las técnicas y contratos del Derecho Administrativo, y las del Derecho Privado, para compras menores. Ejemplo en nuestro caso una flota de automóviles, y una pieza para reparar un automóvil respectivamente.

ii) "*Búsqueda de una solución o régimen jurídico para una operación o actos ya realizados*". En este caso expresa SANTAMARÍA corresponde a la Administración determinar *ex post facto* el derecho aplicable, en virtud de que la situación se encuentra consumada. Sería el caso, ejemplifica, de un contrato de venta por un municipio, o la imposición de una sanción a un industrial, pues habría necesidad de decidir, en ausencia de previsión expresa, si las disposiciones del Código Civil resultan aplicables a esa venta, y si opera en el procedimiento sancionatorio la eximente de estado de necesidad contemplada en el Código Penal. Al respecto sostiene el autor que en estos casos debe acudirse a todos los ordenamientos sectoriales que conforman el ordenamiento jurídico general, siempre que su aplicación no aparezca excluida de normas o principios del Derecho Administrativo, concluyendo que "*El empleo de los restantes ordenamientos es, en efecto, supletorio, pero no como el resultado del silencio de la norma administrativa, sino de su no incompatibilidad con ésta*".

El citado autor termina reconociendo la enorme dificultad que comporta en muchas oportunidades distinguir los ámbitos de aplicación del Derecho Administrativo de las restantes disciplinas jurídicas, y al respecto añade el caso de los denominados *actos separables*, en los cuales existen algunos aspectos regulados por el Derecho Administrativo y otros por el Derecho Privado, tesis que por cierto encontró recepción en la jurisprudencia de la Sala Político Administrativa de la extinta Corte Suprema de Justicia, en una sentencia del 26-06-1990, basada en el criterio expuesto al respecto por André De Laubadere transcrito en dicho fallo ("*La jurisprudencia admite en efecto la teoría de los actos separables según la cual las decisiones unilaterales que puedan ser aisladas de la conclusión misma del contrato en el conjunto del procedimiento contractual son susceptibles de ser atacadas directamente*"), lo cual fue ratificado por la misma Sala Político Administrativa del TSJ en sentencia N° 125 de fecha 03-05-2000.

En resumen, son estos los criterios que propone Santamaría para determinar los límites de aplicación del Derecho Administrativo, que por estar signados por su simplicidad y operacionalidad, consideramos que pueden ser utilizados sin mayores problemas en nuestro país, razón por la cual procedimos a realizar la anterior síntesis de los mismos.

VI. Derecho Administrativo en los países anglosajones

Es necesario hacer notar que en los textos de Derecho Administrativo menos recientes se establecía una total contraposición entre los países de "Régimen Administrativo", o sea, aquellos en los cuales existía un derecho especial para regular las relaciones entre la Administración y los administrados, así como jueces distintos a los de justicia ordinaria a los que se confiaba la solución de las controversias en que la Administración era parte (Francia, Italia, España, Alemania, Austria, etc.), y los del *Rule of Law*, en los cuales existía un único derecho (no escrito, consuetudinario declarado por los jueces), al que estaban sometidos tanto los particulares como la Administración Pública, quienes eran juzgados por jueces ordinarios (Inglaterra y Estados Unidos). Si bien la situación descrita no hace más que revelar lo que ocurría durante el siglo XIX, estudiada y reseñada por uno de los más grandes juristas ingleses Albert Venn Dicey (1885), quien ejerció una notable influencia en Inglaterra y en Estados Unidos en el mantenimiento del sistema del *rule of law*, en virtud de que consideraba que el Derecho Administrativo era un derecho que creaba privilegios, y, por tanto iliberal.

Sin embargo, esa situación va a cambiar sustantivamente en el siglo XX, pues en los primeros años comienzan a dictarse leyes concernientes a la Administración, y además el establecimiento del *Welfare State* o "Estado del Bienestar" origina un conjunto de leyes administrativas en materia de salud, seguridad social y educación, no obstante conviene subrayar que se mantiene la competencia del juez ordinario para decidir las controversias en que sea parte la Administración. Pero es precisamente en este aspecto, sostiene CASSESE (1994), que el sistema presenta hoy la mayor evolución, la cual explica el citado autor italiano así:

> En primer lugar, junto a los órganos ya existentes (por ejemplo en materia tributaria), se han ido constituyendo, debido al desarrollo de las Administraciones prestadoras de servicios, en sectores como el transporte, la aviación civil, los seguros, la inmigración, etc., órganos cuasi jurisdiccionales que no forman parte ni del sistema judicial (Los Tribunales), ni del administrativo (Los Ministerios). Los estudiosos ingleses distinguen estos órganos en dos grupos: *policy-oriented tribunals* y *court-substitute tribunals*, en razón de que prevalezcan funciones de orientación o de solución de conflictos.
> La independencia de los órganos llamados –como se ha dicho– *tribunals* ha sido reforzada por el *Council of Tribunals* (creado en 1958 y ampliado en 1971) órgano con tareas consultivas y de propuesta.

También se asiste a una evolución en lo atinente a la actuación propiamente de los jueces ordinarios, especialmente a partir del fallo denominado *House of Lords O' Reilly v Mackman*, dictado en 1982, en el cual se decidió que el procedimiento de impugnación de dos fases y con plazos breves era exclusivo de las controversias de Derecho Público, y que debía ser considerado por los jueces de distinta forma que el de Derecho Privado. Por ello señala CASSESE que esta sentencia ha sido considerada como un nuevo *Arrêt Blanco.*

De modo, pues, que Gran Bretaña, como hemos visto, ha evolucionado tanto en el campo de la producción legislativa administrativa, derogando de esa manera parcialmente el derecho consuetudinario, como en la modalidad de juzgamiento de la Administración por órganos cuasi jurisdiccionales y por los propios tribunales ordinarios, lo que indudablemente desdibuja bastante las nítidas fronteras que dividían a los países de "Régimen Administrativo" y de *rule of* law en el siglo XIX, así como en los primeros años del siglo XX, produciéndose incuestionablemente un acercamiento gradual del segundo (*rule of law*) al primero ("Régimen Administrativo").

Una situación similar vivió Estados Unidos de Norte América, pues a partir del *New Deal* de ROOSEVELT, comienzan a dictarse leyes creadoras de órganos administrativos con funciones reguladoras y de control, y en 1946 es sancionada una Ley de Procedimientos Administrativos, la cual además de definir los derechos de los administrados frente a la Administración, contemplaba un órgano encargado de realizar el procedimiento administrativo, que a partir de 1972 ha sido definido como un Juez administrativo, pero que en realidad no es un verdadero juez, ya que no pertenece al Poder Judicial, y es semindependiente de la Administración en que actúa. Sin embargo, es el único que tiene competencia para instruir y decidir los procedimientos contenciosos, correspondiéndole actuar de oficio, o instancia de los recurrentes. Además, indica CASSESE que desde el año 1965, debido a la admisión en los referidos procesos de decisión administrativa, de los representantes de los intereses colectivos (consumidores y usuarios), se han difundido los procedimientos denominados "*trialpe*" (de tipo judicial) ante los jueces administrativos.

GARRIDO FALLA (1989) señala entre los principales rasgos generales del Derecho Administrativo Norteamericano los siguientes: **a)** Los servicios y actividades de interés público están sometidos a reglamentación administrativa; **b)** La ejecutoriedad de los actos administrativos no constituye una regla general, pero las excepciones son muy numerosas; **c)** El poder reglamentario no es una atribución natural de la Administración, sino que exige delegación expresa; **d)** La acción administrativa está sometida a un riguroso procedimiento que afecta tanto a los actos administrativos concretos como a la elaboración de los reglamentos.

En fin, puede decirse que en los dos principales países del mundo anglosajón, pese a seguir vigente el sistema del *rule of law*, se observa un desarrollo acentuado del Derecho Administrativo, al punto que cada día tiende a aproximarse un poco más a los países donde predomina el denominado "régimen administrativo", lo que conduce a excluir la tajante diferencia imperante en el siglo pasado y a principios del presente, entre esos dos grupos de países, en lo concerniente al Derecho Administrativo.

VII. DERECHO ADMINISTRATIVO EN VENEZUELA

Este punto que no forma parte del programa de la materia nos servirá para expresar algunas -pocas- ideas sobre el estado actual del Derecho Administrativo en nuestro país, y al respecto lo primero que observamos es que la disciplina carece de historia o mejor de historiografía. En efecto, no existe un solo artículo y mucho menos una monografía que oriente acerca de una probable fecha que se pueda considerar como el punto de partida del Derecho Administrativo como sistema normativo, o como disciplina científica, así como tampoco de las posibles etapas de su desarrollo y eventual consolidación. Esa fecha, pensamos nosotros, podría estar determinada por la publicación de una obra, por la recepción del sistema en la Constitución o en una Ley, por la publicación de una sentencia, guardando las distancias, tipo *Arrêt Blanco*, o sencillamente por el inicio de las clases (apertura de la Cátedra) sobre la materia en la Universidad.

Reconocemos que emprender una tarea de esa magnitud no resulta nada sencillo, pues implica un arduo trabajo que en principio debería contar con un equipo de investigadores, ya que supone acceder y analizar numerosos documentos (Constituciones, Leyes, sentencias, así como obras directa o indirectamente relacionadas con el Derecho Administrativo) publicados durante un período que tendrá que fijarse arbitrariamente, pero en todo caso relativamente extenso, cuya localización y sistematización, es de suponer, resultará bastante difícil, y posteriormente extraer las conclusiones que permitan dibujar un cuadro de la evolución y desarrollo de la disciplina a partir –pensamos nosotros– de 1830, año en que se separa Venezuela de la Gran Colombia, o del año que corresponda de acuerdo al dato o variable que pueda servir para establecer una especie de fecha de nacimiento del Derecho Administrativo venezolano.

Sin esa información cualquier intento de análisis será incompleto, pues aun siendo un lugar común, no por ello pierde veracidad, la afirmación de que el estudio del pasado resulta fundamental para la explicación del presente, así como la predicción, con cierto grado de probabilidad, el futuro. Sin embargo, pese a la aludida inconsistencia, consideramos necesario formular algunas observaciones preliminares, sin dejar de hacer notar que las mismas son el producto de una visión estrictamente personal, derivadas de la experiencia en la actividad docente y en el ejercicio profesional, que a grandes trazos, nos permiten dibujar un escenario sobre el Derecho Administrativo en Venezuela. A continuación pasamos a enumerarlas:

i) El Derecho Público, y concretamente el Derecho Administrativo, recibe un impulso significativo con la creación del Instituto de Derecho Público de la Universidad Central de Venezuela, porque a partir de ese momento se inicia un período de divulgación de las tesis clásicas sobre las instituciones básicas del Derecho Administrativo predominantes en el Derecho Extranjero, especialmente en el francés, pero es a partir de los inicios de la década de los setenta cuando cobra mayor desarrollo, en virtud de que regresan varios de los graduados que habían ido a realizar estudios de especialización en Universidades extranjeras, y además comienza a publicarse un importante número de artículos contentivos de trabajos de investigación, así como de obras, la gran mayoría de ellas de carácter monográfico, todo lo cual va enriquecer el marco teórico de la disciplina.

A su vez en el año 1976 se promulga la Ley Orgánica de la Corte Suprema Justicia, que de alguna manera va a constituir una ejecución y desarrollo del artículo 206 de la Constitución de 1961, porque en la misma aparece delineada, según algunos autores patrios, el régimen transitorio de la Jurisdicción Contencioso Administrativa, e igualmente son sancionadas las Leyes Orgánicas de la Administración Central y de Régimen Presupuestario, que conjuntamente con la LOPA que entró en vigencia en enero de 1982, van constituir un núcleo básico de normación administrativa, cuya aplicación genera un cambio cualitativo en las relaciones Administración - administrado, y que a la vez servirá como fuente de retroalimentación tanto a la doctrina como a la jurisprudencia.

Así mismo la extinta Corte Suprema de Justicia, en Sala Político Administrativa, sobre la base del texto que rige el Máximo Tribunal, inicia un período muy fecundo que marca pautas en la jurisprudencia nacional. Además en esa década cobran mayor impulso los postgrados en Derecho Administrativo en la Universidad Central de Venezuela, los cuales comienzan posteriormente en otras Universidades Nacionales. Igualmente se forman como docentes un numeroso grupo de profesionales que hoy en día están jubilados. Esta etapa de desarrollo, y pudiéramos decir también que de consolidación, se extiende hasta finales de la década de los ochenta, pues a partir de esa fecha el avance sufre un brusco estancamiento, entre otras razones porque las investigaciones realizadas en las universidades -en aquellas en que se investiga, pues algunas de ellas están reducidas únicamente a impartir conocimientos (liceos grandes)- disminuyen sensiblemente tanto cualitativa como cuantitativamente, y como es obvio también las publicaciones primarias se reducen en esa misma proporción, y las pocas que circulan, en la gran mayoría de los casos tienen un carácter meramente descriptivo; por tanto, está ausente en ellas la expresión de un conocimiento reflexivo y crítico; sin embargo, justo es reconocer que existen las excepciones que continúan contribuyendo al enriquecimiento del marco teórico de la disciplina.

Quizás en la década de los noventa el impulso mayor en la elaboración del Derecho Administrativo provino de las sentencias proferidas por la Sala Político Administrativa de la extinta Corte Suprema de Justicia y la extinta Corte Primera de lo Contencioso Administrativo, sin duda, ha contribuido en estos años a consolidar la disciplina, puesto que ha suplido en buena parte la referida inacción universitaria y doctrinaria. Demás está decir que durante todo este tiempo asistimos a la promulgación de un conjunto de importantísimas leyes administrativas, la más de las veces sin mucho orden, y al crecimiento vertiginoso del ejercicio de la potestad reglamentaria por parte de la Administración Pública.

ii) En el año 2000 observamos un panorama bastante complejo para la continuidad de la consolidación del Derecho Administrativo, entendido como un sistema normativo garantizador, pues si bien, como expresamos antes, el contenido de la disciplina está signado por la idea del cambio, pero tal característica en ningún caso puede comportar un atentado contra un principio civilizatorio, como es el de seguridad jurídica. En efecto, hasta la vigencia de la Constitución de 1961 (29-12-1999) en el campo de la normación el Parlamento con cierta frecuencia dio demostraciones públicas de improvisación, por decir lo menos, al no contar con un programa legislativo, y mucho menos ajustado a las previsiones del desarrollo del país. Es así como las leyes que sancionó cada vez reflejaban más la carencia de técnica legislativa, y muchas veces también de dominio conceptual sobre la materia regulada.

En ese contexto de inseguridad nada extraño resultaba que una Ley se reformase dos o tres veces en menos de un año, como ocurrió con la Ley de Regulación de la Emergencia Financiera, mucho menos debe extrañar los visos de inconstitucionalidad que presentan alguna de ellas. Pero si esto ocurría en el Parlamento, la situación resultaba peor cuando es la Administración Pública quien ejercía potestades normativas, al punto que sobre el manido argumento del "*error de copia*" llegaban a producirse verdaderas modificaciones de instrumentos normativos. Más grave aún resultaba la competencia asumida –en la mayoría de los casos sin ningún fundamento normativo *de facto*– por la casi totalidad de los órganos administrativos y entes públicos para dictar reglamentos, muchos de los cuales están caracterizados por la incoherencia, tanto en materia de técnica legislativa como conceptual, llegando a afectar en no pocos casos los derechos subjetivos e intereses legítimos de los ciudadanos.

Cabe finalmente advertir que la Administración cuando asumió el rol de "*legisladora*" sobre la base de la Ley autorizatoria contemplada en el artículo 190 (ord. 8°) de la Constitución derogada, no se diferenció mucho de la conducta asumida por el Parlamento, lo que queda evidenciada con la situación que se presentó con el Decreto con rango y fuerza de Ley, mediante el cual fue reformada la Ley Orgánica de la Administración Central, el cual en el lapso de tres meses fue modificado tres veces, la última de dichas modificaciones basada en que en su publicación se incurrió en once errores materiales, cuya subsanación significó a la postre la modificación de doce artículos del Decreto ley que presentaba los aludidos "*errores materiales*".

La situación descrita para el año 2000 no solo no ha mejorado sino se ha incrementado la inseguridad jurídica derivada de la actividad legislativa de la Asamblea Nacional y de la propia Administración mediante la publicación exagerada de decretos reglamentarios y ni se diga, del número de decretos con fuerza de ley producto de la desnaturalización de las leyes habilitantes dictadas por el Parlamento en el período 2000-2015, sin que la Sala Constitucional del TSJ en su papel tutelar en la defensa e integridad de la Constitución haya adoptado una posición correctiva al respecto. En suma, la inseguridad jurídica a la que aludimos anteriormente se ha incrementado en forma exponencial, colocando a los ciudadanos en un virtual estado de indefensión.

Frente a este panorama el Derecho Administrativo no ha reaccionado, ni termina de reaccionar, pues los estudiosos del mismo han mantenido una actitud indiferente, y porque no decirlo conformista, lo que hace que esta disciplina jurídica pierda la característica que originalmente configuró su identificación, esto es, lo que los españoles denominan "*embridamiento del poder*"; por tanto, pierde ese carácter garantista derivado de las posiciones de avanzada de los que lo asumen bajo ese concepto, frente a abusos -como los mencionados- de los Poderes Públicos.

Y del ejercicio de los recursos contra los actos arbitrarios de los poderes públicos ni que hablar, pues los intentados en sede administrativa, en la gran mayoría de las veces son desestimados, y además casi siempre la decisión es dictada fuera de los lapsos fijados en la LOPA y en los demás textos legales. Si de los contencioso administrativos se trataba hasta 1999, deben señalarse las trabas burocráticas, no previstas en la Ley, impuestas *de facto* en la Sala Político Administrativa de la extinta Corte Suprema de Justicia, en la cual para lograr que fuera admitido un recurso se requería, con buena suerte, por lo menos un lapso no menor de noventa días, situación que resultaba agravada por el hecho de que los días de despacho, en el mejor de los casos, apenas alcanzaban al número de tres a la semana. Y después que el recurso era admitido, operaba indefectiblemente la mora judicial -que en los órganos contenciosos administrativos resulta crónica- dando lugar a la justicia retardada -que como decía CARNELUTTI- es "*justicia denegada*". La situación antes descrita ha empeorado al nivel de que frente a las actuaciones de la Sala Político Administrativa y Sala Constitucional del TSJ, algunos estudiosos la califican como equivalente a la inexistencia del Estado de derecho.

Insistimos en que hay que reconocer aun en el contexto de este panorama, que la jurisprudencia -pese a las trabas burocráticas y a la aludida mora judicial- de los órganos contencioso administrativos jugó un papel protagónico la etapa del Derecho Administrativo que concluye en 1999, con la transformación de la extinta Corte Suprema de Justicia, en TSJ; sin embargo, observamos con preocupación durante la misma la tendencia a "*jurisprudencializar*" a esta disciplina jurídica, y lo que es más grave aún a darle criterio de autoridad a dichas sentencias, pues llegaron, como lo veremos en un próximo capítulo, a tornarse indiscutibles a casi a todos los niveles, al punto que pareciera que los mejores estudiosos de esta rama del Derecho se medían por el conocimiento que tuvieran sobre las sentencias dictadas por la Corte. Situación que al igual que la descrita anteriormente, ha empeorado notablemente.

Ante el panorama trazado cabe señalar que cada día aumenta el número de jóvenes profesionales que transitan la senda del Derecho Administrativo, inclusive en la mayoría de las Universidades ya existen cursos de cuarto nivel (maestría y especialidad) en la disciplina, lo que permite ser optimista en el sentido de predecir que a corto plazo superaremos la etapa crítica. No obstante estimamos que tal superación comporta el mantenimiento por algún tiempo de la vieja dicotomía autoridad – libertad, como uno de los principios fundamentales sobre el cual debe girar la concepción de nuestro Derecho Administrativo, pues todavía no podemos referirnos al Derecho Administrativo como un sector de la normación reguladora de una Administración Pública presidida por la idea de prestación de la denominada procura existencial, esto es, aquella que desarrolle cada vez más *"tareas de planificación, dirección, ordenación y sostenimiento de la vida social"* (PAREJO ALFONSO, 1992).

Para lograr reafirmar el concepto de Derecho Administrativo sobre la base de la indicada dicotomía, y su renovación a corto plazo requiere un esfuerzo conjunto de los estudiosos del Derecho Administrativo, sobre todo de las nuevas generaciones formadas tanto en Venezuela como en el exterior; de las Universidades preparando mejores docentes e investigadores a los fines de brindar más y mejor preparación, tanto a nivel de pregrado como de postgrado, previa modificación urgente de los programas de estudios de las Escuelas de Derecho, en virtud de que casi todos pecan de obsolescencia manifiesta; del Consejo Nacional de Universidades ejerciendo un verdadero control en la autorización para el funcionamiento de nuevas Escuelas de Derecho, y sobre la calidad de la enseñanza de las ya autorizadas; del Parlamento diseñando el correspondiente programa legislativo y mejorando la técnica utilizada para sancionar las leyes; y del TSJ y la Asamblea Nacional seleccionando para los cargos de Jueces y Magistrados a personas probas y con una sólida formación en el campo del Derecho Público. Solo de esa manera nos colocaremos en la posición de superar a corto plazo el panorama poco favorable que hasta finales de 1999 presentaba el Derecho Administrativo en Venezuela, que se ha agravado hasta la presente fecha.

A todo lo anterior hay que agregar que la Constitución de la República Bolivariana de Venezuela, representa un salto cualitativo en la concepción de la justicia, pues se consagra de manera expresa el derecho a la tutela judicial efectiva, ampliándose sustancialmente la legitimación para acceder a los órganos de la Administración de Justicia, al erigir a los intereses colectivos y difusos, en situaciones subjetivas que posibilitan el referido acceso. Tal consagración de ese derecho, armoniza plenamente con la garantía de una justicia gratuita, accesible, imparcial, idónea, transparente, autónoma, independiente, responsable, equitativa, expedita y sin dilaciones inútiles (art. 26).

En el marco de esa concepción, como resultaba natural, se establece la responsabilidad personal de los jueces, por error, retardo u omisiones, por negación y parcialidad (art. 255), lo que permitía presumir en el año 2000, que a corto plazo se produciría un cambio inaplazable en la Administración de Justicia. Sin duda que dicho cambio tendría una incidencia en el desarrollo del Derecho Administrativo, pues la Constitución en su artículo 259 perfecciona el concepto de jurisdicción contencioso administrativa contenido en el artículo 206 de la de 1961, ya que le añade la competencia para conocer de los reclamos por la prestación de servicios públicos. Y pensamos en la aludida incidencia porque en los primeros tiempos de vigencia de la Constitución, los órganos de la jurisdicción contencioso administrativa continuarán jugando un papel protagónico en el desarrollo del Derecho Administrativo, en virtud de que sus sentencias tendrán un efecto retroalimentador tanto de la doctrina como de la legislación, como efectivamente ha venido ocurriendo hasta ahora. Lamentablemente, tal presunción no se ha configurado hasta la presente fecha y por el contrario, como hemos reiterado se ha desmejorado notablemente.

BIBLIOGRAFÍA

ALESSI, RENATO. *Principi di Diritto Amministrativo*. Giuffrè. Milano, 1974.

BASSI, FRANCO. *Lezioni di Diritto Amministrativo*. Giuffrè. Milano, 1995.

BAUER, HARMUT. "¿Transformación Radical en la Doctrina del Derecho Administrativo?". En *Documentación Administrativa* N° 234. Abril-junio. Instituto Nacional de Administración Pública. Madrid, 1993.

BOQUERA OLIVER, JOSÉ. *Derecho Administrativo*. Civitas. Madrid, 1992.

BREWER, ALLAN. *Derecho Administrativo. Tomo I*. UCV. Caracas, 1975.

CANNADA BARTOLI, E. "Vanum. Disputare de potestate: Riflessioni sul Diritto Amministrativo". En *Rivista Trimestrale di Diritto Processuale Amministrativo* N° 2. Giuffré. Milano, 1989.

CASSESE, SABINO. *Las Bases del Derecho Administrativo*. Ministerio para las Administraciones Públicas. Madrid, 1994.

___, *Cultura e Politica del Diritto Amministrativo*. Il Mulino. Bologna, 1971.

CASSIN, R M WALINE y OTROS. *Le Grands Arrèts de la Jurisprudence Administrative*. Sirey. París, 1974.

CERULLI, VINCENZO. *Corso di Diritto Amministrativo*. Giapichelli Editore. Torino, 1997.

CHINCHILLA CARMEN, BLANCA LOZANO y OTROS. *Nuevas Perspectivas del Derecho Administrativo*. Civitas. Madrid, 1992.

COSCULLUELA, LUIS. *Manual de Derecho Administrativo*. Civitas. Madrid, 1993.

DE LAUBADERE, ANDRE. *Manual de Derecho Administrativo*. Temis. Bogotá, 1984.

___, *Traité de Droit Administratif*. LGDJ. París, 1976.

DROMI, ROBERTO. *Derecho Administrativo*. Ediciones Ciudad Argentina. Buenos Aires, 1996.

ENTRENA CUESTA, RAFAEL. *Curso de Derecho Administrativo* Tecnos. Madrid, 1989.

FISHER, H.A.L. *Storia d' Europa. Storia Contemporanea*. La Terza. Roma, 1976.

GALLEGO ANABITARTE, ALFREDO. *Administración y Jueces: Gubernativo y Contencioso. Reflexiones sobre el Antiguo Régimen y el Estado Constitucional y los Fundamentos del Derecho Administrativo Español*. IEA. Madrid, 1971.

GALLI, ROCCO. *Corso di Diritto Amministrativo*. Cedam. Padova, 1994.

GARCÍA DE ENTERRÍA, E y TOMÁS RAMÓN FERNÁNDEZ. *Curso de Derecho Administrativo I*. Civitas. Madrid, 1990.

GARCÍA DE ENTERRÍA, EDUARDO. *Revolución Francesa y Administración Contemporánea* Civitas. Madrid. 1994.

GARCÍA PELAYO, MANUEL. *Las Transformaciones del Estado Contemporáneo*. Alianza Universidad. Madrid, 1977.

GARRIDO FALLA, FERNANDO. *Tratado de Derecho Administrativo*. Tecnos. Madrid, 1989.

GIANNINI, MASSIMO. *Premisas Sociológicas e Históricas del Derecho Administrativo* Instituto Nacional de la Administración Pública. Madrid, 1980.

___, *Istituzioni de Diritto Amministrativo*. Giuffrè. Milano, 1981.

___, *El Poder Público. Estado y Administraciones Públicas*. Civitas. Madrid, 1991.

HAMPSON, NORMAN. *Historia Social de la Revolución Francesa*. Alianza Universidad. Madrid, 1974.

LARES MARTÍNEZ, ELOY. *Manual de Derecho Administrativo*. UCV. Caracas, 1990.

MARIENHOFF, MIGUEL. *Tratado de Derecho Administrativo*. Abeledo -Perrot. Buenos Aires, 1964.

MESTRE, JEAN-LOUIS. *Introduction Historique au Droit Administratif Francaise*. PUF. París, 1985.

MONTESQUIEU, CH. L de S. *El Espíritu de las Leyes*. Tecnos. Madrid, 1985.

NIETO, N. *Estudios Históricos sobre Administración y Derecho Administrativo*. Instituto Nacional para la Administración Pública. Madrid, 1986.

PARADA, RAMÓN. *Derecho Administrativo I*. Marcial Pons. Madrid, 1997.

PAREJO ALFONSO, LUCIANO A. JIMÉNEZ Y OTROS. *Manual de Derecho Administrativo* Ariel. Barcelona, 1992.

PAREJO ALFONSO, LUCIANO. *El Concepto de Derecho Administrativo*. Editorial Jurídica Venezolana. Caracas, 1984.

RIVERO, JEAN. *Derecho Administrativo*. UCV. Caracas, 1984.

RODRÍGUEZ, LIBARDO. *Derecho Administrativo General y Colombiano*. Temis. Bogotá, 1989.

SANDULLI, ALDO. *Manuale di Diritto Amministrativo*. Jovene Editore. Napoli, 1974.

SANTAMARÍA PASTOR, JUAN. *Fundamentos de Derecho Administrativo* Centro de Estudios Ramón Areces S.A. Madrid, 1991.

RETORTILLO-BAQUER, SEBASTIÁN. *El Derecho Civil en la génesis del Derecho Administrativo y sus Instituciones*. Civitas. Madrid, 1996.

WEIL, PROSPER. *Derecho Administrativo*. Civitas. Madrid, 1994.

CAPÍTULO III: FUENTES DEL DERECHO ADMINISTRATIVO. JERARQUÍA. LEY FORMAL. LEYES ORGÁNICAS. TRATADOS. ESPECIAL REFERENCIA AL DERECHO COMUNITARIO ANDINO

I. CONCEPTO DE FUENTES DEL DERECHO

La doctrina admite que el término "fuentes", acompañando al vocablo Derecho, resulta metafórico, lo que por sí solo revela la dificultad para encontrarle un significado conceptual unívoco, razón por la cual ha sido seriamente cuestionado por la doctrina. Así KELSEN (1950) sostenía que "*en vez de una expresión figurada y equívoca, debiera un término capaz de describir de manera clara y directa el fenómeno que se tiene presente*". SANTAMARÍA PASTOR (1992) quien, actualmente se inscribe en esa línea de pensamiento, propone descartarlo definitivamente, y sobre todo, debido al pluralismo y heterogeneidad de esas fuentes, razón por la cual prefiere hablar de sistema normativo, esto es, "*un sistema de elementos interactivos que forman una totalidad articulada, dinámica, autorregulada, abierta y plural*". Según este autor el sistema normativo, concebido en esos términos logra superar las dificultades presentes en los conceptos de orden jurídico (KELSEN) y de ordenamiento jurídico (SANTI ROMANO). Sin embargo, es preciso destacar que estas posiciones cuestionadoras, o innovadoras, como la sostenida por el último autor citado, todavía no llegan a obtener el consenso doctrinario requerido para desterrar el término en comento, pues en la mayoría de los Manuales, Tratados e inclusive Programas de enseñanza continúa utilizándose, claro está, con los debidos señalamientos acerca de la falta de univocidad, la expresión "*fuentes del Derecho*". Quizás ello se deba, como apunta CRISAFULLI (1976), al peso de una tradición muy consolidada en el campo de la Ciencia Jurídica, a razones de comodidad, así como a la brevedad de la expresión.

Entre los significados que pueden atribuírsele a la expresión bajo examen encontramos los siguientes: el conjunto de factores económicos, sociales, históricos, morales etc. de cuya confluencia se origina el derecho ("*fuentes históricas del Derecho*"). Los modos a través de los cuales se conoce el Derecho ("*fuentes de conocimiento del Derecho*"). Los hechos o actos calificados por el ordenamiento jurídico como idóneos para producir el Derecho Objetivo, o mejor dicho, las normas jurídicas (fuentes de producción). Este último significado es el que la doctrina mayoritaria reputa como correspondiente -desde el punto de vista conceptual- con la expresión "fuentes del Derecho". De modo, pues, que en este ámbito doctrinario, debe entenderse como el origen de la producción y la modificación normativa, o dicho de otra manera, los modos mediante los cuales el Derecho nace y se renueva.

Es preciso subrayar que toda la exposición precedente se inscribe en el campo de la Teoría General del Derecho, lo que sin duda hay que tener muy en cuenta cuando se pretenda estudiar el cuadro de las fuentes del Derecho en el seno del ordenamiento jurídico correspondiente a cada país, pues resulta razonable postular que los lineamientos de esa teoría general resultarán aplicables en tal estudio, con las lógicas adaptaciones derivadas de las particularidades, o mejor dicho, de la diversidad propia del ordenamiento en que sea examinado o estudiado el cuadro de sus fuentes. De seguirse esta metodología a los efectos de la elaboración del concepto bajo examen, es dable presumir que el resultado apuntará hacia el expuesto anterior, esto es, el que identifica -en lo sustancial- las fuentes del Derecho con la producción y la modificación normativa; de allí que seguiremos dicha línea argumental en el desarrollo de esta parte del tema, cuya pertinencia queda reforzada con los siguientes ejemplos: Es fácil imaginarse las diferencias -en cuanto a la diversidad- por ejemplo entre las fuentes del Derecho venezolano y las de Gran Bretaña, pero igualmente es dable imaginarse, en ese mismo sentido, la existencia de diferencias menos notables entre las fuentes de nuestro país y las de Estados como Italia, España, Alemania, etc., pero pese a las indicadas diferencias (diversidad), y esto es lo que interesa resaltar, siempre se mantendrá la misma base conceptual en la definición del cuadro de las fuentes, esto es, la producción y modificación y del derecho.

En fin, resulta indudable que el estudio de las fuentes del Derecho debe ser acometido, desde el punto de vista de la Teoría General del Derecho, pero a la vez atendiendo a las particularidades (diversidad) de cada ordenamiento en particular, no obstante, esas dos perspectivas, como señala SORRENTINO (1985), no resultan totalmente independientes, sino más bien interdependientes, pues según el aludido autor la exclusión de cualquiera de ellas, impediría lograr obtener una visión global y sistemática del cuadro de las fuentes del Derecho en un país determinado. Por consiguiente, pasamos a estudiar las fuentes del Derecho, y más concretamente las del Derecho Administrativo en Venezuela, sobre la base del mencionado postulado metodológico.

Ahora bien, conforme a la línea argumental anterior, resulta concluyente que el concepto de fuentes del Derecho debe estar referido exclusivamente a las de producción, excluyéndose del mismo las denominadas fuentes de conocimiento (Gacetas Oficiales, Boletines, textos únicos, etc.), así como las históricas. Conclusión esta que, como veremos más adelante, resulta plenamente aplicable al ordenamiento jurídico venezolano.

II. Clasificación de las fuentes del Derecho

En doctrina existe consenso para clasificar las fuentes: en fuentes-actos o escritas y fuentes-hechos o no escritas, según resulten -las primeras- de documentos emanados de la autoridad estatal competente, destacándose entre ellas las leyes en sentido amplio; o de distintas circunstancias -las segundas- derivadas del funcionamiento de la comunidad, destacándose en este grupo la costumbre. Es cierto que en la mayoría de los actuales ordenamientos el proceso de producción normativa se encuentra estrechamente relacionado con actos jurídicos escritos, lo que supone la voluntad de una autoridad u órgano debidamente facultados por una expresa disposición normativa para ejecutar dicho proceso; sin embargo, existen otros -un número reducido- donde diversos hechos jurídicos -fundamentalmente, la costumbre- juegan un papel importante en la producción del Derecho. Cabe añadir que en el primer grupo también los hechos jurídicos -en forma poco significativa- originan normas jurídicas no escritas.

De otra parte, resulta indudable que las fuentes actos, o escritas, son las de mayor importancia en todo el mundo, pues inclusive en los países pertenecientes al denominado sistema del *Common Law* (anglosajón) cada día adquieren más relevancia, tanto desde el punto de vista cualitativo como cuantitativo. En los ordenamientos del denominado sistema de Derecho continental (europeo) ellas reciben variadas denominaciones, tales como leyes, reglamentos, decretos-leyes, estatutos, etc., coexistiendo, insistimos, con las no escritas, las cuales juegan un rol estrictamente marginal, siendo su principal expresión la costumbre. En cambio, estas últimas fuentes tienen más importancia en los Estados, cuyos ordenamientos jurídicos se inscriben en el primero de los mencionados sistemas (anglosajón).

En realidad es necesario reconocer que la clasificación en comento adquiere mayor importancia cuando se relaciona de alguna manera con las fuentes de conocimiento, en virtud de que externamente revela la categoría de la fuente (escrita o no escrita), más que el proceso de producción de la norma; sin embargo, desde el punto de vista didáctico resulta bastante útil en el estudio de la producción normativa. Por otro lado, es preciso añadir que la doctrina ha formulado otras clasificaciones, entre las cuales cabe mencionar las siguientes: **a)** una, cuyo fundamento radica en el contenido de la fuente, o sea, de la materia disciplinada, y que da lugar a categorías que suelen emplearse normalmente en las Universidades, tales como fuentes del Derecho Civil, Penal, Constitucional, Administrativo, etc. Quizás a esta clasificación obedezca la inclusión del punto (fuentes del Derecho Administrativo) en el Programa de la asignatura; **b)** otra, cuyo fundamento reposa en el principio de jerarquía normativa, y que origina las categorías denominadas fuentes constitucionales, primarias, subprimarias y secundarias. Esta clasificación es muy utilizada por la doctrina constitucional italiana.

III. PRINCIPIO DE LA ENUNCIACIÓN DE LAS FUENTES DEL DERECHO

A cualquiera que sea la tesis doctrinaria que se acuda, el Derecho aparecerá siempre como un sistema de normas que garantiza la convivencia social. Es precisamente la aplicación de dichas normas la que posibilita el funcionamiento de la sociedad con el debido equilibrio, derivado tanto de las relaciones entre particulares, como de estos con los Poderes Públicos. Pero obviamente ese equilibrio que impide u obstaculiza el surgimiento tanto de la anarquía como del despotismo, pasa por la constante resolución de conflictos de intereses en sede jurisdiccional y administrativa, lo que impone la búsqueda de las normas que permiten esas soluciones, las cuales necesariamente tienen que extraerse de las correspondientes fuentes del Derecho. Por tal razón, a fin de evitar que los órganos competentes en la solución de los aludidos conflictos, puedan llegar a abusar en el ejercicio de sus funciones, estableciendo en forma arbitraria nuevas normas, o derogando las vigentes, la mayoría de los ordenamientos jurídicos consagran expresa o implícitamente las fuentes idóneas de producción de dichas normas jurídicas. O sea, que los ordenamientos mediante una "*normación sobre la normación*" (norma sobre las fuentes del Derecho) califican cuáles actos o hechos tienen el valor de fuentes del Derecho.

La referida enunciación puede estar consagrada en forma sistemática en una o varias disposiciones normativas, o asistemáticamente por encontrarse dispersa en varias de las fuentes reconocidas como tales por el propio Ordenamiento. Italia y España constituyen ejemplos del primer grupo. Efectivamente, el artículo 1 del Código Civil del primero de esos países estatuye "*Son fuentes del Derecho*: 1) *las leyes*, 2) *los reglamentos*, 3) *las normas corporativas*, 4) *los usos*". Así mismo se mencionan las leyes en el artículo 70 y siguientes y en el 117 (las regionales) de la Constitución. Y el artículo 1 del Código Civil Español de 1974 erige como fuentes del ordenamiento jurídico a la Ley, la costumbre y a los principios generales del derecho. Pero la Constitución de 1978 reconoce como fuentes a los decretos-leyes, a los decretos legislativos, a los tratados internacionales, a los Estatutos de Autonomía y a las leyes orgánicas.

Cabe observar que la tendencia de incluir en las Constituciones disposiciones que enuncian las fuentes del Derecho, obedece al concepto de norma jurídica que en los países europeos se le ha conferido a las leyes supremas, superando de esa manera el criterio derivado del régimen constitucional surgido con la Revolución Francesa, en el cual el Parlamento era el principal Poder, y por ende, su producto normativo –la Ley– la mayor fuente de Derecho. La conceptuación de la Ley como el instrumento normativo superior que durante mucho tiempo predominó en esos ordenamientos es lo que explica, según algunos autores (DE OTTO, 1987), el hecho de encontrar la enunciación de las fuentes del Derecho en las disposiciones –llamadas fundamentales o preliminares– de los Códigos Civiles, pues estos al tener el carácter de leyes detentaban el aludido rango de instrumentos normativos superiores de los respectivos ordenamientos.

Pero como expresamos al principio del párrafo anterior, al conferirle valor normativo a las Constituciones, y por tanto, pasar a tener el máximo rango normativo, comienza a surgir la mencionada tendencia a enunciar las fuentes del Derecho en estas Leyes Supremas, la cual va a resultar de un proceso gradual, lo que, dicho sea de paso, no obsta para que la enunciación aparezca distribuida en la Constitución y en el Código Civil, como hemos visto ocurre en España, país en el cual el Código Civil de 1974, enuncia unas fuentes del Derecho, pero a su vez la Constitución de 1978 indica otras, produciéndose así una coexistencia de normas sobre la producción normativa (CC y CE), con la particularidad de que la validez de las primeras (legales) está sujeta a su compatibilidad con las segundas (constitucionales), pues obviamente que en un país donde se otorgue valor normativo a la Constitución, como ocurre en la gran mayoría, llegase a configurarse una colisión entre las normas sobre "*la normación*" (enunciación de las fuentes del Derecho), entre el Código Civil y la Constitución, privará lo dispuesto en esta. Así por ejemplo si el dispositivo del Código Civil erige a la costumbre como fuente del Derecho, y el texto constitucional la excluye expresamente, los "operadores jurídicos", al adoptar sus decisiones, deberán desecharla, so pena de incurrir en inconstitucionalidad, pues resulta concluyente que la tendencia predominante es que "la normación sobre las fuentes" o "normación sobre la normación", es una materia cuya regulación compete a la Constitución.

IV. PROBLEMA DE LA DIVERSIDAD DE LAS FUENTES DEL DERECHO ADMINISTRATIVO

Durante la época de la concentración del poder en el monarca o rey (Absolutismo) existía total uniformidad de las fuentes del Derecho, dado que el ejercicio monopólico de dicho poder incluía también a la producción normativa; pero después del advenimiento del Estado Liberal Burgués, fundamentado en el principio de separación de poderes, se produce una ruptura de la mencionada uniformidad, dando lugar más bien a la diversidad, la cual se acentúa muchísimo al producirse el proceso de descentralización territorial, mediante la forma de Estado federal, o de base regional, en virtud de que otros entes con base territorial pasan a tener conjuntamente con el Estado, la competencia normativa. Más aún: dentro de esos entes territoriales la potestad normativa se extiende del Parlamento a la Administración, e inclusive al Poder Judicial; de allí la diversidad y heterogeneidad, que actualmente caracteriza a las fuentes del Derecho, pero sobre todo a las del Derecho Administrativo, lo que, como veremos más adelante, genera serios problemas de colisión de normas o conflictos internormativos.

De otra parte, es preciso destacar que desde el mismo siglo XIX ha predominado la tendencia a la monopolización de la producción normativa por parte del Estado, o sea, la creación del derecho en forma voluntarista y racional, lo que ha conducido al predominio de la norma escrita, producto esta de la actividad estatal, sobre la no escrita, producto del proceso social, es decir, el derecho consuetudinario, el cual se encuentra reducido en los sistemas de derecho continental a su mínima expresión.

1. Conflictos que se derivan de la diversidad de las fuentes del Derecho

La diversidad que caracteriza a las fuentes del Derecho puede dar origen, como expresamos anteriormente, a colisiones entre normas o conflictos internormativos, los cuales necesariamente se configuran cuando distintas normas regulan contradictoriamente un mismo supuesto de hecho. Por tanto, deben ser resueltos atendiendo al carácter sistemático del ordenamiento jurídico. Esto es, proporcionándole al "*operador jurídico*" (Juez o Administración) reglas ciertas que le permitan determinar cuál o cuáles de las normas que entran en conflicto o contradicción debe ser utilizada para resolver el caso, con exclusión de las demás. Esas reglas que SANTAMARÍA PASTOR, atendiendo al carácter sistemático del ordenamiento jurídico, denomina dimensión vertical, horizontal y temporal en realidad aluden a principios clásicos del derecho, como son el de jerarquía, el de competencia y el de sucesión cronológica, que a continuación pasamos a examinar sucintamente.

A. Principio de jerarquía normativa

Este principio se fundamenta en la idea de atribuirle rango a las normas, razón por la cual habrá algunas que serán superiores a otras, por cuanto tendrán mayor fuerza de obligar. En otras palabras, existen en esa escala, como es lógico, unas normas superiores y otras inferiores, donde las primeras priman sobre las segundas, y estas respetan el contenido de aquellas. "*Es esta posición relativa de superioridad intrínseca de unas normas sobre otras lo que se conoce con el nombre de principio de jerarquía*" (SANTAMARÍA PASTOR, 1998).

El autor antes citado sostiene que todo parece indicar que el principio de jerarquía normativa aparece ligado al nacimiento del Estado liberal burgués de derecho, así como a su posterior e inmediata evolución, como consecuencia de la jerarquización que en este se estableció entre los diversos Poderes creadores de normas jurídicas (primacía del Poder Legislativo sobre los otros Poderes, conforme a la tesis de ROUSSEAU). De esta manera ocurre que se transfiere la superioridad orgánica o subjetiva de esos Poderes a sus productos normativos. Quizás orientados por esa idea, actualmente, autores como GARRIDO FALLA, clasifican a las fuentes del Derecho Administrativo en *fuentes para la Administración*, si las disposiciones normativas emanan del Poder Legislativo, y *fuentes de la Administración*, si las mismas son producidas por la propia Administración. Dicha clasificación coincide con la tesis en comento acerca del origen del principio de jerarquía normativa, puesto que lógicamente en la escala de rangos las primeras (fuentes para la Administración) primarán sobre las segundas (fuentes de la Administración).

Existen países como España donde el indicado principio reviste carácter constitucional, pues aparece recogido expresamente en el artículo 9.3 de la Constitución de 1978, en los siguientes términos: "*La Constitución garantiza el principio de (...) jerarquía normativa*". Pero el Código Civil de 1974 lo refleja más claramente, cuando dispone: "*Carecerán de validez las disposiciones que contradigan otras de rango superior*" (art. 1.2). En Venezuela, como se verá más adelante, aparece consagrado implícitamente en el artículo 7 de la Constitución. Ahora bien, como es lógico imaginarse el principio bajo examen opera en la resolución de conflictos internormativos, atendiendo a su connotación conceptual, de tal manera que: **a)** una norma superior puede derogar a todas aquellas que se encuentren en niveles inferiores; **b)** una norma superior solo puede ser derogada o modificada por una de su mismo rango, o por una de superior rango, y por supuesto resiste frente a normas de inferior grado; **c)** una norma inferior que contradice una superior, debe reputarse nula.

Por otra parte, es necesario destacar que el principio funciona únicamente en el contexto de cada subsistema normativo de los que integran el sistema normativo general, de tal suerte que de presentarse un conflicto entre una Ley y un reglamento, el mismo debe resolverse teniendo en cuenta la superioridad jerárquica de la primera. En cambio, el principio no funciona cuando el conflicto se suscita entre una Ley y una Ordenanza, en virtud de que los instrumentos jurídicos mencionados provienen de subsistemas distintos. Sin embargo, el principio sí opera frente a todos los subsistemas que integran el sistema cuando la colisión es con una norma constitucional, dado que la Constitución, sobre la base del principio de supremacía constitucional, es superior a cualquier norma, independientemente de su proveniencia, o mejor dicho, del subsistema al cual pertenezca.

B. Principio de competencia

Este principio alude a un método de exclusiones constitucionales que tornan inaplicable el principio de jerarquía para la solución de conflictos internormativos. Tales exclusiones pueden estar referidas a la atribución de competencias específicas en materia normativa a determinados órganos del Estado, como ocurre por ejemplo con los denominados reglamentos parlamentarios, cuyo objeto reviste la especificidad concerniente al funcionamiento del Parlamento y a la complementación del procedimiento para la formación de las leyes, o a la verdadera configuración de subsistemas de fuentes o subsistemas normativos, productos de la descentralización territorial, o mejor, de la forma de Estado Federal que, como es sabido por todos, comporta la existencia de otros entes territoriales (estados y municipios), dotados de autonomía política y normativa. Tal configuración conduce a que los aludidos subsistemas produzcan normas que solo pueden ser modificadas o derogadas por otras normas producidas por ellos mismos, y no por la de otros subsistemas, salvo el caso de las normas constitucionales, como se explicó anteriormente.

Pues bien, la consagración constitucional de estas separaciones y exclusiones, mediante las correspondientes cláusulas atributivas de competencia, comporta una ruptura del principio de jerarquía normativa, en virtud de que no existe relación de esta naturaleza entre normas que tienen su origen en subsistemas normativos diferentes. Tal ausencia se revela, por ejemplo, entre una Ordenanza, propia del subsistema normativo municipal, y un Reglamento dictado por el Presidente de la República, propio del subsistema nacional. Sobre la base de lo antes expuesto cabe concluir que la operatividad de este principio radica en que una norma de un subsistema no puede ser modificada ni derogada por la de otro, o sea, que es inmune frente a la de los otros subsistemas normativos, y en caso de que ello ocurra, tal derogatoria será nula por falta de competencia para ello, en razón de que se produciría la violación de la correspondiente norma atributiva de competencia. Pero la conclusión más importante es que, ante un conflicto internormativo de esta naturaleza, no es posible resolverlo por el principio de jerarquía, sino por el de competencia, lo que impone la determinación precisa de la norma atributiva de competencia, y una vez cumplida esa fase, resultará sencillo resolver el conflicto a favor de la norma que regula la materia conforme a la cláusula atributiva de competencia.

C. Principio de sucesión cronológica

Este principio se expresa con el conocido aforismo que postula que "*Ley posterior deroga a Ley anterior*", entendiendo por Ley a todo tipo de fuente de Derecho, pero su operativización requiere que la norma que se pretende derogar (anterior) sea de igual o inferior rango jerárquico que la norma posterior, y que ambas pertenezcan al mismo subsistema, pues no opera entre subsistemas distintos, y tampoco cuando la Ley posterior es de menor rango que la anterior. El aludido principio aparece recogido en el artículo 218 de la Constitución, al prescribir que "*Las leyes se derogan por otras leyes*" y en el artículo 7 del Código Civil. Queda claro entonces que el principio de sucesión cronológica, deviene en un criterio para resolver conflictos internormativos, con la particularidad de que tiene un carácter complementario, porque su aplicación sólo opera en el caso de que la colisión no pueda ser resuelta acudiendo a los principios de jerarquía o de competencia.

Los tres principios antes enunciados y explicados sucintamente permiten superar el problema originado por la diversidad de las fuentes del Derecho, relativo a los conflictos internormativos, pues de los mismos se derivan reglas claras y categóricas que apuntan hacia la solución del mencionado problema, que se presenta con bastante frecuencia a los "*operadores jurídicos*" (jueces, abogados, etc.).

D. Existencia, validez y eficacia de las fuentes del Derecho

El propio Ordenamiento jurídico en las normas sobre la producción normativa trae las previsiones que determinan la existencia, validez y eficacia de las fuentes del Derecho. Luego, bastará identificar dichas normas para conocer esas particularidades de las fuentes normativas. Sin embargo, en términos generales se considerará que un acto normativo existe cuando es emanado del órgano al cual el ordenamiento le confiere dicha competencia, por ejemplo, un reglamento ejecutivo dictado por el Presidente de la República en Consejo de Ministros, o una Ley formal sancionada por la Asamblea Nacional. En cambio, deberá reputarse inexistente una Ley sancionada por la Comisión Delegada. Igualmente el acto normativo será válido cuando en su formación se haya seguido el procedimiento previsto en la Constitución o en las leyes, para el ejercicio de dicha competencia por parte del correspondiente órgano. Por ejemplo, cuando el Parlamento cumple el procedimiento delineado en los artículos 204 y siguientes de la Constitución para la sanción de una Ley. En ese mismo orden de razonamiento una ley será inválida si resulta aprobada por la Asamblea Nacional en una sola discusión.

El acto normativo será eficaz cuando tenga la idoneidad para producir los efectos que les son propios, o sea, los previstos en las leyes. Cabe precisar en este punto que los actos normativos inválidos serán eficaces hasta tanto se produzca la declaración de nulidad por parte del órgano competente, en nuestro caso, por el TSJ, o sean derogados por el órgano que los dictó o sancionó, pues la tesis contraria conduciría a admitir que cualquier ciudadano, ente u órgano administrativo está facultado para, con su sola voluntad o convicción, poder tornar nugatorias las fuentes del Derecho, lo que sin duda atentaría contra uno de los principios fundamentales de nuestro ordenamiento, como lo es el de seguridad jurídica. De otra parte, estaremos ante un acto normativo ineficaz, por ejemplo, en el caso de leyes y de reglamentos nacionales no publicados en la Gaceta Oficial de la República Bolivariana de Venezuela.

a. Eficacia espacial

En realidad todo lo atinente a la existencia y a la validez de las distintas modalidades de las fuentes del Derecho en Venezuela, escapa a los objetivos que se derivan del desarrollo del presente tema del Programa de Administrativo I; por esa razón expusimos en el epígrafe anterior unos lineamientos generales; e igual tratamiento, por la misma razón, le daremos al asunto referido a la eficacia de las fuentes en el espacio y en el tiempo; por lo cual nos limitaremos únicamente a examinarlo sucintamente, utilizando como prototipo al concepto de ley en sentido amplio. Así, por cuanto concierne a la eficacia espacial predomina en nuestro país el principio de la territorialidad de la Ley recogido en el artículo 8 del Código Civil, el cual preceptúa que la autoridad de la Ley se extiende a todas las personas nacionales o extranjeras que se encuentren en la República. De modo, pues, que conforme al aludido principio la eficacia de las fuentes del Derecho abarca todo el territorio del Estado venezolano y, por tanto, resultan aplicables a todos los componentes de su elemento plurisubjetivo, esto es, a los venezolanos, a los extranjeros y hasta a los apátridas, si fuere el caso.

Sin embargo, es menester indicar que el Código Civil contempla algunas excepciones a dicho principio. Concretamente, cabe mencionar la delineada en el artículo 9, el cual establece que las leyes nacionales concernientes al estado y la capacidad de las personas se aplican a los venezolanos aunque estén residenciados fuera del territorio de la República, por lo que consagra una expresión de eficacia extraterritorial de la ley venezolana. Sin embargo, es preciso destacar que dicho dispositivo vigente durante muchísimo tiempo en Venezuela, fue derogado por el artículo 16 de la Ley de Derecho Internacional Privado, la cual entró en vigencia en el mes de febrero de 1999. El referido artículo preceptúa "*La existencia, estado y capacidad de las personas se rigen por el Derecho de su domicilio*", por tanto, cambia el factor de conexión personal (nacionalidad), por el del domicilio. Pues bien, a los fines que nos interesan podemos concluir afirmando que la eficacia espacial de las fuentes del Derecho está presidida por el principio de la territorialidad. Así mismo es pertinente destacar que dicho principio pareciera cobrar mucha mayor importancia en relación a las denominadas leyes administrativas.

En los Estados Federales y de base regional el principio de la territorialidad de las fuentes del Derecho encuentra formas de expresión en las denominadas "*normas de acción territorial limitada*", tales como las contenidas en las leyes estadales y en las ordenanzas municipales, debido a que el área espacial de aplicación de las mismas está restringida a sus respectivos territorios; de tal modo que una Ley sancionada por el Consejo Legislativo del Estado Bolívar, por ejemplo, tiene limitada su eficacia únicamente al territorio de dicha entidad federal; igual ocurre con una Ordenanza sancionada por el Concejo Municipal del Municipio Sucre del Estado Miranda. Pero es necesario estar atento para no confundir este tipo de normas con aquellas que siendo nacionales están destinadas a disciplinar hechos y situaciones jurídicas territorialmente limitados; por ejemplo, una ley que tenga por objeto regular las actividades que deberán acometer los órganos administrativos para reparar los daños causados por un terremoto en un estado o municipio, o la destinada a disciplinar una zona industrial ubicada en determinada población del país. En todo caso lo importante de destacar es que en ambos ejemplos predomina, con los señalados matices, el principio de la territorialidad de las fuentes del Derecho, sobre la base del cual es posible postular la conclusión, antes enunciada, acerca de la eficacia espacial de dichas fuentes.

b. Eficacia temporal

El artículo 1 del Código Civil establece la regla sobre la eficacia de las fuentes del derecho (Ley) en el tiempo. Efectivamente, el citado dispositivo normativo preceptúa que la Ley entra en vigencia desde su publicación en la Gaceta Oficial de la República de Venezuela, o desde la fecha que ella misma determine, y el artículo 215 de la Constitución se encarga de precisar que la ley quedará promulgada, al publicarse con el correspondiente cúmplase en la Gaceta Oficial de la República. En el caso de que la propia Ley fije un lapso posterior para entrar en vigencia, durante dicho lapso –el que corre entre la publicación y la fecha indicada en la Ley– opera una suspensión de dicha vigencia, conocida como *vacatio legis*. Parece lógico que corresponda al órgano que produce el instrumento normativo determinar el momento en que este debe cobrar eficacia temporal, no obstante, la mencionada regla debe ser armonizada con el artículo 317 de la Constitución para el caso de las leyes que establezcan o modifiquen un impuesto o contribución (tributarias), las cuales deben fijar un término de entrada en vigencia, pudiendo comportar una *vacatio legis*, pero igualmente puede establecer que entra en vigencia a la fecha de su publicación, pues de lo contrario tienen que comenzar a aplicarse sesenta días después de haber sido promulgadas.

Esta disposición constitucional (tercer aparte del artículo 317), consagra una excepción, pues la misma podrá ser soslayada cuando la modificación o el establecimiento de los impuestos sea el resultado del ejercicio de facultades extraordinarias acordadas al Ejecutivo Nacional en los casos previstos en la Constitución, es decir, que en ese caso el correspondiente instrumento normativo puede entrar en vigencia inclusive desde la fecha de su publicación en la Gaceta Oficial, no requiriéndose la fijación de ningún término a tal fin. De otra parte, la correcta interpretación del dispositivo constitucional en comento, impone la necesidad de concordarlo con el artículo 8, tercer aparte, del Código Orgánico Tributario de 2020, el cual estatuye que cuando se trate de tributos que se determinen o liquiden por períodos, las normas referentes a la existencia o a la cuantía de la obligación tributaria regirán desde el primer día del período respectivo del contribuyente que se inicie desde la fecha de entrada en vigencia de la Ley. Constituye un ejemplo emblemático al respecto lo ocurrido hace varios años con la modificación de la derogada Ley al Consumo Suntuario y a las Ventas al Mayor, la cual consistió fundamentalmente en elevar el monto del 12,5% al 16,5%, pero al parecer los Administradores (Hacienda, SENIAT) olvidaron la existencia de la norma constitucional antes citada, y no fijaron el término previo para la entrada en vigencia de dicha Ley; por tanto, el Estado no pudo empezar a recaudar el impuesto aumentado en la fecha que tenía programada, razón por la cual decidieron solicitar la modificación de la Ley, a los fines de fijar el referido término. La solicitud fue acogida favorablemente por el extinto Congreso, pero dadas las circunstancias de tiempo, de todas maneras el SENIAT tuvo que esperar el inicio del mes siguiente a la modificación para poder aplicar la Ley modificada, y comenzar la recaudación, en acatamiento a lo dispuesto en el artículo 9, tercer aparte, del derogado Código Orgánico Tributario, hoy artículo 8, tercer aparte del vigente COT.

En resumen, la regla de la eficacia temporal de la Ley resulta sumamente sencilla, en virtud de que la misma está condicionada por su publicación en la Gaceta Oficial de la República Bolivariana de Venezuela, o por el término que ella misma fije (fenecimiento del plazo de la *vacatio*), pues las regulaciones expuestas en lo concerniente a las leyes tributarias (creación o modificación de tributos) ya examinadas, constituyen una verdadera excepción a la mencionada regla. Además dicha eficacia se extiende ilimitadamente hacia el futuro; por tanto, resulta nugatoria hacia el pasado, dado que de conformidad con el artículo 3 del Código Civil las leyes carecen de efectos retroactivos. Tal prohibición aparece reafirmada y ampliada, con matices importantes, en el artículo 24 de la Constitución. Sin embargo, debemos precisar que el problema de la retroactividad-irretroactividad de las leyes es uno de los aspectos más debatidos –y aún no resueltos totalmente– por la doctrina jurídica, razón por la cual en torno al mismo, pasamos a exponer solamente unos lineamientos generales, debido a que su estudio escapa a los objetivos del presente manual.

En principio cabe apuntar que la parquedad del artículo 3 del Código Civil, así como la superior fuerza normativa de la Constitución, cuya regulación cubre los distintos presupuestos de hecho que suelen acompañar en otros ordenamientos a las normas que consagran el principio en comento, nos conduce a que nos refiramos fundamentalmente al artículo 24 constitucional, el cual dispone:

> Ninguna disposición legislativa tendrá efecto retroactivo, excepto cuando imponga menor pena. Las leyes de procedimiento se aplicarán desde el momento mismo de entrar en vigencia, aun en los procesos que se hallaren en curso; pero en los procesos penales, las pruebas ya evacuadas se estimarán en cuanto beneficien al reo o a la rea, conforme a la ley vigente para la fecha en que se promovieron.
>
> Cuando haya dudas se aplicará la norma que beneficie al reo o a la rea.

Ahora bien, el análisis de la norma transcrita comporta, en primer lugar, intentar definir lo contrario de lo prohibido en ella, es decir, la irretroactividad, y al respecto la doctrina está conteste en que una norma tiene ese carácter cuando disciplina o regula una situación jurídica futura, o dicho en otras palabras, cuando su supuesto de hecho (hipótesis jurídica) está constituido por hechos, comportamientos o relaciones jurídicas que se producirán con posterioridad a su entrada en vigencia. Por ejemplo, cuando se establece un impuesto sobre el patrimonio –desconocido hasta ahora en Venezuela– pues lo que se dictó recientemente fue la "Ley constitucional que crea el impuesto a los grandes patrimonios" del 03-07-2019, que es parcialmente distinta; por lo cual, sin duda, la norma que lo consagre tendrá efectos hacia el futuro, pero igualmente será irretroactiva una Ley de Tránsito que establezca la edad de 21 años para poder obtener la licencia de conducir. Por tanto, la irretroactividad consistirá precisamente en que el impuesto será aplicado a todos aquellos que tengan un patrimonio con las características delineadas en la norma, pero con posterioridad a su entrada en vigencia, y la edad de 21 años será exigida a los que pretendan obtener la licencia, también con posterioridad a la entrada en vigencia de la Ley.

En cambio, se configurará la retroactividad, cuando la hipótesis normativa esté constituida por un acto, hecho, o relación jurídica ocurridos antes de la entrada en vigencia de la norma, la cual genera consecuencias jurídicas. Por ejemplo, una Ley que imponga una multa a las personas que hayan cazado animales con anterioridad, al establecimiento de la veda prevista en dicha Ley. Pero también habrá retroactividad, según una parte de la doctrina, cuando el supuesto de hecho de la norma está constituido:

> ...por el contenido de una relación jurídica establecida antes de su entrada en vigor, o a los efectos de actos o hechos acaecidos con anterioridad, modificando para el futuro tal contenido y tales efectos: p. ej., una ley que modifica el contenido de una relación conyugal, afectando también a los matrimonios contraídos con anterioridad (Santamaría, 1991).

En definitiva, la retroactividad se produce cuando la vigencia de la Ley se extiende más allá de los límites que son connaturales a dicha ley, esto es, en caso de ruptura del principio lógico que postula una prioridad de la vigencia de Ley respecto del hecho que genera las consecuencias jurídicas de la norma, al igual que una ruptura de la garantía de la certeza de las situaciones jurídicas.

Una vez formuladas las anteriores definiciones, es preciso subrayar que el transcrito artículo 24, que repite casi en idénticos términos el 44 de la Constitución de 1961, el cual según la tendencia que es posible recabar de la jurisprudencia nacional, pareciera consagrar un principio general de irretroactividad absoluta, es decir, independientemente de la naturaleza de la materia regulada en la norma (civil, mercantil, administrativa, penal, etc.). En favor de dicha tesis ha jugado la expresión con que se inicia el trascrito precepto constitucional "*Ninguna disposición legislativa tendrá efecto retroactivo*". El referido carácter absoluto de la irretroactividad se desprende de varias sentencias de la extinta Corte Primera de lo Contencioso Administrativo, y de la extinta Corte Suprema de Justicia, entre otras, la dictada por el primer órgano mencionado en el mes de septiembre de 1996, en los siguientes términos:

> Debe esta Corte destacar también, respecto del principio de la irretroactividad de la ley, que la jurisprudencia ha señalado que a tal principio no se le pueden crear, ni por los jueces, ni por el legislador ordinario, excepciones basadas en ninguna consideración, salvo el caso de que la ley imponga menor pena. Ello, en razón de que la redacción de la norma constitucional es categórica al disponer que ninguna disposición podrá tener efecto retroactivo (Exp. 96-18110).

Esa tesis de la irretroactividad absoluta fue acogida por la Sala Constitucional del TSJ, en sentencia N° 274 del 21-04-2016 al declarar:

> El Constituyente de 1999 estableció en el artículo 24 lo que la doctrina llama la "irretroactividad absoluta", es decir, que es aquella norma "que no regula ninguna de las relaciones establecidas durante la legislación anterior, ni en las modalidades y efectos posteriores a la innovación legal" (Guillermo CABANELLAS. Diccionario Enciclopédico de Derecho Usual. Buenos Aires. Editorial Heliasta, S.R.L. 1998; pág. 500). La única excepción a esta irretroactividad es en materia penal.
>
> (...)
>
> Del precepto antes transcrito se destaca el hecho de que el legislador, en consonancia con la doctrina moderna que trata el problema de la aplicación de la ley en el tiempo, distingue entre retroactividad y efecto inmediato de la ley. En este sentido, debe señalarse que Roubier, quien ha sido reconocido como una autoridad en el tema, en su momento indicó que la ley tiene efectos retroactivos "(...) cuando se aplique a hechos consumados (facta praeterita) o a situaciones en curso (facta pendentia) (...)" (tesis desarrollada por Paul Roubier en su obra "Les conflits des lois dans le temps" (Théorie dite de la non-rétroactivité des lois) y explicada por Joaquín Sánchez-Covisa en "La Vigencia Temporal de la Ley en el Ordenamiento Jurídico Venezolano", Obra Jurídica. Caracas. Ediciones de la Contraloría General de la República. 1976; p. 234).
>
> Es de advertir, en consecuencia, que a la luz de dicha disposición y de la doctrina mencionada, se estaría en presencia de una retroactividad inconstitucional, si pretendiera aplicarse la nueva norma a hechos consumados "facta praeterita" o, incluso, a situaciones en curso (como los mandatos de los órganos del Poder Público), conocidos como "facta pendentia".

En suma, del criterio predominante en nuestro país puede derivarse la regla de la ilicitud de toda disposición retroactiva, salvo aquella que consagre una sanción que beneficie al reo (retroactividad *in bonus*). Por cuanto concierne a las normas procedimentales rige el principio de "aplicación inmediata", pero con la excepción relativa a las pruebas evacuadas en los procesos penales, las cuales deben ser apreciadas conforme a la Ley vigente para el momento de la promoción, siempre y cuando beneficien al reo. Ahora bien, esta regla que hasta ahora aparece casi indiscutida pareciera concretar una garantía amplísima para todos los que conforman el elemento plurisubjetivo del Estado venezolano, y tal vez por ello no haya generado mayores discusiones en el campo jurídico.

No obstante, somos del criterio que tanto la disposición constitucional, como la contenida en el Código Civil merecen un análisis más detenido por parte de la doctrina y la jurisprudencia. En efecto, la atribución de ese carácter indiscutible y absoluto del principio de la irretroactividad de las leyes, por parte de los Tribunales, no deja de suscitar serias dudas, en virtud de que eventualmente puede llegar a dejar de lado razones de justicia que como sostiene De Otto (1991) "*pueden exigir la retroactividad cuando se trata de acabar con situaciones injustas del pasado –el ejemplo más citado es el de la abolición de la esclavitud– que pervivirían si las normas no tuvieran efecto retroactivo*".

Sin necesidad de acudir a un ejemplo tan extremo como el mencionado, e invocando razones de interés general, en lugar de justicia, pensemos en el contexto de la doctrina bajo examen, el caso de que llegare a sancionarse una Ley que elevara de 25 a 30 años el tiempo de servicio para que los profesores universitarios tengan derecho a jubilarse. Seguramente cualquier docente que hubiese ingresado antes de la promulgación de dicha Ley invocaría la retroactividad de la misma sobre la base de la aludida doctrina jurisprudencial, y en esta misma línea de razonamiento podrían enumerarse una serie de ejemplos que en el actual marco interpretativo del artículo 24 constitucional no ameritarían discusión, pese a que en ellos estuviese involucrado el interés general. Por esa razón estimamos conveniente y necesario reflexionar seriamente sobre esta situación, dado el tenor literal del citado artículo 24 de la Constitución, para dilucidar si categórica y axiomáticamente, dicho dispositivo se extiende a cualquier disposición legislativa, independientemente de su naturaleza, o si por el contrario puede inscribirse en una tendencia presente en el Derecho Europeo, que postula como regla general únicamente la irretroactividad de las disposiciones sancionadoras (España e Italia).

En efecto, no resulta absurdo vincular el significado propio de las palabras que integran el dispositivo constitucional, derivado de la conexión entre ellas, cuando expresa "*Ninguna disposición legislativa tendrá efecto retroactivo, excepto cuando imponga menor pena*", con la referida tesis europea, por cuanto la relación de la regla con la excepción, en un ejercicio de lógica formal, pudiera conducir a concluir que las disposiciones legislativas a que se refiere la Constitución son precisamente las de naturaleza sancionatoria; y de allí la razón de la especificidad de la excepción.

No nos atrevemos a afirmar que esa sea la solución interpretativa correcta, pero reiteramos que tampoco aparece como descabellada, máxime si se toma en cuenta para un análisis de ese tenor, el aparte único del artículo 24, que es la única modificación incorporada por la Constitución de 1999, el cual reza "*Cuando haya dudas se aplicará la norma que beneficie al reo o a la rea*" y así mismo el artículo en su totalidad se armoniza con el 49 (num. 6), *ejusdem*, que consagra el principio *nullum crimen sine lege*, el cual indirectamente alude a la interdicción constitucional de la aplicación retroactiva de disposiciones sancionatorias. En fin, resulta necesario reexaminar el contenido, naturaleza y alcance del citado artículo 24 de la Constitución. Inclusive habría que aprovechar ese examen para determinar si se extiende, como parece ser después de la vigencia de la Constitución de 1999, el referido principio de legalidad también a las infracciones administrativas (art. 49 num. 6) a toda clase de disposiciones sancionatorias, esto es, penales y administrativas.

Finalmente, cualquiera que sea la solución que resulte de la revisión propuesta, los Tribunales, especialmente los de mayor grado, deberán adoptar una posición interpretativa –la cual no aparece claramente expresada en las sentencias que examinamos– acerca del criterio formal o sustancial del concepto de retroactividad, en virtud de que la adopción del primer criterio (formal), como lo ha hecho el Tribunal Constitucional Español, supone el abandono de una tesis muy atractiva, como lo es la de los derechos adquiridos, que al parecer es la que priva en nuestra jurisprudencia, y orientarse por las conocidas tesis relativas a las situaciones jurídicas objetivas (DUGUIT), de la eficacia inmediata (ROUBIER), o de los "*grados*" de la retroactividad (DE CASTRO), que según LÓPEZ MENUDO (1991) han sido las seguidas por el referido Tribunal, al escoger el criterio formal como fundamento de sus fallos. Llegado a este punto consideramos necesario indicar que el último autor citado explica los criterios sustanciales y formales acerca del concepto de retroactividad así:

> En dicha línea, los esfuerzos dialécticos del Tribunal se han dirigido casi exclusivamente a forjar un concepto de retroactividad. Por dos distintos caminos podía llegarse a ello: por un camino sustancialista que pondera los aspectos materiales en juego (típicamente, doctrina de los derechos adquiridos), o por una vía formal, atenta al mecanismo propio de la sucesión de normas en el tiempo (doctrina de los "efectos inmediatos"; del locus regit actum, de los "grados" de la retroactividad).
> Claramente se ve que la doctrina constitucional ha seguido esta última dirección; sin duda, se ha tratado de buscar un concepto de retroactividad limpio de adherencias sustantivas y técnicamente convincente capaz de obviar la valoración de las cuestiones de fondo o de justicia material subyacentes que los casos planteaban.

Señala el autor citado que de las tres tesis acerca del concepto formal de retroactividad priva en la jurisprudencia del Tribunal Constitucional la de la "eficacia inmediata", que parte del postulado de que nunca es retroactiva una ley si solo produce efectos a partir de su vigencia formal (ROUBIER). Así en sentencia del 26-07-1986, el referido Tribunal sostuvo:

> ...incluso admitiendo por vía de hipótesis la existencia de un derecho subjetivo a la edad de jubilación, esta doctrina conduce a rechazar la supuesta vulneración del principio de irretroactividad, pues las disposiciones impugnadas para nada alteran situaciones ya agotadas o perfectas, sino que se limitan a establecer para el futuro la

consecuencia jurídica (la jubilación) de un supuesto genérico (cumplir determinadas edades) que aún no ha tenido lugar respecto de los afectados.

Como puede inferirse del texto transcrito, el fallo declaró sin lugar la demanda de nulidad por inconstitucionalidad presentada por una categoría de funcionarios públicos, a los cuales se les había fijado para la fecha de su ingreso al servicio una edad determinada para la procedencia de la jubilación, y posteriormente fue sancionada otra Ley que aumentó dicha edad. Por cuanto esa modificación, según los demandantes infringía la garantía de la irretroactividad de las leyes, y consecuencialmente lesionaba sus derechos adquiridos, solicitaron la nulidad de la Ley.

c. Interpretación y aplicación de las fuentes del Derecho

Este es uno de los puntos que reviste mayor complejidad en la Ciencia Jurídica, y diríamos que el fundamental en la formación de los abogados, por tanto, los métodos y sistemas correspondientes deben "*aprehenderse*" a todo lo largo de la carrera y de la vida profesional, no obstante dado el carácter esencialmente didáctico de este libro, consideramos necesario aproximarnos, en unas pocas líneas, a los principios elementales del asunto. Orientados por esa finalidad lo primero que corresponde hacer es distinguir la interpretación de la aplicación de la norma jurídica. La primera consiste en buscarle y atribuirle significado a la fórmula o enunciado lingüístico mediante el cual se expresa la norma. Al respecto Betti (1949) sostiene:

> La interpretación que interesa al derecho es toda aquella actividad dirigida a reconocer y a reconstruir el significado que se ha de atribuir, en la órbita de un ordenamiento jurídico, a formas representativas que son fuentes de valoraciones jurídicas o que constituyen el objeto de tales valoraciones.

Es un procedimiento fundamentalmente cognoscitivo que inclusive puede realizarse en abstracto, por ejemplo en el aludido caso del principio de irretroactividad consagrado en el artículo 24 de la Constitución; sin embargo llegado a este punto es necesario recordar la enseñanza de Carnelutti acerca de que la interpretación siempre es necesaria, ya sean oscuras o claras las palabras de la ley, por lo que es falsa la máxima de que solo las leyes oscuras requieren ser interpretadas; en cambio, la aplicación, como bien lo asienta Santamaría Pastor, es un proceso más complejo, dado que según dicho autor comporta:

> ... el proceso mediante el cual un operador jurídico cualquiera (un juez, la Administración, etc.) construye una solución justa y técnicamente correcta que ha de darse a un caso concreto: una auténtica construcción que ha de hacerse ponderando todas las circunstan-

> cias de hecho que concurren en el caso (...) y utilizando conjuntamente todas las normas referidas a dichas circunstancias.

De la tesis expuesta por este autor emerge que la interpretación constituye una fase en el proceso de aplicación de la Ley, pudiendo por tal razón, existir interpretación sin aplicación, mas no aplicación sin interpretación; sin embargo, en la casi totalidad de los casos ambas operaciones aparecen indisolublemente unidas, pues la mera interpretación abstracta o especulativa carece de relevancia; además de que también en esos casos en el proceso de razonamiento jurídico se suele acudir a doctrinas jurisprudenciales, que a su vez resultan de la aplicación de la Ley. Lo cierto es que tanto interpretación como aplicación son operaciones complejas que corresponde realizar fundamentalmente a "*operadores jurídicos*"; sin embargo, cabe advertir que el ordenamiento, al igual que ocurre con la enunciación de las fuentes, así como con la determinación de su jerarquía, existencia, validez y eficacia, contiene normas que pretenden establecer parámetros reguladores de la interpretación, y por ende, en la gran mayoría de los casos, de la aplicación. Así ocurre en nuestro país, pues el Código Civil, en su artículo 4, señala dichas reglas en los siguientes términos:

> A la Ley debe atribuírsele el sentido que aparece evidente del significado propio de las palabras, según la conexión de ellas entre sí y la intención del legislador.
> Cuando no hubiere disposición precisa de la Ley, se tendrán en consideración las disposiciones que regulan casos semejantes o materias análogas; y si hubiere todavía dudas, se aplicarán los principios generales del derecho.

La lectura del esquema normativo transcrito evidencia que el citado instrumento normativo señala los métodos que deben utilizarse en la interpretación jurídica, con la particularidad de que establece un orden sucesivo, de tal manera que únicamente puede utilizar el siguiente si el anterior no permite realizar la operación interpretativa. Esos métodos están referidos a la determinación del significado de las palabras de la ley (interpretación gramatical), en conexión con la intención del legislador (interpretación lógica), la analogía *legis* (interpretación analógica) y los principios generales del derecho (analogía *iuris*). Atendiendo a esas reglas, así como al orden de aplicación de las mismas –impuestas por el ordenamiento– los operadores jurídicos deben abordar la interpretación de las leyes en Venezuela. Sin embargo, es preciso señalar que si bien esas reglas son obligatorias, su cumplimiento no excluye la utilización de un conjunto de fórmulas generales elaboradas por la doctrina, y resumidas por SANTAMARÍA PASTOR (1991), entre las cuales cabe enumerar: **a)** las que se fundamentan en enunciados lingüísticos, que se corresponden en nuestro Código Civil con la interpretación gramatical o literal; **b)** las que se fundamentan en postulados lógicos, entre las cuales se cuentan la *analo-*

gía legis, también, como vimos, prevista en el artículo 4 del citado Código, las fórmulas basadas en el argumento *a fortiori*, y en el *contrario sensu*; **c)** las que se fundamentan en argumentos estructural (argumentos atinentes a la integralidad, a la coherencia, a la racionalidad del sistema jurídico, denominado también *ab absurdo*), y al carácter sistemático o de unidad del sistema; **d)** las basadas en argumentos normativos (argumentos relativos a la "*intención del legislador*", prevista en el artículo 4 del Código Civil), histórico y el teleológico y; **e)** finalmente las basadas en argumentos extranormativos, o argumentos relativos a la equidad y a los principios generales del derecho, considerado también como *analogía iuris*.

El predominio en el proceso interpretativo de cualquiera de esas fórmulas o cánones interpretativos es el que da origen a la utilización de expresiones como interpretación literal, sistemática, lógica, histórica, teleológica y analógica, pero en realidad, siendo el proceso de interpretación y aplicación de la Ley tan complejo, casi nunca es posible acudir a uno solo de esos cánones, sino que es necesario combinar varios de ellos, pues reiteramos que la interpretación resulta de un razonamiento jurídico, o sea, de un proceso enteramente intelectual o mental, en el cual pueden ser útiles las fórmulas o cánones enunciados, mas no constituyen recetas a través de las cuales se llega a una proposición interpretativa incuestionable, debido a que esa proposición a lo sumo podrá calificarse de más favorable porque convence más que otra a los operadores jurídicos (jueces, abogados, Administración, etc.), pero para ellos requiere estar más y mejor argumentada o motivada. Así piensa SANTAMARÍA PASTOR cuando sostiene:

> La única explicación válida, pues, del modo de pensar jurídico, es la que ofrecen los teóricos de la tópica y de la nueva retórica. En su razonamiento, el jurista emplea cierto es, algunos argumentos lógicos; pero la estructura general del discurso jurídico es dialéctica (retórica). El jurista actúa con proposiciones que a veces pueden ser calificadas de verdaderas o falsas; pero en la mayoría de los casos, esas proposiciones son simplemente opinables y razonables, buscando más la persuasión o la adhesión a una idea que su demostración lógica.

En el Derecho Administrativo rigen a los fines de la interpretación de la Ley, todas las reglas y fórmulas antes enunciadas; no obstante, dado que la base de la estructura organizativa de la Administración Pública radica en el principio de jerarquía administrativa, surge entonces en esta disciplina un tipo de interpretación particular, que resulta del proceso de la interpretación y aplicación del Derecho por los órganos superiores de la Administración, denominada por algunos "*doctrina*" administrativa. En efecto, una vez interpretada y aplicada una norma jurídica a un caso concreto, por ejemplo, por el Ministro, dicha doctrina debe ser acogida por los órganos subordinados del

Ministerio. En realidad los titulares de los órganos inferiores no realizan ninguna interpretación, al resolver casos similares, sino más bien aplican los cánones o máximas interpretativas originadas en la decisión del Ministro. Debe quedar claro que dicha doctrina tiene un valor, en los términos expuestos, únicamente en el seno de la Administración Pública, pues en ningún caso resulta vinculante para los órganos jurisdiccionales, los cuales por disposición constitucional son los únicos competentes para interpretar y aplicar el derecho con valor de cosa juzgada.

V. Fuentes del Derecho en Venezuela

1. Principio de la enunciación

En nuestro país no existe una enunciación explícita y sistemática de las fuentes del Derecho, como hemos visto ocurre en España y en Italia, pues ni en el Código Civil, ni en la Constitución, ni en ninguna otra Ley aparece consagrada disposición alguna que formule una enunciación en los referidos términos; sin embargo, es necesario señalar que dicha enunciación existe, lo que pasa es que su consagración resulta implícita y además asistemática; por tanto, se impone una labor de interpretación concordada de normas dispersas en instrumentos normativos distintos y de diferentes rangos, con la finalidad de tornarla, por esa vía, explícita y sistemática. Así encontramos que en la Constitución de la República Bolivariana de Venezuela aparecen calificadas las siguientes fuentes: las leyes formales (art. 202), las cuales admiten una clasificación en ordinarias (art. 202), orgánicas (art. 203), habilitantes (art. 203, parte *in fine*), y las de base (art. 165), los Tratados Internacionales (art. 23, 154, 155, 129 y 236, num. 4), los decretos con fuerza de ley (art. 236, num. 8°), los actos de gobierno normativos (art. 236, num. 7 y 337 y siguientes), los reglamentos parlamentarios (art. 193, 194, 207 y 221), los reglamentos ejecutivos (art. 236, num. 10), las Constituciones Estadales (art. 164, num. 1) leyes estadales formales (ordinarias, art. 162, num. 1 y de desarrollo, art. 165) y las ordenanzas municipales (art. 181), y finalmente la Constitución manteniendo su coherencia con la consagración en el Título III "*De los Derechos Humanos y Garantías y de los Deberes*", capítulo VIII, de manera expresa categórica los derechos de los pueblos indígenas, crea una nueva fuente del Derecho destinada exclusivamente a regular las relaciones subjetivas en dichos pueblos. En efecto, el artículo 260 prescribe que las autoridades legítimas de los pueblos indígenas podrán aplicar en su hábitat instancias de justicia con base en sus tradiciones ancestrales, siempre que únicamente afecten a sus integrantes.

En el Código Civil son calificadas como tales: las leyes (art. 1 y 7), la costumbre en materia de arrendamiento (art. 1612), y de manera indirecta los Principios Generales del Derecho (art. 4). En el Código de Comercio, la costumbre mercantil (art. 9), y en el Código de Procedimiento Civil los Tratados de Derecho Internacional Privado (art. 8), los cuales también, como vimos antes, aparecen enunciados en la Constitución y; en el Decreto con fuerza de Ley Orgánica del Trabajo, de los Trabajadores y Trabajadoras la costumbre y el uso en materia laboral (art. 16, literal "E"). En todo caso la anterior búsqueda de los dispositivos normativos que enuncian fuentes del Derecho en Venezuela, no hace más que confirmar que en nuestro país también encuentra concreción la tendencia imperante en los ordenamientos de los países del sistema de Derecho continental, en los cuales aparece consagrado el principio de enunciación de las fuentes, de reducir a tres clases las fuentes del Derecho: las leyes escritas, la costumbre y los Principios Generales del Derecho, otorgándole el carácter principal a la primera clase y subsidiario a la segunda y tercera.

En fin, la carencia de una norma en la Constitución o en el Código Civil en el sentido antes indicado, que, dicho sea de paso, sería deseable pese a la relatividad e historicidad de dichas fuentes, fue la que nos condujo, con la finalidad, esencialmente didáctica, de tornar explícita y sistemática la enunciación de las fuentes del Derecho, a la armonización de las normas citadas de la Constitución, del Código Civil, del Código de Comercio, del Decreto con Fuerza de Ley Orgánica del Trabajo, los Trabajadores y Trabajadoras, y del Código de Procedimiento Civil. Reconocemos que el referido intento de armonización puede resultar incompleto, pero al fin y al cabo funciona como modelo didáctico a los efectos de este libro.

2. Fuentes de rango constitucional, legal y sublegal

A los fines de imprimirle un cierto orden al conjunto de fuentes, y sobre todo de las modalidades de las mismas enumeradas precedentemente, estimamos útil acudir a una clasificación de las escritas ya estudiada y utilizada por una parte de la doctrina nacional, que toma como base el carácter de ley suprema del ordenamiento jurídico que detenta la Constitución (art. 7). Por tanto, dicha clasificación fundamentada -reiteramos- en el principio de jerarquía normativa, permite ubicar a cada una de las modalidades de fuentes enunciadas en las respectivas categorías que la integran, lo que facilita su manejo (de la fuente) a los efectos de su interpretación y aplicación por parte de los operadores jurídicos (jueces, Administración, abogados, etc.). En ese orden de razonamiento las mencionadas tres categorías o clases se corresponden con rangos jerárquicos, a saber: **a)** *Fuentes de rango constitucional*, cuya única expresión es la Constitución; **b)** *Fuentes de* *rango legal*, en la cual están incluidos todos los actos normativos con fuerza de Ley, es decir, las leyes formales ordinarias (propiamente dichas y los actos singulares en forma de Ley), las leyes formales orgánicas, las leyes habilitantes, las leyes de base, los Tratados, los decretos con fuerza de ley, los actos de gobierno con carácter normativo y los reglamentos parlamentarios; y finalmente **c)** *Fuentes de rango sublegal*, a las cuales pertenecen todos los actos, cuya fuerza normativa cede frente a cualquiera de los ubicados en la anterior categoría. Estos reciben diversas denominaciones (reglamentos, normas, pautas, instructivos, etc.), pudiendo considerarse la primera como genérica; sin embargo, insistimos en que la característica común a todos ellos es que su fuerza normativa es inferior a la de la Ley; de allí el por qué esta categoría recibe el nombre de "*sublegal*". Demás está añadir que todas las que integran esta última categoría también están supeditadas a la Constitución.

La clasificación bajo examen, como expresamos antes, resulta útil desde el punto de vista didáctico; sin embargo, admite algunas objeciones, precisamente porque encuentra su fundamentación en el principio de jerarquía normativa, y es bien sabido que la forma de Estado venezolano es "*federal descentralizado*" en los términos previstos en la Constitución (art. 4), por lo que coexisten junto con las fuentes del Derecho Nacional, o "*sistema normativo nacional*", en términos de SANTAMARÍA PASTOR (1991), las fuentes del Derecho Estadal y Municipal, o subsistemas normativos Estadal y Municipal, lo que impide que el criterio de jerarquía –que sirve de base a la clasificación– opere entre normas pertenecientes a sistemas o subsistemas normativos distintos, como son los mencionados. Es necesario advertir que tal problemática no se presenta en el caso de las fuentes de rango constitucional, debido a que la Constitución, como sabemos, es el instrumento normativo supremo del ordenamiento jurídico general (art. 7), en el cual se integran todos los sistemas y subsistemas aludidos, de tal modo que la jerarquía normativa constitucional opera frente a cualquier fuente del Derecho, independientemente de que sea nacional, estadal o municipal. Luego, una ordenanza municipal, o una ley estadal, carecen tanto de resistencia, como de poder de ataque normativo, frente a la Constitución, ante cuya superior fuerza necesariamente deben ceder.

Ahora bien, pese a la inexistencia de relación jerárquica, con excepción del texto constitucional, entre las fuentes nacionales, estadales y municipales, es posible ubicar a las leyes estadales y a las ordenanzas municipales en la clasificación bajo examen, en la categoría correspondiente al rango legal, pues en su respectivos ámbitos de competencias, las leyes nacionales, las leyes estadales (ordinarias y de desarrollo) y las ordenanzas municipales se encuentran en un plano de igualdad, en virtud de que, conforme a la doctrina venezolana mayoritaria, en el proceso de ejecución de la Constitución, están ubicadas en el mismo grado o rango, o mejor dicho a igual distancia del texto constitucional, razón por la cual nada obsta para predicar la validez de la inclusión de las dos últimas en la clasificación propuesta. Es preciso añadir que con la entrada en vigencia de la Constitución de 1999, en el subsistema normativo estadal, las constituciones estadales poseen un rango superior a las mencionadas leyes estadales, pero aunque huelgue decirlo, dichas Constituciones deben guardar la debida armonía con la Constitución Bolivariana de Venezuela, so pena de nulidad, pues la Constitución de la República Bolivariana de Venezuela -insistimos- conforme a su artículo 7 es "*la norma suprema y el fundamento del ordenamiento jurídico*".

En este orden de razonamiento cabe subrayar que las eventuales antinomias normativas o conflictos internormativos que puedan llegar a configurarse entre normas pertenecientes a subsistemas distintos (nacional y estadal, o estadal y municipal, o nacional y municipal) deben resolverse teniendo presente que todas ellas están ubicadas en el mismo rango, por tanto, será necesario acudir al criterio de la competencia, el cual se torna operativo mediante el análisis de las correspondientes normas atributivas de competencias constitucionales (art.156 para el Poder Nacional, art. 164 para los estados y el art. 178 para los municipios). Dicho análisis debe tener muy en cuenta los conceptos de competencias residuales e implícitas que el texto constitucional relaciona con los estados y el Poder Nacional respectivamente, en sus artículos 164 (num. 11) y el 156 (num. 33).

3. Principios de resolución de conflictos internormativos en Venezuela

El desarrollo de los acápites anteriores demuestra la diversidad de las fuentes del Derecho en el ordenamiento jurídico venezolano, por lo que pese a los innumerables esfuerzos que se puedan realizar mediante la técnica jurídica, esa diversidad será la causa de frecuentes antinomias normativas, denominadas también conflictos internormativos, los cuales ocurren, como se expresó precedentemente, cuando se presentan colisiones entre normas integrantes de fuentes de un mismo subsistema normativo, o bien cuando dichas colisiones ocurren entre fuentes de diversos subsistemas. La inevitabilidad de las aludidas antinomias es la que ha conducido a la doctrina extranjera a postular reglas de soluciones basadas en los mencionados principios de jerarquía, competencia y sucesión cronológica, adicionándose en Venezuela subsidiariamente el correspondiente a la especialidad de la norma.

A. Principio de jerarquía normativa

Cabe precisar que en el ordenamiento jurídico venezolano durante la vigencia de la Constitución de 1961, no existía norma alguna que consagrara expresamente el principio de jerarquía normativa, pero si resultaba posible derivarla de una interpretación concordada de varios de los instrumentos normativos que lo conformaban. En cambio, como quedó registrado en páginas anteriores, la Constitución de la República Bolivariana de Venezuela lo recoge implícitamente en su artículo 7, cuando expresa "*La Constitución es la norma suprema y el fundamento del ordenamiento jurídico*". En efecto, la lectura del dispositivo transcrito permite colegir la voluntad de la Constitución de erigir un ordenamiento jurídico articulado verticalmente, cuyo vértice es la Carta Magna. Ese principio encuentra su desarrollo a lo largo del texto constitucional y de otros instrumentos jurídicos, lo que permite mediante la interpretación concordada de los dispositivos pertinentes visualizar los rangos que integran el ordenamiento jurídico, partiendo de la supremacía de la Constitución.

Así la relación de los rangos constitucional-legal es posible evidenciarla, en el subsistema normativo nacional, claramente del artículo 336 de la Carta Magna, que establece las atribuciones de la Sala Constitucional del TSJ, ya que se faculta a esa Sala para declarar la nulidad de las leyes nacionales (num. 1), de los actos con rango de Ley dictados por el Ejecutivo Nacional (num. 3), de los actos en ejecución directa e inmediata de la Constitución (num. 4), de los decretos que declaren los estados de excepción (num. 6), y en los subsistemas normativos estadal y municipal de las Constituciones y leyes estadales, de las ordenanzas municipales y demás actos de los cuerpos deliberantes de los estados y municipios dictados en ejecución directa e inmediata de la Constitución (num. 2). Por supuesto que esa facultad anulatoria de la Sala Constitucional procede cuando cualquiera de los actos normativos enumerados colide con la Constitución, y atenta contra el principio de supremacía delineado en el artículo 7 *ejusdem*. Y es precisamente esa relación de superioridad la que permite establecer la relación de rangos constitucional-legal antes mencionada, que opera a nivel nacional, estadal y municipal.

La relación de rangos legal-sublegal es posible derivarla doctrinariamente del marco teórico de la potestad reglamentaria, dado que por definición la normación reglamentaria siempre es subordinada a la Ley. Tal posición doctrinaria fue recogida tempranamente en nuestro Derecho Constitucional, como lo veremos en el capítulo correspondiente, y en la Constitución de 1999 aparece repetida en el artículo 236 (num. 10), en idénticos términos que en la de 1961: "*Son atribuciones y obligaciones del Presidente o Presidenta de la República: (...) 10. Reglamentar total o parcialmente las leyes, sin alterar su espíritu, pro-*

pósito y razón". El precepto transcrito demuestra que las leyes priman sobre los reglamentos, o mejor dicho, que los actos con fuerza de Ley son instrumentos jurídicos superiores a los reglamentos. Tal superioridad también puede inferirse del artículo 266 (num. 5) que atribuye a la Sala Político Administrativa del TSJ, "*declarar la nulidad total o parcial de los reglamentos y demás actos administrativos generales o individuales del Ejecutivo Nacional, cuando sea procedente*", pues la mencionada procedencia únicamente puede entenderse en el marco de la concepción jerarquizada del ordenamiento jurídico venezolano, como quedó demostrado anteriormente, esto es, que la nulidad de un reglamento solo puede solicitarse cuando colide con un instrumento superior: la Constitución o una Ley o acto con fuerza de ley. Cuando se postula la contradicción con uno de estos últimos es fácil observar la relación rango legal-sublegal. En fin, con los preceptos examinados resulta posible derivar de la propia Constitución la estructura jerárquica del ordenamiento jurídico, por lo que este aparece integrado por instrumentos de rangos constitucional, legal y sublegal.

Finalmente, conviene hacer algunas precisiones sobre determinadas particularidades que presenta el ordenamiento jurídico estructurado en la forma antes indicada. Esas particularidades aluden a especiales derogatorias en el marco de los propios rangos, especialmente en el legal, o sea, que en ese rango opera la jerarquía respecto de determinados instrumentos jurídicos. En ese orden de ideas cabe observar que el artículo 23 de la Constitución de la República Bolivariana de Venezuela, aparentemente le otorga "jerarquía constitucional" a los Tratados relativos a los derechos humanos. En efecto, el mencionado esquema constitucional estatuye:

> Los tratados, pactos y convenciones relativos a derechos humanos, suscritos y ratificados por Venezuela tienen jerarquía constitucional y prevalecen en el orden interno, en la medida en que contengan normas sobre su goce y ejercicio más favorables a las establecidas en esta Constitución y en las leyes de la República, y son de aplicación inmediata y directa por los tribunales y demás órganos del Poder Público.

Aunque a primera vista podría parecer que el artículo regula una especie de derogatoria del principio de jerarquía normativa, al configurar una especie de quiebre del mismo en la relación general rango constitucional-legal, al serle conferido a una clase de actos que por definición son de rango legal, como es el caso de los Tratados, "rango constitucional", tal conclusión es errada pues parte de un falso supuesto, ya que la voluntad del constituyente en el artículo 23 constitucional, no es ni conferirle rango constitucional, ni mucho menos supraconstitucional, a los Tratados en materia de derechos humanos que contengan previsiones más favorables que las contenidas en las leyes y en la Constitución, pues la literalidad de la disposición que ha dado lugar a que se postule la referida constitucionalidad y supraconstitucionalidad, se debió a un desliz idiomático al utilizar el constituyente la expresión "jerarquía constitucional", pues sencillamente pretendía recurrir a la figura de la *prevalencia*, adecuándose de esa manera a las corrientes más progresistas en materia de derechos humanos, pero sin sacrificar el carácter fundamental, básico, del principio de supremacía, consagrado en términos incuestionables en el artículo 7 de la Constitución.

Esto es tan cierto que el constituyente inmediatamente corrigió el aludido desliz idiomático, en el mismo artículo por supuesto, al establecer en términos explícitos que dichos Tratados, cuando contengan previsiones más favorables, *prevalecerán* o en otras palabras, tendrán una aplicación preferente, sobre el ordenamiento interno, incluyendo al propio texto constitucional. Por lo tanto, mientras esté vigente ese precepto de la Carta Magna, que nos imaginamos será siempre, debido al principio de progresividad que caracteriza a los derechos humanos, recogido en su artículo 19 *ejusdem*, esa figura de la prevalencia jugará un papel capital en la interpretación de los Tratados bajo examen, con sus efectos de desplazamiento y de preclusión, pero también sin llegar a anular las eventuales normas que los contraríen, ni tampoco a servir de parámetro de constitucionalidad.

Finalmente, ha de advertirse en esta misma línea argumental que la LOPA, en su artículo 14, también acoge el principio de jerarquía en lo atinente a los actos administrativos, estructurándolos así: decretos, resoluciones, órdenes, providencias y otras decisiones dictadas por órganos y autoridades administrativas. Aunque el mencionado dispositivo ciertamente regula a los actos administrativos, consideramos necesario tenerlo muy en cuenta al momento de tratar de elaborar una tesis sobre el principio de jerarquía normativa, en virtud de que la Administración dicta actos normativos mediante decretos y resoluciones (reglamentos en términos de la doctrina dominante), los cuales entran en la categoría de instrumentos de rango sublegal.

Una vez expuesta la configuración del principio de jerarquía normativa que informa al ordenamiento jurídico venezolano, corresponde ahora ver cómo funciona a los fines de la dilucidación de los conflictos internormativos, y en tal sentido cabe señalar que permite que una norma de rango jerárquico determinado pueda modificar o derogar a todas las que se encuentren en un rango inferior, pudiendo a su vez ser derogada o modificada por las que se encuentren en su mismo nivel, o en otro superior. Así por ejemplo, en el caso de que el conflicto se suscite entre la norma de una Ley y otra de un reglamento, el operador jurídico, lo resolverá mediante la primacía de la segunda sobre el primero. Igual será la situación si el conflicto es entre una norma constitucional y cualquier otra. Sin embargo cabe advertir que la resolución de este tipo de conflictos se resolverá por la vía de la inaplicación de la norma inferior, y la aplicación preferente de la superior, pues si bien es cierto que cuando la inferior colide con la superior se reputa viciada de nulidad, pero para ello se requiere que dicha nulidad sea declarada por el órgano judicial competente, previa interposición de la correspondiente acción de nulidad por inconstitucionalidad o ilegalidad, de conformidad con los artículos 334 y 336 (num. 1, 2, y 4) y 266 (num. 5) de la Constitución, en concordancia con los artículos 21 (num. 1, 2 y 4) y 26 (num. 6) de la LOTSJ 2010. Pero también podrá solicitarse la inaplicación o desaplicación de la norma inferior al caso concreto, sobre la base de lo dispuesto en el artículo 334 del texto constitucional, en concordancia con el 20 del Código de Procedimiento Civil, siempre que se configure una colisión con la Constitución, o analógicamente, cuando dicha colisión se suscite entre un acto de rango sublegal con un acto con fuerza de Ley (rango legal).

Conviene insistir en que el principio de jerarquía tiene una aplicación un tanto difícil en los Estados con forma Federal, pues con excepción de la Constitución que prima sobre cualquier fuente o norma vigente en el país, las demás operan en el seno de cada subsistema normativo que se deriva de la forma de Estado Federal. Así por ejemplo, no es dable predicar la aplicación de este principio entre una Ley Nacional y una Ley Estadal, ni entre un Reglamento dictado por el Presidente de la República y una Ordenanza Municipal, pues dicha aplicación únicamente resulta procedente en el seno de cada uno de los distintos subsistemas normativos, esto es, el Nacional, el Estadal y el Municipal. Así que por los momentos nos conformamos con advertir la complejidad, en virtud de la vigencia del sistema federal, de la operativización del principio en comento, que por lo demás, como advertimos anteriormente, reviste singular importancia en la resolución de los conflictos internormativos.

B. Principio de competencia

Como se expresó anteriormente este principio alude a un sistema de exclusiones y separaciones de orden constitucional que tornan inaplicable el principio de jerarquía, colocando por tal motivo como variable fundamental en la resolución de los conflictos internormativos a la normativa atributiva de competencia, esto es, la que condiciona la exclusión o separación atendiendo a la especificidad de la materia de que se trate. En ese orden de razonamiento se advierte que el primer caso de exclusión se manifiesta en el subsistema normativo nacional con los denominados "*actos parlamentarios sin forma de Ley*" (Reglamentos de la Asamblea Nacional, delineados en los artículos 193, 194, 207 y 221 de la Constitución). Efectivamente, la Ley

Suprema establece como competencia privativa de la Asamblea Nacional la facultad de darse los referidos Reglamentos Parlamentarios; por tanto, pese a que se trata de Reglamentos, el Ejecutivo Nacional carece de competencia para dictarlos, aun cuando no cabe duda de que posee potestad reglamentaria conforme a lo preceptuado en el artículo 236 (num. 10) constitucional.

En otros términos, estos reglamentos son excluidos del ámbito de competencia normativa general tanto del Poder Ejecutivo, como del Legislativo, razón por la cual respecto a ellos, pese a que constituyen una expresión normativa del Poder Nacional, no es posible sostener que se rijan por el principio de jerarquía normativa propio de este subsistema, por lo cual en la hipótesis de que den origen a un conflicto internormativo, se impondría el examen de las correspondientes normas atributivas de competencia, a los fines de su dilucidación.

Es así como en estricta puridad jurídica, resultaría incorrecto afirmar que el Reglamento de la Asamblea Nacional, que tiene rango legal, prima sobre un Reglamento ejecutivo o independiente dictado por el Presidente de la República en Consejo de Ministros, que tiene rango sublegal, porque en el hipotético caso de que se llegase a suscitar un conflicto de esa naturaleza, entonces tendría que ser dilucidado atendiendo al principio de competencia, es decir, mediante el análisis de las correspondientes normas atributivas de competencia, lo que permitirá determinar a cuál de los órganos productores de los instrumentos jurídicos en conflicto, le fue atribuida, de manera exclusiva o principal, la competencia para regular la materia objeto del conflicto. Una vez lograda esa determinación, en la que el principio de jerarquía normativa resulta absolutamente excluido, o irrelevante, el conflicto quedará resuelto a favor del acto normativo emanado del órgano al que se hubiese atribuido esa competencia material. Queda de esta manera demostrado que el principio de competencia –que opera excepcionalmente en el subsistema normativo nacional– supone la exclusión del principio de jerarquía normativa.

Pero el principio de competencia cobra mayor importancia a los fines de decidir los conflictos internormativos, cuando los mismos se presentan entre normas pertenecientes a distintos subsistemas de fuentes del Derecho (subsistemas normativos). Al respecto cabe recordar que tales subsistemas derivados de la forma de Estado Federal descentralizado contemplado en el artículo 4 de la Constitución –insistimos– son los siguientes: Subsistema Nacional (Constitución, actos con fuerza de Ley y Reglamentos); Subsistema Estadal (Constituciones, Leyes y Reglamentos); Subsistema Municipal (Ordenanzas, Reglamentos y Decretos), haciendo la salvedad de que, independientemente del subsistema de que se trate, sobre todos ellos prima la Constitución.

El principio de competencia entra en juego debido a que entre los mencionados subsistemas existen linderos muy precisos, los cuales impiden la aplicación del principio de jerarquía entre normas de dos o más subsistemas. Así por ejemplo, resulta claro, a la luz de los lineamientos anteriores, que una Ley formal definida en el artículo 202 de la Constitución, no es una fuente de derecho superior a una Ley sancionada por el Consejo Legislativo de un Estado, ni a una Ordenanza Municipal. Tampoco es superior a un Reglamento dictado por un Gobernador o un Alcalde. Es precisamente cuando el conflicto normativo debe resolverse sobre la base de lo dispuesto en la correspondiente norma constitucional atributiva de competencia al Poder Nacional, Estadal o Municipal, la oportunidad en que cobra mucha importancia saber diferenciar el principio de jerarquía, que dicho sea de paso también se aplica internamente en cada subsistema, del principio de competencia, y cuándo debe aplicarse uno u otro.

Esta falta de intersección entre los diversos subsistemas de fuentes, expresada en el principio de competencia, configura un área inmune a fuentes normativas de otro subsistema, puesto que las que entran en dicha área no pueden ser modificadas ni derogadas por esas fuentes normativas. Por ejemplo, una Ley sancionada por el Parlamento no puede derogar ni modificar un Reglamento dictado por el Gobernador de un Estado, so pena de nulidad, precisamente por invadir el ámbito competencial normativo del Poder de los Estados establecido en el Texto Constitucional. En el caso de los Reglamentos Parlamentarios los mismos no pueden ser modificados ni derogados por ninguna otra fuente normativa, salvo por una enmienda o una reforma constitucional, o por otro Reglamento Parlamentario.

Queda de esta manera demostrada la necesidad de tomar en cuenta en el estudio de las fuentes del Derecho Administrativo el principio de competencia, a los fines no solo de resolver los conflictos internormativos, sino también para lograr una correcta interpretación de los instrumentos de todo el sistema general y de los distintos subsistemas que lo integran.

C. Principio de sucesión cronológica

Como se expuso precedentemente este principio no hace más que traducir una regla jurídica de antigua data, que postula el poder modificatorio o derogatorio de las leyes posteriores sobre las anteriores, siempre y cuando las primeras sean de mayor o igual rango jerárquico que las segundas. En la Constitución de la República Bolivariana de Venezuela la regla encuentra su expresión en el artículo 218, que establece que las leyes se modifican y derogan por otras leyes. Esta disposición también aparece consagrada en el artículo 7 del Código Civil. Ha de destacarse que hasta la vigencia de la Constitución de

1961, la aludida regla no admitía ninguna excepción, pero en el texto de 1999 por primera vez se incluye la figura de la abrogación de las leyes mediante referendo (art. 74), la cual en lo sustantivo se corresponde con la derogación, pues la Ley después de abrogada pierde su vigencia. La diferencia radica en que la derogación es competencia de la Asamblea Nacional mediante la sanción de una nueva Ley, en cambio, la abrogación aparece atribuida al pueblo, con las excepciones indicadas en la Constitución, mediante la institución del referendo abrogatorio. En todo caso la regla de la sucesión cronológica está vinculada con la derogación y modificación de las leyes por otras posteriores, y en este acápite aludimos sucintamente a la abrogación por ser una institución novedosa en el ordenamiento jurídico a los fines de hacer cesar la vigencia de una Ley, que lógicamente por sus efectos aparece estrechamente relacionada con la derogación, pero sobre todo por el carácter esencialmente didáctico de la presente obra.

Finalmente, siguiendo el hilo de esta exposición relacionada con las reglas de solución de conflictos internormativos, cabe recordar el dispositivo del artículo 14 del Código Civil, que prescribe: "*las disposiciones contenidas en los Códigos y Leyes nacionales especiales, se aplicarán con preferencia a las de este Código en las materias que constituyan la especialidad*", el cual, por obra de la doctrina, se ha convertido en un principio válido para todo el ordenamiento jurídico, que permite postular que Ley especial priva sobre Ley general. Este principio operará únicamente en el caso de que sobre la base de las tres anteriores (jerarquía, competencia y sucesión cronológica) no sea posible resolver un conflicto internormativo.

VI. Fuentes del Derecho Administrativo

Como expresamos en páginas anteriores, el estudio de las fuentes del Derecho corresponde principalmente al Derecho Constitucional, no obstante también son objeto de examen por el resto de las disciplinas jurídicas, no porque cada una de ellas tenga sus propias fuentes, sino más bien porque del conjunto de todas las fuentes, algunas de ellas adquieren mayor relevancia en una disciplina que en otras. Así pensaba Zanobini (1958) cuando expresaba:

> En el Derecho Administrativo, en el cual la Constitución tiene una importancia únicamente de base, y la codificación resulta absolutamente excluida, prevalecen las leyes y los reglamentos: estos últimos asumen una importancia que no tiene parangón en ningún otro sector del ordenamiento. Además de esta justificación extrínseca, el tratamiento de las fuentes encuentra una razón sustancial en su diferente alcance y también en el modo diferente de desarrollar su eficacia, las cuales son propias, en parte, en las mismas fuentes en las diversas ramas del Derecho. Esta afirmación encuentra confirmación, en modo especial, en el Derecho Administrativo.

De modo, pues, que en el Derecho Administrativo tanto las leyes como los reglamentos cobran una especial importancia, pero sobre todo debido a la pluralidad de entes y órganos administrativos legal o "*fácticamente*" facultados para dictar actos reglamentarios en sus diversas modalidades y denominaciones. A los anteriores instrumentos normativos deben añadirse actualmente aquellos que constituyen expresión del denominado Derecho Comunitario. De todas maneras cabe recordar con GALLI (1994) que las leyes en sentido amplio cobran relevancia como fuente del Derecho Administrativo cuando sus normas inciden sobre el ordenamiento jurídico administrativo. MOLES CAUBET (1992) coincide con el autor italiano, pero además aporta indicadores objetivos que permiten calificar a una Ley como administrativa, o sea, como fuente de esta disciplina jurídica. Dichos indicadores son los siguientes:

> 1° Que conforme a las reglas de competencia hayan de ejecutarse por la Administración, incluso en cualquiera de estos casos:
> Aun cuando por incidencia, corresponda a los Tribunales hacer pronunciamientos de derecho, deberes o responsabilidades.
> Aun cuando, interlocutoriamente, la Administración aplique normas de derecho Privado.
> 2° Que establezcan el régimen orgánico de la Administración.
> 3° Que regulen servicios públicos o empresas administrativas.

Por otra parte, PAREJO ALFONSO considera como Fuente del Derecho Administrativo a:

> ...toda prescripción vinculante que determina para la Administración Pública modelos de comportamiento, fines, medios y técnicas para su actuación y reglas para la eventual resolución de conflictos; todo ello, con entera independencia de la forma en que la prescripción se expresa o se manifiesta.

Para GARRIDO FALLA son "*Aquellas formas o actos a través de los cuales el Derecho Administrativo se manifiesta en vigencia*". Finalmente, cabe reiterar que las fuentes del Derecho Administrativo son las mismas del ordenamiento jurídico enunciadas en la Constitución y el Código Civil, con las particularidades antes indicadas, especialmente las referidas a la diversidad o pluralidad, particularidad esta que en el caso del Derecho Administrativo es notoriamente acentuada, en razón de que la propia Administración aparece facultada por las normas del ordenamiento sobre la producción normativa (normas sobre la normación), para originar válidamente fuentes de derecho. En la ponderación de esa situación debe tomarse muy cuenta, en el caso Venezuela, la forma de Estado federal descentralizado que le imprime el texto constitucional, lo que da lugar a la división vertical de la Administración Pública (nacional, estadal y municipal), así como las distintas figuras subjetivas que resultan del proceso de descentralización funcional (institutos autónomos, universidades, empresas del Estado, etc.), que a su vez generan un complejo de administraciones, muchas de las cuales también detentan potestad normativa; de allí entonces el relevante papel que juega la diversidad o pluralidad en la concepción dogmática de las fuentes del Derecho Administrativo.

1. Clasificación de las fuentes del Derecho Administrativo

Si se atiende a la creciente monopolización de la potestad normativa por parte del Estado, pero a la vez se tiene en cuenta que nunca ha podido lograr totalmente esa monopolización, es posible clasificar las fuentes del Derecho en dos grupos: escritas y no escritas, las cuales responden a las definiciones desarrolladas en el punto relativo a la clasificación general de las fuentes del Derecho. Ahora bien, como indicamos anteriormente, es posible ubicar a las fuentes escritas (normas que integran el Derecho Estatal), sobre la base del principio de jerarquía normativa, que como se dijo precedentemente, es posible derivar del artículo 7 de la Constitución en una escala jerárquica formada por tres rangos: constitucional, legal y sublegal. Estos dos últimos, sobre todo el primero, van a estar conformados por distintos instrumentos normativos, de singular importancia en el ordenamiento jurídico-administrativo, lo que no hace que no hace más que patentizar la aludida nota de diversidad o pluralidad de las fuentes del Derecho Administrativo. Reconocemos que esta clasificación no deja de tener objeciones.

2. Rango constitucional (la Constitución)

A. Concepto de Constitución (modelo europeo de Constitución durante el siglo XIX y principios del XX)

La Constitución es un concepto, que originalmente tiene un sentido esencialmente político, porque va a denotar, inclusive desde las tempranas asambleas estamentales inglesas, la idea de limitación del Poder, de libertad frente al Poder Público, y de reconocimientos de ciertos derechos de los ciudadanos. De tal manera que la consagración del concepto en Europa y América a finales del Siglo XVIII, después de la correspondiente evolución histórica, obedece a esa concepción, pero con la inclusión de matices bastante diferenciados. En efecto, dicha concepción aparece claramente recogida en el artículo 16 de la Declaración de Derechos de los Hombre y del Ciudadano de 1789, aprobada al calor de la triunfante Revolución Francesa, el cual preceptuaba: "*Toda sociedad en la que no esté asegurada la garantía de los derechos ni determinada la separación de poderes no tiene Constitución*".

La lectura del precepto transcrito revela el aludido predominio de la variable política en el concepto de Constitución que se impuso en Europa con la naciente Revolución Liberal Burguesa (garantía de derechos y separación de poderes). Esta afirmación obliga a aclarar que una parte de la doctrina constitucional postula su carácter normativo, ello quizás atendiendo a que además de la finalidad garantista vinculada a la mencionada variable política, también va a jugar un papel mucho menos importante en la construcción del concepto de Constitución, la idea relativa a la existencia de un conjunto de normas de rango superior durante el Estado Absoluto, tales como la "*Lex Terrae*" en Inglaterra, y las "*Lois Fondamentales*" en Francia, las cuales aludían a unos principios esenciales de la Monarquía que no eran susceptibles de ser modificados ni siquiera por el Monarca.

Sin embargo, como bien asienta DE OTTO (1991), se trataba de un "*carácter normativo*" meramente formal, pues, la finalidad de la Revolución:

> ...no era introducir en los ordenamientos una norma denominada Constitución, sino asegurar la garantía de libertad frente al poder público. Que una sociedad tenga Constitución, que un Estado sea constitucional, significa, ante todo, que en él la organización de los poderes responda a un determinado fin, el aseguramiento y garantía de la libertad de los ciudadanos.

En esa línea de razonamiento cabe subrayar que el mencionado carácter normativo formal, derivado también de que las normas se consagran, salvo en el caso de Inglaterra, en textos escritos que son denominados Constituciones, queda evidenciado en una serie de acontecimientos que van a signar la historia del constitucionalismo europeo, de los cuales interesa resaltar únicamente dos, porque demuestran el señalado carácter formal normativo, a saber:

i) La mayoría de los textos constitucionales se limitaban a delinear la organización de los poderes públicos, y a formalizar en forma vaga y genérica la parte dogmática, lo que conducía a que la única forma de lograr su aplicación fuese acudiendo a la mediación de la ley, o sea, que sin leyes que los tornaran operativos, los derechos consagrados en las normas resultaban declaraciones inaplicables directa e inmediatamente (programas). En términos más claros todavía: las Constituciones, pese a estar formalizadas como normas jurídicas, no llegaban a revestir ese carácter, porque su fuerza de obligar resultaba inexistente, razón por la cual su infracción no llegaba a reputarse antijurídica. A lo anterior debe añadirse que no se concebía la idea de una Jurisdicción Constitucional.

ii) La connotación de "*lex superior*", esto es, norma suprema y fundamento de todo el ordenamiento jurídico, de la que se deriva el principio de supremacía constitucional, quedó desvirtuada *ab initio*, en virtud de que desde la misma Revolución Francesa se impuso en Europa la tesis de la soberanía parlamentaria, cuyo postulado fundamental radicaba en que el Parlamento no podía estar sujeto a límite alguno, ni tampoco su producto normativo: la ley; de allí surge precisamente el concepto de *"fuerza de ley"* que, durante la vigencia de esa tesis impedía que la ley pudiera estar supeditada a la Constitución, lo que, como es dable imaginarse, imposibilitaba la consagración de un control de la constitucionalidad de las leyes, visto que también el Poder Judicial estaba subordinado a la institución parlamentaria.

En suma, reiteramos que las Constituciones de Europa del siglo XIX y principios del XX, a pesar de su carácter formalmente normativo, no eran realmente normas jurídicas en el sentido actual, sino textos escritos configurados de tal modo que el poder resultaba limitado y garantizada la libertad.

B. Modelo norteamericano de Constitución

Reiteramos que es Inglaterra el país donde nace el *"régimen constitucional"*, entendido este como aquella forma de organización del Estado con arreglo a ciertos principios capaces de imponer al Poder Público límites que permiten un margen de libertad para los ciudadanos. Sin embargo, es Estados Unidos de América el país que consigue establecer esos límites garantizadores de la libertad, pero de una manera sustantivamente distinta a Gran Bretaña, en virtud de que la Constitución es considerada como una verdadera norma jurídica que *"constituye"* todos los Poderes del Estado, razón por la cual puede someterlos a cualquier tipo de límites en el ejercicio de sus funciones.

En el surgimiento de esa concepción de norma jurídica juega un papel fundamental la idea de *lex superior* que va a acompañar a la Constitución, la cual se origina en la lucha de los colonos contra la Corona Inglesa, sobre todo en materia de impuestos y de juicios por jurados, pues, dichos colonos basándose en principios de derecho natural y en la denominada *"Lex Terrae"* Inglesa, esto es, el conjunto de derechos y privilegios feudales de base consensual concedidos por el Rey a los nobles en la Edad Media, alegaban que las leyes que regulaban su juzgamiento por Tribunales integrados por ingleses, en Inglaterra, e imponían medidas fiscales, resultaban contrarias a ese Derecho fundamental o más alto, lo que las tornaba nulas y, por tanto, sujetas a ser inaplicadas por los tribunales.

Estas ideas que sirvieron de postulados ideológicos a los colonos norteamericanos en sus luchas contra los ingleses, son convertidas, después de lograda la independencia, en normas que pasan a su Constitución; por tanto, como sostiene DE OTTO (1991) *"la doctrina inglesa de la soberanía del Parlamento fue sustituida por la clara con-*

ciencia de la supremacía jerárquica de la Constitución". La consagración de la superioridad del texto constitucional, que permite decidir la validez de las leyes del Poder Legislativo, supone, lógicamente, como se indicó anteriormente, la exclusión del carácter soberano de este Poder, y por ende, de su producto normativo: la ley. Efectivamente, visto en términos de Poderes, corresponde al pueblo actuando como *poder constituyente* dictar la Constitución y al Poder Legislativo, en su carácter de *poder constituido* sancionar las leyes, lo que también permite revelar el aludido principio de *lex superior* revestido por la Constitución.

Es necesario destacar, como lo hace García De Enterría (1988), que la consagración del *higher law*, o carácter de Ley Suprema de la Constitución norteamericana, se hubiera tornado insuficiente a los efectos de la protección de los individuos, si no hubiese estado apoyado en la facultad judicial de declarar inconstitucionales a las leyes (*judicial review*). La armonización de estos principios en Norteamérica convierte en realidad el principio de la supremacía constitucional, en virtud de que la validez de las leyes estadales y federales queda sujeta a su compatibilización con el texto constitucional, so pena de nulidad. El mecanismo de preservación de la inmunidad de la Constitución se va a concretar mediante el llamado "*control difuso*", que faculta a cualquier juez para inaplicar o desaplicar una Ley en los casos en que se configure cualquier colisión de una norma de esta con la Constitución.

De modo, pues, que a diferencia de lo que ocurrió en Europa, la Constitución norteamericana al consagrar el principio de supremacía constitucional, y el control de constitucionalidad de las leyes, pasa a ser una verdadera norma jurídica, por cuanto los preceptos que contiene son verdaderas reglas de derecho, resultando aplicable directamente, por tener fuerza de obligar tanto a los titulares de los Poderes Públicos, como a los ciudadanos.

C. Evolución de las Constituciones europeas hacia el concepto de norma jurídica

Del cuestionamiento a que es sometido en Europa el modelo constitucional "*formal normativo*" va a surgir el concepto de Constitución en sentido material, histórico o sociológico, el cual se construye partiendo de lo artificioso y de la carencia de realismo que caracteriza al referido concepto de Constitución (formal normativo). En la acuñación de la concepción material, coinciden, en criterio de Santamaría Pastor (1998) los socialistas y los conservadores. Estos últimos sostienen que la "*Constitución no es ni puede ser otra cosa que la forma de ser tradicional de un pueblo y de sus instituciones políticas, que sólo la historia, y no la razón y la voluntad humanas, puede moldear"*. Y LASALLE, uno de los defensores de la tesis socialista, sostiene que:

> ...los problemas constitucionales no son, primariamente problemas de derecho, sino de poder, la verdadera Constitución de un país sólo reside en los factores reales y efectivos de poder que en ese país rigen; y las constituciones escritas no tienen valor ni son duraderas más que cuando dan expresión fiel a los factores de poder imperantes en la realidad social; de otro modo, éstas bien pueden calificarse de una simple "hoja de papel".

Es necesario registrar que esa tesis, en razón de las insuficiencias de la concepción formal normativa logró muchas adhesiones en Europa, y puede decirse que prevaleció hasta la Segunda Guerra Mundial, sin embargo, resulta igualmente necesario dejar sentado que ella no llegó a comportar un rechazo total a la concepción normativa, la cual vuelve a ser retomada por la mayoría de los Estados Europeos, en toda su plenitud, a partir de la terminación de la Segunda Guerra Mundial. O sea, de la misma manera que, con los matices que indicaremos más adelante, había regido en el constitucionalismo norteamericano. Algunos autores llegan inclusive a señalar que en dicha situación (vuelta a la concepción normativa) no resultó totalmente extraña la influencia norteamericana, sociedad donde el referido modelo, con sus particularidades, se había mantenido incólume desde finales del siglo XVIII.

Pues bien, debe concluirse que a partir de la finalización de la Segunda Guerra Mundial se impuso en Europa el concepto normativo o de norma jurídica de la Constitución, por lo que resulta acertada la afirmación de DE OTTO (1991) relativa a que desde la implantación de dicho modelo "*la finalidad garantista del constitucionalismo ya no se asegura tan sólo con la organización y desde la confianza en su buen funcionamiento, sino que se persigue también normativamente*" (énfasis añadido).

a. Eficacia normativa de la Constitución (inexistencia de normas programáticas)

Al predominar la tesis acerca de la Constitución como norma jurídica, quedó superada la discusión relativa a la auto atribución de la eficacia normativa, ya que la doctrina admite que basta que el texto constitucional tenga carácter normativo, que ese mismo texto se lo confiera, para que consecuencialmente esté integrado por preceptos vinculantes. Igualmente está superada la discusión sobre la aplicación directa o indirecta de sus normas, derivada de la postura, de antigua data, acerca de que las mismas contenían programas, no obligatorios, que debían ser desarrollados, o mejor dicho, incorporados al derecho positivo por el legislador, de tal manera que la mediación de este resultaba necesaria para la aplicación de dichas normas constitucionales por parte de los Tribunales y la propia Administración.

Efectivamente, en la actualidad pese a que la técnica constituyente o constitucional permite la existencia de normas de gran concreción, al mismo tiempo conduce a que un número de ellas contengan verdaderos programas, lo que no significa que por esa razón dejen de ser preceptivas, en virtud de que el propio texto constitucional se encarga, mediante una norma expresa, de predicar esa condición, al establecer que están sujetos a él los Poderes Públicos y los ciudadanos. La doctrina española rechaza la tesis de las normas programáticas por considerar que la misma parte de un supuesto falso: que una norma solo es directamente aplicable cuando genera derechos subjetivos que son exigibles judicialmente, lo que generalmente no ocurre con los procesales y penales, y sin embargo vinculan directamente a los ciudadanos y a los Poderes Públicos.

b. Constitución como norma suprema

Por otra parte el concepto de Constitución como norma jurídica, permite conceptuarla también como *norma suprema* del ordenamiento jurídico, cuyas expresiones concretas son los denominados principios de **a)** *supremacía f*ormal, en virtud de que la estabilidad de la Constitución aparece garantizada por el procedimiento agravado que se requiere para su modificación o derogación, y de **b)** *supremacía material*, en razón de tener un rango superior al resto de las demás normas del ordenamiento, las cuales deben estar en sintonía con ella, so pena de nulidad. A los fines de evitar repeticiones inútiles en relación a este acápite, remitimos al lector al punto VI.2.B de este capítulo, en el cual se desarrolla lo concerniente al modelo de Constitución norteamericano, y al origen y evolución del concepto del texto constitucional como *lex superior*, del cual obviamente surge la tesis vigente acerca de la Constitución como norma suprema.

D. Constitución como fuente del Derecho Administrativo

Cuando se impone la tesis de la Constitución como norma jurídica, con las consecuencias antes señaladas, no cabe duda que debe conceptuarse como una fuente del derecho, no solo por su aplicación directa e inmediata, sino por ser la principal fuente del ordenamiento jurídico. En este orden de razonamiento, afirma PINIELLA SORDI (1994) que:

> Desde un punto de vista negativo la Constitución, sea cual sea su contenido, condiciona y acota negativamente la creación del Derecho, porque únicamente podrán formar parte del ordenamiento las normas que la respeten y no la contradigan. Pero aquí no termina la labor de la Constitución, sino que se proyecta también positivamen-

te en el sistema de fuentes, estableciendo la regulación constitucional de las mismas y su interrelación.

Ahora bien, partiendo de esa premisa (Constitución como máxima y principal fuente del derecho) se impone en un libro como este abordar el punto. Lógicamente el examen del mismo estará reducido a examinar la Constitución como fuente del Derecho Administrativo, porque, como es harto conocido, el texto constitucional es un verdadero soporte de todas las ramas del Derecho, y con mayor razón del Administrativo, al punto que WERNER llegó a sostener que el Derecho Administrativo era el Derecho Constitucional concretizado. En esa misma línea de pensamiento PAREJO ALFONSO (1992), para demostrar la importancia de la Constitución como fuente del Derecho Administrativo sostiene que:

> ...la vinculación de la Administración a la Ley que efectivamente exista no enerva su "vinculación más fuerte" a la Constitución (que también es recuérdese una Ley, aunque superior), de suerte que ha de poder y aun deber interpretar aquélla de conformidad con ésta, incluso adaptándola a la propia evolución constitucional.

Finalmente, antes de entrar a estudiar la Constitución venezolana de 1999, como fuente del Derecho Administrativo, consideramos necesario recordar que pese a la prevalencia del sentido normativo, todavía a nivel doctrinario se suele definir a la Constitución en sentido sustantivo o material, lo cual según SCHMITT (1982), alude a la determinación política fundamental de la constitución de la comunidad política; de ahí precisamente su nombre de Constitución, y que en definitiva se trata de una noción metajurídica, que está referida al nacimiento mismo de un Estado. En cambio, en sentido normativo, como expresamos antes, alude a un acto mediante el cual se producen verdaderas normas jurídicas con carácter vinculante y de aplicación inmediata. Al relacionar ambos sentidos del concepto, SANTAMARÍA PASTOR (1991) sostiene "*que de esta forma el hecho de la fundación política se juridifica: la erección de una comunidad estatal se lleva a cabo mediante la aprobación de una norma jurídica*". Corresponde ahora tratar de identificar los elementos fundamentales que caracterizan a la Constitución Venezolana de 1999.

E. Características fundamentales de la Constitución de 1999

a. Norma jurídica

El examen de la Constitución de 1999 en el contexto del marco conceptual anterior, revela que detenta carácter normativo, o mejor dicho, es un sistema de normas jurídicas, debido en primer lugar, a que así aparece expresa y claramente declarado por su artículo 7 "To-

das las personas y los órganos que ejercen el Poder Público están sujetos a la Constitución". Bastaría ese dispositivo que le otorga carácter vinculante a todos los preceptos que la integran para postular el mencionado carácter normativo. En ese mismo orden de razonamiento, resulta posible detectar otros preceptos que refuerzan dicha conclusión, como por ejemplo el artículo 25 *ejusdem*, que no hace otra cosa que revelar la fuerza vinculante de la Constitución, por lo menos en lo concerniente a los órganos del Poder Público -inferida a *contrario sensu*- al establecer que todo acto dictado en ejercicio del Poder Público que viole o menoscabe los derechos garantizados en la Constitución y la ley es nulo, y que los funcionarios que lo ordenen o ejecuten incurren en responsabilidad civil, penal y administrativa. Además, esa fuerza vinculante de la Constitución aparece también reflejada de manera general en su artículo 131, el cual dispone: "*Toda persona tiene el deber de cumplir y acatar esta Constitución y las leyes*", para el caso de los ciudadanos y el artículo 137 *ejusdem*, para el caso del Poder Público.

En segundo lugar, la mayoría de sus disposiciones se corresponden, en su redacción y expresión terminológica, con las propias de cualquier norma jurídica, lo que queda demostrado con la escogencia al azar de cualquiera de sus artículos, por ejemplo el 43 que expresa:

> El derecho a la vida es inviolable. Ninguna autoridad, podrá establecer la pena de muerte ni autoridad alguna aplicarla. El Estado protegerá la vida de las personas que se encuentren privadas de su libertad, prestando el servicio militar o civil, o sometidas a su autoridad en cualquier forma.

O el 53: "*Toda persona tiene el derecho de reunirse, pública o privadamente, sin permiso previo, con fines lícitos y sin armas. Las reuniones en lugares públicos se regirán por la ley*". En fin, los ejemplos anteriores demuestran que, además de los mencionados atributos, contienen los mandatos o prohibiciones típicos de las normas jurídicas.

En tercer lugar, la disposición derogatoria única, que consagra la derogación de todo el derecho preconstitucional que colida con la Constitución de 1999, revela un efecto formal típico de toda ley, además del que sustantivamente se desprende de su carácter de ley suprema, referido al principio de que ley posterior deroga a la ley anterior. De modo, pues, que la propia Constitución de 1999 se encarga de establecer en forma expresa y categórica su carácter normativo, el cual también es posible inferir de la tipología de las mayorías de sus disposiciones.

b. Aplicación directa

A los fines de demostrar el carácter normativo de la Constitución de 1999, en el punto anterior aludimos, en primer lugar a su artículo 7, que prescribe que todas la personas y los órganos que ejercen el Poder Público están sujetos a la Constitución, del cual se deriva su carácter vinculante para los componentes del elemento plurisubjetivo del ordenamiento jurídico, en virtud de que obliga a todos los Poderes Públicos, así como a todas las personas. La naturaleza de esa relación configurada por el citado artículo 7 constitucional, revela el carácter preceptivo de las normas que integran la Constitución de 1999, por lo que resulta forzoso concluir que ellas son de aplicación directa e inmediata, sin necesidad de la mediación del legislador, aun en el caso de aquellas que tienen un perfil un tanto abstracto como cuando regulan los derechos a la protección de la familia (art. 75), a la vivienda (art. 82), y a disponer bienes y servicios de calidad (art. 117), entre otros.

Por otra parte, es preciso destacar que el carácter normativo de la Constitución de 1999, que impone la aplicación directa e inmediata de sus preceptos, conduce a descartar en Venezuela la reapertura de la discusión acerca de la naturaleza meramente programática de las disposiciones que la integran, porque ello implicaría concebir a la Constitución como un documento político de simple orientación de la actividad de los Poderes Públicos, o dicho de otra manera, contentivo de "*programas*", o grandes lineamientos políticos que solo podrían ser ejecutados una vez que estos se hicieren operativos mediante el proceso legislativo, y por el contrario, como quedó demostrado precedentemente, en la actualidad prevalece la concepción de que el texto constitucional es esencialmente un sistema de normas que no requiere la intermediación de la legislación para poder ser aplicado directamente. Sin embargo, nada obsta que, a los fines de su mejor aplicación, pueda recurrirse a la promulgación de instrumentos normativos de rango legal, como ocurre normalmente. Lo que resultaría inaceptable sería calificar una norma como programática, por no haberse promulgado una Ley que la desarrolle, y de esa forma pretender evitar el ejercicio del derecho consagrado en la misma, pues, en el caso de los derechos y garantías, la propia Constitución trae en su artículo 22, una expresa prohibición en ese sentido, cuando estatuye: "*la falta de ley reglamentaria de estos derechos no menoscaba el ejercicio de los mismos*".

Finalmente, a título ejemplificativo y pedagógico transcribimos a continuación una de las primeras sentencias del Tribunal Constitucional Español (del 28-04-1992), en la cual se zanja de manera categórica la discusión acerca del carácter preceptivo o programático de las normas que integran la Constitución de 1978. El aludido fallo expresa:

> Conviene no olvidar nunca que la Constitución, lejos de ser un mero catálogo de principios de no inmediata vinculación y de no inmediato cumplimiento hasta que sean objeto de desarrollo por vía legal, es una norma jurídica, la norma suprema de nuestro ordenamiento, y en cuanto tal, tanto los ciudadanos como los poderes públicos, y por consiguiente también los jueces y magistrados integrantes del poder judicial, están sujetos a ellos (art. 9.1. y 117.1. C.E.). Por ello es indudable que sus preceptos son alegables ante los tribunales (dejando al margen la oportunidad o pertinencia de cada alegación de cada precepto en cada caso), quienes, como todos los poderes públicos, están además vinculados al cumplimiento y respeto de los derechos y libertades reconocidos en el capítulo segundo del título primero de la Constitución (artículo 53.1. C.E.), entre los que se cuentan por supuesto los contenidos en el artículo 24, cuya vulneración se cuestiona por el demandante en amparo.

En suma, todos los razonamientos anteriores ponen en evidencia que la Constitución de 1999 es un sistema normativo que vincula u obliga, aplicable en forma directa, tanto a los órganos del Poder Público como a los ciudadanos.

c. Norma suprema

Cualquier duda acerca del carácter de norma suprema de la Constitución de 1999, ella misma se encarga de disiparla de manera categórica, cuando en su artículo 7 preceptúa: "*La Constitución es la norma suprema y el fundamento del ordenamiento jurídico*" (énfasis añadido). O sea, que el propio texto constitucional de manera expresa consagra su primacía en el marco de todo el ordenamiento jurídico, autocalificándose de *norma normarum*, razón por la cual, como expresamos antes, indica la regulación de las restantes fuentes, así como las relaciones entre ellas. Ha de destacarse que por lo demás dicha consagración lo es en un sentido amplio, en virtud de que al erigirse en la norma suprema del ordenamiento jurídico, resulta la que detenta la mayor fuerza de obligar, no solo frente a cualquier ley en sentido amplísimo (incluyendo a las normas consuetudinarias), sino inclusive frente a los denominados Principios Generales del Derecho, que como es sabido también integran el ordenamiento jurídico. La doctrina española (Parejo Alfonso, 1992, Santamaría Pastor, 1991 y García De Enterría, 1988) enseña que de ese carácter de norma suprema del ordenamiento jurídico se desprenden dos principios fundamentales, a saber:

A'. Principio de superioridad material

Este principio significa que las disposiciones constitucionales tienen mayor eficacia, o en términos de la doctrina española "*valen más*" que el resto de todos los instrumentos normativos que integran el ordenamiento jurídico, lo que torna inmune al texto constitucional frente a dichos instrumentos normativos y, correlativamente, la validez de estos responde a la sintonía que guarden con la Constitución. Dicho en otros términos, el principio de superioridad material de la Constitución comporta la existencia de la obligatoriedad de que todos y cada uno los actos normativos deben resultar compatibles con la Constitución, so pena de nulidad. Esa obligatoriedad o deber conduce a la consagración de determinados órganos facultados para realizar el test de compatibilidad de esos actos con el texto constitucional, los cuales en caso de considerarlos incompatibles deberán proceder a anularlos. El principio bajo examen aparece recogido en el artículo 7 constitucional, no solo cuando expresa formalmente que la Constitución es la norma suprema, sino sobre todo cuando establece que *todas las personas y los órganos del Poder Público* están sujetos a ella. De modo, pues, que el principio de superioridad material opera esencialmente en el plano normativo, pero igualmente opera en el no normativo, de tal suerte que la observancia de la Constitución deviene en un deber tanto para los más altos órganos de los Poderes Públicos como para los ciudadanos.

Por supuesto que, como expresamos antes, la superioridad de la Constitución frente a las normas y demás actos jurídicos, requiere para dejar de ser una mera enunciación teórica, la consagración de órganos y procedimientos que la garanticen. Pues bien, orientados por esa premisa el constituyente creó la jurisdicción constitucional (art. 266, num. 1), cuyo ejercicio atribuyó fundamentalmente al TSJ, en Sala Constitucional. El ejercicio de dicha jurisdicción consiste en realizar el aludido test de compatibilidad entre el correspondiente acto jurídico y el texto constitucional, el cual se desagrega, de acuerdo con la doctrina alemana, en el juicio de compatibilidad entre norma y Constitución (comparación), y la facultad de rechazo, en el caso de que dicha norma no supere el juicio, que consiste en inaplicarla o anularla.

Ese diseño teórico conceptual aparece recogido en la Constitución en su Título VII denominado "*De la Protección de la Constitución*", que en realidad regula la denominada "*Justicia Constitucional*", cuyo artículo 334 delinea el referido test de compatibilidad, estableciendo, en el caso de que la correspondiente norma no supere dicho test, la procedencia de su rechazo mediante la inaplicación o anulación de la misma. En otros términos el citado precepto configura los métodos de "*control difuso*" y "*control concentrado*" de la constitucionalidad, que como expresamos anteriormente se originan y predominan en el constitucionalismo norteamericano y europeo respectivamente. El referido esquema constitucional establece:

> Todos los jueces o juezas de la República, en el ámbito de sus competencias y conforme a lo previsto en esta Constitución y en la Ley, están en la obligación de asegurar la integridad de esta Constitución.
> En caso de incompatibilidad entre esta Constitución y una ley u otra norma jurídica, se aplicarán las disposiciones constitucionales, correspondiendo a los tribunales, en cualquier causa, aun de oficio, decidir lo conducente.
> Corresponde exclusivamente a la Sala Constitucional del Tribunal Supremo de Justicia, como jurisdicción constitucional, declarar la nulidad de las leyes y demás actos de los órganos que ejercen el Poder Público dictados en ejecución directa e inmediata de esta Constitución o que tengan rango de ley, cuando colidan con aquélla (énfasis añadido).

La lectura del encabezamiento del precepto transcrito permite colegir que su inclusión en el texto constitucional, como indicamos antes, no es más que un efecto del carácter de norma suprema del que este aparece revestido en su artículo 7, ya que en su encabezamiento implícitamente reitera el deber de observancia por todas las personas y los Poderes Públicos, al punto que confiere competencia a los jueces para asegurar el cumplimiento de dicho deber (mantener la integridad).

En el primer aparte consagra la modalidad de "*control difuso*" de la constitucionalidad, la cual por primera vez, pese a estar vigente en Venezuela durante más cien años, reviste rango constitucional. En efecto, desde finales del siglo XIX este tipo de control encuentra concreción en instrumentos normativos de carácter procesal, y así se mantuvo hasta la Constitución de 1999, al punto que actualmente aparece recogido en el artículo 20 del Código de Procedimiento Civil. Por supuesto, que el texto constitucional mantiene la concepción clásica, esto es, la aplicación preferente de la Constitución cuando se configure una incompatibilidad entre la Constitución y una norma de rango inferior, pero perfeccionándola, en virtud de que la inscribe dentro del sistema de "*control de la constitucionalidad*", a diferencia de lo que ocurría anteriormente.

Tal perfeccionamiento no hace más que responder al nuevo "*sistema de justicia constitucional*" delineado en la Constitución, que se articula a partir del deber básico de todos los jueces en sus respectivos ámbitos de competencia de asegurar la integridad de la Constitución (encabezamiento del art. 334), del cual se derivan las modalidades de control difuso y concentrado, lo que supone en el primer caso una obligación ineludible, aun de oficio, para los titulares de los órganos jurisdiccionales, cuando constaten una incompatibilidad entre la Constitución y una ley u otra norma jurídica, en cualquier causa, de dar aplicación preferente a la primera, o dicho en otros términos, de inaplicar la segunda. Pues bien, es necesario reiterar que se trata de un verdadero deber del Juez ejercer esta modalidad de control constitucional, ya que no se trata, como a menudo resultaba conceptuada conforme al artículo 20 del Código de Procedimiento Civil, de una facultad del Tribunal, al punto que su incumplimiento, en nuestro criterio, tipifica la causal de responsabilidad personal de los jueces denominada por el artículo 255 del texto constitucional "*omisión injustificada*".

Por otra parte, cabe advertir que la concepción de esta modalidad de control, atendiendo al carácter de norma suprema de la Constitución se amplía, ya que, a diferencia del señalado dispositivo procesal que consagra el ejercicio del control difuso sobre las leyes, lo que en el pasado no dejó de suscitar discusiones, debido a que un sector de la doctrina y de la jurisprudencia sostenía que ese control solo procedía con relación a leyes formales, el precepto constitucional se extiende claramente a toda clase de norma jurídica, al delinear la incompatibilidad entre el texto constitucional y una ley u otra norma jurídica.

Por supuesto que cuando un Tribunal decide lo conducente al hacer uso de esta forma de control de la constitucionalidad en un juicio, los efectos de su decisión (aplicación preferente de la Constitución) se limitan exclusivamente a las partes, en razón de que el fallo no hace más que *inaplicar* la norma jurídica, pues que no supera el test de compatibilidad con la Constitución, ya que carece de competencia para su *anulación*, y por tanto, no puede pretenderse que los aludidos efectos se extiendan a otros sujetos, extraños a la específica relación procesal, lo que no obsta para que sea invocada como doctrina jurisprudencial en otro juicio, con las consecuencias propias que el ordenamiento le atribuye a las decisiones de los Tribunales.

Planteado el asunto en esos términos, es necesario destacar que en el ordenamiento preconstitucional (art. 20 CPC), la modalidad de control bajo examen no guardaba ninguna relación con el método del control concentrado, de tal suerte que perfectamente podía ocurrir que un Tribunal pudiera inaplicar una norma legal, y la Sala Plena de la extinta Corte Suprema de Justicia declarar su compatibilidad con la Constitución, configurándose de esa manera un serio atentado contra el principio de seguridad jurídica.

La Constitución de 1999 al delinear el sistema de "*justicia constitucional*", pretende ponerle fin a esa situación anómala derivada -se insiste- de la falta de relación entre el control difuso y el control concentrado (inexistencia de sistematización normativa), al atribuirle en el artículo 336 (num. 10) a la Sala Constitucional del TSJ la competencia para *revisar* las sentencias *definitivamente firmes* de amparo constitucional y de *control de constitucionalidad de leyes o normas jurídicas* dictadas por los Tribunales de la República, en los términos establecidos por la ley orgánica respectiva. En efecto, el citado esquema normativo, en perfecta consonancia con el principio de aseguramiento de la integridad de la Constitución, crea una especie de método de "*control del control difuso*" a cargo de la Sala Constitucional, que permite relacionar ambos métodos de control (difuso y concentrado).

Tal relación se infiere del concepto mismo de revisión a que alude el citado precepto constitucional, que le permite a la Sala Constitucional reexaminar cualquier sentencia definitivamente firme en materia de control difuso de la constitucionalidad, única y exclusivamente en lo tocante a la aplicación de ese método de control (difuso). Por tanto, resulta lógico que la decisión que dicte la Sala, bien sea que confirme o revoque la sentencia revisada, equivalga en la práctica a un fallo proferido en ejercicio de la modalidad del control concentrado, pues, la potestad revisora no podrá ir más allá de la aplicación del aludido test de compatibilidad.

En ese orden de ideas cabe subrayar que si la sentencia definitivamente firme inaplica una norma legal, y la Sala Constitucional considera que está bien inaplicada, ello revela que dicha norma no pasó el test de compatibilidad, y en la práctica equivaldrá a una verdadera sentencia anulatoria. Si por el contrario, considera que la inaplicación resulta incorrecta, ello significará que la norma pasó el referido test, y en la práctica equivaldrá a una sentencia declaratoria de constitucionalidad de la misma. Si existiesen dudas sobre esta posición interpretativa, de todas maneras se llegaría a esa misma solución, por obra de lo dispuesto en el artículo 335 de la Constitución, que establece el carácter vinculante para todos los Tribunales, inclusive para las otras Salas del TSJ, de las interpretaciones de la Constitución emanadas de la Sala Constitucional, pues, al fin y al cabo la revisión de una sentencia definitivamente firme de control difuso de la constitucionalidad, se resuelve en una interpretación constitucional.

Finalmente, también constituye expresión del principio de superioridad material el denominado "*control concentrado de la constitucionalidad*", establecido en el segundo aparte del artículo 334, desagregado concretamente en los numerales 1, 2, 3, 4, 5, 6, 9 y 10 del artículo 336 de la Constitución. Esta modalidad de control es de factura europea y aparece consagrada por primera vez en la Constitución Austríaca de 1920, y consiste en atribuir a un único órgano jurisdiccional (Tribunal Supremo o Tribunal Constitucional), el control de la constitucionalidad de las leyes, mediante el test de compatibilidad, cuya aplicación origina una sentencia que en caso de que la ley juzgada no supere el test, produce su anulación con valor *erga omnes*, y de superarlo, un fallo que declara la constitucionalidad del correspondiente acto normativo.

Excede a los límites del presente libro el estudio del control concentrado de la constitucionalidad; por tanto, nos limitamos a señalar que la Constitución de 1999 crea una verdadera jurisdicción constitucional basada fundamentalmente en este método de control, razón por la cual su regulación supera ampliamente la contenida en la Constitución de 1961, tanto desde el punto de vista formal como sustancial. Baste al respecto señalar que extiende el control a cierta categoría de actos no contemplados en la Constitución de 1961, tales como determinados tipos de tratados internacionales, a las leyes orgánicas (a priori), y a los decretos que declaran los estados de excepción. Además define a los actos no identificados expresamente, susceptibles de esta modalidad de control, en función de su ejecución directa e inmediata de la Constitución, siguiendo de esta manera la tesis de la Escuela de Viena que resumimos en el Capítulo I de este libro, y que detenten rango de ley, concepto que examinaremos más adelante.

B'. Principio de superioridad o superlegalidad formal

Este principio alude a lo que se ha denominado rigidez constitucional, en virtud de que la Constitución únicamente puede ser modificada o reformada mediante el cumplimiento de un procedimiento distinto al previsto para la formación de las leyes, el cual se caracteriza por su complejidad, lo que dificulta grandemente la reforma constitucional. Por tal razón, algunos autores han sostenido que la Constitución goza de una estabilidad jurídica reforzada. La rigidez de la Constitución está consagrada en su Título IX denominado "*De la Reforma Constitucional*", el cual está integrado por el capítulo I que regula las enmiendas, el capítulo II que disciplina la reforma constitucional, y el capítulo III que regula a la Asamblea Nacional Constituyente. Escapa al objetivo del presente libro el estudio de la Reforma Constitucional, por tanto nos limitamos a señalar que la Constitución de 1999 muestra una concepción diferente a la de 1961, en materia de modificación del texto constitucional, ya que, además de las enmiendas y la reforma, que inexplicablemente en lo sustantivo resultan idénticas, añade la figura de la Asamblea Nacional Constituyente, la cual está facultada para *redactar una nueva Constitución*. Pues bien, independientemente de los lineamientos conceptuales que orientan la consagración de estas tres figuras reveladoras de modificaciones, en términos generales, de la Constitución, lo cierto es que quizás con mayor razón puede predicarse la vigencia del principio de superioridad formal del texto constitucional, que reiteramos no hace más que patentizar el carácter de norma suprema que este reviste.

Los anteriores razonamientos han estado dirigidos a demostrar que la Constitución es un sistema de normas jurídicas de aplicabilidad directa, lo que no obsta para que requiera en su desarrollo la intermediación del proceso legislativo, pero en uno u otro caso, debe considerarse al texto constitucional como la fuente fundamental del Derecho Administrativo, ya que su aplicación mediata o inmediata -tanto en su parte orgánica como dogmática- está estrechamente vinculado con los tópicos fundamentales del Derecho Administrativo (organización administrativa, actividad administrativa, medios de acción de la Administración y los recursos administrativos y contencioso administrativos).

C'. Régimen constitucional transitorio

Por razones didácticas, y quizás también históricas, queremos finalmente reseñar que como producto del proceso constituyente vivido en el país durante el año 1999, la Sala Constitucional del TSJ, en fecha 28-03-2000, dictó dos sentencias a los fines de decidir sendos recursos de inconstitucionalidad, uno de ellos interpuesto conjuntamente con solicitud de amparo cautelar, en las cuales declaró la existencia y vigencia de un régimen constitucional transitorio, esto es, un ordenamiento paralelo, de igual rango, por lo menos desde el 29-12-1999, a la Constitución de la República Bolivariana de Venezuela.

Decimos que nos limitamos únicamente a reseñar dichos fallos, en virtud de que por ahora nos abstenemos de examinarlos, y es por ello que a continuación pasamos a transcribir los postulados fundamentales de uno de dichos fallos, que son los mismos recogidos en el otro:

> La Asamblea Nacional Constituyente, a fin de cumplir el mandato que le otorgó el pueblo, tenía varias alternativas, una, elaborar una Constitución con un conjunto de disposiciones transitorias que regularan al máximo la implementación jurídica del régimen transitorio entre las instituciones previstas en la Constitución de la República de Venezuela de 1961, y las prevenidas en la Constitución de la República Bolivariana de Venezuela de 1999.
> Otra alternativa era, no realizar dicha implementación en las disposiciones transitorias de la Constitución y efectuarla mediante un cuerpo legislativo aparte, complementado por actos destinados a llenar el vacío institucional que se crearía al entrar en vigencia la nueva Constitución. Esta fue la vía escogida por la Asamblea Nacional Constituyente, cuando dictó el Régimen Transitorio del Poder Público, publicado el 29 de diciembre de 1999 en la Gaceta Oficial N° 36859, destinado al régimen de transición en lo atinente a la reestructuración del poder público. A tal fin, el artículo 2 del "Régimen de Transición del Poder Público", textualmente reza:

"Las previsiones del presente régimen de transición desarrollan y complementan las Disposiciones Transitorias de la Constitución aprobada por el pueblo de Venezuela".

El régimen de transición señalado reguló al Poder legislativo nacional, mediante la creación de la Comisión Legislativa Nacional, la cual funcionará hasta la fecha en que se reúna efectivamente la Asamblea Nacional prevenida en la Constitución vigente, y a quien señaló en el artículo 6 del Régimen de Transición del Poder Público, sus atribuciones (...).

Entrada en vigencia la Constitución de la República Bolivariana de Venezuela el 30 de diciembre de 1999, según su propio texto, se hace necesario elegir a la Asamblea Nacional, institución básica entre los poderes públicos para el funcionamiento del sistema político-jurídico que desarrolla la Constitución recién promulgada, y hasta su elección e instalación, nace un segundo régimen transitorio, el cual se rige por las normas sancionadas a ese fin por la Asamblea Nacional Constituyente, en ejercicio de su competencia constituyente, y que responde a las Bases Primera y Octava para lo que se convocó el referéndum del 25 de abril de 1999, las cuales se proyectan paralelamente a la Constitución vigente, tal como lo estableció el Régimen de Transición del Poder Público, que obran -por disposición del artículo 2 de dicha normativa- como Disposiciones Transitorias de la Constitución vigente. Esta normativa de rango análogo a la Constitución, está destinada a que las instituciones prevenidas en la Constitución, pero que aún no han entrado en funcionamiento, se realicen, y se agota al cumplir su cometido.

Las normas de transición devienen así en integrantes del sistema constitucional, en cuanto hacen posible la plena vigencia de la naciente Constitución. La transitoriedad es inherente al propio proceso constituyente y le es inmanente.

Tal disposición, emanada del poder constituyente que podía lo más, cual era la transformación del Estado, lo que iba a adelantar mediante la aprobación de una nueva Constitución y del régimen de transición, claro que podía lo menos, dentro de su cometido de transformación del Estado, cual era dictar las normas que permitieran la transición entre el sistema constitucional abrogado y el nuevo, que conforme al texto constitucional de 1999, no podía de inmediato constituirse en todas sus instituciones.

La Constitución de la República Bolivariana de Venezuela, al entrar en vigor, deroga el ordenamiento jurídico basado en la Constitución de la República de Venezuela de 1961, pero el nacido de la transitoriedad a que se refiere el tipo de normas antes señalado, y que como emanación del poder constituyente deben complementar a la Constitución en la instalación de las instituciones, cuyas fórmulas para esa instalación no se previeron dentro del texto constitucional, o dentro de las disposiciones transitorias a él incorporadas, pero estas normas, producto de la Asamblea Nacional Constituyente, surgen del régimen nacido del referéndum del 25 de abril de 1999, que es un régimen de producción originaria de rango análogo a la Constitución misma, pero cuya vigencia termina cuando se logre la implantación efectiva de la organización y funcionamiento de las instituciones previstas por la Constitución (énfasis añadido).

3. Fuentes de rango legal (actos con fuerza, rango y valor de ley)

En esta categoría se incluye un conjunto de actos normativos caracterizados por estar ubicados, conforme al principio de jerarquía normativa, en el grado inferior a la Constitución, debido a que en términos doctrinarios tienen fuerza, rango o valor de ley, siendo el paradigma del conjunto, precisamente la ley. Pero antes de comenzar a desarrollar la temática concerniente a las leyes en el ordenamiento jurídico venezolano, resulta conveniente intentar explicar previamente las nociones mencionadas en el acápite: "*fuerza*" "*rango*" y "*valor*" de ley. Ese intento de explicación pareciera imprescindible, en primer lugar, porque la clasificación de las fuentes que estamos siguiendo deriva de la tesis que postula la estructuración en rangos de las fuentes del Derecho, siendo uno esos rangos precisamente el legal, o sea, que es equivalente a "*rango de ley*"; en segundo lugar, porque si bien las aludidas nociones estaban ausentes en la Constitución de 1961, y solo eran utilizadas por la vía de los hechos, en algunas oportunidades, a partir de 1994, en los decretos leyes dictados por el Presidente de la República, sobre la base de lo preceptuado en el artículo 190, ord. 8°, del texto constitucional derogado, la Constitución de 1999 sí las prevé expresamente, y en tercer lugar, porque dichas nociones resultan de mucha importancia a los fines de la construcción de un marco conceptual acerca de los decretos con fuerza de ley, y de la jurisdicción constitucional, como veremos más adelante. De allí entonces la necesidad –en la orientación didáctica de este libro– de intentar esclarecer, a la luz del nuevo texto constitucional, las nociones de fuerza, rango y valor de ley.

A. Fuerza de ley (planteamiento histórico)

Como lo expusimos en páginas anteriores el triunfo de la Revolución Francesa puso fin al Estado Absoluto, y en razón de que la separación de poderes fue uno de los principios fundamentales que sirvió de fundamento a dicha Revolución, sus protagonistas reivindicaron para el Parlamento la exclusividad de la potestad normativa, y asumieron inmediatamente ese poder de dictar las leyes (normas), con el referido carácter monopólico. Sin embargo, tal potestad exclusiva le duró muy poco al Parlamento, pues por razones que no son del caso explicar en esta parte del trabajo, durante el siglo XIX, las instituciones parlamentarias se vieron constreñidas algunas veces a negociar su ejercicio y otras aceptar compartirlo con los monarcas o los titulares del Poder Ejecutivo.

Por otra parte, es preciso recordar que el concepto de ley que incorporan los revolucionarios franceses al ordenamiento jurídico va a ser el formulado por ROUSSEAU en su libro "*El Contrato Social*", es decir, el concepto de Ley como "*expresión de la voluntad general*", lo que obviamente aparece vinculado al de soberanía, dado que la ley provenía del pueblo en su totalidad, y en definitiva en el marco de esa concepción la ley era un mandato del soberano, lo que la tornaba irresistible, en tanto en cuanto todos (ciudadanos y titulares de los Poderes Públicos) estaban sometidos incondicionalmente a ella. Surge así la idea de la primacía o supremacía de la Ley, que tempranamente - Constitución de 1791- se tradujo en el concepto de *fuerza de ley*. Así el artículo 6 de la citada Constitución pautaba "*los decretos (de la Asamblea) sancionados por el Rey tienen fuerza de Ley y llevan el nombre y título de Ley*".

Pese a todas las negociaciones e imposiciones por parte del Poder Ejecutivo sobre el Parlamento durante el siglo XIX y parte del XX, en torno al ejercicio de la potestad normativa, de todas maneras el prototipo de fuente del Derecho denominado ley formal siempre estuvo a cargo de la institución legislativa, e igualmente siempre mantuvo ese carácter superior, que se traducía en la "*fuerza activa*", que le permitía innovar el ordenamiento jurídico, pudiendo derogar o modificar cualquier instrumento legislativo, incluyendo lógicamente, sobre la base del principio de sucesión cronológica, a las propias leyes, y la "fuerza pasiva", o de resistencia, que la tornaba inmune frente a instrumentos normativos de menor jerarquía o fuerza. En definitiva, el concepto de fuerza de ley nace con el Estado Derecho y alude a la posición de supremacía de la Ley en el ordenamiento jurídico.

B. Fuerza de ley (en la actualidad)

Como se expresó anteriormente después de la primera guerra mundial las Constituciones Europeas comienzan a revestir carácter normativo, y al mismo tiempo consagran el control de constitucionalidad de las leyes, lo que irremediablemente conduce a que estas pierdan el carácter supremo que las caracterizaba hasta esa fecha, pues al estar sujetas al referido control, la primacía en el ordenamiento es adquirida por la Constitución. A los anteriores factores que originaron la disminución de la jerarquía de la Ley, se añaden en la actualidad la existencia de un conjunto de actos normativos con la misma fuerza de ella, diferenciados por ámbitos competenciales (leyes orgánicas, normas comunitarias, etc.) o por los procedimientos de formación (decretos leyes o decretos con fuerza de ley), que como sostiene MODUGNO (1973) dieron lugar a la superación de la noción unitaria de "*fuerza de ley*". Tampoco debe olvidarse que la adopción por muchos países de la forma de Estado Federal o descentralizado regionalmente, condujo a atribuirles a los Estado o Regiones la potestad normativa, de tal suerte que sus órganos legislativos son facultados para dictar *leyes regionales*, sobre las cuales, en virtud de las cláusulas constitucionales pertinentes, tampoco resulta posible predicar la misma *fuerza de ley* de las leyes nacionales, pues las relaciones entre estas y las regionales van a estar regidas por el principio de competencia.

Sin embargo, ha de admitirse que actualmente el concepto de fuerza de ley, pese a que aparece relativizado por los factores antes mencionados, reviste mucha importancia, en virtud de que nuestro ordenamiento es configurado, conforme al artículo 7 de la Constitución de 1999, sobre la base del principio de jerarquía normativa, revelando claramente el mencionado concepto una situación posicional de un conjunto de instrumentos normativos en ese orden jerárquico, lo que resulta un elemento de primer orden en la solución de las antinomias normativas que se configuran en el ordenamiento jurídico. De esta forma, el propio texto constitucional utiliza el concepto bajo examen como elemento vertebrador básico de los decretos con fuerza de ley (art. 236, num. 8).

Por otra parte, si se atiende a que el mismo se desagrega en la fuerza activa, por cuanto la ley deroga o modifica otras leyes y demás instrumentos de su mismo rango, así como de rango inferior (poder de ataque), y la fuerza pasiva, porque resiste o resulta inmune a la modificación o derogación por instrumentos normativos de menor fuerza, o dicho de otra manera, de rango sublegal (poder de resistencia), debe concluirse que encuentra recepción en el ordenamiento jurídico. Efectivamente, constituye expresión general de la fuerza activa el artículo 218 de la Constitución cuando estatuye que las leyes se derogan y se modifican por otras leyes (leyes sucesivas). En cambio la fuerza pasiva solo puede derivarse indirectamente de los artículos 236 (num. 10), y 266 (num. 5), *ejusdem*, que permiten inferir la relación de jerarquía existente entre las leyes y los reglamentos, o sea, la superioridad de las primeras sobre los segundos, y en consecuencia, la inmunidad de las leyes frente a los reglamentos.

En todo caso es necesario destacar que tanto el poder de ataque como de resistencia que caracterizan a la noción de "*fuerza de ley*" ceden ante la fuerza superior de la Constitución, derivada de su contenido normativo, el cual origina el principio de supremacía constitucional antes examinado. También hay que tomar en cuenta en el juego de los mencionados atributos en que se desagrega el concepto, que algunas leyes o instrumentos normativos del mismo rango aparecen reforzados por obra de la Constitución, motivo por el cual dichos poderes de ataque y resistencia no operan frente a ellos. Así por ejemplo, las decisiones de la Comunidad Andina (art. 153) y los Tratados

Internacionales en materia de derechos humanos (art. 23), pese a detentar fuerza de ley no aparecen afectados por el poder de ataque de las leyes sancionadas por la Asamblea Nacional, ni por los decretos con fuerza de ley.

Finalmente, cabe advertir que en la interpretación de la noción conceptual de la "*fuerza de ley*" recogida en la Constitución de 1999, debe atenderse al desarrollo histórico doctrinario antes expuesto, pero sobre todo al contexto constitucional en que aparece mencionada, pues en definitiva será dicho contexto el que permitirá determinar la dimensión de los poderes de ataque y resistencia que la caracterizan.

C. Valor de ley

Es preciso advertir que este es un concepto, que a diferencia del anterior, va aparecer después de la consolidación de la jurisdicción constitucional en los países europeos, y todo conduce a sostener que fue consagrado por primera vez en la Constitución Italiana de 1947, en su artículo 76, que condicional la emanación de decretos con valor de ley, a la previa sanción por parte de las Cámaras de la correspondiente ley de delegación, así como en el 134 relativo a las competencias de la Corte Constitucional. Luego comienza a figurar en otras Constituciones, como por ejemplo la española, que lo contempla en sus artículos 153.a 161.1.a y 164.1, todos concernientes a las competencias de juzgamiento del Tribunal Constitucional, la colombiana en su artículo 241 (num. 5) también relativo a esas mismas competencias de la Corte Constitucional.

Ahora bien, tal vez por haber sido consagrado el concepto por primera vez en Italia, correspondió al autor italiano ALDO SANUDLLI (1974) formularlo a partir de su relación con el de "*fuerza de ley*". Dicha formulación ha tenido una recepción favorable en la doctrina del Derecho Constitucional comparado, por lo que resulta importante transcribirla. En ese sentido el aludido autor expresa que:

> El valor de ley consiste en el particular régimen jurídico, en virtud del cual, aparte de la abrogación legislativa, la ley no está sujeta a otras formas de derogación o modificación que no sean aquellas derivadas de la declaración de ilegitimidad constitucional por parte de la Corte Constitucional, y (pero no en todos los casos) aquellas que resulten del referendum abrogativo.

Cabe observar que SANDULLI construye el concepto de "*valor de ley*" basándose fundamentalmente en el régimen procesal que permite únicamente a la Jurisdicción Constitucional pronunciarse sobre la inconstitucionalidad de las leyes. Se trata, en criterio de ASTIG ROIG (1991), del:

> ...monopolio de rechazo ostentado por los Tribunales Constitucionales que permiten caracterizar a éstos como actos con valor de ley, los que no pueden ser enjuiciados por su validez, sino por su adecuación a la Constitución y ante la jurisdicción especial de los Tribunales Constitucionales, mientras que los demás órganos, al estar subordinados a la ley no pueden sino aplicarla.

En definitiva, conforme a la tesis anterior el acto que ostenta valor de ley no puede ser juzgado por ninguna autoridad pública (jueces ordinarios, Administración), ni por los particulares. En otras palabras, el acto dotado de valor de ley configura una imposibilidad jurídica para su juzgamiento, salvo por la Jurisdicción Constitucional. Advertimos que la Constitución de 1999 alude al concepto "*valor de ley*", en el artículo 203, al definir las leyes habilitantes, y referirse a las materias que se delegan al Presidente de la República.

D. Rango de ley

El concepto aparece aparejado al de fuerza de ley, al punto que SANTAMARÍA PASTOR (1991), los considera equivalentes, basándose en el tratamiento indiferenciado que le otorga la Constitución Española en los artículos 163 y 164.1. Sin embargo, al igual que la fuerza de ley revela un criterio posicional en la estructura jerárquica de los ordenamientos jurídicos, que como el nuestro, están presididos por el principio de jerarquía normativa (art. 7 Const.). En ese orden de ideas el rango de ley corresponde a la posición que ocupa un conjunto de instrumentos normativos en el ordenamiento jurídico, la cual aparece identificada por estar inmediatamente debajo de la Constitución (subordinada), pero a la vez inmediatamente por encima de los instrumentos reglamentarios (supraordenada).

Concebida simplemente así, sin entrar a examinar la eficacia de cada uno de esos instrumentos (poder de ataque y de resistencia), puede concluirse en que coincide parcialmente con la concepción de fuerza de ley, que como expusimos precedentemente revela una situación posicional idéntica en el sistema de las fuentes del Derecho (subordinación a la Constitución y supraordenación a los reglamentos). Quizás en el caso venezolano convenga mantener esta diferencia formal, en virtud de que la Constitución pareciera otorgarle rango legal tanto a actos normativos como no normativos.

E. Fuerza, valor y rango de ley en la Constitución de 1999

Cabe reiterar que la utilización de los conceptos fuerza, valor y rango de ley resultaban inexistentes en la Constitución de 1961. En principio fueron utilizados por la doctrina para tratar de explicar la naturaleza de las medidas extraordinarias en materia económica y financiera, dictadas por el Presidente de la República en ejercicio de la atribución que le confería el artículo 190, ord. 8° del texto constitucional derogado. Posteriormente, por lo menos a partir de la Ley que autorizó al Presidente de la República en materia económica y financiera del mes de abril de 1994 en las restantes leyes autorizatorias de dichas medidas, fueron incluidos los conceptos de "*rango y fuerza de ley*", en los siguientes términos (art. 2): "*En ejercicio de las autorizaciones contenidas en el artículo 1° de esta Ley, el Presidente de la República en Consejo de Ministros, podrá dictar mediante Decreto con rango y fuerza de ley las disposiciones legales que fueren necesarias*".

Efectivamente, en las leyes posteriores de esa naturaleza (1998 y 1999) se mantuvo la tendencia a incluir un artículo de ese tenor, y ello explica que cada uno de los Decretos dictados por el Presidente de la República en ejercicio de las autorizaciones haya sido intitulado: decreto con rango y fuerza de ley. Por lo tanto, aún antes de ser contemplados en la Constitución los conceptos de "*rango*" y "*fuerza*" de ley, mas no así el de *valor de ley*, habían encontrado recepción en Venezuela en la doctrina, la jurisprudencia y el propio derecho positivo (leyes autorizatorias sancionadas a partir de 1994, y los correspondientes decretos leyes). Quizás ello pudo haber inspirado al constituyente de 1999 a darle carta de nacionalidad a los mismos, agregando el de "*valor de ley*". Decimos "quizás" porque el examen de los antecedentes constitucionales (Exposición de Motivos, y Diario de Debates), no es posible ni siquiera derivar un atisbo de que la referida inclusión hubiera sido propuesta por lo menos por un constituyente, basándose en la realidad jurídica antes expuesta. O mejor, no existe ningún tipo de fundamentación o justificación de la misma.

Pues bien, pese a que no existe referencia alguna a esos conceptos en los mencionados antecedentes, lo cierto es que aparecen incluidos en los siguientes preceptos constitucionales:

> Artículo 203. ...Son leyes habilitantes las sancionadas por la Asamblea Nacional por las tres quintas partes de sus integrantes, a fin de establecer las directrices, propósitos y marco de las materias que se delegan al Presidente o Presidenta de la República con rango y valor de ley...
> Artículo 236. Son atribuciones y obligaciones del Presidente o Presidenta de la República.
> (...)
> 8. Dictar, previa autorización, por una ley habilitante, decretos con fuerza de ley.
> Artículo 336. Son atribuciones de la Sala Constitucional del Tribunal Supremo de Justicia:
> 1. Declarar la nulidad total o parcial de las leyes nacionales y demás actos con rango de ley de la Asamblea Nacional que colidan con esta Constitución.
> (...)

3. Declarar la nulidad total o parcial de los actos con rango de ley dictados por el Ejecutivo Nacional, que colidan con esta Constitución.

Son esas las únicas disposiciones constitucionales en las cuales se incluyen los conceptos bajo examen, destacándose que "*valor de ley*" es mencionado una sola vez (art. 203), "*rango de ley*" cuatro veces (art. 203, 334, 336, num. 1 y 3), y "*fuerza de ley*", una sola vez (art. 236). Corresponde ahora intentar darle un desarrollo sistemático a cada uno de ellos atendiendo hasta sea posible al marco teórico expuesto precedentemente. Así, lo primero que se observa es que el concepto paradigmático histórica y conceptualmente, es el de "*fuerza de ley*", dado que los otros dos surgen posteriormente aparejados, o con relación al primero. Sin embargo, pese a que los decretos que dicte el Presidente de la República basado en una ley habilitante se les otorga *rango y valor de ley* en el artículo 203, y *fuerza de ley* en el artículo 236 (num. 8), estimamos que la construcción dogmática acerca de dichos actos normativos debe articularse sobre la base del aludido concepto de "*fuerza de ley*", el cual como sostiene la doctrina, en cierto sentido incluye, o resulta equivalente a "*rango de ley*", pues ello conduce a postular que esos decretos, en primer lugar, están colocados en la misma situación posicional que la ley emanada de la Asamblea nacional, y en segundo lugar, están dotados del mismo poder de ataque (innovación) y de resistencia (inmunidad) que esa ley.

Pero tal vez lo más importante sea intentar esclarecer cómo funciona la fuerza o el rango de ley en el sistema de fuentes del derecho contempladas en la Constitución, específicamente, si esas fuerzas activas y pasivas (ataque y resistencia) operan de manera general y unitaria, como ocurría originariamente. En ese análisis lo primero que destaca es la repartición competencial en lo concerniente a las diversas clases de leyes, que siguiendo modelos del Derecho comparado, aparecen consagradas en la Constitución de 1999.

En efecto, en el Poder Nacional se ha pasado de la ley ordinaria que era la prevista en la Constitución de 1961 para regular la casi totalidad de las materias que podían ser susceptible de normación, dado que las leyes orgánicas por denominación constitucional, que eran las únicas que tenían un ámbito de materias reservadas, apenas llegaban a veinte, a cuatro modalidades de leyes: la ordinaria, la orgánica, la habilitante y la de bases, teniendo la primera un campo acotado por las materias que se reservan a las restantes. Una situación similar se presenta en el Poder Estadal, puesto que de la ley ordinaria se pasa a las Constituciones y a las leyes de desarrollo, manteniéndose lógicamente las ordinarias, siempre atendiendo a la aludida repartición competencial.

Por lo tanto, ha de tenerse muy en cuenta esa pluralidad de leyes sancionadas por la Asamblea Nacional, a los efectos de poder determinar en cada caso la fuerza innovativa (ataque) y de resistencia (inmunidad) en que se desagrega la fuerza de ley, e inclusive determinar la posición (rango) de cada una ellas, y lógicamente relacionar esas mismas variables con los otros actos normativos a los que doctrinariamente se le atribuye fuerza y rango de ley. Tal cuadro se presentaría como sigue:

Las leyes ordinarias y los decretos con fuerza de ley tendrán la misma fuerza; por tanto, podrán operar en todos los ámbitos, salvo en los correspondientes a las leyes orgánicas, habilitantes (ambas caracterizadas por el procedimiento reforzado, salvo en aquella clase de las primeras que son calificadas como tales por la propia Constitución) y las de bases. Luego, pueden modificar y derogar a las mismas leyes ordinarias y a los decretos con fuerza de ley, y estos pueden hacer lo mismo con las leyes ordinarias, y con los decretos con fuerza de ley. La exclusión de los ámbitos de las leyes orgánicas, habilitantes y de bases, impide que los atributos de la fuerza de ley de las leyes ordinarias y los decretos con fuerza de ley incidan sobre dichas leyes (orgánicas, habilitantes y de bases), o sea, que no pueden ni modificarlas ni derogarlas. *Las leyes orgánicas* pueden operar en los ámbitos materiales expresamente señalados en el artículo 203, encabezamiento, (las calificadas por la Constitución, las que se dicten para organizar los poderes públicos, para desarrollar los derechos constitucionales y las que sirvan de marco normativo a otras leyes), por lo que pueden modificar o derogar a las propias leyes orgánicas, mas carecen de esa fuerza innovativa frente a las leyes ordinarias, habilitantes y de bases, porque en lugar de funcionar la fuerza derivada de la posición de primacía de estas leyes (jerarquía) funciona la competencia.

Las leyes habilitantes únicamente pueden operar en el ámbito material expresamente señalado en el artículo 203, parte *in fine* constitucional (establecer las directrices, propósitos y marco de las materias que se delegan al Presidente de la República), razón por la cual carecen de fuerza para modificar o derogar a las leyes ordinarias, orgánicas y de bases, y obviamente, desde el punto de teórico, dado su carácter esencialmente temporal, su fuerza de ataque (innovativa) únicamente puede incidir sobre las propias leyes habilitantes. *Las leyes de bases* solamente pueden operar en el ámbito material especial acotado en el artículo 165 constitucional (materias de competencia concurrente de los estados y la República), motivo por el cual su fuerza activa, innovativa o de ataque únicamente puede incidir sobre leyes de bases, mas no así sobre las leyes ordinarias, orgánicas y habilitantes. Demás está advertir que la fuerza de ley también juega un rol importante a los efectos de la determinación de las relaciones entre los distintos tipos de leyes de los Estados (Constitución, leyes ordinarias y leyes de desarrollo), pero ello escapa a los objetivos del presente trabajo.

Ha de destacarse que ninguna de las leyes previstas en el artículo 203, ni los decretos con fuerza de ley contemplados en el artículo 236 (num. 8), constitucional tienen fuerza innovativa frente a los decisiones de carácter normativo dictadas por los órganos de una eventual comunidad de integración subregional, de conformidad con el artículo 153 *ejusdem* dichos actos *deben ser aplicados preferentemente* sobre la legislación interna. Tampoco dichos instrumentos ejercen su poder de ataque sobre las leyes aprobatorias de Tratados Internacionales relativos a derechos humanos y los reglamentos parlamentarios.

Queda pues expuesto en los términos anteriores como funciona la fuerza de ley, en su faceta activa, de ataque o innovativa, en el marco de las fuentes del Derecho de carácter nacional.

Por lo que respecta a la capacidad de resistencia es claro que la fuerza de ley funciona en relación a las normas reglamentarias, en virtud de que todas las leyes y los actos con fuerza de ley resisten frente a cualquier tipo de reglamento (independientes, ejecutivos o delegados), o sea, que no son susceptibles de modificación o derogación por esta clase de instrumentos normativos.

En fin, si la fuerza de ley deriva histórica y conceptualmente su noción de la posición primacía que ocupa la ley sancionada por el Parlamento, hoy relativizada por los factores señalados precedentemente, los cuales permiten definir dicha posición como de subordinación a la Constitución y de supraordenación en relación con las normas reglamentarias, resulta entonces que esta definición eminentemente posicional, se corresponde con un "*rango*", o sea, un escalón en el sistema jerárquico de las fuentes, por tanto, habrá que coincidir con la tesis imperante en el Derecho comparado que postula que *fuerza y rango de ley* son conceptos equivalentes. De allí entonces que la Constitución vigente pareciera utilizarlos acertadamente, pues a diferencia de lo que hacía el legislador cuanto otorgaba la autorización, o el Presidente de la República, cuando dictaba el decreto basados en el artículo 190 (ord. 8°) de la Constitución derogada, que les añadían los calificativos rango y fuerza de ley, lo que constituía una redundancia, en los artículos 203, y 336 (num. 1 y 3), se alude únicamente al "*rango de ley*", y en el 236 (num. 8), a la "fuerza de ley". Por tanto, pareciera conveniente que tanto el legislador como el Presidente de la República, siguiendo la correcta orientación constitucional, en la ley habilitante o en los decretos con fuerza de ley respectivos, optaran por utilizar los conceptos de *rango* o *fuerza de ley*, es decir, uno u otro, pues la utilización acumulativa de ambos conceptos, además de constituir una redundancia, revelaría una inconsistencia conceptual, conforme a la tesis que es posible inferir de la Constitución vigente.

Por cuanto concierne a la noción de *valor de ley*, que alude a la condición que detentan únicamente los actos normativos que están sujetos al régimen jurídico exclusivo de impugnación por ante el órgano competente de la Jurisdicción Constitucional (Sala Constitucional del TSJ), es preciso advertir que su recepción en el ordenamiento constitucional no deja de suscitar serias dudas pese, a que como se expresó precedentemente, el concepto es mencionado expresamente en el artículo 203 constitucional, para referirse al producto normativo que resulta de la sanción de las leyes habilitantes, esto es, a los decretos con fuerza de ley, a los cuales se les atribuye rango y *valor de ley*, pues más bien pareciera que el constituyente pretendió referirse a la situación posicional de los decretos con fuerza de ley, lo que es clarificado más adelante (art. 236, num. 8), cuando efectivamente se identifica con su nombre el producto o instrumento normativo que resulta de la aplicación de la ley habilitante. Es decir, la situación posicional de subordinación a la Constitución y de supraordenación en relación a las normas reglamentarias, como ocurre con las leyes sancionadas por el Parlamento.

Intentando desarrollar esta tesis (inexistencia del concepto dogmático de *valor de ley*, tal como lo propuso SANDULLI en su tiempo), se observa que inclusive el monopolio del control concentrado de la constitucionalidad por parte de la Sala Constitucional del TSJ (art. 336, num. 1 y 3) está referido a los actos con rango de ley, y no como ocurre en las Constituciones Española, Italiana y Colombiana, que se refieren específica y claramente a actos con valor de ley. He allí otra razón que pudiera considerarse formal, pero que en realidad en el contexto del marco conceptual expuesto, resulta de fondo, porque cuando las mencionadas Constituciones al regular las competencias de los órganos de la jurisdicción constitucional aluden a actos con valor de ley, es porque conscientemente se inscriben en la concepción dogmática que sobre esta figura formuló el mencionado autor italiano, la cual –se insiste– ha encontrado recepción en la doctrina del Derecho comparado.

Inclusive podría llegar a pensarse teniendo muy en cuenta algunas sentencias de la Sala Plena y de la Sala Político Administrativa de la extinta Corte Suprema de Justicia, que el constituyente quiso, en primer lugar, montar el control de constitucionalidad de los actos normativos diferentes de las leyes, en el concepto de rango o fuerza de ley, y no de en el valor de ley, y en segundo lugar, porque tal vez pensó también en instituir el control de constitucionalidad de actos con rango de ley, tanto de la Asamblea Nacional, como del Poder Ejecutivo Nacional, no normativos. Y a tal fin pareciera intentar definirlos mediante el establecimiento de la distancia del acto a la Constitución, cuando se refiere a los actos de ejecución directa e inmediata de la Constitución (art. 336, num. 2 y 4).

Así por ejemplo, de resultar acertada esta tesis podrían considerar como actos no normativos con rango de ley la declaratoria de abandono del cargo por el Presidente de la República (art. 233), la calificación de falta absoluta del Presidente de la República, por parte de la Asamblea Nacional, la designación del Procurador General de la República, sin la aprobación de la Asamblea Nacional, o la designación de una persona que no reúna los requisitos exigidos en la Constitución; o el acto de disolución de la Asamblea Nacional (art. 236, num. 15 y 21), por parte del Ejecutivo Nacional, razón por la cual al ostentar "*rango de ley*" serían susceptibles de ser anulados conforme al artículo 336 (num. 1 y 3). De allí entonces que el régimen jurídico regulatorio de la jurisdicción constitucional (Sala Constitucional) pareciera montado sobre el concepto de rango de ley, y no como ocurre en otros ordenamientos sobre el concepto de valor de ley, que deben ostentar los actos que pretendan ser impugnados por ante los Tribunales Constitucionales.

A todo lo anterior habría que agregar que en Venezuela, a la luz de la Constitución de 1999, luce bastante difícil predicar la vigencia del concepto de *valor de ley* formulado por SANDULLI, en virtud de la consagración del control difuso de la constitucionalidad en el artículo 334, primer aparte, de la Constitución, que faculta a los jueces de cualquier categoría, en caso de incompatibilidad entre el texto constitucional y una ley o cualquier otra norma jurídica, para aplicar, a solicitud de parte o de oficio, de manera preferente la disposición constitucional. En esa misma dirección apunta la declaratoria de inconstitucionalidad sobrevenida del ordenamiento preconstitucional a que se contrae la disposición derogatoria única. Sin duda que tales preceptos contradicen la tesis del "*monopolio de rechazo*" que debería tener la Sala Constitucional del TSJ (art. 336), que supone la anulación de la norma impugnada con carácter *erga omnes*, que constituye la variable fundamental sobre la que se monta el aludido concepto de valor de ley, lo que en definitiva dificulta, desde el punto de vista dogmático, predicar su existencia en nuestro ordenamiento constitucional.

Por otra parte, y en este mismo orden de razonamiento habría que estudiar si dada la nueva realidad de las leyes previstas en la Constitución, presidida la mayoría de ellas por los principios de repartición competencial y procedimientos agravados, (leyes orgánicas, habilitantes y de bases), así como las particulares características que se le asignan a algunos actos normativos con rango de ley (Tratados en materia de derechos humanos), no estaríamos en presencia de un "*bloque de la constitucionalidad*", como ocurre en España, pues en ese caso el régimen jurídico que origina el concepto de valor de ley, terminaría por verse afectado, en razón de que resultaría posible juzgar la constitucionalidad de algunas leyes, utilizando como parámetros otras (por ejemplo, el caso de una Ley ordinaria que regula materias que la Constitución reserva a las leyes orgánicas, o de una ley cualquiera que colida con una ley aprobatoria de un tratado relativo a derechos humanos).

De modo, pues, que a las luz de la exposición precedente, todo pareciera conducir a sostener que en el ordenamiento constitucional venezolano, pese a la expresión contenida en el artículo 203 de la Constitución, no resulta posible considerar viable la figura del acto con valor de ley en el contexto doctrinario antes expuesto. Más bien la orientación del texto fundamental permite pensar que la expresión fue utilizada como equivalente a fuerza o rango de ley. Por lo tanto, atendiendo a todo el desarrollo dado al tema es posible concluir que los conceptos de fuerza y rango de ley contemplados en la Constitución encuadran, con las matizaciones especificadas, en el marco conceptual que se deriva del Derecho comparado, y por consiguiente, pueden considerarse equivalentes, lo que aconsejaría, como expresamos antes optar por el uso de uno u otro en los instrumentos legislativos que se sancionen en el futuro.

Por otra parte, el concepto de fuerza o rango de ley, permite ubicar un conjunto de actos normativos en el escalón legal, entre los cuales destacan además de los decretos con fuerza de ley, los reglamentos parlamentarios, los decretos derivados de la declaratoria de los Estados de Excepción y los Tratados. Así mismo dicho concepto (rango o fuerza de ley) pudiera contribuir a clarificar el aspecto relativo a las competencias de la Sala Constitucional en el ejercicio del control de la constitucionalidad de los actos distintos a las leyes, pues no luciría desacertado hacerlo corresponder con la noción de ejecución directa e inmediata de la Constitución. Finalmente, debería estudiarse la factibilidad de excluir el uso del concepto de valor de ley del ordenamiento constitucional, pues su mención constitucional pareciera estar referida al de fuerza de ley.

4. Ley (acepciones y uso)

En principio cabe hacer notar que el término ley, inclusive en el lenguaje jurídico, es utilizado con varias acepciones, lo que ha generado discusiones doctrinarias en el campo de la Teoría General del Derecho, pues se ha dicho que suele confundirse el continente (la Ley) con el contenido (norma jurídica), y que igualmente se confunde la parte (Ley) con el todo (derecho objetivo). Sin embargo, debe admitirse que el uso forense del término, y sobre todo en los instrumentos normativos, desde las Constituciones hasta los Reglamentos, ha conducido a que se imponga la tendencia a reconocerle tres acepciones o significados atendiendo a su sentido, a saber: **a)** "*latísimo*" *sensu* (sentido amplísimo) equivale a *derecho objetivo*, es decir, a toda norma jurídica que integre el ordenamiento jurídico, independientemente de quien la produzca, el Estado o la Sociedad, por lo que en este sentido será correcto llamar ley tanto a la Constitución (norma escrita) como a la costumbre (norma consuetudinaria); **b)** *latu sensu* (sentido amplio) equivale a *norma escrita*, cualquiera que sea su rango y fuente de producción. Luego, será ley, por ejemplo, tanto un Reglamento Ejecutivo dictado por el Presidente de la República en Consejo de Ministros, como una ley sancionada por la Asamblea Nacional y; **c)** finalmente, *stricto sensu* (sentido restringido) equivale a *ley formal*, que es el acto definido en el artículo 202 de la Constitución ("*acto sancionado por la Asamblea Nacional como cuerpo legislador*"). Por tanto, será ley únicamente la sancionada por el Parlamento.

Es menester precisar que también sancionan leyes formales los Consejos Legislativos, cuyo ámbito de aplicación se reduce a la jurisdicción territorial de cada Estado y que igualmente, conforme a la Constitución, los Concejos Municipales dictan ordenanzas, las cuales han sido consideradas por una parte de la doctrina nacional, como especies de leyes locales. De modo, pues, que corresponderá al operador jurídico teniendo presente las tres acepciones que puede adoptar el término ley, determinar mediante la correspondiente contextualización, el uso que le dará en cada caso, bien legislativa, doctrinaria o jurisprudencialmente, y en ello debe jugar un papel destacado, como lo veremos en su oportunidad, la figura de la reserva legal.

A. Premisa metodológica

Una vez expuestos los diversos significados que en el ámbito jurídico puede revestir el término ley, en razón la finalidad perseguida con este libro, lo más aconsejable pareciera entrar a examinar directamente cada una de las clases de leyes constitutivas de las fuentes del Derecho en el marco de la Constitución de 1999, no obstante, dado el carácter esencialmente didáctico del texto, estimo necesario hacer un planteamiento general de carácter histórico, muy sintético, acerca del concepto de ley, a partir del nacimiento del denominado Estado Constitucional. Inmediatamente se intentará comparar dicho concepto con el predominante en la actualidad, lo que permitirá un mejor examen de la ley en el sistema de las fuentes delineado en la Constitución.

B. Concepto de ley surgido con el advenimiento del Estado de Derecho

Como se expuso anteriormente el concepto de ley que se impone con el triunfo de la Revolución Francesa, va tener su fuente fundamental en la tesis manejada por ROUSSEAU, el cual en su obra "*El Contrato Social*", la definía como "*expresión de la voluntad general*", porque consideraba que resultaba la voluntad de la comunidad, o mejor del soberano, y además añadía que tal voluntad para poder ser ley debía ser general, en virtud de estar referida a la colectividad de los ciudadanos. SANTAMARÍA PASTOR (1991) al examinar este aspecto de la tesis de ROUSSEAU sostiene que "*De ello se deduce que no todo mandato del soberano es ley, sino en la medida en que su contenido es general*". Además de derivarse el aludido carácter general de la ley, también resulta una consecuencia inmediata de dicha concepción la idea de la supremacía, en virtud de provenir del soberano (voluntad general), por lo que constituye el vértice del ordenamiento jurídico, de lo que se desprende que su validez no aparece condicionada por ninguna otra norma superior, ni siquiera por la Constitución, en virtud de la falta de contenido normativo de esta, y que en consecuencia solamente puede ser modificada o derogada por otra ley. Igualmente dicha supremacía se manifiesta en que carecería de límites materiales en su contenido. Esos atributos de la supremacía originan el concepto de fuerza de ley estudiado anteriormente.

Finalmente, como el Parlamento representaba al pueblo, dicho órgano reivindica para sí el monopolio de la potestad legislativa, que como se sabe en el antiguo régimen estaba en manos del monarca. En resumen, tres son las características del concepto clásico de ley surgido al calor del advenimiento del Estado de Derecho: la generalidad, la supremacía y el monopolio del Parlamento en su sanción. Este concepto se mantuvo, salvo en la transacción concerniente al monopolio parlamentario, prácticamente inalterado hasta el primer tercio del siglo XX, cuando comienza lo que algunos autores han denominado "*la crisis de la ley*". Corresponde examinar cada una de esas características a los fines de poder determinar si juegan algún papel en la definición actual del concepto.

a. Generalidad de la ley

Como expresamos anteriormente, a partir de la Revolución Francesa la ley deja de ser concebida como la expresión de la voluntad del Príncipe, y pasa a ser por influencia de la tesis de ROUSSEAU, conceptuada como "*la expresión de la voluntad general*". Aunque la idea de la generalidad como nota característica de la ley se remonta al Derecho Romano, no es sino a partir de la citada Revolución, cuando cobra importancia en el campo del Derecho Público, llegando a ostentar el carácter de un verdadero dogma hasta principios del siglo XX, época en que se inicia su cuestionamiento, el cual Parejo Alfonso (1992) y Santamaría Pastor (1991) relacionan con el advenimiento del Estado Social y Democrático de Derecho, pues sostienen dichos autores que con el Estado Liberal Burgués de Derecho, se produce una neta separación entre el Estado y la sociedad, en razón de que el primero va a reducir su participación en la misma al mantenimiento del orden público y la defensa externa, o mejor como sostiene el segundo de los citados autores, el Estado "*se limitaba a ordenar el desarrollo espontáneo de la sociedad regulando abstractamente las relaciones típicas del tráfico jurídico privado*".

Pero después que el Estado asume la carga de los derechos sociales y pasa a ser un verdadero gestor del interés público, mediante la intervención directa en la vida económica y social, o indirecta, a través del otorgamiento de concesiones, se le dificulta enormemente realizar una gestión que resulte exitosa, acudiendo exclusivamente a la promulgación de normas de carácter general, razón por la cual la adopción, por los Parlamentos, de medidas concretas en forma de ley, dando lugar a las denominadas "*leyes medidas*", leyes proveimientos, "*leyes singulares*" o "*actos singulares en forma de Ley*", que es el nombre utilizado por primera vez en Venezuela por Moles Caubet, en los cuales no está presente la generalidad, lo que permite concluir que en la actualidad la misma no constituye una nota esencial de la ley. Aparte de esos hechos tan contundentes derivados del Derecho positivo que desmienten el carácter esencial de la generalidad para la ley, predicado por la teoría clásica, también se ha llegado a señalar (De Otto, 1991) que el mismo término "*general*", resulta ambiguo, pues no logra especificar si alude a la generalidad objetiva (contenido de la regulación) o subjetiva (destinatarios). En ese mismo orden de ideas Santamaría Pastor, expresa que "*tres reproches básicos pueden hacerse al concepto de generalidad Primero, su falta de capacidad individualizadora* (...). *Segundo, su ambigüedad semántica* (...). Y, *tercero, su flexibilidad absoluta*". De modo, pues, que tanto desde el punto de vista de la Teoría General, como desde el Derecho positivo, debe concluirse que la generalidad como nota esencial del concepto de ley acuñado por los revolucionarios franceses, que perduró hasta el primer tercio del siglo XX, perdió ese carácter, sin embargo ello no conduce a colocarse en la posición contraria, esto es, predicar que las leyes deben ser particulares, pues debe reconocerse que la gran mayoría de estos instrumentos normativos siguen teniendo un carácter general.

b. Supremacía de la ley

Antes dijimos que los revolucionarios concibieron a la ley como el más alto producto normativo, lo que resultaba perfectamente coherente con la promulgación de Constituciones sin contenido normativo, inclusive tal situación paradigmática llegó a ser reflejada en la Constitución Francesa de 1791, bajo la denominación de "*fuerza de ley*", que aún se mantiene desde el punto vista dogmático y de derecho positivo, como vimos anteriormente. Pero en el desarrollo de este acápite corresponde únicamente reiterar que también esta característica fundamental del concepto clásico de ley, se ve profundamente afectada por los cambios que se producen en el sistema político y constitucional de los Estados europeos a principios del siglo XX, destacándose como principalísimo el carácter normativo que van a revestir las Constituciones, y el surgimiento de diversas modalidades de leyes que atienden o bien a un reparto competencial, o un procedimiento reforzado, todo lo cual conduce a suprimir el carácter de primacía de la Ley, y a relativizar el concepto de "*fuerza de ley*", tal como lo expusimos en el punto correspondiente de este tema, y al cual remitimos a los lectores.

c. Monopolio legislativo del Parlamento

Como una reacción contra la concentración del Poder en el antiguo régimen (absolutismo) por parte del monarca, los revolucionarios franceses una vez triunfantes, reivindican con carácter monopólico la potestad legislativa, pero el ejercicio de la misma les dura muy poco, pues ya durante la Constitución Napoleónica de 1800, se atribuyó expresamente la potestad reglamentaria al Poder Ejecutivo. Posteriormente después de la Restauración (1815), además de establecerse como una facultad general de los monarcas restaurados en sus tronos, la de dictar reglamentos, se llegan a acuerdos donde la potestad legislativa va a resultar de la colaboración del Parlamento con el Rey o el titular del Poder Ejecutivo. Durante todo el siglo XIX e inicio del siglo XX esa situación se va a mantener con mayores o menores diferencias, pero eso sí conservando el Parlamento la competencia fundamental de sancionar las leyes. Después de la Primera Guerra Mundial, por razones que veremos más adelante, la ley formal deja de ser el producto normativo único con ese rango, ya que *de facto*, y luego *de iure* cobran vida otros actos normativos que revisten la misma fuerza de las leyes, emanados del aludido Poder Ejecutivo (decretos leyes, decretos legislativos). De allí entonces que también ya para la mencionada época el Parlamento pierde definitivamente el monopolio de emanación de las leyes, o mejor de actos normativos con rango o fuerza de ley, desapareciendo de esa manera la última nota que caracterizaba el concepto clásico de ley, nacido con la Revolución Francesa.

d. Ley en sentido material y formal

Como expusimos precedentemente el concepto clásico de ley en lo concerniente a su contenido estaba presidido por el principio de la generalidad, de tal manera que el acto del Parlamento se consideraba ley, únicamente si estaba revestido de esa característica. Ya hemos visto el cuestionamiento que sufrió tal tesis. Pero también es importante traer a colación en lo concerniente al contenido de la ley, la polémica, superada hace bastante tiempo, en torno a los conceptos de ley en sentido material y formal. Así, los autores sostenían que solo podía hablarse de ley cuando su contenido estuviera formado por proposiciones jurídicas, o sea que ese contenido fuera normativo, creador de una regla de derecho, independientemente de su forma de producción, o del órgano que la produjese. En ese orden razonamiento, ley será la Constitución, el Código de Comercio, el Reglamento del Personal Docente y de Investigación de la Universidad Central de Venezuela, o sea, todo acto normativo; por argumento a contrario, no sería ley el acto que careciera de contenido normativo, por ejemplo, la ley sancionada por el Parlamento que ordenara pagarle una pensión a los sobrevivientes de un descendiente de un prócer de la Independencia.

Esta tesis suscitó muchas controversias, en virtud de que en no pocos casos resultaba sumamente difícil determinar la presencia o ausencia de proposiciones jurídicas en una ley sancionada por el Parlamento, o en cualquier otro acto formalmente normativo. Fue precisamente la doctrina alemana con ocasión de la aprobación en 1862 del Presupuesto de Prusia (gastos militares), cuya Constitución de 1850, establecía que los ingresos y gastos calculados por el Ejecutivo debían ser anualmente comprobados mediante una ley, la que dio origen al debate acerca de la necesidad de deslindar los conceptos de ley en sentido material y ley en sentido formal. En efecto, en esa oportunidad el Ejecutivo consideró que por tratarse de una ley formal (sin contenido normativo), la de Presupuesto no requería la aprobación del Parlamento, y procedió a poner en vigencia el presupuesto de guerra, mediante Decreto. Correspondió a los grandes juristas alemanes Paul Laband en su obra "*Derecho Público del Imperio Alemán*" (1878) y a Georg Jellinek, en la obra "*Ley y Reglamento*" (1888), elaborar esta importante construcción teórica, la cual puede resumirse así: por cuanto la función esencial del derecho es fijar límites a la libertad de las personas en sus relaciones recíprocas, el Derecho se expresa en *proposiciones jurídicas*, que:

> ...son exclusivamente aquellas que inciden, en cualquier forma, en las situaciones jurídicas de los súbditos, tanto en sus relaciones recíprocas cuanto en sus relaciones con el Estado, delimitando sus respectivas esferas de libertad y creando, modificando o extinguiendo sus facultades y deberes (SANTAMARÍA PASTOR, 1991).

En ese marco conceptual la ley material es definida como aquella que contiene *proposiciones jurídicas*, lo que revela que su finalidad es incidir sobre las situaciones jurídicas de las personas, independientemente del órgano de donde proviniese: Parlamento (leyes), Administración (reglamentos jurídicos), y la ley formal era aquella que sin afectar la condición jurídica de los individuos, precisamente porque no contenía *proposiciones jurídicas*, se limitaba a fijar las reglas de organización o funcionamiento interno del Estado, o de sus órganos o agentes. O sea, que seguía siendo ley, pero únicamente por su forma, en virtud de que emanaba del Parlamento, pero no por su contenido.

Hay que advertir que este aporte teórico de la doctrina alemana al Derecho Público en su tiempo tuvo mucha recepción en toda Europa, pero posteriormente fue totalmente soslayado por los problemas interpretativos que originó, los cuales señalamos al comienzo del desarrollo de este acápite, al punto que enseña MOLES CAUBET (1968) que en el año 1927 la Asociación de Profesores alemanes de Derecho Público, reunida en Múnich, decidió prescindir de la referida teoría y postular la existencia de la ley formal. Sin embargo, es necesario reconocer que la misma tuvo efectos importantes en el Derecho Público, al punto que en un régimen como el Alemán (dualista) condujo a un deslindamiento de competencias entre el Parlamento y el Ejecutivo, lo que posibilitó la formalización de una institución –visualizada con mucha anterioridad en el Parlamentarismo Inglés– tan cara al régimen democrático y a los derechos humanos, como lo es la *reserva legal*.

Por otro lado, esta teoría permitió en la práctica llegar en los ordenamientos constitucionales a una definición pacífica de ley, colocando el énfasis en la forma, sin entrar a discutir para nada su contenido, de tal suerte que se considera ley al acto sancionado por el órgano parlamentario competente, siguiendo el procedimiento pautado en la Constitución, imponiéndose de esa manera el concepto de ley en sentido formal formulado originariamente por la doctrina francesa. Finalmente, debe admitirse que aun cuando ha sido superada toda discusión acerca del concepto de ley material y formal, la tesis sigue teniendo importancia, por lo menos desde el punto de vista didáctico y doctrinario, pues, en primer lugar, permite explicar desde el punto de vista histórico y sustantivo, el concepto de ley formal recogido en la mayoría de las Constituciones contemporáneas, en segundo lugar, igualmente permite explicar que las leyes materiales no resultan absolutamente incompatibles con las leyes formales, pues la gran mayoría de estas son a la vez leyes materiales, o sea, que contienen proposiciones jurídicas en los términos expuestos por la doctrina alemana, y en tercer lugar la ley material resulta equivalente a uno de los significado de la ley antes señalado, esto es, el que se corresponde con el norma jurídica.

Ha de advertirse finalmente que desde hace bastante tiempo el concepto de ley formal ha encontrado recepción en las Constituciones venezolanas, y la de 1999, no hace más que repetir en su artículo 202 el texto de las anteriores, cuando expresa que "*La ley es el acto sancionado por la Asamblea Nacional como cuerpo legislador*".

5. Ley en la Constitución de 1999

A. Definición de ley

Corresponde ahora examinar, una vez escrutados cada uno de los elementos del concepto clásico de ley, así como su modificación o supresión, producto de la evolución histórica, política y constitucional, cómo aparece regulada la ley en la Constitución. Así lo primero que se observa es que mantiene la disposición que al parecer es incluida por primera vez en la Constitución de 1961 (art. 162), mediante la cual se define el concepto de ley, en sentido formal. En efecto, el artículo 202, repite el 162 del texto constitucional derogado, ajustándolo únicamente a la nueva naturaleza del Parlamento, que pasa de bicameral a unicameral, por ello la definición es concebida en los siguientes términos: "*La ley es el acto sancionado por la Asamblea Nacional como cuerpo legislador*".

Es preciso destacar que la repetición es casi total, porque los constituyentes al igual que los de 1961, según se desprende de la Exposición de Motivos y del Diario de Debates, no llegaron a asomar ni siquiera un argumento acerca de la conveniencia o inconveniencia de incluir una definición de ley en la Constitución. Mucho menos se pasearon por las bondades o defectos de que esa inclusión estuviera referida al concepto de ley en sentido formal. De allí, pues, que esa definición (art. 202), se articule sobre dos elementos formales: **a)** el órgano de donde proviene la ley: la Asamblea Nacional (el Parlamento unicameral), al cual en el marco de esa definición se le confiere el monopolio para emanar leyes; y **b)** el modo de actuación de la Asamblea Nacional, pues únicamente cuando actúa como cuerpo legislador está facultado para sancionar leyes, y ello ocurre de manera general en los casos que legisla en las materias de competencia nacional y sobre el funcionamiento de las distintas ramas del Poder Nacional (art. 187, num. 1) y de manera particular cuando decreta amnistías (num. 5), aprueba el proyecto de presupuesto nacional y todo proyecto de ley concerniente al régimen tributario y al crédito público (num. 6) y aprueba los Tratados Internacionales (num. 18).

Ciertamente que la técnica seguida por el constituyente no es la mejor, pues resulta claro que todos los casos particulares enumerados están incluidos en la competencia general a que se contrae el artículo 187 (num. 1). Pero en fin, lo que interesa destacar de la definición es que excluye al resto de las competencias de la Asamblea Nacional relativas al control de la Administración Pública (autorizaciones en general), al control político (voto de censura a Ministros y Vicepresidente Ejecutivo, autorizar la salida del Presidente de la República del territorio nacional, etc.), y de autogobierno (dictar su reglamento interno, organizar su servicio de seguridad interna, calificar a sus integrantes, etc.). Por tanto, únicamente podrá predicarse la existencia de una Ley cuando emane de la Asamblea Nacional, actuando esta como cuerpo legislador. De otra manera, aunque el acto sea de trascendental importancia, por ejemplo, cuando aprueba el estado de excepción más grave: el de conmoción interior, o cuando se propone una reforma a la Constitución, no podrá calificarse de Ley. De allí entonces que ciertamente debe concluirse que se trata de una definición estrictamente formal de ley, articulada en los dos elementos de forma antes indicados, los cuales por cierto están claramente definidos en el texto constitucional.

Pero quizás uno de los efectos más importantes de la definición bajo examen, es que todas las leyes emanadas del Parlamento ostentan la denominación de formales. Y es a partir de la aceptación de esa premisa que resulta posible examinar las particularidades de las distintas clases de leyes, nuevas y viejas, contenidas en la Constitución de 1999: ordinarias y orgánicas (viejas), habilitantes y de bases (nuevas), pues en definitivas todas ellas son formales, de tal suerte que la ley formal vendría a ser el género y las ordinarias, orgánicas, habilitantes y de bases las especies; de allí también que resulte conceptualmente correcto hablar de leyes formales ordinarias, leyes formales orgánicas y leyes formales de bases.

B. Carácter general de la ley

Ya quedó dicho que la generalidad no constituye en la actualidad una nota esencial del concepto de Ley, por tanto, cuando el constituyente opta por definir la ley desde el punto de vista formal, lo que supone soslayar toda referencia al contenido de la ley, admite indirectamente la validez de leyes particulares, algunas de las cuales son específicamente indicadas en la propia Constitución, como por ejemplo las leyes aprobatorias de los Tratados Internacionales (art. 187, num. 18). Conviene insistir en que pese a que el ordenamiento constitucional excluye que la generalidad sea una nota esencial de la ley, no es posible predicar la proscripción de las leyes generales, porque también en Venezuela al igual que en otros países, la gran mayoría de las sancionadas por el Parlamento revisten esa característica. En suma, la Constitución de 1999 al consagrar la tipología de las leyes formales, mantiene la tendencia constitucional del derecho venezolano y comparado, que consiste en excluir la generalidad como nota esencial de la ley por lo que coexisten válidamente en el seno del ordenamiento jurídico leyes generales, que constituyen la gran mayoría, y leyes particulares cuyo número es lógicamente reducido.

Finalmente, es necesario advertir que comienzan a escucharse voces en la doctrina española del Derecho Público que propugnan la búsqueda de un concepto de ley centrado de alguna manera en la generalidad. Así en esa línea conceptual DE ASIS ROIG (1991) expresa:

> Esta concepción se plantea para evitar los riesgos que presentan la proliferación de normas singulares o de caso único, que en ocasiones implican la adopción de verdaderas medidas administrativas, con la diferencia respecto a éstas de que el destinatario de las mismas ve mermadas sus garantías por la falta de legitimación para el planteamiento de un proceso constitucional. Por eso la doctrina ha buscado un concepto que reconduzca a sus términos la idea de ley.

Sin embargo, cabe destacar que la tesis transcrita parcialmente no encuentra recepción alguna en nuestro ordenamiento constitucional, pues del mismo no resulta posible inferir postura que propugne establecer como regla la generalidad de la ley, y rechace a las leyes singulares o particulares.

C. Monopolio de la Asamblea Nacional

Sin duda que si se alude a la definición de ley contenida en el artículo 202 de la Constitución (acepción *stricto sensu*), debe admitirse que la Asamblea Nacional tiene el monopolio legislativo, pero es necesario enfatizar que también se trata de un "*monopolio formal*", porque el propio texto constitucional, reconoce esa fuerza a los textos normativos dictados por órganos distintos de ese Poder Público como son las normas comunitarias (art. 153), los Tratados Internacionales (art. 23 y 154), y los decretos regulatorios de los estados de excepción (art. 339), inclusive cuando define a las leyes habilitantes, lo hace únicamente para otorgarle viabilidad constitucional a otro producto normativo con rango o fuerza de ley, como lo es el decreto con fuerza de ley (art. 203 y 236, num. 8). En otras palabras, el monopolio es únicamente para sancionar leyes formales, porque como quedó demostrado antes, cuando la ley es conceptuada como norma jurídica escrita con rango de ley, la propia Constitución extingue dicho monopolio. Por esa razón cabe concluir que la aludida característica que acompañaba al concepto clásico de ley, aparece claramente disminuida en la Constitución de 1999.

D. Supremacía de la ley

Solo nos limitamos a señalar en este acápite que también este rasgo del concepto clásico de ley, resulta francamente disminuido en la Constitución, al revestir esta un claro contenido normativo, que origina la vigencia de la supremacía constitucional. Igualmente atenta contra este atributo la pluralidad normativa consagrada en el texto constitucional. Pero en todo caso a los fines de la exposición de los detalles acerca de cómo se presenta esta característica de la Ley en la Constitución remitimos al punto sobre la fuerza de ley en la Constitución de 1999, de este Manual.

E. Las distintas acepciones de la ley en la Constitución

Como ocurre en las Constituciones de casi todos los países, en la de Venezuela, el término "*ley*" es uno de los más repetidos, si no es el que más se repite, y ello ocurre porque la técnica legislativa constitucional impone la realización de infinidad de remisiones a la ley, las cuales, dicho sea de paso, en la mayoría de los casos no parecieran formularse técnicamente, por lo que el intérprete debe desentrañar en cada caso la intención de la Constitución, lo que no deja de suscitar serios problemas si se tiene en cuenta que muchas de esos reenvíos están relacionados con la consagración de materias de reserva legal. Precisamente la calidad de las aludidas remisiones conduce a que el constituyente en la utilización del término ley, consciente o inconscientemente lo haga en las tres acepciones antes indicadas. Así por ejemplo ocurre en el artículo 21, que preceptúa que todas las personas son iguales ante la ley y el 131 que establece el deber de toda persona de cumplir la Constitución las leyes casos en los cuales resulta sinónimo de norma jurídica. Como equivalente a norma jurídica escrita es recogido, entre otros, en los artículos 137, que estatuye que la Constitución y la ley definen las atribuciones de los órganos del Poder Público, y el 142, el cual dispone que los institutos autónomos solo podrán crearse por ley. Como equivalente a ley formal, lógicamente el artículo que define esta categoría de acto normativo: la ley es el acto sancionado por la Asamblea Nacional, y entre otros, el 217 que regula la oportunidad en que debe ser promulgada la ley aprobatoria de un Tratado, y el 215 que prescribe que la ley quedará promulgada al publicarse en la Gaceta Oficial. En ese mismo orden existen múltiples remisiones a la ley, cuya sentido debe deducirse, teniendo en cada caso las tres mencionadas.

F. Conclusiones

En suma, el examen del concepto de ley en el marco de la Constitución de 1999, tomando como base los elementos que identifican al concepto clásico de ley elaborado en los inicios del Estado de Derecho, y que perduró con pocas matizaciones hasta el primer tercio del Siglo XX, revelan que: **a)** aparece definido expresamente un concepto de ley formal; **b)** la generalidad no resulta una nota esencial de dicho concepto; **c)** pese a que la aludida definición pudiera hacer pensar que la Asamblea Nacional ostenta el monopolio de la potestad legislativa, ello no es cierto, porque la propia Constitución atribuye al Ejecutivo la competencia para dictar actos normativos con rango o fuerza de ley; **d)** la idea de supremacía queda sustancialmente disminuida por el carácter normativo de la Constitución y la vigencia del principio de supremacía constitucional, no obstante tiene cabida en el ordenamiento constitucional tanto el concepto de fuerza de ley, como el de rango de ley, mas no así el de valor de ley; y **e)** finalmente que en el texto de la Constitución el término "*ley*" es utilizado en las tres acepciones propias del ámbito jurídico.

6. Leyes ordinarias

A. Pluralidad de leyes en la Constitución de 1999

Reiteramos que en la Constitución de 1999 esta materia sufre una significativa modificación tanto desde el punto de vista cuantitativo como cualitativo, no obstante interesa hacer notar ahora el primer aspecto. En efecto, la Constitución de 1961 preveía a nivel nacional leyes ordinarias y orgánicas, y ahora se agregan a ellas las leyes habilitantes y las leyes de bases. A nivel estadal contemplaba únicamente a las leyes ordinarias, y ahora añade a la Constitución del Estado, que también es una ley, pero que se diferencia significativamente de las leyes ordinarias y las leyes de desarrollo. De modo, pues, que lo primero que se observa en nuestro ordenamiento constitucional es la referida pluralidad normativa, la cual no obedece simplemente a una etiquetación formal de instrumentos normativos, sino más bien a un reparto competencial y al establecimiento de procedimientos agravados en su formación. Pensamos ahora estudiar cada uno de los tipos de leyes nacionales, comenzando por la que hemos denominado ordinaria.

B. Denominación de leyes ordinarias

En principio cabe reiterar que la Constitución de 1961, no contenía ni tampoco el Código Civil, en su Título Preliminar (De las Leyes y sus efectos y de las reglas generales para su aplicación), la denominación "*leyes ordinarias*", pues, la primera normalmente utilizaba únicamente el término "*ley*", sin ningún calificativo, y excepcionalmente el de Ley Orgánica, y el segundo solamente se refiere a "*ley*" a secas. En cambio, la Constitución de 1999, como se expresó precedentemente, además de consagrar el concepto de ley formal, define como especies de la misma a las leyes orgánicas, habilitantes y de bases. Pero en cambio no menciona para nada la denominada "*ley ordinaria*", la cual, como ocurría en la Constitución de 1961, tuvo y tiene su origen en la doctrina.

Ahora bien, dado que las leyes orgánicas, habilitantes y de bases son definidas en la Constitución atendiendo a un reparto competencial todas ellas, y además al procedimiento agravado, las dos primeras, siendo todas especies de la leyes formales, entonces por un proceso de deducción lógica deben considerarse como ordinarias aquellas que tienen un ámbito competencial indefinido o genérico, que resulta después de excluir del mismo el acotado marco competencial de las orgánicas, habilitantes y de bases. Por otro lado, a diferencia de las dos primeras, solo requieren para su formación seguir únicamente el procedimiento normal contemplado en el texto constitucional. Partiendo de esa especie de definición o mejor de descripción resulta concluyente que las ordinarias constituyen el grupo más numeroso de leyes, si se tiene en cuenta que la tendencia de las otras tres clases, es la de estar constituidas, por el contrario, por un número cerrado.

En todo caso conviene concluir este punto señalando que la categoría de las leyes ordinarias, resulta de una elaboración de la doctrina, producto del análisis de los dispositivos constitucionales concernientes a la definición de ley formal, y a la consagración de la mencionada pluralidad normativa, razón por la cual es una especie de ley formal que en la distribución competencial que sirve para construir esa pluralidad normativa, ocupa un espacio muy superior al ocupado por las otras tres clases de leyes juntas. Desde el punto de vista práctico a los efectos de su reconocimiento en el ordenamiento jurídico, basta seguir la regla muy sencilla de considerar como ley ordinaria, a toda aquella que en la Gaceta Oficial correspondiente sea denominada "*ley*" a secas.

C. Formación de las leyes

Excede los límites del presente trabajo el examen del procedimiento de formación de las leyes, y por ende, de la ley ordinaria, pero vista la finalidad preeminentemente didáctica que se persigue con el mismo, y dado que la Constitución de 1999, configura al órgano parlamentario en forma unicameral, a diferencia del bicameral previsto en la Constitución derogada, lo que ya de por sí permite presumir que el referido procedimiento mencionado en el acápite debe haber sufrido modificaciones importantes, a los fines de mantener el hilo de la exposición pasamos a referirnos sucintamente al procedimiento legislativo, casi de manera descriptiva, pero haciendo énfasis en determinados aspectos de algunas de sus fases que nos interesa destacar. En principio observamos que en la Constitución de 1999 se mantienen las mismas fases del procedimiento ordinario contempladas en la Constitución de 1961, pero con significativas modificaciones, o sea, la iniciativa, la discusión, la sanción, la promulgación y la publicación. Las tres primeras entran, casi todas, en la esfera de competencia del Poder Legislativo y las dos últimas en la del Poder Ejecutivo.

a. Iniciativa legislativa

El procedimiento de formación de la ley aparece regulado en los artículos que van del 204 al 217 de la Constitución y en el Reglamento Interior y de Debates de la Asamblea Nacional. Dichos preceptos establecen que el procedimiento comienza con la presentación del proyecto de ley por ante la Asamblea, correspondiendo la titularidad de la iniciativa al Poder Ejecutivo Nacional, a la Comisión Delegada y a las Comisiones Permanentes de la Asamblea, a los integrantes de la Asamblea Nacional, en número no menor de tres, al TSJ,, al Poder Ciudadano y al Poder Electoral, en materias relacionadas con su organización y funcionamiento, y la materia electoral respectivamente, al Consejo Legislativo cuando se trate de leyes relativas a los Estados, cuando se trate de leyes relativas a los Estados, y a los electores en un número no menor del cero coma uno por ciento de los inscritos en el Registro Civil y Electoral (iniciativa popular). La redacción del artículo en comento (204) pudiera llegar a suscitar dudas, sobre todo en lo concerniente a la iniciativa para presentar proyectos de leyes por parte del TSJ, del Poder Ciudadano, del Poder Electoral y del Consejo Legislativo, en virtud de que sería posible que se esgrimiese una tesis interpretativa que postulase que esos órganos tienen iniciativa exclusiva y excluyente en las materias en que la Constitución se las confiere. En nuestro criterio resulta todo lo contrario, pues se trata de una facultad excepcional limitada únicamente a esas materias, y más ninguna otra, razón por la cual nada obsta para que los que tienen la titularidad de la iniciativa general, puedan presentar proyectos de leyes en esas mismas materias. En otros términos, la facultad de presentar proyectos de leyes de los mencionados órganos en las indicadas materias resulta concurrente con la facultad general que la Constitución confiere al Poder Ejecutivo Nacional, a la Comisión Delegada, a las Comisiones Permanentes, a los integrantes de la Asamblea Nacional, en un número menor de tres, y a los electores en un número no menor del cero como uno por ciento. Por el contrario, lo que resulta claro, en nuestro criterio, es que la iniciativa del TSJ, Poder Ciudadano, Poder Electoral y Concejo Legislativo, queda estrictamente limitada a las materias taxativamente indicadas en la Constitución, de tal manera que la pretensión de cualquiera de esos órganos o Poderes de exceder ese ámbito competencial resultaría violatoria de la Constitución.

No obstante, este punto fue dirimido por la Sala Constitucional del TSJ en las sentencias N° 341 del 05-05-2016 y 939 del 04-11-2016, en las cuales formuló una tesis, en nuestro criterio, totalmente contraria a la Constitución, producto del evidente sesgo político, al declarar que el TSJ y el Poder Ciudadano tenían la competencia exclusiva y excluyente de la iniciativa legislativa en las materias concernientes a la organización y procedimientos judiciales y las leyes relativas a los órganos que integran el Poder Ciudadano, respectivamente, despojando de esa manera de la referida competencia ilimitada de la Asamblea Nacional para presentar proyectos de leyes sobre cualquier materia de competencia nacional, incluyendo desde luego a las antes mencionadas. Por supuesto que la construcción de esa "enjundiosa" tesis jurisprudencial tuvo como finalidad anular por "inconstitucionales" sendas leyes sancionadas por el órgano legislativo nacional.

Por otra parte, interesa hacer notar que cambió radicalmente la consagración de la iniciativa popular en la Constitución de 1999, ya que a diferencia de la regulación contenida en la Constitución de 1961, en la cual la misma se agotaba en la mera presentación del proyecto, sin que ello generara ninguna obligación para el órgano parlamentario, en la vigente, la presentación del proyecto de ley por el grupo de electores, origina para la Asamblea Nacional, de conformidad con el artículo 205 constitucional, la obligación de comenzar a discutir dicho proyecto a más tardar en el período de sesiones ordinarias siguientes al que se haya presentado, y un derecho de los ciudadanos, y una obligación para la Asamblea que esa discusión se inicie en el referido lapso. Si ello no ocurre, es decir, si la Asamblea Nacional incumple la mencionada obligación, entonces por obra de la Constitución, el proyecto deberá ser sometido a referendo aprobatorio de conformidad con la ley. O sea que la iniciativa popular pasó de ser un mero ritual normativo, a un verdadero y operativo derecho constitucional.

b. Fase de discusión

Establece la Constitución que para convertirse en Ley todo proyecto recibirá dos discusiones en días diferentes (art. 207). En ese orden de ideas es necesario destacar que de ahora en adelante todo proyecto de ley deberá contar con una exposición de motivos, en razón de que constituye un elemento fundamental para que la Asamblea Nacional pueda evaluar en esa primera discusión los objetivos, alcance y viabilidad, a fin de determinar la pertinencia de la Ley. La fijación de esta fase del procedimiento legislativo no deja de generar serias dudas, ya que cabría preguntarse qué ocurrirá en el caso de la Asamblea después de realizar esa evaluación decida que la ley carece de pertinencia, pues la Constitución no atribuye consecuencias a una decisión de esa clase. En nuestro criterio todo indica que sí debería tener efectos que podrían ir desde el rechazo del proyecto, lo que impediría continuar su trámite, hasta su pase a Comisión para su reformulación.

Reconocemos que cualquiera de las soluciones asomadas no deja de tener complicaciones, entre las cuales cabe mencionar las derivadas de la presencia de una mayoría circunstancial que quiera diferir, o en el peor de los casos, impedir que el proyecto sea discutido. Un intento de solución podría tener cabida en el correspondiente reglamento parlamentario, siempre y cuando esté orientado a lograr las correcciones necesarias del proyecto en un tiempo perentorio, a los fines de que pueda continuar la fase de discusión. Demás está indicar que la situación resulta más grave cuando se trata de proyectos, cuya discusión sea el producto de la iniciativa popular, ya que bastaría declarar que la ley no resulta pertinente, para tornar nugatoria esa forma de participación popular en la formación de las leyes. También el Reglamento Parlamentario debería contener disposiciones tendientes a tornar efectivo ese derecho fundamental de los ciudadanos.

Cabe destacar que si bien la consideración de la Exposición de Motivos, y la evaluación de sus objetivos, alcance y viabilidad debe hacerse en la primera discusión, a los fines de determinar la pertinencia de la ley, reglas elementales de lógica conducen a sostener que la discusión del articulado solo podrá iniciarse después de esa fase previa, pues en caso de que la Asamblea concluya que el texto legislativo no resulta pertinente, entonces carecería de todo sentido el examen de los artículos que integran el proyecto. Por tanto, solo si se determina la pertinencia de la ley, podrá iniciarse la discusión de todo el articulado del proyecto, y una vez aprobado debe remitirse a la Comisión Permanente directamente relacionada con la materia de la ley, la cual tiene el deber de presentar el correspondiente informe en el lapso de treinta días consecutivos. Cuando el proyecto esté relacionado con la esfera de competencia de varias Comisiones, será designada una Comisión mixta para realizar el estudio y elaborar el aludido informe.

Una vez recibido el informe de la Comisión comienza la segunda discusión del proyecto de ley, artículo por artículo. Si resulta aprobado sin modificaciones, la ley quedará sancionada. En caso de que sufra modificaciones será enviada a la Comisión respectiva para que las incluya en un plazo no mayor de quince días continuos. Recibida la nueva versión del proyecto será leída en plenaria, y la Asamblea decidirá por mayoría de votos lo que fuere procedente con relación a los artículos en que hubiere discrepancia, así como los que tuvieren conexión con ellos. Una vez resuelta la discrepancia mediante el voto mayoritario, el Presidente de la Asamblea declarará sancionada la ley.

c. Participación de la sociedad organizada en la fase de discusión de las leyes

Quizás una de las innovaciones más trascendentes de la Constitución es que se configura una obligación tanto para la Asamblea Nacional como para las Comisiones, de consultar durante la fase de discusión a los otros órganos del Estado, a los ciudadanos, a la sociedad organizada, es decir, a oír su opinión sobre los proyectos sometidos a discusión (art. 211). Pareciera que esta función consultiva delineada constitucionalmente tuviera carácter vinculante, esto es, que la Asamblea antes de proceder a sancionar cualquier ley está obligada -se insiste, pues no se trata de una consulta facultativa- a oír la opinión de la sociedad organizada en los términos que fije el Reglamento de la Asamblea Nacional, so pena de que si la ley es aprobada sin cumplir con este requisito, pueda quedar afectada por un vicio de inconstitucionalidad, máxime si se tiene en cuenta que el artículo 62 constitucional confiere a los ciudadanos el derecho a participar en los asuntos públicos, y el artículo 70 *ejusdem*, crea los medios de participación y protagonismo del pueblo en ejercicio de la soberanía, en lo político. Y sin duda, que la participación mediante la consulta por parte de la sociedad organizada en la discusión de las leyes, constituye una clara expresión de ejercicio de la soberanía.

De allí entonces que conforme al mencionado precepto constitucional se le abre a la Asamblea Nacional una gran oportunidad para darle contenido a la democracia delineada en la Constitución, pero a la vez pensamos que su incumplimiento puede llegar a generar serios conflictos, no solo jurídicos, sino también políticos, sin que le sea permitido al Parlamento cuando dicte el Reglamento, pretender tornar nugatorio ese derecho de los ciudadanos, pues dicho instrumento normativo estará limitado únicamente a regular los términos de la participación de la sociedad organizada (organizaciones representativas, sectores representados, plazos para emanar la opinión, métodos para presentar la opinión, etc.). Finalmente, lo que también debe quedar claro es que el deber de la Asamblea Nacional se reduce a oír la opinión, no a aceptarla, pues de lo contrario habría que admitir que esas opiniones tendría carácter vinculante, lo que contradice principios generales en materia de consultas y proposiciones, y lo que es más importante dicha forma de participación no está consagrada, ni podría estarlo de esa manera en la Constitución, pues ello conduciría prácticamente a la supresión de la función parlamentaria.

d. Sanción de la ley

Como se desprende del artículo 209 constitucional la ley queda sancionada, cuando durante la segunda discusión se aprueba el proyecto sin modificaciones, o en la oportunidad que se resuelven las discrepancias, por mayoría de votos, sobre artículos del proyecto, surgidas en la segunda discusión, una vez leída la nueva versión presentada por la Comisión. Son esas las dos oportunidades, ambas lógicamente, al final de la segunda discusión, en que la Presidencia de la Asamblea debe declarar sancionada la Ley, como consecuencia de la aprobación del proyecto.

En otras palabras, la sanción es sustantivamente la aprobación de la Ley, pero la Constitución impone el deber de declararla sancionada, lo que constituye el acto formal que torna a la ley jurídicamente válida y perfecta, pero sujeta a la especie de solicitud de reconsideración por parte del Presidente de la República, quien puede en el plazo de los diez días siguientes (plazo de promulgación), mediante exposición razonada, solicitar a la Asamblea Nacional que modifique algunas disposiciones de la ley, o levante la sanción a toda la Ley o a parte de ella. En ese caso la Asamblea decidirá por mayoría de votos de los diputados presentes sobre la reconsideración, pudiendo lógicamente acogerla total o parcialmente, o rechazarla, y la remitirá al Presidente de la República para su promulgación, quien en caso de que estime que la ley o algunos de sus artículos está afectada de inconstitucionalidad, solicitará dentro del mismo plazo de promulgación (diez días), a la Sala Constitucional del TSJ, el correspondiente pronunciamiento, que deberá aprobar en un plazo de quince días continuos, contados desde la recepción de la solicitud.

En caso de que la solicitud sea rechazada o la decisión no se produzca en el lapso indicado, el Presidente de la República deberá promulgar la ley dentro de los cinco días siguientes a la decisión, o al vencimiento del lapso (art. 214). Precisamente la consagración de la facultad presidencial de solicitar la declaratoria de inconstitucionalidad de la ley sancionada, confirma la tesis que postula la validez y la perfección del instrumento legislativo una vez que resulta sancionado por la Asamblea Nacional, pues si este no fuese válido y perfecto, carecería de sentido su impugnación por parte del Presidente de la República, basándose en razones de inconstitucionalidad.

e. Promulgación y publicación de la ley

GARCÍA DE ENTERRÍA (1998) estima que la promulgación no es más que el acto de proclamación formal de la Ley como tal Ley, y el mandato dirigido genéricamente a las autoridades y ciudadanos en orden a su cumplimiento y observancia, y la publicación el acto consistente en hacer público el contenido de la Ley. En ese orden de razonamiento cabe destacar que el artículo 215 constitucional pareciera responder al anterior marco conceptual, cuando expresa: "*La ley quedará promulgada al publicarse con el correspondiente 'Cúmplase' en la Gaceta Oficial de la República Bolivariana de Venezuela*", de tal suerte que la promulgación y la publicación, pese a que resulta posible deslindarlas desde el punto teórico, como lo hace el citado autor, en realidad en el ordenamiento constitucional venezolano aparecen indisolublemente unidas, al punto que no puede darse la promulgación sin la publicación, pues esta además de ser el acto que le otorga eficacia a la ley, constituye a su vez la única vía para que opere la promulgación del texto legal.

Por otra parte, en caso de negativa del Presidente de la República a cumplir con los referidos actos en los lapsos establecidos en la Constitución, corresponderá al Presidente y a los dos Vicepresidente de la Asamblea Nacional promulgar la Ley, sin perjuicio de la responsabilidad en que pudiere incurrir el Presidente de la República por su omisión. Finalmente, cabe advertir que en materia de promulgación se mantiene la disposición de la Constitución de 1961, relativa a que la oportunidad en que deba ser promulgada la ley aprobatoria de un tratado internacional no se rige por los lapsos antes señalados, sino que la misma queda a discreción del Ejecutivo Nacional (art. 217 Const.).

Los argumentos anteriores demuestran que la Ley es válida, mas no eficaz desde la fecha de su sanción por la Asamblea Nacional, lo que también revela el carácter formal que reviste de dicha ley, pues con la sanción concluye la actuación de la Asamblea Nacional como cuerpo legislador, y asimismo se pone en evidencia la conjunción de las variables subjetiva y procedimental, que conforme a la Constitución resulta necesaria para que se configure válidamente la Ley formal.

f. Referendo como método de aprobación de las leyes

La Constitución de 1999 consagra un novedoso método de aprobación y sanción de las leyes, distinto al que se inscribe en el procedimiento que terminamos de estudiar. Se trata de que la aprobación y sanción en lugar de provenir de la Asamblea Nacional, emana del pueblo en ejercicio directo de su soberanía, mediante el referendo aprobatorio contemplado en el artículo 73 constitucional, conforme al cual para que resulte aprobado un texto legislativo mediante este método se requiere el ineludible cumplimiento de los siguientes requisitos: **a)** cuando se trate de proyectos de leyes que se encuentren en el proceso de discusión en la Asamblea Nacional, esta debe decidir con el voto favorable de por lo menos las dos terceras partes de sus integrantes, someter el proyecto a referendo aprobatorio; **b)** En el caso de proyectos de leyes presentados a la Asamblea Nacional por iniciativa popular, que no hayan comenzado discutirse en el período de sesiones ordinarias siguientes a aquel de su presentación, el proyecto debe ser sometido a referendo por obra de la Constitución, por lo que no se requiere que la decisión sea adoptada por la Asamblea Nacional, y muchos menos con la mayoría calificada indicada anteriormente; **c)** para que el proyecto se considere sancionado como ley, es necesario que el referendo concluya con un sí aprobatorio, y que concurra a las urnas por los menos el veinticinco por ciento de los electores inscritos en el Registro Civil y Electoral.

De lo antes expuesto se desprende que el referendo aprobatorio tiene el mismo efecto que la aprobación en el procedimiento constitutivo de la Ley; por tanto, la interpretación sistemática de la Constitución conduce a postular que una vez que el Consejo Nacional Electoral declare que el referendo concluyó con un sí, corresponderá al Presidente de la República, ajustando los lapsos constitucionales a esta situación, promulgar y publicar la ley que resultó sancionada mediante el referendo aprobatorio.

g. Actos singulares en forma de ley o leyes meramente formales

Cabe advertir finalmente en lo atinente a las leyes formales ordinarias, que la doctrina suele dividirlas en ordinarias propiamente dichas y en actos singulares en forma de ley (MOLES CAUBET, 1968). Las primeras estarían caracterizadas por la nota de la generalidad, y los segundos, como su nombre lo indica, por la de la particularidad, en virtud de estar dirigidos a regular cosas o situaciones concretas. A estos últimos los denomina la doctrina italiana corno "*leyes meramente formales*", por ser actos que siendo aprobados por el Parlamento con el procedimiento propio de las leyes, e inclusive estando sujetos a la promulgación, no parecieran constituir una expresión de ejercicio del Poder Legislativo, sino de Poderes distintos. Su función estaría limitada a atribuir eficacia a otros actos (LAVAGNA, 1976). En Venezuela se señalan como ejemplos de los mismos a la Ley aprobatoria de un Tratado Internacional (art. 154 y 187, num. 18 Const.), y la Ley Aprobatoria del Presupuesto (art. 313 Const.).

Con relación a esta clase de leyes formales o actos singulares en forma de Ley, MOLES CAUBET sostenía que se suscitaban problemas de inconstitucionalidad, por cuanto podían colidir con el principio de igualdad contenido en el artículo 61 -hoy 21- de la Ley Suprema, razón por la cual estos instrumentos normativos estarían restringidos, por lo menos los referidos a personas, a los expresamente autorizados en la Constitución. Esta tesis parte de la premisa de que la generalidad es una nota esencial a la Ley, y por tal razón cuando se dictan leyes singulares se atenta contra el principio derivado de dicha premisa (la igualdad), no obstante, cabe recordar que precedentemente expusimos que la doctrina dominante rechaza la aludida tesis, en virtud de que la situación que actualmente caracteriza a la Administración Pública (multiplicidad de fines), impone que para el logro de sus cometidos se dicten leyes de carácter singular, sin que por ello pierdan el carácter de tales leyes. A lo anterior es necesario agregar que la mayoría de la doctrina italiana considera, e inclusive así lo ha declarado la propia Corte Constitucional de ese país, que son admisibles las leyes singulares cuando su emanación esté justificada por la peculiaridad de las situaciones de hecho que están destinadas a regular.

Por su parte SANTAMARÍA PASTOR (1998) admite la procedencia de las leyes singulares, además de las que estén previstas en el texto constitucional, pero condicionadas al cumplimiento de los siguientes requisitos:

> i) la ley singular, en primer lugar, es una técnica que ha de respetar la distribución constitucional de competencias entre los órganos del Estado: no puede utilizarse, p. ej., para resolver un litigio sometido al conocimiento de los tribunales;
> ii) en segundo lugar, ha de ser compatible con el principio de igualdad (art. 14 CE): las diferencias introducidas por la ley singular deben estar objetivamente fundadas en una situación de diversidad fáctica...

Resulta evidente que estas condiciones señaladas por el citado autor, que deben ser respetadas por el Parlamento español, para poder sancionar leyes singulares, son perfectamente aplicable en el ordenamiento venezolano.

h. Derogación de las leyes

Con relación a este aspecto es necesario hacer notar que la Constitución de 1999, si bien mantiene el método ordinario de derogación de las leyes contemplado en la Constitución de 1961, el cual consiste en que las leyes se derogan y reforman por otras leyes (art. 218), introduce la figura de la *abrogación* de las leyes mediante el referendo, que tiene idénticos efectos que la derogación (pérdida de vigencia del texto legal). Hay que tener en cuenta que constituyen requisitos de procedencia del referendo abrogatorio contemplado en el artículo 74 constitucional, los siguientes requisitos: **a)** que la solicitud de abrogación, que puede ser total o parcial, de una ley sea solicitada por un número de electores no menor del diez por ciento, inscritos en el Registro Civil y Electoral, o por el Presidente de la República en Consejo de Ministros; **b)** cuando se solicite la abrogación de un decreto con fuerza de ley dictado por el Presidente de la República de conformidad con el artículo 236 (num. 8) de la Constitución, se requiere un número de electores no menor del cinco por ciento inscritos en el Registro Civil y Electoral; **c)** para la validez del referendo será necesaria la concurrencia a las urnas de por lo menos el cuarenta y cinco por ciento de los electores inscritos en el Registro Civil y Electoral; **d)** Hay que tener presente que las leyes de presupuesto, las que establezcan o modifiquen impuestos, las de crédito público, las de amnistía, las que garanticen o desarrollen derechos humanos y las que aprueben tratados internacionales, no son susceptibles de ser sometidas a referendo abrogatorio, y en definitiva no son abrogables; **e)** la Constitución establece la prohibición de hacer más de un referendo abrogatorio en un período constitucional para la misma materia; **f)** aunque el dispositivo en comento (art. 74) no dice nada respecto a la aprobación del referendo que da lugar a la abrogación de la ley, consideramos que resulta aplicable analógicamente el artículo 73 *ejusdem*, que regula el referendo aprobatorio de proyectos de leyes, que exige únicamente que la consulta popular (referendo) concluya con un sí aprobatorio. De modo, pues, que si resulta mayor el número de votos afirmativos que el de los votos negativos, se considerará que referendo conduce a la abrogación de la ley, conforme al señalado dispositivo constitucional.

7. Leyes orgánicas

A. Una breve pero necesaria revisión histórica

Por considerar que desde su aparición en nuestro ordenamiento constitucional la figura de la ley orgánica no ha dejado de suscitar controversias tanto a nivel doctrinario como jurisprudencial, especialmente en lo concerniente a su rango, que para la fecha de entrada en vigencia de la Constitución de 1999 todavía no habían cesado, y como al parecer la nueva regulación tampoco está exenta de generar serias controversias, consideramos necesario antes de entrar a examinar esa nueva regulación constitucional, resumir la situación que en los medios forenses y legislativos se confrontaba con las leyes orgánicas.

En ese orden de ideas cabe señalar que en la Constitución de 1961 se introduce por primera vez la categoría de las leyes orgánicas, siguiendo quizás el ejemplo de la Constitución Francesa de 1958, no obstante, es necesario observar que antes de 1961 estaban vigentes en Venezuela un conjunto de leyes que recibían esa denominación, entre las cuales se pueden citar las siguientes: Ley Orgánica de la Corte Federal, Ley Orgánica de la Corte de Casación, Ley Orgánica de Tribunales y de Procedimiento del Trabajo, Ley Orgánica de la Hacienda Nacional Pública y la Ley Orgánica de Timbre Fiscal. Pero igualmente es necesario destacar que la denominación de esos textos carecía de relevancia jurídica, en virtud de que no estaban caracterizadas en el ordenamiento jurídico venezolano como una categoría distinta a las leyes formales ordinarias, razón por la cual pese a su denominación de orgánicas eran idénticas a las ordinarias. A partir de 1961 la situación cambia radicalmente, puesto que en el artículo 163 se incluyó *ex novo* la categoría de las leyes orgánicas.

Ahora bien, el análisis de los antecedentes de la disposición contenida en el citado artículo 163 de la Constitución de 1961, revela que efectivamente la finalidad de los constituyentes fue crear una nueva categoría de leyes, pues, así se desprende del acta de la sesión de la Comisión Redactora del Proyecto de Constitución, celebrada el 16-03-1960, cuando se presentó por primera vez el proyecto de artículo, y después de la discusión correspondiente, el Senador Pérez Guevara propuso que a los fines de obviar el problema se suprimiera la calificación de la Ley, respondiéndole el Diputado Caldera que el nombre tenía la ventaja de crear una nueva categoría de leyes, razonamiento que fue acogido por la Comisión. La materia fue discutida nuevamente en las sesiones correspondientes a los días 25 y 26 de mayo de 1960, y en esta última se le dio la redacción con que pasó a ser el artículo 163 de la Constitución de 1961. Por otra parte, con relación a esta materia la Exposición de Motivos del texto constitucional derogado expresaba:

> ...y para que no queden a la sola tramitación de la legislación ordinaria, aspectos que puedan ser transcendentes, hemos dado base constitucional a la institución de las leyes orgánicas, intermedias entre la norma constitucional y la Ley Ordinaria...
>
> La creación de las leyes orgánicas tiene por objeto impedir que por leyes especiales se deroguen disposiciones que se refieren a la organización de ciertos poderes o a las formalidades que deben reunir determinadas leyes. En efecto, se ha pensado en dictar una Ley Orgánica de Presupuesto que rija la elaboración de los presupuestos anuales, así como también que la Ley de Crédito Público rija siempre las leyes sobre operaciones de crédito que celebre la Nación, o la Ley Orgánica que trate de Institutos Autónomos prive sobre las leyes especiales que creen dichos organismos.

Así, el artículo 163 de la Constitución de 1961 preceptuaba:

> Son leyes orgánicas las que así denomina esta Constitución y las que sean investidas con tal carácter por la mayoría absoluta de los miembros de cada Cámara al iniciarse en ellas el respectivo proyecto de ley. Las leyes que se dicten en materias reguladas por leyes orgánicas se someterán a las normas de éstas.

La interpretación, basada fundamentalmente en los antecedentes constitucionales antes reseñados, condujo a un gran sector de la doctrina nacional a considerar que las leyes orgánicas estaban configuradas como una categoría intermedia de leyes entre la Constitución y las leyes ordinarias, de tal manera que cualquier antinomia normativa entre una ley orgánica y una ley ordinaria debía resolverse a favor de la primera, es decir, que colocaban como elemento básico de la solución a la jerarquía, precisamente porque estimaban que las leyes orgánicas poseían un rango superior a las ordinarias (Andueza, Brewer, Aguilar).

Otro sector de la doctrina (Rondón De Sansó, Lares), se opuso a la tesis antes resumida, argumentando que no resultaba acertado postular que las leyes orgánicas tuviesen un rango superior a las leyes no investidas con tal carácter, pues la supremacía de la ley orgánica solo existía respecto a las leyes en materias vinculadas por ellas (Lares). Rondón De Sansó sostenía que la disposición contenida en el artículo 163 de la Constitución derogada, era esencialmente una norma de política legislativa, y no una disposición hermenéutica, de tal manera que obligara al legislador en la oportunidad de dictar las leyes de complementación o de aplicación de las leyes orgánicas, a ceñirse a los postulados fundamentales contenidos en estas:

> La ley orgánica es así como una amplia ley de principios o de bases reguladoras de una disciplina que la ley ordinaria podrá desarrollar, creándose entre la ley orgánica y la ley especial la misma relación que existe entre la ley formal y el reglamento ejecutivo.

De modo, pues, que en el campo doctrinario las posiciones eran enfrentadas e irreconciliables, y es necesario decirlo giraban exclusivamente en torno al rango de la ley orgánica (superior o no a la ley ordinaria). Frente a esas tesis contrapuestas acerca del rango de las leyes orgánicas, la posición de la jurisprudencia de la extinta Corte Suprema de Justicia, pese a algunas vacilaciones, se orientó en favor de la postura que negaba el rango superior a este tipo de leyes. En efecto, en sentencia del 02-08-1972, la referida Corte, ante la colisión que se configuró entre la Ley Orgánica de la Procuraduría General de la República y la Ley de Carrera Administrativa, en materia de citación del Procurador General de la República, en su carácter de representante de la República, se pronunció en favor de la tesis que negaba la preeminencia, en forma general, de las leyes orgánicas sobre las ordinarias, y en tal sentido declaró:

> Cierto es también que las leyes orgánicas tienen preeminencia sobre las que no lo son, por mandato de la Constitución Nacional (art. 163). Sin embargo, tal preeminencia debe entenderse sólo en el caso de que una regule a la otra, como sería, por ejemplo, la Ley de Presupuesto con respecto a la Ley Orgánica de la Hacienda Pública Nacional. Por el contrario la Ley de Carrera Administrativa no se refiere a la organización de la Procuraduría ni a sus facultades ni funciones, que serían materias en las cuales su Ley Orgánica sí tendría preeminencia. Por consiguiente, si en una ley orgánica se establece

una norma general para regular la forma en que debe citarse a determinado funcionario, y posteriormente mediante otra ley que regulará una materia especialísima se prescribe una forma diferente de efectuar ese mismo acto, lógicamente tendrá preferente aplicación esta última norma legal, pues, el carácter singular de ella así lo exige.

Pero quizás la doctrina más contundente de la extinta Corte Suprema de Justicia en lo atinente a la tesis en comento, fue sentada en sentencia del 22-10-1987, emanada de su Sala de Casación Civil, la cual puede resumirse así: En el mes de marzo de ese mismo año entró en vigencia el nuevo Código de Procedimiento Civil, el cual estableció la cantidad de Bs. 250.000 como cuantía mínima para poder ejercer el recurso de casación, pero la Ley Orgánica de la Corte Suprema de Justicia de 1976 había fijado esa cuantía en Bs. 30.000. Asimismo las Leyes Orgánicas de Tribunales y Procedimiento del Trabajo y de Tribunales y Procedimientos Agrarios fijaban dicha cuantía en Bs. 10.000, lo que creaba, de admitirse el rango superior de las Leyes Orgánicas, un cuadro normativo bastante atípico, por decir lo menos, y de hecho la inaplicación de la norma del nuevo Código Civil relativa a la cuantía en materia de casación. La Sala de Casación Civil de la extinta Corte Suprema de Justicia, en la oportunidad de pronunciarse sobre un recurso de hecho interpuesto por un interesado, a quien no se le había admitido el de casación, en virtud de que el valor de su demanda superaba los Bs. 30.000, pero no alcanzaba los Bs. 250.000, declaró:

> 1° (...) Para que una ley orgánica tenga plena fuerza derogatoria sobre otras leyes ordinarias o especiales, es necesario que los nuevos instrumentos legales regulen la misma materia de aquéllas, y en el caso de la cuantía es una norma de carácter procesal. En consecuencia, la preeminencia de las Leyes Orgánicas de la Corte Suprema de Justicia y de Tribunales y Procedimientos Agrarios, no afectan radicalmente las reglas de la especialidad y de la ley posterior, sino tan sólo en un campo limitado, esto es, el que podríamos denominar de "aplicación directa" de su normatividad, o sea, las leyes posteriores que constituyen una concretización inmediata y específica de sus disposiciones. El Código de Procedimiento Civil no es ciertamente una ley de complementación ni de la Ley Orgánica de la Corte Suprema de Justicia, ni de la Ley Orgánica de Tribunales y Procedimientos Agrarios.
> 2° Las llamadas leyes orgánicas promulgadas con anterioridad a la Constitución vigente, no tienen ni pueden tener la jerarquía formal que tienen en la Constitución de 1961, porque ello significaría darle carácter retroactivo a sus disposiciones. En efecto, en las Constituciones anteriores las leyes orgánicas no se encontraban en un grado jerárquico superior al de las leyes ordinarias, sino que se encontraban en el mismo nivel.

Conviene destacar que la doctrina sentada en el fallo transcrito en sus partes esenciales, tendía a ser pacífica y consolidada, en virtud de que desde el año 1987 fue reiterada en innumerables oportunidades hasta el año 1999, razón por la cual se puede decir que en sede jurisdiccional clarificó el sentido y alcance de la disposición contenida en el artículo 163 de la Constitución, especialmente de su único aparte. En otras palabras, asentó de manera general que las leyes orgánicas no poseían un rango superior a las ordinarias, por lo tanto en caso de suscitarse una antinomia normativa (ley orgánica – ley ordinaria) regían las reglas de solución: *ley posterior* y *ley especial*, y no la conocida como *ley superior*.

Pese a esta jurisprudencia pacífica del entonces máximo Tribunal de la República, ha de reconocerse en los medios forenses, legislativos y hasta universitarios siguió privando lo que podría denominarse "*la cultura del rango superior de las leyes orgánicas*", imponiéndose de esa manera el automatismo conceptual: "*ley orgánica priva sobre ley ordinaria*". Esto era tan cierto en los medios parlamentarios, que basta hacer un censo de las leyes orgánicas sancionadas por el Parlamento durante el mencionado período, para percatarse que más del noventa por ciento eran por "*investidura parlamentaria*", en la creencia de que al investirlas como tales, las colocaban en una posición superior al resto de las leyes. Pero si acaso pudieran haber existido dudas al respecto, el propio Parlamento se encargó de disiparlas.

Pues bien, de la breve reseña contenida en los párrafos anteriores se desprende que el centro de la discusión giraba sobre el rango de la ley orgánica, pero que en definitiva pese a las decisiones jurisprudenciales continuó predominando la tesis del carácter superior de esta clase de leyes. A lo anterior debe agregarse el problema planteado por nosotros, derivado también del rango de la ley, que se suscitaba con el traslado –*de facto*– de la connotación de "*orgánicos*" a los decretos con fuerza de ley que dictaba el Presidente de la República sobre la base de lo preceptuado en el artículo 190 (ord. 8°) de la Constitución derogada, para lo cual le bastaba con que el Congreso en la oportunidad de sancionar la correspondiente ley autorizatoria le invistiera como orgánica. Precisamente en el marco de esa situación normativa jurisprudencial y hasta política, el constituyente de 1999 produjo un cambio, en nuestro criterio fundamental, acerca de la concepción de las leyes orgánicas que inclusive supera el único problema interpretativo –el del rango– suscitado durante la vigencia de la Constitución de 1961, pero a la vez esa nueva concepción origina otros serios problemas interpretativos que pasamos a examinar.

B. Antecedentes de la regulación de las leyes orgánicas en la Constitución de 1999

Es necesario advertir que el examen del Diario de Debates de la Asamblea Constituyente no ayuda mucho en la búsqueda de los orígenes o motivaciones plurales o individuales concernientes a la nueva regulación de las leyes orgánicas contenida en el artículo 203, encabezamiento, apartes primero y segundo, de la Constitución de 1999. En efecto, el correspondiente iter constituyente se resume así: En el Anteproyecto presentado por la Comisión Constitucional el 12-10-1999, figuraba la disposición (art. 237), casi en iguales términos en lo sustantivo, a la que resultó finalmente aprobada, ya que en la primera discusión realizada en la sesión ordinaria de la Asamblea Nacional Constituyente del día 04-11-1999, fue aprobada la proposición contenida en el Anteproyecto sin sufrir ninguna modificación, pasando a ser el artículo 225.

En la sesión del 16 de noviembre del mismo año la Comisión Especial de Consenso "*designada para el estudio de los artículos y de las Disposiciones Transitorias en el anteproyecto de Constitución*", en el curso de la segunda discusión, presentó la disposición relativa a las leyes orgánicas como parte del artículo 204, con las siguientes modificaciones con relación a la aprobada en la primera discusión: **a)** se cambió "*desarrollar principios constitucionales*", por "*desarrollar los derechos constitucionales*", **b)** "*deberá ser previamente admitido*", por "*será previamente admitido*", **c)** "*el voto de las dos terceras partes de sus miembros presentes en la sesión, antes de iniciarse la discusión*", por "*el voto de las dos terceras partes de los y las integrantes presentes antes de iniciarse la discusión*", y **d)** en esa misma sesión el constituyente R. COMBELLAS, en su carácter de redactor del precepto, propuso por razones de técnica jurídica, agregar la siguiente frase al final del primer aparte "*Esta votación calificada se aplicará también para la modificación de las leyes orgánicas*".

En la Exposición de Motivos tampoco resulta posible encontrar un dato relevante que contribuya a esclarecer el sentido y alcance de la disposición, pues, al contrario, su lectura más bien tiende a generar confusión, como lo explicaremos más adelante, ya que con relación a la materia se limita a indicar que la Constitución establece cinco tipos de leyes orgánicas, incluyendo como una de ellas:

> ...las que hayan sido calificadas como tales por la Asamblea Nacional, en cuyo caso éstas habrán de ser remitidas a la Sala Constitucional del Tribunal Supremo de Justicia, para que se pronuncie acerca de la constitucionalidad de su carácter orgánico, esto con el propósito de evitar el uso indiscriminado de tal denominación.

La síntesis anterior tiene un carácter esencialmente descriptivo, porque no hay otra forma de hacerla, ya que del examen documental que nos correspondió realizar, pudimos constatar que durante las deliberaciones de la Asamblea Nacional Constituyente (primera y segunda discusión) no se produjo ninguna intervención (ni una sola) con la finalidad de explicar, motivar, y en fin expresar los lineamientos conceptuales de la nueva regulación, o por el contrario, cuestionar, rechazar, y en definitiva pronunciarse sobre la inconveniencia o conveniencia de la inclusión de este tipo de leyes, o mejor de la nueva regulación que se proponía, máxime si se tiene en cuenta los nada despreciables problemas interpretativos a que dio lugar el artículo 163 de la Constitución derogada, los cuales expusimos en la reseña histórica.

La necesidad de un debate en ese sentido parecía cobrar mucho más interés, si se tiene en cuenta que al parecer únicamente en Francia, España y Venezuela, están previstas constitucionalmente las leyes orgánicas, y en el segundo de los países mencionados ha generado una riquísima polémica doctrinaria, la cual se ha nutrido también de interesantes fallos dictados por el Tribunal Constitucional. Lo único que es posible rescatar del Diario de Debates de la Asamblea Nacional Constituyente, es la intervención de aproximadamente diez segundos de su Presidente, cuando justificó el cambio en la disposición de "*principios constitucionales*" por "*derechos constitucionales*", alegando que se trataba de una cuestión meramente formal, y sin ningún otro tipo de intervención dicha modificación resultó aprobada. En la misma segunda discusión, como se expresó precedentemente, el Constituyente R. COMBELLAS, en una intervención de aproximadamente veinte segundos solicitó, en su "*carácter de redactor de la norma*", invocando razones de técnica jurídica, que se agregara al final del primer aparte, la frase "*Esta votación calificada se aplicará también para la modificación de las leyes orgánicas*". La proposición del aludido Constituyente fue aprobada sin ninguna discusión.

En fin, no queda más que lamentarnos en nuestro carácter de docentes universitarios por la pérdida de la oportunidad de la Asamblea Nacional Constituyente para originar el esperado debate sobre las leyes orgánicas en Venezuela, y porque nos coloca en la situación de abordar la significativa modificación que se ha producido en la regulación de las leyes orgánicas, a diferencia de lo que ocurría con la Constitución de 1961, sin tener a mano ningún elemento que permita inferir la intención de la Constitución al registrar dicho cambio, derivado de las labores constituyentes, pues la versión del Anteproyecto presentado a la Asamblea, resultó aprobado en lo sustantivo sin ninguna modificación.

Ahora bien, en la búsqueda del origen de dicha norma encontramos que la misma no hace más repetir en términos casi idénticos, el texto propuesto por la Comisión de Reforma Constitucional de 1994 (artículo 70), el cual preceptuaba:

> Artículo 70. Se modifica el artículo 163, (ahora 201), en la forma siguiente: Son leyes orgánicas las que así denomina esta Constitución, las que se dicten para organizar los poderes públicos o para desa-

> rrollar los principios constitucionales y las que sirvan de marco normativo a otras leyes.
> Todo Proyecto de Ley Orgánica, salvo aquel que la propia Constitución así califica, deberá ser previamente admitido por cada Cámara, por el voto de las dos terceras partes de los presentes, en la sesión antes de iniciarse la discusión del respectivo proyecto de Ley.
> La Ley que las Cámaras hayan calificado de orgánica será remitida por el Presidente del Congreso, antes de su promulgación, a la Corte Suprema de Justicia, en la Sala competente, para que se pronuncie acerca de la constitucionalidad de su carácter orgánico. La Corte decidirá en el término de diez días contados a partir de la fecha de recibo de la comunicación. Si la Corte declara que no es orgánica perderá ese carácter. En este caso, el Presidente y el Vicepresidente del Congreso procederán a hacer las correcciones necesarias en el texto legal. Inmediatamente después del pronunciamiento de la Corte, el Presidente del Congreso remitirá al Presidente de la República un ejemplar de la Ley sancionada a los efectos previstos en el artículo 214 de la Constitución.
> Las leyes orgánicas se aplicarán con preferencia, en la materia que la Constitución les reserva, a las leyes que se sancionen conforme al procedimiento ordinario para la formación de la Ley (énfasis añadido).

De la lectura del dispositivo transcrito del Proyecto de Reforma Constitucional, se evidencia que al redactor de la norma prevista en el artículo 203 de la Constitución de 1999, contentiva de la regulación de las leyes orgánicas no le costó mucho esfuerzo dicha redacción, pues se limitó exclusivamente a ajustarla a la nueva estructura del Parlamento (unicameral), así como la del TSJ, y a suprimir la parte que aparece destacada. Ya en nuestro libro "*Lineamientos de Derecho Administrativo. Volumen I*", habíamos formulados varias críticas a la redacción propuesta por la Comisión de Reforma Constitucional de 1994, entre otras su carácter cuasiclandestino, así como otras de carácter conceptual que replantearemos más adelante, visto que la proposición a la larga se convirtió en derecho positivo. Pues bien, detectado el origen de la norma contentiva de la regulación de las leyes orgánicas, pasamos a examinarla.

C. Definición en la Constitución de 1999

Ha de advertirse que artículo 203 de la Constitución regula a la vez a las leyes orgánicas y a las leyes habilitantes. La parte concerniente a las primeras (encabezamiento y apartes primero y segundo) expresa:

> Son leyes orgánicas las que así denomina esta Constitución; las que se dicten para organizar los poderes públicos o para desarrollar los derechos constitucionales y las que sirvan de marco normativo a otras leyes.

> Todo proyecto de ley orgánica, salvo aquel que esta Constitución califique como tal, será previamente admitido por la Asamblea Nacional, por el voto de las dos terceras partes de los o las integrantes presentes antes de iniciarse la discusión del respectivo proyecto de ley. Esta votación calificada se aplicará también para la modificación de las leyes orgánicas.
> Las leyes que la Asamblea Nacional haya calificado de orgánicas serán remitidas antes de su promulgación a la Sala Constitucional del Tribunal Supremo de justicia, para que se pronuncie acerca de la constitucionalidad de su carácter orgánico. La Sala Constitucional decidirá en el término de diez días contados a partir de la fecha de recibo de la comunicación. Si la Sala Constitucional declara que no es orgánica, la ley perderá ese carácter...

La lectura del precepto transcrito permite colegir que la Constitución contiene una definición de ley orgánica que aparece articulada sobre la conjunción de un elemento material y otro formal. En efecto, el encabezamiento del dispositivo constitucional enumera taxativamente las materias que pueden y deben ser reguladas mediante leyes orgánicas, por tanto, selecciona de entre todas las materias que entran en la esfera de competencia legislativa de la Asamblea Nacional, un conjunto de ellas, bien por remisión de la propia Constitución (por denominación constitucional), bien por especificación de esas materias (organización de poderes públicos, desarrollo de los derechos constitucionales, y las que sirvan de marco normativo a otras leyes), y las reserva en forma exclusiva y excluyente a las leyes orgánicas, motivo por el cual a la vez las excluye del ámbito de todas las demás leyes (elemento material).

Pero al mismo tiempo traza, salvo para el caso de las *leyes orgánicas por denominación constitucional*, un procedimiento agravado para su formación, que comporta la exigencia de una mayoría calificada en un momento del procedimiento constitutivo. Por lo tanto, se requiere necesariamente para que las leyes orgánicas resulten válidamente sancionadas que: **a)** estén destinadas a regular materias incluidas en la enumeración contenida en el encabezamiento del artículo 203 constitucional; y **b)** que los proyectos de leyes sean *admitidos* por la Asamblea Nacional, por el voto de las dos terceras partes de los o las integrantes presentes antes de iniciarse la discusión de dichos proyectos (elemento formal).

D. Elemento material en la definición de la ley orgánica

Un somero examen del encabezamiento del precepto constitucional que define a las leyes orgánicas demuestra, en nuestro criterio, la voluntad clara de la Constitución de suprimir la categoría de leyes orgánicas denominadas doctrinariamente *por investidura parlamentaria*, la cual durante la vigencia de la Constitución de 1961 tenía su origen en el acto formal del Parlamento de investir dichas leyes como tales, por la mayoría absoluta de cada Cámara al iniciarse la discusión. Pero, a la par de esa supresión, reserva, de manera taxativa, ámbitos competenciales para ser regulados en forma exclusiva y excluyente por leyes orgánicas, tal como lo hace la Constitución Española en su artículo 81.1.

Es lo que SANTAMARÍA PASTOR (1991) denomina *reserva cerrada o limitativa*, que también comporta una prohibición de regular por leyes orgánicas aquellas materias que la Constitución no incluye en los mencionados ámbitos competenciales. Debe reconocerse que en la escogencia de dichas materias no se sigue un criterio uniforme que permita definirlas a partir de su contenido, pues, por ejemplo, al lado de la materia relativa a la organización de los poderes públicos, se coloca la concerniente al desarrollo de los derechos constitucionales, así como una materia que podría denominarse "*en blanco*", relativa al marco normativo de otras leyes. A la anterior debe agregarse la reserva sobre ámbitos materiales, también diversos, derivados de las correspondientes remisiones constitucionales, que configuran la categoría conocida por *denominación constitucional*.

Sin embargo, lo que resulta evidente es la voluntad de la Constitución de establecer la mencionada reserva material cerrada o limitativa, siendo igualmente evidente que al establecerla incurrió en la deficiencia antes señalada, porque se abstuvo de delinear esos ámbitos competenciales atendiendo a uno o varios criterios que le dieran coherencia conceptual, además de que al establecer algunos de ellos lo hizo en forma ambigua e indefinida, (desarrollo de derechos constitucionales y marco normativo de otras leyes). Nos atrevemos a predecir que esta notoria deficiencia originará múltiples y complejos problemas interpretativos, tanto para la doctrina como para la jurisprudencia.

a. Clasificación de las leyes orgánicas sobre la base del elemento material

A'. Por denominación constitucional

Cabe recordar que esta era una de las dos clases de leyes orgánicas contemplada en la Constitución de 1961, y obedecía como también lo hace en la Constitución de 1999, al criterio o elemento material. La denominación de orgánica opera mediante el mecanismo de la remisión constitucional, esto es, que cada vez que el constituyente consideró conveniente reservar una materia a este tipo de ley orgánica, así lo estableció expresamente, de tal suerte que la única manera de saber cuáles y cuantas son las leyes orgánicas por denominación constitucional, es realizar un censo de las remisiones que en ese sentido aparecen a lo largo de todo el texto de la Constitución. Esa técnica constituyente utilizada por la Asamblea conduce a sostener que el único criterio que privó en la reserva de las materias que son objeto de esta clase de texto legislativo, fue el criterio de la "conveniencia". En efecto, basta tomar una muestra de esas materias, que van desde "fronteras" (art. 15), pasando por la "organización de los máximos órganos del Poder Público Nacional" (art. 247, 262, 273, etc.), hasta "pueblos indígenas" (Disposición Transitoria Sexta), para percatarse de que no existe ningún hilo conductor, ni ningún criterio unitario acerca de dichos ámbitos materiales.

Pero además tampoco resulta posible derivar orden alguno de la topografía constitucional, ya que las remisiones aparecen en títulos y capítulos disímiles, comenzando en el artículo 15 y concluyendo en la disposición transitoria séptima, lo que tal vez obedezca a la indicada "*conveniencia*", por no decir arbitrariedad, en la selección de las materias reservadas.

Constatar esas características de "*conveniencia*" y de arbitrariedad en la selección y ubicación de las materias que se reservan a ese tipo de leyes orgánicas, obstaculiza mucho el intento de formular una tesis acerca de un parámetro unificador seguido por el constituyente, lo que sí era posible en la Constitución de 1961, en la cual la casi totalidad de las materias reservadas estaban referidas a la regulación de los órganos fundamentales del Poder Público Nacional (Ministerio Público, Procuraduría, Contraloría General de la República, Consejo de Ministros). En todo caso, debe presumirse que el criterio de conveniencia en la selección de las materias seguido por el constituyente, estuvo presidido por el principio de la importancia que en el contexto de la elaboración constitucional se le atribuyó a cada una de esas materias.

Por otra parte, es necesario subrayar que las leyes por denominación constitucional, a diferencia de las otras leyes orgánicas, tienen una fuerza o rango parcialmente superior a todas las demás leyes, incluyendo a las otras categorías de orgánicas, en *cuanto a uno de los efectos de la derogación legislativa*, esto es, el que consiste concretamente en suprimir el órgano, persona jurídica o materia disciplinados en la ley derogada, o bien sustituirlo con otro órgano, en el caso de los órganos y personas jurídicas, ya que en ese sentido ellas siempre mantendrán su vigencia, en tanto en cuanto la materia a que se contrae la remisión aparezca regulada en la Constitución, por lo que *únicamente pueden ser derogadas si mediante una enmienda o reforma la aludida materia desaparece del texto constitucional.*

Así por ejemplo, el artículo 262 reserva a una ley orgánica la regulación del TSJ, por lo tanto, en el marco de la tesis que venimos manejando, mientras ese máximo órgano de justicia esté contemplado en la Constitución, la correspondiente ley orgánica no podrá ser derogada con la finalidad de suprimir dicho órgano judicial, o bien sustituirlo por otro. Por supuesto, que podrá ser modificada parcial o totalmente (efecto derogatorio), siempre y cuando mantenga el órgano o institución previsto en la Constitución; de allí entonces la *"fuerza o rango de ley"* parcialmente superior de las leyes orgánicas por denominación constitucional, que únicamente se manifiesta en uno de los efectos derogatorios, mas no en todos, pues se insiste en que no opera en el caso de la reforma, ni la modificación total (sustitución por otra), siempre que se mantenga el órgano, persona jurídica, o en definitiva la materia regulada por efecto de la reserva constitucional.

Precisamente, en razón de la particularidad con que son delineadas en la Constitución, las leyes orgánicas por denominación constitucional no requieren para su formación, modificación o derogación, a diferencia de las otras clases de leyes orgánicas (para la organización de los poderes públicos, desarrollar los derechos constitucionales, y servir de marco normativo a otras leyes) pasar por el procedimiento agravado previsto para estas, que consiste en su admisión como ley orgánica, que requiere contar con el voto favorable de la mayoría de las dos terceras partes de los integrantes de la Asamblea Nacional, presentes en la sesión en que se inicie la discusión del respectivo proyecto, ni ninguna otra formalidad especial, es decir, que únicamente deben seguir el procedimiento ordinario de formación de las leyes previsto en la Constitución, expuesto anteriormente (art. 205 al 215).

Es necesario advertir que, aun cuando eventualmente en el nombre de la ley no figure la palabra "*orgánica*", de todas maneras tendrá esa connotación, ya que así lo impone el correspondiente reenvío constitucional, de tal manera que si debido a una omisión ostensible de la Asamblea Nacional faltase dicho nombre –caso difícil de imaginarse debido a la particularidad y al número cerrado de estas leyes– ello constituiría un mero error material que para nada afectaría el carácter orgánico de la ley, y como es obvio mucho menos su validez y vigencia.

Debido a que se originan en el propio texto de la Constitución, el número de las leyes orgánicas por denominación constitucional es totalmente cerrado, y la única forma de alterarlo (aumentarlo o disminuirlo) es mediante una enmienda o una reforma constitucional. Ahora bien, un examen de la Constitución revela que las remisiones relativas a este tipo de leyes están contenidas en los siguientes artículos: 15 (fronteras), 16 (división político territorial), 41 y 328 (Fuerza

Armada Nacional), 86 (seguridad social), 128 (ordenación del territorio), 147 (límites de los emolumentos de los funcionarios públicos), 169 y 171 (organización de los municipios y distritos metropolitanos), 236, num. 20, (organización de la Administración Pública Nacional), 247 (organización y funcionamiento de la Procuraduría General de la República), 262 (TSJ), 273 (organización y funcionamiento del Poder Ciudadano), 292 y disposición transitoria octava (Poder Electoral), 302 (reserva por parte del Estado de la actividad petrolera y otras industrias, servicios y bienes de interés público), 312 (crédito público), 313 (régimen presupuestario), 323 (Consejo de Defensa de la Nación), 336, num. 10 (jurisdicción constitucional), 338 y disposición transitoria tercera, num. 2, (estados de excepción), disposición transitoria cuarta, num. 2, (refugio y asilo), disposición transitoria cuarta, num. 3 (trabajo), disposición transitoria cuarta, num. 4 (procesal del trabajo), disposición transitoria cuarta, num. 5 (defensa pública), disposición transitoria quinta (Código Orgánico Tributario), disposición transitoria sexta (pueblos indígenas, educación y fronteras), y disposición transitoria sexta (educación). En total son *veinticinco leyes orgánicas por denominación constitucional*, que podrían aumentar a veintiséis, si la interpretación concordada del artículo 89, que alude a una ley orgánica que establezca otras causales de inelegibilidad de los funcionarios públicos, y 292, que regula la organización del Poder Electoral, condujera a postular que en lugar de sancionar una ley regulatoria de ambas situaciones, como pareciera ser lo más lógico, se impusiera la tesis de sancionar una Ley Orgánica del Poder Electoral, y una Ley Orgánica del Sufragio.

B'. Para organizar los poderes públicos

a'. La variable "organización" como límite

Esta clase de leyes orgánicas, al igual que las destinadas a desarrollar los derechos constitucionales, y a servir de marco normativo a otras leyes, a diferencia de las orgánicas por denominación constitucional, las cuales adquieren tal categoría con la sola calificación realizada por el constituyente, independientemente del sector normativo que regulen, aparecen configuradas constitucionalmente a partir del acotamiento expreso de determinados sectores materiales, los cuales devienen en los ámbitos necesarios, y por lo tanto exclusivos y excluyentes de su contenido. En efecto, se trata de que la Constitución enumera las tres materias antes mencionadas, las cuales quedan reservadas exclusivamente a un legislador extraordinario -en cuanto está sujeto a un procedimiento reforzado-, el orgánico.

Por lo que respecta a la categoría de leyes bajo examen (para organizar los poderes públicos), su especificidad se deriva de las variables contenidas en su nombre, esto es: organización y poderes públicos. Ahora bien, la organización de un poder público supone para el legislador, conforme a reglas fundamentales de la Teoría de la Organización, disciplinar por lo menos la estructura organizativa del Poder, lo que a su vez impone señalar un mínimo de principios jurídicos o fórmulas organizativas, si no están previstos en el régimen general, o si estando previstos, pretende derogarlos para ese Poder, tales como la jerarquía, la delegación de funciones, la avocación, la suplencia y la autonomía si fuere el caso, las atribuciones o competencias, el régimen de designación de los titulares, el régimen de personal, si fuere el caso, el sistema de control al que esté sometido, o el que ejerza sobre otros poderes si fuere el caso, y el procedimiento de la emanación de los proveimientos, si se pretendiere derogar o modificar el establecido en el régimen general.

De modo, pues, que una Ley orgánica para lograr el cometido de disciplinar la organización de un poder público requiere que tenga como contenido la regulación de los elementos materiales antes enunciados, pudiendo regular otros, siempre y cuando se ajusten al marco teórico de la Teoría de la Organización, pues al fin y al cabo, si bien el límite material está constituido por los Poderes Públicos, la particularidad con que se pretenda revestir al correspondiente Poder, será la que establecerá los límites a la acción del legislador en su tarea de regular la organización.

b'. La variable "poderes públicos" como límite

La otra variable está referida a los poderes públicos, y en tal sentido cabe destacar que en singular la expresión poder público admite varias definiciones. Sin embargo a los fines que nos interesan seguiremos el esquema utilizado en el caso de la definición de Administración Pública, esto es lo definiremos en sentido subjetivo, como cualquier órgano o persona jurídica que detente estatus o rango constitucional, y en sentido objetivo, como la competencia que se atribuye a un poder público. En la Constitución de 1999 aparece usado con ambos significados, pues, así se desprende claramente de su Título IV denominado "*Del Poder Público*", cuyo artículo 136 prescribe que "*El Poder Público se distribuye entre el Poder Municipal, el Poder Estadal y el Poder Nacional. El Poder Público Nacional se divide en Legislativo, Ejecutivo, Judicial, Ciudadano y Electoral*" y el 139 que "*El ejercicio del Poder Público acarrea responsabilidad individual por abuso o desviación de poder*" (énfasis añadido). De la lectura de los preceptos constitucionales transcritos se evidencia el uso por el constituyente del término con los significados antes mencionados, pero también de la lectura y examen del artículo 203 constitucional, queda muy claro que en la denominación de este tipo de leyes orgánicas (organización de los poderes públicos), el término aparece utilizado con el primer significado aludido (subjetivo).

Por consiguiente, los Poderes Públicos quedan restringidos a los que resulten de la distribución del Poder Público en forma vertical y horizontal, tal como la consagra el citado artículo 136, esto es, verticalmente: Poder Nacional, Poder Estadal y Poder Municipal, y horizontalmente el Poder Nacional en Legislativo, Ejecutivo, Judicial, Ciudadano y Electoral, el Poder Estadal en Poder Ejecutivo y Poder Legislativo, y el Poder Municipal en Poder Ejecutivo y Legislativo.

c'. El carácter parcialmente redundante de las leyes orgánicas que se dicten para organizar los Poderes Públicos

Explicitadas las dos variables en las cuales se articulan las leyes orgánicas dictadas para organizar los Poderes Públicos, lo primero que se observa es que cuando se confrontan con las leyes por denominación constitucional, se pone en evidencia una redundancia significativa, en virtud de que una mayoría de los poderes públicos constituyen materias reservadas a este tipo de leyes (por denominación constitucional). Efectivamente, en el punto anterior hicimos la enumeración correspondiente, y en la misma figuran: la Administración Pública, los municipios y distritos metropolitanos (Poder Municipal), la Procuraduría General de la República, el TSJ, el Poder Ciudadano, el Poder Electoral, el Consejo de Defensa de la Nación, y la Fuerza Armada Nacional.

En segundo lugar, consideramos que el constituyente al colocar el fundamento de todas las leyes orgánicas en el elemento material, pretendió establecer un número cerrado de ellas, lo que configura una excepción al poder ilimitado, en cuanto al objeto de las leyes (en principio todas las materias de competencia nacional son susceptibles de ser reguladas mediante leyes ordinarias), ostentado por el legislador ordinario, motivo por el cual debe imponerse la tesis de la interpretación restrictiva acerca de la delimitación del ámbito necesario, excluyente y exclusivo de las leyes orgánicas. Pero esa tesis, en el caso de la clase de leyes orgánicas para organizar los poderes públicos, a los fines de optimizar su aplicación, debe estar presidida u orientada por un criterio operativo, que pensamos puede estar constituido por el estatus o rango constitucional del Poder o del órgano del Poder que se pretende regular, de tal manera que si se trata de un órgano o de un Poder que no revista ese rango o estatus, deberá considerarse excluido de las materias reservadas por el constituyente a las leyes orgánicas.

Si la tesis anterior resultase acertada, como en nuestro criterio parece ser, entonces cobraría fuerza el carácter parcialmente redundante de la disposición relativa a las leyes orgánicas destinadas a organizar los poderes públicos, pues bastaría hacer un censo de dichos poderes o de los órganos constitucionales, para percatarse que una vez agotada la lista de las leyes orgánicas por denominación constitucional, que incluyen al Poder Municipal, al Poder Electoral, al Poder Ejecutivo (Administración Pública) y al Poder Ciudadano, quedarían muy pocos órganos o poderes públicos por regular mediante leyes orgánicas dictadas para organizar dichos poderes públicos, pues es preciso hacer notar que no se estila disciplinar mediante ley (ni orgánica ni ordinaria) al Poder Legislativo, ya que usualmente es reglado por la propia Constitución y por los reglamentos parlamentarios.

Excluidos los anteriores Poderes u órganos constitucionales pueden mencionarse dentro de los que podrían ser objeto de este tipo de leyes a título ejemplificativo, los siguientes poderes u órganos: el Consejo Federal de Gobierno (art. 185), el Consejo de Estado (art. 251), la Contraloría General de la República (art. 287), el Ministerio Público (art. 284) y la Defensoría del Pueblo (art. 280), órganos estos tres últimos que integran el Poder Ciudadano, el cual debe ser regulado por una ley por denominación constitucional, en cambio, estos en razón de su autonomía, y de sus competencias como tales, deben ser disciplinados por este tipo de leyes orgánicas. Ha de hacerse notar que la lista tiene el carácter antes indicado, por lo que en ningún caso pretende ser exhaustiva. De ahí, pues, el carácter redundante de este tipo de leyes orgánicas previstas en la Constitución para desarrollar los Poderes Públicos.

Finalmente, es preciso subrayar que así como hemos sostenido que únicamente pueden ser objeto de este tipo de leyes aquellos poderes u órganos de los poderes públicos que tengan estatus constitucional, igualmente ha de destacarse que todo órgano o poder que revista ese estatus constituye parte del ámbito necesario, exclusivo y excluyente de las leyes que se dicten para organizar los poderes públicos, razón por la cual debe considerarse inconstitucional cualquier pretensión de regulación de dichos Poderes por una ley ordinaria.

C'. Para desarrollar derechos constitucionales

a'. La Constitución Española como fuente de este tipo de leyes (aporte de la jurisprudencia y la doctrina española para interpretar la norma que lo contiene)

Como se expresó precedentemente el artículo 203, en su parte consagratoria de las leyes orgánicas, tiene su origen en el Proyecto de Reforma de la Constitución elaborado por la correspondiente Comisión Parlamentaria en 1994, que a la vez trasuntaba el correspondiente dispositivo del Proyecto de Reforma Constitucional de 1992, pues fue simplemente transcrito casi sin modificación al anteproyecto de Constitución de 1999. En la primera discusión la categoría de leyes bajo examen recibía el nombre de "*leyes orgánicas para desarrollar los* PRINCIPIOS CONSTITUCIONALES", el cual se mantuvo en esa primera discusión y en la segunda fue cambiado el nombre *principios* por *derechos*, siendo justificado dicho cambio por el Presidente de la Asamblea Constituyente, en una intervención de aproximadamente diez segundos, como meramente formal. He allí entonces el origen de la denominación.

Ahora bien, al igual que la anterior, como su nombre lo indica, esta categoría de leyes orgánicas aparece articulada sobre las variables desarrollo y derechos constitucionales. Aquí conviene señalar que al parecer el dispositivo original, así como su modificación formal, en la parte concerniente a esta clase de leyes, fue tomado de la Constitución Española (art. 81.1), que preceptúa "*Son leyes orgánicas las relativas al desarrollo de los derechos fundamentales y de las libertades públicas*". Por esa razón quizás resulte conveniente señalar que la consagración, en la forma transcrita, de ese tipo de leyes ha suscitado serios problemas interpretativos en España, los cuales en forma paulatina han recibido soluciones de parte de la doctrina y de la jurisprudencia.

En efecto, cabe advertir que los problemas han girado acerca de los conceptos de desarrollo y de derechos fundamentales utilizados en la disposición constitucional, a los fines de circunscribir en sus verdaderos límites esta categoría de leyes orgánicas. Así, con relación al primero se ha impuesto la tesis doctrinaria sostenida por SANTAMARÍA PASTOR (1991), quien al interrogarse acerca del significado del término "*desarrollo*", afirma que tal interrogación admite una pluralidad de respuestas:

> ...desde la maximalista, según la cual sería desarrollo cualquier regulación que de cualquier forma, incluso tangencial, parcial o indirecta, afectase al régimen de estos derechos y libertades; hasta la minimalista, que exigiría reservar el concepto para las leyes que de

modo directo, frontal y global aborden la regulación de un derecho. Parece claro que la opción minimalista es claramente preferible: no sólo porque es difícil imaginar una norma legal que no afecte directa o indirectamente, alguno de los derechos y libertades mencionados (lo que llevaría al absurdo de que la inmensa mayoría del sistema normativo debería hallarse integrado por leyes orgánicas), sino por la misma exigencia procedimental que individualiza las leyes orgánicas, una votación sobre el conjunto de su texto, que carecería de sentido respecto de los proyectos en los que sólo algún precepto aislado afectase o rozase el régimen de algún derecho fundamental.

En ese mismo orden de ideas se pronuncia GARCÍA DE ENTERRÍA (1997), cuando expresa que:

> El significado técnico jurídico del concepto "desarrollo", en la teoría de las fuentes, como soporte de la técnica de la remisión normativa... contribuye a acotar con precisión el ámbito de estas regulaciones que han de limitarse a aportar el <u>complemento indispensable</u> que requiere la norma remitente (en este caso la Constitución), esto es, <u>todo lo indispensable</u> para asegurar la correcta aplicación y la plena efectividad de aquélla y <u>sólo lo estrictamente indispensable</u> a estos mismos efectos (énfasis añadido).

Esta tesis resultó acogida por el Tribunal Constitucional en su sentencia del 05-08-1983, y ha sido reiterada en fallos posteriores. El referido fallo expresó:

> La Ley orgánica sólo puede incluir preceptos que excedan el ámbito estricto de la reserva cuando su contenido desarrolle el núcleo orgánico y siempre que constituyan un complemento necesario para su mejor inteligencia, debiendo en todo caso el legislador concretar los preceptos que tienen tal carácter.

Por lo que respecta a los derechos fundamentales y libertades públicas, la doctrina se interrogó acerca de sí el contenido de estas leyes orgánicas abarcaban todo el catálogo de derechos contemplados en la Constitución española, pero después de las naturales discusiones doctrinarias, se impuso la tesis, basada en los trabajos constituyentes parlamentarios, que el mismo estaba reducido exclusivamente a los derechos contemplados en los artículos que van del 15 al 29 de la Constitución, que se corresponden con la sección 1° del Capítulo II *denominado "De los derechos fundamentales y de las libertades públicas"*. De modo, pues, que los aludidos problemas interpretativos han encontrado ese cauce en la doctrina y la jurisprudencia española.

b'. Posibilidad de aplicación del marco doctrinario y jurisprudencial español en la dilucidación del concepto de este tipo de leyes en la Constitución de 1999

Sin duda que ese desarrollo doctrinario y jurisprudencial es de mucha ayuda para intentar deslindar el contenido de las "*leyes orgá-*

nicas que se dicten para desarrollar los derechos constitucionales", y en ese orden de razonamiento consideramos que resulta aplicable en lo concerniente al concepto de "*desarrollo*" la teoría "*minimalista*" o del "*complemento indispensable*" manejada por la doctrina y la jurisprudencia española, pues guarda congruencia con la posición seguida por el constituyente venezolano, basada en la selección de la variable o elemento "*material*" para construir el concepto de leyes orgánicas, lo que -insistimos- constituye una clara derogatoria de la libertad del legislador ordinario en lo concerniente al contenido de las leyes, motivo por el cual la delimitación de ese ámbito material debe estar en función de una interpretación restrictiva del texto constitucional.

De allí entonces la aludida congruencia con la tesis española, lo que permite aseverar que en el marco del artículo 203 de la Constitución, el "*desarrollo*" de un derecho constitucional mediante una ley orgánica, consiste en la regulación directa de ese derecho, por lo que se excluye todo intento tendente a disciplinarlo de manera indirecta. A los efectos de la determinación de lo que es "*regulación directa*", debe tenerse en cuenta que ella se configura cuando constituye todo y solo lo estrictamente indispensable para asegurar la plena efectividad de la norma constitucional consagratoria del derecho.

c'. Tesis interpretativa acerca de los límites cuantitativos derivados de los derechos constitucionales consagrados en la Constitución

Por lo que respecta a la segunda variable, en la Constitución de 1999 la situación interpretativa se complica mucho, pues de admitirse que la sustitución de "*principios constitucionales*", por "*derechos constitucionales*", tuvo como finalidad lograr la sanción de un número de leyes iguales al número de derechos contenidos en el texto constitucional (aproximadamente cien), entonces estaríamos ante una desnaturalización del principio de la primacía del elemento material como base de construcción del concepto de ley orgánica, con el cual se pretende precisamente reducir el número de estas leyes.

En ese orden de razonamiento no se requiere mucho esfuerzo para percatarse que de haberse mantenido la redacción originaria, esto es, la expresión "*principios*" en lugar de "*derechos*" constitucionales, el problema interpretativo, de todas maneras se hubiese presentado, pero reducido significativamente, ya que acudiendo a la evolución doctrinaria y jurisprudencial es posible identificar un conjunto de principios constitucionales, que llegarían aproximadamente a la quinta parte (veinte) de los derechos consagrados en la Constitución de 1999, razón por la cual las leyes orgánicas de esta clase se verían reducidas a ese número. Sin embargo, la sustitución se hizo, y para ello el Presidente de la Asamblea Nacional Constituyente se limitó a indicar que se trataba de un cambio "*meramente formal*", por lo que corresponderá a la doctrina y a la jurisprudencia dilucidar este trascendente problema interpretativo. En el estado actual de la situación se puede perfectamente seguir una posición que podría calificarse expansiva o extensiva en esta materia, lo que supondría que a los efectos de la reserva concebida en la Constitución para las leyes orgánicas, concebir en un plano de igualdad todos los derechos constitucionales, razón por la cual no cabe hacer ningún tipo de discriminación entre ellos, a los efectos de su regulación mediante este tipo leyes orgánicas. Siguiendo esta tesis, entonces cada uno de los aproximadamente cien derechos constitucionales tendría que ser desarrollados por leyes orgánicas.

La otra posición que podría asumirse, a riesgo de que pueda ser calificada de restrictiva y hasta de conservadora, es la que postula que el intérprete debe colocarse en una posición acorde con el principio que preside la elaboración del concepto de ley orgánica consagrado en forma inequívoca en la Constitución (primacía del elemento material), motivo por el cual teniendo presente la idea de los "*principios constitucionales*" que originalmente estaba contenida en el precepto, el cual fue aprobado de esa manera en primera discusión por la Asamblea Nacional Constituyente, y que la modificación en la segunda discusión parece ser, según se desprende del Diario de Debates de la referida Asamblea, el producto de una confusión conceptual con relación a la significación de "*principios*" y "*derechos*" constitucionales, pensamos que debería seguirse a los efectos de la calificación de este tipo de leyes orgánicas, una tesis que postule la restricción a un número determinado de derechos constitucionales, los susceptibles de ser desarrollados mediante esta clase de leyes orgánicas, que bien pudieran ser aquellos a que se contraen las *disposiciones generales* del Título III denominado "De los Derechos Humanos y Garantías y de los Deberes", ya que en esas disposiciones figuran derechos que podrían revestir el carácter de lo que los constitucionalistas alemanes y españoles, llaman fundamentales.

Para tratar de justificar la importancia de esos derechos basta mencionarlos: derechos humanos progresivos, libre desenvolvimiento de la personalidad, reconocimiento de los derechos humanos no enunciados en la Constitución, irretroactividad de las leyes, nulidad de los actos violatorios de los derechos constitucionales, igualdad ante la ley, amparo por violación de los derechos constitucionales, habeas data, la tutela judicial efectiva, la gratuidad de la justicia, la garantía de que el Estado investigará y sancionará a las autoridades públicas que cometan delitos contra los derechos humanos, la imprescriptibilidad de los delitos de lesa humanidad, la garantía de la obligación que tiene el Estado de indemnizar a las víctimas de las violaciones de los derechos humanos que les sean imputables, o a sus derechohabientes, y derecho a dirigir peticiones ante los órganos internacionales para solicitar amparo de los derechos humanos.

De modo, pues, que tanto la doctrina como la jurisprudencia tenderán a moverse fundamentalmente entre esas dos posturas, pudiendo lógicamente matizarlas. En caso de que se opte por la primera, como se expresó anteriormente, deberá concluirse en que la Constitución reservó para ser desarrollados por leyes orgánicas a todos los derechos consagrados en el Título III del texto constitucional, por lo que además de los consagrados en las disposiciones generales, dicha reserva se extenderá a los derechos contenidos en los capítulos que van del I al IX de dicho Título (nacionalidad y ciudadanía, derechos civiles, derechos políticos, derechos sociales y de la familia, derechos culturales y educativos, derechos económicos, derechos de los pueblos indígenas y derechos ambientales). Y en la hipótesis de que se opte por la segunda, entonces la reserva constitucional únicamente se centrará en los derechos consagrados en las disposiciones generales del aludido Título III, antes enumerados.

Cualquiera que sea finalmente la tesis que se imponga jurisprudencialmente, deberán tenerse muy en cuenta en el contexto de la presente exposición, ciertos principios jurisprudenciales contenidos en sentencias del Tribunal Constitucional Español en esta materia, señalados por PEMAN GAVIN (1991), tales como el relativo a que "*hay derechos constitucionales, cuyo desarrollo por ley orgánica no agota el correspondiente sector normativo, que debe ser completado por disposiciones legales de carácter ordinario en todo lo que no sea estrictamente desarrollo del derecho fundamental*". Los ejemplos citados por el aludido autor son el derecho a la educación y a la libertad de enseñanza.

Igualmente deberá tenerse en cuenta que hay derechos constitucionales que no son susceptibles de desarrollo, mencionándose en tal sentido el derecho a no ser condenado ni sancionado por acciones u omisiones que en el momento de producirse no constituyan delitos o infracciones administrativas y el derecho al juez natural. El llamado a tener presente los referidos principios es con la intención de determinar si ellos podrán considerarse aplicables en nuestro país a la luz del precepto contenido en el artículo 203 de la Constitución, en la parte relativa a la configuración de las leyes orgánicas que se dicten para desarrollar los derechos constitucionales.

D'. Leyes que sirvan de marco normativo a otras leyes

En doctrina se suelen definir a las leyes marco o *cornice* o *quadro* (Italia) como aquellas que se limitan a establecer para determinadas materias los principios fundamentales de la misma, los cuales deberán ser desarrollados por otras leyes, o dicho de otra manera, aquellas que fijan las directivas que habrá de seguir necesariamente el legislador en la regulación de la materia sobre las que obran esas directivas. Hasta ahora, en el ordenamiento jurídico venezolano no estaba contemplado este tipo de leyes, y en el campo doctrinario se encuentran referencias incidentales, sobre todo en autores como RONDÓN DE SANSÓ, relacionadas con la jerarquía de las leyes orgánicas contempladas en la Constitución derogada, y de las leyes autorizatorias dictadas de conformidad con el artículo 190, ord. 8°, de la Constitución de 1961. Pero se insiste en que se trataba de meras referencias incidentales. Por tanto, su consagración en la Constitución de 1999 resulta una novedad.

No cabe duda que al haber introducido esta categoría de leyes orgánicas, el constituyente incurrió en una flagrante contradicción, con el principio que le sirvió de base para construir el concepto de ley orgánica tantas veces mencionado (primacía del elemento material y derogación de la libertad del legislador ordinario para seleccionar el contenido de la ley), el cual, con las observaciones formuladas está presente en las tres restantes categorías de leyes orgánicas: por denominación constitucional, para organizar los poderes públicos y para desarrollar los derechos constitucionales.

El respeto del mencionado principio conduce a postular la existencia de un número cerrado de leyes orgánicas, que es la voluntad de la Constitución, no obstante, al erigir en la última categoría de leyes orgánicas a las que sirven de marco normativo a otras leyes, se contrarió frontalmente esa voluntad, en virtud de que resulta perfectamente posible dictar un número infinito de leyes con la finalidad de servir de marco normativo a otras leyes, pues dicho marco puede estar referido a *cualquier materia*, electricidad, ambiente, lotería, finanzas, etc., ya que desaparece el límite material, y el legislador recobra la plenitud de su libertad para decidir sobre el contenido de la ley, acudiendo al esguince legislativo de calificar como marco normativo de un número ilimitado de materias, a la ley orgánica, para lo cual solo requerirá que el proyecto sea admitido como ley orgánica, por la Asamblea Nacional por el voto de las dos terceras partes de sus integrantes presentes antes de iniciarse la discusión del proyecto. O sea, que estamos simplemente y llanamente, en la práctica, ante la categoría de ley que se intentó desterrar del ordenamiento constitucional, esto es: *la ley orgánica por investidura parlamentaria*, y la investidura se deriva de la admisión como ley orgánica por la mayoría antes indicada, ya que la materia a la que puede servir de marco normativo puede ser cualquiera.

La consagración de este tipo de ley constituye, en nuestro criterio, un error conceptual bastante grave, que quizás se deba a la costumbre que se venía imponiendo en el Parlamento, y que por lo visto se trasladó a la Asamblea Nacional Constituyente de copiar disposiciones parciales o íntegras de otros países, o de proyectos de leyes elaborados casi clandestinamente por Comisiones Parlamentarias, debido a que no llegaban a someterse a la consideración de la sociedad civil, las universidades, etc., y muchas veces, inclusive cuando su análisis perseguía únicamente fines académicos resultaba difícil hasta conseguir los proyectos.

Precisamente eso fue lo que ocurrió en este caso, en razón de que el redactor se limitó a copiar íntegramente esta parte del hoy artículo 203 de la Constitución, del proyecto de Reforma Constitucional de 1994 (art. 70), que dicho sea de paso, desmejoró notablemente el Proyecto de 1992, pues este último, consagraba esta categoría de leyes, pero enumeraba en forma taxativa las materias a las cuales podían servir de marco normativo las leyes orgánicas, a saber apenas cinco: presupuesto, crédito público, régimen tributario, procedimiento administrativo y reforma agraria. De modo, pues, que al realizar esa copia, sin ningún tipo de reflexión, de un proyecto casi clandestino, la cual resultó aprobada por la Asamblea Nacional Constituyente también sin ningún tipo de discusión, resulta evidente que se desnaturalizó el principio de la primacía del elemento material que prima en la construcción del concepto de ley orgánica en la Constitución de 1999, ya que en consonancia con dicho principio se pretendía mantener un *numerus clausus* de leyes orgánicas, que ahora con esta categoría de leyes orgánicas pasa a ser un número francamente abierto.

Ante un error de esa dimensión lo que queda únicamente es confiar en la sindéresis de la Asamblea Nacional, que en definitiva será el único órgano que tendrá la posibilidad y la facultad de hacer prevalecer la voluntad de la Constitución de consagrar un concepto material de ley orgánica, y por ende, un número cerrado de esta clase de leyes, ya que en estricto rigor conceptual ni siquiera la Sala Constitucional del TSJ podría al ejercer el control *a priori* sobre las leyes orgánicas, declarar la inconstitucionalidad de la calificación realizada por la Asamblea al admitirlas, en virtud de que carecería de un parámetro con que confrontar esa calificación, puesto que a la luz de la disposición en comento, sería una facultad discrecional de la Asamblea Nacional seleccionar las materias –claro está excluyendo las correspondientes a las otras tres categorías– a las que servirían de marco normativo las leyes que sancionara.

Excepcionalmente podría la Sala Constitucional declarar el carácter no orgánico, cuando estime que la ley no obedece al concepto de ley marco o cuadro, porque no contenga los principios generales, sino más bien detalles de la materia a la que pretende servir de marco normativo. Pero resulta dudoso que la Asamblea Nacional pueda incurrir con frecuencia en una irregularidad tan ostensible.

Insistimos en que el referido control solo puede reposar en la Asamblea Nacional, porque si bien el órgano legislativo está obligado a sancionar leyes orgánicas en las materias denominadas así por la propia Constitución, las de organización de los poderes públicos y las que sirvan para desarrollar los derechos constitucionales, por lo que, como lo veremos más adelante, en caso de que el legislador ordinario decida regular esas materias, la ley ordinaria que sancione con tal fin estará viciada de inconstitucionalidad.

En cambio, el legislador orgánico no está obligado a sancionar leyes que sirvan de marco normativo a otras leyes, porque el constituyente no indica cuáles son esas materias a que servirán de marco normativo, de tal forma que el legislador ordinario puede regularlas, sin temor a que por esa razón surja cualquiera duda sobre su constitucionalidad. En otras palabras, la preservación del concepto de ley orgánica consagrado en la Constitución de 1999, casi obliga a la Asamblea Nacional a no dictar leyes orgánicas que sirvan de marco normativo a otras leyes, o mejor dicho, a dictar el mínimo indispensable posible.

E'. Inexistencia de leyes orgánicas por calificación constitucional

Comenzamos por reiterar que solo existen cuatro clases de leyes orgánicas: por denominación constitucional, para organizar los poderes públicos, para desarrollar los derechos constitucionales y para servir de marco normativo a otras leyes, en razón de que así se desprende categóricamente del encabezamiento del artículo 203 constitucional. Sin embargo, la redacción del segundo aparte de dicho precepto, concebida así: "*Las leyes que la Asamblea Nacional haya calificado de orgánicas serán remitidas antes de su promulgación*" puede suscitar dudas y dar lugar a que se predique la existencia de una quinta clase de estas leyes: *Las leyes orgánicas calificadas por la Asamblea Nacional*, que resultan idénticas a las contempladas en la Constitución de 1961, o sea, a las leyes orgánicas por investidura parlamentaria, cuyo basamento, como hemos dicho antes, radicaba en un único elemento de carácter formal: su calificación como ley orgánica por la mayoría absoluta de los integrantes de ambas Cámaras al iniciarse la discusión del proyecto.

Advertimos no sin alarma que la idea de esta quinta categoría de leyes proviene nada más y nada menos que de la Exposición de Motivos de la Constitución de 1999. En efecto, así aparece consagrado expresa y explícitamente en el capítulo relativo al Poder Legislativo Nacional, cuando se refiere al conjunto de cambios incorporados en la definición de ley, y en tal sentido cuando se refiere a las leyes orgánicas, afirma:

> Por otra parte, la constitución establece cinco tipos de leyes orgánicas: las que ella misma denomina como tales, las que se dicten para organizar los poderes públicos, las que se dicten para desarrollar derechos constitucionales, las que sirvan de marco normativo a otras leyes y las que hayan sido calificadas como tales por la Asamblea Nacional, en cuyo caso éstas habrán de ser remitidas a la Sala Constitucional del Máximo Tribunal, para que se pronuncie acerca de la constitucionalidad de su carácter orgánico, esto con el propósito de evitar el uso indiscriminado de tal denominación.

Ante la parte transcrita de la Exposición de Motivos, no nos queda más que afirmar, con el debido respeto para quienes la elaboraron, que incurren en un grave error, que al estar contenido en ese documento se torna gravísimo, debido a la tendencia que se ha impuesto en los últimos tiempos en Venezuela -también errónea- de otorgarle un criterio de autoridad o un valor sacramental a los antecedentes legislativos o constitucionales, sobre todo a las Exposiciones de Motivos. Sostenemos que se trata de un error, y además grave, por las siguientes razones:

i) El análisis del concepto de ley orgánica delineado en el encabezamiento del artículo 203 constitucional, como tantas veces lo hemos repetido, aparece fundamentado únicamente en el elemento material, lo que se traduce en la reserva que hace el constituyente de un número de materias para que sean reguladas exclusivamente por leyes orgánicas, motivo por el cual al mismo tiempo configura una exclusión de toda categoría de leyes orgánicas que no respondan al criterio material, como sería el caso del quinto tipo (leyes orgánicas calificadas como tales por la Asamblea Nacional) que se propone en la Exposición de Motivos de la Constitución, ya que obedece al criterio esencialmente formal de calificación de la ley por la Asamblea Nacional.

ii) En consonancia con esa concepción de ley orgánica resulta claro que la voluntad de la Constitución es la de establecer un *numerus clausus* de esta clase de leyes, de tal manera que de admitirse ese quinto tipo de ley orgánica, esa voluntad quedaría totalmente desvirtuada, en virtud de que se configuraría un *numerus apertus* de leyes orgánicas, y en consecuencia, se repropondría la existencia en la Constitución de la clase de *leyes orgánicas por investidura parlamentaria*, cuya eliminación, por la cantidad de problemas que suscitó durante la vigencia de la Constitución de 1961, resultó del cambio cualitativo en el concepto de ley orgánica presente en el encabezamiento del artículo 203 constitucional.

iii) Si como parece ser los redactores de la Exposición de Motivos infirieron la existencia del quinto tipo de ley (por calificación de la Asamblea Nacional), de la expresión literal del segundo aparte del artículo 203 ("*Las leyes que la Asamblea Nacional haya calificado de orgánicas*"), lo que, dicho sea de paso, puede ocurrir con otros operadores jurídicos, ello evidencia una clara descontextualización en el proceso interpretativo del precepto, pues habría que preguntarse en estricto rigor hermenéutico sí el encabezamiento de dicha dispositivo constitucional que contiene la definición del concepto, y además establece taxativamente cuatro categorías de leyes orgánicas, todas montadas sobre la misma variable (criterio material), ¿no priva sobre la referencia accidental relativa a la remisión de las leyes orgánicas para su control *a priori* por la Sala Constitucional del Máximo Tribunal?, y sí de esa mera referencia incidental ¿es posible, también en sana lógica, crear por vía de interpretación un nuevo tipo de leyes orgánicas, modificando el encabezamiento del esquema normativo?

Sin duda que ambas interrogantes deben ser respondidas negativamente, y en consecuencia concluir que se trata de una tesis interpretativa –la de la Exposición de Motivos– que resulta de una descontextualización de las proposiciones normativas que integran el artículo 203 constitucional, la cual origina una conclusión falsa, como es la relativa a la derivación de la quinta categoría de leyes orgánicas bajo examen.

iv) Pero aun admitiendo como válido el mecanismo descontextualizador utilizado en el proceso de interpretación, de todas maneras el resultado de la interpretación sería errado, porque partiría del falso supuesto de que la Asamblea Nacional califica a un solo tipo de ley orgánica (al quinto de la Exposición de Motivos) y a los otros no, cuando la mecánica procedimental impone que todos tipos de leyes orgánicas, salvo a aquel relativo a las "*denominadas como tales por la propia Constitución*", sean calificadas por el órgano parlamentario al momento de admitirlas con la mayoría calificada requerida, antes de iniciarse la discusión del proyecto.

Siendo que la calificación a que alude el segundo aparte del artículo 203 se inscribe dentro del proceso de formación de las clases de leyes orgánicas para organizar los poderes públicos, para desarrollar los derechos constitucionales y que sirvan de marco normativo a otras leyes, entonces resulta forzoso concluir que no puede erigirse tal calificación en una fase autónoma del procedimiento, y mucho menos que origine una nueva categoría de leyes orgánicas no contempladas en la Constitución de 1999; de allí entonces las razones que nos conducen a asumir una posición totalmente frontal contra la tesis que propugna la existencia de las leyes por calificación parlamentaria (por la Asamblea Nacional), o en términos de la Constitución derogada, de ley orgánica por investidura parlamentaria.

F'. Procedimiento de formación

Las leyes orgánicas, con excepción de las que el propio texto constitucional así denomina, para cuya formación se sigue el mismo procedimiento que para las leyes ordinarias, tienen un procedimiento agravado, en virtud de que al procedimiento ordinario (iniciativa, discusión, sanción, promulgación y publicación), se añade la fase de *admisión*, la cual consiste en el pronunciamiento que debe realizar la Asamblea Nacional antes de iniciarse la discusión del proyecto.

Dicha fase idealmente se puede desagregar en dos momentos: **a)** la calificación de la Ley por la Asamblea, que únicamente puede estar basada en cualquiera de los criterios materiales enumerados en el artículo 203 (organización de los poderes públicos, desarrollo de los derechos constitucionales y marco normativo de otras leyes), por lo que recibe esa calificación de la Asamblea Nacional si regula alguna de esas materias y; **b)** una vez calificada como ley orgánica porque responde al concepto constitucional (criterio material), debe contar con la votación calificada de las dos terceras partes de los integrantes presentes antes de iniciarse la discusión. Utilizamos el término "*idealmente*", pero pareciera que pese a la aludida separación lógica en esos dos momentos, su ejecución correspondería a un solo acto de la Asamblea.

O sea, que la calificación de la ley como orgánica debe ser aprobada con la mayoría calificada antes señalada, produciéndose de esa manera la admisión de la ley. Perfeccionada esta fase continúa el procedimiento ordinario de formación de la ley.

El Reglamento Interior y de Debates de la Asamblea Nacional, cuya última modificación es del año 2021, no disciplina dicha situación, pero en una futura reforma, deberá precisar con indicadores operativos la configuración tanto del momento del procedimiento que la Constitución denomina "*antes de iniciarse la discusión*", como la fase de "*admisión*" de la ley, que están íntimamente conectados, pues es dable pensar que la determinación del número de los presentes, que servirá de base para el cálculo de las dos terceras partes exigidas para la calificación-admisión de la ley, debe tener una oportunidad muy precisa en el tiempo para perfeccionarse, pues de lo contrario pueden llegar a presentarse serios problemas en la determinación de los presentes, y por ende, en la determinación de las dos terceras partes, si se tiene en cuenta que la Asamblea deberá estar sesionando para que ocurra el momento denominado "*antes de iniciarse la discusión*"; razón por la cual pueden incorporarse y retirarse diputados.

De modo, pues, que pese a que el criterio material que priva en la concepción de ley orgánica presente en la Constitución, el procedimiento –que es agravado– juega un papel muy importante en la formación de las leyes orgánicas, con excepción de las leyes orgánicas por denominación constitucional. Sin embargo ha de advertirse que en caso de producirse vicios en el procedimiento de formación de este tipo de leyes, por ejemplo cuando no se logra la mayoría de las dos terceras partes de los integrantes presentes de la Asamblea Nacional, y de todas maneras se admite como orgánica, tal vicio no podrá ser considerado por la Sala Constitucional en ejercicio del control *a priori* de estas leyes, debido a que el único objeto de dicho control es determinar la constitucionalidad del carácter orgánico de la ley, lo que no excluye lógicamente que después de publicada pueda ser impugnada ante el mismo órgano jurisdiccional, invocando vicios en el procedimiento de su formación.

Como el principio recogido en la Constitución es que las leyes orgánicas requieren un procedimiento agravado para su admisión como tales, que no para su aprobación, como ocurre en España, que consiste en la exigencia de una mayoría calificada, que si bien está en función del número de integrantes de la Asamblea, en realidad lo determinante es el número de ellos presentes antes de iniciarse la discusión del proyecto, por lo que en algunas oportunidades esa mayoría podrá resultar inferior a la mayoría absoluta de los miembros de la Asamblea. Se configuraría esa situación en un caso hipotético, muy difícil de presentarse, cuando el número de integrantes presentes constituya el número mínimo para que pueda funcionar válidamente el órgano (quorum de funcionamiento), que de acuerdo a lo previsto en el artículo 221 constitucional, se trata de la mayoría absoluta de los integrantes, que en la Asamblea Nacional electa en 2020 y que inició sus funciones en 2021, es de 139, que resulta de dividir la totalidad de los integrantes entre dos, siendo las dos terceras partes 93, es decir, que pese a la pretensión del texto constitucional de lograr un procedimiento reforzado teniendo en cuenta una mayoría calificada, esta puede llegar a transformarse en una mayoría inferior a la mayoría absoluta.

Por otro lado, interesa resaltar que la Constitución recoge parcialmente el denominado principio de "*paralelismo de las formas*", que preconiza que los actos se deshacen en la misma forma en que se hacen, o sea, que se modifican o revocan siguiendo el mismo procedimiento con que se constituyen. En efecto, el aludido principio aparece recogido en el artículo 203, primer aparte, que expresa:

> Todo proyecto de ley orgánica, salvo aquel que esta Constitución califique como tal, será previamente admitido por la Asamblea Nacional, por el voto de las dos terceras partes de los o las integrantes presentes antes de iniciarse la discusión del respectivo proyecto de ley. Esta votación calificada se aplicará también para la modificación de las leyes orgánicas (énfasis añadido).

Sin duda que la intención de la Constitución es exigir esa misma mayoría calificada para la modificación de las leyes orgánicas, y además así se desprende de la intervención del Constituyente COMBELLAS, quien durante la segunda discusión propuso que fuera agregada esa coletilla al citado artículo 203 constitucional. Sin embargo, el principio no aparece recogido plenamente en la letra de la Constitución, en virtud de que la mayoría calificada es exigida únicamente para la modificación, y no para la derogación de este tipo de leyes, pero las reglas hermenéuticas más elementales conducen a exigir, con mayor razón, dicha mayoría para la derogación de las leyes orgánicas, pues no debe olvidarse que al fin y al cabo las leyes orgánicas adquieren una especie de mayor fuerza, debido precisamente a esa mayoría, razón por la cual su estabilidad o vigencia está condicionada a que en el juego parlamentario se conforme una mayoría calificada que permita su derogación, lo que no ocurre con las leyes ordinarias.

Ha de hacerse notar, finalmente, que esa mayoría deberá ser exigida antes de iniciarse la discusión del Proyecto de ley, en la fase de admisión, mediante el cual se pretende modificar la ley orgánica, por lo tanto, si no se logra en esa oportunidad dicho proyecto debe ser desestimado, correspondiendo establecer en el Reglamento de la Asamblea la fecha en que puede ser presentado nuevamente, que en nuestro criterio no debería ser antes de iniciarse el nuevo período de sesiones, pues de lo contrario se pierde el sentido de la exigencia constitucional. No obstante debemos advertir que en el Reglamento Interior y de Debates de la Asamblea Nacional de 2005, reformado parcialmente en el 2010, no se introdujo ninguna disposición que regulase la situación dudosa antes descrita.

Por supuesto que, al no lograrse la mayoría para la modificación o derogación, a diferencia de lo que ocurre cuando se presenta el proyecto de una nueva ley orgánica, es decir, aquella destinada establecer *ex novo* una regulación, o dicho de otra manera, a disciplinar un ámbito material que hasta la fecha de la presentación del proyecto nunca había sido regulado, dicho proyecto no puede continuarse discutiendo como si fuese ordinaria, pues de esa manera se admitiría que la ley ordinaria modificara a la ley orgánica.

En el caso de la derogación, lo cual puede ocurrir porque se sustituya totalmente una ley por otra, o porque se derogue simplemente, por ejemplo, cuando se pretenda suprimir un instituto autónomo creado por una ley orgánica, si fuere el caso, la mayoría calificada también debe exigirse en la fase de admisión.

b. Control a priori de la constitucionalidad del carácter orgánico de esta clase de leyes

A'. Posible origen de la disposición

El segundo aparte del artículo 203 de la Constitución consagra por primera vez el control *a priori* de las leyes orgánicas a los fines de determinar exclusivamente su carácter orgánico. Por supuesto que de dicho control están excluidas las orgánicas por denominación o calificación constitucional. Ahora bien, todo parece indicar que esta disposición tiene su origen, o mejor dicho, es un traslado textual de la contenida en el artículo 70 del Proyecto de Reforma Constitucional de 1994, el cual a su vez parece trasuntar parcialmente una disposición de la Constitución Francesa de 1958.

No obstante, esa recepción es parcial, pues de haber sido total el constituyente debería haber trasladado íntegramente el artículo 46, parte *in fine* de la Constitución Francesa que establece: "*las leyes orgánicas solo pueden ser promulgadas previa declaración del Consejo Constitucional de su conformidad con la Constitución*". Igualmente ocurre con los Reglamentos de las Asambleas Parlamentarias (art. 61), es decir, que tal declaratoria no es exclusiva de las leyes orgánicas, y mucho menos está referida exclusivamente al carácter orgánico que revisten las mismas, sino más bien a determinar su conformidad con toda la Constitución.

A los fines del esclarecimiento del origen de la disposición constitucional (art. 203), en lo concerniente al control bajo examen, resulta necesario aclarar que la declaratoria de conformidad constitucional que debe emanar el Consejo Constitucional tiene que ser anterior a la promulgación de la Ley, en razón de que en Francia las leyes no pueden ser impugnadas mediante el control concentrado de la constitucionalidad; por tanto, siempre el juicio sobre estas leyes, será previo a su promulgación, por requerimiento del Gobierno, del Presidente de la República y del Parlamento. De modo, pues, que todo apunta a que el control *a priori* de la constitucionalidad del carácter orgánico de las leyes orgánicas contemplado en la Constitución de 1999, pareciera tener su origen en el artículo 61 del texto constitucional francés de 1958, pero solamente como concepto de control, sin atender a la verdadera finalidad ni a la extensión del control delineado en el referido precepto.

a'. Configuración del control a priori

Reiteramos que este control se ejerce sobre las leyes orgánicas que se dicten para organizar los poderes públicos, para desarrollar los derechos constitucionales y para servir de marco normativo a otras leyes, estando excluidas del mismo, por expresa disposición constitucional, el tipo de leyes que la propia Constitución denomina o califica como tales. Ahora bien, el examen del artículo 203 pareciera evidenciar que esta figura del control, antes que un verdadero juicio, es más bien una fase más del procedimiento de formación de los mencionados tres tipos de leyes orgánicas.

Efectivamente, como se sabe, para la instauración de un juicio, a los fines de que los órganos jurisdiccionales realicen su función contralora, resulta necesario por lo menos que exista una persona que los inste mediante demanda, solicitud, recurso, etc., a ponerse en acción y; en consecuencia, a dictar el correspondiente fallo. Esa actuación básica para poner en movimiento a los referidos órganos contralores no existe, puesto que por obra de la Constitución, una vez que es sancionada la ley orgánica, la Asamblea Nacional está obligada para darle continuidad a la formación de la ley, a remitirla antes de su promulgación a la Sala Constitucional del TSJ, para que este órgano se pronuncie única y exclusivamente acerca *de la constitucionalidad de su carácter orgánico*, en el plazo de diez días, contados desde el recibo de la comunicación, que suponemos deberán computarse como continuos, dada la necesidad perentoria de terminar el procedimiento formativo de la ley remitida.

Si la Sala Constitucional emite una opinión positiva, es decir, declara la compatibilidad del carácter orgánico de la ley con la Constitución, continuará el iter de formación de la Ley, debiendo el Presidente de la Asamblea Nacional remitirla al Presidente de la República para su promulgación y publicación. En caso de que la opinión sea negativa, debido a que el carácter orgánico de la ley resulte incompatible con la Constitución, lo que puede ocurrir cuando el legislador regule materias no reservadas por la Constitución a la ley orgánica, entonces la ley perderá el referido carácter.

Aunque la Constitución silencia los efectos posteriores a la pérdida de ese carácter, consideramos que debe admitirse por razones relativas al *plus* de las leyes orgánicas sobre las leyes ordinarias, que explicaremos más adelante, que la ley mantiene su validez como ley ordinaria, razón por la cual debe continuarse su iter formativo (promulgación y publicación).

También omite la Constitución referirse a los efectos del silencio de la Sala Constitucional del TSJ, esto es, cuando vencido el lapso de diez días continuos dicho órgano jurisdiccional no haya dictado decisión. Ante esa omisión poco deseable, es posible colocarse en posiciones antagónicas: darle valor de silencio positivo, y en consecuencia considerar como compatible el carácter orgánico de la ley con la Constitución, caso en el cual se promulgará y publicará como ley orgánica, o darle valor de silencio negativo; y en consecuencia, considerar que el carácter orgánico de la ley resulta incompatible con la Constitución, caso en el cual se promulgará y publicará la ley como ordinaria.

Ahora bien, ante este esta falta de previsión constitucional luce acertado acudir a la figura de la analogía contemplada en el Código Civil, y considerar la falta de pronunciamiento de la Sala Constitucional como una situación equivalente a la regulada en el artículo 214 de la Constitución, el cual le confiere valor de silencio negativo a la falta de decisión por la mencionada Sala dentro del lapso de quince días, sobre la solicitud de inconstitucionalidad de una ley no promulgada, formulada por el Presidente de la República. Pero para llegar a esa conclusión es necesario determinar previamente si la remisión de la Ley Orgánica por la Asamblea Nacional a la Sala Constitucional a los fines del pronunciamiento acerca de su carácter orgánico es "*un caso semejante o análogo*", a la solicitud de inconstitucionalidad presentada por el Presidente de la República, contra cualquier clase de ley.

Así el examen de ambos dispositivos constitucionales revela que contienen supuestos de hecho distintos, pues el primero (203) prevé la remisión de la ley orgánica a la Sala Constitucional como parte del procedimiento de formación de ese tipo de ley, lo que constituye una expresión de una colaboración funcional entre el Poder Legislativo y el Poder Judicial, el segundo (214) configura la remisión como consecuencia del ejercicio de una acción judicial (solicitud o demanda) ejercida por el Presidente de la República, en virtud de que considera que la ley impugnada está viciada de inconstitucionalidad, lo que constituye un cuestionamiento por parte del Poder Ejecutivo de un acto del Poder Legislativo.

En el caso del supuesto regulado en el primer dispositivo, la decisión de la Sala Constitucional puede ser negativa o positiva, sin que configure desestimación de solicitud alguna, y por tanto, mal podría declarar la nulidad de la ley orgánica. En el caso del segundo dispositivo, al tratarse de una solicitud o demanda, resulta posible que el órgano jurisdiccional declare la nulidad de la ley. Por otra parte, tanto la declaratoria de compatibilidad como incompatibilidad del carácter orgánico de la ley conducen a la continuación del procedimiento de formación de la ley, puesto que si es compatibilidad se continúa como ley orgánica, y si es de incompatibilidad como ley ordinaria. En cambio la declaratoria de inconstitucionalidad (estimación de la solicitud del Presidente de la República) conduce a la nulidad de la ley impugnada.

De lo expuesto se colige que el supuesto de hecho del artículo 203 constitucional, no es ni semejante ni análogo, al supuesto de hecho del artículo 214 *ejusdem*, lo que dificulta, o mejor, torna improcedente su aplicación analógica a la situación derivada de la falta de pronunciamiento de la Sala Constitucional en el plazo establecido en el citado artículo 203 sobre la constitucionalidad del carácter orgánico de la ley. Por tanto, se impone que la jurisprudencia opte, sin necesidad de acudir a la analogía, por una de las posiciones antes expuestas (silencio igual a compatibilidad del carácter orgánico con la Constitución, o silencio igual a incompatibilidad del carácter orgánico con la Constitución, con las consecuencias que se desencadenan en cada caso).

b'. El núcleo del control a priori ejercido por la Sala Constitucional del Tribunal Supremo de Justicia

Aunque cuando conocimos el texto del artículo 70 del Proyecto de Reforma Constitucional de 1994, nos pronunciamos por la inutilidad y la inconveniencia de consagrar un control *a priori* constitucional, con el único objeto de determinar si efectivamente la ley sancionada por el Parlamento revestía el carácter de orgánica, y aún en la actualidad mantenemos formalmente la misma tesis, las indicadas insuficiencias que presenta el artículo 203, sobre todo en lo relativo a las leyes orgánicas que se dicten para desarrollar los derechos constitucionales, y las que sirvan de marco normativo a otras leyes, nos permiten colocarnos en otra perspectiva, porque tal vez ese control bien concebido y bien ejercido por la Sala Constitucional, pueda contribuir a reconducir el concepto de ley orgánica a sus verdaderos términos, tal como aparece consagrado en el artículo 203, encabezamiento de la Constitución.

En efecto, en páginas anteriores hemos sostenido que nada obsta, siguiendo la concepción de ley orgánica recogida en la Constitución, para que la Sala Constitucional formule una tesis que limite las leyes orgánicas que se dicten para desarrollar los derechos constitucionales, exclusivamente a los derechos que aparecen enumerados en las disposiciones generales del Título III de la Constitución, o a esos y a un número limitado de otros derechos constitucionales, determinando de esa manera el carácter orgánico de esa clase de leyes, basándose en la necesaria congruencia que debe existir entre ese tipo de leyes y la concepción de ley orgánica consagrada en la Constitución.

Por otra parte, como se expresó anteriormente, en el caso de las leyes que sirven de marco normativo a otras leyes, en estricto rigor conceptual, la incidencia de la jurisprudencia constitucional sería relativamente menor, ya que únicamente podría declarar el carácter no orgánico de este tipo de leyes cuando en lugar de contener los principios fundamentales de la materia correspondiente, contuvieran regulaciones detalladas de las mismas. Salvo que, jugando en el marco de un concepto de control de la constitucionalidad moderno, con los principios, llegase a sostener que la concepción de ley orgánica contenida en el encabezamiento del artículo 203 constituye un verdadero principio en esta materia, y considerase que la inclusión de la clase de leyes que sirven de marco a otras leyes, contradice dicho principio, por lo que toda ley de esa clase contrariaría dicho principio, no resultando en consecuencia susceptible de que constitucionalmente llegue a detentar el carácter orgánico.

No dejamos de reconocer que se trata de una tesis sumamente discutible, cuya adopción requiere un intenso y extenso debate tanto doctrinario como jurisprudencial, pero es la única posibilidad, en nuestro criterio, de intentar corregir el grave error representado por la consagración de las leyes orgánicas que sirven de marco normativo a otras leyes.

c'. Inconveniencia de consagrar un control a priori

Hacemos notar que la única justificación que encontramos en la consagración del control *a priori* de las leyes orgánicas por parte de la Sala Constitucional del Tribunal Supremo, tiene un carácter coyuntural derivado de las imperfecciones de la regulación constitucional de este tipo de leyes, pues de haberse perfeccionado dicha regulación en torno al concepto basado en el criterio material, precisándose en forma operacional y categórica cada uno de los ámbitos materiales correspondientes a la tipología constitucional, dicho control con la única finalidad de declarar la compatibilidad del carácter orgánico de la ley (juicio de compatibilidad orgánica), con la Constitución, resultaría además de inconveniente absolutamente innecesario, pues nadie duda que la Asamblea Nacional una vez establecidos esos límites materiales en la forma indicada, podría sin mayores problemas interpretativos identificar, cada vez que fuese a sancionar leyes orgánicas, esas materias reservadas por el constituyente.

Más aún, en el supuesto de que eventualmente el órgano parlamentario incurriese en un error, y se extralimitase regulando como orgánica una materia reservada a la ley ordinaria, el ordenamiento contempla el correctivo, mediante la acción popular de inconstitucionalidad, lo que le permitiría a cualquier ciudadano impugnar el carácter de orgánico otorgado al mencionado texto legislativo.

Insistimos en que quizás el mayor defecto de dicha disposición, es que introduce en el procedimiento de formación de la Ley al máximo órgano jurisdiccional (Sala Constitucional del Tribunal Supremo), afectando de esa manera al Parlamento en su función fundamental (legislar), configurando así una especie de colaboración en la función legislativa entre el Poder Legislativo y el Poder Judicial nunca contemplada en la historia constitucional venezolana, que no se compadece con el objetivo perseguido, pues tal ruptura en el procedimiento legislativo, que siempre ha sido competencia exclusiva y excluyente del Parlamento, pese a su heterodoxia, puede resultar necesaria en la articulación de la distribución de funciones entre los Poderes Públicos, pero no es el caso de este tipo de control *a priori* de las leyes constitucionales.

Por otra parte, observamos que no se trata del ejercicio de un verdadero control de constitucionalidad, como en el caso que tradicionalmente se ha contemplado en nuestras Constituciones, originado en la impugnación de la ley, por el Presidente de la República antes de promulgarla (art. 214 de la Constitución de 1999), invocando violaciones a la Constitución, sin límites de ningún tipo, inclusive la impugnación puede estar referida a la totalidad de la ley. En efecto, el control del carácter orgánico de la ley por parte de la Sala Constitucional no constituye un verdadero juicio, pues la remisión a la Sala Constitucional resulta una fase más en el procedimiento de formación de la ley, sin que exista una persona que accione la nulidad, como en el caso de la solicitud formulada por el Presidente de la República. Y lo que es más importante, si estuviesen delimitadas las materias reservadas a las leyes orgánicas en forma correcta, mucho menos se podría considerar como un verdadero juicio, en virtud de que la actividad del Tribunal estaría limitada únicamente a declarar que la ley regula una materia enumerada en la Constitución (compatibilidad del carácter orgánico de la ley con la Constitución).

Además ese "*juicio*" alarga innecesariamente el procedimiento de formación de las leyes orgánicas, ya que nada garantiza que el TSJ, funcione como el Consejo Constitucional Francés, y decida en el plazo de diez días de despacho, originándose un serio problema interpretativo en caso de que no se pronuncie en ese lapso, como expusimos anteriormente. Asimismo como el pronunciamiento se reducirá al carácter orgánico o no de la ley, queda abierta la posibilidad hipotética de que una vez que la Ley sea remitida al Presidente de la República para su promulgación, este pueda, antes de promulgarla, impugnarla por razones de inconstitucionalidad, lo que comportaría elevar por segunda vez la Ley ante el Máximo Tribunal, retardando de esa manera aún más la fecha de entrada en vigencia del texto legislativo.

No está de más recordar la enorme diferencia existente entre el control *a priori* de la constitucionalidad de las leyes orgánicas por parte del Consejo Constitucional de Francia, país de donde al parecer se tomó la idea llevada a norma en la Constitución de 1999, pues, como expresamos antes, ese Consejo Constitucional ejerce un verdadero control de constitucionalidad, ya que la única oportunidad que tienen los órganos competentes para impugnar la ley es antes de su promulgación, máxime si se tiene en cuenta que en ese país no está consagrado el referido control después de promulgadas las leyes. Por todas las razones anteriores, aun teniendo en cuenta las deficiencias en la regulación de las leyes orgánicas para desarrollar los derechos constitucionales y para servir de marco normativo a otras leyes, pensamos que la consagración *a priori* de las leyes orgánicas resulta innecesaria e inconveniente, y además contraria a la tradición constitucional venezolana.

Finalmente, es necesario hacer notar que con excepción de las leyes por denominación o calificación constitucional, el resto de las demás leyes orgánicas (para organizar los Poderes Públicos, para desarrollar los derechos constitucionales y para servir de marco normativo a otras leyes), deben necesariamente ser sometidas al control *a priori* de su constitucionalidad, en cuanto a su carácter orgánico. A muchos podría parecer esta aseveración una perogrullada, pero la consignamos porque la Exposición de Motivos, debido al error en que incurre al afirmar que existe una quinta categoría de leyes orgánicas, constituida por aquellas que hayan "*sido calificadas como tales por la Asamblea Nacional*", como lo demostramos precedentemente, incurre en un nuevo error cuando expresa que esta es la única categoría de leyes orgánicas que debe ser sometida al control *a priori* de la constitucionalidad de su carácter orgánico, para "*evitar el uso indiscriminado de tal denominación*".

Reiteramos que no es posible inferir esa quinta categoría de leyes orgánicas del texto constitucional, y por consiguiente, como es lógico, tampoco pueden ser sometidas al control *a priori* de la constitucionalidad de su carácter orgánico. En cambio, las orgánicas para organizar los Poderes Públicos, para desarrollar los derechos constitucionales y las que sirven de marco normativo a otras leyes, sí deben necesariamente ser sometidas a dicho control.

c. Relación de las leyes orgánicas con las otras leyes, especialmente con las leyes ordinarias

A'. Planteamiento acerca del rango

Hasta la vigencia de la Constitución de 1961, como se explicó anteriormente, toda la intensa, que no extensa, discusión que se produjo en Venezuela sobre las leyes orgánicas, giró en torno al rango o la fuerza superior, o igual de la ley orgánica a la ley ordinaria, predominando *de facto*, como también se anotó al comienzo del punto, el carácter superior de las leyes orgánicas, por ocupar un escalón intermedio entre la Constitución y la Ley ordinaria. Jugó un papel destacado en el predominio de la referida tesis la exposición de motivos de la Constitución y el aparte único del artículo 163 de ese texto, que preceptuaba "*Las leyes que dicten en materias reguladas por leyes orgánicas se someterán a las normas de éstas*". De modo, pues, que la variable fundamental que contaba para la determinación de la relación de las leyes orgánicas con las ordinarias era la jerarquía, haciéndose abstracción casi total del criterio de competencia en esa relación.

Con la entrada en vigencia de la Constitución de 1999, la cual suprime a las leyes orgánicas por investidura parlamentaria, al sustentar el fundamento de esta ley exclusivamente en el elemento material, esto es, como expresamos antes, mediante la reserva de un número determinado de materias para ser reguladas exclusivamente por leyes orgánicas, excluyendo de ese ámbito material totalmente a las leyes ordinarias, igualmente tuvo que suprimirse por razones lógicas la disposición contenida en el citado artículo 163 de la Constitución derogada, que ponía a primar formalmente a las leyes orgánicas sobre las leyes ordinarias que se dictasen en la materia regulada por estas. Ante esta nueva regulación queda entonces por determinar si las leyes orgánicas tienen un rango superior, o distinto al de las leyes ordinarias.

B'. Criterio de la competencia en la determinación de la relación leyes orgánicas - leyes ordinarias

En principio cabe reiterar que el concepto de ley orgánica construido en la Constitución, a partir de la reserva que hace el constituyente al legislador orgánico de determinadas materias que única y exclusivamente competen a este, y que por consiguiente, resultan excluidas de la esfera de competencia del legislador ordinario, permite postular que todo el universo competencial legislativo aparece distribuido en forma positiva (mediante la enumeración de las materias) para las leyes orgánicas (por denominación constitucional, para organizar los poderes públicos, para desarrollar los derechos constitucionales y para servir de marco normativo a otras leyes), y en forma residual (todas las demás) para las leyes ordinarias.

Planteado en esos términos, la relación entre ley orgánica y ley ordinaria debe estar presidida por el principio de competencia, excluyendo en ese juego al de jerarquía, de tal manera que bastará hacer un censo o revisión de todas y cada una de las materias reservadas constitucionalmente al legislador orgánico, para concluir que todas las que no entren en ese censo serán materia del legislador ordinario, a las leyes habilitantes y a las leyes de bases, lógicamente con las enormes dificultades que presenta una tarea como esta, originadas en la existencia de la categoría de las leyes orgánicas que sirvan de marco normativo a otras leyes, como se expresó anteriormente.

Atendiendo a la anterior premisa se pueden extraer las siguientes conclusiones que regirán en la mencionada relación:

I) Cuando la ley ordinaria invade el ámbito material reservado por la Constitución a la ley orgánica, cualquiera que sea su clase, por ejemplo, si la Asamblea llegase a dictar una ley ordinaria sobre fronteras, o sobre el Consejo de Estado, entonces dicha ley debe ser anulada por la Sala Constitucional, lógicamente no mediante el ejercicio del control *a priori*, sino por infringir el artículo 203 de la Constitución. Es preciso subrayar que la declaratoria de inconstitucionalidad puede recaer sobre todo el texto de la ley, pero igualmente puede recaer sobre uno o varios artículos de la ley ordinaria que regulen materias reservadas a las leyes orgánicas. Así por ejemplo, sería el caso de que la Ley del Estatuto de la Función Pública estableciese que para ser Magistrado del Tribunal Supremo se requiriese haber ocupado cargos públicos durante veinte años. Sin duda que dicha disposición estaría invadiendo un ámbito material reservado a la ley orgánica, y por tanto, estaría viciada de nulidad.

ii) Cuando la ley orgánica invade el ámbito material de las leyes ordinarias, es decir, regula materias no reservadas a la misma; determinación que será declarada por la Sala Constitucional al controlar el carácter orgánico de la ley sancionada por la Asamblea Nacional, pareciera que debe reputarse válida como ley ordinaria, en virtud de que lo que se declara incompatible con la Constitución es su carácter orgánico.

Las conclusiones anteriores ponen en evidencia una diferencia de tratamiento a nivel de la jurisdicción constitucional con relación a la recíproca invasión de los ámbitos competenciales, ya que cuando la extralimitación es de las leyes ordinarias, y se produce la impugnación, la pretensión radicará en la nulidad de la ley por infringir el artículo 203 constitucional. En cambio, cuando la extralimitación es de las leyes orgánicas, la pretensión se centra en lograr la declaración de incompatibilidad del carácter orgánico de la ley, con la Constitución, razón por la cual, como expresamos antes, pierde el carácter de orgánica, pero mantiene su validez como ley ordinaria.

En este orden de razonamientos (declaración constitucional del carácter orgánico de la ley y mantenimiento de ley ordinaria), es interesante destacar que tanto la doctrina como la jurisprudencia española han justificado esta diferencia de tratamiento jurisdiccional, en el examen de la referida extralimitación competencial, sobre la base de que las leyes orgánicas, al igual que las ordinarias, constituyen una expresión del Poder Legislativo del Estado, pero las primeras están dotadas de un *plus*, con respecto a las segundas, en virtud de que emanando del mismo órgano, para su sanción se requiere una mayoría superior a la exigida para las leyes ordinarias, y es el mismo procedimiento de formación, pero agravado en el caso de las orgánicas, en razón de que se le añaden otras formalidades. Consideramos que esta tesis puede resultar aplicable en nuestro ordenamiento, porque al igual que en España, las leyes orgánicas también están dotadas del referido *plus* (mayoría de las dos terceras partes de los integrantes presentes al iniciarse la discusión del proyecto, y adición de la fase de admisión en la formación de la ley).

El criterio de competencia que permite llegar a las conclusiones anteriores, por supuesto que debe ser excluido en el caso de que se imponga la tesis de la vigencia de las leyes orgánicas que sirven de marco normativo a otras leyes, pues en ese caso la relación entre la ley orgánica marco y la ley de desarrollo de los principios fundamentales contenidos en la primera, estará presidida por el principio de jerarquía normativa, esto es, que la ley orgánica primaría, no porque tenga un ámbito acotado de competencia, sino porque es superior a la ley que la desarrolla.

Por otra parte, cabe señalar que los criterios anteriores valen en sede administrativa cuando se pretenda resolver una antinomia normativa que se configure en un caso concreto, pero debe tenerse muy presente que no funciona exactamente como la inaplicación derivada del control difuso. En efecto, en el caso de la extralimitación de la ley ordinaria, que constituye una violación constitucional, podrá inaplicarse dicha ley, y aplicarse la Constitución, si fuere el caso, o el instrumento normativo correspondiente que regule la situación. En el caso de la extralimitación del ámbito competencial de las leyes ordinarias por las leyes orgánicas, como no se configura una inconstitucionalidad de la ley que conduzca a su nulidad, sino una inconstitucionalidad del carácter orgánico, vale como ley ordinaria, y en consecuencia, no resulta susceptible de inaplicación por ese hecho. Luego, será necesario recurrir a los criterios estudiados anteriormente para resolver conflictos internormativos (jerarquía, competencia, prevalencia, sucesión cronológica y subsidiariamente, especialidad).

Finalmente, es preciso advertir que con el nuevo concepto de ley orgánica contemplado en la Constitución, no debe extrañar que, como ocurrió en España, comiencen a suscitarse problemas derivados de la posibilidad de remisión normativa de leyes orgánicas a leyes ordinarias reguladoras de materias conexas a leyes orgánicas disciplinadas en estas. Igualmente puede ocurrir que materias reservadas a las leyes orgánicas sean reguladas puntualmente en leyes ordinarias, todo lo cual obligará a la jurisprudencia a asumir posiciones para resolver los conflictos que generarán esas situaciones.

Pese a lo expuesto anteriormente sobre la equiparación de rangos entre las leyes orgánicas y las leyes ordinarias, debemos advertir que este no es el criterio que prevalece en la jurisprudencia constitucional, y por el contrario, la tesis predominante en ese ámbito es la superioridad jerárquica de las leyes orgánicas sobre las ordinarias. Así lo declaró la Sala Constitucional del TSJ en la sentencia N° 2573 del 16-10-2002, en la que se pronunció sobre el carácter orgánico (negando tal carácter) de la Ley Orgánica contra la Corrupción al sostener:

> Pero, además la norma disponía que "Las leyes que se dicten en materias reguladas por leyes orgánicas se someterán a las normas de éstas", expresión que, si bien fue suprimida en el nuevo texto fundamental, contiene un principio de jerarquía de relevancia y arraigo en nuestro medio forense que gobierna el sistema de fuentes y el cual debe sostenerse, pues de otra manera el Constituyente no hubiese hecho la distinción y hubiese dejado al legislador ordinario la sanción de todas aquellas leyes que le interesó distinguir y consignó en el artículo 203 constitucional, amén de la mayoría calificada que exige su aprobación como tal.

Esta tesis fue reiterada en la sentencia N° 1613 del 27-10-2011, mediante la cual declaró:

> En este sentido, la Sala ha querido hacer notar que, en atención al rol que el propio Texto Fundamental confiere a estos calificados textos normativos, la mención de una ley como orgánica adquiere especial relevancia de cara a su influencia dentro del sistema de jerarquía de las leyes y, en tal virtud, es menester señalar que la inclusión de tal expresión implica necesariamente el reconocimiento de su posición preeminente frente a otros textos normativos, asunto que no queda sujeto a la plena discreción del cuerpo legislador, sino sometido a los criterios técnicos o materiales que la misma Constitución dispuso (Vid. Sentencia de esta Sala N° 2.573 del 16 de octubre de 2002, caso: "*Ley Orgánica contra la Corrupción*").

En fin, en las sentencias transcritas parcialmente la Sala sostuvo la tesis, por lo demás desestimada por la extinta Corte Suprema de

Justicia durante la vigencia de la Constitución de 1961, del rango superior de las leyes orgánicas, es decir, de su carácter intermedio entre la Constitución y las leyes ordinarias. Por supuesto, que a la luz de la concepción general sobre las leyes contenidas en la Constitución de 1999, la tesis recogida en la aludida sentencia carece totalmente de fundamentación, pues es indudable que fue expresamente rechazada por el constituyente de 1999, atendiendo a un razonamiento inobjetable en el marco de la concepción de las leyes nacionales, y también de las orgánicas, sustentada en el criterio material, antes enunciado.

8. Leyes habilitantes

A. Planteamiento introductorio

Cabe advertir, en primer lugar, que el aumento de los tipos de leyes nacionales de dos (en la Constitución de 1961) a cuatro (en la Constitución de 1999), condujo a que por primera vez en la historia constitucional venezolana se estableciera un tipo especial de ley, que quizás atendiendo al requerimiento impuesto por el uso en los medios forenses y no forenses, se denominó habilitante. Dicho uso tuvo su origen en la Constitución derogada que atribuía al Presidente la potestad de dictar medidas extraordinarias en materia económica y financiera, cuando así lo requiriese el interés público, para lo que resultaba necesario que fuera autorizado por el Parlamento mediante una ley especial (art. 190, ord. 8°).

Pues bien, la emanación de esas medidas de carácter normativo (decreto ley), derivada de la colaboración entre el Parlamento y el Poder Ejecutivo, dio lugar a que tanto en el lenguaje coloquial como forense se denominase a esa ley especial autorizatoria "*ley habilitante*". Ha de insistirse que pese a la gran difusión del uso de esta denominación, la ley habilitante no aparecía prevista en el ordenamiento jurídico venezolano. Igualmente se debe advertir, para evitar equívocos, que no se trata de un nombre original de Venezuela, pues al parecer surge en Europa después de la Primera Guerra Mundial, en el marco de la discusión acerca de la legislación de urgencia y de la legislación delegada.

Interesa destacar en este punto es que didácticamente resulta más conveniente estudiar este tipo de leyes conjuntamente con el producto normativo que necesariamente lo acompaña, esto es, el decreto legislativo o decreto con fuerza de ley, que hasta diciembre de 1999 en Venezuela aparecía bajo la denominación constitucional de "*medidas extraordinarias en materia económica o financiera*", la cual se correspondía, incluso en el lenguaje forense, con la de decreto con fuerza de ley. Sin embargo, al regular separadamente, a diferencia de lo que ocurre en la mayoría de los ordenamientos europeos, las leyes habilitantes de los decretos con fuerza de ley, como lo hizo la Constitución de 1999, se impone su estudio como fuente del derecho, en el tema de las leyes, como ley que al fin y al cabo es, y no en el punto del programa relativo a los actos con rango o fuerza de ley. De todos modos en esta parte expondremos los elementos fundamentales de las leyes habilitantes, y en el capítulo relativo a los decretos con fuerza de ley, seguramente nos veremos obligados, por fuerza de la vinculación de ambos instrumentos normativos, a completar la exposición.

B. Antecedentes constitucionales

Sin duda que si se atiende estrictamente a la denominación "*ley habilitante*" resulta concluyente que este es un producto normativo que aparece por primera vez Venezuela en la Constitución de 1999; en cambio, si se atiende al lenguaje coloquial y forense, su antecedente más remoto debe buscarse en el artículo 73 de la Reforma Constitucional de 1945, que atribuía a ambas Cámaras como cuerpos colegisladores la facultad de autorizar temporalmente al Presidente de la República para ejercer determinadas y precisas facultades extraordinarias destinadas a proteger la vida económica y financiera de la nación, cuando la necesidad o conveniencia pública lo requiriesen. Se trataba de una ley que otorgaba autorización al Presidente de la República para dictar medidas extraordinarias. La disposición se repite en la Constitución de 1947 en idénticos términos, y parcialmente en la de 1953. En la de 1961 aparece consagrada en el artículo 190 (ord. 8°).

Insistimos en que lo relevante de todas esas Cartas Constitucionales, no es que ni textual ni contextualmente contemplaran específicamente a la clase de las leyes habilitantes, sino que preveían una ley ordinaria de cuya vigencia dependía que el Presidente de la República pudiese dictar actos con fuerza de ley en materia económica y financiera, que puede considerarse, sin acudir a mayores precisiones conceptuales, como el antecedente remoto de la "*ley habilitante*" prevista en el artículo 203 de la Constitución de 1999, en virtud de que esa ley en lo sustantivo no hacía más que habilitar, mediante una autorización al Presidente de la República para dictar actos normativos con fuerza de ley.

Pero resulta importante advertir que si bien esos antecedentes remotos tuvieron alguna influencia sobre los constituyentes, sobre todo en lo concerniente a la denominación de "*habilitante*", todo pareciera indicar que la Constitución española ejerció una influencia notable en la consagración de este tipo de leyes en el vigente texto constitucional. Sin embargo, en ese orden de razonamiento es justo resaltar igualmente que el estudio de los antecedentes de la norma, desde su consagración en el Anteproyecto de Constitución hasta la última redacción propuesta por la Comisión de Consenso, aprobada por la Asamblea Nacional Constituyente el 16-11-1999, revela una cierta confusión por parte de quienes tomaron como modelo a la Constitución Española de 1978.

Por tanto, se impone hacerle -en forma resumida- un seguimiento al iter constituyente que dio lugar a la aprobación de la disposición consagratoria de las leyes habilitantes. En ese orden de ideas es preciso observar que en el Anteproyecto de Constitución presentado a la Asamblea Nacional Constituyente el 12-10-1999, la aludida disposición constituía el primer aparte del artículo 237, y su denominación era "*leyes de base*", y estaba concebida así:

> Son leyes de base, las sancionadas por la Asamblea Nacional por las tres quintas partes de sus miembros, a fin de establecer las directrices, propósitos y el marco de las materias en las cuales se delega al Presidente de la República con rango y valor de ley.

En concordancia con dicha disposición, el artículo 277 que fijaba las atribuciones del Presidente de la República, preceptuaba: "*Son atribuciones y deberes del Presidente de la República: (...) 9. Dictar, previa autorización por una ley de bases, decretos con fuerza de ley*".

En la primera discusión del anteproyecto realizada el 04-11-1999 ambas disposiciones se mantienen inalteradas, pasando la última a ser el artículo 269, y la primera el 225.

En la sesión permanente del 16-11-1999, la Comisión Especial de Consenso designada para el estudio de los artículos aprobados del Proyecto de Constitución, propone tácitamente cambiar el nombre de "leyes de base" por *leyes habilitantes*, ya que no consta en el Diario de Debates dicha proposición, y como resulta lógico tampoco ninguna motivación para proponer el cambio de denominación, pues el mismo únicamente es posible inferirlo del hecho de que cuando pasó a esa Comisión seguía con la denominación original del Anteproyecto (*leyes de base*), la cual conservó también en la primera y segunda discusión, y en la Plenaria de la Asamblea (16-11-1999) fue presentada con el nuevo nombre. Además el artículo que la contenía pasa a ser el 204, manteniéndose la redacción en casi en idénticos términos a los aprobados en la primera y segunda discusión, ya que en esa sesión se le añadió al final la coletilla "*Las leyes habilitantes deben fijar el plazo para su ejercicio*", siendo motivada la aludida adición por el Constituyente COMBELLAS, sobre la base de que se trataban de leyes de delegación.

De modo pues, que la modificación más significativa que sufre el dispositivo bajo examen durante todo el iter constituyente es el cambio de nombre de "*ley de base*" a ley habilitante, no obstante es necesario aclarar que tal significación radica exclusivamente en el nombre, en virtud de que todo el texto de la norma permanece idéntico, salvo en lo atinente a la coletilla añadida acerca de la necesidad que fijasen el plazo para su ejercicio. En esa sesión la disposición resulta aprobada así:

> Son leyes habilitantes las sancionadas por la Asamblea Nacional por las tres quintas partes de sus miembros, a fin de establecer las directrices, propósitos y el marco de las materias que se delegan al Presidente de la República, con rango y valor de ley. Las leyes habilitantes deben fijar el plazo de su ejercicio.

A los fines de armonizar la terminología en el artículo que regula las atribuciones del Presidente de la República, que pasa a ser el 236, se cambia en su numeral 8 "*ley de bases*", por ley habilitante.

Es muy importante advertir que en consonancia con ese cambio de nombre, en esa misma sesión del 16-11-1999, en virtud de una proposición de la aludida Comisión de Consenso, en el Capítulo correspondiente al Poder Público Estadal se incluye una nueva categoría de leyes denominada *leyes de bases*, destinadas a regular las materias objeto de competencias concurrentes del Poder Nacional y el Poder Estadal. En realidad en esa oportunidad se produjo la modificación del artículo del proyecto que disciplinaba las aludidas competencias concurrentes, mediante la celebración de convenios entre el Poder Nacional y los Estados.

En suma, el proyectista comenzó llamando a las leyes habilitantes "*leyes de base*", pero después de la segunda discusión, la Asamblea Nacional Constituyente, sin que conste ninguna motivación en el Diario de Debates, aprobó denominarlas leyes habilitantes, y en esa misma sesión decidió incluir en el capítulo relativo al Poder Público Estadal una nueva categoría de leyes: las leyes de bases, esta vez "*bases*" en plural, y no en singular "*base*", que era la denominación de las que pasaron a llamarse leyes habilitantes. Queda resumido en sus hitos esenciales el camino constituyente que condujo a la consagración de las leyes habilitantes, y lo que es más importante a los fines de la interpretación constitucional: que en criterio de los constituyentes no existía ninguna diferencia conceptual entre las "*leyes de base*" contenidas en el anteproyecto de Constitución y aprobadas en las primera y segunda discusión, y las "*leyes habilitantes*" que finalmente aparecen aprobadas en la Constitución, pues ha quedado demostrado que se trató de un simple cambio de nombre.

C. La confusión presente en la consagración de las leyes habilitantes

Como se expresó anteriormente en la consagración de este tipo de leyes jugó un papel muy relevante la correspondiente regulación constitucional española, y menos importante la regulación sobre las medidas extraordinarias en materia económica o financiera (decretos leyes) presente en nuestras Constituciones desde la de 1945. Estos orígenes de la institución bajo examen, tal vez por falta de tiempo, no fueron examinados en toda significación y alcance en el marco del Derecho Constitucional y del Derecho comparado, y ello sin duda condujo a generar bastante confusión en la regulación de las leyes habilitantes en la Constitución de 1999.

A los fines de intentar buscar un hilo conductor en torno a este tipo de leyes, resulta necesario tratar de detectar también la incidencia de estos factores en la aludida confusión que privó en la regulación de este tipo de leyes. En ese sentido es preciso advertir que la Constitución española contempla una tipología de leyes que, siguiendo el iter constituyente de aprobación de las habilitantes en nuestra Constitución, podrían relacionarse con ellas, a saber: *leyes o normas básicas* (art. 149.1. 13, 16, 17, 18, 23 y 25), de carácter estatal, cuya función, según SANTAMARÍA PASTOR (1998) es regular una materia concreta, en concurrencia con las normas de las Comunidades Autónomas, *las leyes marco* (art. 150), que constituyen una modalidad especialísima de delegación legislativa, tal como se desprende del citado precepto constitucional que pauta:

> Las Cortes Generales en materia de competencia estatal, podrán atribuir a todas o algunas de las Comunidades Autónomas la facultad de dictar, para sí mismas, normas legislativas en el marco de los principios, bases y directrices fijados por una ley estatal...

Finalmente, en el artículo 82 aparecen consagradas las *leyes de bases*, como una expresión que puede revestir la delegación legislativa. En efecto, el artículo 82.2, preceptúa:

> La delegación legislativa deberá otorgarse mediante una ley de bases cuando su objeto sea la formación de textos articulados, o por una ley ordinaria cuando se trate de refundir varios textos legales en uno sólo.

El análisis del iter constituyente en el contexto de la normativa constitucional española expuesta, permite colegir que al parecer desde el Anteproyecto privó en los constituyentes la idea de orientarse en la consagración de este tipo de leyes por la Constitución Española, pero al mismo tiempo también es posible inferir que, por lo menos hasta la sesión del 16-11-1999, no lograron establecer la diferencia existente entre *ley de bases* y *ley delegada o de delegación* en la Constitución Española. En efecto, como quedó demostrado, la primera, tiene como finalidad regular una materia concreta, en concurrencia con las normas de las Comunidades Autónomas, y la segunda constituye una expresión clara de la técnica denominada en el Derecho comparado *legislación delegada*, la cual está prevista para ser utilizada mediante *leyes de bases y leyes ordinarias*, siendo el objeto de las primeras, la formación de textos articulados, y el de las segundas, la refundición de varios textos legales (art. 82 CE), y mediante *leyes marco* (art. 150 CE).

Ahora bien, todo pareciera indicar que la disposición bajo estudio, que a la postre resultó aprobada sin ninguna modificación significativa, salvo en lo concerniente al nombre, tal como aparecía originalmente en el Anteproyecto de Constitución, tomó la denominación de "*ley de bases*", con la diferencia que la utilizó en singular de "base", que aparece en el artículo 82.1 de la Constitución Española, que es una modalidad -se insiste- de la ley de delegación, pero otorgándole la connotación conceptual correspondiente a la *ley marco*, que como se sabe también es una modalidad de delegación legislativa, pero del Estado a las Comunidades Autónomas. Esto es tan cierto que el artículo 203 constitucional casi repite, en lo atinente a su finalidad, la parte del precepto español (art. 150) que alude a "*principios bases y directrices*" *cuando preceptúa en el mismo sentido* "*a fin de establecer las directrices, propósitos y marcos de las materias que se delegan*".

Pues bien, a la luz de la exposición anterior es posible concluir que el precepto regulador de las leyes habilitantes, revela una especie de mixtificación entre los dos tipos de leyes españolas antes explicados: Las leyes marco y las leyes de delegación (de bases). Sin embargo una vez verificada dicha mixtificación realizada consciente o inconscientemente por quienes sancionaron la Constitución, es posible postular una tesis preliminar, que desarrollaremos más adelante: la voluntad de la Constitución es la de crear un nuevo tipo de leyes que se inscribe dentro de la técnica de legislación delegada, pero que se diferencia sustantivamente, en cuanto a su contenido, de las leyes de bases y de delegación presentes en la Constitución Española, que pudieron servirle de modelo. En fin, queda demostrada así la influencia que jugó el mencionado texto constitucional en la consagración de las leyes habilitantes.

La otra variable que implícitamente tuvo influencia en la concepción de las leyes habilitantes reflejada en la Constitución de 1999, está referida a los antecedentes constitucionales venezolanos. Así, se hace notar, como indicamos antes, que el ejercicio de la atribución presidencial prevista en el artículo 190 (ord. 8°) de la Constitución derogada, dio lugar a que se acuñara en términos coloquiales y forenses la expresión con que se denomina a esta ley: *habilitante* para aludir a la correspondiente ley especial autorizatoria. Pero tal vez la incidencia más importante, en nuestro criterio, esencialmente negativa, radica en que se mantuvo una situación normativa que viene desde la Constitución de 1945, que consiste en mantener cabalgando, desde el punto de vista conceptual, este tipo de ley entre la *legislación de urgencia y la legislación delegada*, cuyas diferencias expondremos más adelante.

D. Examen del dispositivo constitucional regulatorio de las leyes habilitantes

a. Naturaleza jurídica (autorizatoria, de delegación o habilitante)

El artículo 203 de la Constitución prescribe:

> (...)
> Son leyes habilitantes las sancionadas por la Asamblea Nacional por las tres quintas partes de sus integrantes, a fin de establecer las directrices, propósitos y marco de las materias que se delegan al Presidente o Presidenta de la República, con rango y valor de ley. Las leyes habilitantes deben fijar el plazo de su ejercicio.

En principio es necesario advertir que este tipo de leyes (habilitantes) tienen sentido en tanto en cuanto son conceptuadas como parte de la técnica de la legislación delegada o de urgencia, según las características que le imprima cada ordenamiento constitucional, por tanto, normalmente son reguladas conjuntamente con el producto normativo que perfecciona dicha técnica (decreto legislativo o decreto con fuerza de ley), lo que no ocurre en nuestra Constitución. Por tanto, a los fines de una mejor comprensión del asunto es necesario recordar que la referida técnica de legislación surgió en Europa después de la Primera Guerra Mundial, por razones que expondremos en el capítulo correspondiente a los decretos con fuerza de ley, y produjo una ruptura de dos principios fundamentales del Estado de Derecho, en virtud de que finalmente conduce a productos normativos dictados por el Poder Ejecutivo con fuerza o rango de ley, a saber: el monopolio del Parlamento en la emanación de leyes o actos con fuerza de ley y el concerniente a la separación de poderes, pues ello ocurre cuando el Ejecutivo dicta un decreto ley o un decreto legislativo.

Este quiebre de los referidos principios ha conducido a la doctrina a tratar de explicarlo, predominando entre las tesis formuladas en la búsqueda de esa explicación, las conocidas como *delegación y autorización legislativa*. La primera postula que la delegación legislativa comporta la transferencia, en virtud de una expresa disposición constitucional, de la competencia que de suyo le pertenece al órgano legislativo, o dicho en otros términos, que conceptual e históricamente le resulta esencial al Parlamento, al Poder Ejecutivo. Por tal razón, siendo dicho órgano el titular originario o primario de la potestad legislativa, por disponerlo así expresamente una norma constitucional, está facultado para transferirla al Poder Ejecutivo, ajustándose estrictamente a los requisitos establecidos en la norma que prevé la delegación. De ese modo el ejercicio de la potestad transferida al Gobierno origina un producto normativo formalmente diferente a la Ley, en virtud de la forma que adopta (decreto), pero sustancialmente idéntico a ella, en razón de que tiene su misma fuerza activa (derogación y modificación de leyes y de reglamentos) y pasiva (resistencia frente a actos de menor rango: reglamentos).

La tesis de la autorización legislativa, postula por el contrario, que el Parlamento no delega ninguna competencia en el Ejecutivo, sino que se trata de una autorización contenida en una Ley para el ejercicio de una potestad legislativa que la propia Constitución le confiere al mencionado Poder Ejecutivo. O sea, que la ley es el acto que remueve el obstáculo que impide el ejercicio de una potestad que de suyo, por imperativo constitucional, le pertenece al Poder Ejecutivo. Entre esas dos tesis se mueve la doctrina para tratar de explicar la naturaleza de la ley que permite al Ejecutivo asumir la potestad normativa y dictar actos de esa naturaleza con fuerza o rango de ley.

Corresponde ahora, en el contexto del marco teórico expuesto, determinar la naturaleza de la Ley habilitante prevista en el artículo 203 constitucional, y al respecto debemos advertir que bajo la vigencia de la Constitución de 1961, sostuvimos que se trataba de una ley autorizatoria, porque dicho texto constitucional privilegiaba la actuación del Presidente de la República, debido a que le atribuía claramente la potestad para dictar medidas extraordinarias en materia económica y financiera, sujetando su ejercicio a la autorización que mediante ley especial debía otorgarle el Congreso de la República.

Pero en la Constitución de 1999 la situación cambia radicalmente, en razón de que se erige a la ley habilitante, como el producto normativo de la Asamblea Nacional que resulta fundamental para que el Ejecutivo pueda dictar decretos con fuerza de ley. En otras palabras, la Constitución no erige como una atribución propia del Presidente de la República la emanación de estos actos normativos con rango de ley, los cuales tanto en lo relativo a su existencia, vigencia y alcance están subordinados a la ley que dicte el Parlamento, mediante la cual *transfiere* o mejor, como el propio artículo 203 lo expresa literalmente, *delega* en el Presidente de la República esa potestad legislativa, y en función de la misma dicta actos con fuerza y valor de ley.

Por tanto, resulta claro a la luz de los preceptos constitucionales que la ley habilitante se inscribe dentro de la técnica de la legislación delegada, razón por la cual su naturaleza jurídica se corresponde con la de una *ley de delegación*. El mismo iter constituyente refuerza esta tesis, porque aun cuando desde el Anteproyecto hasta casi el final de ese iter, se mantuvo bajo la denominación de "*ley de base*", con las imprecisiones indicadas, siempre predominó la idea de conceptuarla como una ley de delegación, al punto que como quedó dicho, en el momento de modificar el texto propuesto agregándole la coletilla relativa a la fijación del término para su ejercicio, se invocó como motivación por el proponente (Combellas) el carácter de leyes de delegación que revisten las leyes habilitantes.

Es cierto que el artículo 236 (num. 8) de la Constitución, cuando atribuye la potestad al Presidente de la República para dictar decretos con fuerza de ley alude a una "*previa autorización por una ley habilitante*", lo que podría conducir a sostener que esa es una ley de naturaleza autorizatoria, pero tal tesis debe rechazarse, en primer lugar, atendiendo a los conceptos sustantivos expuestos anteriormente.

En segundo lugar, por la voluntad del constituyente de crear *ex novo* una categoría de leyes que el mismo se encarga de imprimirle su naturaleza, al especificar que se trata de delegación de la potestad legislativa, cuando en el artículo 203 preceptúa "*a fin de establecer las directrices, propósitos y marco de las materias que se delegan al Presidente de la República con rango y valor de ley*". No dejamos de reconocer que la redacción utilizada por el constituyente puede generar confusión, ya que en lugar de establecer claramente que la finalidad de la ley habilitante es *delegar* al Presidente de la República la potestad legislativa, permitiéndole de esa manera dictar actos normativos con rango de ley, lo que hizo fue fijar los parámetros que debía contener la ley habilitante, con el objeto de acotar el ejercicio de la potestad legislativa transferida al Poder Ejecutivo. Así se desprende indudablemente del artículo 203 constitucional al contornear la referida finalidad "*a fin de establecer las directrices propósitos y marco de las materias que se delegan*".

Sin embargo, esa falta de precisión literal de la norma en ningún caso logra enervar su *ratio*, que no es otra que la de darle carácter de ley de delegación a la ley habilitante, pues es obvio que al contornear el ejercicio de la potestad legislativa transferida al Presidente de la República, presume la previa transferencia o delegación de dicha potestad, que es la finalidad esencial de la ley habilitante.

En tercer lugar, la revisión de los antecedentes constituyentes contribuye a reafirmar la tesis del carácter de ley de delegación de la ley habilitante. Basta recordar en ese orden de ideas, la motivación expresa que sirvió de fundamento de la adición de la coletilla concerniente a la necesidad de fijar un término para el ejercicio de la potestad legislativa por el Ejecutivo, en virtud de que se trataba, según las propias palabras del proponente, de una ley de delegación.

Y en cuarto y último lugar, estimamos que cuando el constituyente utilizó en el artículo 236 (num. 8) constitucional, la expresión "*previa autorización*", incurrió en el vicio que hemos denominado la "*inercia constituyente*" (repetición automática de preceptos contenidos en Constituciones anteriores), lo que le impidió percatarse que al consagrar la aludida concepción de ley habilitante en el capítulo relativo al Poder Legislativo, en la sección concerniente a la formación de las leyes, en realidad lo que se pretendía era incluir en el texto constitucional la delegación legislativa, sin ninguna mixtificación, como ocurría en la Constitución de 1961, o por lo menos eso es lo que indican los principios prevalecientes en esta materia en el Derecho Comparado. En efecto, no cabe duda que la facultad prevista en el artículo 190 (ord. 8°) cabalgaba entre la *legislación delegada y la legislación de urgencia*, la cual además aparecía disciplinada muy empíricamente.

Por supuesto que al no percatarse de la diferencia por la finalidad, y consecuentemente por la correspondiente normación, existente entre estos tipos de legislación, el constituyente se limitó a repetir la palabra autorización en la referida atribución del Presidente de la República, pudiendo originar de esa manera dudas sobre la naturaleza de la ley que condiciona la existencia de los decretos con fuerza de ley, y lo que es más grave aún, como lo veremos al estudiar esos decretos, sobre la naturaleza de la legislación contenida en la Constitución: delegada o de urgencia. De allí pues que deba rechazarse una tesis que pretenda calificar como autorizatoria a la ley habilitante, basándose exclusivamente en el tenor literal del artículo 236 (num. 8) de la Constitución de 1999.

Por otro lado, la técnica seguida por el constituyente para consagrar esta forma de legislación delegada peca de incorrección, en virtud de que dividió un tanto arbitrariamente su disciplina, al erigir en una categoría autónoma de leyes a las habilitantes, e incluirlas en el capítulo relativo al Poder Legislativo, en la sección correspondiente a la formación de las leyes, y en cambio el correspondiente producto normativo, acto con fuerza y valor de ley (decreto con fuerza de ley), lo disciplinó en el capítulo III, concerniente al Poder Ejecutivo, en la sección relativa a las atribuciones del Presidente de la República, ambos capítulos del Título V, que se refiere a la Organización del Poder Público Nacional. Planteada de esa manera la regulación se visualiza la partición arbitraria, porque una regla de sana lógica aconsejaba, tratándose de productos normativos con fuerza de ley, cuya existencia y vigencia dependía de la sanción de las leyes habilitantes, que ellos fuesen disciplinados en la sección correspondiente a la formación de las leyes, como ocurre en la Constitución Española (art. 82 y 86) e Italiana (art. 76 y 77).

Por supuesto, que si esa hubiese sido la técnica seguida por el constituyente se habría facilitado el estudio de esta institución de la legislación delegada, y los elementos que generan dudas presentes en la disciplina constitucional hubieren desaparecido o serían significativamente menores. En fin, pese a las insuficiencias señaladas y los elementos que pueden suscitar dudas acerca de la naturaleza jurídica de las leyes habilitantes, por las razones expuestas precedentemente, estimamos que dicha naturaleza es la propia de una ley de delegación.

Resulta necesario aclarar que la expresión "*ley habilitante*" utilizada por la Constitución, además de ser el nombre propio para identificar una categoría de leyes, en realidad carece de una connotación conceptual autónoma, en virtud de que la "*habilitación*" o el "*apoderamiento*" es la condición que permite al Poder Ejecutivo dictar decretos con fuerza de ley, pero dicha "*habilitación*" tendrá la misma virtualidad, bien que se trate de una transferencia de la competencia legislativa por parte de la Asamblea Nacional al Poder Ejecutivo (delegación), o que se trate de una competencia propia del Presidente de la República, cuyo ejercicio está sujeto al levantamiento de un obstáculo por medio de una ley (autorización). En otras palabras, tenga la ley naturaleza de delegación o de autorización, de todas maneras la denominación "*habilitante*" lo que hace es traducir el apoderamiento al Presidente de la República para dictar decretos con fuerza de ley, pero -insistimos- ese apoderamiento o habilitación puede ser mediante delegación o autorización, que en el caso de la Constitución venezolana, como venimos señalando, es mediante delegación.

Finalmente, con relación a este punto es preciso destacar que un sector de la doctrina italiana, partidario de la tesis que postula que la ley tiene la naturaleza de una delegación, puntualiza que mediante este tipo de ley el Parlamento transfiere únicamente -y temporalmente- el ejercicio de la potestad legislativa que le atribuye la Constitución, mas no la titularidad, razón por la cual implícitamente el Poder Legislativo se reserva la facultad de revocar, en cualquier tiempo, la delegación conferida al Poder Ejecutivo.

b. Requisitos

A'. Formales

Quizás en virtud de que se amplió el ámbito material de las materias sobre las cuales se puede delegar la potestad legislativa, mediante las leyes habilitantes, a diferencia de la Constitución de 1961, que estaba restringida a la materia económica o financiera, la disposición constitucional establece un procedimiento para su sanción, en principio más agravado, que el exigido para las leyes orgánicas, en cuanto a la mayoría requerida. En efecto, conforme al artículo 203 de la Constitución, para la sanción de las leyes habilitantes se requiere el voto favorable de las tres quintas partes de los integrantes de la Asamblea Nacional; en cambio, para calificar las orgánicas se requiere el voto favorable de las dos terceras partes de los integrantes presentes en la sesión, antes de iniciarse la discusión del proyecto.

La Constitución, en el caso de las leyes habilitantes, a diferencia de lo que ocurre con las orgánicas, no indica en que fase del proceso legislativo, que es el correspondiente a las leyes ordinarias, debe constatarse que la ley cuenta con el apoyo de la mencionada mayoría calificada. Por tanto, pareciera lógico que esa exigencia, dado que la definición de este tipo de ley parte precisamente de la fase conocida como sanción en el procedimiento legislativo, se constatara una vez aprobado el último artículo, mediante una votación final sobre todo el proyecto. En ausencia de disposición expresa sobre el asunto, también podría realizarse la votación en el momento de sancionar el referido último artículo del proyecto.

Cualquiera de las dos soluciones nos parece acertada, pues ambas giran en torno a la fase de *sanción* de la ley. Nótese que en virtud de que prácticamente la caracterización de este tipo de leyes depende exclusivamente de esa votación calificada, la oportunidad para exigirla puede resultar fundamental desde el punto vista político, pues si la votación se realiza en el momento de iniciar la discusión del proyecto, puede por ejemplo ocurrir que una coalición de partidos que apoye la aprobación de la ley, se rompa en el curso del procedimiento legislativo, y en la fase de la sanción ya no cuente con la mayoría exigida en la Constitución, o por el contrario, que la coalición no exista para el momento del inicio de la discusión, y se haya perfeccionado para la fase de la sanción; de allí otra razón que no deja de ser relevante para el funcionamiento regular del Parlamento, que aconseja dilucidar esta situación. Reiteramos que en nuestro criterio la mayoría de las tres quintas partes de los integrantes de la Asamblea debe exigirse en la fase del procedimiento legislativo correspondiente a la sanción de la ley.

Cabe señalar que la ley de delegación, pese a que su vigencia está sujeta al término que ella misma señale, en cambio, no está sujeta a la condición, por ejemplo, de que se mantengan en el ejercicio de sus cargos el Vicepresidente Ejecutivo de la República y los Ministros, ni tampoco al eventual cambio del Presidente de la República, bien por elección, o bien por ausencia absoluta, y corresponda asumir cargo al Vicepresidente Ejecutivo (art. 233). Tampoco su vigencia está sujeta a la permanencia de la Asamblea Nacional, pues en caso de que llegare a ser disuelta por el Presidente de la República en el curso de la vigencia de una ley habilitante, dicha ley mantendrá esa vigencia hasta el vencimiento del término que en la misma se haya fijado.

Esa característica de la ley habilitante (no condicionamiento a la permanencia de los titulares del Gobierno, o funcionamiento de la

Asamblea Nacional) tiene su fundamento, como bien sostiene Lavagna (1976), en que dicha ley:

> ...no es un acto fiduciario del Parlamento para el Gobierno, pues se trata de una ley en el verdadero sentido de la palabra que es válida independientemente de la estructura personal y de la transformación que pueda sufrir tanto el órgano delegado como delegante.

Dado que desde el punto de vista formal, el elemento esencial que permite diferenciar una ley habilitante de una ley ordinaria, es la mayoría calificada exigida para su sanción, toda pretensión de revocatoria de la delegación legislativa que ella implica, supone la reforma o derogación de la Ley habilitante, para lo cual resulta impretermitible que al momento de ser sancionada sea votada por lo menos con las tres quintas partes de la Asamblea Nacional.

B'. Subjetivos

De conformidad con el artículo 203 constitucional el único órgano facultado en forma exclusiva y excluyente para sancionar la ley habilitante es la Asamblea Nacional, por tanto, se configura una interdicción clara y categórica para cualquier órgano deliberante del Poder Público. Así, no se podría pretender que el Consejo Legislativo de un estado sancionara una ley de esta naturaleza. Igualmente la habilitación (delegación) únicamente puede ser conferida al Presidente de la República quien lo debe ejercer en Consejo de Ministros (art. 236, num. 8, primer aparte), razón por la cual no resulta posible habilitar para que dicte decretos con fuerza de ley, por ejemplo al Vicepresidente Ejecutivo de la República, o al Consejo Federal de Gobierno.

Conviene indicar con fines ilustrativos que estos mismos requisitos subjetivos son exigidos en los artículos 76, y 77, encabezamiento, de la Constitución italiana, y en el artículo 82.1 de la española, sin embargo, cabe subrayar que pese al monopolio subjetivo del Parlamento Nacional, en España se ha impuesto la tesis que postula la validez de los decretos legislativos de los gobiernos de las Comunidades Autónomas, siempre y cuando hayan sido previstos en los correspondientes Estatutos de Autonomía, todos los cuales se han limitado a transcribir la disciplina trazada en los artículos que van del 82 al 85 de la Constitución. Lo que indica, entonces, que también los órganos deliberantes de esas Comunidades Autónomas concurren con las Cortes, en sus respectivos ámbitos de competencia, en la sanción de leyes de delegación. Obviamente tampoco puede pretenderse que el Presidente de la República dicte decretos con fuerza de ley de delegación, esto es, que la Asamblea Nacional, llegase a delegar en el Ejecutivo dictar decretos con fuerza de ley de delegación, porque tal pretensión resultaría francamente contraria al marco conceptual que preside este técnica de legislación, y sobre todo porque infringiría flagrantemente los artículos 203, último parte, y 236 (num. 8), de la Constitución.

C'. Objetivos

a'. Carácter expreso de la delegación y su objeto definido

Aunque debe reconocerse que la Constitución de 1999 trae una definición de ley habilitante, a diferencia de otras Constituciones, la regulación de la misma es muy escueta, lo que tratándose de una institución tan compleja y delicada revela insuficiencia. Así por ejemplo, nada dice sobre el *carácter expreso* que debe revestir la habilitación o delegación, como sí lo hace la Constitución española, que por cierto fue el modelo seguido, la cual preceptúa que debe ser expresa, agregando que no podrá entenderse concedida de modo implícito (art. 82.3). Sin embargo, es posible inferir dicho requisito del texto de la disposición contenida en el artículo 203 cuando señala la finalidad de este tipo de ley "*de establecer las directrices, propósitos y marco de las materias que se delegan al Presidente de la República con rango y valor de ley*", pues es evidente que la única forma de lograrlo es que de alguna forma aparezca en el texto de la ley habilitante la voluntad de la Asamblea Nacional de transferir el ejercicio de su competencia legislativa. Para ello puede utilizar cualquier vocablo que denote la idea de dicha transferencia, pero sería preferible acudir a la expresión "*delegar*" que aparece en la disposición normativa en comento, o bien a "*habilitar*" que refleja la denominación de la ley, siempre que a continuación se aluda al producto normativo autorizado: decreto con rango y valor de ley, o sencillamente decreto con fuerza de ley, que es la denominación específica (art. 236, num. 8).

Además de que la delegación debe ser expresa, la Ley habilitante debe indicar *el objeto definido*, como dice la Constitución Italiana, sobre el cual la Asamblea Nacional tiene que ejercer la potestad que se le transfiere, esto es, la materia o materias que serán objeto de los decretos con fuerza de ley, evitando de esa manera la posibilidad de las denominadas leyes de plenos poderes, o las leyes que contienen delegaciones genéricas o en blanco, por ejemplo, aquella que identifica como su objeto la libertad económica, cuando lo correcto, en ese caso, sería referirse, para que el objeto sea definido, a ley de bancos o de seguros, etc.

Ha de advertirse que este requisito no aparece configurado explícitamente, como ocurre en las Constituciones españolas e italiana, no obstante la interpretación del artículo 203 en el contexto del marco teórico de las leyes de delegación, permite deducir que dicho artículo al referirse a la finalidad de la ley alude *al marco de las materias* que se delegan al Presidente de la República, pese a lo incorrecto de la redacción, dado que con esta modalidad de legislación no se delegan materias, sino potestades para dictar decretos con fuerza de ley en determinadas materias, en realidad se refiere al objeto o ámbito material sobre el que exclusivamente debe incidir la potestad legislativa delegada al Presidente de la República, el cual, como se expresó antes, no debe ser genérico, sino lo más definido posible.

b'. Fijación del plazo para el ejercicio de la potestad legislativa delegada

Dentro de los requisitos objetivos de la ley figura la obligación del *establecimiento de un plazo* durante el cual el Presidente de la República tiene que ejercer la potestad legislativa transferida. La Asamblea Nacional puede acudir a cualquier modalidad para la fijación de dicho plazo, por ejemplo establecer una fecha cierta: el 31-03-2000, o bien fijar el plazo en tres, seis meses, un año, etc., cuyo decurso suele iniciarse generalmente desde la fecha de la publicación de la Ley habilitante. En la doctrina europea se ha discutido el problema relacionado con este requisito atinente a la fijación de algún límite a dicho plazo determinado, verbigracia, si el plazo puede exceder el término de fenecimiento de la legislatura. Al respecto un sector sostiene que si lo que se configura es una relación de confianza entre el cuerpo electoral y un determinado Parlamento, este no podría proyectar más allá del término de su vigencia -que se corresponde con el de duración de la confianza- hacia el futuro una competencia legislativa que tiene un carácter esencialmente funcional o formal, o dicho de otra manera, sin contenido material, pues la ley de delegación, como es sabido, contiene solamente una habilitación para que el Ejecutivo legisle, o mejor, dicte actos normativos con fuerza de Ley. Quadra Salcedo (1991) rechaza esta tesis, por cuanto estima que:

> ...lo cierto es que la Constitución no ha puesto límite alguno cuantitativo a la eficacia de las leyes de delegación, que son tan leyes como cualesquiera otras, aunque deban marcar un plazo para el ejercicio de la delegación. Por otro lado, razones de economía abonarían la subsistencia de la delegación en la nueva legislatura, pues si el nuevo Parlamento no está de acuerdo con la legislación delegante siempre podría derogarla, con lo que la renovada voluntad popular queda en todo caso protegida: pero si, en cambio, el nuevo Parlamento estuviere de acuerdo, no se vería obligado a aprobar de nuevo por segunda vez la misma ley delegante.

Pensamos que la tesis transcrita, aunque formalmente incuestionable, en virtud de la inexistencia de previsiones constitucionales que establezcan límites temporales al plazo determinado que debe fijar la ley para que el Gobierno ejerza la delegación, tiene muy pocas probabilidades de ser acogida por cualquier Parlamento, pues no debe olvidarse que la delegación legislativa es y será siempre una forma excepcional de legislar, función esta que de suyo tanto histórica como conceptualmente pertenece al órgano parlamentario; por lo tanto, resulta difícil que este voluntariamente llegue a despojarse de la misma por todo el término de la legislatura, y mucho menos por un plazo superior; además la tendencia que se observa en los países que adoptan esta forma de técnica legislativa, es la de conceder la delegación por términos reducidos.

c'. Fijación de las directrices, propósitos y marco de las materias que se delegan

La Constitución de 1999, siguiendo a las Constituciones italiana y española, establece como requisito de validez el establecimiento de las *directrices, propósitos y marco* de las materias que se delegan al Presidente de la República. Haciendo abstracción de los defectos de redacción de la norma antes señalados, cabe advertir en ese orden de ideas que los textos constitucionales erigen dicho requisito bajo la denominación "*principios y criterios directivos*" (Italia, art.76) y los "*principios y criterios*" (España, 82.4) que debe seguir el Gobierno en la ejecución de la potestad legislativa que se le transfiere. Al respecto es necesario reconocer que tal requisito ha suscitado problemas de interpretación, tanto en Italia como en España, y en el primero de esos países LAVAGNA (1976) sostiene al respecto:

> ...que pareciera tratarse de una doble limitación, debido a la duplicidad de los términos. En particular se debería aceptar que <u>los principios</u> son verdaderas y propias normas jurídicas generales cuya violación originaría una verdadera y propia ilegitimidad de la ley delegada, enjuiciable por la Corte Constitucional; mientras <u>los criterios</u> serían las ulteriores directivas, de naturaleza política y técnica, las cuales no incidirían sobre la legitimidad, sino más bien sobre el mérito del acto delegado (...), de manera que su violación no resultaría enjuiciable por la Corte, pero sí podría determinar una responsabilidad política del Gobierno frente al Parlamento (énfasis añadido).

En España SANTAMARÍA PASTOR expone un criterio muy amplio sobre el alcance de los aludidos términos, al interrogarse si tales contenidos –los derivados de los principios y criterios– deben agotar la ley de delegación. Y al respecto responde:

> ...es decir, sí ésta sólo puede sentar principios o criterios, o puede también establecer normas de detalle sobre cuestiones concretas de la materia delegada. Aun cuando no sea demasiado lógica, parece claro que esta segunda posibilidad no puede excluirse: la delegación legislativa consiste en una autolimitación de la potestad normativa del Parlamento, que éste puede modular con entera libertad.

En nuestro caso no resulta sencillo determinar *a priori* el alcance de la norma consagratoria de este requisito, máxime si se tiene en cuenta que en los Diarios de Debates de la Asamblea Nacional Constituyente no existe ni siquiera una referencia incidental a este requisito, pero en todo caso pensamos que la premisa que debe orientar al intérprete es la inequívoca voluntad de la Constitución de acotar o limitar la potestad legislativa que transfiere al Presidente de la República, estableciendo los propósitos, fijando pautas de dirección, así como los lineamientos fundamentales (marco) que deberá necesariamente seguir el Ejecutivo al dictar los decretos con fuerza de ley, configurándose de esa manera lo que Martines (1994) denomina en Italia una "*coparticipación del Parlamento en el ejercicio del poder legislativo por parte del Gobierno*". Por supuesto que resulta lógico imaginarse que en la fijación de este requisito seguramente se tuvo muy en cuenta la experiencia derivada de las leyes autorizatorias sancionadas antes de 1993, y con posterioridad a ese año.

En efecto, la situación anterior a 1993 estuvo caracterizada porque el Parlamento otorgaba una autorización abierta, sin ningún tipo de acotación, siendo ejemplo emblemático de la misma la Ley autorizatoria de 1974, en la cual como se dijo en términos coloquiales en aquella época, el Presidente de la República fue autorizado a "*legislar sobre lo humano y lo divino*", pues en esos casos, como sostiene Santamaría Pastor (1991) la autorización se otorga "*en base a conceptos materiales o títulos competenciales laxos de contenido no claramente unívoco o de alcance transversal indefinido*". A partir de 1994 la autorización al Presidente de la República fue concedida, en forma puntual y concreta. Para la mejor comprensión de la técnica utilizada en esa oportunidad, pasamos a citar algunas de sus normas que constituyen ejemplos de la misma: art. 1, numeral 1) Establecer un Impuesto al Consumo Suntuario y a las Ventas al Mayor y derogar la Ley del Impuesto al Valor Agregado. 2) Reformar la Ley de Impuesto sobre la Renta. 3) Reformar el Código Orgánico Tributario... y así sucesivamente.

Esta experiencia, sin duda, debería ser tomada muy en cuenta con el objeto de que la Asamblea Nacional vaya perfilando el cumplimiento del requisito objetivo bajo examen, pues si bien la fijación de esos parámetros antes de 1999 no resultaba muy relevante, en virtud de que el ámbito material venía acotado por la propia Constitución (materia económica o financiera), bajo la nueva regulación constitucional adquiere una importancia de primer orden, visto que con excepción de las materias reservadas a las leyes orgánicas y otras que indicaremos más adelante, las demás son susceptibles de ser transferidas para su regulación legislativa, mediante las leyes habilitantes. Dicho de otra manera: los preceptos mediante los cuales se establezcan las directrices de la ley habilitante deben estar redactados, aludiendo en forma concreta y específica, a los instrumentos normativos que serán modificados o derogados.

Además, si fuere el caso, con la mayor precisión que resulte posible identificarán las materias que hasta la fecha no estén reguladas por ley, pero que serán disciplinadas *ex novo* mediante los decretos con fuerza de ley que dicte el Presidente de la República. En el caso de la fijación de los propósitos y el marco de las materias transferidas, las normas deben estar concebidas de manera general, para que el Presidente de la República realice las precisiones correspondientes mediante los respectivos decretos con fuerza de ley, lo que no quiere decir que la Asamblea Nacional esté impedida de consagrar en la ley habilitante normas de detalle, si resultan necesarias para establecer las directrices, propósitos y marco de cada una de las materias objeto de la delegación legislativa, los cuales deberían vincular al Presidente de la República cada vez que dicte los decretos con fuerza de ley.

Por tanto, en ese caso podrá contener normas específicas sobre las materias objeto de la delegación, las cuales deberán ser reproducidas por los decretos que dicte el Presidente de la República. Al respecto conviene recordar que durante la vigencia de la Constitución de 1961, en la Ley autorizatoria de 1994 fueron incluidas normas de ese tenor. Efectivamente, así se desprende de los tres parágrafos de su artículo 1. El primero de esos parágrafos preceptuaba en ese sentido:

> Parágrafo Primero: En la modificación de la Ley de Impuesto sobre la Renta, el Ejecutivo Nacional deberá mantener, en todo caso, los actuales desgravámenes a las personas naturales por sus gastos médico-asistenciales y odontológicos y las primas de seguros respectivos, de educación y pago de alquileres o de intereses de créditos obtenidos para el financiamiento de su vivienda, siempre y cuando dichos alquileres o intereses no excedan de cinco mil (5000) de las unidades tributarias previstas en los Proyectos de Código Orgánico Tributario y de la Ley de Impuesto sobre la Renta; así como las exenciones y exoneraciones, según el caso, a sus ingresos por conceptos de intereses devengados por depósitos en cuentas de ahorros, fideicomisos o fondos de prestaciones sociales de los trabajadores.

Ha de observarse que en esa oportunidad si bien en la regulación del parágrafo transcrito, así como de los otros dos, se suscitó una discusión parlamentaria sobre su pertinencia sustantiva, que inclusive trascendió a los medios de comunicación, no ocurrió lo mismo en torno a la procedencia o improcedencia de incluir, a la luz del artículo 190 (ord. 8°) de la Constitución de 1961, normas de esta naturaleza en una ley autorizatoria, pese a que era la primera vez que resultaba planteada una situación como la descrita.

Lamentablemente, ocurrió lo que casi siempre ocurre en Venezuela en el campo del Derecho Público, sin mayores reflexiones doctrinarias ni parlamentarias, se consideró como "*un hecho*" la facultad del Congreso para incluir ese tipo de disposiciones en la aludida ley. Tampoco con posterioridad a la sanción de la ley en los referidos términos, llegaron a suscitarse ni discusiones ni reflexiones de ningún tipo. Pues bien, tal como aparece regulado el mencionado requisito en la Constitución, es posible postular que el mismo permite que el legislador al momento de sancionar la ley habilitante pueda incluir en la misma normas específicas y de detalle.

De modo, pues, que resulta indudable la voluntad del constituyente de fijar un claro límite material a la potestad legislativa transferida al Presidente de la República, al obligarlo a ajustarse a las directrices propósitos y lineamientos que se fijen en la ley para cada una de las materias que serán reguladas mediante decretos con fuerza de ley, pero debemos hacer notar que si se extrema la interpretación en ese sentido, puede llegar a desnaturalizarse el concepto mismo de ley habilitante, pues sería absurdo que basado en el aludido requisito se pretendiera incluir en ella un conjunto de normas de detalle, al punto de sustituir al Poder Ejecutivo en la ejecución de la potestad legislativa transferida, ya que precisamente la técnica de la legislación delegada, que no la de urgencia, tiene como finalidad fundamental atribuir al Poder Ejecutivo la potestad de disciplinar legislativamente materias muy complejas, lo cual requiere conocimientos muy técnicos, por ejemplo el Código Orgánico Tributario, o un Código de Telecomunicaciones, o cualquier otro Código (Civil, Procesal, etc.) cuya complejidad haga presumir que el procedimiento de formación de la ley será muy largo. Ya que en esos casos se presume que el Poder Ejecutivo es el órgano más calificado para llevar a cabo esa tarea, entre otras razones, porque puede valerse de los equipos de profesionales y expertos que forman parte de los cuadros de la Administración, a los fines de dictar los decretos con fuerza de ley.

Esa es la tesis propuesta por Martines (1994) en Italia, cuando señala que la tendencia pareciera orientarse a interpretar en forma amplia el requisito equivalente previsto en la Constitución Italiana, de manera que el Gobierno disfrute de un margen razonable de discrecionalidad al hacer uso de la delegación, pero al mismo tiempo cita una sentencia de la Corte Constitucional, en la cual ese máximo Tribunal declaró legítima una limitación rigurosa y puntual –sobre la base de los principios y criterios directivos– de la potestad legislativa delegada.

Finalmente, solo a título ilustrativo hacemos notar que en Italia se admite que además de los límites constitucionales que debe contener la Ley de delegación, el Parlamento pueda colocarle en la misma ley otros límites al Gobierno, para el ejercicio de la delegación, como por ejemplo la obligación de oír la opinión de determinadas Comisiones Parlamentarias, algunas veces con carácter vinculante, o el deber de reproducir en el decreto legislativo algunas disposiciones contenidas en la Ley delegante. Más aún: la Ley número 400 de 1988, establece que el Gobierno está obligado a oír el criterio de las Cámaras sobre los proyectos de decretos legislativos, cuando el plazo previsto para el ejercicio de la delegación exceda de dos años. Así mismo la Constitución Española prevé en su artículo 82.6 que la ley de delegación pueda establecer fórmulas adicionales de control, como por ejemplo, la presentación del decreto legislativo al Parlamento antes de ser publicado. También en Italia la doctrina y la jurisprudencia, en ausencia de una norma similar, admiten la posibilidad de dichos controles en la ley delegante.

Bajo la vigencia de la Constitución de 1961 en muchas oportunidades el Congreso de la República acudió a esa especie de "*controles adicionales*", estableciendo en la ley autorizatoria la obligación del Ejecutivo de dar cuenta suficiente especial y detallada al Congreso, una vez aprobado por el Presidente de la República, pero antes de la publicación de cada uno de los decretos leyes. En la Ley autorizatoria de 1998 se llegó a establecer que los decretos leyes debían ser aprobados previamente por una Comisión Parlamentaria, no obstante el Presidente de la República dictó un decreto ley que no había recibido la aprobación de la Comisión, sin que tal actuación tuviese ninguna consecuencia jurídica. Y ello ocurrió así sencillamente porque ese tipo de control no estaba previsto en la Constitución de 1961.

Tampoco aparecen consagrados en la de 1999, mas consideramos que la inexistencia de una disposición expresa en la Constitución concerniente a los requisitos complementarios no impide postular una tesis sobre el carácter implícito que se puede derivar de la Constitución sobre estos requisitos, los cuales pueden ser introducidos en la ley habilitante al momento de su sanción, atendiendo básicamente a la naturaleza excepcional de las leyes habilitantes, las cuales están diseñadas de tal manera, que el Poder Legislativo pueda ejercer un conjunto de controles que impidan que este tipo de leyes pasen de ser excepcionales a ordinarias, atentando así contra los principios de reserva legal y separación de poderes. Cabe recordar que estos controles son establecidos rigurosamente por la Constitución para que los Parlamentos estén limitados al momento de sancionar este tipo de leyes, pudiendo ser expresos o implícitos, estos últimos –insistimos– derivados de la naturaleza excepcional de la delegación legislativa.

Además, hay que tener en cuenta como sostiene SANTAMARÍA PASTOR que el órgano que decide transferir su potestad originaria de legislar es el Parlamento y por lo tanto, puede establecer todos aquellos requisitos no previstos expresamente en la Constitución que no colidan con esta. A mayor abundamiento, esta tesis es la que prevalece en la mayoría de los ordenamientos constitucionales extranjeros que no prevén de manera expresa los requisitos complementarios como mecanismo de control implicados en la delegación legislativa.

Sin embargo, es necesario tener mucha prudencia por parte de la Asamblea Nacional si decidiese acoger la tesis en comento, cuando fije requisitos adicionales de tal manera que estos en ningún caso puedan colidir con las potestades de ejecución de los decretos con fuerza de ley dictados por el Presidente de la República en Consejo de Ministros, tal como las concibe el texto constitucional.

D'. Existencia o inexistencia de límites materiales en el contenido de las leyes habilitantes

Es necesario advertir que después de la entrada en vigencia de la Constitución de 1999, ciertos autores nacionales han esgrimido una tesis que postula la inexistencia de límites materiales a la potestad legislativa que puede delegar la Asamblea Nacional al Poder Ejecutivo, razón por la cual la delegación contenida en la ley habilitante recaería sobre cualquiera de las materias que entran en la esfera de competencia material de la Asamblea Nacional, deslindada en el artículo 187 de la Constitución. Tal tesis encontró respaldo en una serie de sentencias dictadas por la Sala Constitucional entre los meses de septiembre y octubre de 2001, mediante las cuales validó la emanación de un conjunto de "decretos con fuerza de ley orgánica", siendo la sentencia "líder" en ese sentido, la recogida bajo el N° 1719 de 19-09-2001, en la cual dicha Sala al pronunciarse sobre el carácter orgánico del Decreto con fuerza de Ley Orgánica de Ciencia, Tecnología e Innovación, dictado en ejercicio de la ley habilitante del año 2000, declaró:

> Partiendo de las aseveraciones anteriormente expresadas, esta Sala precisa señalar que la nueva Carta Magna -al contrario de lo previsto en la Constitución de 1961- estableció formalmente en su artículo 236, numeral 8, la posibilidad de que la Asamblea Nacional delegue su potestad normativa al Presidente de la República, sin ningún tipo de límites de contenido.

Según la tesis vinculante de la Sala Constitucional, la comparación de los citados preceptos del texto constitucional derogado y el vigente, resulta suficiente para demostrar la intención del constituyente de eliminar los límites de contenido a la delegación legislativa prevista en los artículos 203, tercer aparte y 236 (num. 8) constitucionales, con lo cual el máximo intérprete de la Constitución yerra en el análisis realizado porque parte de un falso supuesto al soslayar que no se trata de normas similares, y por ende, no pueden compararse entre sí, ya que tal como se explicó en este mismo Capítulo, la Constitución de 1961 confería la potestad para dictar decretos leyes al Presidente de la República, cuando el Congreso de la República lo autorizara mediante la respectiva ley autorizatoria, única y exclusivamente en materia económica o financiera; en cambio, la Constitución de 1999 sí contempla de manera expresa la técnica a la delegación legislativa, al crear *ex novo* las leyes habilitantes. De modo pues, que siendo dos clases de leyes de naturaleza distinta no resulta procedente la comparación que sirve de base a la tesis de la Sala Constitucional.

En esa línea argumental no puede dejar de reiterarse que la abstención del constituyente en señalar materias específicas que pueden ser reguladas por el Poder Ejecutivo, en ejercicio de la potestad legislativa que se le transfiere, es congruente con la naturaleza de la técnica de la delegación legislativa delineada en el texto constitucional, la cual responde a la concepción acerca de las leyes recogida en la Constitución (espacios acotados materialmente), y finalmente, atiende a la lógica que se deriva de toda la normativa constitucional, básicamente la que alude a los principios fundamentales, entre los cuales destacan el principio de separación de poderes y el de legalidad, en los que aparece asentado el trazado de los Poderes Públicos. Y son precisamente esas variables las que nos permiten distanciarnos tanto de la aludida tesis como de la sentencia, y afirmar que existe en el texto fundamental un conjunto de límites materiales reflejados expresa o implícitamente en el texto constitucional, que son infranqueables por los legisladores, al momento delegar la competencia legislativa al Poder Ejecutivo, mediante las leyes habilitantes.

E'. Límites materiales de las leyes habilitantes implícitos en el texto constitucional

Tal como señalamos antes, la delegación legislativa comporta un quiebre parcial del principio de reserva legal, lo que no colide con su carácter excepcional, por lo cual, en principio, la Asamblea Nacional puede delegar en el Ejecutivo Nacional cualquiera competencia legislativa nacional de las que le confiere el artículo 187 (num. 1) constitucional. O en otras palabras, el Presidente de la República en Consejo de Ministros, en ejercicio de la potestad legislativa delegada queda facultado para regular todas las materias que de suyo entran en la esfera de competencia del Poder Legislativo o que son reservadas a la ley.

No obstante, esa regla es relativizada por la Constitución, la cual del universo de las materias de reserva legal estableció que única y exclusivamente pueden ser reguladas por el Parlamento, mediante ley formal un número significativo de leyes, de tal manera que existe una obligación ineludible para este órgano, y al mismo tiempo una prohibición total para el gobierno de intentar normarlas por actos con fuerza de ley, desde luego previa la habilitación correspondiente por la ley habilitante; de allí que todas esas forman parte de la denominada doctrinariamente "reserva legal de Parlamento", para diferenciarla de la "reserva legal" ordinaria, la cual, a diferencia de la primera, comporta la posibilidad de que las materias que constituyen su objeto, pueden ser disciplinadas mediante decretos con fuerza de ley emanados del Poder Ejecutivo, previa la habilitación correspondiente.

En efecto, de la concepción de ley articulada en el criterio material contenida en la Constitución, que supone la existencia de ámbitos acotados para cada uno de los cuatro tipos de leyes, se desprenden límites materiales implícitos a la ley habilitante, que cobran virtualidad con la configuración de cada uno de esos ámbitos acotados, pues ello implica la reserva constitucional de determinadas materias, las cuales únicamente pueden ser reguladas mediante el tipo normativo correspondiente.

En ese orden de razonamiento es obvio que mediante una ley habilitante no se puede delegar la competencia para que el Poder Ejecutivo dicte decretos con fuerza de ley que disciplinen materias propias de las leyes orgánicas, ni puede delegarse la competencia para que dicte decretos que disciplinen materias propias de las leyes de bases, ni lógicamente mucho menos puede delegarse la potestad legislativa para que en ejercicio de la misma dicte un decreto con fuerza de ley mediante el cual se autodelegue la potestad legislativa. En otros términos, que asuma el objeto material reservado por la Constitución a las leyes habilitantes.

Por consiguiente, solo las materias, con las excepciones de las que indicaremos de seguidas, que constituyen el marco acotado residual de las leyes ordinarias, son susceptibles de ser reguladas válidamente mediante decretos con fuerza de ley dictados por el Presidente de la República en Consejo de Ministros, en ejercicio de la delegación de la potestad legislativa; de allí que en nuestro criterio pareciera indudable que constituyen límites materiales de las leyes habilitantes las materias que entran en el campo acotado de las leyes orgánicas, de las leyes de bases y de las propias leyes habilitantes (delegación). Más aún, en países como España, en el cual existen en realidad sólo dos tipos normativos: las leyes ordinarias y las leyes orgánicas, porque las leyes de delegación son leyes ordinarias, la propia Constitución establece la prohibición expresa de que las materias reservadas a las materias orgánicas puedan ser objeto de la delegación legislativa.

Insistimos en que en la Constitución venezolana no se requiere una prohibición de ese tenor, porque al introducirse la aludida concepción de las leyes sustentada en el criterio material, que implica ámbitos materiales acotados reservados a cada tipo normativo, se configura una prohibición general de regular materias de cualquiera de esos tipos normativos, con otros de los tipos previstos constitucionalmente, y dentro de ella se inscribe entonces la prohibición específica en el caso de las leyes orgánicas y de bases.

Otros límites derivados de la reserva legal de Parlamento están constituidos por los ejemplos de las leyes mediante las cuales se aprueban el presupuesto nacional (art. 187 num. 6 y 313), el marco plurianual para la formación del presupuesto (art. 311), los tratados internacionales (art. 187 num. 18), y la ley especial de endeudamiento anual (art. 312), porque a través de ellas, por una parte el Parlamento ejerce un determinado control sobre las políticas presupuestarias anual, y plurianual y del máximo endeudamiento público, durante el año fiscal correspondiente, y por la otra sobre una parte fundamental de la política exterior que también se inscribe en la competencia del referido Poder Público.

Finalmente, otra materia que en nuestro criterio debe estar excluida de la delegación legislativa es la relativa a la amnistía, en razón de que la entidad política y jurídica de este acto, impone que sea el Parlamento en forma exclusiva y excluyente el órgano que la regule, pues debe partirse de la premisa, aun en los sistemas presidencialistas, que por su representatividad, por su pluralismo, y por la participación de las minorías, el Parlamento es el único órgano dotado de la legitimidad para dictar una ley de esta naturaleza, motivo por el cual no es susceptible de ser delegada la potestad en el Ejecutivo para que dicte decretos con fuerza de ley en la mencionada materia. Estaríamos en esta hipótesis, como en las dos anteriores, ante materias reservadas a las leyes ordinarias, pero que se inscriben en la denominada "reserva de ley del Parlamento".

A la luz de los razonamientos precedentes no cabe duda, en nuestro criterio, que existen constitucionalmente claros límites materiales, que no pueden ser traspasados por los legisladores al sancionar las leyes habilitantes, en virtud de que mediante ellas no resulta posible válidamente transferir la competencia legislativa, para que el Presidente de la República regule con decretos con fuerza de ley las materias antes identificadas.

F'. Efectos de la ley habilitante

En Italia y España existe consenso doctrinario acerca de que la ley de delegación tiene una eficacia meramente formal, en virtud de que únicamente vincula al Gobierno, ya que se limita a habilitarlo para que dicte decretos legislativos. Por esa razón la Corte Constitucional Italiana la ha definido como "*un verdadero y propio acto normativo*". De este marco conceptual se desprende, entonces, que las disposiciones materiales que pueda contener la Ley delegante, derivadas del respeto por el legislador al requisito que obliga concretar en ella a los "*principios y criterios directivos*", no vincularán ni a los ciudadanos ni a la Administración, salvo que aparezcan incorporadas en el correspondiente decreto legislativo.

Ahora bien, si como señala SANTAMARÍA PASTOR la "*delegación no entraña una transferencia o entrega al Ejecutivo de una cuota ideal de potestad legislativa*", sino más bien, como expresamos precedentemente, una transferencia temporal del ejercicio de esa potestad, resulta obvio que el órgano delegante podrá en cualquier momento derogar mediante otra ley la delegación, inclusive puede hacerlo hasta implícitamente, procediendo a dictar una ley que regule la materia sobre la cual fue transferida al Gobierno la potestad legislativa, procedimiento este que no resulta ortodoxo y podría hasta originar un conflicto de Poderes, lo que no quiere decir que dicha actuación parlamentaria sea inviable jurídicamente. Precisamente previendo esa posibilidad la Constitución Española contiene una disposición que faculta al Gobierno para oponerse a la tramitación de un proyecto de Ley que contraríe una delegación legislativa vigente. Ante tal oposición queda la vía de presentar un proyecto de ley con la finalidad de derogar total o parcialmente la ley de delegación (art. 84). En fin, la citada disposición constitucional pretende evitar la perturbación de las relaciones entre el Parlamento y el Gobierno, pero en todo caso la misma deja a salvo la potestad del primer órgano de derogar o modificar la ley de delegación.

Resta añadir en relación a los efectos de la ley delegante que en caso de que el Gobierno no llegue a dictar el o los correspondientes decretos legislativos, entonces como sostiene LAVAGNA (1976), dicha ley delegante pasa a "*ser un acto meramente interno del aparato constitucional*", razón por la cual, de conformidad con esta postura doctrinaria, habría que concluir que la ley de delegación condiciona la validez del decreto legislativo, pero este a su vez condiciona la eficacia sustancial de aquella. Sin embargo, en sentencia del año 1990, la Corte Constitucional Italiana abandona esa tesis, en virtud de que en la misma declara que la Ley de delegación es una fuente directamente productora de normas jurídicas. Por tanto, en esa perspectiva jurisprudencial la mencionada Ley resulta impugnable ante la Corte Constitucional, aun cuando no haya sido dictado el decreto legislativo, sobre la base de una violación a la Constitución.

En el contexto del marco conceptual anterior, derivado del Derecho comparado, cabe concluir que la habilitante es una ley con una eficacia meramente formal, porque contiene únicamente la delegación de la potestad normativa al Presidente de la República para que en Consejo de Ministros dicte decretos con fuerza de ley, ajustándose a las directrices, propósitos y marco de las materias que indica en su texto. De suerte, que tratándose de una ley en el pleno sentido de la palabra, conforme a la preceptiva constitucional, puede ser impugnada aunque el Poder Ejecutivo no haya dictado los decretos con fuerza de ley correspondientes. Así por ejemplo, sería motivo de impugnación que no contenga el requisito antes señalado, o que pretenda derogar una ley orgánica. Por tanto, el valor normativo de la ley habilitante no está necesariamente sujeto o condicionado a que el Ejecutivo dicte los decretos con fuerza de ley, ni aún en el caso de que contenga disposiciones de detalles o específicas sobre la materia objeto de delegación que deban ser reproducidas en el decreto ley.

Otro efecto de la ley habilitante, conceptuada como una ley de delegación, es que detenta la fuerza o rango de ley, por lo que la delegación que ella contiene puede ser revocada, mediante la reforma o la derogatoria mediante otra ley habilitante, pues nada impide que una vez en vigencia opere el mecanismo derogatorio contemplado en el artículo 218 de la Constitución, que consiste en reformar y derogar una ley con otra ley. Igualmente resulta procedente la tesis de la revocación, cuando se fundamenta en el concepto de delegación, la cual alude exclusivamente al ejercicio de la potestad legislativa por el Presidente de la República; de allí que la ley de delegación (habilitante en nuestro caso) comporte implícitamente la revocación de la competencia transferida.

Inclusive, todo conduce a pensar que desde el punto vista formal las leyes habilitantes pueden ser abrogadas mediante el correspondiente referendo, en razón de que no figuran dentro de las excepciones contempladas en el artículo 74 constitucional, y de que el producto normativo que constituye su efecto fundamental, esto es, el decreto con fuerza de ley, conforme al artículo antes citado igualmente es susceptible de abrogación mediante referendo. De modo, pues, que también desde esta perspectiva la ley habilitante tiene todos los efectos de una ley formal verdadera, y el hecho de que tenga una vigencia predeterminada, a diferencia de la casi totalidad de las leyes, cuya vigencia es indefinida, no constituye, a la luz del citado artículo 218 de la Constitución, obstáculo alguno para su reforma o derogación mientras no haya fenecido el plazo de vigencia.

Advertimos que la Asamblea Nacional puede optar por una vía indirecta de derogación de la delegación conferida al Ejecutivo, una vez que el Presidente de la República ha dictado los correspondientes decretos con fuerza de ley por supuesto estando vigente la ley habilitante, acudiendo a la vía de modificar o derogar dichos decretos. En efecto, en la regulación de la legislación delegada no existe ninguna disposición que impida u obstaculice el ejercicio de esa potestad por la Asamblea Nacional, como ocurre en España, cuya Constitución establece en su artículo 84 que si estando en vigencia un decreto ley, se pretendiere sancionar una ley que fuere contraria a ese decreto, el Gobierno está facultado para oponerse a la tramitación del proyecto, quedándole de todas maneras el Parlamento la facultad de revocar mediante ley la ley de delegación. A la luz de esa regulación constitucional extranjera, es posible inferir, por interpretación a contrario, la tesis antes expuesta acerca la potestad de la Asamblea para revocar de manera indirecta la ley habilitante, mediante la derogatoria del o de los decretos con fuerza de ley respectivos, sobre la base del citado artículo 218 constitucional.

9. Leyes de bases

A. Antecedentes constituyentes

En principio debe advertirse que esta es la única categoría de leyes contemplada en la Constitución de 1999, que verdaderamente constituye una novedad, pues pese a que las habilitantes también aparecen por primera vez en esa Constitución, es claro que ya estaban por lo menos "*esbozadas*" en el artículo 190 (ord. 8°) de la Constitución de 1961, al punto que la denominación misma era del uso forense y coloquial. La segunda advertencia consiste en señalar que al parecer las leyes de bases resultaron un accidente en la conformación de la topografía constitucional, pues como ha quedado dicho, no estaban contempladas en el Anteproyecto de Constitución, no fueron ni siquiera mencionadas en la primera y segunda discusión, y apenas surgen en el Informe presentado el 16-11-1999 por la Comisión Especial de Consenso designada por la Asamblea Nacional Constituyente para el estudio de los artículos y de las Disposiciones Transitorias del Anteproyecto, siendo aprobadas sin ningún tipo de discusión en la sesión plenaria de esa fecha.

El examen de los mencionados antecedentes constituyentes demuestra que las leyes de bases se originaron en un accidente derivado del cambio de nombre, en la sesión del 16-11-1999 de las "*leyes de base*" contempladas en el capítulo correspondiente al Poder Legislativo, en su sección relativa a la formación de las leyes, en la cual figuraban junto con las leyes ordinarias y las leyes orgánicas, por el de "*habilitantes*". Desconocemos las razones, en virtud de que no constan en el Diario de Debates de la Asamblea Nacional Constituyente, que llevaron a la Comisión de Consenso a proponer el referido cambio, e igualmente desconocemos por la misma razón, los argumentos esgrimidos para que derivado de ese cambio, se modificase del artículo 166, que en el Anteproyecto presentado el 12-10-1999 aparecía con el número 184, y en el corregido antes de iniciar la primera discusión con el 183, pero siempre con la siguiente redacción: "*Las competencias concurrentes se regularán mediante convenios entre el Poder Nacional y los Estados conforme a la ley, y sus contenidos estarán orientados por los principios de independencia, coordinación, cooperación, corresponsabilidad y subsidiariedad*" (énfasis añadido).

En la primera discusión (sesión del 02-11-1999) se le añadió el siguiente párrafo:

> Los Estados descentralizarán y transferirán a los Municipios los servicios y competencias que gestionen y que éstos estén en capacidad de prestar, así como la administración de los respectivos recursos, dentro de las áreas de competencias concurrentes entre ambos niveles del Poder Público. Los mecanismos de transferencia están regulados por el ordenamiento jurídico estadal.

Así mismo el encabezamiento sufrió una pequeña modificación, porque se le agregó al inicio "*Las materias*", quedando redactado así: "*las materias objeto de competencias concurrentes*".

En la referida sesión del 16-11-1999, con ocasión del aludido cambio de nombre de las leyes habilitantes, se sustituyó en el encabezamiento del artículo, sin ningún tipo de discusión, "*convenios*" por "*leyes de bases*". Lo único que consta en el Diario de Debates al respecto, es que el Presidente de la Asamblea Nacional Constituyente expresó: "*se cambió 'los convenios' por 'una ley', que se haga por ley*". Sin duda que la expresión utilizada por el Presidente de la Asamblea resulta reveladora del carácter incidental que revistió la inclusión de esta novísima categoría de leyes en la Constitución de 1999. También contribuye a reforzar la tesis que postula dicho carácter en la consagración de esta clase de leyes, la ubicación de la norma, que originalmente era correcta, en el capítulo relativo al Poder Público Estadal, pero que una vez tomada la decisión de crear una nueva categoría de leyes nacionales, las más elementales reglas de técnica jurídica aconsejaban que la definición estuviera contenida en el Capítulo regulador del Poder Legislativo Nacional, como se hizo con las leyes ordinarias, orgánicas y habilitantes, sin perjuicio de que pudiera hacerse cualquier tipo de reenvío al Capítulo concerniente al Poder Estadal.

No obstante lo expuesto precedentemente, ha de destacarse que el examen de esos antecedentes también demuestra que en esa misma sesión del 16-11-1999, como consecuencia de la introducción en la forma indicada de las leyes de bases, resultó creada otra categoría de leyes desconocidas hasta entonces en el ordenamiento constitucional venezolano: *las leyes de desarrollo*, que deben dictar los Consejos Legislativos de los estados precisamente para garantizar la aplicabilidad de las leyes de bases. De tal manera que pese a lo expresado por el Presidente de la Asamblea Nacional, el cambio fue mucho mayor que al parecer dicho alto funcionario apreció, así como el resto de los Constituyentes, pues en definitiva en esa sesión se aprobó la creación de dos nuevas categorías de leyes, una nacional y otra estadal, ambas inéditas en el Derecho Constitucional venezolano. Lo que resulta alarmante es que tal creación no haya sido precedida por ningún tipo de discusión doctrinaria o parlamentaria, y que ni siquiera haya estado prevista en el Anteproyecto de la Constitución, ni siquiera asomada en ninguna de las dos discusiones, pues esa forma de introducir unas figuras tan novedosas en una Constitución, sin duda, que dificulta mucho el proceso de interpretación constitucional. Pues bien, a la luz de esos casi insólitos antecedentes constituyentes, corresponderá a la doctrina y a la jurisprudencia intentar deslindar el alcance del precepto constitucional, o mejor la voluntad de la Constitución, que no la del constituyente.

B. Examen de la disposición constitucional

El artículo 165, consagratorio de las leyes de bases preceptúa:

> Las materias objeto de competencias concurrentes serán reguladas mediante leyes de bases dictadas por el Poder Nacional y leyes de desarrollo aprobadas por los Estados. Esta legislación estará orientada por los principios de interdependencia, coordinación, cooperación, corresponsabilidad y subsidiariedad.
> Los Estados descentralizarán y transferirán a los Municipios los servicios y competencias que gestionen y que éstos estén en la capacidad de prestar, así como la administración de los respectivos recursos, dentro de las áreas de competencias concurrentes entre ambos niveles del Poder Público. Los mecanismos de transferencia estarán regulados por el ordenamiento jurídico estadal.

a. Competencias concurrentes del Poder Nacional y de los estados como punto de partida de la definición de las leyes de bases

A'. En el proceso de descentralización administrativa iniciada en 1989

Destacamos como premisa inicial que la definición de leyes de bases aparece estrechamente relacionada con el proceso de descentralización administrativa territorial que se inició en Venezuela en 1989, basado fundamentalmente en la Ley Orgánica de Descentralización, Delimitación y Transferencia de Competencias del Poder Público, la cual estaba prevista en la Constitución de 1961, como una ley especial que debía ser aprobada con el voto favorable de las dos terceras partes de los miembros de cada Cámara, con la finalidad de transferir materias de la competencia nacional a los estados y municipios a fin de promover la descentralización administrativa.

Ahora bien, una vez sancionada esa ley quedó claro que la descentralización a que se refería el esquema constitucional obedecía al concepto clásico de descentralización territorial, en virtud de que delineaba el proceso de transferencia de *competencias exclusivas* del Poder Nacional a los estados y municipios, y así fue reflejado en dicho texto legislativo, con la particularidad de que estuvo limitado hasta los estados. Ahora bien, esa fase de la descentralización fue regulada de manera por demás sencilla, ya que la Ley se limitó a enumerar en forma taxativa las materias de las competencias del Poder Nacional que serían transferidas a los estados, y dejó en manos de los estados determinar la oportunidad para asumir esas competencias, mediante una ley sancionada por la correspondientes Asambleas Legislativas.

Pero para llegar a esa solución normativa previamente el legislador tuvo que abordar el concepto de *competencias concurrentes*, que había sido acuñado por la doctrina nacional, partiendo del examen de la regulación constitucional de las competencias exclusivas atribuidas al Poder Nacional, a los Estados y a los Municipios, y una vez precisadas estas en los artículos 136, 17 y 30, se encontró que a lo largo del texto de la Constitución se asignaban competencias al Estado, sin ninguna otra especificación, es decir, sin señalar a cuál de los entes territoriales en que se desagrega el Estado (República, estados y municipios), correspondía ejercer la respectiva competencia. Así por ejemplo, ocurría cuando el 72 prescribía "*El Estado protegerá las asociaciones, corporaciones, sociedades y comunidades*" y el 72 estatuía "*El Estado protegerá la familia como célula fundamental*".

Pues bien, en esos casos en que la competencia era atribuida en forma genérica al Estado, había que determinar la intención de la Constitución reflejada en esos dispositivos, para lo cual tal vez hubiese sido útil intentar armonizar los conceptos de "*competencias residuales*" (art. 17, ord. 7º) y de "*competencias implícitas*" (art. 136, num. 25), y en ese mismo sentido tomar en cuenta la identificación que hacía la Constitución de 1961 entre Estado y República. Sin embargo se obvió esa orientación interpretativa, y mediante un razonamiento sumamente sencillo, se llegó a la conclusión de que al no tratarse de una competencia exclusiva, debía reputarse *concurrente*, dado que cuando se utilizaba el término Estado, la intención de la Constitución era atribuir la competencia a los tres entes territoriales que integraban el Estado, vale decir, la República, los estados y los municipios.

Esa tesis que había sido formulada originalmente por BREWER fue seguida por el legislador de 1989 sin ningún tipo de reflexión o discusión, y aparece recogida en los antecedentes de la Ley Orgánica de Descentralización, Delimitación y Transferencia de competencias del Poder Público, así:

> ...En efecto, la totalidad de los entes que conforman la organización política de la Nación, a los que la Constitución engloba bajo el término de "Estado", realizan su actividad en ejercicio también de una potestad genérica "el Poder Público", que se distingue vertical y horizontalmente. Por ello estimamos que cada vez que la Constitución utiliza la palabra "Estado" tiene que entenderse como comprensivo de la totalidad de los entes que conforman la organización política nacional (República, Estados y Municipios); en cambio, cuando la Constitución ha querido hablar específicamente de la República, de los Estados, de los Municipios lo ha hecho expresamente (art. 124).

De modo, pues, que de esa manera se originó el concepto de *competencias concurrentes* en el ordenamiento jurídico venezolano, lo que condujo a aceptar que cada uno de los entes territoriales ciertamente tenía competencias exclusivas, pero a la vez concurría con los demás en el ejercicio de competencias comunes. Partiendo de esa premisa hubo necesidad entonces, como expresamos anteriormente, de que el legislador previamente *delimitara*, las competencias exclusivas y concurrentes de cada ente territorial. La delimitación de competencias concurrentes a su vez va a originar una modalidad de descentralización territorial en la Ley de Descentralización, poco ortodoxa, en virtud de que no existe transferencia de competencia alguna, ya que al detentar el carácter de concurrente tanto la República como los estados la tienen asignada a la vez, denominada *transferencia de servicios*, la cual, visto que los estados de suyo tienen asignada la competencia, consiste únicamente en la transferencia que hace la República a los estados, de la logística, la infraestructura, los recursos humanos y los recursos presupuestarios con que venía prestando el servicio correspondiente a esa competencia en forma desconcentrada, configurándose de esa manera la aludida modalidad de descentralización territorial de la competencia.

La transferencia de servicios estaba regulada en detalles en la Ley Orgánica de Descentralización, pero a los efectos que nos interesan baste decir que para perfeccionarse requería que el Senado aprobase el Acuerdo de transferencia, y que los Estados que recibían el servicio transferido y la República que lo transfería firmasen *los convenios*. Por esa razón el dispositivo en el cual están previstas las leyes de bases, mantuvo ese esquema (convenios) hasta el 16-11-1999, cuando con ocasión del cambio de denominación de "*leyes de base*" por leyes habilitantes, se sustituyó, según la intervención del Presidente de la Asamblea Nacional, el término "*convenios*" por "*leyes de bases*".

Las anteriores precisiones históricas conceptuales demuestran que el concepto de leyes de bases obedece, en la Constitución de 1999, a la necesidad de implementar la modalidad de descentralización conocida bajo la vigencia de la Constitución de 1961 como "*transferencia de servicios*", en virtud de que conforme a su artículo 165 (encabezamiento) están destinadas a *regular las materias objeto de competencias concurrentes* de la República y los Estados.

B'. En la Constitución de 1999

La Constitución vigente al darle a Venezuela la forma de Estado Federal descentralizado, siguió un modelo idéntico al de la Constitución derogada, en lo concerniente a la distribución competencial entre los entes territoriales que integran el Estado, a saber la República (Poder Nacional), los estados, y los municipios. Así al Poder Nacional le fija sus competencias exclusivas en el artículo 156, a los estados en el 164 y a los municipios en el 178, razón por la cual mantuvo el concepto de las competencias residuales para los estados (art. 174, num. 11: "*Todo lo que no corresponda, de conformidad con esta Constitución, a la competencia nacional o municipal*"), y las implícitas para la República o Poder Nacional (art. 156, num. 33: "*Toda otra materia que la presente Constitución atribuya al Poder Público Nacional, o que le corresponda por su índole o naturaleza*").

Luego, se impone que la Asamblea Nacional antes de empezar a sancionar leyes de bases, realice una delimitación de las competencias concurrentes, máxime si se tiene en cuenta que algunas de las que figuraban como exclusivas del Poder Nacional en la Constitución de 1961, pasaron a ser competencias exclusivas de los Estados, verbigracia las contempladas en el artículo 164 constitucional, numerales 5 (régimen y aprovechamiento de minerales no metálicos no reservados al Poder Nacional, las salinas...), 7 (la creación, organización, recaudación y control de los ramos del papel sellado y timbres fiscales), y 10 (la conservación... y aprovechamiento de carreteras y autopistas nacionales, puertos y aeropuertos de uso comercial).

Por supuesto que ese proceso de delimitación podía estar fundamentado en el concepto que sirve de base a la definición de competencias concurrentes antes expuesto, razón por la cual resultará clave determinar cuándo cada disposición constitucional pretende real y efectivamente asignar al Estado, una competencia en los mismos términos en que aparecen asignadas las competencias exclusivas a la República (art. 156), a los estados (art. 164) y a los municipios (art. 178), pues debe tomarse muy en cuenta que existen muchos dispositivos constitucionales que pueden generar confusión al momento de intentar realizar esa determinación, ya que parecieran asignar competencias, cuando en realidad lo que hacen es erigir al Estado en garante de determinados derechos (art. 19, el Estado es garante de los derechos humanos), o atribuirle una obligación específica (art. 29, el Estado está obligado a sancionar las violaciones de los derechos humanos), (art. 31 El Estado queda obligado a adoptar las medidas necesarias para dar cumplimiento a las decisiones emanadas de los órganos internacionales creados para salvaguarda de derechos humanos), y así sucesivamente.

Corresponderá entonces, de seguirse esta metodología, en ese proceso de delimitación de competencias, examinar los preceptos que asignan competencias al Estado, y una vez que no haya dudas de que realmente se trata de una asignación competencial, procederá la calificación como competencia concurrente. En ese orden de ideas, solo a título ejemplificativo, mencionamos algunos dispositivos constitucionales en los que pareciera estar claramente atribuida una competencia de esta naturaleza: El artículo 102, cuando expresa que el Estado asumirá como función indeclinable a la educación, el 110, cuando establece que el Estado destinará recursos suficientes para el fomento y desarrollo de la ciencia y la tecnología y el 111, cuando establece que el Estado asumirá el deporte y la recreación como política de educación y salud pública.

Es preciso advertir que en el aludido proceso de delimitación, debido al aumento del número de competencias asignadas al Estado, lógicamente sin especificar el ente territorial, se hará necesario acudir en algunos casos a las cláusulas de competencias implícitas (art. 136, num. 32) del Poder Nacional y de las competencias residuales (art. 164, num. 11) de los estados. En efecto, baste señalar como ejemplo el derecho a la seguridad social (art. 86), el cual aparece en el marco de la metodología para asignar las competencias concurrentes, asignado al Estado, pero pareciera por la índole de esta competencia, que ella debe considerarse atribuida al Poder Nacional, lo que conduciría a excluirla del carácter de competencia concurrente, pese a que formalmente aparece atribuida al Estado. De allí entonces la complejidad del aludido proceso de delimitación de competencias, que dicho sea paso, resultará vital para la continuación y profundización del proceso de descentralización iniciado en 1989.

b. Variables que sirven para acotar el concepto de leyes de bases

El artículo 165 de la Constitución estatuye: "*Las materias objeto de competencias concurrentes serán reguladas mediante leyes de bases dictadas por el Poder Nacional, y leyes de desarrollo aprobadas por los Estados. Esta legislación estará orientada por los principios de la interdependencia, coordinación, cooperación, corresponsabilidad y subsidiariedad*" (énfasis añadido).

De la lectura del dispositivo constitucional transcrito se colige que no contiene una definición conceptual de las leyes de bases, sin embargo alude a un conjunto de variables que permiten señalar las particularidades que las identifican y hasta facilitan el intento de formular un concepto de este tipo de leyes, a saber:

i) Están delimitadas sustancialmente, en virtud de que únicamente pueden disciplinar aquellas materias que sean competencias concurrentes del Poder Nacional y de los estados; por lo tanto, a los fines de conocer el ámbito de actuación legislativa del Poder Nacional, resulta necesario proceder previamente a delimitar las competencias concurrentes, lo cual puede ocurrir de una manera agotadora mediante una ley, tal como lo hizo la Ley Orgánica de Descentralización, Delimitación y Transferencias del Poder Público, o bien caso por caso, esto es, cada vez que se decida sancionar una ley de bases, el órgano legislativo determinará si se trata de una materia objeto de competencia concurrente entre el Poder Nacional y los estados. Dada la complejidad que implica el proceso de delimitación de este tipo de competencias, sería deseable que se realizara de una sola vez, agotadoramente, mediante un texto legislativo, pues siendo así el proceso supondría una visión de conjunto de toda la Constitución, y que entren en juego armonizadamente los conceptos de competencias residuales e implícitas.

ii) La potestad de dictar leyes de bases es una competencia exclusiva y excluyente del Poder Nacional; por lo tanto, en principio corresponderá a la Asamblea Nacional dictar este tipo de leyes, siguiendo para su formación el procedimiento de las leyes ordinarias. Sin duda que la regla es que las leyes de bases deban ser sancionadas por el Parlamento, pero cabría preguntarse sí es posible dictar "*decretos con fuerza de ley de bases*", y por lo tanto que puedan ser aprobados por el Presidente de la República en Consejo de Ministros. La respuesta, en nuestro criterio, aunque pudiera parecer poco ortodoxa, debe ser afirmativa de conformidad con la tesis que manejamos en páginas anteriores acerca del carácter de ley de delegación que ostentan las leyes habilitantes, así como la inexistencia de límites materiales, salvo en lo relativo a las materias reservadas a las leyes orgánicas, en la potestad delegatoria de la Asamblea Nacional. Por consiguiente, si la ley habilitante es una expresión de la técnica de legislación delegada, y si no existen límites materiales para la delegación por parte del Parlamento, entonces debe admitirse formalmente que en una ley habilitante puede delegarse al Ejecutivo Nacional la potestad de dictar decretos con fuerza de ley de bases para regular competencias concurrentes de los estados y el Poder Nacional.

Por supuesto que el ejercicio de tal potestad resultará válido si es posible fijar en la correspondiente ley de delegación los principios, directrices y marco de la materia objeto de la competencia concurrente que se transfiere al Presidente de la República. Por otra parte, contribuye a reforzar esta tesis el hecho de que la Constitución atribuye la facultad de aprobar leyes de bases al *Poder Nacional en general*, y no exclusivamente al órgano legislativo (Asamblea Nacional), razón por la cual estando facultado el Presidente de la República en Consejo de Ministros para dictar actos normativos con fuerza y valor de ley (decretos con fuerza de ley), debe concluirse que como órgano del Poder Nacional que es, tiene competencia para dictar "*decretos con fuera de ley de bases*".

iii) Las leyes de bases por estar destinadas a regular las competencias concurrentes de los estados y el Poder Nacional, resultan esenciales para la implementación de la modalidad de descentralización conocida como transferencia de servicios, de tal suerte que vigente la Constitución de 1999, únicamente puede producirse esa transferencia de servicios, si previamente la Asamblea Nacional sanciona una ley de esta naturaleza, porque obviamente respecto al procedimiento constituido por el acuerdo aprobado por el Senado, y la suscripción de los Convenios entre la República y los estados, operó una inconstitucionalidad sobrevenida, por obra de la disposición derogatoria única de la Constitución.

iv) La ley de bases, así como resulta vital para la implementación de la modalidad de descentralización denominada transferencia de servicios, igualmente se erige en la causa de las leyes de desarrollo que corresponde dictar a los estados, de tal suerte que sin una ley de bases, no es posible que se dicte la correspondiente ley de desarrollo, lo que no deja de constituir una paradoja en materia de descentralización, ya que planteada en términos de esa relación causa-efecto, el proceso de descentralización, por lo que respecta a la modalidad de transferencia de servicios, que es cualitativa y cuantitativamente la más importante, estará sujeto a la voluntad del Poder Nacional, que como sabe está integrado por órganos centrales.

Quedaría por ver si ante la omisión del Poder Nacional de aprobar leyes de bases, los órganos de los estados (Gobernador, Consejo Legislativo) pueden considerarse legitimados para intentar una acción destinada a que la Sala Constitucional declare la inconstitucionalidad de la omisión del Poder Nacional en la sanción de leyes de bases (art. 336, num. 7), que como dijimos antes, resultan indispensables para el proceso de descentralización.

Pensamos que procedería el ejercicio de ese tipo de acciones por parte de los Gobernadores y los Consejos Legislativos, e inclusive por organizaciones de la sociedad civil, porque de conformidad con los artículos 157 y 158 constitucional, la descentralización territorial es un principio y una política, razón por la cual dictar oportunamente las leyes de bases por el Poder Nacional, garantiza el cumplimiento de esa política constitucional, y por el contrario, la omisión en esa actividad legislativa, atenta contra el cumplimiento de la Constitución.

En fin, las particularidades reseñadas permiten definir a las leyes de bases como aquellas dictadas por el Poder Nacional exclusivamente en materias objeto de competencias concurrentes de los estados y la República, para activar mediante el establecimiento de los principios rectores y la fijación de los mecanismos de planificación y programación, de las materias objeto de la competencia concurrente, la modalidad de descentralización territorial denominada transferencia de servicio.

c. Contenido de las leyes de bases

Reiteramos que las leyes de bases tienen un ámbito restringido o limitado por las materias que son de la competencia tanto del Poder Nacional (República) como los estados, o sea, que ambos entes territoriales concurren en la gestión de dichas materias. Sin embargo, ese ámbito material al que concurren los mencionados entes, cuando la actividad es legislativa, aparece acotado por determinados límites, en principio infranqueables por uno u otro, pues en esa orientación conceptual debe admitirse que la actividad legislativa del Poder Nacional, consiste en establecer los principios básicos, los mecanismos de planificación y programación concernientes a las materias que son objeto de la competencia concurrente. En otras palabras, se trata de sentar normativamente *las bases* que serán desarrolladas a nivel de detalle por los estados a través del Consejo Legislativo. De modo, pues que en principio el Poder Nacional está impedido de dictar una ley de bases que descienda a disciplinar a nivel de detalles la materia que regula, y así mismo la ley de desarrollo que corresponde dictar a los estados, no puede pretender sustituir ni infringir los principios generales contenidos en la ley de bases. He allí el acotamiento material recíproco, derivado de la relación causa-efecto que se configura entre la ley nacional y la ley estadal.

En el fondo las leyes de bases reflejan una relación o principio de colaboración entre el centro y la periferia, entre el Poder Nacional (República) y los estados, porque cuando estos dictan las leyes de desarrollo no amplían su competencia, ya que las leyes de bases no transfieren competencias a las entidades federales, como si ocurre con la Ley o las leyes que dicte la Asamblea Nacional de conformidad con el artículo 157 de la Constitución, que también tiene como finalidad implementar la política de descentralización territorial, pero bajo la modalidad de transferencia de competencias exclusivas a los estados y municipios.

Ahora bien, pese a que en el marco de la descentralización las leyes de bases, en el fondo, reflejan una relación de colaboración entre el Poder Nacional y los estados, de todas maneras resulta necesario asumir una posición acerca del carácter que deben revestir los principios fundamentales o "*bases*", que en definitiva serán el objeto de la regulación contenida en esas leyes. Por supuesto que la dinámica del proceso de descentralización será la que determinará la posición que seguirá la Asamblea Nacional en este aspecto, que bien puede estar presidida por la idea de que los principios fundamentales, o "*bases*" contenidos en las leyes se erijan en límites estáticos para la actuación legislativa de los estados, es decir, dirigidos a determinar los respectivos ámbitos de competencia legislativa entre el Poder Nacional y los estados. Pero también puede asumirse una posición que erija esos principios esenciales o "*bases*" de las materias objeto de la competencia concurrente, como sostienen ENZO BALBONI y GIORGIO PASTORI (1994), "*en normas de dirección, de carácter positivo y dinámico, por cuanto determinan objetivos generales que deben lograrse, sistemas y procedimientos de programación, estructuras e intervenciones que deben consecuentemente activarse, en un cuadro de recursos financieros destinados para ello*".

Del examen de las dos posiciones expuestas sucintamente, es posible colegir que una revela el carácter clásico o conservador del concepto las leyes de bases, y la otra el carácter innovador de dicho concepto, al punto que los antes mencionados autores sostienen que de asumirse esta última posición, haría que este tipo de leyes pasara de una legislación de ordenamiento, a una "*legislación sobre la programación*", cuya consecuencia práctica sería que las leyes de bases, en nuestro caso, requerirían ser ejecutadas, o mejor tornarlas operativas, mediante la consecuente legislación de desarrollo por parte de los Estados, so pena de incumplimiento de los objetivos y programas establecidos. En cambio, de asumirse la posición clásica, que postula el establecimiento de los principios esenciales de la materia, como límites generales negativos de la potestad legislativa que compete a ambos entes territoriales, las correspondientes leyes de desarrollo tendrían un carácter eventual, cuya vigencia estaría condicionada a la iniciativa y voluntad del órgano legislativo de los Estados, en virtud de que la relación entre ambos tipos de leyes no estaría dada por el incumplimiento de objetivos y programas.

Esta novísima clase de leyes no presenta problemas en cuanto a su definición conceptual, porque al fin y al cabo su finalidad es establecer regulaciones, mediante la fijación de los principios esenciales (las bases) de las materias que son objeto de competencia concurrente del Poder Nacional y de los estados, mas la situación no se presenta igual en lo tocante al contenido que puede dársele a esas bases o principios generales, pues como hemos visto todo va a depender a la posición que se asuma: ley de ordenamiento o ley de programación.

En los primeros tiempos pareciera razonable que se imponga la posición clásica y que prive el concepto de "*ley ordenamiento*", para que en forma progresiva, dependiendo de la experiencia que se vaya obteniendo, tratar de evolucionar hacia el concepto de "*ley sobre la programación*". Reconocemos que no será una tarea sencilla, pues como expresamos antes, deberá empezarse por la delimitación de las competencias, identificando, sin ningún género de dudas las concurrentes, después deberá transitarse la vía de definir lo que debe entenderse por principios esenciales o bases de una materia, si ello resulta posible de manera general, sino habrá que hacerlo caso por caso, y finalmente habrá que armonizar una técnica legislativa que permite fijar las bases de las materias, y al mismo tiempo establecer los objetivos y programas en el contexto de las mismas, sin sacrificar la concepción de leyes de bases contemplada en el artículo 165 constitucional.

d. Relación entre las leyes de bases y las leyes de desarrollo

Cabe reiterar que conforme al artículo 165 constitucional las leyes de desarrollo aparecen totalmente subordinadas a las leyes de bases, y pese a que pertenecen a dos subsistemas normativos distintos: el nacional y el estadal, la concepción y el engranaje con que las presenta la Constitución, prácticamente en una relación causa efecto, ya que sin leyes de bases no es posible pensar en leyes de desarrollo, conducen a pensar, aunque resulte poco ortodoxo, que se configura una excepción al principio de competencia que priva en la relación entre los subsistemas normativos a que pertenecen cada uno de estos tipos de leyes, siendo sustituido por el de jerarquía normativa, de tal suerte que si la ley de desarrollo infringe las normas de la ley de bases, la primera debe reputarse nula.

No dejamos de reconocer que una tesis como esta tiene cabida cuando en un ordenamiento jurídico predomina la aludida concepción clásica sobre el contenido de las leyes de bases (leyes de bases como ordenamiento), pero que seguramente suscitará problemas en el caso de que predomine la concepción moderna (leyes sobre la programación), pues seguramente se podrá erigir en infracción una disposición de la ley de desarrollo que no obedezca totalmente al cumplimiento de los objetivos o de las metas que hayan sido fijadas en la ley de bases. En otras palabras, de imponerse la concepción clásica de la ley de bases, su relación con la ley de desarrollo estará regida por los cánones, también clásicos, del principio de jerarquía normativa; en cambio, si es la tesis moderna, aunque seguirá regida por dicho principio, deberá modularse su aplicación, ya que hasta podría considerarse como una infracción de la ley de bases, la omisión en la ley de desarrollo de establecer normas de detalles para lograr determinadas metas, o cumplir ciertos programas.

Esta matización, que pueden hacer los Estados en ejercicio de su potestad legislativa en materias de competencias concurrentes, puede dar lugar a las indicadas infracciones, de tal modo que la norma de la ley de desarrollo que detente la característica antes señalada (omisión) deberá considerarse nula; de allí entonces la problemática suscitada cuando se admite que la relación de las leyes de bases y de desarrollo se rige por el principio de jerarquía normativa, y al mismo tiempo en el ordenamiento el concepto de leyes de bases como "*leyes sobre la programación*".

Ha de advertirse que en el caso de que se adopte la posición moderna en cuanto al contenido de las leyes de bases, podrían suscitarse problemas interpretativos, porque en estricto rigor, cuando al fijar las bases de una ley se establece una programación sustentada en un cuadro de recursos financieros, que únicamente puede ejecutarse, mediante la ley de desarrollo estadal, los órganos de los estados pueden argumentar que el legislador nacional se extralimita en la competencia que le fija la Constitución, la cual estaría limitada exclusivamente a la fijación de las bases de las materias concurrentes, por lo que todo contenido de una ley de bases que traspase ese límite reflejará una infracción constitucional. De lo expuesto se desprende la complejidad de las leyes de bases, máxime si se tiene en cuenta que resultan esenciales para profundizar un proceso tan sujeto a controversias, como el de descentralización territorial. Por tanto, será la experiencia, y sobre todo la jurisprudencia, la que irá modulando esas relaciones entre la ley de bases y la ley de desarrollo.

VII. El Derecho Comunitario Andino

1. La idea de la integración económica (Fases: Zona de Libre Comercio, Unión Aduanera, Mercado Común y Unión Económica)

Como expresa Sachica (1990), la integración comporta un proceso de concertación deliberada entre varios Estados de un programa de acción conjunta, con la finalidad de lograr un desarrollo equilibrado y armónico que conduzca -como asienta el artículo 2 del Acuerdo de Cartagena- el cual no resultó modificado por el Protocolo de Trujillo (Perú) del 10-03-1996, a una distribución equitativa de los beneficios derivados de dicho proceso, y en definitiva a lograr un mejoramiento persistente en el nivel de vida de sus habitantes. Ahora bien, cabe advertir que el proceso integracionista es sumamente complejo, por lo que no resulta totalmente posible ubicarlo en fases o estancos perfectamente determinados o delineados; no obstante, en doctrina suele hablarse de varios niveles de integración que lógicamente van desde la forma más elemental hasta la más perfecta. Demás está indicar entonces, que ese intento de ubicación pareciera valer más desde el punto de vista didáctico que científico, por esa razón resulta útil explicarlo, aunque sea sucintamente.

La primera fase de un proceso de integración económica es denominada por los teóricos *Zona de libre comercio*, y se caracteriza fundamentalmente porque los Estados participantes convienen en eliminar en forma gradual los gravámenes o tarifas aduaneras, así como cualquiera otra limitación que restrinja el flujo comercial entre ellos. De tal modo, que al perfeccionarse al máximo el proceso (eliminación total de las barreras arancelarias) se origina un espacio geográfico, mejor dicho, una Zona donde el comercio fluye sin ningún tipo de obstáculo, es decir, es libre; de allí la denominación que recibe doctrinariamente. En este caso cada uno de los Estados asociados mantiene su posición comercial frente a terceros países.

La segunda fase conocida como *Unión aduanera*, se caracteriza porque los Estados, además de convenir en la liberación arancelaria antes descrita, adquieren el compromiso de adoptar una tarifa arancelaria igual para las importaciones provenientes de terceros países, configurándose así un arancel externo común, lo que constituye un mecanismo de defensa de la economía de los Estados contratantes, restringiendo al máximo, de esa manera, la competencia externa. Usualmente se inicia con un arancel externo mínimo, el cual va incrementándose en función de las metas fijadas en el programa integracionista concertado.

La tercera fase conocida como *Mercado común*, abarca además de las características señaladas en las fases anteriores, la necesaria armonización de las políticas de los países integrados, en materia laboral, inversión extranjera, crediticia, etc., lo que perfecciona el libre intercambio de bienes y servicios. Con la armonización de las políticas económicas se busca evitar la desnaturalización del proceso que puede derivarse de los distintos tratamientos que se dan en cada país a esas materias.

La cuarta fase conocida como *Unión económica*, supone como expone SACHICA:

> La unificación de las legislaciones de los países integrados en todo lo referente a su actividad económica –producción, utilización, distribución y consumo de bienes y servicios– como si se tratara de un sólo país, o sea, de una comunidad económica plena y perfecta,

dentro de la cual hay libre circulación de capital, mercancías, tecnología y trabajadores. Situación que, se supone en la teoría integracionista, implicará que están dadas las condiciones para un óptimo desarrollo económico y social de toda el área, en condiciones de equidad para todos los países.

Cabe acotar que en el mundo actual la forma más perfecta de unión, la cual, inclusive, va más allá de la definición antes transcrita, es la que nace del Tratado de Maastricht denominado "*Tratado de la Unión Europea*", suscrito el 07-02-1992, fundamentado en los que regían a las Comunidades Europeas, cuyo artículo B, preceptúa:

> La Unión tendrá los siguientes objetivos:
> - promover un progreso económico y social equilibrado y sostenible, principalmente mediante la creación de un espacio sin fronteras interiores, el fortalecimiento de la cohesión económica y social y el establecimiento de una unión económica y monetaria que implicará, en su momento, una moneda única, conforme a las disposiciones del presente Tratado.
> - afirmar su identidad en el ámbito internacional, en particular mediante la realización de una política exterior y de seguridad común que incluya, en el futuro, la definición de una política de defensa común que podría conducir, en su momento, a una defensa común.
> - reforzar la protección de los derechos e intereses de los nacionales de los Estados miembros, mediante la creación de una ciudadanía de la Unión (énfasis añadido).

Cabe advertir que los apartes 4 y 5 de este artículo (B), que ahora pasa a ser el 2, fueron modificados por el Tratado de Ámsterdam suscrito en esa ciudad holandesa el 02-10-1997, el cual entró en vigor el 01-05-1999, reformatorio del Tratado de Maastricht de 1992, en la forma siguiente:

> - mantener y desarrollar la Unión como un espacio de libertad, seguridad y justicia, en el que esté garantizada la libre circulación de personas conjuntamente con medidas adecuadas respecto al control de las fronteras exteriores, el asilo, la inmigración y la prevención y la lucha contra la delincuencia;
> - mantener íntegramente el acervo comunitario y desarrollarlo con el fin de examinar la medida en que las políticas y formas de cooperación establecidas en el presente Tratado deben ser revisadas, para asegurar la eficacia de los mecanismos e instituciones comunitarios.

Una vez revisadas las diversas fases que puede recorrer un proceso integracionista, es preciso reiterar que las mismas obedecen a criterios meramente teóricos, pero que será la dinámica de dicho proceso el hecho que en la práctica permitirá caracterizar el estadio en que se encuentran un grupo de Estados que se pretendan integrar, pues es dable imaginarse, sobre todo en América Latina, un grupo de países que formalmente constituyen un Mercado común, pero que en realidad se acercan más a una Unión aduanera, como al parecer ocurre con la integración de los países centroamericanos, o algunos casos, en los que aparece configurada más bien una unión económica, quizás como sucede con MERCOSUR. En fin, es el análisis de los instrumentos jurídicos -sobre todo del Tratado Constitutivo- el que va permitir identificar teóricamente el estadio con que se configura un determinado proceso integracionista.

Hasta aquí hemos intentado trazar las líneas maestras que caracterizan un proceso de integración económica, en una perspectiva teórica, sin embargo, es necesario advertir que si bien existen factores económicos, históricos, sociales, culturales, etc., que juegan fuertemente a su favor, al mismo tiempo se conjugan factores de ese mismo orden que atentan contra la misma. O sea, que se trata de un proceso sumamente complejo caracterizado por un entramado de intereses, cuya armonización incide en la tardanza que suele caracterizar el perfeccionamiento del mismo, inclusive en países con una comunidad idiomática, histórica, social y hasta económica.

2. Antecedentes y evolución de la integración económica

A. En Europa: de la Comunidad Europea del Carbón y del Acero (CECA) a la Unión Europea

La primera expresión real de integración económica es la Comunidad Europea del Carbón y del Acero (CECA), que nace con el Tratado de París, firmado el 18-04-1951, cuya iniciativa se debió al Ministro de Relaciones Exteriores Francés Roberto Schuman. Dicho tratado fue suscrito por Francia, Alemania, Italia, Bélgica, Holanda y Luxemburgo. Es preciso destacar las innovaciones jurídico institucionales presentes en el mencionado Tratado, las cuales al dibujar escenarios totalmente distanciados de las relaciones tradicionales entre Estados, reguladas por el Derecho Internacional Clásico, van a dar origen a la idea de comunidad y al derecho comunitario. La experiencia positiva en el desarrollo de esta comunidad condujo a la institución de la Comunidad Europea de la Energía Atómica (CEEA o EURATOM) y de la Comunidad Económica Europea (CEE), cuyos Tratados de creación fueron suscritos en Roma el 25-03-1957. Ambos fueron firmados por los mismos seis países antes nombrados.

Como el artículo 237 del tratado constitutivo de la CEE estipulaba que cualquier Estado europeo podía solicitar convertirse en miembro de la comunidad, después de muchas vicisitudes políticas, el 01-01-1973 Gran Bretaña, Irlanda y Dinamarca pasaron a integrar la Comunidad. En 1980 ingresó Grecia, y el 01-01-1986, después de complicadas negociaciones ingresaron España y Portugal.

El desarrollo del proceso de integración condujo a la unificación de los órganos de las tres Comunidades; por tanto, ya para 1967 resultaban comunes el Consejo de Ministros, la Comisión, el Parlamento y la Corte de Justicia, y en 1977 la Corte de Cuentas. A partir de 1980, comienzan, sobre todo a nivel del Parlamento Europeo, las iniciativas tendentes a la constitución de una Unión Europea, lo que comportaba la modificación de los correspondientes Tratados. Dichas iniciativas encontraron su primera expresión concreta en la denominada "*Acta Única Europea*" que entró en vigencia el 01-07-1987. Se denominó Acta Única porque en ella se reunieron en un solo texto los dos aspectos que fueron objeto de las negociaciones: el atinente a la cooperación política, y el relativo a la modificación de los Tratados de las Comunidades. Entre las innovaciones y modificaciones más importantes contenidas en esa Acta están la constitución del Consejo Europeo, integrado por los Jefes de Estado y de Gobierno, y por el Presidente de la Comisión, el aumento de los poderes del Parlamento, la creación de un tribunal de justicia de primera instancia y la instauración del mercado interno (espacio sin fronteras internas en el cual resulta asegurada la libre circulación de las mercancías, de las personas, de los servicios y de los capitales).

Las modificaciones institucionales producidas con la aprobación del Acta Única no resultaron totalmente satisfactorias para algunos de los Estados de la CEE, quienes consideraban que se había perdido la oportunidad para dar el salto cualitativo en el proceso de la integración, ya que ni la unión política europea, ni la unión económica y monetaria habían podido lograrse. Es así como a partir de 1988 en el seno de la Comunidad comienzan a trabajar para lograr ese objetivo, el cual finalmente se alcanza cuando el 11-12-1991, los Jefes de Estado y de Gobierno en Maastricht (Holanda) adoptan el Tratado constitutivo de la Unión, el cual es finalmente firmado en esa misma ciudad el 07-02-1992.

Ahora bien, es cierto que el Tratado en referencia originó el más perfecto sistema de integración hasta ahora conocido; sin embargo, cabe advertir que ello no significa la eliminación de las enormes complejidades que, como dijimos antes, acompañan a todo proceso de integración. En este caso esa complejidad comienza inclusive por el propio Tratado, el cual consta de un Preámbulo y siete títulos, los cuales comprenden una normativa por orden alfabético desde la A hasta la S. También forman parte del mismo diecisiete protocolos anexos. Hay que añadir que al Acta final se incorporaron treinta y tres "*Declaraciones*" que si bien no forman parte del instrumento normativo en comento, pueden servir como criterios interpretativos, no vinculantes, a la Corte de Justicia cuando le corresponda aplicar los preceptos que entran en su ámbito de competencia.

La complejidad también acompañó al proceso de ratificación, pues llegada la fecha prevista para la entrada en vigencia –01-01-

1993– todavía tres países no habían podido hacerlo, debido a dificultades derivadas de su ordenamiento interno. Así mismo muchos plazos fijados para el inicio de la aplicación de políticas han tenido que prorrogarse. En ese sentido las mayores dificultades se presentaron en lo concerniente a la unión monetaria. Pese a todos esos obstáculos esta experiencia resulta sumamente interesante, pues constituye un modelo que necesariamente tiene que ser estudiado por otros países que inician o tienen en marcha procesos de integración económica, especialmente los latinoamericanos.

Siguiendo ese orden de razonamiento es preciso señalar que la doctrina europea ha realizado el análisis del Tratado, concluyendo que la Unión se fundamenta en tres bases fundamentales: **a)** la primera constituida por el mecanismo comunitario, es decir, por los tres Tratados reguladores de las Comunidades Europeas, las cuales son ampliamente modificadas e integradas en lo que ahora recibe el nombre de "*la Comunidad Europea*" en singular; **b)** la segunda está constituida por los sectores de la política exterior y de la seguridad común y; **c)** la tercera concerniente a la cooperación en materia de justicia y asuntos internos. Es necesario destacar que las materias atinentes a la segunda y tercera base escapan al mecanismo de la integración comunitaria, y se rigen por los principios de la cooperación internacional entre Estados.

En el contexto de las bases anteriores, cabe apuntar que entre las innovaciones más importantes del Tratado de Maastricht están: **a)** los objetivos asignados a la comunidad superan los establecidos en el Tratado de Roma, en virtud de que el desarrollo económico no solo debe ser armonioso, sino también equilibrado; a tal propósito se prevé un crecimiento sin inflación, y que dicho crecimiento debe respetar el ambiente. En fin, los nuevos objetivos prevén "*un grado de convergencia de los resultados económicos, un nivel de empleo y de protección social elevado, el mejoramiento de la calidad de vida, la cohesión económica y social, y la solidaridad entre los Estados miembros*"; **b)** se estatuye la ciudadanía europea, fijándose entre los derechos de los ciudadanos: la libre circulación y la residencia, el sufragio activo y pasivo en las elecciones municipales, la protección diplomática, el derecho de petición y el "*Mediador Europeo*"; **c)** se crea la unión económica y monetaria que pasa por diversas fases: el Instituto Monetario Europeo y el Comité Monetario que se transformarán en el Banco Central Europeo y en el Comité Económico y Financiero, y la moneda única; y **d)** se incorporan nuevos sectores que hasta la firma del Tratado no entraban en la esfera de competencia de la Comunidad Económica Europea, entre los cuales destacan los relativos a educación, formación profesional y juventud, cultura, salud pública, protección de los consumidores, redes transeuropeas, industria y cooperación al desarrollo, investigación y desarrollo tecnológico y ambiente.

En el aspecto institucional el Tratado de Maastricht no hace más que sistematizar la estructura orgánica anterior, derivada de los Tratados y del Acta Única. Como consecuencia de dicha sistematización el cuadro institucional queda así: **a)** el *Consejo Europeo*, integrado por los Jefes de Estado y de Gobierno, así como por el Presidente de la Comisión, cuya competencia está restringida a las materias relacionadas con la cooperación entre los Estados, y de orientación general de todas las actividades de la Unión; **b)** el *Parlamento Europeo* que ejerce poderes de control y deliberantes en la Unión, pero sin competencia normativa, pues en ese sentido solo tiene la iniciativa legislativa, o sea, que puede dirigir proposiciones legislativa a la Comisión; **c)** la *Comisión*, integrada por veinte miembros, cuya designación, al igual que la de su Presidente, debe ser aprobada por el Parlamento Europeo, tiene competencias de control y vigilancia, de proposición e iniciativa, de decisión y ejecución y de representación. Siendo un órgano esencialmente ejecutivo, excepcionalmente puede dictar reglamentos y directivas, conforme a los artículos 48 y 90 de la CEE; **d)** el *Consejo de Ministros*, integrado por un representante de cada uno de los Estados miembros, con rango ministerial; por tanto, es un órgano representativo de los intereses de los países miembros. Conforme al artículo 145 del Tratado CEE, le corresponde la coordinación de las políticas económicas de los Estados miembros, y el ejercicio definitivo de la potestad normativa (reglamentos, directivas, decisiones, recomendaciones y dictámenes). En el ejercicio de sus funciones el Consejo es asistido y ayudado por el Comité de Representantes Permanentes (COREPER); **e)** la *Corte de Justicia*, compuesta por quince Magistrados y 8 Abogados Generales, designados de común acuerdo por los Estados miembros.

Las competencias de este órgano son: **a)** la determinación de la violación de obligaciones comunitarias por parte de Estados miembros; **b)** conocer los recursos de legitimidad, **c)** los recursos de abstención o "*en carencia*", **d)** los recursos de interpretación de las normas del Tratado (prejudicialidad), **e)** los recursos por resarcimiento de daños, **f)** los recursos en materia de relación de empleo y de trabajo; **g)** conocer las controversias relativas a las actividades del Banco Europeo de Inversiones, Sistema Europeo de Bancos Centrales y del Banco Central Europeo, **h)** las controversias relativas a contratos celebrados por la Comunidad, o por su cuenta, que contienen una cláusula compromisoria en los términos previstos en el artículo 181 de la CEE y; **i)** las controversias entre Estados miembros que le son deferidas a la Corte sobre la base de cláusulas compromisorias. Es preciso señalar que en el Tratado de Maastricht se le añade una importante competencia a la Corte: la de aplicar sanciones pecuniarias al Estado miembro que incumpla sus sentencias. Debido al creciente número de recursos en el Acta Única se instituyó la figura del Tribunal de Primera Instancia, encargado de conocer en primer grado, únicamente por razones de derecho y atendiendo a las condiciones establecidas en el Estatuto, cierta clase de recursos intentados por personas físicas o jurídicas, restando en la esfera de atribuciones de la Corte, los recursos interpuestos por los Estados miembros, por las instituciones comunitarias, y las cuestiones prejudiciales.

Adicionalmente hallamos la *Corte de Cuentas*, integrada por quince miembros, designados por el Consejo, previa consulta del Parlamento, que es el órgano encargado de ejercer el control financiero en el ordenamiento comunitario. También forman parte de la estructura institucional los denominados *órganos consultivos*: el Comité Económico y Social y el Comité de las Regiones. A los anteriores órganos se añaden el Banco Europeo de Inversiones, el Sistema Europeo de Bancos Centrales, el Banco Central Europeo y el Instituto Monetario Europeo, todos, con excepción del primero mencionado, creados en el Tratado de Maastricht en el contexto de la Unión Económica y Monetaria.

También, es preciso subrayar que ya desde la década de los setenta en todos los Estados miembros de la Comunidad Económica Europea se impuso el criterio de que los Tratados creadores de las comunidades, así como la normativa (reglamentos, directivas y dictámenes) a ellos subordinada, constituían el denominado Derecho Comunitario, el cual resultaba cualitativamente distinto al Derecho Internacional Clásico, autónomo respecto al ordenamiento nacional, y lo que es más importante de destacar: prevalece sobre este último. Esta doctrina, por lo demás pacífica y consolidada, ha jugado un papel fundamental en la evolución del proceso de integración iniciado en Europa a comienzo de los cincuenta, que como hemos visto, en los actuales momentos, no sin dificultades, se encuentra en la etapa descrita de "*Unión*".

Finalmente, es necesario hacer notar que el Tratado de Maastricht fue modificado por el Tratado de Ámsterdam, suscrito en esa ciudad el 02-10-1997, manteniéndose sin ninguna modificación la estructura orgánica antes descrita sucintamente, salvo en lo concerniente a algunas de sus funciones, como en el caso del Parlamento Europeo, órgano que aumenta su participación en el proceso de toma de decisiones, en virtud de que desaparece el procedimiento de *cooperación*, y se privilegia, convirtiéndose en regla general el de *codecisión* con el Consejo. Pero quizás lo más importante de destacar de esta reforma sea –por supuesto en el marco meramente referencial de este asunto– la introducción de la figura de la *integración diferenciada*, en los artículos 43, 44 y 45 del Tratado, que permiten a los Estados miembros que lo deseen establecer entre ellos una *cooperación reforzada*, haciendo uso de los procedimientos y mecanismos establecidos en el Tratado.

Por supuesto que el referido instrumento normativo establece una serie de condiciones para la procedencia de esa cooperación reforzada, que impiden que esta forma de cooperación intramiembros pueda poner en peligro el mercado interior, o dicho en términos del propio Tratado atienden a la preservación del acervo comunitario (art. 43). Por otra parte la cooperación reforzada está restringida en los ámbitos de aplicación del Tratado institutivo de la Comunidad y en el aspecto policial y judicial en materia penal, por lo que se excluye en el área de política exterior y de seguridad común. Desde el punto formal jurídico el Tratado de Ámsterdam también representa una ventaja, puesto que al integrarse o consolidarse como "*Tratado de la Unión Europea*", se supera la complejidad en su manejo, derivada de la identificación de los esquemas normativos mediante letras, se utilizan los números para identificar los referidos preceptos, cuidándose de colocarle al lado la anterior denominación. Así por ejemplo, el artículo 2, antes transcrito, tiene colocado al lado la leyenda ("*antiguo artículo* B").

Hemos querido realizar una síntesis del proceso integracionista europeo, porque sin duda ha constituido el modelo seguido por el resto de las experiencias de esta clase, a nivel mundial, especialmente en lo que toca a la Comunidad Andina de Naciones (Acuerdo de Cartagena).

B. En América: de la Asociación Latinoamericana de Libre Comercio a la Comunidad Andina

La idea de la integración económica en América Latina es de antigua data, pero cobra impulso después de la Segunda Guerra Mundial en la década de los cincuenta, bajo los auspicios de la Comisión Económica para América Latina (CEPAL), especialmente después de la creación de su Comité de Comercio, el cual realiza varios estudios con los respectivos informes acerca de la integración económica en Latinoamérica. Como producto de los mismos sostiene ORTIZ URSUA (1964) se firman en junio de 1958 los Tratados de Tegucigalpa, mediante los cuales se crea el Mercado Común Centroamericano, integrado originalmente por Guatemala, El Salvador, Honduras y Nicaragua, con la posterior adhesión de Costa Rica. Así mismo dichos informes ejercen una influencia notable en la creación de la Asociación Latinoamericana de Libre Comercio (ALALC), cuyo proyecto fue elaborado en Montevideo (Uruguay) por los representantes gubernamentales de ocho países, y finalmente suscrito el 18-02-1961 en la misma ciudad, por Argentina, Brasil, Chile, México, Paraguay, Perú y Uruguay, pues a última hora Bolivia decidió no suscribirlo. En 1961 entra en vigencia el Tratado de Montevideo y ese mismo año se adhieren Colombia y Ecuador; en 1965 Venezuela, y en 1967 Bolivia.

En 1969 se institucionaliza en Bogotá (Colombia) el Pacto Subregional Andino o Acuerdo de Cartagena (hoy Comunidad Andina), en 1980 la Asociación Latinoamericana de Integración (ALADI), que sustituye a la Asociación Latinoamericana de Libre Comercio. Cabe mencionar además que en la década de los noventa se suscribe el Tratado constitutivo del Mercado Común del Sur (1991), conocido también como MERCOSUR, integrado por Argentina, Brasil, Uruguay y Paraguay; el Tratado de Libre Comercio de América del Norte, cuyos signatarios son Estados Unidos de América, Canadá y México; es creado el Grupo de los Tres, mediante convenio suscrito entre Venezuela, México y Colombia. De todas esas experiencias de integración económica el programa exige el estudio de la Comunidad Andina que nace bajo la denominación de Pacto Subregional Andino o Acuerdo de Cartagena, al que aludiremos brevemente en el punto siguiente, pues cabe advertir que hemos omitido el estudio de sus instituciones porque Venezuela denunció el Tratado de creación de la Comunidad Andina en el año 2006 y se retiró definitivamente en el 2011.

C. La Comunidad Andina (Pacto Subregional Andino o Acuerdo de Cartagena)

El 26-05-1969 los representantes de Colombia, Bolivia, Chile, Ecuador y Perú, suscribieron, en Bogotá, el Tratado mediante el cual, en el marco jurídico de la Asociación Latinoamericana de Libre Comercio, se constituyó el denominado "*Acuerdo de Integración Subregional*", llamado también por disposición de la Decisión número 1 de la Comisión, de fecha 24-11-1969, "*Acuerdo de Cartagena*", y popularmente "*Pacto Andino*". Venezuela que había participado en todas las negociaciones que condujeron a la suscripción del mencionado Acuerdo, se abstuvo de firmarlo, debido a la oposición surgida internamente por parte de algunos poderosos sectores económicos y políticos. Entra efectivamente en vigencia en noviembre de 1969, después de la ratificación por parte de Chile, Colombia y Perú. Casi inmediatamente lo hicieron Bolivia y Ecuador.

Después de varios años Venezuela se adhirió al Acuerdo de Cartagena al suscribir el Acta Final de las Negociaciones (Consenso de Lima), el 13-02-1973 en la ciudad de Lima. Pero ese mismo año, Chile después del derrocamiento del Presidente Salvador Allende, por los militares liderados por Pinochet (septiembre) formalizó su retiro del Acuerdo. Igualmente es importante destacar que una vez que el Presidente peruano Alberto Fujimori aborta el orden constitucional ("*fu-*

jimorazo") durante casi todo el período correspondiente a su primera presidencia, la participación de Perú en el Pacto Subregional se "*enfría*", o mejor dicho, resulta casi inexistente.

Si bien en un primer momento el Acuerdo de Cartagena -sobre todo después de la adhesión de Venezuela- pareció despegar con buen pie, y en cierto modo logró sus objetivos iniciales, es lo cierto que posteriormente estuvo inmerso en un proceso de avances y retrocesos con resultados pocos alentadores. Tampoco se obtuvieron avances significativos después de la modificación del Tratado original, mediante el Protocolo de Quito de 1987. Por esa razón los Presidentes de Colombia, Ecuador, Bolivia, Perú y el representante personal del Presidente de Venezuela, decidieron en la ciudad de Trujillo (Perú) relanzar el proceso integracionista, y mediante el Protocolo Trujillo, suscrito el 10-03-1996, modificaron sustancialmente el Acuerdo, sustituyendo enteramente el Capítulo II del mismo y creando la Comunidad Andina y el Sistema Andino de Integración. Efectivamente el primer artículo de dicho capítulo -que corresponde al número 5- preceptúa: "*Se crea la 'Comunidad Andina', integrada por los Estados soberanos de Bolivia, Colombia, Ecuador, Perú y Venezuela, y por los órganos e instituciones del Sistema Andino de Integración, que se establece por el presente Acuerdo*".

De modo pues que la estructura organizativa del Acuerdo Subregional Andino era la estatuida en el Tratado original, con las modificaciones del Protocolo de Quito, así como con las esenciales derivadas del Protocolo de Trujillo, y las puntuales recogidas en el Protocolo de Sucre, suscrito en la ciudad de Quito (Ecuador) el 25-06-1997, este último que introdujo la figura de los Miembros Asociados, los cuales pasarían a formar parte de los órganos e instituciones del Sistema Andino de Integración, mediante la Decisión dictada por el Consejo Andino de Ministros de Relaciones Exteriores o la Comisión de la Comunidad Andina.

D. Recepción del Derecho Comunitario en el ordenamiento jurídico venezolano

a. Premisa introductoria

De alguna manera la recepción del Derecho Comunitario en el Derecho interno se ha vinculado a la tradicional problemática derivada de las relaciones entre el Derecho Internacional y el Derecho interno, la cual pretendió resolverse acudiendo a las conocidas tesis monista y dualista. La primera postula la existencia de un único ordenamiento jurídico, del cual el Derecho Internacional y el Derecho interno constituyen sus dos ramas, y las normas de ambas ramas son consideradas válidas para el mismo espacio y el mismo tiempo; de allí entonces el por qué el Derecho Internacional debe aplicarse inmediatamente en el orden interno sin necesidad de ningún acto de recepción o transformación proveniente de este. La segunda postula la existencia de dos ordenamientos autónomos y separados; por lo cual en un país únicamente puede regir el Derecho interno, puesto que el Internacional disciplina solamente las relaciones entre Estados, y para que este llegue a cobrar eficacia internamente se requiere necesariamente que sea transformado o recibido en el Derecho interno; de tal modo que aun cuando una norma de Derecho Internacional imponga obligaciones a los ciudadanos de uno de los Estados signatarios del correspondiente Tratado, el cumplimiento de esa obligación tendrá su origen en el acto de transformación (Ley, Decreto, etc.) del Derecho Internacional en Derecho interno.

Si bien estos planteamientos pudieron o pueden, inclusive todavía, tener pertinencia en cuanto concierne al Derecho Internacional Clásico, parecieran perderla totalmente cuando se pretenden aplicar al Derecho Comunitario, pues si bien es cierto que este puede considerarse como una especie del Derecho Internacional, ya que nace de una concertación entre Estados, también es cierto que resulta sustantivamente diferente al mismo, pues inclusive los Tratados constitutivos de los Comunidades o Uniones Económicas, por lo general, como dijimos antes, además de las normas que regulan las relaciones entre los Estados miembros, contienen disposiciones aplicables directamente a los ciudadanos de esos Estados, y que atribuyen competencias a determinados órganos comunitarios, creados en el Tratado, para dictar normas en ciertas materias con eficacia directa en los países miembros del Acuerdo.

Así lo ha declarado en múltiples sentencias la Corte de Justicia de la Unión Europea al igual que los Tribunales Constitucionales y Supremos de los países que integran dicha Unión. Precisamente haber entendido y comprendido la naturaleza de ese nuevo Derecho es lo que ha permitido su permanencia y desarrollo, al punto que, como vimos precedentemente, el estadio actual de ese proceso de integración corresponde al de una Unión.

Ahora bien, a nivel comunitario andino en varios de los Estados que conforman el Acuerdo de Cartagena se levantaron voces esgrimiendo el viejo esquema dualista, exigiendo, por tal razón, la conversión del Derecho elaborado por los órganos comunitarios al Derecho interno para que pudiera cobrar eficacia. En nuestro caso la extinta Corte Suprema de Justicia, en Sala Plena, bajo la vigencia de la Constitución de 1961 dictó una sentencia en la cual acogió dicha tesis. De cualquier manera es conveniente recordar que existen fuentes primarias y secundarias en el Derecho Comunitario Andino. Respecto de las primeras, o sea, los Tratados constitutivos, no se presentaron problemas de este tipo, en virtud de que en su aprobación siempre se dio cabalmente cumplimiento al artículo 128 de la Constitución derogada, el cual disponía que los Tratados Internacionales que celebre el Ejecutivo Nacional debían ser aprobados mediante Ley especial para que adquieran validez.

b. La secuencia histórica que originó en Venezuela la consagración de obstáculos jurídicos a la aplicación directa del Derecho sancionado por los órganos comunitarios

Es preciso recordar que el Tratado constitutivo del Pacto Subregional Andino fue suscrito en Bogotá el 26-05-1969, y que Colombia recurrió a un Decreto Ejecutivo a los efectos de ratificar dicho Tratado, es decir, que se abstuvo de someterlo al conocimiento del Congreso, lo que fue considerado en ese país como una violación constitucional. Por esa razón contra dicho acto fue interpuesto un recurso de inconstitucionalidad ante la Corte Suprema de Justicia de ese país, la cual se declaró incompetente para conocerlo, por ser "*Juez de la constitucionalidad de los actos de derecho público interno, y no de actos internacionales*". Por otra parte, tres meses antes de que fuera proferida dicha sentencia, el Ejecutivo Nacional Colombiano acudiendo a la misma metodología puso en vigencia la Decisión 24 contentiva del "*Régimen Común de Tratamiento a los Capitales Extranjeros y sobre Marcas, Patentes, Licencias y Regalías*". Como era de esperarse este acto también fue impugnado, en virtud de que tampoco fue sometido al conocimiento del Parlamento, pero en este caso por no estar cuestionado un Tratado, la Corte declaró la inconstitucionalidad del Decreto que puso en vigencia a la mencionada Decisión, la cual resultaba, en ese momento, clave para el desarrollo del proceso de integración.

Ante esta nueva situación, el Ejecutivo Nacional colombiano decidió someter a la aprobación del Congreso la Decisión 24, pero debido a la indefinición derivada de la declaratoria de incompetencia de la Corte en torno a la constitucionalidad del Decreto ratificatorio del Tratado constitutivo del Acuerdo de Cartagena, igualmente decidió someterlo a la consideración del Congreso. El órgano Parlamentario reivindicó con exceso -diríamos nosotros- las competencias que el Ejecutivo le había negado, pues al sancionar la Ley aprobatoria del Tratado, en el texto de esa misma Ley, estableció que el Gobierno Nacional solo podía poner en vigencia los actos normativos de los órganos comunitarios, cuando aquellos no modificasen la legislación, ni fueran competencia del legislador, pues en estos casos quedaba obligado a someterlo a la consideración del Congreso.

La referida Ley aprobatoria fue publicada el 23-05-1973, y debe recordarse que Venezuela se adhirió al Tratado en febrero de 1973; por tanto, cuando el Ejecutivo Nacional venezolano lo somete al Congreso para su aprobación, terminaba de ser sancionada la Ley aprobatoria colombiana, y en un gesto de incomprensión acerca de la naturaleza, alcance e importancia del Derecho Comunitario, a la cual se sumó una actitud de reciprocidad, el Parlamento venezolano siguió el ejemplo del Congreso de Colombia, y prácticamente repitió en la Ley aprobatoria, la aludida disposición de la Ley colombiana. Efectivamente, en el parágrafo primero del artículo único estatuyó: "*Las decisiones de la Comisión del Acuerdo de Cartagena que modifiquen la legislación venezolana o sean materia de la competencia del Poder Legislativo, requieren la aprobación, mediante Ley, del Congreso de la República*".

El curso de las vicisitudes que afectaron la aprobación del Tratado constitutivo del Acuerdo de Cartagena, así como el resultado de las mismas en Colombia y Venezuela, orientan acerca de la posición del legislador venezolano en torno a la recepción del Derecho Comunitario, la cual impuso la aprobación de las Decisiones de la Comisión, mediante ley especial, cuando modificasen la legislación nacional, o incidieren sobre materias de reserva legal.

c. La indeterminación derivada de fallos contradictorios de la extinta Corte Suprema de Justicia, y de posiciones ambiguas del Ejecutivo Nacional, en lo atinente a la recepción del Derecho Comunitario en Venezuela durante la vigencia de la Constitución de 1961

Recordamos que la Ley aprobatoria del Acuerdo de Cartagena fue sancionada en septiembre de 1973, y entró en vigencia el 01-01-1974, fecha a partir de la cual Venezuela entró a formar parte del Pacto Subregional Andino. En junio de 1982 fue interpuesta una acción de inconstitucionalidad contra el antes mencionado parágrafo primero del artículo único de la referida Ley, por considerar que resultaba violatorio del artículo 108 de la Constitución que establecía que la República debía favorecer la integración económica latinoamericana, así como del 190 (ord. 1° y 5°) que erigía en deberes y atribuciones del Presidente de la República hacer cumplir la Constitución y las leyes y dirigir las relaciones exteriores. Dicha acción fue declarada sin lugar, en una votación muy dividida de la extinta Corte Suprema de Justicia, en Sala Plena, (8 votos a favor y 7 en contra), razón por la cual se consideró que el parágrafo primero del artículo único de la mencionada Ley aprobatoria, estaba ajustado a la Constitución, lo que obviamente imponía al Ejecutivo Nacional un deber ineludible de extraer la única conclusión de dicho fallo, esto es, que todas aquellas Decisiones de la Comisión que modificaran la Legislación Nacional o incidieran sobre materias de reserva legal, requerían para adquirir validez su aprobación por el Congreso. Por tanto, por mucha voluntad integracionista que tuvieran los titulares de los órganos del Ejecutivo estaban impedidos jurídicamente de darle otra lectura a esa sentencia.

Sin embargo, conviene subrayar que evidentemente esa no fue la lectura que le dio el Ejecutivo Nacional, pues con la Decisión 344 de la Comisión, como señala RONDÓN DE SANSÓ (1994), relativa al régimen común sobre propiedad industrial, actuó en forma disímil frente al hecho de que las Decisiones de la Comisión entraran en vigencia desde su publicación en el Boletín de dicho Acuerdo:

> ...ya que respecto a la Decisión 311, no hubo ningún pronunciamiento sobre su aplicación en el breve lapso de su vigencia y, por lo que atañe a la Decisión 313, un aviso en la Gaceta Oficial anunció que la misma había sido dictada; en cuanto que, por lo que atañe a la Decisión 344 se ordenó expresamente su publicación.

De manera que, el Ejecutivo Nacional, con actitudes diferentes, como dice la autora citada, y hasta incoherente, diríamos nosotros, hizo caso omiso a la disposición legal en comento, y al pronunciamiento sobre su constitucionalidad emanado de la extinta Corte Suprema de Justicia.

Por otra parte, la propia Corte Suprema de Justicia, en Sala Político Administrativa, ignoró tanto la referida sentencia de la Corte en pleno, como la aludida disposición legal, pues el fallo dictado el 03-08-1995 (Caso Nintendo), cuya motivación en aproximadamente un setenta por ciento está basada en la Decisión 344 de la Comisión, que como era bien sabido y mucho más por la Corte, modificaba a la vieja, pero vigente Ley de Propiedad Industrial, y nunca fue sometida, como lo ordenaba el parágrafo único de la Ley aprobatoria del Acuerdo de Cartagena, a la aprobación del Congreso de la República.

Conforme a lo anteriormente expuesto, el proceso de integración subregional que resulta tan importante para el desarrollo armónico de los países miembros, entró en una fase de absoluta indeterminación en lo referente a la aplicación de las Decisiones emanadas de la Comisión, lo que sin duda contribuyó a reforzar el clima de inseguridad jurídica, pero en ese caso resultaba aún más grave, debido a que las conductas que lo tipificaban provenían de los más altos órganos del Poder Ejecutivo y del Poder Judicial.

d. La nueva regulación contenida en la Constitución de 1999: aplicación directa del derecho comunitario

A la situación de indeterminación y de inseguridad jurídica puso fin categóricamente la Constitución de 1999, en su artículo 153 que preceptúa:

> La República promoverá y favorecerá la integración latinoamericana y caribeña, en aras de avanzar hacia la creación de una comunidad de naciones, defendiendo los intereses económicos, sociales, culturales, políticos y ambientales de la región. La República podrá suscribir tratados internacionales que conjuguen y coordinen esfuerzos para promover el desarrollo común de nuestras naciones, y que garanticen el bienestar de los pueblos y la seguridad colectiva de sus habitantes. Para estos fines, la República podrá atribuir a organizaciones supranacionales, mediante tratados, el ejercicio de las competencias necesarias para llevar a cabo estos procesos de integración. Dentro de las políticas de integración y -unión con Latinoamérica y el Caribe, la República privilegiará las relaciones con Iberoamérica, procurando sea una política común de toda nuestra América Latina. Las normas que se adopten en el marco de los acuerdos de integración serán consideradas parte integrante del ordenamiento legal vigente y de aplicación directa y preferente a la legislación interna (énfasis añadido).

De modo, pues que la lectura del precepto transcrito permite colegir que la Constitución de 1999 sienta el principio de la promoción y favorecimiento de la integración latinoamericana y caribeña, pero no se limita únicamente a eso, como ocurría en la Constitución de 1961, sino que además establece claramente el carácter supranacional tanto de los órganos como del derecho que resulte de los procesos de integración (comunitario), es decir que el ámbito de competencia de los primeros y el carácter del segundo trascienden a cada uno de los Estados que suscriban el Tratado de integración. Más aún, en lo concerniente a la normativa emanada de los órganos comunitarios, estatuye de manera indubitable su aplicación directa y preferente sobre el derecho interno.

Pues bien, debemos destacar que la Constitución de 1999 representa un singular avance, en esta materia, sobre la de 1961, colocándose en sintonía con las grandes líneas conceptuales que orientan en el mundo actual a todo proceso de integración, y fundamentalmente al europeo. Por tanto, desde la entrada en vigencia del texto constitucional de 1999, queda claro que las decisiones que dicten los órganos comunitarios de un hipotético acuerdo de integración latinoamericano o del Caribe que suscriba Venezuela, independientemente de que regulen materias que han sido objeto de la legislación nacional, o que pertenezcan a la reserva legal, deben aplicarse directamente en el ordenamiento interno es decir, sin ningún acto de transformación o recepción, el cual todo el tiempo mediatizará la integración.

Cabe finalmente advertir con relación a este tema que la nueva situación o posición constitucional venezolana en esta materia, concuerda plenamente con la de Colombia, dado que este país en su Constitución de 1991, consagró en su artículo 227 una amplia apertura a la integración latinoamericana, permitiendo en el marco de ese proceso, la creación de órganos comunitarios supranacionales y favoreciendo a la vez, al igual que el artículo 153 constitucional venezolano, la conformación de una comunidad latinoamericana de naciones.

e. Conflictos entre el Derecho Comunitario y el Derecho Interno

Dado que el Derecho Comunitario, como expusimos antes, resulta aplicable directamente a los ciudadanos de los países que participan del proceso de integración, inclusive por los órganos competentes de esos países (Administración y sobre todo Jueces), es posible que como ocurre en el Derecho interno puedan suscitarse conflictos internormativos, pero en este caso configurados por normas pertenecientes a ordenamientos distintos: del Comunitario y del interno. Por consiguiente, es necesario buscar los medios de solución de esos eventuales conflictos. En Europa la doctrina mayoritaria postula la tesis de la primacía del Derecho Comunitario sobre el Derecho interno, la cual constituye un mecanismo de orden conceptual que fácilmente permite dirimir los aludidos conflictos, pues al primar el primero sobre el segundo, los órganos competentes del Estado en donde se suscite el conflicto, estarán obligados a dar aplicación preferente a la norma comunitaria.

Conviene advertir que si bien esa es la tesis predominante en Europa, no deja de suscitar dudas sobre todo cuando la colisión es entre una norma comunitaria y una norma del Derecho interno que integra una ley sancionada con posterioridad al instrumento normativo comunitario, ya que cuando se trataba de una colisión de una norma del Derecho interno, con una norma posterior del Derecho Comunitario, existía acuerdo acerca de la primacía del Comunitario, sobre la base del criterio de que ley posterior deroga ley anterior, en razón de que los instrumentos normativos comunitarios están equiparados en cuanto al rango a las leyes sancionadas por el Parlamento. La tesis en comento se tornó pacífica, por lo demás, después de la sentencia dictada por la Corte de Justicia de la CEE el 09-03-1978 (caso Simmenthal), pues inclusive la Corte Constitucional Italiana que a partir de 1973 sostuvo el criterio de que el predominio del Derecho Comunitario sobre las leyes internas podía asegurarse mediante el control de la constitucionalidad de las normas internas que entraren en conflicto con las normas comunitarias. En sentencia del 08-06-1984, N° 170 (caso Granital), ajustó su doctrina a la contenida en la sentencia Simmenthal, cuyo resumen tomado de ZHANGHI es el siguiente:

> En fuerza del principio de la primacía del derecho comunitario (...) cualquier juez nacional actuando dentro de su esfera de competencia, tiene la obligación de aplicar integralmente el derecho comunitario y de tutelar los derechos que éste garantiza a los particulares, desaplicando las disposiciones contrarias de la ley interna, sea anterior o sucesiva a la norma comunitaria. Por tanto, el juez nacional, encargado de aplicar, en el ámbito de su competencia, las disposiciones del derecho comunitario está obligado a garantizar la plena eficacia de tales normas, desaplicando al caso, de oficio, cualquier disposición contraria de la legislación nacional, aunque sea posterior, sin necesidad de pedir o esperar su derogatoria en vía legislativa o mediante cualquier otro procedimiento constitucional.

Por otra parte, cabe añadir que la doctrina comunitaria europea, en sintonía con la tesis jurisprudencial antes transcrita, sostiene que la primacía es una consecuencia del efecto directo de las normas comunitarias, o mejor dicho en términos de MUÑOZ MACHADO, citado por SUÁREZ (1996):

> La primacía es una virtualidad de la que están revestidas todas las normas comunitarias que gozan de efecto directo cualquiera que sea su condición o rango. Con base en ellas, las reglas de Derecho Comunitario se imponen a las normas internas, cualquiera que sea el rango de éstas y sean anteriores o posteriores a la norma comunitaria.

De modo, pues, que al superarse la ambigüedad e indeterminación anterior, al imponerse la tesis constitucional de la aplicación directa de las normas comunitarias, inmediatamente surge –sin discusión– el postulado de la primacía del Derecho Comunitario, convirtiéndose en un mecanismo conceptual operativo de la solución de los conflictos entre ambos derechos.

Pero es necesario subrayar que la tesis de la "*primacía del derecho comunitario*", no es solo una construcción conceptual en los términos antes expuestos, sino que es más que eso: una previsión expresa y categórica de la Constitución de 1999, que en el citado artículo 153 estatuye que las "*normas que se adopten en el marco de los acuerdos de integración serán consideradas parte integrante del ordenamiento legal vigente, y de aplicación directa y preferente a la legislación interna*" (énfasis añadido). De modo, pues, que a la luz del invocado precepto constitucional resulta forzoso concluir que tanto las Decisiones como los demás actos normativos emanados de los órganos comunitarios de un hipotético acuerdo de integración latinoamericano o del Caribe que suscriba Venezuela primarán o serán de aplicación preferente sobre la legislación interna; de allí que la solución del conflicto entre una norma comunitaria y una de derecho interno.

Ahora bien, como lo sostuvo la Corte Constitucional Italiana en sentencia del 27-12-1973, al declararse incompetente para pronunciarse sobre un reglamento comunitario, resulta difícil, tratándose de dos sistemas normativos -comunitario e interno- regidos por el principio de la competencia, que mediante un acto normativo sancionado por los órganos comunitarios se configure una violación constitucional. En la hipótesis de que ello ocurriera en Venezuela (infracción del texto constitucional por una Decisión), consideramos que no existiendo ninguna previsión en la Constitución que otorgue preeminencia al Derecho Comunitario sobre nuestro Derecho Constitucional, y en cambio sí expresas disposiciones que permiten predicar la vigencia del principio de supremacía constitucional, debe concluirse que el último prima sobre el primero, es decir, que ante una hipotética colisión entre una norma comunitaria y una norma constitucional debe tener aplicación preferente la última, e inclusive pensamos que podría impugnarse acudiendo al sistema concentrado de control de la constitucionalidad (acción de inconstitucionalidad).

Hacemos notar que se trata de una hipotética colisión de una fuente secundaria de derecho dictada por un órgano comunitario de un hipotético acuerdo de integración latinoamericano o del Caribe que suscriba Venezuela, con la Constitución, pues en el caso de que fuese de una fuente primaria (Tratado), el texto constitucional prevé que en caso de dudas sobre su constitucionalidad, el Presidente de la República, antes de su ratificación, solicite a la Sala Constitucional del TSJ, que se pronuncie sobre su conformidad con la Constitución, de tal manera que en estos casos existe un control *a priori* -antes de la ratificación- de la constitucionalidad de los Tratados que sirven de base al proceso de integración. Por supuesto, que si por cualquier razón es ratificado uno de estos instrumentos por el Ejecutivo Nacional, y posteriormente se detecta que uno o varios de sus artículos coliden con la Constitución, debe privar el principio de supremacía constitucional, pero una vez declarada la inconstitucionalidad el Estado debe recurrir a las vías previstas en el Derecho Internacional para liberarse de las obligaciones derivadas de los Tratados.

Conviene advertir que no ocurre así en Europa, en virtud de que como sostiene SUÁREZ (1996):

> ...el reconocimiento de la primacía del Derecho Comunitario sobre el Derecho Constitucional por las jurisdicciones nacionales de los Estados miembros se ha basado en sus propias normas constitucionales cuando éstas permiten expresamente atribuir competencias legislativas, administrativas y jurisdiccionales a las organizaciones internacionales o supranacionales por medio de un tratado, como

sucede en Holanda, Luxemburgo, Grecia, Gran Bretaña y España, o cuando éstas permiten delegar competencias por medio de una ley, como en Alemania o Dinamarca.

Aunque la afirmación del autor citado resulta un tanto genérica, pues no menciona los artículos de las Constituciones de los países referidos, a los fines de su examen en el contexto de un eventual conflicto entre una norma constitucional y una de derecho interno, no dudamos de su veracidad, dado el notable avance de Europa en materia de integración. Sin embargo, ya hemos dicho que la Constitución de 1999, pese a que consagra una tesis moderna en materia de integración, no llega a sacrificar el principio de supremacía constitucional en aras de favorecer la integración latinoamericana y caribeña, aunque no dejamos de advertir que el desarrollo y perfeccionamiento de dicho proceso, más temprano que tarde, podría conducirnos a acoger esa tesis mediante una enmienda o una reforma constitucional.

Finalmente, cabe concluir a la luz de todos los conceptos expuestos, que tanto las fuentes primarias (Tratados constitutivos) como las fuentes secundarias (Decisiones y Resoluciones de carácter normativo dictadas por los órganos comunitarios en un hipotético acuerdo de integración latinoamericano o del Caribe que suscriba Venezuela), constituyen fuentes del Derecho en Venezuela, y particularmente fuentes del Derecho Administrativo, porque las últimas pueden inclusive ser aplicadas por los órganos administrativos nacionales, e igualmente por los Jueces contencioso administrativos. Lo que sucede es que constituyen un sistema o subsistema normativo que funciona o debe funcionar en coordinación con el sistema normativo nacional, estando sus relaciones presididas, en caso de antinomias normativas entre las primarias y las secundarias con la legislación interna, por el principio de jerarquía, en el sentido antes indicado.

VIII. TRATADOS

1. Delimitación del tema

Como es sabido este es un tema muy complejo que se aborda en toda su extensión en la asignatura Derecho Internacional Público; por tanto, nos limitaremos a examinarlo exclusivamente como Fuente del Derecho interno, y más concretamente del Derecho Administrativo, esto es, su eficacia y su rango normativo, y por ende, los eventuales conflictos que pueden suscitarse con otras fuentes del Derecho, especialmente con la Ley formal y con la Constitución. Naturalmente a los fines del hilo conductor de la exposición nos referiremos muy sucintamente al correspondiente marco conceptual.

2. Marco conceptual

Según ROUSSEAU (1971) Tratado es todo acuerdo concluido entre miembros de la comunidad internacional con el objeto de producir ciertos efectos jurídicos. En la Convención de Viena sobre el Derecho de los Tratados, en su artículo 2, aparece la siguiente definición "*Se entiende por tratado un acuerdo internacional celebrado por escrito entre Estados y regido por el Derecho Internacional, ya conste en un instrumento único o en dos o más instrumentos conexos, cualquiera que sea su denominación particular*". Cabe observar que la restricción presente en esta última definición se deriva de que la aludida Convención es aplicable solamente a los tratados suscritos entre Estados. De otra parte, VERDROS (1972) clasifica los Tratados atendiendo a su contenido, en "*tratados-leyes*": los que establecen normas de conducta generales y abstractas, y "*tratados-contratos*": los que regulan casos concretos, como por ejemplo, la delimitación de una frontera. Visto que nos corresponde estudiar a las fuentes del Derecho, por supuesto, que nos referiremos únicamente a los primeros (tratados leyes o normativos).

Sin duda que el anterior marco conceptual es válido en Venezuela, pese a que como al parecer ocurre en otros países, el ordenamiento jurídico utiliza diversas denominaciones para referirse a los Tratados. Así por ejemplo, los artículos 154, 155, 217 y 236 (num. 4=, de la Constitución de 1999 usan indistintamente "*acuerdos*", "*convenios*" y "*tratados*" internacionales, y el 23 *ejusdem* al referirse específicamente a los regulatorios de los derechos humanos agrega las denominaciones "*pactos*" y "*convenciones*". Sin embargo, observamos que a diferencia del texto constitucional derogado, carece de un precepto contentivo de una denominación que pretenda abarcar a todas las anteriores, el cual en su artículo 128, parte *in fine* utilizaba con tal finalidad la expresión "acuerdos jurídicos internacionales". En todo caso, en razón de la orientación que priva en este libro expuesta en el acápite "delimitación del tema", escapa a los objetivos del mismo intentar dilucidar si sustantivamente esas denominaciones se corresponden con una sola figura jurídica; por tanto, en el tratamiento del tema privará el criterio formal que se deriva del ordenamiento constitucional, por lo que utilizaremos indistintamente esas denominaciones.

Pues bien, conforme al artículo 236 (num. 4) de la Constitución, corresponde al Presidente de la República celebrar y ratificar los tratados, convenios o acuerdos internacionales, y así mismo el artículo 187 (num. 18), en concordancia con el 154, atribuye a la Asamblea Nacional la competencia para aprobarlos mediante ley. Es preciso subrayar que la Constitución de 1999, prevé la posibilidad de que también intervenga la Sala Constitucional del TSJ, mediante el ejercicio del control preventivo de la constitucionalidad de aquellos Tratados, antes de su ratificación. Es necesario precisar que la actuación del mencionado órgano jurisdiccional, además de tener un carácter excepcional, únicamente procede por solicitud del Presidente de la República o de la Asamblea Nacional (art. 336, num. 5).

De modo, pues, que el perfeccionamiento de los Tratados es el producto de la colaboración de los Poderes Ejecutivo, Legislativo y hasta del Poder Judicial (art. 136 Const.). La celebración por el primero de los mencionados Poderes puede comportar, según los casos, la realización de una serie de actividades que escapan al objeto de este trabajo, como son la negociación, la firma y la adhesión. En cambio, la ratificación supone, salvo las excepciones que mencionaremos más adelante, la previa aprobación, mediante ley especial, por el Parlamento, y posteriormente, también según los casos, el canje de notas y el depósito.

3. Aprobación por la Asamblea Nacional

Como expresamos anteriormente, la Constitución en sus artículos 187 (num. 18) y 154 consagra el régimen general de la recepción de los Tratados en el Derecho interno, esto es, su aprobación mediante ley para que adquieran validez. No obstante, ese régimen admite las siguientes excepciones: **a)** los tratados mediante los cuales se trate de ejecutar o perfeccionar obligaciones preexistentes de la República. Ejemplos de ellos, apunta AGUILAR (1979), son aquellos que celebre Venezuela con el objeto de dar cumplimiento a obligaciones adquiridas, en virtud de la Carta de la Organización de las Naciones Unidas o de la Organización de los Estados Americanos. Sin embargo, el más discutido ejemplo que se conoce en el país es el denominado "*Protocolo de Puerto España*" del 18-06-1970, porque en su momento se alegó, y en ese sentido se pronunciaron algunos internacionalistas, que constituía una ejecución de obligaciones de la República, derivadas de la suscripción del Acuerdo de Ginebra del 12-02-1966. Recuérdese que la finalidad del mencionado Protocolo fue congelar las negociaciones con Guyana, atinentes al problema del Esequibo. **b)** los Tratados por medio de los cuales se trate de aplicar principios expresamente reconocidos por la República. El mismo autor cita un ejemplo tomado de TORO JIMÉNEZ (1975) atinente al derecho de asilo político, el cual encuentra consagración expresa y explícita en el artículo 69 de la Constitución; **c)** los Tratados mediante los cuales se trata de ejecutar actos ordinarios en las relaciones internacionales. AGUILAR cita como ejemplos aquellos relativos al establecimiento o restablecimiento de relaciones diplomáticas y al servicio de valijas diplomáticas y; **d)** los Tratados a través de los cuales se trate de ejercer facultades que la ley atribuye expresamente al Ejecutivo Nacional. El mismo autor citado anteriormente, indica como casos ejemplificativos de los mismos aquellos mediante los cuales se conceden inmunidades y prerrogativas a funcionarios diplomáticos extranjeros.

En estos casos opina VARGAS CARREÑO (1979), los Tratados se incorporan al Derecho interno mediante un acto del Ejecutivo Nacional, que bien puede ser un Decreto del Presidente de la República o una Resolución Ministerial, indicando además que la práctica demuestra que la primera metodología es utilizada cuando la ejecución de los Tratados requiere la actuación de Ministerios diferentes al de Relaciones Exteriores, y la segunda, cuando la ejecución corresponde exclusivamente al mencionado Ministerio.

Los razonamientos anteriores demuestran que los Tratados requieren, a los fines de su recepción en el Derecho interno, ser aprobados por la Asamblea Nacional mediante ley, y excepcionalmente a través de un Decreto Presidencial o una Resolución Ministerial. Cabe advertir que a diferencia de lo pautado en la Constitución anterior, la vigente no contempla ninguna excepción al ejercicio de la aludida facultad de la Asamblea Nacional, de tal suerte que la Comisión Delegada carece de competencia, aun cuando se trate de un caso realmente urgente, para autorizar la ejecución provisional de los Tratados, como ocurría en el régimen anterior (art. 128); sin embargo, es necesario reconocer que tal autorización no sustituía a la ley especial, pues la propia Constitución -en ese mismo dispositivo- establecía categóricamente que debían ser sometidos a la posterior aprobación o improbación del Parlamento. Lo importante de destacar -sin entrar a pronunciarnos sobre su conveniencia o inconveniencia- es que el nuevo texto constitucional elimina la posibilidad de la ejecución provisional de los Tratados, lo que permitía la participación de la Comisión Delegada, por lo que la ejecución siempre será definitiva, después de su aprobación mediante ley especial sancionada por la Asamblea Nacional, aun en los casos de urgencia.

4. Eficacia y rango

La exposición anterior evidencia, sin entrar a calificar la posición reflejada en la Constitución de dualista o monista, que la eficacia de los Tratados suscritos por Venezuela, depende de su incorporación al Derecho interno, o sea, que para considerarlos como integrantes de las Fuentes del Derecho Venezolano, resulta necesaria su transformación mediante un acto del órgano competente del Poder Público, el cual por regla general se concreta en una Ley sancionada por el Parlamento, o en casos excepcionales, en un acto administrativo del Poder Ejecutivo. Esta solución no deja de suscitar dudas, pues si bien al parecer existe acuerdo en la doctrina y la jurisprudencia nacional acerca del equiparamiento de los Tratados válidamente celebrados por Venezuela a las leyes formales ordinarias, en virtud de que tienen rango de ley, lo que resulta explicable cuando la transformación o recepción opera mediante ley especial, pues esta le atribuye su misma fuerza al Tratado aprobado, no ocurre lo mismo con aquellos cuya recepción se produce mediante un acto administrativo del Ejecutivo Nacional, porque atendiendo a ese mismo orden de razonamiento, cualquiera podría opinar que los mencionados Tratados tienen la misma fuerza que el acto que produjo su recepción, o sea, de instrumento normativo de rango sublegal.

Sin embargo, admitimos que en el estado actual de un mundo globalizado, en el cual existen ordenamientos que inclusive admiten la superioridad de los Tratados sobre la propia Constitución, esa tesis luce desacertada, inclusive porque omite considerar que es el propio constituyente quien equipara los Tratados aprobados por la Asamblea Nacional mediante Ley especial (regla general), con aquellos Tratados que no requieren dicha aprobación (excepción); por tanto, si los equipara sustantivamente, debe inferirse que también los homologa en relación a su fuerza normativa. De modo, pues, que pese a la diferencia en la adquisición de validez, en Venezuela existe a los fines de su configuración como Fuentes del Derecho, un solo tipo de Tratados.

A. Tratados frente a las leyes

a. Rango normativo de los tratados internacionales y el rango de las leyes

Si bien la Constitución de 1999 contiene dos o tres disposiciones que permiten dilucidar la indudable superioridad normativa de la Constitución sobre los tratados internacionales, debemos reconocer que cuando se trata de la relación entre tratados y leyes o actos normativos con fuerza de ley, la carencia de normas es casi total, y para encarar el problema sólo es posible formular hipótesis sustentadas en la doctrina nacional y extranjera. En efecto, en materia de jerarquía normativa, en ausencia de una norma que le confiera mayor rango a los tratados que a las leyes, y teniendo en cuenta que su recepción en el Derecho interno implica su aprobación mediante ley, la cual obviamente tiene rango legal, luce acertado sostener que el rango de la norma aprobada (tratado), no puede ser superior a la norma aprobatoria. Por lo tanto, en el marco de este razonamiento debe predicarse la igualdad de rango normativo entre las leyes y los tratados internacionales.

Esta conclusión resulta reforzada cuando se observa la estructura jerárquica del ordenamiento venezolano, que aparece estratificado en tres rangos, el constitucional, del cual ha quedado demostrado no forman parte los tratados, el legal, que es una categoría que abarca a todos los instrumentos con rango de ley, del cual formarían parte los mencionados instrumentos internacionales, y el sublegal, dentro del cual obviamente no podrían formar parte dichos instrumentos. De modo, pues que por la vía de la regla de la exclusión formal, resulta que los tratados son fuentes de rango legal.

b. Criterio doctrinario de ordenación de las fuentes del Derecho, derivado de la prohibición de modificar o derogar los tratados internacionales

Es necesario destacar que los tratados son fuentes de derecho internacional y de Derecho interno, pero sustantivamente son el producto de un procedimiento llevado a cabo por sujetos de Derecho internacional, y su recepción en el Derecho interno constituye un acto formal. Por consiguiente, si la sustantividad normativa del Tratado es producto de las negociaciones de los mencionados sujetos (no nacionales), parece lógico que las relaciones entre los tratados y las leyes se rijan por un principio de Derecho constitucional, que algunas Constituciones recogen expresamente, el cual se traduce en la prohibición de modificar o derogar los tratados por mecanismos no previstos en el Derecho Internacional, o en la forma que dichos instrumentos lo establezcan.

A la luz de ese principio los tratados están dotados de una fuerza pasiva que los torna inmunes frente a cualquier tipo de ley o de acto normativo con fuerza de ley. Luego, ante una colisión entre un tratado y una ley, primará el primero, pues la segunda estará impedida de derogarlo, de tal manera que en ese caso no valen ni los criterios jerárquicos, ni de competencia, ni de sucesión cronológica, ni de especialidad. Nos parece que atendiendo a la señalada naturaleza de los tratados como fuente del Derecho, tanto internacional, como interno, que esta tesis podría tener pertinencia en nuestro país.

Pero en el supuesto de que se admitiera la validez de esta tesis, inmediatamente surgiría una interrogante acerca de si también los tratados tendrían fuerza activa, esto es, si podrían derogar a las leyes y a los actos normativos con fuerza de ley. En otros términos, la pregunta consistiría en determinar si cualquier tratado internacional primaría *a priori* sobre las leyes, lo que de hecho les conferiría un rango superior a estos. La respuesta, en nuestro criterio tiene que ser negativa, porque ya hemos demostrado que ambos tienen el mismo rango normativo, con la particularidad antes señalada (prohibición de modificación y derogación), motivo por el cual no pueden ser erigidos en parámetro de constitucionalidad, a los fines del juzgamiento de la norma interna que colide con el tratado.

c. Criterio doctrinario de ordenación de las fuentes del Derecho, derivado de la consagración implícita de reserva de competencia a favor de los tratados

La referida colisión entre tratados internacionales y leyes ha conducido a ciertos autores a sostener otra tesis, según la cual la Constitución implícitamente contiene una reserva de competencia a favor de los tratados, de tal manera que toda materia regulada por estos se considerará que ha sido reservada a dichos instrumentos normativos internacionales por la Constitución, y en el caso de que llegue a configurase una colisión con una ley, primarán los primeros, obviamente recurriendo al criterio de la competencia.

Sobre la base de esta tesis, obviando inclusive la relativa a la fuerza pasiva derivada del señalado principio de derecho internacional, debe rechazarse que los tratados tengan un rango superior a las leyes, razón por la cual no es la jerarquía el criterio para resolver los conflictos internormativos entre leyes y tratados, sino la competencia en los términos antes indicados. Sin embargo, insistimos en que se trata de una tesis que queda abierta a la discusión, pero al mismo tiempo debe admitirse que señala un camino, por lo demás pragmático, ante la ausencia de normas en el texto constitucional que regulen la relación entre los tratados y las leyes.

d. Caso excepcional de la primacía de los tratados sobre las leyes previsto en la Ley de Derecho Internacional Privado

Conviene hacer notar que la Ley de Derecho Internacional Privado de 1998, establece que los tratados internacionales en esa materia, primarán sobre las leyes venezolanas en materia de derecho internacional privado, siguiendo de esa manera una vieja tradición recogida en el Código de Procedimiento Civil. Falta determinar si esa disposición constituye una expresión de jerarquía, caso en el cual la norma sería de dudosa constitucionalidad, o de competencia, pues en este último caso no sería más que una expresión concreta, pero formulada en términos incorrectos, de la reserva de competencia que estaría contenida implícitamente en la Constitución.

La aludida disposición aparece contenida en el artículo 1 de la Ley de Derecho Internacional Privado, en los siguientes términos:

> Los supuestos de hecho relacionados con los ordenamientos jurídicos extranjeros se regularán, por las normas de Derecho Internacional Público sobre la materia, en particular, las establecidas en los tratados internacionales vigentes en Venezuela, en su defecto, se aplicarán las normas de Derecho Internacional Privado venezolano, a falta de ellas; se utilizará la analogía y finalmente, se regirán por

los principios de Derecho Internacional Privado generalmente aceptados.

Por supuesto que aun así, queda abierta la discusión relativa a si instrumentos de rango legal pueden contener normas de producción jurídica, porque sin duda el transcrito artículo 1 de la citada ley, tiene el carácter de tal, en virtud de que contiene un criterio regulatorio de las relaciones entre dos fuentes del Derecho (los tratados en materia de Derecho Internacional Privado y una ley de la República). A la luz de la tesis que formulamos precedentemente, cuando examinamos la compatibilidad de las normas del Código Civil con la Constitución, resulta sumamente discutible la constitucionalidad de la referida norma. Y por otro lado, si se optase por la tesis de la jerarquía quedaría severamente cuestionado el clásico principio que postula que un instrumento normativo no le puede conferir más fuerza a otro, que la que el mismo posee, ya que en esta hipótesis la referida Ley le estaría confiriendo una fuerza superior a la que ella tiene, a la referida clase de tratados.

B. Excepciones constitucionales (primacía de determinado tipo de tratados frente a las leyes)

La tesis anterior de la equiparación del rango normativo entre las leyes y los Tratados, encuentra dos excepciones en la Constitución de 1999, las cuales están referidas a especiales tipos de Tratados, a saber: aquellos que disciplinen procesos de integración y los regulatorios los derechos humanos. Efectivamente, en el primer caso el artículo 153 constitucional establece que la República podrá suscribir Tratados constitutivos de mecanismos de integración, mediante los cuales podrá atribuir a organizaciones supranacionales el ejercicio de las competencias necesarias para llevar a cabo el mencionado proceso. Ahora bien, es preciso subrayar que esa disposición es solo parte del artículo bajo examen, el cual también estatuye que "*las normas que se adopten en el marco de los acuerdos de integración serán considerадas parte integrante del ordenamiento legal vigente y de aplicación directa y preferente a la legislación interna*" (énfasis añadido).

De modo, pues, que basado en elementales principios de hermenéutica jurídica, pese a que el texto constitucional no confiere expresamente a los Tratados mediante los cuales se constituyen los procesos integración, que son los que permiten erigir órganos supranacionales encargados de su implementación, un rango superior al de las leyes, debe concluirse que sí detentan ese rango, o sea, que priman sobre la legislación interna, en virtud de que la Constitución, como quedó transcrito *supra*, establece de manera categórica que los instrumentos normativos dictados por esos mismos órganos, creados –se insiste– mediante los aludidos Tratados, serán considerados parte integrante del ordenamiento jurídico vigente, y de aplicación directa y preferente sobre la legislación interna.

Luego, resultaría absurdo pensar que los Tratados creadores de dichos órganos no revistan por los menos el mismo rango que los productos normativos que emanan de los órganos que mediante ellos se crean. En definitiva, los Tratados a que alude el artículo 153 de la Constitución priman sobre las leyes emanadas de la Asamblea Nacional.

La segunda excepción aparece consagrada claramente en el artículo 23 de la Constitución que establece la aplicación preferente de los Tratados en materia de derechos humanos, suscritos por Venezuela, a los cuales se les otorga una "jerarquía constitucional condicional y atípica", que a la postre se traduce en una prevalencia, en virtud de que no se trata de una jerarquía formal, frente a toda clase de norma interna que contradiga la norma del Tratado en materia de derechos humanos, o frente a todo tipo de contradicción, como ocurre con la Constitución, sino solamente frente a aquellas fuentes normativas internas que contengan normas sobre el goce y ejercicio de los derechos humanos, menos favorables que las contenidas en esos Tratados.

Por tanto, no pueden ser utilizados como parámetros para predicar la validez de una norma interna en materia de derechos humanos menos favorable que la contenida en dichos pactos. Tampoco pueden llegar a formar parte del "bloque de la constitucionalidad", como han sostenido algunos autores venezolanos (muy pocos), e inclusive la propia Sala Constitucional en la sentencia del 10-08-2007, recurriendo a la indebida extrapolación de una figura peculiar del constitucionalismo francés y del español.

En fin, los artículos 153 y 23 del texto constitucional erigen a los Tratados regulatorios de los procesos de integración y de los derechos humanos en instrumentos normativos que prevalecen sobre las leyes, configurando de esa manera excepciones puntuales al principio, vigente hasta ahora, de la equiparación de los Tratados y las leyes.

C. Tratados frente a la Constitución

Conforme a la tesis relativa a la vigencia del principio de supremacía constitucional, rechazamos –en el estado actual de nuestro ordenamiento constitucional– cualquiera postura que directa o indirectamente otorgue primacía a los Tratados sobre la Constitución, salvo en el caso anteriormente indicado de los derechos humanos, en que hipotéticamente podría ocurrir esa situación. Estimamos que el cambio esencial que se ha producido en el campo de las relaciones entre los Estados, especialmente en el área de la integración económica y política, impone que en los textos constitucionales sean consagradas regulaciones destinadas a propiciar y perfeccionar ese tipo de relaciones, pero sin llegar a sacrificar el aludido principio. En ese sentido se orientan la mayoría de los países europeos, especialmente los que integran a la Unión. Constituyen ejemplos emblemáticos de la aludida normación los artículos 93 y 95.1 de la Constitución Española, que transcribimos con fines ilustrativos:

> Art. 93. Mediante ley orgánica se podrá autorizar la celebración de tratados por los que se atribuya a una organización o institución internacional el ejercicio de competencias derivadas de la Constitución. Corresponde a las Cortes Generales o al Gobierno, según los casos, la garantía del cumplimiento de estos tratados y de las resoluciones emanadas de los organismos internacionales o supranacionales titulares de la cesión.
> Art. 95.1. La celebración de un tratado internacional que contenga estipulaciones contrarias a la Constitución exigirá la previa revisión constitucional. 2. El Gobierno o cualquiera de las Cámaras puede requerir al Tribunal Constitucional para que declare si existe o no esa contradicción (énfasis nuestro).

El primer dispositivo transcrito abre las puertas al ordenamiento jurídico comunitario, y en su caso fue el que sirvió de soporte a España para ratificar en su oportunidad el Tratado de adhesión a la Comunidad Económica Europea, y de otra manera aparece recogido en el citado y examinado precedentemente artículo 153 de la Constitución, con la diferencia de que, sin necesidad de intermediación parlamentaria (leyes orgánicas), permite la creación mediante Tratados de órganos supranacionales para implementar la integración latinoamericana y del Caribe, así como cualquier otro proceso de esta naturaleza del cual forme parte Venezuela. Sin duda que la incorporación de este dispositivo constitucional, evita en principio cualquier problema de constitucionalidad que pudiera suscitarse entre ese tipo de Tratados y el texto constitucional.

Además hay que advertir que el referido esquema constitucional concuerda con el artículo 336 (num. 5) que consagra el control preventivo de la constitucionalidad de los Tratados por parte de la Sala Constitucional del TSJ, antes de su ratificación, a requerimiento del Presidente de la República o de la Asamblea Nacional, y resulta lógico pensar que un acuerdo internacional de esta naturaleza, mediante el cual se ceden competencias contempladas en la Constitución, a órganos supranacionales, deba ser sometido al mencionado control. Queda claro entonces que las citadas normas constitucionales si bien no permiten resolver la totalidad de las antinomias que pudieran suscitarse entre los Tratados y la Constitución, si resuelven una parte sustancial de ellas: aquellas derivadas de la aplicación del ordenamiento comunitario andino, así como de cualquier otro ordenamiento de esta naturaleza del que llegue a formar parte Venezuela.

El otro dispositivo también resulta importante en los procesos de integración, pues fue aplicado en España cuando a este país le correspondió ratificar el Tratado de Maastricht, en el cual se confiere derecho al sufragio pasivo a los naturales de los otros países de la Unión Europea residentes en cualquiera de los que la integran. Dicha aplicación condujo a la modificación del artículo 13 de la Constitución, pero lo que nos interesa destacar del aludido esquema normativo constitucional es que revela el carácter superior de la Constitución frente a los Tratados, pues al expresar que cuando estos la contraríen será necesaria su revisión, *a contrario sensu* proscribe los Tratados que infrinjan el texto constitucional.

Pero por si existiera duda acerca de la primacía de la Constitución sobre los Tratados, esta misma se encarga de disiparla, en virtud de que en su artículo 161.1 atribuye competencia al Tribunal Constitucional para conocer el recurso de inconstitucionalidad contra leyes y contra disposiciones normativas con fuerza de ley (Tratados), y el artículo 27.2 de la Ley Orgánica del Tribunal Constitucional ratifica dicha atribución constitucional. No queda más que desear que una disposición tan categórica como esa que revela la primacía de la Constitución sobre los Tratados, sea incorporada a nuestro ordenamiento, pero al mismo tiempo debe dejarse asentado que la misma aparece consagrada, por supuesto por vía muy indirecta, en el citado artículo 336 (num. 5) de la Constitución, relativo al control preventivo de la constitucionalidad de los Tratados, en virtud de que el mismo permite que si una o varias disposiciones del Acuerdo no superan el test de compatibilidad con la Constitución, pueda ser ratificado con reservas, y en caso de que no se permitan reservas, entonces corresponderá estudiar la conveniencia de enmendar o reformar la Constitución. Luego, por esta vía indirecta puede llegarse a la solución contemplada en la Constitución Española, lo que no hace más que reiterar la vigencia del principio de la supremacía constitucional.

Por lo que respecta a la posible colisión entre los Tratados con la Constitución, por razones de carácter histórico, consideramos oportuno sintetizar la evolución jurisprudencial hasta la vigencia de la Constitución de 1999. En ese orden de razonamiento cabe señalar que hasta el año 1965 en los medios forenses no existía ninguna duda acerca de la superioridad de la segunda sobre los primeros, inclusive así se desprende, por vía indirecta, de una sentencia dictada por la extinta Corte Suprema de Justicia, en Sala Plena, el 15-03-1962, en los siguientes términos:

> Si la regla general constitucionalmente establecida es la del pleno ejercicio del control constitucional de todos los actos del Poder Pú-

> blico, cualquier excepción a dicha regla tendría que emanar, necesariamente, de la propia Constitución. Ni siquiera una disposición legal podría sustraer alguno de aquellos actos al control antes dicho; y menos aun pueden autorizarlo los órganos jurisdiccionales como intérpretes fieles que deben serlo del contenido de dicha norma. A todo evento y ante la duda que pudiera surgir acerca de si algún acto emanado del Poder Público es o no susceptible de revisión constitucional por acción directa, debe optarse en obsequio de aquél amplio principio constitucional, por admitir su examen por parte de este Alto Tribunal.

La doctrina transcrita parcialmente demuestra que, en criterio de la extinta Corte, ningún acto de los Poderes Públicos podía sustraerse al control de la constitucionalidad; y como es sabido ese control comporta operativamente la confrontación del acto impugnado con la Ley Suprema; de tal modo que la acción de inconstitucionalidad existe en tanto en cuanto se admite implícita o expresamente la vigencia del principio de supremacía constitucional; de allí entonces, que la declaratoria contenida en el fallo, por su carácter absoluto, debía extenderse a las leyes aprobatorias de los Tratados, y en definitiva a estos, los cuales, por tal razón debían ser considerados como jerárquicamente inferiores a la Constitución.

Si el anterior fallo conducía a esa conclusión, debe admitirse que la sentencia de esa misma Corte dictada el 29-04-1965, mediante la cual se declaró incompetente para conocer la acción de nulidad por inconstitucionalidad intentada contra el ordinal 14° del artículo 2 de la Ley del 12-06-1922, aprobatoria del Tratado de Extradición entre Venezuela y los Estados Unidos de Norteamérica, condujo, por vía indirecta, a negar la superioridad de la Constitución sobre los Tratados, pues conforme a lo indicado precedentemente, la acción de inconstitucionalidad tiene su fundamento en el principio de supremacía constitucional que, como hemos repetido, supone la vigencia de una regla que obliga a compatibilizar, so pena de nulidad, todos los actos de los Poderes Públicos con la Constitución. Por consiguiente, cuando la extinta Corte conocía una acción de esta naturaleza lo hacía -e igualmente ocurre con la Sala Constitucional del Tribunal Supremo- porque admitía el carácter superior del texto constitucional frente a cualquier otro acto normativo, y porque estaba obligada, por esa misma razón a preservar su incolumidad. Por tanto, por interpretación a contrario, cuando se declaró incompetente, entonces indirectamente estaba ignorando la superioridad de la Constitución frente a la Ley aprobatoria, y en definitiva frente a los Tratados.

El referido fallo fue objeto de múltiples cuestionamientos, entre otros el de PÉREZ LUCIANI (1967), quien sostuvo que la Corte no se percató que la materia relativa a la aprobación de los Tratados *"se trata de dos actos diferentes unidos entre sí por algún vínculo jurídico de aprobación, pero los dos actos tienen naturaleza jurídica diferente*", donde la Ley aprobatoria "*constituye sólo un acto accesorio cuya finalidad es controlar o fiscalizar el acto principal*". Igualmente otros autores pusieron de relieve otras carencias del fallo como por ejemplo, la de admitir el control difuso de la constitucionalidad sobre estas leyes, mas no el concentrado. Sin embargo, la Corte hasta el año 1999 en varias oportunidades reiteró esa doctrina, siendo la última, en una forma bastante heterodoxa, por decir lo menos, el 10-07-1990 en la oportunidad de dictar la sentencia sobre la constitucionalidad del artículo parágrafo primero del artículo único de la Ley aprobatoria del Acuerdo de Cartagena.

No abrigamos duda acerca de la plena vigencia del principio de supremacía constitucional, lo que nos conduce a postular categóricamente la superioridad normativa de la Constitución sobre los Tratados, razón por la cual compartimos la tesis que preconizaba la competencia de la extinta Corte para conocer las acciones de inconstitucionalidad que se interponían contra las leyes aprobatorias de los Tratados, e inclusive íbamos más lejos aún, contra los propios Tratados, porque al fin y al cabo eso es lo que se persigue con el ejercicio de dichas acciones, pues no debe olvidarse que realmente las normas de las que se predica la inconstitucionalidad son las contenidas en estos instrumentos, y no en las respectivas leyes aprobatorias. El siguiente ejemplo puede ayudar a demostrar esa afirmación. Supongamos que una disposición de un Tratado establezca una discriminación por el color de la piel, para tener acceso a los Institutos de Educación Superior, la cual resultaría francamente violatoria del artículo 61 constitucional –ahora 21–, y que por tal razón fuera interpuesta una acción de inconstitucionalidad para lograr la nulidad de la Ley aprobatoria del Tratado, y dicha acción –si la extinta Corte hubiese llegado a modificar su criterio– hubiese declarado con lugar, entonces –en ese plano formal– nos hubiéramos encontrado con la Ley anulada con efectos *erga omnes*, pero con el Tratado vigente, debido a que la ejecución o respeto a dicho fallo, hubiera tenido como consecuencia inmediata la denuncia del Tratado, proceso este que conforme a la Convención de Viena toma por lo menos seis meses –en el contexto del formalismo jurídico– para que válidamente Venezuela hubiese podido dejar de aplicarlo.

De allí que en casos como el ejemplificado éramos y somos partidarios de la admisión del recurso contra el propio Tratado, aun reconociendo las consecuencias que una declaratoria de nulidad pueda tener para el país. La tesis que terminamos de exponer resulta, en nuestro criterio, con las debidas adaptaciones, a la Constitución de 1999, en virtud de que todo su basamento está constituido por el principio constitucional, sobre cuya efectividad, después de la vigencia del artículo 7 (principio de jerarquía normativa), de dicha Constitución, no cabe duda alguna.

IX. Reglamentos parlamentarios

1. Marco conceptual

Los Reglamentos Parlamentarios entran en la categoría de los denominados, por Moles Caubet (1992), "*actos parlamentarios sin forma de Ley*", por cuanto estos provienen del Parlamento, con la particularidad de que en su formación las Cámaras no actúan como cuerpos colegisladores, ni siguen el procedimiento pautado en la Constitución para la sanción de las leyes, y adoptan la forma de acuerdos, pudiendo emanar de cada una de las Cámaras o del propio Congreso (Cámaras reunidas en sesión conjunta). Por supuesto que esa definición está ajustada a los Parlamentos bicamerales, pero resulta igualmente válida para los unicamerales, como la Asamblea Nacional contemplada en la Constitución de 1999, con las debidas adaptaciones. En el contexto de ese marco conceptual cabe destacar que de los actos parlamentarios sin forma de ley los únicos que tienen carácter normativo –y los que nos interesan por ser fuentes del Derecho– son los Reglamentos Parlamentarios, los cuales según Mazzoni (1995) constituyen una expresión de la garantía consagrada por la Constitución en favor de la independencia del órgano parlamentario, frente a los otros órganos y poderes del Estado, independencia que inclusive, según la citada autora, es de una Cámara frente a la otra, en los casos de Parlamentos bicamerales, en virtud de que cada una de ellas aprueba autónomamente su respectivo reglamento. En la Constitución de 1999 están, o mejor está previsto, dado que todo pareciera indicar que se trata de un solo reglamento, en los artículos 187 (num. 19), 193, 194, 207, 211, 221 y 223, a diferencia de la Constitución derogada, cuya normativa permitió que fueran dictados varios reglamentos parlamentarios (Reglamento del Congreso de la República, Reglamento de la Cámara de Diputados, Reglamento del Senado, Reglamento de la Comisión Delegada, y el Reglamento de la Comisión Legislativa).

2. Contenido

En cuanto al contenido de estos Reglamentos, cabe precisar que el mismo aparece delimitado por el texto constitucional, pero en término generales la doctrina enumera como materias objeto de los mismos las siguientes: la organización interna de las Cámaras, las relaciones entre los miembros del Parlamento, la potestad disciplinaria que se ejerce sobre dichos miembros, el desarrollo de normas constitucionales atinentes al procedimiento de formación de las leyes, el servicio de orden o policía, y en algunos casos, las situaciones jurídicas de los empleados que le prestan servicios.

El análisis de la Constitución de 1999 en relación al contenido de los reglamentos parlamentarios evidencia que el artículo 187 (num. 19) confiere a la Asamblea Nacional la facultad de dictar su reglamento, el cual parece tener un carácter general, pero en lo tocante a su contenido específico, es posible inferir de dicho esquema normativo, cuando le confiere la potestad a ese órgano parlamentario de aplicar las sanciones establecidas en ese reglamento, que el mismo deberá incluir el régimen disciplinario de los diputados (parte sustantiva y adjetiva), pues de otra manera no resulta posible el ejercicio de la aludida potestad sancionatoria por parte de la Asamblea Nacional, los artículos 193 y 194 permiten inferir que contendrá la disciplina sobre la organización y funcionamiento interno de la Asamblea, en razón de que reenvían a ese instrumento normativo la regulación de la Comisiones permanentes, ordinarias, especiales y temporales, así como el régimen de suplencias de los miembros de la Directiva de la Asamblea (Presidente, Vicepresidentes, Secretario y subsecretario), debido a sus las faltas temporales y absolutas; el artículo 207 autoriza al reglamento, aunque utiliza la expresión "*reglamentos respectivos*" para que desarrolle y complemente la normativa constitucional en lo atinente a la discusión de los proyectos de leyes; el artículo 211 pauta que el reglamento deberá establecer de los términos que regirán el derecho de palabra, como expresión concreta de la consulta que está obligada a realizar la Asamblea, durante el procedimiento de discusión y aprobación de los proyectos de leyes, a otros órganos del Estado, a los Estados y a los representantes de la sociedad civil organizada; el artículo 221 es complementario de los artículos 193 y 194, en virtud de que también prescribe que el reglamento contendrá la regulación de la organización y funcionamiento de la Asamblea Nacional, al establecer que los requisitos, procedimientos y demás sesiones de la Asamblea Nacional, así como para su funcionamiento serán determinados por el referido instrumento normativo; y finalmente el artículo 223 pauta la regulación reglamentaria de la potestad de investigación de la Asamblea y de sus Comisiones. Además el artículo 187 (num. 21) permite que todo lo concerniente al servicio de seguridad interna pueda ser incluido en el Reglamento de la Asamblea.

En fin, el análisis de todos los dispositivos constitucionales atinentes a la potestad de la Asamblea para dictar su reglamento, revela que el contenido del mismo se inscribe dentro del que generalmente define la doctrina tanto nacional como extranjera, esto es, procedimiento, organización interna, servicios de policía, materia disciplinaria y complementación constitucional en lo atinente a la formación de las leyes. Sin embargo, observamos que no se menciona la regulación de las situaciones subjetivas de los funcionarios que le prestan servicio; por tanto, en principio, al no serle atribuida esta materia por el texto constitucional, constituiría una irregularidad que se la auto atribuyera el Congreso. Claro está que nada le impide dictar esa regulación, pero la misma carecería de la naturaleza y entidad de la contenida en los reglamentos parlamentarios, salvo que se llegase a considerar como complemento indispensable de las materias expresamente enunciadas en la Constitución, como contenido del reglamento de la Asamblea.

Cabe recordar que a diferencia de otras Constituciones, como la italiana, la nuestra no exige una mayoría calificada a los fines de la aprobación de los reglamentos. Tampoco se sigue el procedimiento de formación de las leyes delineado en la Constitución. Queda por dilucidar por parte de la doctrina y la jurisprudencia, dado que fue suprimida en el texto constitucional de 1999 la disposición de la Constitución de 1961, que estatuía claramente que los actos del Parlamento no estaban sujeto al veto de los otros poderes, si estos instrumentos normativos están sujetos a la especie de "*veto presidencial*" previsto en el artículo 214 de la Constitución para el caso de las leyes. Aun cuando fue eliminado el mencionado precepto, estimamos en una perspectiva práctica, dado que esa especie de "*veto*" se torna operativo únicamente en el curso del procedimiento de formación de las leyes, ya que el Presidente de la República solo puede ejercerlo dentro del lapso fijado constitucionalmente para la promulgación y publicación de la ley, lo que ocurre cuando en lugar de cumplir con esa fase del procedimiento legislativo, la devuelve a la Asamblea a los fines de su "*reconsideración*" (modificación de algunas disposiciones o levantamiento total de la sanción). Pero como el o los reglamentos parlamentarios son publicados por el Presidente de la Asamblea, o por el Presidente y los Vicepresidentes, basándose en el artículo 7 de la Ley de Publicaciones Oficiales, en la Gaceta Oficial de la República de Venezuela, y entran en vigencia desde la fecha de publicación, o desde otra ulterior que ellos mismos indiquen, ello obviamente impide que el Presidente de la República pueda en la práctica ejercer ese derecho de "*veto*". Además tratándose de que la disposición que lo consagra tiene un carácter excepcional, referida exclusivamente a las leyes, mal puede pretender aplicarse analógicamente para el caso de los reglamentos parlamentarios; de allí que en definitiva seamos partidarios de la tesis que niega el ejercicio de ese poder por parte del Presidente de la República.

3. Reglamento o reglamentos a la luz de la Constitución de 1999

Debemos comenzar haciendo notar que la especial categoría de los instrumentos normativos denominados reglamentos parlamentarios, siempre ha estado acotada por su ámbito material, el cual aparece claramente especificado en el texto constitucional, de tal suerte que solo las materias enumeradas en el mismo, o aquellas que desde el punto de vista lógico resulten como complemento necesario de las allí indicadas, son susceptibles de ser objeto de este tipo de instrumentos normativos. Y ya hemos visto que conforme a la tendencia predominante del Derecho comparado casi siempre son las mismas (la organización interna de las Cámaras, las relaciones entre los miembros del Parlamento, la potestad disciplinaria que se ejerce sobre dichos miembros, el desarrollo de normas constitucionales atinentes al procedimiento de formación de las leyes, el servicio de orden o policía, y en algunos casos, las situaciones jurídicas de los empleados que le prestan servicios).

Destacar esa premisa resulta muy importante, dado que solo es posible explicar el rango o la fuerza legal de estos reglamentos, porque resultan del ejercicio de una especial potestad normativa de la Asamblea Nacional, acotada por las materias antes enumeradas, en ejecución directa e inmediata de la Constitución, y como es lógico suponer ello únicamente es posible cuando las materias objeto de ese ejercicio son las especificadas claramente en el texto constitucional.

Pues bien, si se toma en cuenta, como expresamos antes, que son pocas las materias que la Constitución enumera expresamente para que formen parte del contenido exclusivo y excluyente de los reglamentos parlamentarios, y dado que el Parlamento pasó de bicameral a unicameral, además de que literalmente en todos los artículos de la Constitución, con excepción del 207, que remite la regulación de las discusiones de los proyectos de leyes a los "*reglamentos respectivos*", aparece el reenvío al reglamento en singular, pareciera acertado postular que la Asamblea Nacional debe dictar un solo reglamento general, en el cual regule todas las materias mencionadas en el texto constitucional, así como las que resulten su complemento indispensable, pues la remisión a los "*reglamentos respectivos*", revela el peso de la inercia, a la cual resulta difícil escapar en cualquier proceso legislativo o constituyente, derivado de la tendencia a repetir mecánicamente disposiciones de leyes o Constituciones anteriores, que en el presente caso resulta explicable porque durante la vigencia de la Constitución de 1961 fueron dictados varios reglamentos parlamentarios (de cada Cámara, del Congreso, de la Comisión Delegada, de la Comisión Legislativa y el Estatuto de Personal).

En fin, toda la normativa constitucional pareciera indicar que la Asamblea Nacional debe darse un Reglamento General, pero nada obsta para que pueda dictar reglamentos parciales, mediante los cuales regule cada una o más de una de las materias específicas de las que le atribuye la Constitución; de allí que perfectamente pueda tratarse de uno o varios reglamentos parlamentarios, siendo la dinámica de la actividad que deberá emprender *ex novo* la Asamblea Nacional, la que marcará la pauta en el ejercicio de esta potestad parlamentaria.

4. Reglamentos parlamentarios como fuente del Derecho

En realidad en Venezuela se ha discutido poco sobre la naturaleza de fuentes del Derecho de los reglamentos parlamentarios; sin embargo, existe un consenso doctrinario en torno a su integración a las fuentes del Derecho Venezolano. Moles Caubet (1992), uno de los pocos -sino el único- que ha escrito sobre este punto específico afirma al respecto:

> ...los referidos reglamentos no son en manera alguna leyes formales, sin embargo tienen un valor jurídico análogo. Es decir, tienen análoga autoridad y análoga fuerza obligante; de manera, que por este motivo el reglamento parlamentario figura en la misma jerarquía que la ley formal, y lo incluimos, en consecuencia, en el concepto de "legislación". De aquí que, en manera alguna, quepa considerarse, pese al nombre, como reglamentos administrativos.

Sin duda que la autoridad de Moles Caubet resulta indiscutible en esta área del conocimiento, pero la sola lectura del párrafo transcrito, así como del resto del trabajo de donde es tomado, revela que contiene meras afirmaciones, sin llegar esbozar los argumentos que le sirven de base, salvo el que indirectamente asoma acerca de que dichos reglamentos ejecutan directamente a la Constitución, razón por la cual entran en el concepto de legislación. Este argumento que se inscribe dentro de las enseñanzas de la Escuela de Viena, ciertamente resulta muy importante, puesto que ha sido manejado reiteradamente tanto por la doctrina como por la jurisprudencia, a los fines de determinar el rango de ciertos actos de los Poderes Públicos, e inclusive de esa manera poder dilucidar la competencia de determinados órganos jurisdiccionales.

Por consiguiente, en esa línea argumental todo acto que ejecute directamente la Constitución tendrá rango legal, y el que ejecute la Ley tendrá rango sublegal. Esa fue -como se expresó en páginas anteriores- la metodología que utilizó la extinta Corte Suprema de Justicia para calificar como de rango legal el acto del Congreso, mediante el cual consideró que existía falta absoluta del Presidente Pérez en el mes de agosto de 1993 y, subsiguientemente declarar, que se trataba de un caso de "*contencioso constitucional*" que entraba en la competencia de la Corte en Sala Plena, y al parecer fue la tesis recogida por la Constitución de 1999 cuando reguló las competencias de la Sala Constitucional del TSJ, y le atribuyó en el artículo 336 (num. 4), la de declarar total o parcialmente la nulidad de los actos en ejecución directa e inmediata de la Constitución, dictados por cualquier otro órgano distinto de la Asamblea Nacional, de los Consejos Legislativos Regionales, de los Concejos Municipales o Cabildos Metropolitanos y del Ejecutivo Nacional, cuando dicten leyes nacionales o actos con rango de ley, leyes estadales y Constituciones estadales, ordenanzas municipales, y actos con rango de ley respectivamente.

Conforme a ese criterio imperante en Venezuela, ahora constitucionalizado, los reglamentos parlamentarios, por constituir una expresión de ejecución directa de la Constitución (art. 187, num. 19, 193, 194, 207, 220 y 223) y tener carácter normativo, deben reputarse –como afirma Moles Caubet– como fuentes del Derecho. Pero arribar a esta conclusión no resuelve otras interrogantes que suelen formularse en torno a estos instrumentos, a saber: Si tienen una eficacia interna o externa, su fuerza normativa y en la eventualidad de conflictos con otras fuentes del Derecho Venezolano, a que criterio debe recurrirse para solucionarlos. En torno a la primera interrogante Predieri (1988) al estudiar el sistema de las fuentes del Derecho español, sostiene: "*Los reglamentos parlamentarios del Congreso y del Senado –art. 72, ap 1, de la Constitución– y de las Cortes Generales para las sesiones conjuntas –art. 72, ap 2– son normas primarias del ordenamiento, que sólo tienen efectos internos a las Cámaras*".

Entonces, conforme a la cita anterior, existe una posición doctrinaria que aun considerándolos como integrantes de las fuentes del Derecho, estima que su eficacia normativa se agota en el seno del Parlamento. La tesis contraria postula que ciertamente la mayor eficacia de estas normas es interna, pero que en determinados casos dicha eficacia puede desbordar los ámbitos parlamentarios; de allí que generalice afirmando su eficacia jurídica externa. Los partidarios de esta tesis argumentan que si bien las normas que integran los reglamentos parlamentarios ejecutan disposiciones constitucionales que encuentran su mayor aplicación en el seno del Parlamento, la Constitución les atribuye expresamente efectos externos, porque coloca su observancia como condición de validez de las leyes.

A nosotros nos parece que esta postura podría resultar aplicable a Venezuela, pues, como ha quedado expuesto, los reglamentos en comento ejecutan normas constitucionales, pero a su vez los artículos 207 y 221 de la Constitución confieren una especie de delegación al reglamentista parlamentario para la complementación de la normativa constitucional atinente a la discusión de las leyes; por tanto, este dicta normas –siempre en sintonía con las constitucionales– que de alguna manera van a condicionar la validez de las leyes, ya que disciplinan una de las fases esenciales de su formación (la discusión); de tal manera que, si por ejemplo, se infringe una disposición del Reglamento de la Asamblea que regula la discusión de las leyes, entonces esa infracción afectará finalmente la validez de la ley sancionada, lo que viene a demostrar que esa norma del reglamento tiene efectos extra asamblea, es decir, externos. De ahí que pueda concluirse que en Venezuela los reglamentos parlamentarios tienen eficacia externa.

En cuanto a su fuerza normativa, dado que ejecutan directamente a la Constitución, ya dijimos que tienen fuerza o rango de Ley, pero tal fuerza, debe quedar muy claro, no deriva del principio de jerarquía normativa, sino del de competencia, en virtud de que estamos en presencia de una reserva constitucional que consiste en que el constituyente excluyó las materias objeto de estos reglamentos de toda otra fuente normativa. Esta reserva comporta, en primer lugar, la prohibición para la Ley y otras fuentes equiparadas a la misma, de regular las materias que la Constitución atribuye al reglamentista parlamentario; en segundo lugar, como expresamos antes, la sustracción de los reglamentos del régimen propio de formación y control de las leyes (iniciativa, discusión, ausencia del "*veto presidencial*", etc.).

Por tanto, pese a la denominación que reciben, no son verdaderos reglamentos, pues constituye un axioma jurídico que todo reglamento, cualquiera que sea su clase (ejecutivo, autónomo o delegado) es un acto subordinado a la Ley formal; en cambio, los parlamentarios no son ni superiores ni inferiores a la Ley, por encontrarse en un plano de igualdad con ella, derivado de los distintos ámbitos de competencia que conforme a la Constitución le corresponde a cada de uno de este tipo de instrumentos normativos. En fin, si bien los Reglamentos Parlamentarios tienen una fuerza normativa igual a la de la Ley, la misma no deriva del principio de jerarquía normativa, sino del correspondiente ámbito competencial previsto en la Constitución.

En relación a la tercera interrogante relativa a las eventuales antinomias normativas que pueden llegar a configurarse entre los reglamentos parlamentarios y las otras fuentes del Derecho, cabe señalar que resulta muy difícil que realmente lleguen a ocurrir, debido al acotamiento estricto de las materias que constituyen su objeto en la Constitución, no obstante, si se configuraren, de conformidad con lo expuesto en el párrafo precedente, las mismas deben resolverse sobre la base del análisis de los ámbitos competenciales de los reglamentos parlamentarios y de la fuente con la cual entran en colisión, y una vez determinado a cuál de los dos instrumentos corresponde disciplinar la materia que origina la aludida colisión, entonces la solución se desencadenará aplicando el correspondiente instrumento normativo, e inaplicando el otro. En suma, los conflictos internormativos que lleguen a suscitarse entre un reglamento parlamentario y otra fuente del Derecho (Ley, reglamento, ley estadal, ordenanza) deben resolverse acudiendo únicamente al criterio de la competencia.

Queda por abordar un aspecto problemático de los reglamentos parlamentarios, que en otros ordenamientos suele generar discusión, pero que en Venezuela aparentemente está resuelto, y es el relativo a su impugnabilidad. Efectivamente, en algunos países sobre la base del viejo principio del *interna corporis* se postula todavía la inimpugnabilidad de los Reglamentos Parlamentarios. Ha de recordarse que el principio del *interna corporis* surge junto con la inmunidad parlamentaria durante el período absolutista, como una conquista de los Parlamentos Medievales frente al Rey, con la finalidad de garantizar su autonomía e independencia. Sobre la base del mismo todos los actos que realizaban internamente las Cámaras o Asambleas quedaban sustraídos al control de cualquier órgano, siendo ejercido dicho control únicamente por el Presidente de la Cámara o Asamblea.

Ahora bien, una parte de la doctrina invocando el principio del *interna corporis* postula que los Reglamentos Parlamentarios, por constituir quizás la mejor expresión del mencionado principio, deben ser excluidos de todo tipo de control jurisdiccional. En Venezuela en los artículos 158 y 159 de la Constitución de 1961 bajo el nombre de "*actos privativos de los cuerpos legislativos*", aparecía recogido el postulado del *interna corporis*, así como la consecuencia de su invocación. Efectivamente, en el último de los citados artículos se consagraba esa especie de inmunidad jurisdiccional: "*Los actos de los cuerpos legislativos en ejercicio de sus funciones privativas no estarán sujetos al veto, examen o control de los otros poderes, salvo lo que establece esta Constitución por extralimitación de atribuciones*".

De modo, pues, que el citado artículo 159 constitucional tornaba inmune jurisdiccionalmente, en forma parcial a los reglamentos parlamentarios, inmunidad que fue reconocida –a los actos privativos de los cuerpos legislativos– en una sentencia dictada por la extinta Corte Suprema de Justicia, en Sala Plena, el 12-06-1968, al decidir una acción de nulidad por inconstitucionalidad contra los actos de instalación de la Cámara de Diputados y del Senado del 05-03-1968. En ese fallo el máximo Tribunal declaró:

> De los textos constitucionales antes copiados se desprende claramente que los actos de los cuerpos legislativos en ejercicio de sus funciones privativas, no están sometidos al veto del Presidente de la República, que es quien constitucionalmente puede ejercerlo, ni al examen y control de la Corte Suprema de Justicia salvo cuando el cuerpo legislativo incurriere en extralimitación de funciones.
> Es entendido por lo tanto, que solamente cuando los cuerpos legislativos, en ejercicio de sus funciones privativas, se extralimitan con-

trariando lo que sobre la materia establece la misma Constitución, podrá esta Corte declarar la nulidad de tales actos.

En todo caso lo que demostraba ese fallo era que durante la vigencia de la Constitución de 1961 existía una fuerte expresión del *interna corporis*, la cual se inscribía dentro de la idea de garantizar la autonomía e independencia del Parlamento, pero como se dijo antes, tenía un carácter parcial, pues el mismo cobraba vigencia siempre y cuando los actos de las Cámaras se inscribieran dentro de sus respectivas esferas de competencia constitucionales, porque de lo contrario debían considerarse afectados por el vicio de nulidad absoluta a que aludía el citado artículo 159 de la Constitución, esto es, extralimitación de atribuciones, entendiendo que ese vicio se extendía, con mayor razón a la usurpación de funciones o de autoridad. Y en ese caso perdían *ipso iure* la inmunidad jurisdiccional derivada del principio en comento.

Por lo que concierne a la Constitución de 1999 ha de destacarse que en la misma desaparecen las disposiciones relativas a la institución del *interna corporis* contenida en los artículos 158 y 159 de la Constitución de 1961, bajo la denominación de "*actos privativos de las Cámaras*", lo que pareciera revelar la intención de suprimir esos privilegios al Poder Legislativo Nacional, al inscribirse, en primer lugar, en la tesis de la igualdad de los Poderes Públicos, y en segundo lugar, en el principio de interdicción de la inmunidad jurisdiccional de cualquier acto emanado de esos Poderes, el cual encuentra concreción para el caso de los reglamentos parlamentarios en el artículo 336 (num. 1) de la Constitución, que atribuye a la Sala Constitucional del TSJ, la competencia para declarar la nulidad total o parcial de las leyes nacionales y *demás actos con rango de ley de la Asamblea Nacional*, que colidan con el texto constitucional, pues resulta lógico que dentro de esos "*demás actos*" con rango de ley, conforme a las razones antes expuestas, entren los reglamentos parlamentarios, si acaso no son los únicos. De modo, pues, que a la luz de la Constitución de 1999 no resulta posible invocar ni siquiera, como ocurría durante la vigencia de la derogada, una inmunidad jurisdiccional parcial de esta clase de instrumentos normativos.

BIBLIOGRAFÍA

AGUILAR GORRONDONA, JOSÉ. "Las Leyes Orgánicas en la Constitución de 1961". *Estudios sobre la Constitución*. Tomo III. UCV. Caracas, 1979.

AGUILAR, ANDRÉS. "La actuación Internacional de la República en la Constitución vigente de Venezuela, de 23 de enero de 1961". *Estudios sobre la Constitución*. Tomo III. UCV. Caracas, 1979.

ALONSO GARCÍA, RICARDO. *Tratado de la Unión Europea*. Civitas. Biblioteca de Legislación. Serie Menor. Madrid, 1994.

___. *Derecho Comunitario*. Centro de Estudios Ramón Areces S.A. Madrid, 1994.

AMATO, GIULIANO y AUGUSTO BARBERA. *Manuale di Diritto Pubblico*. Il Mulino. Bologna, 1995.

ARCAYA, MARIANO. *Constitución de la República de Venezuela*. Tomo II. Edición del Autor. Caracas, 1971.

ASAMBLEA NACIONAL CONSTITUYENTE. *Gaceta Constituyente (diario de Debates Tomos I y I I)*. Caracas, 2000.

BALBONI ENZO y GIORGIO PASTORI. *"Il governo regionale e locale"*. *Manuale de Diritto Pubblico*. Il Mulino. Bologna, 1994.

BASTIDA, FRANCISCO; JOAQUIN VARELA Y OTROS. *Derecho Constitucional*. Editorial Ariel. Barcelona, 1992.

BENTATA, VÍCTOR. "Estudio de la sentencia Nintendo". *Revista de la Facultad de Ciencias Jurídicas y Políticas de la Universidad Central de Venezuela* N° 98. UCV. Caracas, 1996.

BETTI, EMILIO. *Interpretación de la Ley y de los Actos Jurídicos*. Editorial Revista de Derecho Privado. Madrid, 1975.

BODENHEIMER, EDGAR. *Teoría del Derecho*. Fondo de Cultura Económica. México, 1971.

BOQUERA OLIVER, JOSÉ. *Derecho Administrativo*. Editorial Civitas. Madrid, 1992.

BREWER C., ALLAN. *Fundamentos de* la Administración *Pública Venezolana*. Editorial Jurídica Venezolana. Caracas, 1980.

CABALLERO ORTIZ, JESÚS. *Las leyes orgánicas*. Editorial y Distribuidora El Guay S.R.L. Caracas, 1999.

CÁMARA DE DIPUTADOS DEL CONGRESO DE LA REPÚBLICA. *"Informe de la Comisión Especial de la Cámara de Diputados para el Estudio del Proyecto de Reforma General de la Constitución, para segunda discusión" (mimeografiado)*. Caracas, junio de 1992.

CASSESE, SABINO y RITA PÉREZ. *Manuale di Diritto Pubblico*. La Nuova Italia Scientifica. Roma, 1995.

CATALANO, NICOLA. "Rapporto fra l'Ordinamento Comunitario e gli Ordinamenti Nazionali". *Studi di Diritto Europeo. In onore di Riccardo Monaco*. Giuffrè. Milano, 1977.

___. *Manual de Derecho de las Comunidades Europeas*. BID. Buenos Aires, 1966.

CENTROS DE ESTUDIOS CONSTITUCIONALES. *Curso de técnica legislativa*. Madrid, 1989.

CENTRO DE ESTUDIOS POLÍTICOS y SOCIALES. VALENCIA (ESPAÑA) *Dictamen sobre el Proyecto de Constitución de la República de Venezuela (mimeografiado)*. Valencia, octubre de 1999.

CERULLI VINCENZO. *Corso di Diritto Amministrativo*. Giappichelli. Torino, 1997.

CONGRESO DE LA REPÚBLICA. La *Constitución de 1961 y* la evolución *constitucional de Venezuela* (Actas *de la Comisión Redactora del* Proyecto). Caracas, 1971.

CRAZUT, RAMÓN. *La Integración Europea y el Proyecto de Moneda Única*. UCV. Caracas, 1996.

CRISAFULLI, VEZIO. *Lezioni di Diritto Costituzionale*. Cedam. Padova, 1976.

DE ASIG ROIG, AGUSTÍN. "La Ley como Fuente del Derecho en la Constitución de 1978". *Estudios sobre la Constitución Española. Homenaje al Profesor Eduardo García de Enterría.* Civitas. Madrid, 1991.

DE OTTO, IGNACIO, *Derecho Constitucional. Sistema de fuentes.* Ariel. Barcelona, 1991.

DELGADO OCANDO, J. "Contribución al análisis teórico de las leyes orgánicas y de su interpretación". *Revista de la Facultad de Ciencias Jurídicas y Políticas de la Universidad Central de Venezuela* N° 70. UCV. Caracas, 1988.

DIEZ PICAZO, LUIS. *Experiencias jurídicas y teoría del derecho.* Ariel, Barcelona, 1973.

DROMI, JOSÉ. *Instituciones de Derecho Administrativo.* Editorial Astrea. Buenos Aires, 1983.

DROMI, ROBERTO. *Derecho Administrativo.* Ediciones Ciudad Argentina. Buenos Aires, 1996.

DURANTE, FRANCESCO. "Prevalenza del Diritto Comunitario sul Diritto Nazionale. Adattamento del Diritto Interno al Diritto Internazionale" *Studi di Diritto Europeo. In onore di Riccardo Monaco.* Giuffrè. Milano, 1977.

FLORIDIA, GIUSEPPE. *Il Regolamento Parlamentare nel Sistema delle Fonti.* Giuffrè. Milano, 1986.

FODERARO, SALVATORE. *Il concetto di legge.* Editorial Buizoni. Roma, 1971.

GALLI, ROCCO. *Corso di Diritto Amministrativo.* Cedam. Padova, 1994.

GARCÍA DE ENTERRÍA, EDUARDO y TOMÁS-RAMÓN FERNÁNDEZ. *Curso de Derecho Administrativo I.* Editorial Civitas. Madrid, 1990.

___. *Curso de Derecho Administrativo I.* Editorial Civitas. Madrid, 1998. Octava edición.

GARCÍA DE ENTERRÍA, EDUARDO. "La Constitución como norma jurídica". *La Constitución Española de 1978.* Editorial Civitas. Madrid, 1988.

GARRIDO FALLA, FERNANDO. *Tratado de Derecho Administrativo.* Tecnos. Madrid, 1992.

___. *Tratado de Derecho Administrativo.* Volumen 11. Editorial Tecnos. Madrid, 1969.

HENAO, JAVIER. *Constitución Política de Colombia.* Temis. Bogotá, 1991.

INSTITUTO DE ESTUDIOS POLÍTICOS DE LA UNIVERSIDAD CENTRAL DE VENEZUELA. *Constituciones Europeas.* Caracas, 1960.

KELSEN, HANS. *Teoría General del Derecho y el Estado.* UNAM. México, 1950.

LAVAGNA, CARLO. *Istituzioni di Diritto Pubblico.* UTET. Torino, 1976.

LÓPEZ MENUDO, FRANCISCO. "El principio de irretroactividad de las normas en la jurisprudencia constitucional". *Estudios sobre la Constitución Española. Homenaje al Profesor Eduardo García de Enterría.* Civitas. Madrid, 1991.

MANETTI, MICHELA. "Voce Regolamento Parlamentare". *Enciclopedia del Diritto.* Volume XXXIX. Giuffrè. Milano, 1988.

MARTINES, TEMISTOCLE. *Diritto Costituzionale.* Giuffrè. Milano, 1994.

MAZA, EMILIO. *Origen y formación del Derecho Comunitario Andino.* Ediciones Schnell. Caracas, 1975.

MAZZAROLLI L, G. PERICU y OTROS. *Diritto Amministrativo*. Monduzi. Bologna, 1993.

MAZZONI, MARÍA LUISA. *Lezioni di Diritto Parlamentare*. Giapichelli Editore. Torino, 1995.

MODUGNO, FRANCO. "Legge in generale". *Enciclopedia del Diritto*. Volume XXIII. Giuffrè. Milano, 1973.

MOLES CAUBET, ANTONIO. "Lecciones de Derecho Administrativo. Parte General". *Revista de la Facultad de Ciencias Jurídicas y Políticas de la Universidad Central de Venezuela* N° 84. UCV. Caracas, 1992.

ORTIZ, GASTON. ALALC. Editorial Jurídica de Chile. Santiago, 1964.

PARESCE, ENRICO. "Voce Fonti del Diritto". *Enciclopedia del Diritto* Volume XVII. Giuffrè. Milano, 1968.

PEMAN GAVIN, JUAN. "Leyes orgánicas. Concepto y posición en el Sistema de las Fuentes". *Estudios sobre la Constitución Española. Homenaje al Profesor Eduardo García de Enterría*. Civitas. Madrid, 1991.

PICO MANTILLA, GALO. *La solución de controversias en los procesos de integración latinoamericana*. Publicación del Tribunal de Justicia del Acuerdo de Cartagena. Quito, 1992.

PINIELLA, JUAN S. *Sistema de fuentes y bloque de la constitucionalidad*. Bosch. Barcelona, 1994.

PREDIERI, ALBERTO. "El Sistema de las Fuentes del Derecho". *La Constitución Española de 1978*. Civitas. Madrid, 1988.

RONDÓN DE SANSÓ, HILDEGARD. "*El Impacto de la Decisión 344 de la Comisión del Acuerdo de Cartagena en el Ordenamiento Jurídico Venezolano*" *(mimeografiada)* Conferencia dictada en la Primera Reunión de Cortes Supremas del Pacto Andino y Panamá. La Paz, 1994.

ROUSSEAU, CHARLES. *Derecho Internacional Público*. Ariel. Barcelona, 1966.

SACHICA, LUIS. *Derecho Comunitario Andino*. Temis. Bogotá, 1990.

SANDULLI, ALDO. *Manuale di Diritto Amministrativo*. Jovene Editori. Napoli, 1974.

SANTAMARÍA PASTOR, JUAN. *Fundamentos de Derecho Administrativo* I. Centro de Estudios Ramón Areces S.A. Madrid, 1991.

SANTAMARÍA PASTOR, JUAN. *Principios de Derecho Administrativo*. I. Centro de Estudios Ramón Areces S.A. Madrid, 1998. Segunda edición.

SCHMITT, C. *Teoría de la Constitución*. Ariel. Barcelona, 1982.

SORRENTINO, FEDERICO. *Le Fonti del Diritto*. Genova. 1985.

SUÁREZ, JORGE. "Las relaciones entre el Derecho Comunitario y el Derecho Interno en el Acuerdo de Cartagena. A propósito de la sentencia de la Corte Suprema de Justicia del 10 de junio de 1990". *Revista de la Facultad de Ciencias Jurídicas y Políticas de la Universidad Central de Venezuela* N° 100. UCV. Caracas, 1996.

TORO JIMÉNEZ, FERMÍN. *Manual de Derecho Internacional Público*. UCV. Caracas, 1975.

TOVAR, ORLANDO. *Derecho Parlamentario*. UCV. Caracas, 1973.

VARGAS CARREÑO, EDMUNDO. "La recepción del derecho internacional en el ordenamiento jurídico venezolano. La Constitución de 1961 ¿Dualista o Monista?". *Estudios sobre la Constitución*. Tomo III. UCV. Caracas, 1979.

VERDROSS, ALFRED. *Derecho Internacional Público*. Aguilar. Madrid, 1972.

ZANGHI, CLAUDIO. *Istituzioni di Diritto dell' Unione Europea*. Giappichelli Editore. Torino, 1995.

ZANOBINI, GUIDO. *Corso di Diritto Amministrativo*. Giuffrè. Milano, 1958.

CAPÍTULO IV: ACTOS DE GOBIERNO. DECRETOS CON FUERZA DE LEY

I. PREMISA INTRODUCTORIA

Desde el punto de vista didáctico antes de abordar una parte del todo, resulta conveniente referirse a ese todo, pero en el presente caso, dada la complejidad conceptual de dicho todo (gobierno), nos limitaremos a hacerlo de manera muy sucinta, y únicamente desde el punto de vista del Derecho Administrativo, con la única pretensión de establecer la relación entre el *Gobierno* y los *actos de gobierno*. En ese orden de razonamiento observamos que la doctrina suele moverse entre dos concepciones de gobierno: una que puede considerarse amplia, de factura fundamentalmente argentina que postula que "*la palabra gobierno en su acepción más pura, designa el conjunto de los tres poderes del Estado: Poder Judicial, Poder Ejecutivo, Poder Legislativo*" (GORDILLO, 1986), y otra restringida, de factura fundamentalmente europea, y de origen alemán, que sostiene que el gobierno está constituido solamente por los órganos superiores del Poder Ejecutivo (MERKL, 1935). Ha de reconocerse ciertamente que la segunda tesis es absolutamente mayoritaria, e inclusive en esos mismos términos aparece recogida en Constituciones como la francesa, la española y la italiana.

Cabe advertir, en primer lugar, que cualquiera de las dos tesis mencionadas se inscribe dentro de la concepción orgánica o subjetiva de gobierno, y por tanto, se contraponen a la tesis que se basa en la concepción material o sustantiva que obviamente alude a la función gubernativa como tal, y en segundo lugar que la acepción restringida del concepto de gobierno en sentido orgánico pareciera predominar en Venezuela, no obstante, es necesario destacar que la Constitución de 1999 no trae ninguna disposición expresa al respecto, como si lo hace por ejemplo, la Constitución española, que en su artículo 98 establece que "1. *El Gobierno se compone del Presidente, de los Vicepresidentes en su caso, de los Ministros y de los demás miembros que establezca la ley*", o la colombiana (artículo 200), que también implícitamente define al gobierno desde el punto de vista orgánico.

Pero a diferencia de la Constitución de 1961, de la cual solo resultaba posible inferir el concepto de gobierno, por vía indirecta, en sentido sustantivo, del artículo 21, que preceptuaba que el gobierno y la administración de cada Estado correspondía al Gobernador del Estado, el nuevo texto constitucional contiene de manera implícita una concepción de gobierno en sentido orgánico. En efecto, en el artículo 226 prescribe que el Presidente de la República es el Jefe del Estado y del Ejecutivo Nacional, *en cuya condición dirige la acción del Gobierno*, y el artículo 225 *ejusdem* se encarga de definir quienes integran el Poder Ejecutivo, a saber: el Presidente de la República, el Vicepresidente Ejecutivo, los Ministros y demás funcionarios que determinen la Constitución y las leyes. De modo, pues, que la interpretación concordada de ambos preceptos constitucionales evidencia, al tener el Presidente de la República, en su condición de Jefe del Ejecutivo Nacional, atribuida la competencia para dirigir el gobierno, como dispone el citado artículo 98 de la Constitución Española, la *composición del Gobierno*, o sea, los señalados integrantes del Poder Ejecutivo (art. 225); entonces, resulta acertado sostener, atendiendo a la *ratio* de ambos dispositivos normativos, que implícitamente la Constitución define al gobierno desde el punto de vista orgánico, tesis que por lo demás se encuentra reforzada por el artículo 236 (num. 2) que confiere al Presidente de la República la atribución de *dirigir la acción del gobierno*.

La orientación seguida por la Constitución se inscribe en el marco de la concepción predominante en el Derecho comparado, que postula la integración o conformación del Gobierno por los órganos superiores del Poder Ejecutivo Nacional, y que dicho sea de paso, resulta coherente desde el punto de vista conceptual, en razón de que es la misma seguida para definir al Gobierno Estadal (art. 160), y al Gobierno Municipal (art. 174). No está demás señalar que de conformidad con el artículo 225 constitucional, que deja abierta la posibilidad de que la propia Constitución o la Ley determinen que otros órganos, o mejor titulares de los mismos sean considerados superiores, y por tanto deban reputarse como formando parte del Gobierno, dentro de los cuales destaca el Consejo Federal de Gobierno, integrado por el Vicepresidente Ejecutivo, los ministros, los gobernadores de estado, un alcalde por cada estado, y representantes de la sociedad organizada (art. 185 Const.).

Una vez aclarada, en nuestro criterio, la problemática concerniente a la identificación del concepto de gobierno desde el punto de vista orgánico, la cual abordamos únicamente con una finalidad didáctica, pues no debe olvidarse que el tema de nuestro interés son los actos de gobierno, y sería un olvido ostensible, por decir lo menos, examinar dicho tema, sin identificar aunque sea muy preliminarmente el órgano o figura subjetiva que emana dichos actos; de allí entonces ese intento de dilucidación constitucional de la figura del gobierno; por tanto, no corresponde en esta parte del libro examinar los múltiples aspectos vinculados al concepto de gobierno, tanto en sentido orgánico como sustantivo.

En el contexto del marco conceptual expuesto anteriormente, en forma sucinta, resulta necesario precisar que solo una categoría de actos de los órganos superiores del Poder Ejecutivo (Gobierno) van a ser identificados en el ámbito del Derecho Administrativo como actos de gobierno. Dicho de otra manera: a los efectos de nuestra disciplina, no todos los actos emanados del Gobierno, conceptuados en el sentido antes indicado, son actos de gobierno, ya que solo admite esa calificación una especial y reducida categoría, cuya esencia radica, de conformidad con una parte de la doctrina, como lo veremos más adelante, en su *no justiciabilidad o inimpugnabilidad.* De tal manera que si bien existe una relación todo-parte entre gobierno y actos de gobierno, es necesario tener presente la especial particularidad de dicha relación, derivada del reducido número de actos de gobierno, en virtud de que su inimpugnabilidad constituye el elemento esencial que permite predicar su existencia. Dicho de otra manera: solo es posible referirse a la categoría de actos de gobierno en el contexto del marco conceptual expuesto, sí y solo sí en un determinado ordenamiento jurídico, este admite expresa o implícitamente, bien por vía de interpretación doctrinaria o jurisprudencial, que un determinado número de actos dictados por los órganos superiores del Ejecutivo están exentos de ser juzgados por los Tribunales. Cabe advertir que el Gobierno –conforme a la tendencia doctrinaria y jurisprudencial dominante en nuestro país– puede dictar actos normativos y no normativos, pero en razón de que este tema forma parte de la unidad atinente a las Fuentes del Derecho Administrativo, nos referiremos fundamentalmente a los denominados actos de gobierno de carácter normativo.

II. Perfil histórico de los actos de gobierno

La teoría de los actos de gobierno se origina en Francia en la doctrina del Consejo de Estado. Al parecer, según reseñan algunos autores, entre otros Gordillo, así como Duez y Olivier Martin citados por García De Enterría (1995), dicho órgano una vez que ocurre la denominada primera Restauración, y el retorno de los Borbones a Francia, desarrolla una actividad tendente a aminorar la franca antipatía que despertaba en los nuevos detentadores del Poder, pues no debe olvidarse que el Consejo de Estado había sido creado por Napoleón en el contexto de la doctrina liberal que informaba su régimen. Esta iniciativa como expresa DUEZ –citado por García de Enterría– estaba "*inspirada por la única preocupación política de hacerse modesto para mantenerse y durar*". Precisamente atendiendo a la idea que presidía a la aludida iniciativa, el Consejo de Estado sienta la doctrina de los denominados "*actos de gobierno*", basada en el móvil o fin político.

Constituye esta la primera etapa de la teoría de los actos de gobierno en Francia, y quizás la que revela mayor sacrificio del principio de legalidad, pues suponía la exclusión absoluta de la revisión de los actos emanados de la Administración, cuando estos, en criterio de la propia Administración, hubiesen sido dictados atendiendo a un "*móvil o fin político*", es decir, su inimpugnabilidad o no justiciabilidad, que es la nota sobre la cual se va a construir esta discutida teoría, dependía de la decisión discrecional de la Administración de considerar el acto fundado en un fin político. De tal modo que conforme al origen francés de la concepción de acto de gobierno, este resulta equivalente a acto exento de cualquier tipo de control jurisdiccional. Una vez que sucumbe el régimen imperial francés, al cual sucede la Tercera República (1871) y se le confiere total autonomía al Consejo de Estado (Justicia Delegada), este procede a revisar su doctrina acerca de los actos de gobierno, pero aun cuando la mantiene, desestima el basamento concerniente al móvil o fin político que había invocado hasta esa fecha. En efecto, en la sentencia conocida como "*Príncipe Napoleón*" dictada en febrero de 1875, declara que no basta que un acto haya sido dictado por un móvil político, para predicar su exclusión del control jurisdiccional, o sea, para que revista el carácter de acto de gobierno.

Después de dicho fallo el Consejo de Estado sustituye el móvil político por el de la *naturaleza del acto*, iniciándose así la segunda etapa en la evolución de los actos de gobierno en Francia. Efectivamente, según esta tesis existía una diferencia objetiva entre la función gubernativa y la función administrativa, por lo que el ejercicio de las mismas originaba actos perfectamente diferenciados; lo que impedía jurídicamente, como ocurría en el período anterior, transformar, atendiendo a la motivación subjetiva de la Administración, un acto administrativo en acto de gobierno, con la finalidad de eludir el control jurisdiccional, en virtud de que correspondía exclusivamente al Tribunal determinar objetivamente, cuándo se trataba de un acto administrativo y cuándo de uno de gobierno.

Como es dable imaginarse, a los fines de lograr tal objetividad, se pretendieron elaborar directrices doctrinarias que permitieran diferenciar al Gobierno de la Administración, y de esa manera poder lograr la señalada distinción entre acto administrativo y acto de gobierno. Pero tal tarea resultó altamente compleja, y la doctrina se trabó en una discusión interminable en tal sentido, sin llegar a resultados concluyentes. A título solamente ejemplificativo baste citar al respecto a dos grandes juristas franceses: Laferrière para quien "*Gobernar es proveer a las necesidades de la sociedad política toda entera, velar por la observación de su constitución, el funcionamiento de los grandes poderes públicos, las relaciones del Estado con las potencias extranjeras, la seguridad interior y exterior*". En cambio, para HAURIOU "*gobernar es solucionar los asuntos excepcionales y velar por los grandes intereses nacionales; administrar es hacer los asuntos corrientes del público*".

De lo expuesto se colige que la tesis acerca de la naturaleza del acto, a pesar de que constituyó un avance en la preservación parcial del principio de legalidad, en relación a la del móvil político, no obstante, mantuvo un umbral de incertidumbre en la pretendida identificación objetiva de los actos de gobierno, basada en la determinación de su naturaleza, lo que a la postre condujo a considerarla insuficiente para lograr el fin perseguido; por esa razón, sostiene VEDEL (1980) la doctrina "*se resigna a no poder definir los actos de gobierno y se contenta con enumerarlos*", lo que da pie al surgimiento de una tercera etapa en la teoría de los actos de gobierno conocida como la de la "*lista jurisprudencial*", puesto que a partir de ese momento se admite que corresponde al Consejo de Estado determinar, mediante criterios y referencias empíricas, los actos de la Administración excluidos del control jurisdiccional (actos de gobierno). Al respecto sostiene RIVERO (1984) que dicha lista ha ido reduciéndose mucho con los años, y actualmente abarca únicamente dos campos: **a)** los actos del Ejecutivo en sus relaciones con el Parlamento y; **b)** determinados y precisos actos del Ejecutivo (actos relativos a la negociación y celebración de tratados internacionales, a la aplicación de dichos tratados y los actos de guerra).

Hemos querido hacer una narración sucinta del origen y evolución de la teoría de los actos de gobierno en Francia, porque revela el aspecto esencial de los mismos: su inimpugnablidad, o exclusión de todo tipo de control judicial, el cual se mantiene en todas las etapas por las cuales ha transitado la referida teoría, independientemente de que haya disminuido significativamente el número de actos de gobierno. Por tanto, a la luz de esta enseñanza, cualquier tipo de control judicial -por reducido que sea- ejercido sobre un acto que se pretenda de gobierno, conduce a negar su existencia como tal acto de gobierno. Además dicha narración resulta ilustrativa para nosotros, debido a que la noción de esta figura que manejamos tanto a nivel de doctrina, como de jurisprudencia, proviene precisamente de Francia.

III. DISTINTAS DENOMINACIONES Y UNA CONCEPCIÓN ÚNICA

Es preciso indicar por razones únicamente didácticas que en doctrina los actos de gobierno reciben diversas denominaciones. Así refiere GORDILLO que en Francia predomina la denominación que puede considerarse originaria (actos de gobierno), y es la que seguimos en Venezuela; actos de Estado, se suelen llamar en Gran Bretaña; actos soberanos o actos de autoridad en Alemania, cuestiones políticas en Norteamérica, actos complementarios y actos institucionales en Brasil, y actos institucionales en Argentina. Las diferentes denominaciones mencionadas que seguramente no agotan la lista, revisten, como dijimos antes, un valor meramente informativo, siendo lo importante de resaltar el contenido conceptual de la noción, el cual es único: la exclusión absoluta del control jurisdiccional de aquellos actos de la Administración que reciban cualquiera de las anteriores denominaciones. Insistimos, pues, en el carácter esencial de la inimpugnabilidad que debe acompañar a estos actos para poder ser reputados como de gobierno, soberanos, políticos, etc., ya que en el supuesto de que detentaran cualquiera de esos nombres, pero faltara esa nota esencial, pasarían a ser actos administrativos comunes y corrientes; de allí entonces la aludida concepción única mencionada en el epígrafe.

IV. RECEPCIÓN DE LA TEORÍA DE LOS ACTOS DE GOBIERNO EN VENEZUELA

1. Premisa introductoria

Resulta perfectamente explicable que un país como Venezuela donde el desarrollo del Derecho Público comienza prácticamente en la década de los sesenta, esté sujeto a la recepción de la doctrina de otros países en los cuales ese desarrollo es de vieja data, como ocurre particularmente con el Derecho Administrativo, según lo expuesto en el Capítulo I. No puede ser de otra manera, pues el avance de cualquier disciplina jurídica guarda una estrecha compatibilidad con el nivel del proceso de reflexión e investigación existente en un determinado Estado; por esa razón no tiene nada de extraño que la teoría de los actos de gobierno, originaria de Francia, país que a su vez puede considerarse la cuna del Derecho Administrativo, haya encontrado recepción entre nosotros, pues todavía "*consumimos*" muchos productos jurídicos provenientes de otros Estados. No obstante, tal "*consumo*" puede hacerse de dos maneras: **a)** trasplantando mecánicamente los aludidos productos en el Derecho positivo, en la doctrina y en la jurisprudencia y; **b)** adaptando los productos a las condiciones y características particulares de nuestro ordenamiento, previo estudio, análisis y reflexión acerca de la pertinencia de esa adaptación. Ha de indicarse que conforme al contexto de relatividad en el que suele insertarse la toma de cualquier decisión, acudir a una u otra modalidad, puede resultar positivo, pero en general debe preferirse la segunda, ya que indica cierto nivel de desarrollo en la rama jurídica de que se trate, como ocurre en Venezuela en el caso del Derecho Administrativo.

Lo cierto es que la teoría de los actos de gobierno encontró durante la vigencia de la Constitución de 1961 recepción en el Derecho

Venezolano, y no nos corresponde en el presente trabajo evaluar la modalidad que fue seguida para esa recepción, sino más bien en qué consistió, así como sus consecuencias jurídicas, e igualmente asomar una sucinta apreciación crítica acerca de la misma. Pero sobre todo examinar si a la luz de la Constitución de 1999 es posible seguir manteniendo esa tesis.

2. Recepción desde el punto de vista doctrinario

En la doctrina nacional durante la vigencia del texto constitucional derogado resultaba mayoritaria la postura que admitía la existencia de actos de gobierno, al punto que llegaba a identificar determinados dispositivos normativos que los consagraban en el texto constitucional. Sin embargo, cabe acotar que pese ser esa la posición mayoritaria, la misma encontraba detractores, o mejor dicho, autores que rechazaban de plano la existencia de este tipo de actos en el Derecho venezolano. Ahora bien, la postura dominante definía a los actos de gobierno como aquellos dictados por el Presidente de la República en ejercicio de la función de gobierno, los cuales ejecutaban directa e inmediatamente a la Constitución, por lo que estaban desvinculados de la Ley formal, y tenían fuerza y rango de ley, siendo inmunes al control de la legalidad, mas no al de la constitucionalidad (MOLES, 1992, BREWER, 1977). Los que adversaban la mencionada tesis sostenían que "*No existe en Venezuela, ni en la Constitución, ni en las leyes disposiciones que incorporen a nuestro orden jurídico la noción del acto de gobierno*" (LARES, 1990). Y adicionaban que dicha noción resultaba inútil, en virtud de que al aceptar su control mediante la acción de inconstitucionalidad, se desnaturalizaba su progenie conceptual. En esta línea cuestionadora afirmaban que la construcción del concepto de acto de gobierno siguiendo a ADOLFO MERKL, como lo hacen los postulantes de la mencionada tesis, no resultaba acertada:

> ...pues según el criterio del gran jurista austríaco, los actos de gobierno son una categoría cualificada de actos administrativos, condicionados por leyes y realizados por los órganos administrativos supremos, y por esto mismo, no predeterminados por instrucciones de autoridades superiores. No son para Merkl actos de gobierno las decisiones dictadas en ejecución directa de la Constitución, sino por el contrario, actos que se realizan en ejecución de la ley (LARES).

Los postulantes de la primera tesis sostenían que los actos de gobierno podían tener efectos particulares, como los previstos en el artículo 190 (ord. 2° y 5°) de la Constitución derogada, que se corresponden con el 236 (num. 3 y 4), de la vigente y efectos generales (carácter normativo), como los contemplados en el mismo artículo 190 (ord. 6° y 7°), el primero de los cuales se corresponde con 236, (num. 7) de la Constitución de 1999. En todo caso, sería inútil entrar a examinar si la lista equivalente en la Constitución de 1999 es más larga o más corta, si previamente no analizamos el concepto mismo que había sido propuesto, entre otros por Moles, y al respecto debemos afirmar que coincidimos con Lares, dado que, como quedó demostrado en el examen histórico atinente al nacimiento y evolución de la institución bajo examen, la razón de su existencia radica en su sustracción a todo tipo de control jurisdiccional o absoluta inmunidad jurisdiccional, trátese de ilegalidad o de inconstitucionalidad.

Por consiguiente, la *inmunidad jurisdiccional* se erige como la variable fundamental, debido a que sobre ella se construye el concepto, o lo que es lo mismo, si ella falta la concepción de los actos de gobierno decae, pierde su razón de ser. De tal manera que su ausencia en la construcción doctrinaria venezolana, conducía y conduce a negar la existencia de esta tipología autónoma de actos jurídicos, tal como lo afirma Lares, lo que de ninguna manera impedía hablar –si se quiere– de una categoría atípica de actos de la Administración, mas resultaba y resulta dudoso –ahora con mayor razón, como lo veremos más adelante– si atendemos al marco conceptual de los actos de gobierno anteriormente delineado, postular la existencia de esta clase de actos en nuestro país.

Sin atrevernos a negar el esfuerzo intelectual realizado para llegar a la construcción doctrinaria sobre los actos de gobierno en Venezuela, antes expuesta, de todas maneras para nosotros resultaba y resulta concluyente, a la luz de las consideraciones precedentes, bajo la vigencia de la Constitución de 1961, y la de 1999, la falta de fundamentación de la tesis fundada en dicha construcción (exclusión del control de la legalidad, mas no el de constitucionalidad). En esta línea de pensamiento para desestimarla bastaba y basta únicamente demostrar, como quedó probado, constatar la ausencia de la *inmunidad jurisdiccional*; lo que exime de entrar a examinar las otras variables sobre la cual la doctrina articulaba el concepto de acto de gobierno.

3. Recepción desde el punto de vista jurisprudencial durante la vigencia de la Constitución de 1961

Aunque desde el punto de vista metodológico todo aconseja abordar el estudio de una institución jurídica, mediante el análisis conjunto del correspondiente sector normativo, la doctrina y la jurisprudencia; no obstante, dado que la teoría de los actos de gobierno sigue durante cierto tiempo líneas de desarrollo distintas en la doctrina y la jurisprudencia, en lo atinente a la variable fundamental que le sirve de fundamento (inmunidad jurisdiccional), hemos preferido darle un tratamiento separado, a fin de hacer notar el discurrir de esas líneas en el campo jurisprudencial durante la vigencia de la Constitución de 1961, haciendo la salvedad que los fallos dictados por la extinta Corte Suprema de Justicia sobre los actos de gobierno fueron muy pocos, y además contradictorios en lo atinente a la señalada variable. En efecto, en fecha 29-04-1965 el máximo Tribunal, en Pleno, en la oportunidad de decidir una demanda de nulidad por inconstitucionalidad intentada contra la Ley aprobatoria del Tratado de Extradición celebrado por Venezuela con los Estados Unidos de América, se declaró incompetente para conocer la acción, y en su afán de motivar dicho fallo, incidentalmente se refirió a los actos de gobierno, en los siguientes términos:

> En lo relativo a lo que el Presidente de la República está facultado para realizar en ejercicio de sus atribuciones constitucionales, un atento examen de las mismas conduce a la conclusión de que determinadas actuaciones presidenciales en cualquiera de los dos caracteres de Jefe del Ejecutivo Nacional o Jefe del Estado Venezolano asignados a aquél por el artículo 181 de la Constitución, están excluidos del control jurisdiccional de la constitucionalidad en atención a que por su propia esencia son actos de índole eminentemente política o actos de gobierno, o de índole discrecional, situación en la que no cabe aplicar a los motivos determinantes de la actuación el expresado control constitucional (...) Entre tales actos encuéntrase según el artículo 190 de la Constitución Nacional los siguientes: Fijar el contingente de las Fuerzas Armadas Nacionales y convocar al Congreso a sesiones extraordinarias (énfasis añadido).

Posteriormente el 21-11-1988, la Sala Político Administrativa de la extinta Corte Suprema de Justicia, en la oportunidad de decidir un recurso contencioso administrativo de nulidad interpuesto contra un acto del Consejo Supremo Electoral, también de manera un tanto incidental, ratificó la doctrina anterior en los siguientes términos:

> Permanecen todavía incólumes los principios sentados por la Corte –a los que se refieren los apoderados del Consejo, pero aplicándolos inexactamente al caso de autos– respecto de los "actos de gobierno", especie jurídica que en razón de su superior jerarquía, derivada del hecho de que son producidos en ejecución directa e inmediata de la Constitución y no de la ley ordinaria, ha sido excluida hasta ahora, por la propia Corte, de la totalidad del control jurisdiccional de constitucionalidad, "en atención –como ella misma ha expresado– a que por su propia esencia son actos de índole eminentemente política o actos de gobierno, o de índole discrecional; situaciones en que no cabe aplicar a los motivos determinantes de la actuación el expresado control constitucional" (énfasis añadido).

El 16-03-1993 la extinta Corte Suprema de Justicia, en Pleno, en la oportunidad de decidir la demanda de nulidad por inconstitucionalidad intentada contra el Decreto 2668 de fecha 27-11-1992, mediante el cual el Presidente de la República en Consejo de Ministros, suspendió las garantías constitucionales identificadas en el señalado Decreto, se pronunció, esta vez de manera directa sobre los actos de gobierno, al declarar:

> 2. En Venezuela a falta de una disposición expresa al respecto en el Texto Fundamental, ha sentado este Alto Tribunal, como nota identificadora de esa especie jurídica aquellos actos que, en ejecución directa e inmediata de la Constitución, son de índole eminentemente política.
> (...)
> Dentro de ese contexto, concuerdan autores y jurisprudencia nacional y extranjera en mantener dentro de esa clasificación entre otros el indulto, los actos relativos a la conducción de las relaciones entre el gobierno y los países extranjeros, la declaratoria de emergencia y, precisamente, el acto que en concreto interesa analizar a los fines de este fallo: LA SUSPENSIÓN DE LAS GARANTÍAS CONSTITUCIONALES.
> (...) Luego, en Venezuela, el problema de los "actos de gobierno" no se contrae a una categoría jurídica revestida de inmunidad jurisdiccional, pues como se ha visto, existe frente a éstos la posibilidad de recurrirlos con base en una garantía constitucional. La cuestión se circunscribe entonces al mayor o menor grado de sujeción al cuerpo normativo, asunto atinente a la competencia reglada y al poder discrecional del funcionario que, en ejecución de la Ley Fundamental dicta el acto.
> (...) De lo expuesto se infiere que al examinar la constitucionalidad de un Decreto de Suspensión de Garantías, a pesar de tratarse de un acto de gobierno y de naturaleza discrecional, puede el Juez, sin embargo, conocer no sólo de los aspectos formales que rodearon la emisión del acto, sino también revisar la "veracidad y congruencia" de los hechos que constituyen su fundamentación fáctica (énfasis añadido).

El análisis de los anteriores, fallos transcritos parcialmente, arroja las siguientes conclusiones:

i) Pese a que en dos de dichas sentencias la referencia a los actos de gobierno tiene un carácter incidental, debe admitirse, sin embargo, que en las tres existe una expresa declaratoria acerca de la existencia de esta categoría de actos en el ordenamiento jurídico venezolano, inclusive llegan a citarse ejemplos extraídos del artículo 190 de la Constitución de 1961 (actualmente previstos en el artículo 236 de la Constitución de 1999). Por tanto, es indudable que en ese sentido la jurisprudencia coincide con la tesis que sustenta la doctrina nacional mayoritaria acerca -insistimos- de la existencia de los actos de gobierno en nuestro ordenamiento.

ii) En los dos primeros fallos transcritos el concepto que se maneja acerca de los actos de gobierno coincide plenamente con la connotación conceptual originaria, que es la que predomina actualmente en el Derecho comparado, esto es, la *inmunidad jurisdiccional*, razón por la cual se distancia de la doctrina mayoritaria venezolana que, como sabemos, rechaza la absoluta exclusión del control jurisdiccional sobre dichos actos, predicando, por tanto, una inmunidad frente a los actos con rango de ley, mas no frente al texto constitucional.

iii) En el último fallo –el de marzo de 1993– en el cual se aborda como cuestión previa (directa y no incidentalmente) la naturaleza del Decreto Presidencial (suspensión de garantías) impugnado, calificándolo como acto de gobierno, la Corte abandona la tesis de la inmunidad jurisdiccional presente en las sentencias anteriores, en virtud de que contiene una declaratoria expresa y categórica acerca de la competencia del máximo Tribunal para ejercer el control de la constitucionalidad sobre los mismos. Y aquí la doctrina jurisprudencial coincide totalmente con la doctrina científica nacional predominante durante la vigencia de la Constitución derogada, en la concepción de actos de gobierno.

iv) Consideramos que no resulta necesario entrar a examinar otras variables que aparecen dispersas en los referidos fallos, cuando intentan definir a los actos de gobierno, tales como la superada del móvil político, la confusión entre actos de gobierno y actos discrecionales, el reconocimiento de la inexistencia de disposiciones expresas al respecto en el Texto Fundamental, y al parecer la escogencia tácita de la tesis de la *"lista jurisprudencial"* a la que se llegó finalmente en Francia en la evolución de la teoría de los actos de gobierno, todas además sin la correspondiente fundamentación. Ciertamente cada una de dichas variables, dado el poco desarrollo con que aparecen manejadas en los fallos, admiten los cuestionamientos que se les han formulado en el Derecho comparado, pero insistimos que resulta innecesario reproducirlos en esta parte del trabajo, pues el último fallo al declarar que los actos de gobierno están sujetos al control de la constitucionalidad, además de revelar una contradicción con los dos anteriores, coincide con la doctrina mayoritaria nacional, poniendo de manifiesto de esa manera el desbalance conceptual antes expuesto, ya que la existencia del acto de gobierno está condicionada por la nota de la total inmunidad jurisdiccional, y su ausencia (desbalance) equivale a negar esta categoría de actos en el ordenamiento venezolano.

4. La tesis de los actos de gobierno en el marco de la Constitución de 1999

Consideramos necesario recordar los argumentos que esgrimimos para oponernos a la tesis mayoritaria doctrinalmente, recogida por la jurisprudencia de la extinta Corte Suprema de Justicia durante la vigencia del texto constitucional derogado como quedó demostrado en los párrafos precedentes. Sosteníamos que la tesis que negaba la existencia de este tipo de actos en el ordenamiento jurídico venezolano, jugaba y juega en favor de un principio civilizatorio, como lo es el de legalidad, el cual aparecía delineado en el artículo 117 de la Constitución de 1961, y hoy en el 137 de la Constitución de 1999, y de un principio democrático, como lo es el de la supremacía constitucional, recogido indirectamente en el texto de la Constitución de 1961, actualmente recogido en forma categórica en el artículo 7 de la Constitución de 1999, que en Venezuela tenía y ahora con mayor razón tiene una singular relevancia, en virtud que a los efectos de preservarlo, ha sido consagrada la acción popular de inconstitucionalidad.

Afirmábamos y afirmamos que la armonización de esos dos principios tenía y tiene que conducir a postular de manera tajante que no puede existir ningún acto del Poder Público excluido del control judicial, pues en todo caso resultará impugnable, bien mediante el recurso de nulidad por ilegalidad, o mediante la acción de nulidad por inconstitucionalidad. En torno a esta conclusión existía consenso tanto a nivel doctrinario como jurisprudencial, y la mejor demostración es que en reiteradas oportunidades la extinta Corte Suprema de Justicia, en Pleno, admitió y resolvió demandas de nulidad por inconstitucionalidad contra lo que se consideraba en la doctrina nacional como el ejemplo más emblemático de los actos de gobierno: el decreto de suspensión de garantías constitucionales, al cual inclusive se le confería carácter normativo, profiriendo la última sentencia el 23-01-1996, cuando el máximo Tribunal declaró que no tenía materia sobre la cual decidir en el juicio de nulidad intentado contra los Decretos 241 y 285 de los meses de junio y julio de 1994, que sirvieron al Presidente de la República para suspender las garantías constitucionales. Luego, ante el señalado consenso no quedaba más que concluir que en el marco conceptual y doctrinario expuesto en páginas anteriores, que por cierto es el que se deriva de su origen histórico francés, acerca de la teoría de los actos de gobierno, dicha teoría carecía de pertinencia en el ordenamiento jurídico venezolano.

Con la entrada en vigencia de la Constitución de 1999, estimamos que la tesis que postula el rechazo a la existencia de los actos de gobierno en Venezuela, encuentra refuerzos argumentales que se derivan claramente de dicho texto. En esa línea de razonamiento, además de la motivación expuesta para sostenerla bajo la vigencia de la Constitución de 1961, que como ha quedado demostrado mantiene su total pertinencia en la actualidad, dado que los principios que le sirven de basamento se conservan, e inclusive se perfeccionan en la Constitución de 1999, cabe señalar otros de igual tenor, como son el de la *tutela judicial efectiva*, que si bien doctrinariamente pretendía derivarse del artículo 68 del texto constitucional derogado, dicha tesis no dejaba de suscitar dudas; en cambio, en el artículo 26 del vigente aparece categóricamente delineado, inclusive podría decirse que el constituyente lo hizo en términos operacionales, al establecer que toda persona tiene acceso a los órganos de administración de justicia para hacer valer sus derechos e intereses, incluso los colectivos o difusos, a la tutela efectiva de los mismos y a obtener con prontitud la decisión correspondiente.

De tal suerte que ante la consagración de un derecho de esa naturaleza, por lo demás incluido expresamente en el Capítulo I denominado "*Disposiciones generales*", del Título III (De los Derechos Humanos y Garantías y de los Deberes), e igualmente ante la inexistencia en todo el ordenamiento jurídico venezolano de norma alguna que consagre la categoría de los actos de gobierno, definidos a partir de su inmunidad jurisdiccional, resulta elemental desde el punto de vista hermenéutico y lógico, proscribir cualquier tesis que propugne que uno o varios actos de los órganos superiores del Ejecutivo Nacional, puedan ser excluidos de los recursos judiciales, es decir, escapar al principio del control por parte de los órganos jurisdiccionales, dado que la aceptación de una tesis de ese tenor, comportaría una flagrante violación al indicado derecho a la tutela judicial efectiva, derecho este que inclusive aparece estrechamente vinculado a uno de los *supraprincipios*, como los ha denominado la doctrina, que informa a la Constitución de 1999, el contenido en el artículo 2, que establece que Venezuela se constituye en un Estado *democrático y social de Derecho y de Justicia*, superando de esta manera la clásica connotación doctrinaria, derivada de los estadios por los que ha pasado el Estado desde el Estado de Derecho (liberal burgués), social hasta el democrático, para hacer énfasis en el *Estado de Justicia*.

Por consiguiente, resultaría un contrasentido conceptual propugnar un estadio superior en el avance del Estado, como es el de Justicia, elevando tal categoría a un supraprincipio constitucional, y al mismo tiempo pretender por vía doctrinaria postular la existencia de actos que escapan al control de los órganos jurisdiccionales, o sea, inmunes judicialmente, pues ello sin duda chocaría flagrantemente con esa idea de justicia recogida en el artículo 2 de la Constitución, la cual de conformidad con el artículo 26 *ejusdem*, no solamente puede impetrarse invocando la violación de derechos e intereses particulares, sino también *colectivos o difusos*, y no otra cosa revela la situación del demandante del acto del Presidente de la República que declara un estado de excepción. Esta postura cobra mayor fuerza si se tiene en cuenta que en el texto constitucional no existe –ni podría existir sin colidir tanto con el artículo 2, como con el 26 de la Constitución– precepto alguno del cual pueda inferirse aunque sea implícitamente la exclusión de algunos actos emanados del Gobierno o la Administración exceptuados del control jurisdiccional.

En fin, en nuestro criterio los artículos 2 y 26 Constitucional constituyen un muro de contención infranqueable para cualquier postura como la manejada por la mayoría de la doctrina venezolana durante la vigencia de la Constitución de 1961, acerca de la existencia de los actos de gobierno en el ordenamiento jurídico venezolano. Aún más, solo a título de aclaratoria: el blindaje constitucional del principio que es posible inferir de la Constitución de 1999, concerniente a la impugnabilidad de todos y cada de los actos emanados del Gobierno y de la Administración Pública, derivado de los esquemas constitucionales antes citados, impide que el legislador pueda intentar excluir algunos de esos actos, invocando cualquier tipo de razón, inclusive la superada "*razón de Estado*", del control jurisdiccional.

A mayor abundamiento y en el contexto de la postura antes expuesta, cabe agregar que la tesis de los actos de gobierno, sin una previsión expresa constitucional, colide con el principio de separación de poderes, puesto que este lo que persigue es la institucionalización de un sistema de pesos y contrapesos entre esos Poderes, correspondiéndole precisamente al Poder Judicial, juzgar todos los actos de los otros Poderes (Ejecutivo y Legislativo, ahora en el caso venezolano, Ciudadano y Electoral). Por tanto, la admisión de la tesis de los actos de gobierno por vía doctrinaria, supondría postular una equivalencia entre esta particular categoría de actos, irrevisables judicialmente, y un fallo del órgano jurisdiccional competente, en virtud de que tal irrevisablidad le proporcionaría la misma connotación que el acto judicial caracterizado por detentar la nota de la cosa juzgada formal y material; de allí que al asumir de hecho –en los términos expresados– el Gobierno esa facultad exclusiva y excluyente de los Tribunales, estaría contrariando el aludido principio de la separación de poderes (art. 136).

Finalmente, resta por señalar que la tesis esgrimida por la mayoría de la doctrina venezolana para postular la existencia de los actos de gobierno, haciendo una división entre los actos de rango legal y sublegal, incluyendo en la categoría de los primeros, a los fines de afirmar que ellos estaban sujetos al control de la constitucionalidad, pero no de la legalidad, en virtud de que resultaban de la aplicación directa e inmediata de la Constitución, lo que revelaba una desnaturalización del marco teórico relativo a esta particular figura, que insistimos estaba montado única y exclusivamente en su inimpugnabilidad judicial, no hacía más que obedecer al mecanismo estructural de impugnación de los actos normativos o no normativos en cualquier ordenamiento, pues es sabido que dicho mecanismo impone la aplicación de un test de compatibilidad al acto impugnado, para lo cual se requiere compararlo con un instrumento de superior jerarquía. Lógicamente, cuando dicho acto es de rango sublegal, ese instrumento puede revestir rango legal o constitucional, pero en cambio cuando tiene rango legal, porque resulte de la aplicación directa e inmediata de la Constitución, entonces el instrumento, salvo las señaladas excepciones constitucionales originadas en el Derecho Comunitario Andino, o en los Tratados relativos a Derechos Humanos, siempre ese instrumento normativo necesario para la aplicación del test de compatibilidad tendrá que ser necesariamente el texto constitucional.

De modo, pues, que cuando la doctrina mayoritaria postulaba la atípica tesis acerca de los actos de gobierno, inimpugnables por razones de legalidad, pero impugnables por razones de constitucionalidad, en la práctica negaba esa categoría de actos, al admitir esa impugnabilidad, que era la única posible atendiendo al mecanismo estructural de la impugnación en cualquier ordenamiento jurídico, pues al detentar dichos actos rango legal, por elementales razones lógicas no podían ser cuestionados judicialmente invocando razones de legalidad, sino de inconstitucionalidad. De allí que en ese sentido la tesis carecía de sustentación teórica, pues no hacía más que obedecer –se insiste– al sistema de impugnaciones derivado tanto del orden procesal como constitucional.

5. A manera de conclusión

Debemos admitir que nuestra postura acerca de la inexistencia de los actos de gobierno en el ordenamiento jurídico venezolano, resultaba minoritaria durante la vigencia de la Constitución de 1961, lo que lógicamente, como ha quedado demostrado no significaba que carecía de fundamentación. Sin embargo, no dudamos en reiterar nuestra posición de rechazo a los actos de gobierno en Venezuela. Ahora bajo la vigencia de la Constitución de 1999, especialmente de sus artículos 2 y 26, así como el 7, 136 y 137, reglas elementales de hermenéutica parecieran conducir a postular que si bien bajo la influencia de la doctrina francesa pudo resultar discutible, e inclusive imponerse la postura relativa a la existencia de los actos de gobierno, tanto doctrinaria como jurisprudencialmente, que se hace necesaria una fructífera discusión acerca del tema, la cual iniciamos en este libro, manteniendo con mayor fuerza la posición que planteamos bajo la vigencia de la Constitución de 1961. El debate está abierto y esperamos que sea intenso y extenso, pues la figura de los actos de gobierno roza no solo el supraprincipio de justicia, sino también el de democracia, ambos configuradores del Estado Venezolano en el citado artículo 2 de la Constitución de 1999.

V. Aproximación conceptual a los decretos con fuerza de ley

1. Planteamiento del asunto

En principio es necesario advertir que hasta mediados del año 1993, cuando el Ejecutivo Nacional presidido por Ramón J. Velásquez presenta al Congreso el "*Proyecto de Ley que autoriza al Presidente de la República a dictar medidas económicas y financieras*", la categoría de los actos jurídicos denominados decretos leyes resultaba aceptada por la doctrina y la jurisprudencia mayoritaria, así como en los medios parlamentarios, pese a que no figuraba expresamente en la Constitución de 1961. En efecto, si bien es cierto que en los años 1974 y 1984 cuando resultaron aprobadas sendas leyes de la misma naturaleza de la indicada precedentemente, algunos sectores políticos se opusieron a su sanción en el Congreso, es preciso subrayar que tal oposición versó fundamentalmente sobre la incompetencia del Parlamento, a la luz de lo dispuesto en el artículo 190 (ord. 8°) de la Constitución de 1961 para delegar funciones legislativas al Presidente de la República, mas no sobre el producto de dicha delegación o autorización, esto es, los decretos leyes. En cambio, en 1993 el cuestionamiento estuvo centrado en postular la inexistencia de los decretos leyes en el Derecho venezolano, fundamentándose dicha postura, entre otras razones, en que las "*medidas extraordinarias*" a que aludía el citado dispositivo constitucional no resultaban jurídicamente equivalentes a la categoría de los actos en comento. En esa oportunidad finalmente la ley resultó sancionada, y contra ella fueron interpuestas varias acciones de nulidad ante el máximo Tribunal, esgrimiendo los accionantes, entre otros argumentos, la mencionada inexistencia de los decretos leyes. Dichas demandas no llegaron a ser decididas durante la vigencia de la Constitución de 1961, por la extinta Corte Suprema de Justicia, en Pleno, y en la actualidad su resolución carece de sentido, por lo menos en lo concerniente al cuestionamiento de la existencia de los decretos leyes.

Pese a los anteriores cuestionamientos es necesario admitir que en el país existió hasta 1999 una praxis constitucional casi consolidada, en materia de Decretos leyes, a tal punto que al año siguiente de haber sido sancionada la aludida ley autorizatoria (1994) el Presidente Caldera acudió a esa misma técnica legislativa para reformar y dictar un conjunto de leyes muy importantes desde el punto de vista económico y financiero (Código Orgánico Tributario, Ley de Impuesto sobre la Renta, de Impuesto al Consumo Suntuario y a las Ventas al Mayor, y de Timbre Fiscal).

La Constitución de 1999 pone fin formalmente a la discusión sobre la existencia de los decretos leyes en el ordenamiento jurídico venezolano, al consagrarlos expresamente en el artículo 236 (num. 8), bajo la denominación de *decretos con fuerza de ley*, no obstante la complejidad de la situación jurídica originada por esta clase de instrumentos normativos, si bien tiende a disiparse con la aludida consagración constitucional, no es menos cierto que ahora con mayor razón impone un proceso de reflexión y estudio que permita esbozar un marco conceptual, aunque tenga un carácter preliminar, sobre los decretos con fuerza de ley. Esa es la finalidad que nos orienta –siempre desde una perspectiva didáctica– al abordar este tema del Programa de estudio. Para ello seguiremos la siguiente metodología: al igual que en temas anteriores, en primer lugar, trataremos de encuadrar conceptualmente el asunto con la ayuda de la doctrina, y la jurisprudencia extranjera, pues la denominada "*legislación de urgencia*" así como la "*legislación delegada*", dada la particularidad y excepcionalidad de ambas, son materias que han sido muy estudiadas en los países europeos. En segundo lugar, trataremos de trazar, atendiendo al cuadro metodológico anterior, pero sobre todo al contenido de los preceptos constitucionales, la doctrina y la jurisprudencia patria, el régimen jurídico de los denominados decretos con fuerza de ley en Venezuela. Por supuesto, que dada la novedad constitucional el mayor esfuerzo lo colocaremos en el examen de los preceptos de la Constitución que directa e indirectamente regulan esta figura.

2. Una necesaria definición de términos en el Derecho Comparado: leyes delegadas, decretos legislativos, ordenanzas y decretos leyes

Cada una de las categorías mencionadas en el epígrafe son bien conocidas, como lo veremos más adelante, en el Derecho Europeo desde principios de siglo pasado, pero dado que en Venezuela el manejo de los instrumentos normativos denominados doctrinariamente decretos leyes durante la vigencia de la Constitución de 1961 reflejó una mixtificación en el tratamiento de las aludidas categorías, que pudiera repetirse bajo la vigencia del texto constitucional de 1999, consideramos necesario comenzar realizando las correspondientes precisiones conceptuales. Así tenemos que todas ellas expresan formas de ejercicio de una potestad normativa que origina actos con fuerza o rango de ley, mediante un procedimiento constitucional complejo que comporta la actuación del Parlamento y del Gobierno o Poder Ejecutivo. En efecto, en el caso de los decretos legislativos dictados por el Gobierno, se requiere que previamente el Parlamento sancione una Ley de delegación o ley delegada que habilite al primero para dictar los señalados actos, respetando los términos fijados en esa Ley y en la propia Constitución (art. 76 de la Constitución Italiana, 82 de la Constitución Española, 38 de la Constitución Francesa y 80 de la Constitución Alemana).

También en la emanación de los decretos leyes el procedimiento resulta complejo, derivado de la intervención de los mismos órganos constitucionales antes señalados, pero correspondiéndole al Gobierno, en casos de urgente y extraordinaria necesidad, dictar actos con fuerza de ley, los cuales deben ser sometidos inmediatamente al Parlamento para su convalidación o conversión en ley en un término perentorio fijado en la Constitución, que es de sesenta días en la Constitución Italiana (art. 77) y de treinta en la Española (art. 86). Cabe finalmente advertir que en Alemania, conforme al citado artículo 80 de su Constitución, los actos que dicta el Gobierno sobre la base de la delegación se denominan "*decretos leyes*". Una situación similar ocurre en Francia, pues de conformidad con el citado artículo 38 constitucional se denominan "*ordenanzas*"; en cambio, en Italia y España esos actos, como indicamos precedentemente, reciben la denominación de "*decretos legislativos*".

La exposición anterior revela la existencia de dos categorías de actos con fuerza o rango de ley emanados del Gobierno, totalmente diferenciadas en Italia y España, en virtud de que por un lado están los decretos legislativos, y por otro, los decretos leyes. En Alemania los decretos leyes se corresponden con los decretos legislativos italianos y españoles. Así mismo las ordenanzas francesas se corresponden con dichos productos normativos, no existiendo en estos dos últimos países, en estricto rigor conceptual, el producto normativo denominado decreto ley, que constituye la verdadera expresión de la llamada legislación de urgencia, que dicho sea de paso, no debe ser confundida con la legislación que resulta de los estados de excepción, como lo veremos más adelante.

La anterior delimitación conceptual y terminológica nos resulta muy útil a los fines de tratar de ubicar, respetando las particularidades del ordenamiento constitucional, nuestros decretos con fuerza de ley, o por lo menos aquellos que han sido considerados como típicos o regulares por la doctrina y la jurisprudencia (art. 236, num. 8). Así tenemos que la categoría de los decretos con fuerza de ley contenida en el mencionado dispositivo constitucional, se aproxima mucho a los decretos legislativos italianos y españoles, a las ordenanzas francesas y a los decretos leyes alemanes, pues al igual que ellos requieren que se perfeccione un procedimiento complejo con participación determinante tanto del Parlamento (Ley habilitante) como del Presidente de la República en Consejo de Ministros (decretos con fuerza de ley). En cambio, los decretos leyes de los dos primeros países antes aludidos, se asemejan más desde el punto de vista formal, a los denominados, por la doctrina nacional, actos de gobierno de carácter normativo (decretos declaratorios de los estados de excepción).

3. Perfil histórico de la legislación de urgencia: de las leyes de plenos poderes a los decretos leyes en el Derecho Comparado

Cabe recordar que la Revolución Francesa reivindicó el monopolio de la potestad normativa para el Parlamento, pero prontamente por las razones expuestas en el Capítulo atinente a la potestad reglamentaria, el órgano parlamentario tuvo que transarse con el Poder Ejecutivo, a los fines del ejercicio conjunto de dicha potestad, no obstante, es preciso subrayar que de esa transacción surgió el dogma de la superioridad total de la Ley sobre los productos normativos del Ejecutivo (reglamentos). Sin embargo, también ese dogma ha sido quebrantado debido a situaciones históricas excepcionales que se presentaron en varios países de Europa con ocasión y después de la Primera Guerra Mundial, dando lugar a que el Ejecutivo dictase actos con fuerza o rango de ley (decretos-leyes y decretos legislativos). En efecto, como es dable imaginarse, un conflicto bélico como el mencionado, originó situaciones imprevistas e imprevisibles que tocaban materias que estaban normalmente reservadas a la Ley, pero que los Parlamentos, dada las particularidades de esa misma situación, y sobre todo lo tardío que resultan los procedimientos de formación y sanción de las leyes, estaban impedidos de regular en el tiempo perentorio que exigían las circunstancias, razón por la cual fueron surgiendo al margen de los ordenamientos jurídicos, es decir, *de facto*, las denominadas "*Leyes de plenos poderes*", ya que mediante ellas se confería al Gobierno la potestad de dictar, durante un tiempo determinado, actos normativos con fuerza para modificar las leyes vigentes.

Como producto del ejercicio de dichas leyes nacen los decretos leyes, los cuales reciben esa denominación por emanar del Ejecutivo (decretos), pero al mismo tiempo tener la misma fuerza y el rango de una ley formal. Después de finalizado el aludido conflicto muchos países, además de sufrir las consiguientes crisis económicas, comienzan a asumir mayores competencias en el campo de los derechos sociales (transporte, alumbrado, escuelas, salud, etc.), todo lo cual va a contribuir a reforzar la práctica de los decretos leyes, pues las Administraciones Públicas sostenían que las señaladas crisis, aunadas a los nuevos cometidos que le correspondían cumplir, la tornaban necesaria. Pero el uso abusivo de dicha práctica por parte de los Gobiernos llegó a convertirla en un mecanismo desnaturalizador de las competencias del Parlamento.

Al parecer, según narra Rivero (1984), así ocurrió en Francia, por lo cual en la Constitución de 1946 fue introducido el artículo 13, con la pretensión de proscribirla, en los siguientes términos: "*La Asamblea es la única que dicta la Ley; ella no puede delegar ese derecho*". Reseña el citado autor que las mismas razones que hasta la entrada en vigencia de la referida Constitución de 1946 privaban para facultar al Gobierno a dictar decretos-leyes, dieron lugar a que se arbitraran una serie de artificios destinados a burlar la categórica disposición constitucional transcrita, entre los cuales figuraron la noción de dominio reservado al poder reglamentario, las leyes cuadro y el concepto de delegaciones limitadas, derivado de una interpretación del transcrito artículo 13 de la Constitución realizada por el Consejo de Estado. De modo, pues, que durante la vigencia del texto constitucional de 1946, se mantuvo la práctica de los decretos leyes, siendo positivizada en el de 1958, en el ya citado artículo 38, bajo la denominación de ordenanzas.

En Italia también surgió como una práctica sobre la base de la urgente necesidad de adoptar determinadas medidas por el Gobierno, pues el Estatuto Albertino, antes que admitirla, por el contrario, proscribía esta forma de legislación. Ya en 1926, el régimen fascista mediante la Ley del 31-01-1926 N° 100, legaliza la aludida práctica y consagra expresamente la facultad del Gobierno para dictar decretos-leyes, pero a diferencia del mecanismo francés, establece que los mismos deben ser convertidos en leyes por el Parlamento. O sea, que no requiere ley de habilitación, sino más bien de conversión, pues ante la extraordinaria necesidad no resulta posible solicitar una Ley al Congreso, sino que el Ejecutivo pone en vigencia el decreto, y *a posteriori* el órgano parlamentario lo convierte o no en Ley. Finalmente, en la Constitución de 1947 aparece consagrado casi en los mismos términos de la Ley de 1926, en el artículo 77, adicionándose los decretos legislativos en el 76.

En España, señala SANTAMARÍA PASTOR (1991) que la técnica de los decretos-leyes es incorporada al ordenamiento durante la dictadura de Primo de Rivera en el año 1923, pero en realidad como reconoce ese mismo autor se trataba de decretos-leyes *de facto*, pues en esa época el Parlamento resultaba inexistente. Sin embargo, el advenimiento de la Segunda República no significó una exclusión de este tipo de actos, pues la Constitución de 1931 más bien los consagró expresamente, con la estructura fundamental, pese a las diferencias políticas, de los contemplados en la Ley Italiana de 1926, y en los casos que procedía su emanación, el Presidente de la República los dictaba, y su vigencia se mantenía hasta tanto el Congreso resolviera legislar sobre la materia. Por razones obvias la dictadura Franquista mantuvo esta facultad en manos del Gobierno, consagrándola expresamente en la Ley de Cortes, llegando inclusive a desnaturalizarla, pues en 1946 eliminó el control del Parlamento sobre los decretos emanados del Ejecutivo, ya que conforme a la modificación legislativa de ese año, este solo quedaba obligado a notificarlos al Parlamento, quien carecía de cualquier facultad de control sobre dichos decretos. Como ya sabemos esta modalidad de técnica legislativa fue consagrada –siguiendo el modelo italiano– en el artículo 86 de la Constitución Española de 1978, añadiendo la correspondiente a los decretos legislativos (art. 82).

La sucinta reseña histórica anterior revela que en los tres países aludidos, el decreto-ley se asocia a legislación de urgencia, inclusive en Francia, pues no debe olvidarse que las denominadas leyes de "*plenos poderes*" de principios de siglo, también conducían a una normación de esa naturaleza, claro que posteriormente llegan a establecerse límites, mediante la sanción de las leyes de habilitación, pero en definitiva este tipo de actos tienen como presupuesto habilitante una situación de extrema necesidad y urgencia, para cuya solución ni siquiera resulta útil la vía de una Ley de delegación previamente sancionada por el Parlamento, que habilite al Ejecutivo para que dicte actos con fuerza o rango de Ley (decretos legislativos). También así surge originariamente en Alemania, pues conforme a lo expresado por SANTAMARÍA PASTOR (1991) el antecedente más remoto de los decretos leyes puede ubicarse en el artículo 53 de la Constitución Prusiana de 1850, que establecía:

> Sólo en el caso de que el mantenimiento de la seguridad pública o una necesidad extraordinaria lo requieran urgentemente, pueden dictarse decretos, no contrarios a la Constitución, que tendrán fuerza de ley, bajo la responsabilidad del Ministerio, siempre que las Cámaras no estén reunidas. Tales decretos deben ser inmediatamente presentados a las Cámaras para que puedan ser ratificados en su primera sesión.

En conclusión, el análisis histórico del origen y evolución de este tipo de actos del Ejecutivo con fuerza y rango de ley, demuestra que la variable constituida por la urgente y extraordinaria necesidad, constituye el presupuesto habilitante de los decretos leyes, y por esa razón quizás pareciera más aconsejable mantener esta denominación para los actos normativos que dicta el Gobierno o Ejecutivo, con esa característica, y posteriormente está obligado a someterlos a la convalidación o a la conversión por parte del Parlamento, y reservar la de decretos legislativos para los actos de la misma naturaleza jurídica, pero que requieren para su emanación que previamente sea promulgada una ley de delegación o habilitación. Ahora bien, por cuanto, como quedó demostrado antes, nuestros decretos leyes encuadran más en el régimen de los decretos legislativos, haremos más énfasis en estos que en los decretos leyes, y a los fines de elaborar el correspondiente marco teórico nos basaremos fundamentalmente en la doctrina y la jurisprudencia española e italiana.

4. Marco teórico de los decretos legislativos en el Derecho Comparado y en la doctrina europea

A. Definición y ubicación constitucional

Los decretos legislativos son actos con fuerza o rango de Ley, emanados del Gobierno (Ejecutivo), sobre la base de una Ley de delegación sancionada por el Parlamento, en la cual se establecen los criterios, principios y controles a que deben sujetarse dichos actos. Son llamados también por la doctrina italiana "*decretos delegados*", y están consagrados en los artículos 76 y 77, encabezamiento, de la Constitución Italiana así: "*El ejercicio de la función legislativa no puede ser delegado al Gobierno, sino previa determinación de principios y criterios directivos y solamente por tiempo limitado y para objetos definidos*" y "*El Gobierno no puede sin delegación de las Cámaras dictar decretos que tengan valor de ley ordinaria*", respectivamente.

De la lectura de los dispositivos transcritos se desprende, como sostiene SORRENTINO (1994), que se trata de un único procedimiento legislativo, pero que a su vez se desagrega en dos procedimientos diferenciados: uno que concluye con la Ley de delegación, y el otro con el decreto legislativo. Este mismo concepto es el que se infiere de los artículos que van del 82 al 85 de la Constitución Española, y tal vez ello obedezca a que dichos preceptos constitucionales tomaron como modelo -en lo sustancial- los dispositivos constitucionales italianos, pero precisándolos y estableciendo un régimen jurídico que podría considerarse exhaustivo sobre esta figura jurídica, muchos de cuyos elementos habían sido objeto de discusión tanto a nivel doctrinario como jurisprudencial en Italia.

En efecto, conforme a los citados preceptos constitucionales, los decretos legislativos son igualmente normas con fuerza o rango de Ley dictadas por el Gobierno, sobre la base de una delegación que le otorga el Parlamento, mediante una Ley de base, o una Ley ordinaria. Los mencionados dispositivos prescriben:

> Artículo 82. 1. Las Cortes Generales podrán delegar en el Gobierno la potestad de dictar normas con rango de ley sobre materias determinadas no incluidas en el artículo anterior. 2. La delegación legislativa deberá otorgarse mediante una ley de bases cuando su objeto sea la formación de textos articulados o por una ley ordinaria cuando se trate de refundir varios textos legales en uno solo. 3. La delegación legislativa habrá de otorgarse al Gobierno de forma expresa para materia concreta y con fijación del plazo para su ejercicio. La delegación se agota por el uso que de ella haga el Gobierno mediante la publicación de la norma correspondiente. No podrá entenderse concedida de modo implícito o por tiempo indeterminado. Tampoco podrá permitir la subdelegación a autoridades distintas del propio Gobierno. 4. Las leyes de bases delimitarán con precisión

> el objeto y alcance de la delegación legislativa y los principios y criterios que han de seguirse en su ejercicio. (...) 6. Sin perjuicio de la competencia propia de los Tribunales, las leyes de delegación podrán establecer en cada caso fórmulas adicionales de control.
> Artículo 83. Las leyes de bases no podrán en ningún caso: a) Autorizar la modificación de la propia ley de bases. b) Facultar para dictar normas con carácter retroactivo.
> Artículo 84. Cuando una proposición de ley o una enmienda fuere contraria a una delegación legislativa en vigor, el Gobierno está facultado para oponerse a su tramitación. En tal supuesto, podrá presentarse una proposición de ley para la derogación total o parcial de la ley de delegación.
> Artículo 85. Las disposiciones del Gobierno que contengan legislación delegada recibirán el título de Decretos Legislativos.

Contrario a nuestro estilo, hemos considerado necesario, en esta parte del trabajo, transcribir casi íntegramente los preceptos anteriores, porque como expresamos antes, contienen una disciplina bastante completa acerca de los decretos legislativos, que nos va servir mucho cuando analicemos el régimen venezolano de los decretos con fuerza de ley, pero que igualmente puede resultarle útil a los lectores en ese mismo sentido. Pasamos a continuación a revisar someramente algunos principios doctrinarios y jurisprudenciales que se han esbozado sobre esta categoría de actos normativos, tanto en España como en Italia.

B. Ley de delegación o Ley delegante

a. Naturaleza jurídica

La Ley de delegación constituye el presupuesto de los decretos legislativos, corresponde dictarla al Parlamento respetando los requisitos establecidos en la Constitución. En el caso de España puede ser de bases u ordinaria, según los casos. En Italia, Francia y Alemania se trata de una ley ordinaria, aunque en los dos últimos países, el producto normativo del Gobierno se denomina "*ordenanza*" (Francia) y decreto ley (Alemania). Ahora bien, es necesario reconocer que la doctrina ha discutido mucho acerca de la naturaleza jurídica de la delegación legislativa, pero al parecer la tesis predominante es la que postula que se trata de una verdadera delegación de potestades por parte del Parlamento al Gobierno o Ejecutivo, esto es, la transferencia, en virtud de una expresa disposición constitucional, de la competencia que de suyo le pertenece al órgano legislativo, o dicho en otros términos, que conceptual e históricamente le resulta esencial. Por tal razón, siendo dicho órgano el titular originario o primario de la potestad legislativa, por disponerlo así expresamente una norma constitucional, está facultado para transferirla al Poder Ejecutivo, ajustándose estrictamente a los requisitos establecidos en la norma que prevé la delegación. De ese modo el ejercicio de la potestad transferida al Gobierno origina un producto normativo formalmente diferente a la Ley, en virtud de la forma que adopta (decreto), pero sustancialmente idéntico a ella, en razón de que tiene su misma fuerza activa (derogación y modificación de leyes y de reglamentos) y pasiva (resistencia frente a actos de menor rango: reglamentos).

Cabe advertir que un sector mayoritario de la doctrina francesa se opone a otorgarle la naturaleza de ley de delegación, al acto normativo del Parlamento que permite que el Gobierno dicte decretos con fuerza y rango de ley. A tal fin acude al dogma nacido durante la Revolución Francesa, atinente a que la soberanía nacional reside en el pueblo o la nación; por lo tanto, el Parlamento carece de la titularidad de la potestad legislativa, lo que constituye un obstáculo insalvable a los fines de su delegación, pues quien no es titular de una facultad está impedido de delegarla. De allí que en ese país resulte preferible hablar de "*habilitación o apoderamiento*", para explicar la naturaleza del acto del Parlamento que faculta al Gobierno para dictar los actos en comento, siendo esto en realidad una manera sofisticada de eludir el fondo del asunto, pues basta analizar tal habilitación en el contexto del artículo 38 de la Constitución de 1958, para percatarse de que se trata de una propia y verdadera delegación. De otra parte, es necesario destacar que resulta acertada, cuando se admite la validez de la tesis de la delegación, la precisión que hacen algunos autores relativa a que el Parlamento transfiere únicamente –y temporalmente– el ejercicio de la potestad legislativa que le atribuye la Constitución, y no la titularidad, ya que permite explicar la razón en que se fundamenta la potestad de revocar en cualquier tiempo, la delegación conferida al Poder Ejecutivo.

b. Requisitos y límites

La Constitución Italiana, pero sobre todo la española, establece un conjunto de requisitos acumulativos al cual debe sujetarse la Ley de delegación para resultar válida, o sea, para tornarse inmune ante cualquier acción judicial. En ese sentido la doctrina suele hablar de condiciones y requisitos *objetivos y subjetivos*, destacándose entre los primeros los concernientes, en el caso español, al órgano delegante, siendo el legitimado, sin duda, porque así lo dispone expresamente el artículo 82, *las Cortes Generales*, esto es, el Congreso de los Diputados y el Senado. Por tanto, existe una interdicción de delegación de la potestad legislativa por cualquier otro órgano deliberante, e inclusive mediante cualquier acto con fuerza de ley que no provenga de las Cortes Generales. Así mismo la delegación únicamente puede ser conferida al Gobierno, el cual aparece definido en el artículo 98.1 de la Constitución. Estas mismas condiciones subjetivas aparecen consagradas en los artículos 76, y 77, encabezamiento, de la Constitución Italiana. Cabe acotar que pese a lo anteriormente expresado (monopolio subjetivo del Parlamento) en España se ha impuesto la tesis que postula la validez de los decretos legislativos de los gobiernos de las Comunidades Autónomas, siempre y cuando hayan sido previstos en los correspondientes Estatutos de Autonomía, todos los cuales se han limitado a transcribir la disciplina trazada en los artículos que van del 82 al 85 de la Constitución. Lo que indica, entonces, que también los órganos deliberantes de esas Comunidades Autónomas concurren con las Cortes, en sus respectivos ámbitos de competencia, en la sanción de leyes de delegación.

En cuanto a las condiciones o requisitos *objetivos* de la Ley de delegación, la Constitución Española impone que la delegación tiene que ser *expresa*, y agrega que no podrá entenderse concedida de modo implícito. Por tanto, en el texto de la ley delegante debe constar la voluntad del Parlamento de transferir el ejercicio de su competencia legislativa. Para ello puede utilizar cualquier vocablo que denote la idea de dicha transferencia, inclusive resulta válido acudir a expresiones como delegar, autorizar y habilitar siempre que a continuación se aluda al producto normativo autorizado: normas con fuerza, valor, o rango de ley, o sencillamente decretos legislativos. Además de la delegación expresa, la Ley delegante debe indicar *el objeto definido*, como dice la Constitución Italiana, sobre el cual el Gobierno tiene que ejercer la potestad que se le transfiere, esto es, la materia o materias que serán objeto de los decretos legislativos, evitando de esa manera la posibilidad de las denominadas leyes de plenos poderes, o las leyes que contienen delegaciones genéricas o en blanco, por ejemplo, aquella que identifica como su objeto la libertad económica, cuando lo correcto, en ese caso, sería referirse, para que el objeto sea definido, a ley de bancos o de seguros, etc.

La otra condición objetiva está relacionada con la obligación del *establecimiento de un plazo* durante el cual el Gobierno tiene que ejercer la potestad legislativa transferida. El Parlamento puede acudir a cualquier modalidad para la fijación de dicho plazo, por ejemplo establecer una fecha cierta: el 31-10-2000, o bien fijar el plazo en tres, seis meses un año, etc., cuyo decurso suele iniciarse generalmente desde la fecha de la publicación de la Ley delegante. Pero el problema discutido en doctrina acerca de este requisito, tiene que ver con la posibilidad de establecer algún límite a dicho plazo determinado, verbigracia, si el plazo puede exceder el término de fenecimiento de la legislatura. Al respecto un sector sostiene que si lo que se configura es una relación de confianza entre el cuerpo electoral y un determinado Parlamento, este no podría proyectar más allá del término de su vigencia –que se corresponde con el de duración de la confianza– hacia el futuro una competencia legislativa que tiene un carácter esencialmente funcional o formal, o dicho de otra manera, sin contenido material, pues la ley de delegación, como es sabido, contiene solamente una habilitación para que el Ejecutivo legisle, o mejor, dicte actos normativos con fuerza de Ley. Quadra Salcedo (1991) rechaza esta tesis, por cuanto estima que:

> ...lo cierto es que la Constitución no ha puesto límite alguno cuantitativo a la eficacia de las leyes de delegación, que son tan leyes como cualesquiera otras, aunque deban marcar un plazo para el ejercicio de la delegación. Por otro lado, razones de economía abonaría la subsistencia de la delegación en la nueva legislatura, pues si el nuevo Parlamento no está de acuerdo con la legislación delegante siempre podría derogarla, con lo que la renovada voluntad popular queda en todo caso protegida: pero si, en cambio, el nuevo Parlamento estuviere de acuerdo, no se vería obligado a aprobar de nuevo por segunda vez la misma ley delegante.

La tesis transcrita aunque formalmente incuestionable, en virtud de la inexistencia de previsiones constitucionales que establezcan límites temporales al plazo determinado que debe fijar la ley para que el Gobierno ejerza la delegación, tiene muy pocas probabilidades de ser acogida por cualquier Parlamento, pues no debe olvidarse que la delegación legislativa es y será siempre una forma excepcional de legislar, función esta que de suyo tanto histórica como conceptualmente pertenece al órgano parlamentario; por lo tanto, resulta difícil que este voluntariamente llegue a despojarse de la misma por todo el término de la legislatura, y mucho menos por un plazo superior; además la tendencia que se observa en los países que adoptan esta forma de técnica legislativa, es la de conceder la delegación por términos reducidos.

A las anteriores condiciones y requisitos *objetivos* tanto la Constitución Italiana (art. 76) como la Española (82.4) agregan que la ley de delegación debe contener los "*principios y criterios directivos*" (Italia) y los "*principios y criterios*" (España) que debe seguir el Gobierno en su ejecución. Al respecto es necesario reconocer que tal requisito ha suscitado problemas de interpretación, tanto en Italia como en España, y en el primero de esos países Lavagna (1976) sostiene al respecto:

> ...que pareciera tratarse de una doble limitación, debido a la duplicidad de los términos. En particular se debería aceptar que los principios son verdaderas y propias normas jurídicas generales cuya violación originaría una verdadera y propia ilegitimidad de la ley delegada, enjuiciable por la Corte Constitucional; mientras los criterios serían las ulteriores directivas, de naturaleza política y técnica, las cuales no incidirían sobre la legitimidad, sino más bien sobre el mérito del acto delegado (...), de manera que su violación no resultaría enjuiciable por la Corte, pero sí podría determinar una responsabilidad política del Gobierno frente al Parlamento.

En todo caso este mismo autor señala que la tendencia pareciera orientarse a interpretar en forma amplia ese requisito, de manera que el Gobierno disfrute de un margen razonable de discrecionalidad al hacer uso de la delegación, pero al mismo tiempo cita una sentencia de la Corte Constitucional, en la cual ese máximo Tribunal declaró legítima una limitación rigurosa y puntual –sobre la base de los principios y criterios directivos– de la potestad legislativa delegada. En ese mismo orden de ideas se orienta MARTINES (1994) cuando admite que en la Ley delegante eventualmente pueden ser insertados los textos de algunas disposiciones que deben pasar a formar parte del decreto legislativo, lo que configura una "*coparticipación del Parlamento en el ejercicio del poder legislativo por parte del Gobierno*".

En España SANTAMARÍA PASTOR expone un criterio muy amplio sobre el alcance de los aludidos términos, al interrogarse si tales contenidos –los derivados de los principios y criterios– deben agotar la ley de delegación. Y al respecto responde:

> ...es decir, sí ésta sólo puede sentar principios o criterios, o puede también establecer normas de detalle sobre cuestiones concretas de la materia delegada. Aun cuando no sea demasiado lógica, parece claro que esta segunda posibilidad no puede excluirse: la delegación legislativa consiste en una autolimitación de la potestad normativa del Parlamento, que éste puede modular con entera libertad.

En todo caso, de los criterios doctrinarios expuestos se desprende que la intención de las mencionadas Constituciones, al establecer que la Ley de delegación tiene que fijar los principios y criterios que deben orientar al Gobierno en ejercicio de la delegación, es imponer un límite clarísimo a dicha delegación, quedando a cargo de la doctrina y la jurisprudencia, como se ha visto, intentar elaborar criterios concluyentes acerca de los "*límites*" a dicho límite.

En Italia se admite que además de los límites constitucionales que debe contener la Ley de delegación, el Parlamento pueda colocarle en la misma ley otros límites al Gobierno, para el ejercicio de la delegación, como por ejemplo la obligación de oír la opinión de determinadas Comisiones Parlamentarias, algunas veces con carácter vinculante, o el deber de reproducir en el decreto legislativo algunas disposiciones contenidas en la Ley delegante. Más aún: la Ley N° 400 de 1988, establece que el Gobierno está obligado a oír el criterio de las Cámaras sobre los proyectos de decretos legislativos, cuando el plazo previsto para el ejercicio de la delegación exceda de dos años. Así mismo la Constitución Española prevé en su artículo 82.6 que la ley de delegación pueda establecer fórmulas adicionales de control, como por ejemplo, la presentación del decreto legislativo al Parlamento antes de ser publicado. También en Italia la doctrina y la jurisprudencia, en ausencia de una norma similar, admiten la posibilidad de dichos controles en la ley delegante.

En cuanto a los *efectos* de la Ley de delegación existe consenso doctrinario acerca de que la misma tiene una eficacia meramente formal, en virtud de que únicamente vincula al Gobierno, ya que se limita a habilitarlo para que dicte decretos legislativos. Por esa razón la Corte Constitucional Italiana la ha definido como "*un verdadero y propio acto normativo*". De este marco conceptual se desprende, entonces, que las disposiciones materiales que pueda contener la Ley delegante, derivadas del respeto por el legislador al requisito que obliga concretar en ella a los "principios y criterios directivos", no vincularán ni a los ciudadanos ni a la Administración, salvo que aparezcan incorporadas en el correspondiente decreto legislativo.

Ahora bien, si como señala SANTAMARÍA PASTOR la "*delegación no entraña una transferencia o entrega al Ejecutivo de una cuota ideal de potestad legislativa*", sino más bien, como expresamos precedentemente, una transferencia temporal del ejercicio de esa potestad, resulta obvio que el órgano delegante podrá en cualquier momento revocar mediante otra ley la delegación, inclusive puede hacerlo hasta implícitamente, procediendo a dictar una ley que regule la materia sobre la cual fue transferida al Gobierno la potestad legislativa, procedimiento este que no resulta ortodoxo y podría hasta originar un conflicto de Poderes, lo que no quiere decir que dicha actuación parlamentaria sea inviable jurídicamente. Precisamente previendo esa posibilidad la Constitución Española contiene una disposición que faculta al Gobierno para oponerse a la tramitación de un proyecto de Ley que contraríe una delegación legislativa vigente. Ante tal oposición queda la vía de presentar un proyecto de ley con la finalidad de derogar total o parcialmente la ley de delegación (art. 84). En fin, la citada disposición constitucional pretende evitar la perturbación de las relaciones entre el Parlamento y el Gobierno, pero en todo caso la misma deja a salvo la potestad del primer órgano de revocar o modificar la ley de delegación.

Resta añadir en relación a los efectos de la ley delegante que en caso de que el Gobierno no llegue a dictar el o los correspondientes decretos legislativos, entonces como sostiene LAVAGNA (1976), dicha ley delegante pasa a "*ser un acto meramente interno del aparato constitucional*", razón por la cual, de conformidad con esta postura doctrinaria, habría que concluir que la ley de delegación condiciona la validez del decreto legislativo, pero este a su vez condiciona la eficacia sustancial de aquella. Sin embargo, en sentencia del año 1990, la Corte Constitucional Italiana abandona esa tesis, en virtud de que en la misma declara que la Ley de delegación es una fuente directamente productora de normas jurídicas. Por tanto, en esa perspectiva jurisprudencial la mencionada Ley resulta impugnable ante la Corte Constitucional, aun cuando no haya sido dictado el decreto legislativo, sobre la base de una violación a la Constitución.

C. Decretos legislativos

a. Naturaleza jurídica

Los decretos legislativos son actos emanados del Gobierno, sobre la base de una delegación que previamente le ha conferido el Parlamento mediante ley (ley delegante), que tienen fuerza o rango de ley, razón por la cual resisten frente a actos normativos de menor rango (sublegal), y vencen la resistencia de actos de igual y menor rango (sublegal y legal). Cabe advertir que la Constitución española precisamente para revelar dicha naturaleza establece la obligación de identificarlos mediante el nombre formal de *decretos legislativos* (art. 85). En cambio, la italiana no resulta tan precisa en dicha denominación, pero de todas maneras revela esa naturaleza, cuando en su artículo 76 utiliza la expresión "*decretos que tengan valor de ley ordinaria*", lo que ha conducido a que la doctrina los denomine igualmente "*leyes delegadas*". En todo caso, lo más importante acerca de la naturaleza de estos productos normativos queda dicho claramente en ambas Constituciones.

b. Requisitos y límites

Entre los *requisitos subjetivos* están: **a)** el órgano legitimado, que conforme a las previsiones de las Constituciones en comento corresponde únicamente al Gobierno, el cual en el caso español aparece definido en el artículo 82.1 del texto constitucional. Cabe reiterar que conforme a la doctrina y la jurisprudencia de ese país los Gobiernos de las Comunidades Autónomas también están facultados para dictar este tipo de actos normativos, siempre y cuando exista previsión expresa en sus respectivos estatutos. En conclusión, como vimos *supra*, una Ley de delegación solo puede transferir el ejercicio de la competencia legislativa al Gobierno; por tanto, del transferimiento de dicho ejercicio al Gobierno, no puede valerse ningún otro órgano, aunque integre aquel, por ejemplo un Ministro; y **b)** la prohibición de subdelegación, cabe advertir al respecto que esta prohibición derivada del principio *delegatus delegare non potest*, acompaña a esta técnica legislativa; pero sobre todo la misma se fundamenta en el carácter taxativo de las potestades atribuidas por la Constitución, pues resulta evidente que la delegación legislativa, además de tener un carácter excepcional, consiste en la transferencia del ejercicio de la competencia únicamente al Gobierno; por lo cual si este pretendiera subdelegarla, por ejemplo mediante un decreto legislativo o un decreto ley, o inclusive si así lo estableciera una ley ordinaria, estaríamos en presencia de una evidente infracción constitucional, ya que sería un intento de derogar una disposición del texto de la Constitución (atributivo de una potestad), mediante un acto normativo de rango legal. Ni que decir si se pretende hacerlo a través de un acto administrativo. Si bien los anteriores razonamientos doctrinarios sirven de fundamento a la prohibición en Italia; en España, la mencionada prohibición aparece consagrada expresamente en el artículo 82.3 de la Constitución.

Además de los requisitos anteriores la doctrina suele referirse a los *límites formales* de los decretos legislativos, contándose entre ellos:

i) Los de carácter temporal, que imponen al Gobierno el deber de dictar el decreto legislativo dentro del plazo fijado en la ley de delegación, so pena de que caduque dicho plazo y en consecuencia, quede impedido jurídicamente de dictarlo. En España SANTAMARÍA PASTOR sostiene que el único dato válido para determinar si el Ejecutivo ha respetado el plazo es la fecha de publicación del decreto legislativo en el Boletín Oficial del Estado (BOE), lo que luce acertado si tomamos en cuenta el principio de seguridad jurídica; en cambio, en Italia la Corte Constitucional ha declarado que el plazo es respetado si dentro del mismo, el decreto es firmado por el Presidente de la República, y debidamente refrendado; por tanto, no se requiere que haya sido publicado, pues este es un acto "*sucesivo y extraño al ejercicio del poder legislativo delegado*", doctrina esta que ha sido recogida en el artículo 14 de la Ley N° 400 de 1988. Así mismo es preciso indicar que a partir de la entrada en vigencia de dicho texto legislativo, en el procedimiento de formación de este tipo de actos, no es necesario el visto bueno y registro de la Corte de Cuentas.

ii) Carácter consuntivo de la delegación o principio de instantaneidad del ejercicio de la delegación, que comporta que el Gobierno debe ejercer la delegación de una sola vez, de tal manera que dictado el decreto legislativo, aun cuando el plazo fijado en la Ley de delegación no haya fenecido, no podrá, sobre la base de esa misma delegación, ni modificarlo ni derogarlo. Así lo establece expresamente el artículo 82.3 de la Constitución Española en los siguientes términos: "*La delegación se agota por el uso que de ella haga el Gobierno mediante la publicación de la norma correspondiente*". En cambio, en Italia al no existir una previsión al respecto, la doctrina se encuentra dividida, participando la mayoría de la tesis que postula el carácter consuntivo de la delegación. Entre los autores que postulan la tesis contraria se encuentra LAVAGNA, quien sostiene que el Gobierno puede proveer a ejercer la potestad legislativa delegada mediante una pluralidad de actos, siempre que los dicte dentro del plazo fijado por la ley de delegación.

También tienen carácter formal algunas condiciones que eventualmente puede establecer la ley delegante, como por ejemplo las señaladas antes, acerca de la obligación de oír la opinión de determinadas Comisiones Parlamentarias, y la de sujetarse a ciertos controles establecidos en dicha ley.

c. Control de las leyes de delegación y de los decretos legislativos

Evidentemente que el control que puede ejercerse sobre los dos actos derivados de la producción legislativa delegada (ley de delegación y decretos legislativos), tiene como punto de partida el respeto de la primera a los requisitos y límites constitucionales, y del segundo tanto a la Constitución como a la primera. Sin embargo, es necesario destacar que la nulidad de la ley delegante conduce consecuentemente a la nulidad del decreto legislativo que constituya su ejecución, en virtud de que la primera es la fuente, y por tanto, el vicio de esta se extiende a aquel, que como se dijo es un acto derivado. Así por ejemplo, señala la doctrina que una ley delegante que carezca de los principios directivos que exige la Constitución conducirá a la nulidad de los respectivos decretos legislativos. Igualmente un decreto legislativo que irrespete los límites colocados por la ley de delegación, acatando las previsiones constitucionales, debe reputarse nulo por violación indirecta de la Constitución.

En ese sentido se ha pronunciado en reiteradas oportunidades la Corte Constitucional Italiana, y esa tesis jurisprudencial ha pretendido ser extendida, por una parte de la doctrina, al caso de la violación de otros límites -no constitucionales- establecidos por la Ley delegante, por ejemplo, la obligación de oír a una Comisión Parlamentaria, y eventualmente acoger su criterio, o sea, que la pretensión consiste en hacer equivalente la violación de estos límites legales, a la violación indirecta de los límites constitucionales. Al respecto otro sector de la doctrina ha rechazado tal postura doctrinaria, basándose en que el artículo 76 de la Constitución impone únicamente la observancia de los límites allí expresamente señalados.

Ha de destacarse que la relación que se configura entre la ley delegante y el decreto legislativo, no significa que este se ubique en el sistema jerárquico de las fuentes normativas en un rango menor, pues como quedó dicho y reiteramos nuevamente, ambos actos tienen rango legal, y la subordinación del primero únicamente se contrae a la relación interna que se configura entre los dos actos en el proceso de la producción legislativa delegada; por tal razón, el decreto legislativo tiene conforme a los términos de la delegación, la aptitud para derogar y modificar todas las leyes ordinarias anteriores, con excepción de la ley delegante.

En este acápite resulta positivo traer a colación algunos ejemplos que han sido discutidos en la doctrina española, acerca de violación de la ley delegante por el decreto legislativo, concretamente, el concerniente a que el decreto sea dictado por el Gobierno después de haber caducado el plazo fijado en la delegación, o que se exceda en la materia objeto de la delegación. Así un sector de la doctrina es partidario de no postular su nulidad, sino más bien de considerarlos privados del rango de ley, y por tanto, otorgarle el rango reglamentario o sublegal. Pero el otro sector, en el cual destaca Santamaría Pastor, observa que el fenecimiento del plazo fijado en la ley delegante, es equivalente a postular la ausencia de delegación, razón por la cual si el Gobierno dicta un acto normativo denominado decreto legislativo, lo hará sin ninguna habilitación, por lo que resultará viciado de nulidad absoluta por incompetencia manifiesta; luego, por razones obvias no podrá ser considerado como un acto reglamentario. Esta misma razón aconseja a desestimar la tesis de la degradación del rango en los casos de exceso por parte del decreto legislativo, "*en los que la intensidad del fraude es aún mayor, si cabe, al insertarse preceptos carentes de cobertura legal entre dotados de fuerza de ley: todo ello sin contar con el extraño híbrido de ley y reglamento que resultaría*" (Santamaría Pastor).

5. Decretos leyes

A. Definición y ubicación constitucional

García De Enterría (1990) define al decreto ley como "*toda norma con rango de ley que emana, por vía de excepción, de un órgano que no tiene el poder legislativo, concretamente del Gobierno o Consejo de Ministros*". En este punto cabe advertir que nos referimos a los actos con valor y fuerza de ley provisional, dictados unilateralmente por el Gobierno sin necesidad de una previa habilitación o delegación legislativa, los cuales deben ser *a posteriori* convalidados o convertidos en Ley por el Parlamento. Tal advertencia en realidad no es más que un recordatorio de lo expuesto en un acápite anterior, en el cual afirmamos que en ordenamientos como el alemán y francés los denominados decretos leyes y ordenanzas se corresponden más con los decretos legislativos ya estudiados. A los efectos del examen del punto tomaremos como modelo normativo los correspondientes preceptos de la Constitución italiana (1947) y de la española (1978), los cuales estatuyen:

> Art. 77 de la Constitución Italiana. (...) Cuando en casos de extraordinaria necesidad y urgencia, el Gobierno adopta bajo su responsabilidad, proveimientos provisorios con fuerza de ley, debe el mismo día presentarlos para su conversión a las Cámaras, que aunque es-

tuvieren disueltas deben ser especialmente convocadas y reunirse dentro de cinco días. Los decretos pierden eficacia desde el inicio, sino son convertidos en leyes dentro de los sesenta días desde la publicación. Sin embargo, las Cámaras pueden mediante ley regular las relaciones jurídicas originadas en los decretos no convertidos.
Art. 86 de la Constitución Español: 1. En caso de extraordinaria y urgente necesidad, el Gobierno podrá dictar disposiciones legislativas provisionales que tomarán forma de Decretos-leyes y que no podrán afectar el ordenamiento de las instituciones básicas del Estado, a los derechos, deberes y libertades de los ciudadanos regulados en el Título I, al régimen de las Comunidades Autónomas, ni al Derecho electoral en general. 2. Los Decretos-leyes deberán ser inmediatamente sometidos a debate y votación de la totalidad del Congreso de los Diputados, convocado al efecto si no estuviere reunido, en el plazo de los treinta días siguientes a su promulgación. El Congreso habrá de pronunciarse expresamente dentro de dicho plazo sobre su convalidación o derogación, para lo cual el Reglamento establecerá un procedimiento especial y sumario. 3. Durante el plazo establecido en el apartado anterior, las Cortes podrán tramitarlos como proyectos de ley por el procedimiento de urgencia.

B. Naturaleza jurídica

La doctrina mayoritaria, entre cuyos adherentes destacan SANTOLAYA (1988) en España y SORRENTINO (1994) en Italia, estima que los decretos leyes expresan el desarrollo de un poder propio del gobierno, cuya eficacia está condicionada por la temporánea conversión o convalidación legislativa, y cuyo ejercicio también aparece condicionado al presupuesto fundamental de la configuración de la "*extraordinaria y urgente necesidad*". Demás está decir que en el contexto del desarrollo de esta postura, que se trata efectivamente de un poder permanente e institucionalizado del cual puede hacer uso el Gobierno en cualquier momento, siempre que se ajuste a los requisitos previstos en la Constitución. SALAS (1991) añade que ese poder en nada comporta un atentado contra la función general de legislación que el ordenamiento otorga al Parlamento, porque esa situación se configuraría solo sí el Gobierno pudiera aprobar decretos leyes sin intervención alguna del Parlamento.

C. Requisitos y límites

Esta técnica legislativa, desde el punto de vista conceptual, tiene un carácter aún más excepcional que la correspondiente a los decretos legislativos, en virtud de que el Gobierno sin ningún tipo de delegación, autorización o habilitación del Parlamento, sustituye a este en su función esencial, dictando actos con fuerza y rango de ley (decretos leyes) con carácter provisional, pero con plena vigencia desde el momento de su publicación. Por esa razón las Constituciones mencionadas erigen como único presupuesto habilitante la configuración de un caso de extraordinaria y urgente necesidad, lo cual supone una situación que requiere ser disciplinada con normas de rango legal, pero que a su vez no puede esperar que dicha disciplina resulte de los cauces parlamentarios ordinarios. En ese sentido se ha pronunciado el Tribunal Constitucional Español, en sentencia 6/83 del 04-02-1983. En dicho fallo declaró:

> La necesidad justificadora de los decretos-leyes no se puede entender como una necesidad absoluta que suponga un peligro grave para el sistema constitucional o para el orden público entendido como normal ejercicio de los derechos fundamentales y libertades públicas y normal funcionamiento de los servicios públicos, sino que hay que entenderlo con mayor amplitud, como necesidad relativa respecto de situaciones concretas de los objetivos gubernamentales, que, por razones difíciles de prever, requieren una acción normativa inmediata en un plazo más breve que el requerido por la vía normal o por el procedimiento de urgencia para la tramitación parlamentaria de las leyes.

Ese es el mismo criterio de MARTINES en Italia, y cita como ejemplos una grave calamidad natural y un vacío legislativo provocado por una sentencia de la Corte Constitucional que requiera ser colmado inmediatamente. En esta línea de pensamiento es preciso admitir que el Gobierno goza de un amplio margen de discrecionalidad para determinar la configuración del referido presupuesto habilitante, pero no por esa razón puede convertir arbitrariamente lo que es ordinario en extraordinario, para lograr, como dicen algunos autores italianos, un "*instrumento privilegiado de legislación*", pues no debe olvidarse que corresponderá al Parlamento determinar en la oportunidad de la convalidación o conversión del Decreto-ley, si efectivamente el presupuesto existía para el momento en que fue dictado dicho decreto.

Cabe advertir, sin embargo, que esta técnica puede llegar a desnaturalizarse si el Parlamento no ejerce el debido control sobre el presupuesto en comento, ya que si bien las normas consagran responsabilidad para el Gobierno por la fallida conversión, en realidad hacerla efectiva resulta sumamente difícil. El mismo autor italiano citado anteriormente demuestra -mediante datos estadísticos- que en varias legislaturas fue mucho mayor el número de decretos leyes rechazados expresa o tácitamente que los convertidos en leyes. Así en la IX Legislatura de 304 adoptados solo 136 fueron convertidos en leyes, y en las XI y XII Legislatura de 214, únicamente 39 fueron convertidos en leyes. Debe señalarse que en ese alto número de rechazos -la mayoría- entran aquellos que aun siendo discutidos por el Parlamento, no lograron ser convertidos en el plazo de sesenta días, contados desde su publicación. Pero en todo caso lo importante de destacar es el control que debe realizar el Parlamento sobre el presupuesto habilitante, para evitar que una técnica legislativa excepcional pueda ser desnaturalizada por el uso abusivo por parte del Gobierno.

Conforme a la Constitución italiana el Gobierno debe presentar el Decreto-ley a las Cámaras el mismo día de su publicación en la Gaceta Oficial, a los efectos de su conversión en ley; en realidad lo que presenta es un proyecto de ley de conversión del decreto ley, en ley. El Parlamento tiene las siguientes opciones: **a)** no tomarlo en consideración, **b)** tomarlo en consideración pero no terminar la discusión en el término de sesenta días, **c)** tomarlo en consideración y rechazarlo y; **d)** tomarlo en consideración y aprobarlo dentro del plazo fijado en la Constitución (sesenta días), convirtiendo el decreto ley, en ley formal, pudiendo hacerle las modificaciones que considere convenientes. En cambio, la Constitución Española lo que exige es la convalidación o derogación del decreto-ley por el Congreso de los Diputados, de tal modo que el Senado no interviene para nada en este procedimiento. Excepcionalmente, cuando el Congreso haya sido disuelto o hubiere fenecido su mandato, tal competencia se traslada a la Diputación Permanente.

La Constitución Española fija en treinta días el plazo para que el Congreso de los Diputados emane el correspondiente pronunciamiento, el cual debe tener un carácter expreso, pues de lo contrario, sostiene De Otto (1991), el silencio equivale a una negativa, o sea, a una derogación. A diferencia de lo que ocurre en Italia que, como vimos, el decreto se convierte en ley formal, en España la convalidación opera mediante un acuerdo de la Cámara, cuya manifestación formal corresponde al Presidente de la misma mediante una Resolución, la cual debe ser publicada en el Boletín Oficial del Estado. Finalmente, es necesario subrayar que el artículo 86.3. de la Constitución prevé que durante el mismo plazo de treinta días el Parlamento (Las Cortes) en lugar de adoptar el procedimiento de convalidación, que corresponde al Congreso de los Diputados, puede tramitarlo (el decreto-ley) como un proyecto de ley por el procedimiento de urgencia.

De otra parte, es preciso indicar que la Constitución Española establece límites materiales que no pueden ser sorteados por el Gobierno en ejercicio de esta técnica legislativa. Las materias constitutivas de esos límites aparecen enumeradas en el artículo 86.1 así: las instituciones básicas del Estado, los derechos, deberes y libertades de los ciudadanos regulados en el Título I, el régimen de las Comunidades Autónomas y el Derecho electoral general. En Italia la Ley número 400 de 1988, en su artículo 25, segundo aparte, establece cinco casos en los cuales, el Gobierno está impedido de utilizar esta técnica legislativa, destacándose entre ellos los relativos a las prohibiciones de renovar las disposiciones de los decretos leyes, cuya conversión haya sido negada por una de las Cámaras y regular las relaciones jurídicas surgidas sobre la base de los decretos leyes no convertidos.

D. Efectos

Estos instrumentos normativos con fuerza y rango de ley entran en vigencia desde su publicación en la Gaceta Oficial, pero con carácter provisional, tanto en Italia como en España. En el primer país la provisionalidad se extiende hasta por sesenta días, plazo dentro del cual puede o no ser convertido en Ley. En el segundo país el plazo se reduce a treinta días, pues en el mismo puede ser convalidado o no. En caso de que por cualquier causa (negativa, vencimiento del plazo sin aprobación) no sea convertido en ley, la Constitución Italiana prevé que el decreto no convertido pierde eficacia *ex tunc*, es decir, retroactivamente desde la fecha de su entrada en vigencia, de tal modo que se considera como si nunca hubiere existido. Sin embargo, en ese caso, con la finalidad de preservar la seguridad jurídica, el texto constitucional concede al Parlamento la facultad de disciplinar mediante ley las relaciones originadas en los decretos no convertidos. Si se produce la conversión, sencillamente el decreto es sustituido por la ley sancionada por las Cámaras.

La Constitución Española no contiene ninguna previsión expresa acerca de los efectos originados por los decretos no convalidados, es decir, sobre las relaciones jurídicas surgidas durante la vigencia provisional de los mismos, tampoco la doctrina -que conocemos- ha fijado posición al respecto, lo que nos permite interpretar -con las limitaciones imaginables- que, a diferencia de lo que ocurre en Italia, en ese caso dichos decretos pierden la provisionalidad, o sea, que las relaciones deben considerarse nacidas bajo un régimen jurídico definitivo, pues el acuerdo del Congreso de los Diputados de no convalidación tiene como consecuencia inmediata la pérdida de vigencia de los decretos leyes hacia el futuro.

VI. Régimen jurídico de los decretos con fuerza de ley en Venezuela

1. Planteamiento introductorio

Es necesario reiterar que durante la vigencia de la Constitución de 1961, en nuestro país, se instauró una praxis constitucional casi consolidada, de autorizar al Presidente de la República para dictar "*decretos con rango y fuerza de ley*", o "*decretos leyes*", sobre la base de lo que preceptuaba el artículo 190 (ord. 8°) de la Constitución de 1961, mediante leyes ordinarias u orgánicas, ya que desde la entrada en vigencia del referido texto constitucional, tal forma de legislar fue utilizada en siete oportunidades (1961, 1974, 1984, 1993, 1994, 1998 y

1999), lo que obviamente dio lugar a que fuesen dictados múltiples decretos leyes. Pero igualmente es necesario reseñar que a partir de la ley de 1974 fueron formulados fuertes cuestionamientos a la tesis interpretativa del aludido esquema normativo, sobre la cual se fundamentaba la referida praxis. En efecto, dichos cuestionamientos que se acrecentaron en la oportunidad de la discusión de la ley sancionada en 1993, pueden resumirse así: **a)** que en la Constitución no estaba consagrada la *delegación legislativa*, y que antes por el contrario, estaba prohibida debido a la plena vigencia del principio de separación de poderes, y a la tradición constitucional, pues hasta la Carta Magna de 1961, todas las Constituciones contenían una prohibición expresa en ese sentido; **b)** que tampoco estaba contemplada la figura excepcional de los *decretos leyes* y; **c)** que el término "*medidas extraordinarias*" en ningún caso podía resultar equivalente a ley.

Ahora bien, es menester reconocer que la tesis que cuestionaba la potestad del Presidente de la República para dictar decretos leyes era francamente minoritaria, y además resultaba rechazada no solo por el hecho de la mencionada praxis, sino también porque amplios sectores de la doctrina admitían que la Constitución le atribuía esa potestad al Presidente de la República, esgrimiendo argumentos respetables tanto desde el punto de vista lógico como jurídico, e inclusive esa misma posición era la expresada en varios fallos -pocos- de la extinta Corte Suprema de Justicia.

La Constitución de 1999, como se expresó precedentemente, puso fin a cualquier tipo de discusión doctrinaria o jurisprudencial, acerca de la potestad del Presidente de la República ejercida en Consejo de Ministros, para dictar decretos con fuerza de ley, en razón de que el artículo 236 (num. 8) constitucional se la atribuye categórica y expresamente.

Es necesario finalmente reiterar en este planteamiento introductorio que los decretos con fuerza de ley previstos en el citado artículo 236 (num. 8), de la Constitución, se corresponden más bien con los denominados "*decretos legislativos*" o "*decretos delegados*" del Derecho italiano y español, y aunque el *nomen iuris* puede resultar irrelevante en el contexto de un determinado Derecho positivo, insistimos en que, desde el punto de vista formal, los mismos se aproximan más a una expresión de una técnica de legislación delegada -propia de tiempos de mediana normalidad- que a una de legislación de urgencia propia de tiempos de una cierta anormalidad.

2. Perfil histórico de los decretos con fuerza de ley en Venezuela (antecedentes constitucionales del art. 236 num. 8 de la Constitución)

La primera vez que se consagra en el ordenamiento constitucional venezolano una disposición que, sin duda, constituye el antecedente más remoto de la mencionada en el epígrafe, es en la reforma constitucional de 1945, cuyos artículos -los que interesan a los fines del desarrollo del tema- preceptuaban:

> Art. 13. Se agrega al artículo 77, que pasa a ser el artículo 78, una atribución con el texto siguiente:
> 23. Autorizar al Presidente de la República, para ejercer determinadas y precisas facultades extraordinarias destinadas a proteger la vida económica y financiera de la nación, cuando la necesidad o la conveniencia pública lo requieran.
> Art. 20. Se suprimen los ordinales 29 y 30 del expresado artículo 100, y se incorpora un nuevo ordinal, concebido en los términos siguientes:
> Ejercer en los términos que fije el Congreso la facultad de dictar medidas extraordinarias destinadas a proteger la vida económica y financiera de la Nación cuando la necesidad o la conveniencia pública lo requieran.

Una vez que se produce la correspondiente refundición con el texto de la Constitución de 1936, dichos dispositivos pasaron a ser en la de 1945 el 78 (ord. 23), cuyo encabezamiento era el siguiente: "*La Cámara de Diputados y la del Senado, al actuar como Cuerpos Colegisladores, tienen las siguientes atribuciones*", 29 (la ya transcrita), y el 104, cuyo encabezamiento preceptuaba que "*Son atribuciones del Presidente de los Estados Unidos de Venezuela*", 29 (la ya transcrita). A los efectos de consignar otro dato interesante en la evaluación del problema, es preciso señalar que el artículo 93 de ese texto constitucional repite una disposición presente en la mayoría de las que le precedieron, concerniente a la prohibición de delegar la potestad legislativa ("*La facultad de legislar que corresponde al Congreso no es delegable*").

En la Exposición de Motivos presentada por el Presidente Medina Angarita en la oportunidad de la reforma de la Constitución ocurrida en 1945, se indicaba que la inclusión del citado dispositivo, obedecía al siguiente fundamento:

> Juzgamos que el procedimiento de la suspensión o restricción de garantías es un expediente demasiado heroico para resolver situaciones apremiantes que bien pueden ser tratadas por simples medidas de emergencia. La falta de la institución que proponemos ha obligado al Poder Público a utilizar el único recurso disponible para hacer frente a las circunstancias originadas por la guerra.

En la Constitución de 1947 se mantienen inalteradas las anteriores disposiciones de la de 1945, pasando a ser el artículo 78 (num. 23) el 162 (num. 9), el 104 (num. 29) el 198 (num. 30) y el 93 y el 180. La única diferencia notoria es que se especifica que la autorización concedida al Presidente de la República debía tener un carácter temporal.

En la Constitución de 1953 son eliminados los artículos 104 (num. 29) y 198 (num. 30) de la Constitución de 1947, manteniéndose la prohibición de delegar la facultad de legislar (art. 63). Sin embargo, debe resaltarse que el artículo 124 de dicho texto se refiere a unos "*poderes extraordinarios del Poder Ejecutivo Nacional*". En efecto, el citado esquema normativo prescribía:

> No podrá entrar en vigor ningún impuesto o contribución ni sufrir aumento o rebaja sino después de vencido el término que en cada caso deberá fijarse.
> La presente disposición no limita los poderes extraordinarios que se acuerden al Poder Ejecutivo Nacional (énfasis añadido).

Hay que advertir que una disposición idéntica figuraba en el artículo 236 de la Constitución de 1947, pero agregaba después de Ejecutivo Nacional, *en los casos establecidos por la Constitución.*

Por otro lado, la lectura de las actas de la Comisión Redactora del Proyecto Constitución de 1961 revela que la redacción del artículo 190 (num. 8), prácticamente no generó ningún proceso de reflexión ni de discusión, pues se cumplió según el relato siguiente: En la sesión del 20-08-1959 al estudiar las atribuciones del Presidente de la República, resultó aprobado el ordinal 19°, del texto del correspondiente artículo, cuya versión original rezaba así: "*Ejercer en los términos que fije el Congreso, la facultad de dictar medidas extraordinarias destinadas a proteger la vida económica o financiera cuando el interés público lo requiera*" (repetición de la Constitución de 1947). El 04-06-1960 al continuar las discusiones sobre las atribuciones del Poder Ejecutivo Nacional, el Diputado R. Caldera propuso redactar el ordinal 13 así: "*Dictar medidas extraordinarias dentro de los términos que fije el Congreso para proteger la actividad económica y financiera nacional cuando la necesidad o la conveniencia pública lo requiera y sea autorizado para ello por ley especial*" (solamente se puntualiza la necesidad de una ley especial). Finalmente, el 22-11-1960, al estudiar los artículos pasados a Comisión por la Cámara de Diputados, el mismo Diputado Caldera propuso modificar el ordinal 7° así: "*Dictar medidas extraordinarias en materia económica o financiera cuando así lo requiera el interés público y haya sido autorizado para ello por ley especial*", la cual resultó aprobada, y como se sabe pasó en esos mismo términos a la Constitución de 1961, pero como ordinal 8° del artículo 190. En el referido precepto destacaba el énfasis que colocó el constituyente de 1961 en la necesidad de que a los efectos de la autorización, el Congreso sancionase una ley especial, lo cual aparecía implícito en las Constituciones precedentes, en razón de que se establecía que tal autorización la conferían las Cámaras actuando como cuerpos colegisladores.

En virtud de que en la Constitución de 1999 se produce una verdadera ruptura de la evolución constitucional iniciada en 1945, en materia de lo que doctrinariamente se conocía en Venezuela como "*decretos leyes*" (medidas extraordinarias en materia económica o financiera), la cual como quedó demostrado en los párrafos precedentes había seguido desde ese año la misma línea conceptual, con ligeras modulaciones, resulta necesario hacerle -en forma resumida- un seguimiento al iter constituyente que dio lugar a la aprobación de la disposición consagratoria de los decretos con fuerza de ley. En ese orden de ideas cabe observar que en el Anteproyecto de Constitución presentado a la Asamblea Nacional Constituyente el 12-10-1999, la aludida disposición estaba contenida en el numeral 9 del artículo 269, regulatorio de las atribuciones del Presidente de la República, y aparecía concebida así: "*Son atribuciones y deberes del Presidente de la República:* (...) 9. *Dictar, previa autorización de una ley de base, decretos con fuerza de ley*".

En concordancia con dicha disposición, el artículo 288 que definía las leyes de base, preceptuaba:

> Son Leyes de base, las sancionadas por la Asamblea Nacional por las tres quintas partes de sus miembros, a fin de establecer las directrices, propósitos y el marco de las materias en las cuales delega al Presidente de la República con rango y valor de ley (énfasis añadido).

En la primera discusión del anteproyecto realizada el 04-11-1999 ambas disposiciones se mantienen inalteradas, pasando la primera a ser el artículo 269, y la otra el 225, y en la segunda discusión igualmente se mantienen inalteradas, tanto en lo que respecta al contenido, como a la numeración. Conviene destacar en este orden de razonamiento que la revisión exhaustiva del Diario de Debates de la Asamblea Constituyente demuestra que el precepto constitucional que atribuye al Presidente de la República la potestad para dictar decretos con fuerza de ley, fue sancionado en los mismos términos contenidos en el Anteproyecto de Constitución, por lo que insólitamente *no mereció ni siquiera un simple comentario por parte de alguno de los ciento treinta y un constituyentes que integraban la Asamblea, y como es dable imaginarse mucho menos fue objeto de discusión*. En efecto, solo cambió el número del artículo que pasó del 269 (num. 9) del Anteproyecto, al 236 (num. 8) en el texto constitucional, pero ello se debió a la reducción del articulado del anteproyecto, producto de las modificaciones y supresiones, derivadas de las discusiones de otras disposiciones que se dieron en la Asamblea.

Es cierto que también se produjo una modificación importante desde el punto de vista conceptual en el texto del dispositivo, en virtud de que se le cambió el nombre de *Ley de bases*, al significativo de *Ley Habilitante*, pero resulta igualmente cierto que ello se debió a una circunstancia meramente fortuita. Por lo menos eso es lo que se desprende de la lectura del Diario de Debates, el cual reseña que en la sesión del 16-11-1999, la Comisión Especial de Consenso designada para el estudio de los artículos aprobados del Anteproyecto de Constitución, propuso tácitamente, como expusimos en el capítulo III de este libro, al estudiar las leyes habilitantes, cambiar en el artículo correspondiente a la definición de los distintos tipos de leyes (203 de la Constitución) el nombre de "*leyes de bases*" por el de *leyes habilitantes*.

Una vez producido dicho cambio, suponemos que la comisión de estilo, vista la estrecha conexión, expresada en casi una relación de causalidad, entre ambos preceptos (203, tercer aparte, y 236, num. 8), decidió cambiar en el último de los mencionados preceptos para, por lo demás, guardar la debida congruencia, la expresión leyes de base, por ley habilitante. De ahí el carácter coyuntural que reviste el referido cambio, pese a la enorme carga conceptual que el mismo comporta.

La anterior narración acerca de la manera como se desarrollaron los antecedentes constitucionales de la consagración de los decretos con fuerza de ley en el ordenamiento jurídico venezolano, en un primer momento bajo la denominación de "*medidas extraordinarias*", y a partir de 1999 bajo la denominación propia de decretos con fuerza de ley, permite inferir las siguientes conclusiones:

a) En la institucionalización de esta importante figura jurídica desde la primera vez (1945) hasta la última (1999) ha privado un cierto "empirismo" conceptual, pues a excepción de la reforma constitucional propuesta por el Presidente Medina Angarita, que como narramos antes obedeció a la situación coyuntural de buscar una solución para enfrentar emergencias económicas, sin necesidad de suspender las garantías, en las de 1947 y 1961, pese a que las discusiones resultan casi inexistentes, no obstante es posible otear por lo menos indicios de que los constituyentes estaban conscientes de la importancia de conferirle esa potestad al Presidente de la República. Así se desprende de las Actas de la Comisión Redactora de la última, pues como quedó demostrado precedentemente, de alguna manera es mejorada, por lo menos formalmente la concepción originaria, aun cuando no se llega a crear expresa y claramente la figura de los decretos con fuerza de ley, ya que como quedó dicho se mantuvo la de "*medidas extraordinarias en materia económica o financiera*". En la Constitución de 1999, como quedó demostrado, definitivamente las discusiones resultan absolutamente inexistentes, por los menos en el curso del debate formal de la Asamblea.

b) Si ese "*empirismo*" pudo hasta justificarse en las Constituciones de 1945 y 1947, en virtud del poco desarrollo del Derecho Público venezolano para esos años, no puede esgrimirse la misma excusa en la de 1961, y mucho menos en la de 1999, pues la consagración de los decretos con fuerza de ley en la Constitución de ese año, evidencia literalmente un cambio sustantivo, mejor aún una ruptura de la tendencia constitucional que venía imperando desde 1945, como lo veremos más adelante, pero sin ningún tipo de motivación o fundamentación, por lo menos explícita. Esta conducta de los constituyentes pareciera no encontrar explicación, en primer lugar, por la importancia de la figura, y en segundo lugar, porque ignoró la polémica doctrinaria y jurisprudencial, que se desarrolló en los años inmediatamente anteriores en torno a estos instrumentos normativos, la cual cobró mayor fuerza a partir de la promulgación de la Ley autorizatoria de 1993, siendo Presidente Ramón J. Velásquez, avivándose cada vez que resultó sancionada una ley de esa naturaleza (1994, 1998, 1999), particularmente en lo concerniente a la competencia del Presidente de la República para dictar decretos con fuerza de ley, así como a los límites de eventual competencia (materia económica o financiera), e inclusive se habían interpuesto demandas ante el máximo Tribunal fundamentadas en la inexistencia en el ordenamiento jurídico venezolano de los decretos leyes. Igualmente en el campo doctrinario existían pocos, pero importantes trabajos que abordaban el tema desde distintas ópticas.

Esas razones tornan inexcusable la poca diligencia mostrada por los constituyentes de 1999, a la cual se suma otra no menos importante relativa al hecho cierto de que las técnicas denominadas *legislación delegada y legislación de urgencia* surgen en Europa durante la Primera Guerra Mundial, y se van a consolidar doctrinaria, legislativa y jurisprudencialmente a lo largo del siglo XX, al que en la actualidad por obedecer a una necesidad constitucional, aparecen consagradas en las Constituciones de casi todos los países del mundo. El enorme desarrollo conceptual en esta materia es lo que impone discernir en cualquier debate constituyente la necesidad de consagrar una u otra técnica, o ambas, o una combinación de las dos.

Insistimos en que resulta un tanto inexplicable que el siglo XXI se sancione una Constitución, y en la misma se decida optar por una o varias de esas modalidades de técnica de legislación, prácticamente sin ningún tipo de discusión en el curso de los debates constituyentes, que fue en realidad lo que ocurrió con el texto de 1999; de ahí la razón que nos conduce a sostener que también en esta oportunidad privó el "*empirismo*" que había caracterizado el proceso de sanción de todas las Constituciones anteriores, en las cuales se alguna manera aparecen consagrados los decretos leyes.

c) Esa ostensible omisión constituyente coloca a la doctrina y a la jurisprudencia en una situación similar, en esta materia, a la que se originó una vez sancionada la Constitución de 1961, pues al igual que dicho texto, la de 1999 consagra, esta vez claramente, la potestad del Presidente de la República para dictar decretos con fuerza de ley en un dispositivo tan parco y tan corto como el contenido en el artículo 190 (ord. 8°) de la Constitución derogada. Por tanto, se impone realizar un importante esfuerzo interpretativo, a la luz del Derecho comparado, y de la doctrina nacional, para intentar enhebrar los lineamientos conceptuales que caracterizan a la figura bajo estudio. En esa dirección nos orientamos en las páginas siguientes, dejando constancia que en todo caso nuestra postura tendrá un carácter preliminar, pero ojalá sirva de punto de partida para abrir un debate en una materia tan trascendental tanto desde el punto de vista jurídico como político.

3. Regulación en la Constitución de 1999

A. Definición y ubicación constitucional

Antes de aproximarnos a una definición de los decretos con fuerza de ley en el marco de la Constitución de 1999, en virtud del carácter didáctico de esta obra, resulta necesario precisar que la doctrina nacional bajo la vigencia de la Constitución de 1961 (Lares, 1990, Brewer, 1977) clasificaba a los "decretos leyes" en cuatro categorías, a saber: **a)** decretos leyes de *iure* o regulares, que son los que estamos examinando, **b)** decretos leyes basados en un decreto de suspensión o restricción de garantías, ahora son los decretos de los estados de excepción, con restricción de las garantías (art. 236, num. 7 y 337 y siguientes de la Constitución); **c)** decretos leyes originados en la creación o supresión de servicios públicos (art. 196, num. 6 de la Constitución) y; **d)** decretos leyes de *facto*, que como su nombre lo indica surgen al margen de la Constitución.

Nos distanciamos de esa clasificación porque consideramos que la misma ha sido totalmente superada a la luz de la Constitución de 1999, la cual le otorga el nombre de decretos con fuerza de ley a los actos dictados por el Ejecutivo Nacional producto de la potestad legislativa que le delega Asamblea Nacional mediante una ley habilitante, por lo que nos enfocaremos en su estudio y solo aludiremos más adelante, brevemente, a los actos atípicos normativos con fuerza de ley que han sido calificados por la doctrina como "decretos leyes", estos son: **a)** los decretos declaratorios de estados de excepción;

b) los decretos-leyes originados en la creación o supresión de servicios públicos (art. 196, num. 6 de la Constitución) y; **c)** decretos leyes de *facto*.

Ahora bien, en cuanto a los decretos con fuerza de ley, pueden ser definidos como actos con fuerza o rango de ley dictados, bajo forma de decretos, por el Presidente de la República en Consejo de Ministros, sobre la base de la potestad que le confiere el artículo 236 (num. 8) de la Constitución, previa delegación conferida por la Asamblea Nacional, mediante una ley habilitante.

La anterior definición tiene un carácter meramente descriptivo, pero en principio nos permite distinguir dos aspectos relevantes en la misma: **a)** que el decreto con fuerza de ley constituye una técnica legislativa que supone una necesaria *coparticipación* del Poder Legislativo con el Poder Ejecutivo, pues si bien la Constitución le reconoce al segundo la potestad extraordinaria de dictar decretos con fuerza de ley en materias de propias de la competencia de la Asamblea Nacional, está impedido de ejercerla, si previamente dicho órgano parlamentario no se la delega mediante una ley formal habilitante. Además esa participación de la Asamblea Nacional debe tener un efecto morigerador en el ejercicio de la aludida potestad presidencial, al establecer las directrices, propósitos y marco general a que queda sometido el decreto con fuerza de ley que emane del Gobierno y; **b)** que la esencia de la definición es posible derivarla formalmente de la propia denominación del instrumento normativo. En efecto, por disposición del artículo 15 de la LOPA, las decisiones que dicte el Presidente de la República deben revestir forma de *decreto*, razón por la cual cuando se utiliza la expresión decreto, en sí misma indica una forma excepcional de legislación, esto es, un acto del Ejecutivo, que al revestir la forma de decreto, el cual por definición es de rango sublegal, pero que en este caso, excepcionalmente reviste, por imperativo constitucional, fuerza o rango de ley.

Por otra parte, es preciso subrayar que por razones de técnica legislativa constitucional esta facultad presidencial no aparece correlacionada expresamente con las competencias de la Asamblea Nacional, como ocurría en las Constituciones de 1945 y 1947, pues en la vigente Carta Constitucional, el constituyente en lugar de enumerar las funciones que corresponden a la Asamblea Nacional, prefirió conferirle una facultad genérica de legislar en materias de competencia nacional (art. 187, num. 1), así como enumerar en diversos artículos aquellas que son de reserva legal. No obstante, como bien se indicó cuanto estudiamos las leyes habilitantes (Cap. III), el artículo 203, tercer aparte, constitucional, establece claramente que corresponde al Parlamento delegar al Presidente de la República la potestad de legislar mediante decretos con fuerza de ley, de tal suerte que si bien esa competencia no aparece dentro de las enumeradas específicamente dentro de las atribuciones de la Asamblea Nacional (art. 187), es posible entonces armonizar o sistematizar los lineamientos conceptuales de este tipo de decretos, en lo concerniente a la coparticipación de los Poderes Legislativo y Ejecutivo, mediante la interpretación concordada de los artículos 203, tercer aparte y 236 (num. 8) de la Constitución.

Más aún: tal coparticipación es posible inferirla también del citado artículo 187 (num. 1) que atribuye a la Asamblea Nacional la potestad de legislar en materias de competencia nacional, ya que sancionar leyes habilitantes, cuya única finalidad es delegar al Presidente de la República la facultad de dictar decretos con fuerza de ley, sin duda entra en ese ámbito competencial; de modo, pues, que igualmente por esta vía indirecta, sin necesidad de acudir a reenvíos en el propio texto constitucional, el constituyente estableció la debida relación entre los mencionados poderes a los fines de consagrar la técnica legislativa bajo estudio.

B. Examen del dispositivo constitucional

a. Premisa introductoria (la modificación de la tendencia constitucional)

El artículo 236 (num. 8) de la Constitución estatuye: "*Son atribuciones y obligaciones del Presidente o Presidenta de la República (...) 8. Dictar, previa autorización por una ley habilitante, decretos con fuerza de ley*". Y el artículo 203, tercer aparte, prescribe:

> ...son leyes habilitantes las sancionadas por la Asamblea Nacional por las tres quintas partes de sus integrantes, a fin de establecer las directrices, propósitos y marco de las materias que se delegan al Presidente o Presidenta de la República, con rango y valor de ley. Las leyes habilitantes deben fijar el plazo de su ejercicio.

La lectura de los esquemas constitucionales transcritos revela, en primer lugar, que la Constitución de 1999 rompió con la tendencia prevaleciente desde 1945 en las Constituciones venezolanas, al consagrar una técnica de legislación tan importante, como la de los decretos con fuerza de ley, bajo la denominación de "*medidas extraordinarias*", pues en esta oportunidad estableció que el Presidente de la República está facultado para dictar *decretos con fuerza de ley*. Por consiguiente zanjó de manera definitiva la discusión doctrinaria y jurisprudencial iniciada bajo la vigencia de la Constitución de 1961, acerca de la equivalencia existente entre "*medidas extraordinarias*" y decretos leyes. En segundo lugar, aparte de las críticas que pueda suscitar la regulación, es necesario destacar que extendió el ámbito de los decretos con fuerza de ley a todas las materias pertenecientes al ámbito de competencia de la Asamblea Nacional, con las limitaciones que señalaremos más adelante, por lo que superó el estricto límite material (económico o financiero), con que nacieron los decretos con fuerza de ley en la Constitución de 1945, en virtud de la emergencia económica originada en la Segunda Guerra Mundial. En tercer lugar, el ejercicio de esta potestad está condicionada a la sanción de una ley de delegación (habilitante) *no autorizatoria*, como ocurría durante la vigencia de la Constitución derogada. Además para aprobar dicha ley no se exige que así lo requiera el interés público, pero en cambio debe contar con el voto de una mayoría calificada, constituida por las tres quintas partes de los miembros de la Asamblea Nacional.

La simple enumeración de los cambios introducidos en la regulación constitucional de 1999, sobre de los decretos con fuerza de ley, demuestra, como lo afirmamos antes, que esta técnica de legislación, rompe con la tendencia constitucional que se había mantenido desde que fue incluida por primera vez en la Constitución de 1945, bajo la denominación de *"medidas extraordinarias en materia económica y financiera"*.

b. Decretos con fuerza de ley, decretos leyes o decretos legislativos como expresión de legislación delegada o de legislación de urgencia

A los fines de intentar dilucidar la naturaleza jurídica de la figura bajo examen, lo primero que se impone destacar es que el constituyente, si bien superó la denominación ambigua de "*medidas extra*ordinarias", no se ubicó categóricamente, por lo menos en lo que a *nomen iuris* se refiere, en una de las dos clases de legislación conocidas en el Derecho comparado: legislación delegada y legislación de urgencia, en virtud de que no utilizó ni la denominación decreto legislativo, ni la de decreto ley sino la de *decreto con fuerza de ley*. Es cierto que el nombre no basta para determinar la naturaleza de una institución jurídica, pero es igualmente cierto que en determinadas situaciones ayuda bastante, sobre todo si se tiene en cuenta que esa situación, por lo menos formalmente, rompe con una tendencia constitucional superior a cincuenta años, como ocurre en el presente caso.

La dilucidación tal vez encuentra sus mayores dificultades en la mencionada ausencia de un marco teórico, producto de las discusiones en el seno de la Asamblea Constituyente, que le sirva de soporte a los decretos leyes contemplados en el artículo 236 (num. 8) constitucional. Por esa razón no queda más que recurrir a la ayuda del Derecho comparado y de la doctrina tanto nacional como extranjera en esa tarea. Y en el contexto de ese marco metodológico, cabe recordar, como lo expusimos en páginas anteriores, que el *decreto legislativo* es el producto o resultado de la técnica de la *legislación delegada*, y el *decreto-ley*, es el producto o resultado de la *legislación de urgencia*; que la primera resulta más ajustada a un período de normalidad institucional y administrativa, y la segunda se ajusta a un período de anormalidad institucional y administrativa, dado que tiene como fundamento la configuración de una extraordinaria y urgente necesidad.

En virtud de la naturaleza de las mencionadas técnicas, *los decretos legislativos*, resultan, de una actuación previa del Parlamento, la aprobación de una ley habilitante, y una vez dictados estos tienen una vigencia definitiva e indefinida; en cambio *los decretos leyes*, son actos del Gobierno, los cuales no requieren ninguna actuación previa del Parlamento, que entran en vigencia desde su publicación en el órgano oficial, con carácter provisional, hasta tanto el Parlamento los convalide o los convierta en ley, en el plazo perentorio fijado en la Constitución.

Ahora bien, el examen de los preceptos constitucionales (art. 236, num. 8, y 203, tercer aparte) evidencia que los decretos con fuerza de ley, se aproximan más a los *decretos legislativos*, que a los decretos leyes, en virtud de que, en primer lugar, como explicamos en el capítulo III (Leyes habilitantes), en nuestro criterio, la ley habilitante a que alude el artículo 203 es una verdadera ley de delegación, pese a que el artículo 236 (num. 8), debido a ese factor inercial (tendencia a repetir mecánica y textualmente dispositivos anteriores, que no son objeto de discusión) alude a una ley autorizatoria. Sin embargo, esa imprecisión literal, como muchas otras presentes en el texto constitucional, no puede –reiteramos– desnaturalizar la *ratio* de esa norma, que no es otra que darle el carácter de *ley de delegación* a la ley habilitante, como lo precisamos en el mencionado punto. Por consiguiente, los decretos con fuerza de ley que dicta el Presidente de la República constituyen una expresión concreta de esa delegación o transferencia legislativa, pues sin la misma, y sin atender a los términos en que es conferida, no es posible la existencia y validez de esos decretos.

En segundo lugar, los decretos con fuerza de ley tienen las mismas características esenciales de los decretos legislativos, en razón de que una vez dictados adquieren una vigencia definitiva y potencialmente indefinida. Teóricamente deberían ser dictados en períodos de normalidad institucional y administrativa. Por el contrario, no es posible encuadrarlos en el marco de la legislación de urgencia, ya que ni pueden ser dictados sin la delegación legislativa, ni obedecen a una extraordinaria y urgente necesidad. De modo, pues, que los *decretos con fuerza de ley* previstos en el artículo 236 (num. 8) de la Constitución, cuando se encuadran en el marco teórico antes expuesto, resultan equivalentes sustantivamente a los decretos legislativos.

Ahora bien, pese a que en los ámbitos doctrinales y jurisprudenciales predomina la denominación decreto ley, en nuestro caso, no tenemos ninguna duda de que el nombre que le otorga la Constitución es el de decreto con fuerza de ley, pues así lo establece en términos categóricos en el artículo 236 (num. 8), cuando le atribuye dicha potestad al Presidente de la República en Consejo de Ministros, el cual es repetido en el artículo 74 *ejusdem*, cuando se regula la posibilidad de que este tipo de actos normativos sean sometidos a referendo abrogatorio. Tampoco arroja duda, en nuestro criterio, que los decretos con fuerza de ley delineados en los artículos 236 (num. 8) y 203, tercer aparte, constitucional, son expresión categórica de la legislación delegada.

C. Requisitos

a. Ley habilitante

Atendiendo al rigor lógico, y al orden seguido en el desarrollo de la exposición, resulta obvio, dado el carácter delegado de la potestad legislativa que se viabiliza mediante los decretos con fuerza de ley, que el primer requisito de existencia y validez de estos sea la ley habilitante. Ahora bien, en virtud de que esa categoría de leyes fue creada *ex novo* por la Constitución de 1999, por razones de orden didáctico, la estudiamos en la oportunidad en que examinamos las diversas categorías de leyes que integran las fuentes de rango legal en el ordenamiento jurídico venezolano, razón por la cual remitimos a los lectores a ese punto del Capítulo III de este Manual.

b. Requisitos subjetivos (órgano facultado para dictar decretos con fuerza de ley)

Lógicamente además de la ley habilitante, existen otros requisitos de procedencia de estos actos normativos. Así entre los subjetivos cabe señalar que el único órgano facultado para dictarlo es el Presidente de la República en Consejo de Ministros (art. 236, num. 8, y primer aparte, de la Constitución). De tal modo que la previsión constitucional impide categóricamente siquiera imaginarse que la titularidad o el ejercicio de dicha potestad pueda corresponder a cualquier otro órgano nacional, estadal o municipal, lo que a su vez conduce a rechazar la posibilidad de que el Presidente de la República, pueda delegarla en el Vicepresidente Ejecutivo, o en uno o varios de los Ministros. En definitiva, el Presidente de la República detenta la competencia exclusiva y excluyente para dictar decretos con fuerza de ley, y además a la luz de las prescripciones constitucionales la misma resulta absolutamente indelegable.

Por otra parte, es preciso destacar, que no existe un procedimiento que regule su formación, bastando con su aprobación por el Presidente de la República en Consejo de Ministros, y su posterior publicación en la Gaceta Oficial para que entren en vigencia y cobren eficacia, sin embargo, a partir de la sanción de la Ley Orgánica de la Administración Pública en 2001, se incorporó una fase procedimental que consiste en consultar el proyecto con las comunidades organizadas, en los términos previstos en el vigente Decreto con fuerza de Ley Orgánica de Administración Pública, en sus artículos 139, 140 y 141. Advertimos de una vez, como lo veremos más adelante, que la validez de los decretos con fuerza de ley está sujeta también a que el Presidente de la República los dicte dentro del plazo establecido en la ley habilitante, so pena de nulidad, pero la interrogante más importante acerca del respeto a este límite temporal por parte del Ejecutivo, está relacionada con la extensión del ejercicio de la potestad de dictar decretos con fuerza de ley, esto es, si el Presidente de la República una vez que ha dictado el correspondiente decreto, puede modificarlo total o parcialmente mientras el plazo no fenezca.

Al respecto cabe recordar que en España la Constitución prevé expresamente el principio de la instantaneidad en el ejercicio de la potestad normativa del Gobierno, debido a que la delegación tiene carácter consuntivo, por cuanto se consume o agota una vez que el Gobierno dicta el decreto legislativo, luego, opera una interdicción de pleno derecho para modificarlo o sustituirlo aunque el plazo fijado en la ley de delegación no haya expirado.

A los fines de abordar la cuestión conviene hacer notar que la regulación constitucional de los decretos con fuerza de ley, es tan o más escueta que la contenida en el artículo 190 (ord. 8°) de la Constitución de 1961, además, como quedó dicho, igualmente carece de un marco teórico que pueda derivarse de los debates de la Asamblea Constituyente. De allí que quizás sea importante traer a colación algunas referencias originadas en la praxis constitucional durante la vigencia de la Constitución derogada. En esa línea argumental resulta relevante hacer constar que en 1993, sin mediar ningún tipo de discusión previa ni posterior, el Presidente de la República, dado que el plazo de seis meses fijado en la ley habilitante no había finalizado, modificó parcialmente el Decreto Ley sobre el Impuesto al Valor Agregado (IVA), mediante otro decreto ley.

Ese ejemplo que tampoco generó ninguna discusión doctrinaria posterior y mucho menos intento de demanda de nulidad alguna, pasó a formar parte de la doctrina del "*hecho cumplido*" en materia jurídica, la cual tiende a convertirse en rutina en nuestro medio, marcando la pauta para conductas similares por parte del Ejecutivo Nacional, como ocurrió durante la vigencia de la ley autorizatoria de

1999, cuando el Presidente de la República llegó inclusive hasta modificar dos veces un mismo decreto ley dentro del lapso de vigencia del referido texto legislativo. Se trató del Decreto con rango y fuerza de ley orgánica de la Administración Central. En ausencia de una disposición constitucional expresa, dada la naturaleza autorizatoria de la ley durante la vigencia de la Constitución de 1961, así como el carácter excepcional de esta técnica legislativa, en nuestro criterio, quizás podría resultar hasta discutible la eventual procedencia de la modificación total o parcial de decretos leyes, acudiendo a decretos leyes derivados de la misma ley autorizatoria.

Pero una vez entrada en vigencia la Constitución de 1999, estimamos totalmente improcedente la modificación de los decretos con fuerza de ley, mediante otros decretos con fuerza de ley durante la vigencia de la ley habilitante, por las siguientes razones:

i) El carácter excepcional de esta técnica de legislación (delegada), que implica que el Parlamento transfiere temporalmente parte de su competencia fundamental, que de suyo le pertenece tanto histórica como conceptualmente, conduce a postular que el precepto constitucional que la consagre debe ser interpretado restrictivamente, por lo que debe rechazarse cualquier tesis hermenéutica que no sea posible derivar de su ratio. Pues bien, cabe reiterar que la Constitución de 1999, en sus artículos 236 (num. 8) y 203, tercer aparte, no establece la facultad del Presidente de la República para modificar total o parcialmente los decretos con fuerza de ley, durante el lapso de vigencia de la ley habilitante. Tampoco ningún otro precepto constitucional, por vía indirecta, permite inferir que el Presidente de la República detente esa competencia, de tal suerte que la *ratio* de esos preceptos constitucionales no admite búsqueda en otros.

Por otra parte, el carácter restrictivo que debe orientar al intérprete en la interpretación de los dispositivos normativos que delinean a los decretos con fuerza de ley, conduce a sostener, por el contrario, que la competencia del Presidente de la República se agota o se consume cuando dicta el correspondiente decreto con fuerza de ley, configurándole *ipso iure* una interdicción constitucional de modificarlo. Ni siquiera la Ley de delegación, en nuestro criterio, podría facultarlo para que modificara total o parcialmente un decreto con fuerza de ley mediante otro instrumento de esa misma naturaleza durante la vigencia de la delegación. Para reforzar esta tesis debe tenerse muy en cuenta la naturaleza de la legislación delegada que detentan los decretos con fuerza de ley, por lo que entre sus supuestos de procedencia no figura la anormalidad institucional o administrativa, sino más bien una cierta normalidad de esa clase.

ii) Consideramos que la Asamblea Nacional mantiene su competencia general para dictar leyes, tal como lo establece el artículo 187 (num. 1) de la Constitución, por tanto, nada le impide modificar o derogar, conforme al artículo 218, *ejusdem*, durante el período fijado en la ley de delegación, un decreto con fuerza de ley dictado por el Presidente de la República sobre la base de dicha ley, aunque pareciera natural que ello no ocurra, y tal vez resulte más difícil preconizar esta tesis frente a la legislación de urgencia, que tiene su origen en una extraordinaria y urgente necesidad. Pero ante la legislación delegada contemplada en la Constitución, la cual puede estar referida a cualquier materia del ámbito competencial de la Asamblea, con los límites indicados, llegar a construir una tesis que permita sustentar la inhabilitación del Parlamento durante ese tiempo en las materias objeto de la delegación, encontraría serios obstáculos constitucionales, ya que de alguna manera una limitación de esa clase, rompe con el sistema general de derogación de las leyes, y parcialmente con el de jerarquía normativa, en virtud de que por un determinado tiempo (el de la delegación), el decreto con fuerza de ley sería inmune a una ley dictada por la Asamblea.

Por otra parte, si la ley habilitante tiene el carácter de una ley delegada, y en definitiva la delegación legislativa comporta la transferencia temporal, como lo establece el artículo 203 constitucional, del ejercicio de la potestad de la Asamblea Nacional, nada obsta para que este órgano, de considerarlo conveniente, decida derogar dicha ley, o simplemente modificarla parcialmente, para lo cual requiere, siguiendo el principio del paralelismo de las formas, sancionarla con el voto favorable de las tres quintas partes de sus integrantes. Por supuesto, que si la Ley es derogada el Presidente de la República perderá la competencia para dictar los decretos con fuerza de ley que no haya dictado para fecha de la derogación. Pues bien, la tesis de la inhabilitación del Parlamento para modificar o derogar los decretos con fuerza de ley en el término indicado, implicaría que el órgano legislativo podría hasta derogar la ley delegada, mas no a los decretos con fuerza de ley, es decir, suprimir la causa, pero no uno de sus efectos, lo que revela una clara inconsistencia constitucional y lógica.

Esbozamos los argumentos anteriores con la finalidad de intentar demostrar que la potestad del Presidente de la República para dictar decretos con fuerza de ley es consuntiva, que es el punto que interesa en esta parte, y en tal sentido cabe anotar que de admitirse la tesis relativa a que la Asamblea Nacional tiene competencia para modificar los decretos con fuerza de ley, podría inclusive llegar a suscitarse un conflicto entre el Poder Ejecutivo y el Poder Legislativo, si se acepta que el primero puede modificar o derogar los decretos con fuerza de ley, ya que hipotéticamente es posible la configuración de un caso como el siguiente: la Asamblea Nacional, antes de que expire el término de la delegación, procede a sancionar una ley que modifique o derogue un decreto con fuerza de ley dictado por el Presidente de la República, y entonces este, como el plazo no ha terminado todavía, dicta otro decreto con fuerza de ley que modificando o derogando la mencionada ley, mantenga en idénticos términos el decreto derogado por la Asamblea, y así sucesivamente. De allí que también el argumento que se infiere de esta hipótesis abone en favor de la tesis que propugna el carácter consuntivo de la delegación, la cual se agota con un único ejercicio que de ella haga el Ejecutivo, en un instrumento también único, excluyéndose igualmente la posibilidad de decretos leyes parciales.

De modo, pues, que a la luz del trazado constitucional de los decretos con fuerza de ley, debe concluirse que la potestad del Presidente de la República para dictar decretos con fuerza de ley, basados en una ley de delegación o delegada, se consume cuando dicta el correspondiente decreto, razón por la cual pierde toda competencia para incidir sobre él, mediante otro decreto con fuerza de ley con la finalidad de modificarlo total o parcialmente.

c. Requisitos objetivos y formales

A'. Acatamiento de las directrices, propósitos y marco de las materias delegadas

Como expusimos cuando desarrollamos el punto relativo a las leyes habilitantes, al cual remitimos a los fines del estudio de este acápite, hicimos notar que a pesar de que el dispositivo contentivo del referido requisito tiene su origen en las Constituciones española e italiana, no resulta sencillo determinar su alcance, pero en todo lo caso lo que sí parece fuera de toda duda es que su consagración obedece a la necesidad de acotar o limitar la potestad legislativa que se transfiere al Presidente de la República, estableciendo los propósitos, fijando las pautas de dirección, así como los lineamientos fundamentales que deberá necesariamente seguir el Presidente de la República en Consejo de Ministros al dictar los decretos con fuerza de ley.

Por consiguiente, el cumplimiento de este requisito, por supuesto en los términos que es posible derivar de la norma, los cuales fueron expuestos en el punto "fijación de las directrices, propósitos y marco de las materias que se delegan" del capítulo 3 de este libro al cual reenviamos al lector, resulta fundamental para la validez de los decretos con fuerza de ley, ya que el incumplimiento configura una violación tanto de la Constitución como de la ley delegada.

B'. Denominación del instrumento normativo emanado del Presidente de la República

Cabe advertir que a diferencia de las Constituciones españolas e italiana, la nuestra no establece categóricamente la denominación con que debe ser publicado en la Gaceta Oficial este instrumento normativo, no obstante, es necesario reconocer que la disposición supera la ambigüedad que prevalecía en la Constitución de 1961, que condujo a utilizar infinidad de nombres para identificar a las medidas extraordinarias en materia económica o financiera, entre las cuales pueden mencionarse: "*decretos mediante disposiciones legales*" (1974) "*decretos*" (1984), "*decretos leyes*" (1993), "*decretos con rango y fuerza de ley*" (1994, 1998 y 1999). En efecto, el artículo 236 (num. 8) de la Constitución establece clara y categóricamente la potestad del Presidente de la República para dictar, previa autorización por una ley habilitante, decretos con fuerza de ley, expresión esta que no se corresponde literalmente con ninguno de los calificativos propios con que se denominan los productos de la legislación delegada y de la legislación de urgencia: decretos legislativos y decretos leyes, pero que en lo sustantivo obedece al primero de ellos.

Además ese fue el nombre que se utilizó en la primera ley habilitante del año 2000. Sin embargo, en las subsiguientes leyes habilitantes sancionadas en los años 2007, 2010, 2013 y 2015, los legisladores le otorgaron el nombre de decreto con rango, valor y fuerza de Ley, acumulando en el *nomem iure* de este instrumento normativo los dos primeros términos contenidos en el artículo 203, tercer aparte, y el tercero, en el citado artículo 236 (num. 8), ambos de la Constitución.

Quizás esta decisión de los legisladores tenga su causa, en primer lugar, al desconocimiento del concepto de cada uno de los referidos términos (fuerza, rango y valor de ley), que aparecieron por primera vez en la Constitución venezolana de 1999, pese a que en las leyes autorizatorias dictadas a partir de 1993, se les otorgó por parte de la doctrina y la jurisprudencia el nombre de decretos leyes, en sustitución del término "medidas" previsto en la Constitución de 1961. Pues bien, ante la duda que se suscitaba por la utilización de los tres términos en el nuevo texto constitucional, al parecer, los legisladores optaron por usarlos todos en forma acumulativa; pero no se percataron que el artículo 203, tercer aparte, constitucional, se refiere a "materias con rango y valor de ley", y no a decretos con rango y valor de ley.

C'. Participación ciudadana en la formación de los decretos con fuerza de ley

Conviene recordar que el ordenamiento constitucional no contempla ningún procedimiento de formación de los decretos con fuerza de ley; sin embargo, el Decreto con fuerza de Ley Orgánica de la Administración Público de 2014, introdujo lo que puede considerarse como una fase que debe cumplir el Ejecutivo Nacional en su formación. Se trata concretamente de la necesaria participación ciudadana, la cual se concreta en el sometimiento del proyecto de decreto legislativo por parte del Presidente de la República a la consulta de la comunidad organizada, fijando un lapso para que esta formule por escrito las observaciones pertinentes. Una vez terminada la recepción de esas observaciones, los representantes de las comunidades organizadas se reunirán con los funcionarios designados por el Ejecutivo para intercambiar opiniones y hacer proposiciones sobre el proyecto, con la particularidad que el mencionado proceso de consulta tendrá carácter participativo, mas no vinculante (art. 140).

Por otra parte, el artículo 141 *ejusdem* establece, en la hipótesis de que el Ejecutivo Nacional omita la consulta a las comunidades organizadas, el o los decretos con fuerza de ley que dicte serán nulos de nulidad absoluta.

Así pues, es preciso destacar que estas disposiciones normativas no han sido aplicadas por el Ejecutivo Nacional en los casos de los decretos con fuerza de ley dictados sobre la base de las leyes habilitantes sancionadas durante el período 2000-2015; por consiguiente, en la práctica resulta inexistente el procedimiento de formación de los decretos con fuerza de ley.

D'. Prohibición de subdelegar

Anteriormente indicamos que el Presidente de la República en Consejo de Ministros no puede transferir, ni total ni parcialmente la competencia, que le es delegada por la Asamblea Nacional, pero igualmente en el marco de la tesis hermenéutica restrictiva que debe privar en el examen de los preceptos constitucionales que delinean la figura de los decretos con fuerza de ley, resulta concluyente que tampoco puede el Parlamento autorizar al Presidente de la República para que delegue la potestad legislativa que se le transfiere en cualquier otro órgano del Ejecutivo Nacional, pues es harto conocido el principio concerniente a que la delegación de competencia debe estar expresamente prevista en un dispositivo normativo, el cual resulta válido con mayor razón en el ámbito constitucional; de allí que ante la inexistencia de una disposición en ese sentido en la Carta Magna, deba reiterarse que resulta totalmente improcedente la subdelegación de la potestad legislativa, bien porque el Presidente de la República pretenda hacerlo de oficio, o porque se pretenda estatuir en la ley delegada.

Cabe finalmente hacer notar que en cambio sí resulta posible que los decretos con fuerza de ley sean susceptibles de reglamentación por los órganos que detentan esa competencia de conformidad con el ordenamiento jurídico. Los reglamentos, dada la vigencia indefinida de los decretos con fuerza de ley, pueden ser dictados en cualquier tiempo, y por tanto, también después de fenecido el plazo de la ley de delegación. Pero en todo caso debe quedar claro que la potestad reglamentaria no constituye subdelegación alguna, sino el ejercicio de una competencia constitucional que opera frente a cualquier ley, y por tanto, también frente a este tipo de decretos, que detentan el mismo rango o fuerza de las leyes formales.

E'. Límites materiales implícitos a la potestad del Presidente de la República de dictar decretos con fuerza de ley

a'. Prohibición de emanar decretos con fuerza de ley orgánica

Este acápite se encuentra desarrollado en el punto "límites materiales de las leyes habilitantes implícitos en el texto constitucional" del capítulo III de este libro, pero consideramos necesario dejar sentado también aquí sucintamente que rechazamos de plano la tesis de los decretos con fuerza de ley orgánicos, esto es, aquellos que modifican o derogan leyes orgánicas. Tal posición la sostuvimos durante la vigencia de la Constitución de 1961, y la reiteramos ahora con mayor fuerza, puesto que la consagración en el texto constitucional de 1999, de un criterio material para articular el concepto de ley orgánica, puso fin al artificio de sancionar "*leyes autorizatorias orgánicas por investidura parlamentaria*", para de esa manera "*transferirle*" esa nota esencial a los decretos que dictaba el Presidente de la República, pudiendo de esa manera modificar y derogar leyes orgánicas.

Por supuesto que no dejamos de reconocer que la tesis del "*hecho cumplido*" jurídico puede volver a imponerse, y desconocer, o mejor infringir de esa manera expresas disposiciones constitucionales que, en nuestro criterio, conducen a considerar, inclusive la denominación "*decretos con fuerza de ley orgánico*", como un exabrupto jurídico, e igualmente considerar absurdo que por la vía del pragmatismo, se pretenda convertir la categoría de leyes orgánicas que sirven de marco normativo a otras leyes, en la clase inventada en la Exposición de Motivos de la Constitución: "*Leyes orgánicas calificadas como tales por la Asamblea Nacional*", erigiéndolas en un burladero que permita darle vida jurídica a los "*decretos con fuerza de ley orgánicos*".

b'. Otros límites implícitos

Es necesario reconocer que la Constitución de 1999, a diferencia de la española de 1978, no contiene una norma que excluya expresamente determinadas materias del ámbito de competencial del Presidente de la República al momento de dictar los decretos con fuerza de ley, pero tal omisión no permite interpretar que ese ámbito sea absolutamente ilimitado, pues ya hemos visto, conforme a la tesis que sostenemos en este libro, que las materias reservadas por el constituyente a las leyes orgánicas no pueden ser objeto de la delegación legislativa a que se contrae el artículo 203, tercer aparte constitucional; y en consecuencia, tampoco de los decretos con fuerza de ley contemplados en el artículo 236 (num. 8) *ejusdem*.

Por otra parte, pese a que el precepto constitucional eliminó el límite material (materia económica o financiera) establecido en la Constitución de 1961, para la emanación de decretos leyes, ha quedado demostrado que tal supresión no tiene un carácter absoluto, pues si bien *prima facie*, el nuevo ámbito será el que corresponda a la Asamblea Nacional definido en el artículo 187 (num. 1) de la Constitución, el estudio sistemático de la Constitución demuestra que existen *límites materiales implícitos*, que resultan infranqueables, tanto por la Asamblea Nacional como por el Presidente de la República, como el que hemos mencionado relativo a las materias reservadas a las leyes orgánicas. Y en ese mismo orden de razonamiento también pueden enunciarse algunas materias que no pertenecen al ámbito de las citadas leyes orgánicas, caracterizadas porque sobre las mismas la Asamblea Nacional debe ejercer un control especial, como por ejemplo la presupuestaria, la cual, en nuestro criterio, por razones de lógica constitucional no puede ser susceptible de ser regulada mediante un decreto con fuerza de ley.

En efecto, luce contrario a todo el trazado de los Poderes Públicos, y además al concepto mismo de legislación delegada, que en lugar de una ley de presupuesto, pueda dictarse un decreto con fuerza de ley de presupuesto, pues ello sobrepasaría la violación constitucional, para rayar casi en el autoritarismo, máxime si se tiene en cuenta la figura de la reconducción presupuestaria (art. 313 Const.). Pareciera por esa misma razón que tampoco podría delegarse al Ejecutivo la potestad de dictar decretos con fuerza de ley con la finalidad de aprobar tratados internacionales, pues sin duda que resultaría desnaturalizada esa específica función de control que ejerce la Asamblea sobre la política exterior del Ejecutivo Nacional. Esta materia es tan compleja que la Constitución prevé la posibilidad de que determinadas categorías de esos tratados puedan ser sometidos a referendo aprobatorio (art. 73 Const.); de allí entonces que tampoco esta materia pueda ser susceptible regulación mediante decretos leyes. Pareciera igualmente dudoso que una amnistía pudiera ser dictada mediante un decreto con fuerza de ley, en razón de que la actuación en esta materia es excepcionalísima, al punto que durante toda la vigencia de la Constitución de 1961, nunca el Parlamento llegó a sancionar una ley de esa naturaleza, y en segundo lugar, porque es una competencia que debido a su trascendencia, históricamente siempre ha estado en manos del Poder Legislativo.

De modo, pues que resulta posible derivar de un estudio profundo de la Constitución límites materiales implícitos que el Ejecutivo está obligado a respetar al momento de ejercer la competencia que le atribuye el artículo 236 (num. 8) constitucional. Advertimos que no hemos realizado ese estudio, pues escapa a los objetivos del presente trabajo, simplemente enunciamos algunas materias a título ejemplificativo, para demostrar que no es cierto que el ámbito competencias del Ejecutivo para dictar decretos con fuerza de ley sea ilimitado en lo concerniente a las materias que entran en la esfera de competencia de la Asamblea Nacional, pues por el contrario algunas de ellas constituyen límites implícitos para dicha facultad, y que por ende, el órgano parlamentario estaría impedido para delegarlas.

F'. Plazo para dictar los decretos con fuerza de ley

A diferencia de la Constitución de 1961, la de 1999, estableció en el artículo 203, tercer aparte, que la ley habilitante debía fijar el plazo durante el cual el Presidente de la República quedaba facultado para ejercer la potestad legislativa que se le transfiere. Entonces no cabe duda que hay una fecha cierta para el inicio y para el término de la delegación, y dentro de ese plazo puede válidamente el Ejecutivo Nacional dictar los decretos con fuerza de ley. Por supuesto que sí emana el decreto extemporáneamente, bien por adelantado o por haber fenecido el término legal, el decreto con fuerza de ley deberá reputarse viciado de nulidad.

Ahora bien, cabe reiterar que la exigencia de la fijación de un límite temporal al ejercicio de esta potestad por parte del Poder Ejecutivo, tiene su fundamento en el mismo carácter excepcional que reviste la técnica legislativa de los decretos con fuerza de ley delineada en el artículo 236, num. 8, debido a que la función legislativa es esencial a la existencia del Parlamento, por tanto, cualquier transferimiento de dicha función al Ejecutivo Nacional impone que el mismo tenga un límite temporal. De allí, pues, que la naturaleza de la técnica legislativa bajo examen conduzca a sostener que el Parlamento está obligado a fijarle un plazo al Presidente de la República, para que dicte los correspondientes decretos con fuerza de ley. A mayor abundamiento obra también en favor de esta tesis el argumento derivado del Derecho comparado, pues como hemos visto, en las Constituciones italiana y española, entre otras, figura, en el caso de la técnica legislativa equivalente, una disposición expresa que obliga al Parlamento a fijar el referido plazo.

Por lo demás esta fue la tesis seguida por el Parlamento durante la vigencia de la Constitución, que como se dijo precedentemente, no establecía dicho requisito, pues en las siete oportunidades que le correspondió sancionar leyes habilitantes (1961,1974, 1984, 1993,1994, 1998 y 1999), en cada una de ellas estableció expresamente un plazo al Ejecutivo Nacional para que dictara los correspondientes decretos leyes, que varió entre treinta días y un año. Tal vez esa *praxis* legislativa haya sido tomada en cuenta por los constituyentes para erigir en el artículo 203, tercer aparte, en un requisito constitucional, la exigencia de la fijación del plazo durante el cual el Presidente de la República es facultado para dictar decretos con fuerza de ley.

Cabe recordar también en relación con este punto que de conformidad con el artículo 215 de la Constitución, así como el artículo 1 del Código Civil, debe considerarse perfeccionada esta potestad del Presidente de la República cuando el decreto con fuerza de ley es publicado en la Gaceta Oficial de la República Bolivariana de Venezuela, por tanto, no basta para considerar que el instrumento normativo ha sido adoptado dentro del referido plazo que el mismo haya sido aprobado por el Presidente de la República en Consejo de Ministros, pues se requiere necesariamente su publicación, que es el acto que lo reviste de eficacia, pero también de validez, a diferencia de lo que ocurre con las leyes sancionadas por la Asamblea Nacional, que aun antes de su publicación son válidas, pero no eficaces. De modo, pues, que un decreto con fuerza de ley aprobado dentro del plazo fijado en la Ley, pero publicado fuera del mismo, carecerá de validez, y por ende será nulo.

Sin embargo, pese a la conclusión anterior en doctrina se ha discutido acerca de la validez de los decretos con fuerza de ley dictados por el Presidente de la República después de haber caducado el plazo fijado en la delegación. Así una parte de la doctrina española rechaza que la extemporaneidad pueda ser causal de nulidad, pues sostiene que únicamente deben ser privados de la fuerza de ley, otorgándole por tal razón rango reglamentario o sublegal, y otra, cuyos partidarios sostienen que el fenecimiento del plazo fijado en la ley es equivalente a postular la ausencia de delegación; por lo cual si el Ejecutivo dicta un decreto con fuerza de ley, lo hará sin ninguna habilitación, resultando por ese motivo viciado de nulidad absoluta por incompetencia manifiesta; luego, carecerá de sentido considerarlo como un acto reglamentario. Esta misma razón aconseja a desestimar la tesis de la degradación del rango en los casos de exceso por parte del decreto con fuerza de ley, *"en los que la intensidad del fraude es aún mayor, si cabe, al insertarse preceptos carentes de cobertura legal entre dotados de fuerza de ley: todo ello sin contar con el extraño híbrido de ley y reglamento que resultaría*" (SANTAMARÍA, 1991).

d. Efectos y vigencia de los decretos con fuerza de ley

Como expusimos anteriormente, la eficacia natural de este tipo de instrumentos normativos es que tienen fuerza de ley, en virtud de que al igual que las leyes formales ordinarias están dotadas de una inmunidad frente a los instrumentos de menor rango (sublegal), es decir, su fuerza normativa resiste ante todo instrumento que esté por debajo de la ley, pero esa resistencia cede ante un instrumento normativo posterior de rango legal, esto es, una ley u otro decreto con fuerza de ley dictado sobre la base de una ley habilitante distinta. Sin embargo, cabe recordar la experiencia venezolana en el caso del decreto ley mediante el cual se creó el IVA en 1993, el cual resultó modificado parcialmente por otro decreto ley basado en la misma ley habilitante. Ahora bien, es necesario precisar que ese hecho no modificó la fuerza normativa del primer decreto con fuerza de ley, pese a que el decreto modificatorio se fundamentó en la misma ley habilitante pues ello no hace más que demostrar la fuerza o el rango de ley que detentan estos instrumentos normativos, en virtud de que únicamente pueden ser modificados por otros de igual fuerza y rango, llámese ley o decreto con fuerza de ley. Por otro lado, cabe destacar que la fuerza de ley comporta una capacidad innovativa frente a instrumentos de rango legal y sublegal, puesto que permite modificar o derogar leyes parlamentarias, decretos con fuerza de ley y actos de rango sublegal.

Por otra parte, dada la naturaleza de esta técnica de legislación, todo pareciera indicar que los decretos con fuerza de ley deben entrar en vigencia inmediatamente, esto es, una vez publicados en la Gaceta Oficial. Sin embargo, nada impide que pueda ser fijado un período de *vacatio*, sobre todo si se tiene en cuenta que constituye una expresión de la legislación delegada, en lugar de legislación de urgencia. En este sentido conviene recordar que durante la vigencia de la Constitución de 1961, el Ejecutivo recurrió a la figura de la *vacatio*, cuando dictó el decreto que creó el Impuesto al Valor Agregado en 1993. También lo hizo en 1998, con motivo de los decretos leyes relacionados con la seguridad social.

Por revestir fuerza de ley estos instrumentos normativos tienen una vigencia indefinida, al igual que cualquier ley emanada de la Asamblea Nacional, de tal suerte que pueden ser derogados o modificados por las leyes formales, otros decretos con fuerza de ley, dictados sobre la base de una ley de delegación distinta, y además de conformidad con el artículo 74 son susceptibles de ser abrogados, mediante referendo, que deberá ser solicitado por lo menos por el cinco por ciento de los electores inscritos en el Registro Civil y Electoral, el cual será válido únicamente en el caso de que concurra a votar un porcentaje no menor del cuarenta por ciento de los mencionados electores.

e. El control de la ley habilitante y de los decretos con fuerza de ley

Evidentemente que el control susceptible de ser ejercido sobre los dos actos derivados de nuestra producción legislativa delegada (ley habilitante y decretos con fuerza de ley), tiene como punto de partida el respeto de la primera a los requisitos y límites establecidos en la Constitución, y del segundo tanto al texto constitucional como a la ley habilitante. Mas es necesario destacar que la nulidad de la ley habilitante conduce consecuentemente a la nulidad del decreto con fuerza de ley, ya que la primera constituye la fuente del segundo, y por tanto, en estricto rigor lógico, el vicio de esta se extiende a aquel, pues no es posible pensar en un decreto con fuerza de ley que carezca del presupuesto habilitante. Así por ejemplo, una ley habilitante anulada por la Sala Constitucional del TSJ por haber sido sancionada sin la aprobación de las tres quintas partes de los integrantes de la Asamblea Nacional, originará por vía de consecuencia, la nulidad de los respectivos decretos con fuerza de ley. Igualmente un decreto con fuerza de ley que irrespete uno de los límites materiales fijados implícitamente por la Constitución, en virtud de haber interpretado el Ejecutivo Nacional extensivamente la delegación que le haya sido conferida, debe reputarse nulo por violación de la Ley Fundamental.

Ahora bien, en el supuesto de que el decreto con fuerza de ley viole una de las condiciones establecidas en la ley habilitante, previstas en la Constitución, verbigracia, cuando se fije una directriz que esté obligado a seguir el Ejecutivo Nacional al momento de dictar el decreto legislativo, se configurará un vicio de inconstitucionalidad mediata, para cuya determinación la Sala Constitucional debe utilizar la ley habilitante como parámetro de constitucionalidad, pues del análisis de la supuesta infracción de la referida directriz contenida en la ley habilitante se derivará una especie de vicio inmediato de ilegalidad, pese a que ambos instrumentos tienen el mismo rango legal. Solo cuando el órgano jurisdiccional mediante la comparación de estos (ley y decreto con fuerza de ley), compruebe dicha ilegalidad podrá anular la disposición del decreto con fuerza de ley sobre la base de un vicio de inconstitucionalidad mediata.

Distinta resulta la situación en el supuesto de violación de otros límites –no constitucionales– establecidos por la Ley habilitante, por ejemplo, la obligación de someter el Decreto a la consideración de una Comisión Parlamentaria antes de publicarlo, pues en ese caso podrían formularse dos tesis antagónicas: la primera, según la cual el decreto estaría viciado de nulidad en razón de que no resulta equivalente la infracción de este límite legal, a la violación de cualquiera de aquellos que de conformidad con el artículo 203 constitucional deben ser fijados en la ley habilitante. Y la segunda, conforme a la cual no procedería la nulidad porque el legislador habilitante estaría facultado para establecer condiciones adicionales a las señaladas en la Constitución, porque al fin y al cabo, es el referido legislador el que está transfiriendo de manera excepcional sus propias competencias, razón por la cual, puede fijar ese tipo de condiciones, siempre y cuando las mismas no desnaturalicen constitucionalmente la delegación que hace el Parlamento al Poder Ejecutivo, y en ese orden de ideas, no se configuraría tal desnaturalización, lo que sí ocurría en la hipótesis de que como producto del sometimiento del proyecto del decreto con fuerza de ley a la Comisión Parlamentaria esta pretendiera formularle proposiciones de reforma de dicho instrumento con carácter vinculante.

VII. OTRAS CATEGORÍAS DE ACTOS ATÍPICOS NORMATIVOS CON FUERZA DE LEY

1. Decreto declaratorio de estado de excepción y los decretos de igual rango basados en el decreto del estado de excepción que comporta restricción de las garantías

A. Enmarcamiento conceptual normativo de los estados de excepción

Sin duda que toda Constitución tiene como punto de partida una determinada realidad socio-histórica, que es precisamente la que ella pretende regular dentro de lo normalmente previsible. Sin embargo, puede ocurrir que ante una situación imprevista, el texto constitucional se encuentre en la circunstancia de no poder garantizar su propia eficacia. Surge así una crisis constitucional, en virtud de que la normativa de la Constitución no sirve para resolverla, lo que conduce a la "*imposición de la fuerza normativa de lo fáctico*" (CRUZ VILLALÓN, 1984). Ante esta alternativa el constituyente puede optar por prever al máximo la configuración de los distintos tipos crisis constitucionales, razón por la cual incluye en la misma un ordenamiento alternativo, es decir, un conjunto de normas que deroga temporalmente el orden constitucional delineado para la normalidad, a los fines de encarar y superar la crisis. Tal previsión, en criterio del antes citado autor, presenta las siguientes ventajas:

> 1º Mantener la eficacia formal de la Constitución como Constitución alternativa de emergencia, evitando el fenómeno siempre penoso de imposición de la fuerza normativa de lo fáctico, 2º, facilitar, en la medida de lo posible, la vuelta ordenada a la Constitución ordinaria, a la Constitución legítima.

Ese ordenamiento alternativo incluido en la Constitución es conocido doctrinariamente como "*derecho de excepción*" y las figuras en que se concreta "*estados excepcionales*" o "*estados de excepción*", los cuales obedecen en términos generales a la naturaleza de las crisis encaradas por la Constitución: no vinculadas al funcionamiento del texto constitucional (catástrofes naturales o ecológicas, crisis económica o social, etc.), o vinculadas a su funcionamiento (crisis políticas y de seguridad del Estado). Debe quedar claro que este derecho de excepción opera cuando efectivamente llega a configurarse una crisis, ya que frente a actitudes y situaciones hostiles ordinarias, la Constitución prevé los medios para enfrentarlas dentro del contexto de normalidad (policía, tribunales, etc.). Luego, la crisis surge en el momento en que la dimensión de esas situaciones es de tal magnitud (intento de Golpe de Estado, por ejemplo) que los referidos medios de defensa se revelan francamente insuficientes.

De modo, pues, que resulta lógico que toda Constitución, atendiendo al anterior marco conceptual, y sobre todo atendiendo a la particularidad de la realidad social que pretende normativizar, incluya disposiciones que consagren el denominado "*derecho de excepción*". Así ocurre en la mayoría de los países, inclusive en aquellos de mayor tradición democrática como los europeos, en los cuales inclusive pudiera tener un carácter contingente, pero en los Latinoamericanos, al contrario, debido a las razones conocidas por todos, debería tener un carácter necesario. Claro está que en la consagración constitucional de este derecho de excepción existe un conjunto de variables que juegan un papel relevante, como son, entre otras, los valores democráticos predominantes en la sociedad, la escala axiológica en que se ubiquen los derechos fundamentales y la técnica legislativa.

De la combinación de estas variables surgirá un régimen restringido o menos restringido, pero sobre todo y, quizás esto sea lo más importante, contendrá los lineamientos generales del mismo, que bien pueden ser desarrollados por normas de rango legal. En todo caso la doctrina se ha encargado de identificar los principios que deben informar a dicho régimen, entre los cuales suele citar los siguientes: necesidad, proporcionalidad, temporalidad, vigencia inmediata, publicidad y responsabilidad. En esa línea de pensamiento, la más de las veces atendiendo a la naturaleza, complejidad y gravedad de la crisis, suelen institucionalizarse como estados excepcionales a los denominados "*estado de alarma*", "*estado de excepción*" y "*estado de sitio*" (España) y "*estado de guerra exterior*", "*estado de conmoción interior*" y "*estado de emergencia*" (Colombia).

B. Breve referencia a los estados de excepción en la Constitución de 1999

El examen de la Constitución vigente en el contexto del marco conceptual anterior, revela que en esta materia el constituyente superó la regulación del "*derecho de excepción*" consagrado en la Constitución de 1961, sin mayores reflexiones filosóficas o conceptuales, como lo demuestra la simple lectura de las actas de las sesiones de la Comisión que redactó el Proyecto, lo que tal vez ocurrió por el peso "*inercial*" de las Constituciones precedentes, así como por el poco desarrollo del Derecho Público para la época. Teniendo en cuenta esa situación afirmamos en nuestro libro "*Lineamientos de Derecho Administrativo*" que la regulación constitucional resultaba:

> ...incompleta, no porque dejó de consagrar puntualmente toda la disciplina atinente a este régimen, sino porque los lineamientos fundamentales resultan insuficientes para regular una materia tan delicada y compleja; asistemática, porque no perfila los estados de excepción, ya que están ausentes límites nítidos entre lo que pudiera denominarse la emergencia y la suspensión o restricción de las garantías, y mucho menos contiene límites entre sus presupuestos de procedencia y; finalmente, confusa, porque omite toda consideración a los efectos, así como a la naturaleza de los actos dictados por el Ejecutivo Nacional durante la vigencia de este derecho de excepción.

Efectivamente, la disciplina de los estados de excepción contenida en los artículos 337, 338 y 339 del Capítulo II del Título VIII, que por cierto se denomina "*De la Protección de esta Constitución*", contiene los lineamientos generales que suelen acompañar a esta normativa en el Derecho comparado, los cuales podemos solamente resumir, porque insistimos que escapa a la finalidad de este trabajo el estudio de los estados de excepción, de la siguiente manera:

i) Aparecen claramente definidos los estados de excepción como "*las circunstancias de orden social, económico, político, natural o ecológico, que afecten gravemente la seguridad de la Nación*", pero al mismo tiempo el dispositivo (art. 337), precisa que esas circunstancias revisten tal connotación cuando las facultades previstas en el ordenamiento jurídico resultan insuficientes para hacerle frente a esos hechos, lo que en términos de la doctrina española citada revela la configuración de una grave crisis constitucional, que requiere una Constitución alternativa para encarar dicha crisis, constituida precisamente por la normativa relativa a los referidos estados.

ii) La Constitución, en sintonía con el postulado anterior acerca del ordenamiento alternativo, recoge la tesis acerca del carácter esencialmente temporal de los estados de excepción, al punto que delimita para cada caso tanto el período ordinario de duración como el de prórroga: así para el estado de alarma fija treinta días, y una sola prórroga por treinta días más; para el estado de emergencia económica, fija sesenta días, y la posibilidad de una prórroga por sesenta días más; y para los estados de conmoción interior y exterior, fija noventa días, pudiendo ser prorrogado por un período igual.

Esa temporalidad de los decretos de los estados de excepción, que insistimos está en función de la solución de la crisis constitucional, aparece reforzada en el artículo 339, que consagra tanto a la Asamblea Nacional, o su Comisión Delegada, como al Ejecutivo Nacional la facultad de revocar el estado de excepción antes de los términos señalados, al cesar las causas que lo motivaron, lo que además pone de manifiesto que la disciplina constitucional en comento está basada en otros de los postulados manejados por el Derecho Comparado como presupuesto de esta figura excepcional, *la necesidad*, ya que pese a que se fijan términos ordinarios y de prórroga, si cesan las causas que motivaron, o mejor que hicieron necesario dictar los decretos, entonces la preceptiva constitucional impone que sean revocados antes del vencimiento de esos términos.

iii) La normativa constitucional, igualmente recoge el postulado relativo a la vigencia inmediata, pues conforme al artículo 339 una vez dictado el estado de excepción, este entra en vigencia inmediatamente, pero el Ejecutivo deberá presentarlo a la Asamblea Nacional dentro de los ocho días siguientes para su consideración y aprobación, y a la Sala Constitucional del TSJ para que se pronuncie sobre su constitucionalidad. Por tanto, la inmediatez de la vigencia del decreto no está sujeta a la actuación de ninguno de los Poderes mencionados, ya que la eventual improbación por parte de la Asamblea Nacional, o la declaratoria de inconstitucionalidad por el TSJ, no incidirá sobre dicha inmediatez. Demás está advertir que este postulado igualmente obedece a la naturaleza misma de las circunstancias que conducen al Ejecutivo Nacional a declarar el estado de excepción, en virtud de que carecería de sentido pretender que ante una grave crisis constitucional, el ordenamiento jurídico alternativo con que de manera inmediata se pretenda superar la misma, tenga que estar sometido a la aprobación de otro Poder, pues es de su entrada en vigencia (inmediatez) que el decreto es sometido al control de la Asamblea Nacional cuya improbación da lugar a su nulidad, y a la Sala Constitucional, la cual está facultada para declarar su nulidad.

iv) La normativa constitucional también acogió el postulado relativo a la *coparticipación* de los Poderes en la declaración de los estados de excepción, y diríamos que con demasía, pues a la participación del Parlamento, que suele ejercer un tipo control esencialmente político, agregó la de Sala Constitucional a los fines de determinar la constitucionalidad de la actuación de los otros dos Poderes. Cabe advertir que la facultad de la Sala Constitucional no requiere de la interposición de una acción contra el decreto del estado de excepción, lo cual era y sigue siendo posible, en atención al principio de supremacía constitucional, sino más bien de una fase en el procedimiento de perfeccionamiento del decreto de estado de excepción, pues constituye un deber del Ejecutivo Nacional presentar el decreto a la Sala Constitucional, dentro de los ocho días a su emanación, correspondiéndole dictar su pronunciamiento después del de la Asamblea Nacional, según lo dispuesto en el artículo 32 de la Ley Orgánica sobre Estados de Excepción. En fin, lo que interesa destacar es que la preceptiva constitucional recoge el postulado de la coparticipación de los mencionados Poderes en la forma antes indicada.

v) El texto constitucional también recoge el postulado relativo a la *proporcionalidad*, el cual queda reflejado indirectamente en la distinción que se hace entre estado de alarma, el cual procede cuando se produzcan catástrofes, calamidades públicas u otros acontecimientos similares que lógicamente pongan en peligro la seguridad de la Nación, y se fija, como se dijo antes, un lapso de treinta días de duración, con una prórroga igual, estado de emergencia económica, el cual procede cuando se susciten circunstancias extraordinarias que afecten gravemente la vida económica de la Nación, y se fija, un período de sesenta días, con una prórroga por un término igual, y estado de conmoción interior o exterior, el cual procede en caso de conflicto interno o externo que ponga seriamente en peligro la seguridad de la Nación, de sus ciudadanos o de sus instituciones y se fija un lapso de noventa días, pudiendo ser prorrogado por un lapso igual. De modo, pues, que la discriminación entre los distintos estados de excepción posibles, sobre la base de la gravedad de la crisis derivada de circunstancias diferentes, a cada uno de los cuales se le fija un lapso de duración en función de esa gravedad, revela la idea de proporcionalidad que suele acompañar a esta normativa en el Derecho Comparado.

vi) La preceptiva constitucional acoge el postulado de la preservación de determinados derechos fundamentales, y en tal sentido establece categóricamente que si bien los estados de excepción comportan la restricción de las garantías consagradas en la Constitución, excepciona las referidas a los derechos a la vida, prohibición de incomunicación o tortura, el derecho al debido proceso, el derecho a la información y los demás derechos humanos intangibles. En este punto cabe resaltar que el texto constitucional, conforme a las discusiones recogidas en la Gaceta Constituyente (Diario de Debates) suprimió el término "*suspensión de garantías*", que aparecía en la Constitución anterior, orientado por la idea de evitar los excesos o abusos en que incurrieron los órganos del Poder Público bajo la vigencia de la Constitución de 1961, solo porque consideraban "*suspendidos*" los derechos y garantías del ciudadano, limitando tal posibilidad a la fijación de ciertos límites o restricciones a dichas garantías constitucionales; de allí entonces que con ocasión de decretar los estados de excepción el Ejecutivo Nacional pueda únicamente *restringir* las garantías, mas no *suspenderlas*.

vii) Finalmente establece que el trazado de los lineamientos constitucionales sobre los estados de excepción, que terminamos de resumir, fue complementado y desarrollado mediante una Ley Orgánica dictada en el año 2001 bajo el nombre de Ley Orgánica sobre Estado de Excepción (LOSEE).

C. El decreto declaratorio de estado de excepción y los posibles decretos de igual rango originados en el decreto de estado de excepción que comporta la restricción de las garantías

Los artículos 236 (num. 7 y primer aparte) y 337 de la Constitución, estatuyen que corresponde al Presidente de la República en Consejo de Ministros, en forma exclusiva y excluyente, decretar los estados de excepción. Así también lo reiteran los artículos 8 y 12 de la LOSEE. Así pues, el decreto que declara un estado de excepción es, en primer lugar, un acto normativo, y en segundo lugar, ejecuta de manera directa e inmediata la Constitución, razón por la cual debe concluirse que tiene rango legal. Pero si pudiera suscitarse alguna duda al respecto, el legislador siguiendo esta orientación se encarga de disiparla al establecer en términos categóricos, en el artículo 22 de la LOSEE: "*El decreto que declare los estados de excepción tendrá rango y fuerza de ley*".

Ahora bien, cuando el artículo 339 constitucional pauta que el decreto declaratorio del estado de excepción debe regular el ejercicio del derecho cuya garantía se restringe, se impone al Ejecutivo la obligación de dictar las bases o lineamientos generales del referido ejercicio, siendo desarrolladas posteriormente y principalmente mediante la LOSEE, y complementariamente mediante decretos con fuerza de ley, es decir, con la misma fuerza que el decreto declaratorio del estado de excepción, pero sin poder contrariar ni a la ley ni al mencionado decreto, so pena de nulidad.

Por lo demás así lo entendió el legislador al desarrollar el artículo 338 constitucional en el capítulo de la LOSEE denominado "Disposiciones Comunes", destinado a establecer que el Presidente de la República, cualquiera que sea la modalidad de estado de excepción declarado, queda facultado para dictar todas las medidas que estime conveniente a los fines de encarar la crisis, en el marco de los lineamientos contenidos en los artículos 337, 338 y 339 constitucionales (art. 15, literal "A"). Naturalmente, que estas medidas son primariamente de naturaleza normativa, es decir, decretos con fuerza de ley, que encuentran su fuente u origen en el decreto declaratorio del respectivo estado de excepción.

A mayor abundamiento, cabe destacar que pese a que detentan el mismo rango que los decretos con fuerza de ley derivados de la ejecución de una ley habilitante, sus efectos son distintos, en virtud de que estos últimos tienen entidad para modificar y derogar cualquier instrumento normativo con fuerza o rango de ley, en cambio los "decretos leyes" basados en el estado de excepción carecen de esa entidad, debido a que únicamente se limitan a suspender temporalmente la vigencia de instrumentos normativos con rango o fuerza de ley, pues una vez que fenecen, los instrumentos normativos suspendidos vuelven a cobrar plena vigencia. Así se desprende del artículo 21 de la LOSEE al establecer "*el decreto que declare el estado de excepción suspende temporalmente en las leyes vigentes los artículos incompatibles con las medidas dictadas en dicho decreto*".

2. Los denominados "decretos leyes" originados en la facultad extraordinaria del Ejecutivo Nacional para crear, modificar o suspender servicios públicos

A. Premisa introductoria

Un sector de la doctrina nacional, cuyo exponente más destacado era BREWER proponía, durante la vigencia de la Constitución de 1961, darle categoría autónoma de decretos leyes a los actos que dictaba el Presidente de la República, conforme a la facultad extraordinaria que le confería el artículo 190 (num. 11), en concordancia con el artículo 179 (num. 5) de la mencionada Constitución. Ahora bien, como esa disposición se repite en el artículo 196 (num. 6) de la Constitución de 1999, corresponde en un libro como este intentar determinar la pertinencia actual de dicha tesis. En ese orden de razonamiento cabe comenzar por señalar que el mencionado artículo 196 (num. 6), preceptúa: "*Son atribuciones de la Comisión Delegada: (...) Autorizar al Ejecutivo Nacional por el voto favorable de las dos terceras partes de sus integrantes para crear, modificar o suspender servicios públicos en caso de urgencia comprobada*".

Ahora bien, a los fines de la aludida determinación cabe recordar que un servicio público puede ser conceptuado como función y como complejo orgánico, sin embargo, en Venezuela todo parece indicar que tanto en la Constitución vigente como en las anteriores, es y ha sido conceptuado desde el punto de vista orgánico. Así por ejemplo el artículo 108, literal "A", atribución 3, de la Constitución de 1953 prescribía "*Son atribuciones del Presidente de la República: a) en Consejo de Ministros:* (...) 3. *Crear nuevos servicios públicos, autónomos o dependientes de la administración nacional, y suprimir y modificar los que existan*". Por su parte, la Constitución de 1961, en su artículo 190 (ord. 11°), establecía: "*Decretar en caso de urgencia comprobada, durante el receso del Congreso, la creación y dotación de nuevos servicios públicos, o la modificación o supresión de los existentes, previa autorización de la Comisión Delegada*". En esa misma línea se inscribe el dispositivo transcrito de la Constitución de 1999.

Una vez dilucidada la connotación conceptual del término, corresponde ahora determinar si la creación o supresión de dichos servicios entra en la reserva legal, lo que resulta esencial para identificar la naturaleza jurídica de los decretos a que alude el citado dispositivo constitucional. En tal sentido observamos que hasta la Constitución de 1953 era una facultad exclusiva y excluyente del Poder Ejecutivo crear o suprimir servicios públicos dependientes de la Administración Nacional, o autónomos. En la de 1961 se incluía la disposición contenida en su artículo 230 que declaraba como de reserva legal la creación de institutos autónomos, y la de 1999 establece en su artículo 142 *que* "*Los institutos autónomos sólo podrán crearse por ley*". Pues bien, si se atiende a la evolución de la norma desde la Constitución de 1953, que distinguía entre los servicios públicos autónomos y los dependientes de la Administración Nacional, y a los antecedentes antes reseñados, habría que admitir que únicamente está reservado al legislador la creación de institutos autónomos. En efecto, esta postura cobra mayor fuerza cuando se tiene en cuenta que la Constitución de 1999 produjo una ruptura del principio contenido en el artículo 193 del texto de 1961 relativo a que la potestad organizativa era materia de reserva legal, cuando pautaba que ley orgánica determinaría el número y organización de los ministerios y su respectiva competencia. En efecto, dicha ruptura ocurre porque en el artículo 236 (num. 20) consagró al Presidente de la República en Consejo de Ministros la potestad de *fijar el número, organización y competencia de los ministerios y otros organismos de la Administración Pública Nacional* dentro de los límites señalados por la correspondiente ley orgánica.

Sin duda que esta atribución presidencial, al romper con la consagración en forma absoluta de la potestad organizatoria como materia de reserva legal, tiene una notoria incidencia sobre el alcance del artículo 196 (num. 6) en virtud de que al facultar al Presidente de la República para fijar el número y la organización de los Ministerios y otros organismos de la Administración Pública Nacional, los cuales, como expresamos antes, son servicios públicos en sentido orgánico, excluye quizás la parte más importante de esos servicios públicos constituidos por los Ministerios y algunos servicios autónomos sin personalidad jurídica, que mediante la fijación del número, de su organización y competencia, puede *crear, modificar o suspender* servicios públicos en cualquier tiempo (esté funcionando o no la Asamblea Nacional), esto es, que en caso de receso del Parlamento, no necesita requerir la autorización de la Comisión Delegada de la Asamblea Nacional, como ocurría durante la vigencia de la Constitución anterior; de allí que la norma en comento, ante la ruptura del mencionado principio, la cual, dicho sea de paso, bajo la vigencia de la Constitución de 1961, nunca llegó a tener aplicación, pese a las larguísimas vacaciones (receso) del Congreso de la República, lo que originaba el funcionamiento durante ese tiempo de la Comisión Delegada, casi pierde todo su contenido, máxime si se tiene cuenta que de conformidad con la Constitución de 1999, la Comisión Delegada solo sesionará durante mes y medio, que es el tiempo de receso de la Asamblea (art. 219).

El contenido del dispositivo constitucional bajo examen quedaría reducido entonces a los servicios públicos creados mediante ley, es decir, aquellos que por mandato expreso de la Constitución su creación, modificación o extinción es materia de reserva legal: únicamente los institutos autónomos (art. 142), cuyo número cada vez se reduce más como resultado de los procesos de descentralización y privatización de la Administración Pública Nacional, así como por la utilización creciente de los servicios autónomos sin personalidad jurídica. El citado precepto constitucional contenido en el artículo 236 (num. 20), que alude a la potestad organizativa del Ejecutivo, excluyéndola del ámbito del Legislativo, impide que se pueda extender a otros servicios públicos sin personalidad jurídica, en virtud de que establece la distinción entre órganos u organismos, los cuales por definición carecen de personalidad jurídica, y los entes públicos, que por definición son personas jurídicas de derecho público, dentro de los cuales solamente se cuentan los institutos autónomos; de allí pues que la facultad extraordinaria del Presidente de la República para crear, modificar o suspender servicios públicos, derivada del artículo 196 (num. 6) de la Constitución, atendiendo a las más elementales reglas de hermenéutica jurídica, debe entenderse limitada exclusivamente a los institutos autónomos, pues en todos los demás casos –se insiste– le bastará hacer uso de la potestad que le confiere el artículo 236 (num. 20), *ejusdem*.

Pues bien, a pesar del vaciamiento de contenido de la norma, que tal vez se repite en 1999 debido más al fenómeno inercial constituyente, que a una razón efectiva y práctica, ya que después de haber excluido en el citado artículo 236 (num. 20), la potestad organizativa, de la reserva legal en lo tocante a todos los órganos de la Administración Pública Nacional, prácticamente perdió casi todo su sentido esta denominada *"facultad extraordinaria del Ejecutivo"*, porque es dable pensar que ante una verdadera situación de emergencia, en lugar de crear, modificar o suspender un instituto autónomo, que supone la autorización de la Comisión Delegada con la mayoría calificada de las dos terceras partes de sus miembros, resulta obvio que el Ejecutivo optará por crear o modificar un Ministerio o un servicio autónomo sin personalidad jurídica.

De todas maneras antes la vigencia del artículo 196 (num. 6) habría que admitir que los decretos de creación, modificación o suspensión de los servicios públicos a que se contrae el precepto constitucional, tienen una naturaleza diferente a los que dicta el Presidente en ejercicio de la potestad reglamentaria, por la sencilla razón de que mediante ellos regula una materia de estricta reserva del Poder Legislativo. O sea, que al parecer estamos aquí ante un caso particularísimo, insertado aisladamente en la arquitectura de la Constitución, de técnica legislativa de urgencia, a cargo del Ejecutivo Nacional.

En el contexto del marco conceptual y hermenéutico anterior, ha de admitirse que los decretos que llegue a dictar el Presidente de la República, de conformidad con el dispositivo constitucional citado, tienen fuerza o rango de ley, razón por la cual pueden recibir la denominación de decretos leyes, ya que al crear, por ejemplo, un servicio público (instituto autónomo) está asumiendo una competencia claramente asignada al legislador, y cuando modifica o suspende uno creado mediante ley, en realidad lo que está es modificando o derogando a dicha ley; de allí entonces el origen de esta categoría de actos normativos.

B. Naturaleza jurídica

Cabe observar que estos decretos leyes también constituyen una expresión de la legislación de urgencia, pero con la particularidad de que resultan un accidente en la topografía constitucional, debido a que no obedecen a una intención de los constituyentes de consagrar en el dispositivo del artículo 196 (num. 6) constitucional una modalidad de esa técnica legislativa. Sostenemos que resultan un accidente porque son el efecto de una actividad principal: la creación, modificación o suspensión de servicios públicos, lo que pareciera indicar que los redactores de la Constitución no se percataron de la naturaleza jurídica del acto que serviría para lograr el cometido fundamental previsto en esa norma.

De allí que siempre hemos dudado en erigir a este tipo de decretos leyes en una categoría autónoma, equivalente a los decretos con fuerza de ley y a los decretos con fuerza de ley que puedan derivarse de los decretos de los estados de excepción que comporten restricción de las garantías, lo que no significa que cuestionemos su categorización conceptual como tal, aunque resulten el efecto y no la causa, como debería ser, tratándose al fin y al cabo, del ejercicio de una facultad extraordinaria por parte del Presidente de la República (asumir una competencia exclusiva del legislativo), que le atribuye expresamente la Constitución.

En suma, los decretos que se dictan para crear, modificar o suspender servicios públicos tienen fuerza o rango de ley, constituyendo en realidad una expresión del ejercicio de una facultad extraordinaria por parte del Presidente de la República, en casos de comprobada urgencia durante el receso de la Asamblea Nacional, lo que revela -como indicamos antes- una modalidad atípica de legislación de urgencia.

C. Requisitos y límites

Desde el punto de vista subjetivo el único órgano facultado para dictarlos es el Presidente de la República en Consejo de Ministros, pero a diferencia de los decretos con fuerza de ley derivados de los decretos de los estados de excepción, resultan de una coparticipación de los Poderes Ejecutivo y Legislativo, en virtud de que requieren de la aprobación de la Comisión Delegada, con el voto de las dos terceras partes de sus miembros. Desde el punto de vista objetivo están limitados exclusivamente a la creación, modificación o supresión de servicios públicos, independientemente de las funciones atribuidas a dichos servicios (económicos, asistenciales, etc.). Solo procede su emanación cuando concurran los siguientes requisitos: **a)** que se trate de una urgencia comprobada, **b)** que la Asamblea esté en receso y; **c)** que el Ejecutivo Nacional sea autorizado por la Comisión Delegada con el voto de las dos terceras partes de sus miembros. En lo atinente al primer requisito debe tratarse de una circunstancia que se configura, como expresa SANTAMARÍA PASTOR (1991), cuando:

> ...la situación ha de ser inaplazable, esto es, de características tales que requieren la adopción inmediata de medidas legislativas productoras de efectos instantáneos, de tal modo que, de no tomarse, produciría un grave daño a los intereses públicos (...); el lapso temporal en que tales medidas han de tomarse para evitar el daño ha de ser de tal brevedad que haga inútil acudir al procedimiento legislativo (...), por cuanto la duración razonablemente previsible de dicho procedimiento exceda de dicho plazo; y debe existir una total coherencia entre la urgencia de la situación y la naturaleza de las medidas adoptadas, en el sentido de que deben limitarse a la resolución

> de los aspectos inaplazables del problema a abordar, no de aquellos otros cuya normación pueda hacerse, más tarde, por los cauces normativos ordinarios.

Queda pues demostrado, a la luz de la opinión transcrita, que la urgencia está relacionada con la necesidad de adoptar medidas necesarias para tutelar el interés público, en un plazo inferior al contemplado normativamente para el procedimiento de formación de las leyes, pero en este caso el elemento referente al aludido plazo no cuenta, en virtud de que el Parlamento se encuentra en receso, y es precisamente este factor el que se armoniza con la urgencia de tutelar el interés público, de tal modo que la adopción de esas medidas en forma perentoria debe conducir a evitar un daño al interés público o general. La referida situación podría configurarse en el caso de una catástrofe producida por un fenómeno natural (terremoto, inundación, etc.), cuya gravedad impondría la creación, modificación o suspensión de determinados servicios públicos a los fines de arbitrar medios para la resolución de la situación problemática. Pero –insistimos– que la urgencia en los términos antes expuestos, debe presentarse en momentos en que el Congreso se encuentre en receso, esto es, entre el 15 de agosto y el 15 de septiembre, y el 16 diciembre y el 4 de enero, pues de lo contrario no resultaría posible que el Ejecutivo Nacional dictase este tipo de decretos leyes.

De otra parte, corresponde a la Comisión Delegada otorgar la autorización al Presidente de la República para que dicte el correspondiente decreto sobre la creación, modificación o supresión del servicio público; en consecuencia, el aludido órgano legislativo ejerce un control sobre el ejercicio de la potestad extraordinaria que el artículo 196 (num. 6) le confiere al Presidente de la República, el cual está limitado únicamente a la constatación de la urgencia comprobada en la adopción del decreto. En dicha constatación goza de un amplio margen de discrecionalidad, pero en todo caso el acto definitivo está sujeto al logro de una mayoría calificada de los miembros de la Comisión Delegada, la cual está integrada por el Presidente, los Vicepresidentes y los Presidentes de las Comisiones Permanentes (actualmente quince), es decir, por dieciocho miembros, por lo que las dos terceras partes arroja un número equivalente a doce de sus miembros. En suma, la procedencia de estos actos (decretos leyes) requiere que concurran los tres requisitos antes mencionados: la urgencia comprobada, el receso de la Asamblea Nacional y la autorización del decreto por parte de la mayoría calificada de la Comisión Delegada.

D. Efectos

Estos actos normativos entran en vigencia desde su publicación en la Gaceta Oficial, o desde la fecha que ellos mismo indiquen. Debido a su fuerza o rango pueden modificar y derogar leyes y decretos con fuerza de ley que disciplinen servicios públicos, y así mismo crear servicios públicos, y por lo tanto, innovar el ordenamiento jurídico. En otras palabras, tienen los mismos efectos de una ley formal, siendo por tal razón, su vigencia indefinida, pese a que a diferencia de lo pautado en el artículo 236 (num. 8) constitucional, su presupuesto habilitante no está constituido por una Ley, sino por un acto autorizatorio de la Comisión Delegada. Se diferencia de los decretos declaratorios de estados de excepción, o fundamentados en el decreto del estado de excepción que comporte la restricción de garantías, en que los efectos de estos, como los vimos antes, duran hasta tanto esté vigente el correspondiente decreto que les sirve de fundamento. Demás está advertir que sus efectos materiales están reducidos exclusivamente a la creación, modificación o suspensión de servicios públicos. Finalmente, por tener esa fuerza de ley, como es dable pensar, se requiere para su modificación o derogación, un instrumento de igual rango o fuerza (ley, decreto con fuerza de ley).

3. Decretos leyes de facto

Quizás en algunos países, diferentes a los latinoamericanos, resulte totalmente innecesario estudiar esta categoría de actos normativos, máxime si sus ordenamientos contemplan el denominado "*derecho de excepción*", mediante el cual encaran en los límites de la constitucionalidad las crisis de la Constitución. Pero en los latinoamericanos, en los cuales el fantasma de los regímenes de fuerza sigue rondando, su estudio constituye una verdadera necesidad, tanto desde el punto de vista científico como práctico, sobre todo si se toma en cuenta en el caso venezolano, que vivimos la experiencia de dos intentos de Golpes de Estado (febrero y noviembre de 1992), que lógicamente de haber resultado triunfantes seguramente tendrían que haber originado este tipo de instrumentos normativos. Ahora bien, es casi natural que cualquier movimiento insurreccional triunfante (revolución, dictadura militar, etc.) con la finalidad de preservar al máximo su permanencia en el Poder, lo primero que haga sea disolver el órgano de representación popular (Parlamento), y asuma las competencias legislativas de este. De tal manera que el Poder Ejecutivo (Gobierno) acumula la función ejecutiva y legislativa, y al regular determinados sectores de la vida nacional formalmente lo hace mediante decreto, los cuales por tal razón tienen fuerza o rango de ley.

En estricta puridad jurídica todos los decretos dictados por los gobiernos *de facto* deben reputarse nulos, precisamente por derivar su fundamentación de la fuerza, y no de la Constitución, la cual resulta totalmente soslayada. Pero tal nulidad o ilegitimidad, por razones obvias, únicamente puede intentarse hacer valer después del retorno a la normalidad constitucional. Sin embargo, dicha pretensión, sin lugar a dudas, conceptual y políticamente correcta, ha sido objeto de múltiples discusiones, pues admitirla en dichos términos coloca en el tapete la discusión de la ilegitimidad de los decretos leyes *de facto* frente a un principio general del derecho como los es la seguridad jurídica. En efecto, aceptar el predominio de la ilegitimidad y nulidad de los decretos conduciría a un vacío jurídico y; en consecuencia, las relaciones jurídicas nacidas bajo la vigencia de los mismos perderían su base de sustentación, creándose de esa manera un verdadero caos jurídico.

De allí entonces que exista consenso doctrinario (Sayagués Laso, Lares Martínez) acerca de la necesidad, en aras de preservar el principio de seguridad jurídica, de hacer privar esta sobre la lógica ilegitimidad de este tipo de instrumentos normativos; permitiendo de ese modo que sus efectos se extiendan más allá de la duración del régimen *de facto* que les dio vida, o sea, que en cuanto a su vigencia tendrían las mismas características que una ley formal o un decreto con fuerza de ley. Lo que conduce a que únicamente puedan ser derogados por actos normativos de igual fuerza o rango (leyes y decretos con fuerza de ley). Claro está que en caso de que se restablezca la Constitución dejada de lado, queda abierto el camino del control concentrado y difuso de la constitucionalidad sobre aquellos decretos leyes *de facto*, que resulten contrarios al texto constitucional.

Bibliografía

ANDUEZA, JOSÉ. "Las potestades normativas del Presidente de la República". *Estudios de la Constitución*. Tomo I. UCV. Caracas, 1979.

ASAMBLEA NACIONAL CONSTITUYENTE. *Gaceta Constituyente (Diario de Debates)* octubre-noviembre 1999 y noviembre 1999 y enero 2000. Imprenta del Congreso. Caracas, 2000.

BOQUERA OLIVER, JOSÉ. *Derecho Administrativo*. Civitas. Madrid, 1992.

BREWER, ALLAN. "Consideraciones sobre la suspensión y restricción de garantías constitucionales". *Revista de Derecho Público* N° 37. Caracas, 1989.

CARRO M, ANTONIO. "Emergencias constitucionales en España". *Libro Homenaje a José Antonio Trevijano Fos*. Instituto de Estudios de Administración Local. Madrid, 1982.

CASAVOLA, F, PIZZORUSO, A y OTROS. *I Decreti-legge non Convertiti*. Giuffrè. Milano, 1966.

CENTRO DE ESTUDIOS POLÍTICOS y SOCIALES VALENCIA (ESPAÑA). *Dictamen sobre el proyecto de la República de Venezuela* (mimeografiado). Valencia, octubre de 1999.

CERVATI, ANGELO. *La delega legislativa*. Giuffrè. Milano, 1972.

CONGRESO DE LA REPÚBLICA *La Constitución de 1961. Actas de la Comisión Redactora del Proyecto*. Caracas, 1971.

CRISAFULLI, VEZIO. *Lezioni di Diritto Costituzionale*. Cedam, Padova, 1976.

CRUZ VILLALÓN, PEDRO. *Estados excepcionales y suspensión de garantías*. Tecnos. Madrid, 1984.

DE OTTO, IGNACIO. *Derecho Constitucional*. Editorial Ariel. Barcelona, 1988.

DROMI, ROBERTO. *Derecho Administrativo* Ediciones Ciudad Argentina. Buenos Aires, 1996.

DROMI, ROBERTO y EDUARDO MENEM. *La Constitución Reformada*. Ediciones Ciudad Argentina. Buenos Aires, 1994.

ESPOSITO, CARLO. "Decreto-legge". *Enciclopedia del Diritto*. V. XI. Giuffrè. Milano, 1962.

FERNÁNDEZ, GERARDO. Los *decretos-leyes* Editorial Jurídica Venezolana. Caracas, 1992.

FERRARI, GIUSEPPE. "Stato di Guerra". *Enciclopedia del Diritto*. V XIX. Giuffrè. Milano, 1970.

GARCÍA DE ENTERRÍA, EDUARDO y TOMÁS-RAMÓN FERNÁNDEZ. *Curso de Derecho Administrativo*. Civitas. Madrid, 1990.

GARCÍA DE ENTERRÍA, EDUARDO. *Las luchas contra las inmunidades del Poder*. Civitas. Madrid, 1995.

GARCÍA DE ENTERRÍA, E y JOSÉ ANTONIO ESCALANTE. *Código de Leyes Administrativas*. Civitas. Madrid, 1998. 11° edición.

GORDILLO, AGUSTÍN. *Tratado de Derecho Administrativo*. Ediciones Macchi. Buenos Aires, 1986.

HIDRON, HENAO. *Constitución Política de Colombia*. Temis. Bogotá, 1991.

LARES, ELOY. *Manual de Derecho Administrativo*. UCV. Caracas, 1990.

LAROCHE, HUMBERTO. *Instituciones Constitucionales del Estado Venezolano*. Editorial Metas. Maracaibo, 1984.

LAVAGNA, CARLO. *Istituzioni di Diritto Pubblico*. UTET. Torino, 1976.

MARTINES, TEMISTOCLES. *Diritto Costituzionale*. Giuffrè. Milano, 1994.

MERKL, ADOLFO. *Teoría General del Derecho Administrativo*. Editorial Revista de Derecho Privado. Madrid, 1935.

MOLES CAUBET, ANTONIO. "Lecciones de Derecho Administrativo". *Revista de la Facultad de Ciencias Jurídicas y Políticas* N° 84. UCV. Caracas, 1992.

___. *Dogmática de los decretos-leyes*. Centro de Estudios para Graduados de la Facultad de Derecho de la UCV. Caracas, 1974.

PAREJO, LUCIANO, A JIMÉNEZ y OTROS. *Manual de Derecho Administrativo*. Editorial Ariel. Barcelona, 1992.

PENAGOS, GUSTAVO. *Curso de Derecho Administrativo*. Ediciones Librería del Profesional. Bogotá, 1988.

PROCURADURÍA GENERAL DE LA REPÚBLICA. "Medidas Extraordinarias del Presidente de la República. Alcance y Naturaleza". *La Doctrina de la Procuraduría General de la República*. 1975. Caracas, 1976.

QUADRA SALCEDO, TOMÁS. "La delegación legislativa en la Constitución". *Estudios sobre la Constitución Española en homenaje al Profesor Eduardo García de Enterría*. Civitas. Madrid, 1991.

RIVERO, JEAN. *Derecho Administrativo*. UCV. Caracas, 1984.

RONDÓN DE SANSÓ, HILDEGARD. *Los estados de excepción en el derecho venezolano*. Editorial Jurídica Venezolana. Caracas, 1992.

SALAS, JAVIER "Los decretos-leyes en la teoría y la práctica constitucional". *Estudios sobre la Constitución Española en homenaje al Profesor Eduardo García de Enterría*. Civitas. Madrid, 1991.

SANTAMARÍA, JUAN. *Fundamentos de Derecho Administrativo*. Centro de Estudios Ramón Areces S.A. Madrid, 1991.

SANTOLAYA, PABLO. *El régimen constitucional de los decretos-leyes*. Tecnos. Madrid, 1988.

SORRENTINO, FEDERICO. "Le fonti del Diritto". *Manuale di Diritto Pubblico*. Il Mulino. Bologna, 1994.

UNIVERSIDAD CATÓLICA DEL TÁCHIRA. *Las Constituciones de Venezuela*. San Cristóbal, 1985.

CAPÍTULO V: POTESTAD REGLAMENTARIA. REGLAMENTOS. CLASES DE REGLAMENTOS. RESERVA LEGAL Y POTESTAD REGLAMENTARIA

I. FUNDAMENTO DE LA POTESTAD REGLAMENTARIA

1. Premisa introductoria

Actualmente, como sostiene la mayoría de la doctrina, desde el punto de vista práctico es relativamente sencillo encontrar el basamento de la potestad reglamentaria, en virtud de que resulta casi imposible para el Parlamento asumir la totalidad de la tarea normativa en un Estado y mucho menos prever todas las circunstancias que se puedan presentar en la ejecución de las leyes, máxime cuando la técnica legislativa impone que las leyes sienten principios generales, correspondiéndole a la Administración el establecimiento de los requisitos, circunstancias, detalles, etc., que conduzcan a su mejor aplicación, lo que a su vez supone una notable ventaja, en razón de que el procedimiento reglamentario es expedito y rápido, frente al lento y complejo del legislativo, de tal manera que permite hacer las modificaciones que aconseje el contexto socioeconómico que sirva de marco a la ejecución de la Ley.

En esta perspectiva, netamente pragmática, hay además que tomar muy en cuenta los grandes y fundamentales cometidos que después de la Segunda Guerra Mundial han sido asignados a las Administraciones Públicas, lo que ha tornado sumamente compleja su estructura organizativa, razón por la cual dichas Administraciones necesitan estar adaptándose a los constantes cambios que se producen en la sociedad para poder lograr medianamente sus cometidos. Pero esa adaptación resultaría bastante difícil sino tuvieran conferida la facultad de dictar reglamentos para la mejor aplicación de la Ley, así como para cubrir los vacíos derivados de la inexistencia de actos de rango legal.

De modo, pues, que resulta inconcuso el soporte práctico de la potestad reglamentaria atribuida a la Administración, sin embargo, cuando se trata de hallar el soporte jurídico de esa potestad, entonces la situación se complica bastante, en virtud de que se han formulado muchas tesis con tal finalidad, algunas de ellas contrapuestas, de las cuales pasamos a examinar las más importantes.

2. Tesis doctrinarias sobre el fundamento

En doctrina se han esbozado varias tesis para tratar de explicar el título jurídico que faculta a la Administración para dictar reglamentos, entre otras las relativas a la "*identificación entre potestad reglamentaria y poder discrecional*" (potestad discrecional de la Administración como fundamento de la reglamentaria) y a la "*atribución expresa por el Ordenamiento Jurídico*" (Derecho Positivo como fundamento único de la potestad reglamentaria).

A. Como expresión del poder discrecional de la Administración Pública

Esta postura doctrinaria parte del principio según el cual el poder discrecional resulta natural a la Administración Pública para el desarrollo de su actividad. Por tanto, se afirma que si la Administración Pública tiene la facultad de emanar actos discrecionales en las materias que entran en su esfera de competencia, entonces tendrá también la faculta de dictar preventivamente actos normativos válidos para todos los casos iguales. Inclusive llegó a sostenerse que de esa manera la Administración se autolimitaba frente a los ciudadanos, pues al dictar una regla general renunciaba a decidir libremente frente a cada caso concreto. A esta tesis la doctrina mayoritaria ha opuesto un argumento bastante consistente, relativo a que no siempre la autoridad administrativa, en ejercicio de su poder discrecional, está facultada para dictar actos normativos, o mejor dicho, que no siempre existe coincidencia entre poder discrecional y potestad reglamentaria, en virtud de que esta última no es atribuida a todos los titulares del primero, sino más bien casi exclusivamente a los máximos órganos del Poder Ejecutivo (Bassi 1995, Amato 1994, Galateria 1993). A lo anterior agrega García De Enterría (1990) que actos administrativos y reglamentos son dos figuras radicalmente diferentes e irreductibles, lo que a su juicio constituye un obstáculo insuperable para los partidarios de la tesis en comento. Una modalidad de la tesis anterior es postulada por Sayagues Laso (1963), quien sostiene que la potestad reglamentaria es inherente a la Administración Pública, en virtud de que a los fines de lograr sus múltiples cometidos, no solo requiere dictar actos singulares, sino también actos normativos; de allí que sostenga que "*el poder reglamentario radica, pues, en la naturaleza misma de la función administrativa*". Esta tesis, si bien se fundamenta en estrictas razones prácticas, ya comentadas, no logra asentarse en razonamientos jurídicos.

B. Como atribución del ordenamiento jurídico

Frente a la tesis anterior, en sus diversas modalidades, surge la derivada del Derecho positivo, que postula que no se trata de que la potestad reglamentaria sea inherente a la Administración Pública, ni que entre en su esfera de poder discrecional, sino que es una atribución expresa del ordenamiento jurídico. Por consiguiente, la Administración solo tendría esa potestad, si la misma aparece consagrada en una norma de rango constitucional o legal; de lo contrario no podrá ser ejercida por la Administración Pública. Conviene acotar que la tesis en comento se encuentra recogida en el artículo 97 de la Constitución española, y que en Italia la Ley 23 agosto 1988 N° 400, puso fin a la discusión sobre el fundamento de la potestad reglamentaria, la cual antes de esa fecha pretendía derivarse de la Constitución (art. 87) y del Código Civil (art. 10), debido a que estableció expresamente en su artículo 17, los diversos tipos de reglamentos (ejecutivos, independientes, de organización, etc.), así como la disciplina para su formación. Igualmente la Constitución Francesa de 1958 consagra claramente en su artículo 37 la potestad reglamentaria, todo lo cual revela que la tendencia en el Derecho Comparado pareciera respaldar esta tesis.

3. Fundamento de la potestad reglamentaria en Venezuela

Desde 1893 Venezuela se inscribe dentro del sistema que postula la necesidad de la atribución de la potestad reglamentaria por una expresa disposición del ordenamiento jurídico, pues en la Constitución de ese año fue consagrada la aludida potestad al Ejecutivo Nacional, pero únicamente referida a la ejecución de las leyes, dando lugar exclusivamente a los denominados reglamentos ejecutivos, tal como aparece dispuesto en el artículo 236 (num. 10) de la Constitución de 1999, que dicho sea de paso, repite en términos idénticos, la disposición contenida en el artículo 190 (ord. 10°) de la Constitución de 1961. De modo, pues que no existe ninguna duda acerca del fundamento constitucional de este tipo de potestad reglamentaria, mas no ocurre lo mismo con el relativo a la facultad de dictar reglamentos que no estén destinados a ejecutar una Ley, sino más bien a ocupar el espacio dejado libre por las leyes (reglamentos autónomos o independientes).

La carencia de dicho fundamento se debe a que no existe ninguna previsión constitucional que atribuya esa clase de potestad a la Administración, lo que sin embargo no puede considerarse descontextualizado en nuestra Constitución, pues esta apenas contiene cuatro esquemas normativos que están referidos a los reglamentos: el citado artículo 236 (num. 10), el 293 (num. 1) que confiere al Poder Electoral la potestad de reglamentar las leyes electorales; el 324 que atribuye a la Fuerza Armada Nacional la facultad de reglamentar de acuerdo con la ley respectiva, la fabricación, importación, exportación, almacenamiento, tránsito, registro, control, inspección, comercio, posesión y uso de otras armas distintas a las de guerra, municiones y explosivos, y el 266 (num. 5), que confiere al TSJ la competencia para declarar la nulidad de los reglamentos dictados por el Ejecutivo Nacional.

Solo si esta última disposición es interpretado aisladamente, o sea, sin realizar la debida armonización con el primero y, por ende, fuera del contexto constitucional, lo que resulta contrario a precisas reglas de hermenéutica jurídica, podría pretenderse justificar, más que explicar, la facultad del Ejecutivo para dictar casi a diario reglamentos independientes.

Decimos justificar porque el ejercicio de dicha "*facultad*" se ha transformado en una "*práctica*" aceptada pacíficamente por la doctrina y la jurisprudencia venezolana que, inclusive en algunos casos, como veremos cuando examinemos este tipo de reglamentos, resulta excesiva, por decir lo menos.

Precisamente porque Lares Martínez (2000) no encuentra ningún fundamento de derecho positivo a esta clase de potestad reglamentaria, acude a la tesis de *la "inherencia de la potestad reglamentaria a la función administrativa"* y sobre la base de la misma apunta:

> ...y no es admisible el punto de vista que reclama la necesidad de un texto constitucional o legal atributivo de la competencia expresa para dictar reglamentos, porque ello está en contradicción con la práctica de todos los países en los cuales se reconoce a los órganos ejecutivos la facultad de dictar reglamentos.

Al respecto bastaría señalar que, como hemos visto en los tres países tomados como paradigmas (Francia, Italia y España), la potestad reglamentaria no se deriva de una práctica, como sostiene Lares, sino de expresas disposiciones de sus respectivos ordenamientos jurídicos. Y sobre el argumento de la práctica, conviene traer a colación la respuesta de Carre De Malberg (1948) a Duguit sobre un razonamiento semejante, expresada así: "*cada vez que los autores se ven reducidos a invocar la costumbre para justificar un estado de cosas establecido de hecho, ello parece decir que dicho estado de cosas carece de base en derecho*". En conclusión, la tesis predominante en Venezuela, en nuestro criterio, acerca del fundamento de la potestad reglamentaria debería ser, sin duda, la que postula su derivación de una norma expresa del ordenamiento jurídico.

II. TIPOLOGÍA Y NATURALEZA DE LOS REGLAMENTOS

1. Premisa introductoria

La doctrina suele clasificar a los reglamentos atendiendo a distintas variables, destacándose las clasificaciones que se afincan en las denominadas variables objetivas y subjetivas. En el primer caso la base de construcción radica en la relación del reglamento con la Ley (ejecutivos, independientes, de necesidad, delegados, etc.), y en el segundo, en la titularidad del órgano de donde emana el reglamento (nacionales, estadales, municipales, ministeriales, de órganos autónomos, etc.). En este acápite abordaremos únicamente la clasificación basada en la variable objetiva, porque la segunda la estudiaremos en el punto relativo a la disciplina de la potestad reglamentaria en Venezuela.

Al respecto cabe recordar que en 1865 LORENZ VON STEIN, citado por SANTAMARÍA (1991), basado en el aludido criterio objetivo elaboró una clasificación de los reglamentos, siguiendo el modelo que sirvió a la doctrina para clasificar a la costumbre en su vinculación con la Ley. Fue así como se refirió a los reglamentos *secundum legem* o ejecutivos, dictados para la mejor aplicación y desarrollo de la Ley, *praeter legem* o independientes, dictados para cubrir los espacios normativos dejados libres por el legislador, y *contra legem* o de necesidad, dictados en determinadas condiciones políticas, sociales o económicas, razón por la cual contradecían a las leyes vigentes.

La clasificación de VON STEIN, dado el desarrollo de la potestad reglamentaria para la época en que fue propuesta tuvo acogida doctrinaria, pero resultó superada hace ya bastante tiempo, pues la colaboración ley-reglamento ha originado nuevas modalidades reglamentarias, e inclusive hasta la categoría clásica de los reglamentos ejecutivos está en proceso de discusión, dado los matices que puede adoptar, como son los reglamentos delegados, la remisión normativa y la deslegalización. Por esa razón trabajaremos esta clasificación adicionándole las referidas nuevas modalidades reglamentarias.

2. Reglamentos ejecutivos

Son aquellos actos normativos dictados por la Administración o el Gobierno para ejecutar un ley preexistente, o para "*desarrollar los preceptos de una Ley anterior*" (GARRIDO FALLA, 1989). Observamos que la definición resulta sumamente sencilla, pero la complejidad del asunto radica precisamente en lo que debe entenderse por "*ejecución de la Ley*", pues con el transcurso del tiempo dicho concepto ha ido adquiriendo nuevas connotaciones. Así por ejemplo, la mayoría de los autores están contestes en que la potestad reglamentaria ejecutiva no se reduce únicamente al establecimiento de normas que posibiliten la ejecución propiamente de la Ley, por ejemplo, la creación de un órgano de inspección, o de control que resulta necesario para el funcionamiento del servicio regulado en la Ley, sino que esas normas pueden *detallar, explicar, desarrollar, complementar e interpretar* a la ley reglamentada, lógicamente siempre que no contrasten ni innoven en relación a lo establecido por el texto legislativo, o dicho en términos del Derecho Venezolano, que no alteren el espíritu, propósito y razón de la ley. Así por ejemplo, una ley puede atribuir derechos o facultades a los ciudadanos, y el reglamento complementarla estableciendo las modalidades de su ejercicio; igualmente una ley puede contener la disciplina básica sobre la creación de un ente o un órgano complejo y dejar al reglamento el establecimiento de la estructura organizativa. Así mismo el reglamento a los fines de detallar la ley, puede especificarla mediante la interpretación de algunos de los términos utilizados en ella.

Por consiguiente, actualmente no resulta fácil determinar en abstracto los límites del reglamento ejecutivo, pero el problema se torna más complejo aun cuando de lo que se trata es lograr determinar si efectivamente el reglamento excede los límites impuestos en la ley reglamentada, o dicho de otra manera, si colide con el texto legislativo. Abordar esa problemática pasa por intentar dilucidar el concepto de "*ejecución*" manejado doctrinaria, pero sobre todo jurisprudencialmente en cada ordenamiento jurídico, pues si predomina la tesis de la "*mera ejecución*", entonces habrá que aceptar que todo reglamento que no reproduzca a escala la ley deberá reputarse violatorio de la misma, o si por el contrario se admite la tesis expuesta anteriormente, que postula que este tipo de instrumentos normativos puede, según los casos, *detallar, explicar, complementar, desarrollar e interpretar* la ley reglamentada, es decir, que supera o mejor dicho contradice abiertamente la postura de la "*reproducción a escala*" de la ley.

Ha de advertirse que la segunda posición doctrinaria conduce a plantearse la evaluación del asunto, como sostiene Moles Caubet (1994), de la relación Ley-Reglamento, no en términos de *conformidad*, sino más bien *de no contrariedad*. Así al parecer lo admitió la extinta Corte Suprema de Justicia, en Sala Político Administrativa, en una sentencia 14-05-1988, que examinaremos más adelante.

En todo caso conviene insistir en que el problema de la determinación de los límites, aun así, resulta complejo, debido a que no existe una regla operativa, que permita *ipso facto* establecer la conformidad o inconformidad, o la no contrariedad del reglamento con la ley, pues al fin y al cabo de lo que se trata es de interpretar correctamente ambos instrumentos normativos, a los fines de determinar si "*la novedad*" presente en el reglamento es de tal naturaleza que se traduzca en una "*diversidad*", o mejor dicho, en una contrariedad con la disciplina contenida en la ley, ya que únicamente en ese caso el reglamento habrá excedido los límites explícitos e implícitos a que debe sujetarse.

De todas maneras debemos advertir que algunas veces la contradicción o no contradicción, se deriva de un proceso interpretativo muy afinado, y hasta sutil, así por ejemplo, si una ley concede derechos subjetivos a los ciudadanos, y el reglamento establece un término de caducidad para el ejercicio de los mismos, perfectamente podría alegarse que se trata de una ostensible restricción del derecho consagrado en la ley, la cual no puso límites a su ejercicio, pero igualmente podría alegarse, desde la otra perspectiva, que la colocación del término resulta legítima, porque la necesidad de su imposición está presente implícitamente en el espíritu de la ley, ya que de lo contrario, como el ejercicio del derecho comporta la erogación de prestaciones pecuniarias, afectaría en forma indefinida la planificación que debe realizar periódicamente la Administración. De lo expuesto se colige que en situaciones límites, no queda más que resolver caso por caso, basándose fundamentalmente en la correcta interpretación de ambos instrumentos normativos, para lo que a su vez resulta necesario utilizar adecuadamente los métodos hermenéuticos que resulten pertinentes; de allí entonces la complejidad del asunto, pues al final termina siendo un problema de interpretación del derecho, que como se sabe es uno de los fundamentales de la ciencia jurídica.

Por otro lado, es necesario señalar que la técnica de incluir normas interpretativas de términos utilizados por la ley reglamentada, debe ser evaluada cuidadosamente, a los fines de asumir una posición al respecto, en razón de que la facultad de interpretar la ley corresponde al Poder Judicial, por tanto, perfecta y legítimamente un juez puede separarse de la interpretación contenida en el reglamento, lo que en el fondo constituiría una inaplicación, porque la "*interpretación reglamentaria*" está contenida en una norma que integra una fuente del Derecho. Inclusive el titular de un órgano administrativo frente a una situación semejante, también podría asumir esa misma conducta.

Es necesario precisar que la ejecución de la ley puede ser parcial o general; en el primer caso se reglamentan determinados preceptos de la ley, luego, pueden haber tantos reglamentos parciales como sean necesarios, y en el segundo, todos los preceptos, dando lugar a un reglamento general. Así mismo cabe apuntar que la modificación de una ley, e inclusive su reforma total, que con anterioridad había sido reglamentada, no necesariamente implica la derogatoria del reglamento de esa ley derogada, pues el mismo sigue vigente, y por tanto, aplicándose, claro está, dentro de los límites derivados de la compatibilidad con la nueva ley o la ley modificada, lo que quiere decir, que el reglamento eventualmente podrá contener, desde el punto de vista formal, normas vigentes y normas derogadas. En todo caso la derogatoria total puede producirse si la nueva ley o la ley modificada así lo consagra expresamente, o implícitamente, cuando el reglamento resulta total y absolutamente incompatible con la ley, situación esta bastante difícil de configurarse.

3. Reglamentos independientes o autónomos

Los reglamentos independientes o autónomos son aquellos dictados por la Administración o el Ejecutivo sin estar vinculados a una ley preexistente, en ámbitos materiales que no han sido regulados previamente por las leyes. Por consiguiente, tienen una finalidad distinta a detallar, desarrollar o integrar leyes, la cual consiste en regular materias, cuyo tratamiento el legislador ha olvidado, o sencillamente ha disciplinado fragmentariamente. Ahora bien, cabe advertir que doctrinariamente suelen utilizarse como sinónimos los términos "*independiente*" y "*autónomo*", porque con ambos se pretende evidenciar su desvinculación con una ley determinada o preexistente, sin embargo, es necesario subrayar que en todos los países pertenecientes al denominado sistema de Derecho Continental, incluyendo lógicamente al nuestro, dichos términos tienen un valor relativo, porque únicamente sirven para identificar una categoría de reglamentos atendiendo a la variable objetiva, pues no es posible darles valor absoluto, dado que todo reglamento es por definición una normación secundaria, razón por la cual de una u otra forma está subordinado a la Ley, es decir, en estricta puridad jurídica no son independientes ni autónomos de la ley.

Aun en el contexto de relatividad que acompaña a los aludidos términos, una parte de la doctrina ha intentado diferenciarlos, señalando que el reglamento autónomo es aquel que se dicta en materias que únicamente entren en la esfera de competencia del poder reglamentario, como es el caso, por lo menos desde el punto de vista teórico o literal, del artículo 37 de la Constitución Francesa de 1958. También se considera como tal el dictado como manifestación de la autonomía propia de los entes del Estado (BAÑO LEON, 1991). En cambio, el reglamento independiente es aquel que dicta la Administración o el Ejecutivo, en materias que entran en la esfera de competencia del Poder Legislativo, pero que no han sido disciplinadas por dicho Poder, siempre y cuando las mismas no formen parte de la denominada reserva legal.

Como expresamos anteriormente, pese a que en algunos países la tendencia pareciera dirigida a positivizar la potestad de la Administración para dictar esta clase de reglamentos independientes, hay que reconocer que en algunos de ellos tal positivización se realiza en forma expresa, como en el caso de Italia, en el cual aparece en la Ley de 1988 antes señalada, colocando a la reserva legal como límite infranqueable por este tipo de reglamentos; en cambio, en otros, como en el caso de España, la Constitución (art. 97) confiere al Gobierno la potestad reglamentaria en forma genérica, sin diferenciar entre reglamentos ejecutivos e independientes, lo que ha suscitado y aún suscita vivas discusiones doctrinarias, al punto que un autor tan respetado científicamente en ese país, como GARCÍA DE ENTERRÍA (1990), a la luz de la previsión contenida en el citado artículo 97, postula en forma general la existencia de los reglamentos independientes, pero admitiéndolos exclusivamente en la esfera interna de la Administración. Sin embargo, tanto el Consejo de Estado como el Tribunal Supremo admiten su validez más allá de la limitación señalada por el mencionado autor.

Es importante destacar que pese a la discusión suscitada en torno a este tipo de reglamentos, la cual ya dura más de un siglo en Europa, todavía en la mayoría de los países no se le ha dado un tratamiento claro a la materia a nivel jurisprudencial, y mucho menos de Derecho positivo, no obstante las Administraciones continúan dictando cada día con mayor frecuencia reglamentos independientes; por lo tanto, pareciera conveniente reabrir la discusión, pudiendo tomar como modelos la Constitución española y la Ley italiana antes citadas.

Cabe precisar que los reglamentos independientes pueden disciplinar cualquier materia que no haya sido regulada por ley, siempre que la misma no sea de reserva legal, como lo veremos más adelante, porque reiteramos que pese a su "*independencia*", son esencialmente instrumentos normativos jerárquicamente subordinados a la ley, por lo que cualquier ley puede derogarlos, y así mismo una vez que la potestad legislativa es ejercida por el Parlamento en una materia que no sea de reserva legal, dicha materia en virtud de lo que la doctrina ha denominado la "*congelación del rango*", derivada del principio de jerarquía normativa, no podrá ser en lo adelante normada por reglamentos independientes o autónomos, sino por Ley o por actos que tengan fuerza o valor de Ley.

4. Reglamentos delegados (deslegalización)

La doctrina suele aludir a la categoría de reglamentos delegados –autorizados también los denomina la doctrina italiana–, siendo definidos como aquellos que resultan el producto normativo que surge de un proceso de deslegalización, figura esta que en criterio de GARCÍA DE ENTERRÍA consiste en:

> ...la operación que efectúa una Ley que, sin entrar en la regulación material de un tema, hasta entonces regulado por Ley anterior, abre dicho tema a la disponibilidad de la potestad reglamentaria de la Administración (...)
> Una Ley de deslegalización opera como contrarius actus de la Ley anterior de regulación material, pero no para innovar directamente esta regulación, sino para degradar formalmente el rango de la misma de modo que pueda ser modificada en adelante por simples reglamentos (énfasis añadido).

Por cuanto el proceso descrito por el citado autor (deslegalización) de alguna manera afecta el principio de jerarquía normativa, y sobre todo el de preferencia de la ley frente al reglamento, porque sustantivamente, aun cuando se sostenga que en el mismo previamente se configura una degradación del rango de la ley, lo que a primera vista parece es que mediante un reglamento resulta posible modificar o derogar un acto con fuerza o rango de Ley, razón por la cual actualmente, esta concepción, es motivo de amplias discusiones en el Derecho Público. En esa polémica resulta necesario tener en cuenta que pese a que algunos autores consideran a la deslegalización como una novedosa técnica de colaboración entre la ley y el reglamento, su origen parece remontarse en Italia a principios del siglo pasado (Fascismo) y en España a la época del Franquismo, lo que dicho sea de paso, no significa que dicho origen *per se* la descalifique como técnica legislativa, pero sí puede contribuir a generar dudas acerca de su pertinencia conceptual, sobre todo en aquellos países en que no encuentra una consagración expresa en sus respectivos ordenamientos jurídicos.

Lo cierto es que siendo una categoría polémica, al igual que los reglamentos a que da origen, pareciera, en aras de la seguridad jurídica, que su consagración debería hacerse en forma expresa, y no implícita, en cada ordenamiento jurídico, como ocurrió en Italia mediante La Ley 23 de agosto 1988, N° 100, cuyo artículo 17, segundo aparte, establece que los reglamentos delegados deben ser emanados en forma de reglamentos gubernativos (Decreto del Presidente de la República, previa deliberación del Consejo de Ministros, y oída la opinión del Consejo de Estado), con la finalidad de disciplinar materias no cubiertas por la reserva absoluta de ley. Así mismo prevé que la ley que contenga la deslegalización debe establecer que la abrogación o modificación que incida sobre las materias reguladas por leyes anteriores, operará una vez que entren en vigor las normas reglamentarias.

En todo caso, el examen de la legislación italiana, la doctrina del mismo país, así como la doctrina española, en materia de reglamentos delegados o autorizados, nos permite derivar los siguientes principios:

i) Debe producirse la deslegalización, caso por caso, de cada una de las materias que van a ser objeto de disciplina por parte de la Administración, mediante la correspondiente Ley formal. Esto es, sin ley preexistente no es posible reglamento delegado, y en ese sentido, cabe observar que son más parecidos a los reglamentos ejecutivos que a los independientes. En efecto, si bien la deslegalización se trata de un mecanismo configurado en abstracto, ello no significa que se atribuya una competencia general y permanente a la Administración, como ocurre con los reglamentos ejecutivos. Por lo tanto, para que dicho mecanismo resulte operativo requiere necesariamente de las respectivas leyes de deslegalización.

ii) Los reglamentos delegados no son los que determinan los efectos modificatorios o derogatorios de las leyes preexistentes, sino las leyes de deslegalización, ya que los primeros funcionan como condiciones establecidas por dichas leyes para que el referido efecto se verifique, razón por la cual los reglamentos siguen siendo de rango sublegal, aun cuando ocupen espacios legislativos, o deroguen leyes anteriores, en virtud de que -reiteramos- la "*degradación*" de esas leyes es el resultado de disposiciones de las leyes de deslegalización.

iii) La ley italiana crea la figura de los reglamentos delegados y establece como límite infranqueable por los mismos, a la reserva legal. Dicho de otra manera: está prohibida la deslegalización en materias que la Constitución reserva a la ley. Con esta tesis concuerda toda la doctrina española, inclusive la que asoma dudas sobre la validez de esta técnica legislativa, y por supuesto sobre la validez de los reglamentos delegados. Así también lo ha declarado en reiterados fallos el Tribunal Constitucional, cuando le ha correspondido pronunciarse sobre leyes sancionadas para habilitar al Gobierno con la finalidad de que dicte disposiciones reglamentarias en materia de tributos, en virtud de que conforme a la Constitución esa es una materia que forma parte de la reserva legal.

iv) Sostiene GARCÍA DE ENTERRÍA que la ley de deslegalización carece de contenido material normativo, por lo cual no es una ley directamente aplicable, ya que su "*único contenido es la manipulación de los rangos para abrir la posibilidad a los Reglamentos de entrar en una materia hasta entonces regulada por Ley*". Si bien esta pareciera ser la regla, pudiera ocurrir que la ley de deslegalización al establecer las normas "*degradatorias*" de las leyes vigentes, fijara unos criterios mínimos que debería respetar el reglamentista, pero en ese caso es necesario hacer notar que el reglamento cabalgaría entre el ejecutivo y el delegado, en virtud de que tendría como límite dichos criterios (ejecutivo), pero a la vez tendría un espacio libre en la cual se insertarían normas, naturalmente reglamentarias, que podrían modificar o derogar disposiciones legales, lo que al fin y al cabo sería lo determinante para identificar esta tipología de reglamentos.

5. Reglamentos de necesidad

Son instrumentos normativos que rompen con el principio de primacía de la ley (*contra legem*), en virtud de que pese a que emanan del Gobierno derogan leyes preexistentes. Son dictados sobre la base de la configuración de un estado de necesidad, esto es, la concurrencia de diversos tipos de situaciones en la Nación, tales como graves alteraciones del orden público, estados de emergencias derivados de razones económicas o de catástrofes, gobiernos provisionales, guerras, etc. Los autores que defienden la pertinencia de estos instrumentos normativos, sostienen que en estos casos la Administración no hace más que aplicar la máxima de derecho romano *salus populi suprema lex esto*, lo que permite -como expresamos antes- romper con el viejo principio liberal de la supremacía de la Ley. En ese mismo orden de razonamiento considera García De Enterría que: "*Hay una reserva de poder último en la Administración que no sólo le permite, sino que la obliga a actuar en la situación de 'circunstancias excepcionales' para salvar los valores sociales supremos*".

Como es dable imaginarse, la figura de los reglamentos de necesidad surge históricamente sin ninguna base constitucional ni legislativa, es decir, se trata de un "*hecho*" que, *a posteriori*, la doctrina trata de explicar o justificar acudiendo a la citada tesis de las circunstancias excepcionales. Quizás la respuesta legislativa más contundente, según Santamaría, provino de los autores de la Constitución alemana de Weimar, cuyo artículo 48 habilitaba al Presidente de la República para que dictase reglamentos de necesidad.

Ahora bien, como acertadamente lo asienta una parte de la doctrina, cuando los reglamentos de necesidad se positivizan pierden su esencia, la cual radica precisamente en que son dictados sin ninguna fundamentación normativa, sobre la base de la configuración de unas circunstancias excepcionales, para derogar transitoriamente expresas disposiciones legales (*contra legem*). Por ello, cuando atendiendo a esas razones se traza una disciplina legislativa o constitucional sobre los mismos, entonces estaremos, como sostiene Garrido Falla, ante decretos leyes y no ante reglamentos de necesidad, razón por la cual carecería de pertinencia seguir estudiándolos, como actos normativos sublegales, dentro de la potestad reglamentaria de la Administración, reservando dicho estudio para la categoría denominada actos con fuerza o valor de ley.

6. Reglamentos administrativos y jurídicos

Estas categorías de reglamentos tienen fundamentalmente un valor académico e histórico, y las mencionamos brevemente porque todavía algunos manuales suelen ocuparse de ellas. En efecto, tales categorías surgen en el marco de la discusión suscitada a finales del siglo XIX en Alemania en torno al concepto de ley material y de reserva de ley, de los cuales fueron protagonistas LABAND y JELLINEK. En ese orden de ideas postulaban dichos autores que ley en sentido material era la que contenía proposiciones jurídicas, razón por la cual incidía sobre las situaciones jurídicas de los ciudadanos; por tanto, un reglamento que innovara o modificara el derecho existente en lo atinente a los derechos y deberes de los ciudadanos, contenía proposiciones jurídicas, pero en ese caso, por tratarse en realidad de una "*ley material*" solo podía ser dictado por la Administración, previa aprobación de la Dieta o Parlamento; por esa razón eran denominados reglamentos jurídicos o normativos. En cambio, los reglamentos que no contenían proposiciones jurídicas, en virtud de que surtían efectos únicamente en el seno de la organización administrativa (*ad intra*), no requerían autorización del Parlamento para ser dictados por la Administración, y por esa razón eran denominados reglamentos administrativos.

Esta clasificación fundamentada exclusivamente en la naturaleza de las proposiciones que contienen los reglamentos, carece actualmente, en la mayoría de los países donde aparece consagrada la potestad reglamentaria, de importancia, puesto que si bien en estos se fijan límites a la misma, dichos límites no están referidos al requerimiento o no de la autorización parlamentaria para la emanación de los reglamentos en función de su contenido (proposiciones jurídicas o no). Queda, pues, la clasificación en comento como un dato académico importante para comprender la evolución de la potestad reglamentaria, sobre todo en Alemania, pero que no ha encontrado acogida en la mayoría de los países occidentales, y como resulta lógico, tampoco en el nuestro.

III. NATURALEZA JURÍDICA DE LOS REGLAMENTOS (DIFERENCIA ENTRE REGLAMENTOS Y ACTOS ADMINISTRATIVOS. REFERENCIA A LA CONSTITUCIÓN DE 1999)

1. Premisa introductoria

Los autores han dado múltiples definiciones de reglamento, pero todas o casi todas tienden a resaltar su aspecto formal de acto administrativo, y su aspecto material de acto normativo. Quizás la más clásica de dichas definiciones sea la de ZANOBINI (1958): "*acto formal-*

mente administrativo y substancialmente normativo", pero en ese mismo sentido se orientan otros autores: "*Toda disposición jurídica de carácter general dictada por la Administración Pública y con valor subordinada a la Ley*" (Garrido Falla, 1992). "*Son las normas que aprueban el Gobierno y la Administración pública*" (Cosculluela Montaner, 1993), "*El acto unilateral dictado en ejercicio de la función administrativa que crea normas jurídicas generales*"(Dromi, 1996). "*Actos administrativos de efectos generales*" (Lares Martínez).

Ahora bien, esa orientación doctrinaria ha generado una discusión acerca de la naturaleza del reglamento, pues una parte lo considera como un acto administrativo, y otra le niega ese carácter, privilegiando su carácter normativo (acto normativo). Actualmente la tendencia dominante pareciera apuntar hacia la última tesis, esto es, a establecer una neta diferenciación entre el reglamento y el acto administrativo (Santamaría 1991, García De Enterría 1990, Galateria 1993), la cual tiene una real importancia en muchos países, dado que tanto el acto administrativo como el reglamento -si se admite la diferenciación- tienen la misma apariencia externa e igual denominación formal, por ejemplo decretos y resoluciones, en virtud de que están regulados por regímenes jurídicos substancialmente distintos; de allí la necesidad, en caso de admitirse la diferenciación -insistimos- de esbozar, aunque sea sucintamente, los fundamentos teóricos de esa diferenciación, o mejor dicho, del carácter fundamentalmente normativo de los reglamentos.

2. Posturas doctrinarias acerca del carácter esencialmente normativo de los reglamentos

Santamaría Pastor hace un censo de las principales tesis aludidas en el epígrafe, citando las siguientes:

a) *La de la generalidad*, que al parecer es la que tiene mayor aceptación, y la primera formulada cronológicamente, encontrando gran acogida en la doctrina francesa. Su fundamentación radica en la consideración del reglamento como un acto general, en virtud de que está dirigido a un número indeterminado o indeterminable de destinatarios, pertenecientes a una categoría abstracta (los venezolanos, los militares, las mujeres, etc.); en cambio, el acto administrativo está dirigido a un número de destinatarios determinados o determinables, e identificables individualmente (la orden de demolición de un edificio, la imposición de una multa, la negativa de una licencia, etc.), casos en los cuales siempre es posible conocer a sus destinatarios.

ii) *La de la abstracción*, que a veces se confunde con la de la generalidad, es fundamentalmente de factura italiana (Carnelutti, Romano, Guarino), excluye el problema de la determinación o identificación de los destinatarios del reglamento, y postula que la nota esencial que caracteriza a este instrumento normativo es su carácter abstracto, en virtud de que contiene previsiones programáticas que a nivel de aplicación son infinitas, o dicho en términos de SANTAMARÍA (1991): *"el carácter abstracto del objetivo de la norma: esto es, el supuesto de hecho al que el mandato se refiere (p.e. realizar vertidos tóxicos a los cauces públicos), o de la acción que la norma impone"*.

De tal manera que estas previsiones programáticas o hipotéticas contenidas en el reglamento lo tornan aplicable cuantas veces resulte necesario; en cambio, cuando la previsión es única y concreta, como en el caso de los actos administrativos, se extingue inmediatamente después de su realización, aun en el caso de que el número de destinatarios sea indeterminable, por ejemplo, cuando el acto consiste en la convocatoria a un procedimiento de contrataciones públicas (concurso abierto).

iii) *La de la novedad del reglamento*, de factura fundamentalmente alemana (LABAND, JELLINEK, seguida en Italia, por SANDULLI), postula que el reglamento innova o es potencialmente idóneo para innovar el ordenamiento jurídico, creando nuevas normas jurídicas, o modificando las vigentes.

iv) *La teleológica*, cuyo autor es GIANNINI, y tiene su fundamentación en el fin distinto que persiguen actos administrativos y reglamentos, ya que los primeros, procuran obtener un fin concreto, que constituye su motivo, y los segundos *"la reglamentación abstracta de relaciones jurídicas con el objeto de constituir el ordenamiento jurídico"*.

Las dos primeras tesis son las que cuentan con mayor número de adherentes, siendo la segunda -la de la abstracción o generalidad objetiva- adoptada con matices por GARCÍA DE ENTERRÍA en España, bajo la denominación de "*ordinamental*", habiendo logrado en ese país lo que podría denominarse un suceso doctrinal y jurisprudencial, en virtud de que los Tribunales la han acogido enteramente en sus fallos. En ese mismo sentido se ha pronunciado la gran mayoría de la doctrina, sin que eso signifique la inexistencia de disidentes, como veremos más adelante. Pero por tratarse de una tesis que ha tenido recepción en un país, cuyo Derecho cada vez ejerce más influencia en el nuestro, pero sobre todo porque nos resulta bastante convincente, pasamos a exponerla sucintamente:

Según el citado autor el reglamento se distingue del acto administrativo, porque el primero se integra al ordenamiento jurídico, en cambio el segundo:

> ...es algo "ordenado", producido en el seno del ordenamiento y por éste previsto como simple aplicación del mismo. El Reglamento in-

nova el ordenamiento (deroga otro Reglamento anterior, crea normas nuevas), el acto se limita a aplicar el ordenamiento a un supuesto dado o por dicho ordenamiento previsto.

Tal distinción teórica se virtualiza así: el acto administrativo, casi siempre se traduce en la aplicación de una norma a un destinatario concreto, por ejemplo, en el caso de la destitución de un funcionario público, o de la imposición de una sanción de expulsión a un estudiante universitario, mas el reglamento tiene un círculo de destinatarios indeterminado e indeterminable. No obstante, puede ocurrir que verdaderos actos administrativos tengan un círculo de destinatarios, también indeterminado y hasta indeterminable, por ejemplo, la clásica orden de policía, citada por los autores, dada a toda una ciudad para que limpien sus aceras después de una nevada, lo que podría conducir a pensar que el criterio de diferenciación expuesto cedería, pero el mencionado autor señala que más bien contribuye a reforzarlo, puesto que pese a su carácter general, dichos actos no llegan a integrarse en el ordenamiento jurídico, pues "*éste sigue siendo el mismo antes y después de que esos actos se produzcan o se cumplan; son actos aplicativos del ordenamiento y no innovadores del mismo*".

En fin, sean actos particulares o generales, o como se denominan doctrinariamente en Italia y España, *actos generales de contenido no normativo*, o singulares, de todas maneras son consuntivos, ya que se agotan en una sola aplicación, así por ejemplo una vez realizado el concurso de oposición, originado en la convocatoria respectiva, si se quiere realizar otro concurso, será necesario hacer una nueva convocatoria, es decir, un nuevo acto general, en tanto que el reglamento no se extingue con su aplicación, pues el cumplimiento de lo dispuesto en la norma puede ocurrir tantas veces como su configure su supuesto de hecho.

Esta tesis teórica tiene también un fundamento pragmático, por las siguientes razones: **a)** en general se admite que solo algunas figuras subjetivas a través de los correspondientes órganos administrativos –las indicadas constitucional o legislativamente– tienen potestad reglamentaria; en cambio, la facultad de dictar actos administrativos corresponde, por definición, a todo órgano administrativo; **b)** los actos reglamentarios son derogables libremente por la Administración que los dictó; en cambio, los actos administrativos son esencialmente irrevocables, salvo los que no generen derechos subjetivos para los administrados y; **c)** la eficacia de los actos administrativos no está sometida, por lo general, a la publicidad en el correspondiente órgano oficial (Gaceta Oficial), la cual resulta necesaria para la eficacia de los reglamentos.

3. Posible aplicación de la doctrina que privilegia el aspecto normativo de los reglamentos a Venezuela durante la vigencia de las Constituciones de 1961 y 1999

Es necesario reconocer que un sector muy importante de la doctrina venezolana conceptúa a los reglamentos como actos administrativos (MOLES CAUBET, LARES MARTÍNEZ, PÉREZ LUCIANI), e igualmente la Jurisprudencia, pues así lo declaró la extinta Corte Suprema de Justicia, en Sala Político Administrativa en varias sentencias, entre otras la dictada el 05-11-1992, en la cual reiteró el carácter de actos administrativos de los reglamentos así:

> ...los Reglamentos son verdaderos actos administrativos según el criterio orgánico del artículo 7 de la Ley Orgánica de Procedimientos Administrativos, por emanar de una autoridad administrativa, no obstante que a través de ellos la Administración ejerza la función legislativa, la cual si bien propia del Poder Legislativo, no es privativa de éste -en el sentido de que no le corresponde monopólicamente en el reparto de las funciones del Estado-, todo lo cual ha sido sentado de manera indubitable por la doctrina y la jurisprudencia administrativas tanto nacional como extranjera. (Énfasis añadido).

No obstante el predominio de la aludida tesis en Venezuela durante la vigencia de la Constitución de 1961, y pudiera ser que ahora cobrara mayor respaldo, en virtud de que al parecer indirectamente la Constitución equipara los reglamentos a los actos administrativos, o mejor dicho que los primeros fueran una especie de los segundos. En efecto, el artículo 266 (num. 5), preceptúa: "*Son atribuciones del Tribunal Supremo de Justicia: (...) 5. Declarar la nulidad total o parcial de los reglamentos y demás actos administrativos generales o individuales del Ejecutivo Nacional, cuando sea procedente*".

Ahora bien, a los fines de abogar por la aplicación en Venezuela de la tesis "*ordinamental*" española, que establece categóricas diferencias entre los reglamentos y los actos administrativos, resulta imperativo demostrar, o por lo menos intentar hacerlo, que la Constitución en el precepto transcrito no establece ninguna equiparación entre reglamentos y actos administrativos, y mucho menos que entre ellos haya establecido una relación de género a especie, donde los segundos sean el género y los primeros la especie. Al respecto conviene comenzar por advertir que el mencionado precepto constitucional fue aprobado sin ningún tipo de discusión en la Asamblea Constituyente, ya que así figuraba en el Anteproyecto de Constitución presentado el 12-10-1999, y ni en la primera ni en la segunda discusión fue objeto de modificación alguna. Más aún: no suscitó ninguna intervención de los constituyentes; de allí pues, que haya sido aprobado en los mismos términos en que fue presentado en el Anteproyecto. Por tanto, los referidos antecedentes constituyentes no brindan ayuda al intérprete en la labor de búsqueda de la *ratio* del transcrito artículo 266 (num. 5) constitucional.

Pues bien, ante la inexistencia de ese dato no queda más que abordar la labor interpretativa partiendo de la letra, como ordena el Código Civil, para intentar identificar el espíritu de la norma, y en esa perspectiva metodológica consideramos que el constituyente quiso establecer una neta diferencia entre actos administrativos y reglamentos, al contrario de lo que pareciera derivarse de la literalidad de la norma. Para sostener esta tesis apreciamos que el dispositivo constitucional forma parte de una norma atributiva de competencia del TSJ (art. 266), por ende, de naturaleza esencialmente adjetiva, lo que constituye un elemento importante en el proceso de interpretación, y permite excluir lógicamente el carácter sustantivo de la misma, y por tanto, desestimar que la intención de la Carta Magna sea establecer las categorías conceptuales de acto administrativo y de reglamento, y mucho menos establecer una equiparación entre ambos, o partiendo de la expresión literal "*y demás actos administrativos generales o individuales*", pretender que esa intención sea la de establecer una relación de género especie, donde el acto administrativo sea el primero y el reglamento la segunda.

En fin, la aludida intención no fue otra que identificar una materia precisa, para incluirla en la esfera de competencia del TSJ, en Sala Político Administrativa, razón por la cual resulta, en nuestro criterio, erróneo que se pretenda extrapolarla para elaborar una tesis que postule la identificación entre actos administrativos y reglamentos, o mejor que los segundos constituyen una especie de los primeros. Esa sola razón de lógica formal, aconseja desechar dicha postura doctrinaria. Ahora bien, esa razón se relaciona con el marco teórico predominante en el Derecho comparado, antes expuesto, concerniente a la diferencia entre actos administrativos y actos normativos, y más concretamente los reglamentos, por lo que cobra mayor fundamentación la postura de la desestimación de la aludida tesis doctrinaria que se pretende derivar del artículo 266 (num. 5) constitucional.

Pero supongamos que se intente hacer prevalecer la literalidad de la citada disposición sobre su espíritu, a los fines de mantener la postura relativa a que los reglamentos son actos administrativos, entonces en esta línea de razonamiento habría necesidad de armonizarla con la contenida en el artículo 259 *ejusdem*, que define, también a partir del deslinde de su competencia, a la jurisdicción contencioso administrativa, estableciendo como primer cometido de la misma "*anular los actos administrativos generales o individuales contrarios a derecho*". Luego, tratándose de que la norma en comento instituye una jurisdicción especial, cuyo nombre inclusive está conectado esencialmente a los actos de la Administración Pública, todos susceptibles de juzgamiento, pareciera obvio que, de pretender enhebrar unos lineamientos constitucionales sobre dichos actos, deba hacerse analizando el artículo consagratorio de la jurisdicción contencioso administrativa. Y será después de elaborar esos lineamientos principistas que en estricto rigor lógico, deberá interpretarse el artículo 266 (num. 5) a los efectos de establecer una relación de identidad o diferencia entre los reglamentos y los actos administrativos mencionados en esa norma atributiva de competencia del TSJ.

Ahora bien, en la búsqueda de esos lineamientos conceptuales partiendo del artículo 259, que establece una clara división entre actos administrativos generales e individuales, es preciso destacar que en Venezuela, y ello puede jugar un papel importante en la tesis de la identificación de los reglamentos con los actos administrativos sobre la base de lo dispuesto en el artículo 266 (num. 5) de la Constitución, ha primado en la elaboración del concepto de actos generales la tesis predominante en Francia, ya mencionada, de la generalidad subjetiva, es decir, que la única variable tomada en consideración para atribuirle contenido normativo o no, a un acto general, tanto por parte de la doctrina como de la jurisprudencia, es la relativa al número indeterminable de los destinatarios del acto. Así lo declaró la extinta Corte Suprema de Justicia desde finales de la década del sesenta, o sea, cuando en una sentencia del 02-11-1967 expresó:

> Una disposición reglamentaria tiene siempre el atributo de la generalidad, porque se aplica dentro de los supuestos de hecho que contempla y en relación con la materia legal cuya ejecución regula, a un número indeterminado de personas. El acuerdo que se impugna tiene un carácter distinto porque la decisión que contiene se refiere a un grupo de personas individualmente determinadas. (Énfasis añadido).

Esta doctrina jurisprudencial se mantuvo inalterada después de la promulgación de la Ley Orgánica de la Corte Suprema de Justicia, y al respecto baste señalar que la Sala Político Administrativa se pronunció en ese mismo sentido, cuando en un fallo sostuvo:

> En decisión de fecha 14-8-90, esta Sala calificó al Decreto no 6 del 16-04-90 del Alcalde del Municipio Libertador, que dispuso cancelar licencias y patentes de industria y comercio de los expendios cercanos a institutos educacionales de "acto de carácter general", por presentar en su contenido una indiscriminación respecto de sus destinatarios. (Sentencia del 08-11-1992. Exp. 7191, énfasis añadido).

Esta misma tesis que ha sido sostenida por la Procuraduría General de la República y por la mayoría de la doctrina nacional, si bien conduce tácitamente a diferenciar entre actos administrativos generales (no normativos) y normativos (reglamentos), a la vez conduce a considerar formalmente a los reglamentos como una categoría de los actos administrativos generales, precisamente porque coloca toda su fundamentación en la generalidad subjetiva (círculo de destinatarios). Este mismo criterio -que rechazamos- es el que continúa siendo ratificado por la Sala Político Administrativa del TSJ, que en sentencia N° 993 de fecha 09-08-2016, ratificando el criterio expuesto la sentencia N° 884 de julio de 2004, señaló:

> El aludido Reglamento constituye un acto administrativo de efectos generales que afecta a un número indeterminado de personas. Respecto a este tipo de actos administrativos esta Sala, en sentencia número 0884 de fecha 22 de julio de 2004, sostuvo lo siguiente: "...observa este Alto Tribunal que los actos administrativos impugnados participan del carácter general, vista la universalidad de las disposiciones contenidas en los mismos respecto al amplio margen de sus destinatarios; ello así, aunado a que sus normas poseen contenido abstracto, dado que pueden advertirse previsiones programáticas que a nivel de su aplicación se muestran infinitas, es decir, su eficacia causal no se agota al ser ejercidas, siendo susceptible de ser aplicadas de forma reiterada en el tiempo...".

Si se confronta el anterior marco doctrinario y jurisprudencial nacional, con la tesis "*ordinamentalista*" española antes comentada, inmediatamente se destaca una significativa diferencia, pues en el contexto del referido marco, los actos generales pueden ser normativos y no normativos, pero en ambos casos actos administrativos; en cambio, conforme a la citada tesis española que, como dijimos anteriormente, coloca la base de su construcción en la abstracción del reglamento o generalidad objetiva, razón por la cual se lo identifica por su integración al ordenamiento jurídico, y por la infinidad de sus aplicaciones, sin que las mismas afecten dicha integración, lo que permite diferenciar radicalmente el reglamento del acto general de contenido no normativo. En otros términos, conforme a las premisas fundamentales de la tesis ordinamental los actos generales siempre serán no normativos, y por tanto, actos administrativos, y los reglamentos actos normativos que no podrán, por esa misma razón, jamás ser una categoría de los actos generales; de allí la diferenciación entre reglamentos y actos administrativos.

Deslindada, como ha sido la connotación conceptual, con la significativa ayuda de la doctrina española, de la categoría de actos administrativos generales contemplada en el artículo 259 de la Constitución, lo que conduce a concluir que dicha categoría está referida única y exclusivamente a *actos administrativos generales no normativos*, y a sostener cualquiera posibilidad de inclusión de los reglamentos en la misma, o simplemente de su identificación con dicha categoría, entonces esas conclusiones deben ser ponderadas para realizar la interpretación del artículo 266 (num. 5) en lo concerniente en la relación entre reglamentos y actos administrativos. Pues bien, el examen de la situación en el marco de dichas conclusiones, especialmente la expresión literal "*los reglamentos y demás actos administrativos generales e individuales*" contenida en el mencionado dispositivo constitucional, nos conduce a sostener que el constituyente, incurrió en un error semántico al construir la oración cuando utilizó el adverbio "*demás*", originando la hipotética identificación entre actos administrativos y reglamentos, la cual, por supuesto contribuye a reforzar la tesis doctrinaria que en ese sentido ha predominando en el país. Sin embargo, ese error semántico, no puede prevalecer sobre las referidas conclusiones derivadas de la interpretación del artículo 259 constitucional, y su corrección –que tiene que ser por vía de la hermenéutica– impone que el aludido precepto (art. 266, num. 5) deba ser interpretado en el sentido de que el Tribunal Supremo tiene competencia para anular los *reglamentos y los actos administrativos del Ejecutivo Nacional*, estableciendo de esa manera la necesaria diferencia entre esas dos categorías de actos. Por lo demás así aparecía estatuido en el artículo 215 (ord 6°) de la Constitución de 1961, regulatorio de las competencias de la extinta Corte Suprema de Justicia ("*Declarar la nulidad de los reglamentos y demás actos del Ejecutivo Nacional*"), razón por la cual pareciera que la inercia constituyente, jugó esta vez un papel distorsionador, pues en vez de conducir a la repetición idéntica del dispositivo, dio lugar a que se añadiera, sin ninguna fundamentación el calificativo de los "*demás actos*", como administrativos generales e individuales.

En fin, estimamos que a la luz de la Constitución de 1999, especialmente de la interpretación concordada de sus artículos 259 y 266 (num. 5), la tesis ordinamental propuesta por GARCÍA DE ENTERRÍA, resulta aplicable en Venezuela para diferenciar los reglamentos de los actos administrativos, lo que conduciría a desestimar la postura que ve a los reglamentos como una categoría especial de actos administrativos.

4. Eficacia normativa de los reglamentos y la inderogabilidad de los mismos por actos particulares

Si se admite que los reglamentos son actos esencialmente normativos, por tanto, cualitativamente distintos a los actos administrativos, entonces su eficacia, como acto normativo al fin, se extenderá tanto a los particulares como a los Poderes Públicos, especialmente al órgano o Administración que los dicta. Esta afirmación que hoy puede parecer elemental, no lo era tanto en épocas anteriores, pues si bien no generaba discusión para el caso de los ciudadanos, en cambio si la suscitaba en lo atinente a los Poderes Públicos.

Sin embargo, reiteramos que actualmente constituye prácticamente una regla que no admite excepción, pues resulta fácil imaginarse que el Poder Legislativo, pese a que emana un producto normativo de superior jerarquía al reglamento, deba cumplir, por ejemplo un reglamento municipal en materia de construcción, o un reglamento sanitario dictado por el Poder Ejecutivo Nacional. Igualmente el Poder Judicial no solo está obligado a acatar los reglamentos, sino que también tiene el deber de aplicarlos, como fuentes del Derecho que son, en la dilucidación de las controversias que deba resolver. Finalmente, la imperatividad del reglamento excede a la Administración que lo dictó, extendiéndose a todas la Administraciones. Así, por ejemplo, un reglamento nacional tiene que ser cumplido, cuando se configure el presupuesto de hecho en él delineado, tanto por las Administraciones Estadales, como por las Municipales, y así mismo un reglamento de cualquiera de estas Administraciones a su vez debe ser cumplido por las restantes Administraciones.

Queda claro, pues, el carácter obligatorio de los reglamentos para todos los Poderes Públicos, y especialmente para las Administraciones Públicas. Sin duda que tal carácter se extiende también a los administrados ya que así lo impone expresamente el artículo 131 de la Constitución que establece "*Toda persona tiene el deber de cumplir y acatar esta Constitución, las leyes y los demás actos que en ejercicio de sus funciones dicten los órganos del Poder Público*".

Pero quizás lo más importante de destacar en relación a la eficacia normativa de los reglamentos, es que ellos resultan inmunes a las potenciales pretensiones de la propia Administración de derogarlos mediante actos particulares, regla esta conocida con el nombre de "*principio de inderogabilidad singular de los reglamentos*" consagrada en el artículo 13 de la LOPA, texto legislativo que pareciera incluir a los reglamentos dentro de la categoría de los actos administrativos pero independientemente de esta situación (naturaleza jurídica de los reglamentos), lo importante es que dicho dispositivo establece la importante regla en comento así:

> Ningún acto administrativo podrá violar lo establecido en otro de superior jerarquía, ni los de carácter particular vulnerar lo establecido en una disposición administrativa de carácter general, aun cuando fueren dictados por autoridad igual o superior a la que dictó la disposición general.

Cabe señalar que en el pasado se formularon varias tesis para tratar de fundamentar el principio bajo examen, pero actualmente predomina el criterio de que dicho principio no es más que una expresión concreta de otro principio fundamental, como lo es el de legalidad administrativa, ya que conforme al mismo, la Administración está sometida al ordenamiento jurídico, y como es obvio, los reglamentos forman parte de este; por tanto, constituiría una flagrante violación a dicho ordenamiento, tratar de dispensar, mediante un acto singular, su cumplimiento, cuando tal previsión no aparece recogida en el reglamento.

A lo anterior habría que agregar, como acota SANTAMARÍA (1991), que el principio no hace más que reflejar:

> ...la superioridad cualitativa del reglamento respecto del acto administrativo, de tal forma que la observancia de aquél es condición de la validez de éste: o en términos más simples: que la Administración autora de un reglamento no puede dictar actos singulares en contradicción con los mismos (los cuales serán, en tal caso ilegales) ni dispensar de su observancia.

Pero además como lo dispone el transcrito artículo 13 de la LOPA, el principio funciona, independientemente de la jerarquía del órgano que dicta el acto singular. Sería el caso, por ejemplo de acto administrativo singular del Consejo de Ministros, que en atención a lo preceptuado en el citado dispositivo, carecería de entidad para derogar una Resolución Ministerial de contenido normativo (reglamento ministerial).

IV. RÉGIMEN JURÍDICO DE LA POTESTAD REGLAMENTARIA EN VENEZUELA

1. Reglamentos ejecutivos o de ejecución

A. Habilitación constitucional

Una vez realizado el examen de la tipología de los reglamentos a la luz de la doctrina y del Derecho comparado, corresponde ahora examinar si dicha tipología encuentra concreción en Venezuela, y de ser así cuáles son sus matices o modalidades. Así, en un fallo de la extinta Corte Suprema de Justicia, en Pleno, de fecha 25-09-1990 se acredita la existencia de dos tipos de reglamentos. En efecto, dicho fallo expresa: "*En materia de clasificación, a nuestro sistema jurídico le son aplicables dos de las cuatro categorías en que numerosos autores dividen los reglamentos; a saber: los llamados reglamentos ejecutivos o de ejecución y los denominados independientes o autónomos*".

En esa línea de razonamiento, es preciso comenzar indicando que los reglamentos ejecutivos tienen un asiento constitucional de vieja data, pues la disposición que los consagra aparece por primera vez en la Constitución de 1893, y se ha mantenido en las posteriores Constituciones, produciéndose en la de 1914 una formulación que deja atrás la originaria, la cual únicamente permitía el ejercicio de la potestad reglamentaria por parte del Ejecutivo, cuando así lo establecía expresamente cada Ley en particular, ajustándose de esa manera a las tendencias presentes en el Derecho Europeo, en el sentido de conferirle al referido Poder Ejecutivo una potestad reglamentaria general, cuyo ejercicio va tener su origen igualmente en la Constitución, pero sin estar condicionado a la exhortación o al mandato de reglamentación presente en cada Ley.

La Constitución de 1961 conservó inalterada esa potestad en su artículo 190 (ord. 10°) en los siguientes términos: "*Son atribuciones del Presidente de la República: (...) 10° Reglamentar total o parcialmente las leyes, sin alterar su espíritu, propósito y razón*", y la de 1999 la repite casi en idénticos términos en su artículo 236 (num. 10), pues las diferencias son meramente formales, pues se agrega la palabra obligaciones después de atribuciones y la palabra Presidenta, después de Presidente.

Ahora bien, como se dijo anteriormente, la potestad reglamentaria puede tener origen legal o constitucional, pero en nuestro caso es de este último tipo, razón por la cual se trata de una habilitación al Ejecutivo sin ningún tipo de condicionamiento en lo atinente a la oportunidad de su ejercicio; por tanto, no está obligado a ejercerla, salvo que la propia Ley así expresamente lo establezca, e inclusive fije un término para que se dicte el correspondiente reglamento, como ocurre en algunas leyes, verbigracia la Ley de Ejercicio de la Odontología, que en su artículo 73 fijó un plazo de seis meses, contados a partir de su promulgación, al Ejecutivo Nacional, para que dictara los reglamentos de la misma. Mandatos estos que algunas veces no llegan a cumplirse.

En ese sentido resulta emblemático el caso de previsión contenida en la Ley de Ejercicio de la Ingeniería, la Arquitectura y Profesiones Afines (art. 6), la cual fue promulgada en 1958, y hasta la presente fecha el Ejecutivo no ha dictado el reglamento contemplado en la aludida previsión. Cuando esos mandatos resultan, entonces casi nunca se observan los términos previstos en la Ley, como en el ejemplo citado de la Ley de Ejercicio de la Odontología, cuyo reglamento fue dictado tres años después del plazo fijado en la ley reglamentada.

Pero lo importante no es citar ejemplos, que seguramente serán bastantes en nuestro ordenamiento, sino fijar la posición jurídica al respecto, y aunque cualquiera pudiera considerar que abordar el problema constituye una "*fantasía*" porque en Venezuela no se cumplen ni siquiera los lapsos constitucionales, mucho menos los legales, sin embargo, estimamos importante señalar la que consideramos la solución jurídica a la situación planteada, por ser esta una obra fundamentalmente didáctica. En ese contexto cabe señalar que siendo la Ley de obligatorio cumplimiento tanto por los ciudadanos (art. 131 Const.) como por los propios órganos del Poder Público (art. 137 Const.), pues la conducta contraria acarrea responsabilidad (art. 139 Const.), y siendo el dispositivo que impone el deber de reglamentación, así como el plazo para cumplirlo precisamente uno de los artículos de la ley, resulta incuestionable, en nuestro criterio, que el mismo tiene la naturaleza de un mandato imperativo, ineludible, que el Ejecutivo está obligado a cumplir, so pena de incurrir en responsabilidad.

Además desde el punto de vista técnico-jurídico, constituye una disposición que perfectamente puede el Congreso incluir en la ley, en un todo de conformidad con lo estatuido en el artículo 236 (num. 10) de la Constitución, desestimándose por esa razón, cualquier alegato que pretenda fundamentarse en la infracción de dicho precepto constitucional. Por consiguiente, si el Legislativo decide condicionar el ejercicio de la potestad reglamentaria, en el sentido indicado, el Ejecutivo está obligado a acatar la Ley, pero como somos "latinos" sería preferible evitar establecer mandatos de reglamentación ni lapsos para el cumplimiento de los mismos por parte del Poder Ejecutivo.

En ese mismo orden de ideas cabe pensar que el Legislativo puede imponer, en casos concretos, trámites puntuales que deben cumplirse en el procedimiento de la elaboración del reglamento. Así por ejemplo, resulta perfectamente posible, y sobre todo ajustado a derecho, que cuando sea discutida y sancionada una ley laboral, se ordene al Ejecutivo oír la opinión de las organizaciones sindicales y patronales nacionales, o bien que sean realizados determinados estudios o encuestas, los cuales pueden tener carácter vinculante o no, en la definitiva elaboración del texto reglamentario. Cabe advertir que a partir de la Ley Orgánica de la Administración Pública de 2001, se introdujo un procedimiento que regula la elaboración de los reglamentos, el cual se mantiene en el Decreto con fuerza de Ley Orgánica de Administración Pública de 2014 (arts. 90 y 91).

B. Contenido

En los actuales momentos el reglamento ejecutivo se presenta como un producto normativo multifacético, debido fundamentalmente a su contenido, pues no debe olvidarse que aparece conectado con figuras tan importantes como la deslegalización, y los reglamentos delegados o autorizados. En el caso venezolano el ordenamiento jurídico no permite predicar dicho carácter; sin embargo, en la búsqueda de ese contenido cabe apuntar que la sola lectura de la prescripción constitucional antes transcrita, nos permite postular que cuando se utiliza el verbo "*reglamentar*", el espíritu de la Constitución va más allá de la idea originaria de "ejecución" de la ley, y en él están comprendidas operaciones normativas como la aplicación, el detalle, el desarrollo, la interpretación y la explicación de la ley.

Ahora bien, resulta sumamente difícil lograr explicar cada una de las operaciones normativas en que se desagrega la ejecución de la Ley, concebida en los términos antes expuestos, porque en un reglamento pueden estar presente una o varias de ellas, y sobre todo porque no es seguro que esas sean todas en las que puede desagregarse el proceso de reglamentación de una ley. Por tal razón más importante que ese trabajo meticuloso y finalmente poco útil, es determinar la concepción que impera en Venezuela acerca del contenido que debe dársele a un reglamento ejecutivo, y en tal sentido juega un papel muy importante la clasificación de reglamentos suplementarios y reglamentos de aplicación propuesta por Moles Caubet (1984), así como las fórmulas que permiten identificar una y otra categoría, que como sostiene el aludido autor, en el primer caso (complementarios) es de *conformidad*, y en el segundo (de aplicación) es de *no contrariedad* con la Ley reglamentada, lo que revela que el primer tipo de reglamento aludiría a la mera ejecución, y el segundo la superaría, pudiendo abarcar todas las operaciones normativas antes citadas.

Tanto la doctrina (Lares 1990, Brewer 1987, Rondón De Sansó 1981) como la jurisprudencia abogan por la tesis que predica la ejecución como una actividad normativa que se inscribe dentro de la no contrariedad de la ley reglamentada. En efecto, esta postura fue asumida tempranamente por la extinta Corte Suprema de Justicia, y al respecto citamos algunos fallos que la recogen. Así en sentencia del 10-05-1965, con ocasión de la interposición de un recurso de nulidad por inconstitucionalidad contra el Reglamento de la Ley de Regulación de Alquileres, ese máximo Tribunal declaró:

> Se impugna este artículo por estimarse que si la Ley no exige a los propietarios o arrendadores, como requisito para presentar solicitudes o interponer recursos en materia inquilinaria, la obligación de acompañar la constancia de estar solvente el inmueble respectivo con las Rentas Municipales correspondientes, ese requisito no puede ser tampoco exigido por el Reglamento como se hace en el artículo 105 *ejusdem*.
> Considera la Corte que la mera circunstancia de que un Reglamento contemple alguna formalidad que no aparezca en la Ley, no es razón suficiente para estimar alterada la relación de legalidad entre ambos estatutos. Lo contrario sería establecer que los reglamentos deberían, ser la reproducción fiel y exacta de la Ley, y por consiguiente, carentes de toda utilidad y objeto.
> Por tanto, pues, sí puede y debe el Reglamento desarrollar las normas de la Ley mediante disposiciones acordes con ella, siempre que no contradigan su texto e intención, e, incluso, establecer formalidades o requisitos no previstos en el texto legal pero indispensable para asegurar su cumplimiento, según el criterio doctrinal ya expuesto. (Énfasis añadido).

En fallo dictado el 14-05-1988, en la oportunidad de decidir la demanda interpuesta contra el artículo 32 del Reglamento de la Ley Orgánica el Instituto de Oficiales de las Fuerzas Armadas en Situación de Disponibilidad y Retiro, la extinta Corte Suprema de Justicia ratificó, y diríamos que perfeccionó la aludida doctrina, cuando expresó:

> El texto reglamentario, por el contrario, carece de sentido mientras no constituye un desarrollo de la Ley que le sirve de base, con arreglo al espíritu, propósito y razón de la misma. Puede -y debe- el reglamento, estima la Corte, desarrollar la Ley mediante disposiciones acordes con ésta, en tanto no contradiga su texto y su intención. Incluso, puede dictar normas contentivas de requisitos no previstos en ella, pero sin establecer sanciones ni limitaciones a los derechos y garantías consagrados en la Constitución y en el propio ordenamiento legal que desenvuelva. (Énfasis añadido).

De modo, pues, que en la determinación del contenido del reglamento ejecutivo juega un papel fundamental, sobre todo de carácter operativo para el reglamentista, la tesis expuesta por MOLES CAUBET acerca de su "*no contrariedad*" con la ley reglamentada, por lo cual dicho contenido puede extenderse a la aplicación, detalle, desarrollo explicación y hasta interpretación de la Ley que se reglamenta.

Ese mismo criterio es reiterado en la sentencia N° 1131 de 29-07-2009 emanada de la Sala Político Administrativa del TSJ, con ocasión a la declaratoria de nulidad del artículo 23 del Reglamento de la Ley del Estatuto sobre el Régimen de Jubilaciones y Pensiones de los Funcionarios o Empleados de la Administración Pública Nacional, de los Estados y de los Municipios, en la cual expresó:

> Así, el principio de la reserva legal contiene una obligación para el legislador de regular en el texto de la Ley de que se trate, toda la materia relacionada con ésta, de tal manera que, sólo puede remitir al reglamentista la posibilidad de establecer o fijar los detalles de su ejecución, esto es, explicar, desarrollar, complementar e interpretar a la Ley en aras de su mejor ejecución, estando prohibidas, por constituir una violación a la reserva legal, las remisiones "genéricas" que pudieran originar reglamentos independientes, o dar lugar a los reglamentos "delegados".

C. Reglamentos generales, parciales y conjuntos

Conforme al artículo 236 (num. 10) de la Constitución, el Ejecutivo tiene la facultad de reglamentar uno o varios preceptos de una Ley, y en ese caso se tratará de un reglamento parcial, o reglamentarla totalmente, lo que originará un reglamento unitario, o general. En el primer caso se estila colocarle numeración a los reglamentos parciales, precisamente para orientar a los ciudadanos acerca del programa de reglamentación que en esa materia ha cumplido el Ejecutivo. Por tanto, podrán dictarse tantos reglamentos parciales como sean necesarios para desarrollar parceladamente a la Ley. Obviamente, la existencia de la numeración no impone una periodicidad en la emanación de los actos reglamentarios, salvo disposición en contrario de la propia ley.

La lógica pareciera indicar que cuando el Ejecutivo decide trazar la disciplina normativa secundaria en forma unitaria, y a tal efecto dicta un reglamento general, agota su potestad reglamentaria en relación con esa ley, en el sentido de que no puede dictar nuevos reglamentos de la misma, como suele ocurrir cuando la reglamentación es parcial, lo que no excluye, como resulta elemental, que pueda hacer la modificación e incluir en el reglamento modificado la nueva normativa que hubiera podido integrar en un nuevo reglamento, pero en todo caso el logro de dicho cometido mediante esa metodología mantiene invariable el carácter general del Reglamento.

Reiteramos que la reglamentación general de la ley debería tener como efecto, inclusive por razones de seguridad jurídica, la pérdida de la potestad reglamentaria del Ejecutivo (efecto consuntivo), salvo por la vía de la reforma o modificación antes señalada, en esa materia; sin embargo, puede ocurrir, como ha ocurrido, que el Ejecutivo dicte un reglamento general, y posteriormente dicte otro reglamento de esa misma Ley sobre uno o varios aspectos no normados en el general. Efectivamente, así ocurrió con la Ley Orgánica de Educación, la cual fue reglamentada en forma general (Reglamento General de la Ley Orgánica de Educación, del 22-01-1986), y posteriormente, el 22-11-1991, fue reglamentada nuevamente, en forma parcial, mediante el Reglamento del Ejercicio de la Profesión Docente, sobre la base de lo pautado en el artículo 190 (ord. 10°) de la Constitución de 1961, y en el artículo 76 de la citada Ley Orgánica.

Ante la situación descrita que sin duda debe calificarse como errónea en el área de la "*técnica legislativa*" reglamentaria, y que inclusive afecta tangencialmente la seguridad jurídica, como expresamos precedentemente, no queda más que admitir la validez de ambos instrumentos normativos. Lo que sí debe quedar claro es que en caso de que se configurase un conflicto internormativo entre esos reglamentos, debe resolverse acudiendo al principio de la sucesión cronológica (ley posterior deroga ley anterior), razón por la cual primará el último reglamento.

De otra parte, cabe apuntar que pueden ser reglamentadas conjuntamente varias leyes, claro está en forma parcial. Efectivamente, con ocasión de la reglamentación de la Ley de Orgánica de Descentralización, el Ejecutivo utilizó esa metodología. Fue así como dictó el "*Reglamento Parcial de la Ley de Protección al Consumidor y de la Ley Orgánica de Descentralización, Delimitación y Transferencia de Com-*

petencias del Poder Público sobre Encomienda a los Gobernadores de Estado y sobre Delegación a los Gobiernos Municipales de las Atribuciones de Fiscalización y Control del alza indebida de precios y de defensa y Protección a los Consumidores". Igualmente dictó un Reglamento Parcial de la Ley de Turismo y de la Ley Orgánica de Descentralización, sobre Encomienda a los Gobernadores de Estado de atribuciones en materia de turismo.

Evidentemente que se trata de una forma poco ortodoxa de reglamentación de las leyes, pero consideramos que se ajusta a la previsión contenida en el artículo 236 (num. 10) constitucional, pues de conformidad con esa disposición es posible, siempre teniendo presente que los reglamentos ejecutivos no son más que una expresión de la necesaria colaboración que actualmente debe existir entre la Ley y el Reglamento, que también se pueden reglamentar simultáneamente dos o más leyes (reglamentos ejecutivos conjuntos).

Finalmente, conviene destacar que el ejercicio de la potestad reglamentaria que le atribuye la Constitución al Presidente de la República en Consejo de Ministros, está presidido por el principio de la "*libertad de la forma*", ya que corresponde al reglamentista seleccionar el tipo de normas que debe integrar el reglamento. Ello explica por qué en algunos actos reglamentarios suelen incluirse artículos íntegros de la ley reglamentada, no obstante algunos autores, entre ellos LARES MARTÍNEZ, opinan que este procedimiento resulta incorrecto, debido a que no deben confundirse en un mismo texto preceptos de procedencia y rangos diferentes. Pero quizás la crítica más valedera del citado autor al respecto, está relacionada con la práctica viciosa, que en algunas oportunidades se observa en ciertos reglamentos, de incorporar al texto reglamentario artículos de la ley reglamentada, pero sin llegar a reproducirlos fielmente, sino más bien con supresiones, adiciones u otras alteraciones.

D. Potestad del Consejo Nacional Electoral y de la Fuerza Armada para dictar reglamentos ejecutivos

En el desarrollo de este acápite es necesario comenzar señalando que desde 1893, cuando se confiere por primera al Ejecutivo Nacional la facultad para dictar reglamentos ejecutivos, siempre el Presidente de la República monopolizó esa potestad general, es decir, que conforme a los diversos textos constitucionales que rigieron hasta 1999, dicha potestad siempre fue conferida en forma exclusiva y excluyente al Presidente de la República, pero la misma sufre una derogatoria parcial en el artículo 293 (num 1), de la Constitución de 1999, que confiere al Consejo Nacional Electoral la facultad de reglamentar las leyes electorales. Es conveniente indicar que ya la derogada Ley Orgánica del Sufragio y de Participación Política de 1998, había conferido esa facultad en relación a esa ley, al mencionado órgano electoral, lo que a todas luces, en nuestro criterio, contrariaba el artículo 190 (ord. 10°) de la Constitución de 1961, que se insiste otorgaba el monopolio para reglamentar total o parcialmente las leyes (cualquiera ley) al Presidente de la República en Consejo de Ministros.

Al parecer esa disposición legal tuvo como finalidad excluir la injerencia del Ejecutivo Nacional en toda la materia electoral, inclusive la de carácter normativo que se derivaba del artículo 190 (ord. 10°) constitucional. Lo cierto es que pese a su evidente inconstitucionalidad la norma nunca llegó a ser impugnada, y pensamos que sirvió de modelo a los constituyentes a los fines de incluirla en la Constitución de 1999, pero tal vez con mayor fundamentación doctrinaria y conceptual, en virtud de que se sustituyó el órgano Consejo Nacional Electoral, por el Poder Electoral, el cual resulta equivalente en la organización constitucional del Estado a cualquiera de los restantes cuatro Poderes nacionales.

Pues bien, la competencia existe, pero debe interpretarse limitada única y exclusivamente a la reglamentación de las leyes electorales, por parte del máximo órgano de ese Poder, es decir, el Consejo Nacional Electoral. La sustracción de esta competencia al Presidente de la República impide que este pueda basándose en el artículo 236 (num. 10) de la Constitución reglamentar cualquier ley electoral. En efecto, el citado artículo 293 (num. 1) delinea claramente una derogatoria parcial del 236 (num. 10) *ejusdem*, y a la vez atribuye en forma exclusiva y excluyente la competencia al Poder Electoral, produciéndose una interdicción de reglamentación para el Presidente de la República de todas las leyes electorales. Aún en el hipotético caso de que llegase a dictar un decreto con fuerza de ley en materia electoral estaría impedido de reglamentarlo. Más aún en caso de que se configurase una colisión entre un reglamento ejecutivo dictado por el Consejo Nacional Electoral y otro del Presidente de la República, su solución debe buscarse en el principio de la competencia, y no en el de la jerarquía.

Una competencia igual es atribuida por el artículo 324 de la Constitución a la Fuerza Armada Nacional para reglamentar la ley relativa a la fabricación, importación, exportación almacenamiento tránsito, registro, control, inspección, comercio, posesión y uso de armas que no sean de guerra, municiones y explosivos. Por consiguiente, su ejercicio estará sujeto a los mismos requisitos y condiciones expuestos anteriormente para el Poder Electoral, e igualmente esa potestad reglamentaria ejecutiva tendrá la misma connotación conceptual.

2. Reglamentos independientes

A. Problema de la inexistencia de su fundamentación en el ordenamiento jurídico venezolano

A diferencia de lo que ocurre con los reglamentos ejecutivos que encuentran su consagración expresa por primera vez en la Constitución de 1893, no se configura una situación similar o equivalente con esta clase de reglamentos, sino que más bien ocurre todo lo contrario, pues, apenas llegan a vislumbrarse asomos de la misma en las Constituciones que estuvieron vigentes entre 1904 y 1936, pero además en una forma bastante atípica, ya que a la vez que se le confería la potestad al Ejecutivo para dictar reglamentos en materia de correos, telégrafos, teléfonos y sanidad, al mismo tiempo esas materias eran incluidas en la esfera competencial del Poder Legislativo.

Ahora bien, nada de extraño tiene que en Venezuela se haya configurado una situación similar a la que se presentó en Europa en el siglo pasado en torno a este tipo de reglamentos, los cuales eran dictados y cobraban vigencia, pero sin embargo no aparecían consagrados en el ordenamiento jurídico, con la diferencia de que a partir de 1920, dicha situación generó una discusión doctrinaria en ese continente que aún perdura, pero que ha conducido en algunos países a la consagración normativa de esta categoría reglamentaria. En nuestro caso una discusión similar, o mejor dicho ninguna, nunca ha llegado a producirse hasta ahora, pues se admite como "*natural*" la validez de ese tipo de reglamentos, ya que salvo Moles Caubet (1981), quien bajo la vigencia de la Constitución de 1961 la negaba categóricamente, aceptándola exclusivamente en un solo caso: el que aparecía delineado en el artículo 136 (num.17) de esa Constitución que facultaba, en su criterio, al Ejecutivo Nacional para establecer normas administrativas y la coordinación de los servicios destinados a la salud pública. Fuera de ese único reglamento independiente, Moles rechazaba la validez de cualquier otro.

En cambio Lares Martínez participaba de la tesis que postula la innecesaridad de habilitación constitucional o legislativa para que el Ejecutivo pueda dictar reglamentos independientes, no solo en las materias clásicas indicadas en el siglo pasado y a principios del presente por la doctrina europea (servicios públicos y policía), sino en todas aquellas en que se configuraba la ausencia de disposiciones legales, ya que son dictados: "*por una necesidad derivada del ejercicio de la función administrativa, esto es, para colmar la falta de una norma de origen legislativo, o bien, en virtud de los poderes discrecionales que sobre ciertas materias les confieren la Constitución y las leyes*".

En general, la mayoría de la doctrina nacional admitía la validez de esta clase de actos reglamentarios, sin necesidad de habilitación normativa, incluyendo a la Procuraduría General de la República, órgano este que en un dictamen del año 1966 expresó:

> ...ello no puede interpretarse con carácter restrictivo, pues se estaría desconociendo una realidad institucional: la posibilidad por ejemplo que tiene el Presidente de la República para dictar reglamentos autónomos, los cuales no tienen por objeto desarrollar la normativa de alguna Ley, y que por tanto no son dictados en uso de la atribución 10ª del artículo 190 de la Constitución citada.

En esa misma línea doctrinaria se orientaba la extinta Corte Suprema de Justicia en Pleno, pues en una sentencia dictada con ocasión de una acción de inconstitucionalidad interpuesta contra un reglamento ejecutivo, en el desarrollo de dicho fallo da por cierto, y casi como indiscutible, pues no se esgrime ningún argumento o motivo al respecto, la potestad del Ejecutivo para dictar reglamentos independientes, sin necesidad de habilitación constitucional o legal alguna. Efectivamente, en la aludida sentencia, de fecha 25-09-1990, el máximo Tribunal declaró:

> Los reglamentos independientes son aquéllos que se dictan como consecuencia de esa originaria potestad reglamentaria que reserva la norma al poder ejecutivo, por una necesidad derivada del ejercicio de la función administrativa. Generalmente son actos administrativos de una gran discrecionalidad del Poder Ejecutivo y son dictados para colmar la falta de una norma de origen legislativo (....) Si mediante el reglamento <u>independiente o autónomo</u>, el Poder Ejecutivo ejerce atribuciones que tiene conferidas dentro de un gran ámbito de libertad y en consecuencia le es potestativo poner límites a sus propias facultades por medio de esta clase de reglamentos que en el fondo vienen a constituir autolimitación, también está fuera de duda que mediante estos reglamentos no se puede modificar ninguna ley. (Énfasis añadido).

En fin, conforme a lo expuesto anteriormente resultaba una necedad negar la existencia o vigencia de los reglamentos independientes en Venezuela durante la vigencia de la Constitución de 1961, cuyo origen histórico desconocemos, pero suponemos que si no es anterior al de los ejecutivos, por lo menos se ubica en la misma época. Decimos esto porque con ocasión de acometer un trabajo de investigación hace ya varios años, encontramos que el 20-07-1896 se dictó un reglamento independiente mediante una resolución ministerial denominado "Reglamento de las Profesiones de Médico, Farmacéutico, Dentista, Partera y Flebotomista", el cual fue sustituido por otro reglamento independiente dictado el 11-02-1914 por el Presidente de la República Encargado, José Gil Fortoul, denominado "Reglamento de Profesiones Médicas", que estuvo vigente hasta que cada una de esas profesiones fue reguladas por la respectiva ley. Durante todo el presente siglo se han continuado dictando y actualmente su proliferación podría llegar a considerarse alarmante, debido al número de figuras subjetivas, como veremos más adelante, que se han adaptado a la "*moda*" de dictarlos.

Ahora bien, es necesario reiterar que la preceptiva constitucional se ha mantenido prácticamente invariable en materia de potestad reglamentaria, pues como se expresó anteriormente, en la Constitución de 1999 apenas se agregan dos nuevos artículos, a los dos que contenía la derogada, con la finalidad de conferirle dicha potestad al Consejo Nacional Electoral, para la reglamentación de las leyes electorales (art. 293, num. 1), y a la Fuerza Armada Nacional para reglamentar la ley relativa a la fabricación, importación, exportación almacenamiento tránsito, registro, control, inspección, comercio, posesión y uso de armas que no sean de guerra, municiones y explosivos, razón por la cual omitió, al igual que la Constitución de 1961, toda referencia a la potestad del Ejecutivo o de la Administración para dictar reglamentos independientes. Luego, manteniéndose idéntica la preceptiva constitucional en materia de reglamentos independientes (ausencia de toda regulación o referencia), resulta lógico pensar que la tesis doctrinaria y jurisprudencial, antes expuesta, acerca de que la carencia de fundamentación constitucional para dictar este tipo de reglamentos, no impide sean dictados por la Administración, seguirá predominando en el país. O sea, que los órganos de la Administración Pública continuarán dictando reglamentos independientes bajo diversas formas y denominaciones (decretos, resoluciones, normas, instructivos, pautas, etc.).

B. Contenido

La gran libertad con que se ejercía y se sigue ejerciendo la potestad de dictar reglamentos independientes, conduce a sostener que toda materia que no esté regulada legislativamente puede ser objeto de esta categoría de actos reglamentarios. Sin embargo, en lo que sí están contestes tanto la doctrina como la jurisprudencia, es en que de su contenido debe ser excluida toda materia que entre en la esfera de la reserva legal. Así por ejemplo, no resulta posible mediante este tipo de reglamentos pretender crear tributos, establecer penas, o restringir derechos o garantías constitucionales. Por lo demás basta leer cualquier número de la Gaceta Oficial para percatarse que ciertamente la mayoría de los reglamentos independientes tienen como objeto materias organizativas, pero que también disciplinan otras materias, inclusive algunas que inciden sobre los derechos subjetivos de los ciudadanos.

3. Reglamentos delegados

Como indicamos anteriormente, estos son actos normativos dictados por la Administración, por disponerlo así una *Ley de deslegalización*, la cual mediante la manipulación de los rangos ("*degradación*" de una Ley anterior), abre la posibilidad de que un reglamento regule una materia que antes estaba regida por la ley "*degradada*", y de allí en adelante el asunto pasa a ser disciplinado mediante normas de rango sublegal, lo que no impide, claro está, dado que siempre el reglamento delegado tendrá rango sublegal, que dicha materia sea nuevamente regulada por una ley o un acto con fuerza de ley.

Los reglamentos delegados, o sea, la normación que pasa a ocupar el espacio de una ley anterior, en cierto sentido, están más cerca de los reglamentos ejecutivos que de los independientes, en virtud de que requieren como condición impretermitible para su existencia que previamente sea promulgada la ley de deslegalización. Por tal razón debe negarse, como lo hace la casi de la totalidad de la doctrina nacional su existencia en nuestro ordenamiento jurídico. En efecto, en el supuesto que se admitiera que constituyen una especie o modalidad de los reglamentos ejecutivos, pese a que en Venezuela es admitida la tesis del reglamento de aplicación, y por ese motivo resulta aceptable que la normativa secundaria innove, hay que destacar que siempre esa innovación estará en función de normas básicas contenidas en la Ley que se pretende reglamentar; en cambio, en estricta puridad jurídica, la Ley de deslegalización, como sostiene García De Enterría, carece de contenido material normativo, y por tanto no es directamente aplicable, luego, no resulta susceptible de reglamentación alguna, y mucho menos existe espíritu, propósito y razón de la Ley que respetar, elementos que están estrechamente vinculados al contenido normativo del instrumento legislativo a que alude el artículo 236 (num. 10) de la Constitución. En suma, diríamos que se trata de una ley meramente instrumental, dirigida a tornar operativa una modalidad de colaboración entre la ley y el reglamento, absolutamente distinta, a la ley que da origen al reglamento ejecutivo, que tiene contenido normativo material, razón por la cual no resulta posible equiparar el reglamento delegado al reglamento ejecutivo, y mucho menos que este sea una especie del primero, ni siquiera esa equiparación resulta posible con el denominado por Moles Caubet como reglamento ejecutivo de aplicación.

Conforme al anterior marco conceptual resulta concluyente que entre nosotros es muy difícil sostener la validez de los reglamentos delegados a la luz de lo dispuesto en la Constitución de 1999, que no prevé ni posibilita la existencia de leyes de deslegalización, no obstante algunos autores han pretendido ver ejemplos de este tipo de instrumentos normativos en ciertas remisiones que hacen algunas leyes al reglamento para la regulación de determinado aspecto de la misma. Pero en la mayoría de esos casos se trata más bien de la expresión de una concepción amplia y de una forma novedosa de ejecutar la ley, pues lo que se pretende es dejar una regulación específica al reglamentista, muchas veces en previsión de que durante algún tiempo no sea posible la configuración del supuesto de hecho de la norma contenida en la ley, es decir, que remite al reglamento la materia que se abstiene de regular expresamente en el texto legislativo. En todo caso, aun cuando voluntariamente el legislador remita al reglamentista la disciplina de algún sector de la materia objeto de la ley, de ninguna manera ese tipo de reglamento podrá calificarse como delegado, en primer lugar, por la inexistencia de una expresa ley de deslegalización que degrade el rango de una ley anterior, en segundo lugar, porque la disciplina reglamentaria dictada en ejecución de la remisión no constituye una extensión de la ley reglamentada, por consiguiente, continúa siendo un reglamento ejecutivo sujeto estrictamente al respeto del espíritu, propósito y razón de la ley reglamentada, y en tercer lugar, la tesis cuestionada colide francamente con el ordenamiento constitucional, que únicamente prevé la posibilidad excepcional de que un acto del Ejecutivo Nacional pueda revestir rango o fuerza de ley mediante la figura de los decretos con fuerza de ley. En definitiva, la tesis que pretende postular la existencia de reglamentos delegados revela *ab initio* una confusión, tanto en lo que podría ser su fundamentación conceptual como normativa.

4. Reglamentos de necesidad

Conforme al marco doctrinario expuesto anteriormente sobre esta categoría de reglamentos, los cuales se caracterizan por irrumpir contra el principio de la primacía de la ley sobre los reglamentos (*contra legem*), debido a la configuración de circunstancias excepcionales atentatorias contra la estabilidad institucional, resulta pacífica la opinión reinante en la doctrina nacional acerca de su inexistencia en nuestro ordenamiento jurídico, pues actualmente la Constitución, en los artículos 337 al 339 regula, las situaciones derivadas de las aludidas circunstancias excepcionales a través de la figura de los estados de excepción, disposiciones estas que originan los instrumentos normativos conocidos con la denominación de decretos leyes, basados en dichos estados de excepción, que como el mismo nombre lo indica tienen fuerza o valor de ley, razón por la cual se corresponderían sustantivamente con los reglamentos de necesidad, con la significativa diferencia que se encuentran positivizados en la propia Constitución.

V. CLASIFICACIÓN SUBJETIVA DE LOS REGLAMENTOS (TITULARIDAD DE LA POTESTAD REGLAMENTARIA)

1. Reglamentos internos

Para abordar la clasificación subjetiva de los reglamentos, somos partidarios de examinar el esquema metodológico seguido por una parte de la doctrina española con la finalidad de estudiar una situación un tanto parecida, pero que no alcanza las dimensiones -en cuanto a la cantidad de titulares (dispersión subjetiva) de la potestad- de la nuestra, el cual le ha permitido postular algunos lineamientos generales sobre la titularidad de la mencionada potestad. Dicho esquema toma como punto de partida la división alemana entre reglamentos jurídicos y reglamentos organizativos, para proponer, haciendo la correspondiente equivalencia, una división entre reglamentos internos y reglamentos externos, en el entendido de que los primeros son inherentes a toda organización de ciertas dimensiones y su objeto exclusivo es:

> ...la disposición relativa de las personas y medios físicos que constituyen la organización, la regulación de sus relaciones recíprocas y la dirección de su funcionamiento, es obvio que tal potestad es normalmente ostentada por todas las autoridades superiores de cualquier organización, ya sea el Gobierno, un Ministro, un organismo autónomo, un sindicato, un colegio profesional, un club de fútbol o una sociedad anónima. (SANTAMARÍA, 1991).

En cambio, los reglamentos externos son sustancialmente diferentes, en virtud de que su ámbito se extiende más allá de la organización y de sus miembros, pues contiene reglas que deben ser acatadas y cumplidas por personas que no integran la organización. Así una Universidad mediante su Reglamento Interno puede establecer normas de funcionamiento y señalar deberes y derechos a sus profesores y estudiantes, mas carece de facultad para extender esos derechos y obligaciones a quienes no forman parte de su personal docente, ni cursan estudios en la misma.

Esta tesis por lo que respecta a los denominados reglamentos internos cuenta con el peso histórico derivado de su aceptación por la mayoría de la doctrina, desde hace mucho tiempo, en cuanto a su contenido: regulación del funcionamiento y de las relaciones de sujeción especial que se dan entre la organización y sus integrantes (profesores, estudiantes, funcionarios, etc.), lo que le permite, como expresamos antes, fijarle deberes y derechos. Y en Venezuela cuenta con la ventaja de que en la mayoría de las leyes que crean los entes públicos o prevén sus órganos respectivos, suele atribuírseles como una de sus atribuciones fundamentales dictar sus respectivos reglamentos internos, los cuales en este contexto se corresponden con los que GARCÍA DE ENTERRÍA (1990) denomina reglamentos *ad-intra*.

Por consiguiente, sobre la base de una disposición normativa -lo que ocurre en la gran mayoría de los casos en nuestro país- y por el peso derivado de la aludida concepción doctrinaria que arranca a finales del siglo pasado con LABAND y JELLINEK, resulta admisible y explicable que dicten este tipo de reglamentos los Institutos Autónomos, los Colegios Profesionales, los Servicios Autónomos sin Personalidad Jurídica, los Institutos de Previsión Social de los profesionales universitarios y las Academias Científicas y los denominados órganos con autonomía funcional. También los Ministerios, si se atiende a la anterior fundamentación, como organizaciones que son, pueden dictar este tipo de reglamentos. Pero debe tenerse muy en cuenta que su contenido esté reducido a regular únicamente las materias relativas a su organización y funcionamiento, así como las relaciones especiales de sujeción de sus integrantes con la respectiva figura subjetiva, sin afectar lógicamente a la reserva legal.

Cabe resaltar que su carácter interno no les resta juridicidad, y que igualmente integran el ordenamiento jurídico venezolano, pues basta imaginarse la situación de un profesor universitario que sea destituido de una Universidad, y le apliquen el reglamento de dicha universidad regulatorio del procedimiento disciplinario. Pues bien, si pretendiera impugnar esa decisión alegando vicios de procedimiento, resulta obvio que el marco legal que le servirá para determinar si la Universidad incurrió en irregularidades en la instrucción del expediente, así como en la adopción de la decisión, será precisamente dicho reglamento, el cual a su vez se erigirá en el instrumento fundamental que servirá al órgano jurisdiccional para proferir su fallo. Lo que quiere decir que la denominación de *interno* delimita tanto el ámbito subjetivo, como el material del reglamento, que queda restringido a la organización o funcionamiento y a sus integrantes, mas no sus efectos sobre el ordenamiento jurídico general, los cuales con las matizaciones del caso, son iguales a los que surte un reglamento de los denominados externos.

2. Reglamentos externos

Por cuanto estos reglamentos establecen reglas que se imponen a personas que no integran la organización administrativa, resulta lógico que encuentren su base de sustentación en una disposición expresa y hasta implícita del ordenamiento jurídico, como acertadamente sostiene SANTAMARÍA, cuando expresa que ello ocurre -fundamento en una disposición implícita- en el caso de que:

> ...a un ente u órgano se le otorgue un status jurídico general que presupone necesariamente la tenencia de una cierta potestad normativa (así el reconocimiento de autonomía); pero en tal caso la norma que reconozca tal status debe ser inexcusablemente precisada a nivel inferior por otra que especifique, cuando menos, el ámbito de ejercicio de dicha potestad reglamentaria.

De otra parte, conviene precisar que la disposición normativa en la cual aparezca consagrada la potestad reglamentaria puede tener un carácter general y ser de rango constitucional o legal, pero en este último caso (rango legal) debe armonizar con las previsiones constitucionales en esa materia. Pero también puede ocurrir que la aludida consagración pueda operar para casos específicos o particulares por parte de la Ley o de la Constitución, como ocurría con el reglamento independiente a que se refería Moles Caubet en materia de servicios de salud, contemplado en el artículo 136 (num. 17) de la Constitución de 1961, e igualmente puede suceder con una ley, siempre y cuando sirva de fundamento a un reglamento específico o particular de la última categoría mencionada (independiente), pues si se trata de un reglamento parcial o total de esa misma ley (ejecutivo), tal disposición resultaría redundante, porque como hemos dicho, esa facultad está comprendida en la potestad general reglamentaria ejecutiva contemplada en el artículo 236 (num. 10) de la Constitución. Lo que resulta inadmisible jurídicamente es pretender que la norma en que radique el basamento de la referida potestad sea también reglamentaria, en virtud de que una norma de ese rango no puede atribuir a otra, su misma fuerza, u otra superior.

En otros términos, sería erróneo e ilegal, que el Ejecutivo Nacional colocara el fundamento de un reglamento independiente en otro reglamento independiente que ha dictado previamente, aun cuando –pensamos nosotros– el rango del segundo reglamento sea menor (resolución con carácter normativo), en virtud de que la potestad reglamentaria –insistimos– debe tener un origen constitucional o legal.

Sobre la base de este marco conceptual pasamos a examinar la titularidad de la potestad reglamentaria de algunas figuras subjetivas u órganos, que dan origen a ciertas categorías de reglamentos nacionales o estatales.

3. Reglamentos ministeriales e interministeriales

Bajo la denominación de resoluciones –con carácter normativo– observamos que con mucha frecuencia los Ministros dictan reglamentos que la doctrina llama ministeriales, y en algunas oportunidades lo hacen conjuntamente con los titulares de dos o más Ministerios (interministeriales). Es cierto que la mayoría de esos reglamentos son organizativos o internos, pero también es cierto que existe un número significativo de ellos que son externos, por cuanto establecen reglas sobre la base del poder de supremacía general que normalmente se configura entre el Estado y su componente subjetivo, razón por la cual surten efectos sobre personas que no integran la organización ministerial.

Esta última categoría de reglamentos –los menos– encuentra un serio obstáculo desde el punto de vista formal jurídico, en virtud de que no existe ninguna disposición constitucional que les sirva de basamento, pues es bien sabido, como lo expusimos antes, que nuestra Constitución es bastante parca, y además específica, en la regulación de la potestad reglamentaria, debido a que únicamente alude a los reglamentos emanados del Poder Ejecutivo Nacional, en el artículo 236 (num. 10), en el artículo 266 (num. 5) en el cual faculta al TSJ, en Sala Político Administrativa, para anular los reglamentos del Ejecutivo Nacional cuando sea procedente. Igualmente, como expresamos antes, en la Constitución de 1999 se incluyen dos nuevos artículos con el objeto de otorgarle potestades reglamentarias específicas al Poder Electoral y a la Fuerza Armada Nacional (art. 293, num. 1 y 324). El primer dispositivo (art. 236, num. 10) que como es sabido constituye el fundamento de la potestad reglamentaria, es extremadamente específico, en virtud de que está referido exclusivamente a la facultad de dictar reglamentos ejecutivos por un órgano único y especialmente determinado, como lo es el Presidente de la República en Consejo de Ministros, tal como se desprende de la interpretación concordada del numeral 10 y el primer aparte del citado artículo 236 de la Constitución.

Por tanto, cualquiera que sea el método hermenéutico seleccionado para intentar derivar del aludido dispositivo constitucional una eventual titularidad de la potestad reglamentaria por parte de los Ministros, conducirá a negarle rotundamente tal potestad, pues si bien dichos altos funcionarios integran el Consejo de Ministros en su carácter de titulares de los respectivos Ministerios, constituiría un grave error interpretativo pretender extenderles esa competencia del mencionado órgano colegiado, no solo porque tal tesis carece de respaldo normativo, sino también porque atentaría contra la naturaleza y esencia de la colegialidad.

Cabe advertir que el Decreto con fuerza de Ley Orgánica de la Administración Pública de 2014, a diferencia de la derogada Ley Orgánica de la Administración Central, la cual contenía unos pocos artículos que conferían potestad reglamentaria específica a algunos Ministerios, carece de una o varias disposiciones similares.

Por tanto, tal como está planteada la situación, a la luz del ordenamiento jurídico vigente es posible formular las siguientes conclusiones:

i) Que ante la inexistencia de normas constitucionales o legales que confieran expresamente una competencia general a los titulares de los Ministerios para dictar reglamentos, el ejercicio de la misma, salvo en el caso de los reglamentos denominados internos, y de los que puntualmente puedan ser autorizados por una Ley, resulta, pese a la práctica imperante, inconstitucional e ilegal.

ii) Que no necesariamente la aludida potestad debe provenir de la Constitución, pues nada obsta para en una ley, se confiera *expresamente* a todos los Ministros una potestad general de reglamentación en el sector material en que les toca actuar. En ese caso sería conveniente analizar las regulaciones que existen al respecto en otras legislaciones, sobre todo en lo atinente a los límites a que necesariamente debe estar sometido su ejercicio, a la tipología de los mismos (ejecutivos, independientes, y delegados, si se estimare conveniente con sus respectivos matices), y a la subordinación jerárquica a los reglamentos dictados por el Presidente de la República en Consejo de Ministros, cualquiera que sea su naturaleza. Las ideas anteriores están referidas únicamente a los que hemos denominado reglamentos externos, pero nada obsta para que en esa misma ley sean regulados también los internos.

iii) Pero como actualmente no existe ni una previsión constitucional ni una Ley en ese sentido, consideramos conveniente pronunciarnos sobre la situación derivada de la proliferación de reglamentos ministeriales. En ese orden de ideas, siguiendo el modelo metodológico utilizado hasta ahora, diríamos que cuando se trate de reglamentos internos habría que admitir su validez, dado que en realidad no impondrían reglas de conductas a personas externas a la organización ministerial, pues estarían destinados a regular organizativamente el Ministerio y las situaciones de los sujetos vinculados por una relación de supremacía especial.

En definitiva, el análisis de un reglamento ministerial a los fines de emitir un pronunciamiento formal acerca de la competencia del Ministro que lo dictó, impone, en primer lugar, determinar si se trata de un reglamento interno (organizativo) o un reglamento externo. En el primer caso, por las razones anteriormente expuestas debería admitirse su validez, pero en el segundo caso, únicamente sería admisible su pertinencia jurídica si encuentra asiento en una norma puntual de alguna ley, pues de lo contrario debería reputarse nulo por estar viciado de usurpación o extralimitación de funciones. En ese mismo orden de ideas rechazamos que un Ministro mediante un reglamento independiente se autohabilite para dictar otro, en virtud de la regla lógica que postula que un instrumento normativo no puede otorgar igual o mayor fuerza jurídica a otro, que la que dicho instrumento posee.

Quizás lo que resultaría discutible sería si el Presidente de la República en Consejo de Ministros, dada la potestad reglamentaria que le confiere el artículo 236 (num. 10) de la Constitución de 1999, puede remitir a un reglamento ministerial el desarrollo de una Ley. La respuesta pareciera ser categóricamente negativa, en virtud de que las competencias constitucionales son indelegables o intransferibles, salvo disposición expresa del propio texto constitucional. Además, el Decreto con fuerza de Ley Orgánica de la Administración Pública, prohíbe la delegación de cualquier tipo de competencia normativa en su artículo 35 (num. 1). Luego, si la Constitución atribuye esa competencia al Presidente de la República en Consejo de Ministros, dicho órgano no solo es el único facultado para ejercerla, sino que está obligado a hacerlo, razón por la cual estaría afectado por una prohibición de transferirimiento o delegación a ningún otro órgano o ente público, incluyendo lógicamente, entre estos, a los Ministros.

4. Reglamentos de órganos con autonomía funcional

La Constitución le reconoce autonomía funcional de manera expresa al TSJ (art. 254), a los órganos del Poder Ciudadano (art. 273), al máximo órgano del Poder Electoral (art. 294), y a la administración tributaria nacional (art. 317). Tal autonomía ahora consagrada constitucionalmente significa que gozan de una gran libertad en el ejercicio de sus funciones, debido a que no tienen ningún tipo de dependencia, ni jerárquica, ni de ninguna otra naturaleza, con los otros órganos del Poder Público, debido a que su marco contralor está constituido por la Constitución y por las leyes que los crean o regulan, los cuales, en su caso, los delinean con las características antes enunciadas.

Corresponde ahora determinar si los mismos tienen una competencia general para dictar reglamentos ejecutivos o independientes, siempre siguiendo el esquema metodológico utilizado precedentemente (reglamentos internos y externos). Por tanto, conforme a dicho esquema, debe admitirse que estos órganos están facultados para dictar reglamentos internos. En cambio, siendo consecuentes con nuestro postulado fundamental en relación con los externos (facultad expresa o implícita por parte de una norma constitucional o legal), debemos rechazar, sobre la base del análisis de la Constitución de 1999, que dichos órganos, con excepción al máximo órgano del Poder Electoral (a los cuales el art. 293 del texto constitucional le confiere la facultad de reglamentar las leyes electorales), la detenten, pues no la derivan en forma general del referido texto constitucional.

Cabe señalar que algunas leyes regulatorias de esos órganos le confieren competencias específicas, como ocurre con la vigente Ley Orgánica de la Contraloría General de la República y del Sistema Nacional de Control Fiscal y la LOTSJ, para dictar reglamentos en materias precisa y específicamente determinadas (potestad normativa externa puntual y específica).

Para finalizar este punto cabe señalar que la extinta Corte Suprema de Justicia, en Sala de Casación Civil, en un fallo de fecha 10-11-1993, al pronunciarse sobre una resolución con carácter normativo del extinto Consejo de la Judicatura, el cual constituía un órgano con autonomía funcional, citando a BREWER, declaró que "*El Consejo de la Judicatura, de acuerdo con la Constitución, por el carácter de las actividades que desempeña goza de autonomía funcional; siendo, precisamente, consecuencia de esa autonomía funcional, la que estos órganos gozan de potestad reglamentaria*".

De la doctrina jurisprudencial transcrita se colige que la Corte interpretó que determinados órganos, por tener autonomía funcional, *ipso facto* les surge la potestad reglamentaria externa, pero lamentablemente en esa oportunidad el máximo Tribunal del país se limitó en el transcrito fallo, a aceptar como un hecho cierto e indubitable la posesión de dicha potestad por parte de los referidos órganos, sin entrar al fondo del asunto, que no es otro que discernir jurídicamente, esa pretendida relación causa efecto entre autonomía funcional y potestad reglamentaria, pues no debe olvidarse que al fin y al cabo la primera no es más que una expresión de la actividad desarrollada por órganos típicamente administrativos. De allí que, en nuestro criterio, el aludido fallo carezca de los elementos conceptuales y lógicos que permitan postular que el mismo constituye el inicio de una doctrina jurisprudencial, razón por la cual insistimos en que no puede bastar exclusivamente el conferimiento de la autonomía funcional (*status*) para preconizar la tenencia de la potestad reglamentaria, porque en ese caso habría que acudir a tesis ya hace tiempo superadas, como las relativas a los poderes discrecionales y a la "*inherencia de la potestad reglamentaria*" a todo órgano que ejerza funciones administrativas.

5. Reglamentos dictados por los estados

De conformidad con el artículo 159 de la Constitución de 1999, los Estados son autónomos políticamente, razón por la cual por imperativo constitucional tienen atribuidas funciones legislativas y administrativas (arts. 160 y 162), mas carecen de la judicial, ya que dicha función se encuentra centralizada nacionalmente desde 1945 hasta ahora, pero al parecer la Constitución de 1999 abre la posibilidad, cuestión sumamente difícil en nuestro criterio, de descentralizar administrativa y jurisdiccionalmente el Poder Judicial (art. 269). Por consiguiente, en ejercicio de las primeras funciones, bajo la vigencia de la Constitución de 1961 correspondía a la Asamblea Legislativa (actual Consejo Legislativo) de cada Estado "*legislar sobre las materias de competencia estadal*" (atribución que se mantiene en el art. 162, num. 1, de la Constitución de 1999), siendo la ley fundamental que necesariamente deberán sancionar esos órganos legislativos las Constituciones Estadales, las cuales en mayor o menor grado regulan la organización de los poderes de los estados, y dentro de esa regulación, siguiendo el modelo contenido en el artículo 236 (num. 10) en la Constitución de 1999, seguramente consagrarán la potestad reglamentaria a los titulares del Poder Ejecutivo (gobernadores de estado), quienes quedarán facultados para reglamentar, parcialmente o totalmente las leyes estadales sin alterar su espíritu, propósito y razón. Así ocurría durante la vigencia de la Constitución de 1961, y pensamos que así continuará ocurriendo, en razón de que no existe ningún obstáculo en la de 1999, para que sea conferida la mencionada potestad reglamentaria a los gobernadores.

Por tanto, en relación con este tipo de reglamentos, así como a los autónomos que seguramente dictan los gobernadores de estado, siguiendo el modelo nacional, resulta válido, con los debidos ajustes derivados de las características de los Estados, y sus naturales diferencias con el Poder Nacional, todo el marco conceptual desarrollado precedentemente sobre los reglamentos estatales o nacionales. Demás está decir que para conocer con propiedad la potestad reglamentaria de los Estados resultará indispensable examinar el nuevo ordenamiento de cada estado, especialmente sus respectivas Constituciones.

6. Reglamentos dictados por los municipios

Al igual que los Estados, los Municipios tienen conferidas constitucionalmente las funciones administrativas y legislativas por los artículos 174 y 175 de la Constitución de 1999, que atribuyen al Alcalde la primera, y al Concejo la segunda respectivamente. En este orden de ideas resulta compatible con la citada normativa constitucional lo dispuesto en la Ley Orgánica del Poder Público Municipal de 2010, cuando establece que corresponde a los Concejos dictar las Ordenanzas (arts. 54, num. 1 y 95, num. 1), y le otorga al Alcalde la potestad de reglamentar las Ordenanzas sin alterar su espíritu, propósito y razón (art. 54, num. 4), es decir, que la ley sigue el modelo normativo contenido en el citado artículo 236 (num. 10) de la Constitución.

Sin embargo, cabe observar que ese mismo artículo 54 (num. 4) de la Ley Orgánica del Poder Público Municipal amplía la competencia reglamentaria del Alcalde al disponer: "Los *actos administrativos de efectos generales que dicte el Alcalde, se denominarán Decretos y deberán ser publicados en la Gaceta Municipal o Distrital*".

De modo, pues que la ley consagra los reglamentos ejecutivos municipales, a imagen y semejanza de los nacionales, luego, *mutatis mutandi* resultará válido el marco conceptual desarrollado en este trabajo en relación con ellos. Pero sin duda complicó el panorama normativo municipal, cuando sin ninguna especificación incluyó dentro de los productos normativos reglamentarios a los denominados decretos, aludiendo a los actos administrativos de efectos generales, máxime cuando en nuestro país la tesis dominante se orienta por identificar a los reglamentos con los actos administrativos generales o de efectos generales.

Es preciso reconocer que tal previsión podría apuntar hacia el conferimiento de una potestad reglamentaria independiente a los alcaldes, lo cual planteado en una Ley sancionada por el Congreso para que lógicamente rija a nivel nacional sería, como lo hemos sostenido precedentemente, muy saludable, pero para regir en el ámbito municipal puede conducir a serios conflictos internormativos, en virtud de la inexistencia de lo que podrían denominarse principios de "*reserva legal municipal o de legalidad municipal*" y de "*jerarquía normativa municipal*". El primero impondría la obligatoriedad de que determinadas materias únicamente entrarían en la esfera de competencia de los Concejos Municipales, y solo podrían ser reguladas por Ordenanzas, y el segundo postularía la primacía de las Ordenanzas sobre cualquier otro instrumento jurídico municipal.

En efecto, sin la vigencia de esos principios, los cuales no aparecen consagrados en la Ley Orgánica del Poder Público Municipal, entonces todas las materias serían susceptibles de ser reguladas igualmente por el Concejo y por el Alcalde (Ordenanzas y Decretos), pues dichos principios –de estar consagrados en la ley– como ocurre a nivel nacional, se constituirían en límites infranqueables a la potestad normativa independiente del Alcalde contemplada en el artículo 54 (num. 4) de la Ley Orgánica del Poder Público Municipal.

A reserva de un examen más profundo de la compatibilidad del mencionado dispositivo legal con el texto constitucional, que en los artículos 174 y 175, a diferencia de la Constitución de 1961, establece una tajante separación de funciones, atribuyéndole, como ya expresamos, la legislativa al Concejo Municipal y la administrativa al Alcalde, pensamos que un análisis preliminar conduce a sostener que el citado artículo 54 (num. 4) de la Ley Orgánica del Poder Público Municipal, no supera el test de compatibilidad con los invocados preceptos constitucionales, pues si la voluntad de la Constitución es diferenciar esas funciones, atribuyéndolas también a órganos municipales diferentes, constituye un quebrantamiento de esa voluntad conferir la función normativa de rango legal al órgano administrativo, pues, insistimos, que el Alcalde tiene la competencia normativa subordinada (reglamentos de las ordenanzas). Esta tesis cobra mayor pertinencia si se tiene en cuenta todo lo expuesto sobre el marco teórico de los reglamentos independientes nacionales; de allí pues que pareciera fundada una tesis que postulara la derogatoria de ese esquema normativo de la Ley Orgánica del Poder Público Municipal, de conformidad con la Disposición Derogatoria Única de la Constitución.

VI. FORMAS Y DENOMINACIONES MEDIANTE LAS CUALES SE EXPRESA LA POTESTAD REGLAMENTARIA Y SU INCIDENCIA SOBRE LA IDENTIFICACIÓN DE CADA TIPO DE REGLAMENTO

1. Reglamentos nacionales

La determinación de las formas jurídicas que revisten los reglamentos genera ciertos problemas, sobre todo si se atiende al hecho que pueden adoptar la misma expresión formal de un acto administrativo general o de efectos generales, o uno de efectos particulares. Esta situación tiende a complicarse aún más si es analizada en el contexto del marco doctrinario predominante en nuestro país, el cual conduce a identificar actos administrativos y reglamentos, es decir, a considerar que el reglamento es un acto administrativo. De otra parte, un reglamento como un acto sustancialmente normativo puede llegar a recibir en nuestro país distintas denominaciones, entre otras la propia de reglamento, resoluciones, instructivos, pautas, decretos, normas y normativas.

Por tanto, intentaremos sistematizar la situación descrita hasta donde resulte posible. Así desde el punto de vista formal siempre el reglamento ejecutivo o independiente dictado por el Presidente de la República en Consejo de Ministros adoptará la forma de decreto, y el reglamento ministerial la forma de resolución (art. 15 y 16 de la LOPA). Ahora bien, cabe destacar que la lectura de los reglamentos publicados en la Gaceta Oficial proporciona un dato eminentemente práctico y coyuntural a los fines de tratar de diferenciar los reglamentos ejecutivos de los independientes.

En efecto, cuando se trata de los primeros, pese a que también adoptan la forma de decretos reciben un nombre vinculado con la Ley reglamentada (Reglamento de la Ley Orgánica del Trabajo, de Educación, etc.); en cambio, los independientes suelen identificarse únicamente por el número del decreto, en virtud de que su finalidad es precisamente establecer una disciplina en materias que no han sido reguladas por el Parlamento. Reiteramos en que nos referimos a un dato meramente práctico, pero que permite con cierta seguridad realizar la aludida identificación, no obstante dada la inexistencia de reglas que disciplinen la formación de este tipo de reglamentos, así como el creciente número de los mismos, es posible que se presenten casos -los menos- en que haya que identificar uno ejecutivo por el número del decreto, y uno independiente por un nombre, que en todo caso, como es lógico, no estará vinculado a ninguna ley.

En virtud de la identidad formal de los reglamentos ejecutivos e independientes (decretos), el dato científico más importante para tratar de identificarlos está constituido por su fundamentación normativa, pues si la misma radica en el artículo 236 (num. 10), de la Constitución, y en una ley preexistente, o uno o varios artículos de la misma, con gran probabilidad se tratará de un reglamento ejecutivo, y aludimos a la probabilidad solamente, porque suelen encontrarse ejemplos en los cuales un reglamento independiente pretende fundamentarse en ese mismo dispositivo constitucional, lo que obviamente constituye un ostensible vicio de nulidad. Ante la ausencia de regulación constitucional que sirva de fundamento a los reglamentos independientes, a diferencia de los ejecutivos, la Administración acostumbraba a utilizar con tal finalidad el artículo 190 (ord. 1° y 22°) que estaban referidos a dos atribuciones presidenciales absolutamente genéricas y residuales, que ahora se corresponde con el 236 (num. 1 y 24): "*hacer cumplir esta Constitución y la ley. Las demás que le señalen esta Constitución y la Ley*".

De modo, pues que ante la identidad formal de los reglamentos ejecutivos e independientes (decretos), la inexistencia de un procedimiento constitutivo y de fundamentación constitucional de los segundos, lo único que queda es examinar su encabezamiento, en el cual casi siempre su basamento normativo, para determinar cuál de los dos preceptos constitucionales antes mencionados constituye el núcleo fundamental del mismo.

Pero algunas veces los reglamentos independientes pueden confundirse con los ejecutivos, debido a que, una vez analizado el referido basamento normativo, se observa que contiene referencias incidentales a artículos de determinadas leyes, lo que en un primer momento conduce a reputarlos como ejecutivos, pero el examen de su texto demuestra que su regulación no guarda ninguna relación con el artículo o artículos de la ley mencionados en la fundamentación normativa. O sea, que en realidad se trata de un reglamento independiente, porque no desarrolla, aplica, explica, detalla o interpreta ni parcial ni generalmente el texto legislativo invocado como fundamento, sino que disciplina una materia aún no regulada por la Asamblea Nacional, siempre y cuando la misma no forme parte de la reserva legal.

Por otro lado, además de las formas decretos y resoluciones, suelen emplearse las de instructivos, normas, normativas, pautas y providencias, fundamentalmente por parte de entes u órganos de la Administración Descentralizada. Sin embargo, dada la ausencia de una disciplina que regule el ejercicio de la potestad reglamentaria, lo que origina una gran "flexibilidad" por parte del Ejecutivo Nacional, encontramos que también el Presidente de la República en Consejo de Ministros acude a la denominación de "Normas" para referirse a reglamentos, como ocurrió en el caso de las "Normas Relativas a la Organización del Sistema Nacional de Salud", dictadas mediante el Decreto N° 2.533, de fecha 09-11-1995, por cierto que la fundamentación de las mismas se colocó en el artículo 190 (ord. 1° y 22°) de la Constitución de 1961, que como expresamos antes se corresponde con el artículo 236 (num. 1 y 24) de la de 1999.

En realidad la utilización de esa denominación (Normas) resulta injustificada, porque desde el punto de vista conceptual su contenido obedece a una expresión de la potestad reglamentaria independiente, razón por la cual perfectamente puede ser sustituida con la forma usual, además prevista en la LOPA, como es la del decreto. No obstante, se insiste en que dicha denominación suele ser utilizada con mayor frecuencia por órganos con autonomía funcional y entes de la Administración Descentralizada institucionalmente. Así por ejemplo, el Banco Central de Venezuela acostumbra dictar resoluciones que reciben dicho nombre, entre ellas baste citar las "Normas que Regirán la Constitución del Encaje" (Resolución N° 200301 del 30-03-2020). También la Superintendencia de Seguros la utiliza, y en su tiempo la Junta de Administración Cambiaria la usó con bastante frecuencia.

Como afirmamos anteriormente, también se acude para expresar el ejercicio de la potestad reglamentaria a la figura del "instructivo". Sin embargo, la utilización de tal denominación constituye una impropiedad, pues el instructivo, como lo veremos más adelante, es un acto administrativo que dicta el superior sobre la base de la potestad jerárquica que detenta, con la finalidad de imponer a los órganos subordinados acerca de la conducta que deben asumir en la interpretación o aplicación de determinadas leyes; por tanto, carece de las notas que definen el acto reglamentario, no obstante, dada la aludida "flexibilidad" algunos titulares de órganos, por razones que desconocemos, suelen dictar reglamentos bajo la denominación de instructivos.

De lo expuesto precedentemente se desprende que en materia de reglamentaria existe una especie de "jungla", en virtud de la carencia de reglas no solo en el aspecto sustantivo, sino también en lo atinente a su forma y denominación, lo cual como es sabido juega un papel importante en la configuración del principio de seguridad jurídica. De allí la necesidad urgente de legislar no solo con la finalidad de buscar salidas al limbo en que se encuentra la potestad reglamentaria desde el punto de vista subjetivo, que como hemos visto es ejercida por una pluralidad, casi indeterminada de órganos y entes públicos, en muchísimos casos sin ningún tipo de fundamentación constitucional o legal, y también para preservar la formalidad jurídica que debe acompañar dicho ejercicio. En ausencia de esa necesaria y perentoria legislación debe privar en los lectores el principio de que el reglamento, salvo el parlamentario, independientemente de la forma que adopte (decreto, resolución, norma, normativa, providencia e instructivo), siempre ha sido y será una legislación secundaria o subordinada a la ley, y que por tal razón el reglamento, más que una especie, es realmente un género: toda legislación que sea inferior a la ley, independiente del órgano o ente que la dicta, e independientemente del nombre que reciba.

2. Reglamentos estadales y municipales

La gran mayoría de los reglamentos dictados por los gobernadores de estado adoptan la forma de decretos, e igualmente revisten esta forma los reglamentos que conforme al artículo 54 (num. 4) de la Ley Orgánica del Poder Público Municipal dicta el alcalde para reglamentar las Ordenanzas sancionadas por el Concejo Municipal. También adoptan la forma de decretos, recibiendo esa misma denominación, los reglamentos independientes que dicta el alcalde sobre la base de la competencia que le atribuyen ese mismo artículo 54 (num. 4) de la ley.

VII. Conflictos internormativos en materia reglamentaria

Otro de los serios problemas que genera la ausencia de una disciplina en materia de ejercicio de la potestad reglamentaria por parte de la Administración Pública, radica en los conflictos que pueden suscitarse entre los diversos productos normativos derivados de dicho ejercicio. Así ocurre, por ejemplo, cuando situaciones jurídicas son reguladas de manera antagónica entre un reglamento del Ejecutivo y uno Ministerial, o entre uno de los primeros y otro emanado de una Universidad, o de un órgano con autonomía funcional. Por supuesto que nos referimos a conflictos que pueden surgir dentro de cada subsistema normativo (nacional, estadal y municipal), pues si se trata de una colisión entre actos reglamentarios de distintos subsistemas, deberá acudirse únicamente al principio de la competencia (ver capítulo III).

Pero si se reduce el examen del asunto al subsistema normativo nacional, en el cual a diferencia de lo que ocurre en Italia, país en el que el artículo 17 de la Ley 400 de 1988, establece un rango jerárquico entre las diferentes categorías de reglamentos dictados por la Administración (gubernativos y ministeriales), no existe ninguna disposición que consagre el sistema de rangos entre los reglamentos emanados de la Administración o el Gobierno Nacional. Ante esa ausencia de disciplina no queda más que recurrir a los principios generales, a los fines de proponer soluciones a las eventuales colisiones que puedan presentarse, por ejemplo, entre un Reglamento del Presidente de la República en Consejo de Ministros y uno Ministerial.

En ese orden de ideas es necesario acudir al principio fundamental, esto es, al de jerarquía. Así en un primer momento habrá que considerar el rango político o administrativo de los órganos que dictan los instrumentos en conflicto. De tal manera que si se admite que ambos pueden emanar actos normativos constitutivos de fuentes del Derecho Administrativo, debe presumirse que detenta más fuerza normativa el proveniente del órgano que tiene mayor rango en la escala jerárquica de la Administración Pública, razón por la cual deberá concluirse que en términos generales los reglamentos emanados del Presidente de la República en Consejo de Ministros, privan sobre los dictados por los Ministros.

A simple vista la regla anterior pareciera no ameritar ninguna discusión, máxime si se tiene en cuenta que encuentra consagración, en el marco la tesis que postula la identidad entre reglamentos y actos administrativos, en los artículos 13 y 14 de la LOPA, los cuales disponen que: "*Ningún acto administrativo podrá violar lo establecido en otro de superior jerarquía (...) Los actos administrativos tienen la siguiente jerarquía: decretos, resoluciones, órdenes, providencias*".

Sin embargo, puede llegar a suscitarla y conducir, en algunos casos, dependiendo de la posición del intérprete, a la derogación de dicha regla. Ejemplifiquemos: el artículo 27 (ord. 14) de la Ley Orgánica de la Administración Central derogada atribuía expresamente al Ministro de la Defensa la potestad de dictar los reglamentos militares; por lo tanto, si este dictaba el correspondiente reglamento, pero posteriormente el Presidente de la República en Consejo de Ministros dictaba otro reglamento militar se configuraba el mencionado conflicto. Entonces de otorgarle primacía al referido principio de jerarquía del órgano (decreto-resolución) el segundo reglamento (el del Presidente) debía privar sobre el primero (el del Ministro), pero en cambio si lo que se valoraba era la competencia específica que expresamente le atribuía la Ley al Ministro de la Defensa, cabe observar, en primer lugar, que el Presidente de la República no debería dictarlo acatando la disposición legal, y en segundo lugar, en caso de que lo dictase, el intérprete sobre la base del principio de competencia podría dar aplicación preferente al Reglamento Ministerial, que resultaba el producto de una atribución específica de la Ley al Ministro, y una exclusión de la potestad reglamentaria del Presidente de la República en Consejo de Ministros.

Pero si bien el ejemplo anterior, relativo al principio de jerarquía como elemento básico en la resolución del conflicto internormativo, no pasaba de ser más que la expresión de un problema teórico, porque dada la relación que se configuraba -y configura- entre el Presidente de la República y los ("*sus*") Ministros, bastaba que el primero le ordenase a uno de los segundos la derogación del reglamento ministerial para que finalizase dicho problema; no ocurría, ni ocurre lo mismo, antes por el contrario la situación tiende a complicarse, cuando se configura una situación igual o equivalente entre un Reglamento del Ejecutivo, y un reglamento dictado por una Universidad autónoma o por un órgano con autonomía funcional, como el caso previsto en el artículo 28, parágrafo único, de la Ley de Universidades, en el que un Consejo Universitario regulase o regule las condiciones que deben reunir los profesores que sin tener el título de doctor aspiren a ser autoridades universitarias de una manera, y el Ejecutivo a su vez dicte un reglamento que las discipline de manera diferente, originándose así el conflicto entre ambos instrumentos normativos.

En este caso había y habrá que valorar -dado que se mantiene la misma preceptiva en la Constitución de 1999-, el peso que tiene el principio de la competencia en la dilucidación de ese conflicto internormativo, pues está claro que si se acudía al de la jerarquía debía prevalecer el reglamento dictado por el Ejecutivo. En principio, todo pareciera indicar, dada la atribución expresa y específica de la competencia, atribuida por la ley de Universidades a los Consejos Universitarios, que debía y debería privar el principio de competencia. Pero tal solución imponía dilucidar el rol que jugaba en el problema el artículo 190 (ord. 10°) de la Constitución de 1961, ahora 236 (num. 10), que atribuye una potestad reglamentaria amplísima y general al Presidente de la República en Consejo de Ministros, con la única condición de que no altere el espíritu, propósito y razón de las leyes, pudiendo ser ese proceso de reglamentación general o parcial, razón por la cual al reglamentar el artículo 28 de la Ley de Universidades el Ejecutivo Nacional podía atender a cualquiera de esas modalidades. En caso de escoger la segunda, resulta válido que el acto reglamentario esté destinado exclusivamente a desarrollar el mencionado dispositivo legal.

Planteada así la situación, entonces lo que había y hay que determinar es si en el caso de reglamentos ejecutivos, cuando la propia ley delega a autoridades distintas a las señaladas en el artículo 190 (ord. 10°) de la Constitución de 1961, 236 (num. 10) de la de 1999, su reglamentación parcial, dicha disposición legal se ajusta o no a la previsión constitucional, pues si la respuesta es negativa, entonces la disposición de la Ley podrá inaplicarse, y en consecuencia, también el reglamento que es su producto normativo, entrando a regir en consecuencia el reglamento dictado por el Presidente de la República en Consejo de Ministros. Pero esta solución no estaría fundamentada en la jerarquía del órgano que dicta el reglamento (Presidente de la República en Consejo de Ministros), sino porque la disposición de la Ley que delega o transfiere a otros órganos su reglamentación parcial, colidía con el artículo 190 (ord 10°) de la Constitución derogada y colide ahora con el 236 (num. 10) de la vigente.

Hemos trabajado con un ejemplo de la ley de Universidades vigente, en relación con la Constitución de 1961, pero en virtud de que el texto constitucional de 1999, no contiene ninguna modificación en materia de potestad reglamentaria, salvo que confiere en forma puntual y específica esa competencia al Poder Electoral y a la Fuerza Armada Nacional, deben reputarse válidas la conclusiones antes expuestas con las siguientes precisiones:

i) En el subsistema normativo nacional, en principio los conflictos internormativos entre reglamentos, deben resolverse conforme al principio de la jerarquía del órgano de donde emana el reglamento.

ii) En caso de que una norma establezca, de manera específica y puntual a un órgano distinto del Presidente de la República, la atribución para dictar reglamentos independientes, y este dicte un reglamento de esa naturaleza en la misma materia, sin fundamentación normativa expresa, entonces debe soslayarse el referido principio de la jerarquía, y privar el de la competencia específica conferida expresa y legalmente al órgano.

Esa solución no resulta válida para el caso de los reglamentos ejecutivos, en virtud de que atendiendo al principio de supremacía constitucional, debe privar la norma contenida en el artículo 236 (num. 10) atributiva de la competencia reglamentaria general al Presidente de la República, y en consecuencia el reglamento dictado por el Ejecutivo Nacional debe primar, sobre el dictado por el órgano o ente que detente la competencia que le ha sido conferida por ley o instrumento de rango legal.

iii) Hay que tener muy en cuenta que la Constitución de 1999, trae dos derogatorias de la potestad general en materia de reglamentos ejecutivos que le confiere al Presidente de la República en Consejo de Ministros, a saber, la atribuida al Poder Electoral para reglamentar a las leyes electorales (art. 293, num. 1) y la conferida a la Fuerza Armada Nacional para reglamentar la ley relativa a la fabricación, importación de armas que no sean de guerra (art. 324).

De modo, pues, que el Presidente de la República está impedido de reglamentar a las mencionadas leyes, por lo tanto si lo hace se trataría de un reglamento francamente inconstitucional, y en todo caso si durante un tiempo estuviesen vigentes ambos reglamentos, lógicamente debería aplicarse el dictado por el Poder Electoral o por la Fuerza Armada Nacional, e inaplicar el emanado del Presidente de la República.

VIII. Eficacia de los reglamentos

La ausencia de una disciplina sobre el ejercicio de la potestad reglamentaria impone que aspectos muy importantes de la misma deban ser inferidos acudiendo a los principios que informan a las leyes en general, así como a determinados preceptos de la LOPA. No obstante, como se indicó *supra*, desde la primera Ley Orgánica de la Administración Pública que se dictó en el año 2001, se creó una disciplina de la formación y elaboración de los reglamentos, la cual se mantiene en el Decreto con fuerza de Ley Orgánica de la Administración Pública, cuyas disposiciones regulan el momento en que los reglamentos se tornan eficaces, al disponer en su artículo 90:

> La elaboración de los reglamentos de leyes se ajustará al siguiente procedimiento.
>
> ...
>
> 4. Aprobado el Reglamento por la Presidenta o Presidente de la República en Consejo de Ministros, entrará en vigencia con su publicación en la Gaceta Oficial de la República, salvo que el Reglamento disponga de otra cosa.

Debe concluirse entonces que los reglamentos entran en vigencia desde su publicación en la correspondiente Gaceta Oficial, salvo que establezcan en sus textos una *vacatio*, lo cual pareciera carecer de sentido, debido a que la Administración puede publicar el reglamento cuando lo considere conveniente; sin embargo, la referida razón no constituye obstáculo alguno, desde el punto de vista formal, para que a tenor de lo previsto en el citado precepto legal, pueda fijarse en el texto del reglamento un término para su entrada en vigencia, posterior a su publicación en la Gaceta Oficial.

Cabe precisar que resulta necesario publicar íntegramente el texto, pues lo que cobra valor normativo es únicamente lo publicado. En lo concerniente al punto de la publicación es necesario advertir sobre una práctica perniciosa que se observa con cierta frecuencia al leer la Gaceta Oficial denominada *"reimpresión por error de copia"*, en virtud de que en no pocas veces se ha utilizado para cambiarle el sentido a una o varias disposiciones del reglamento. Evidentemente que esa práctica atenta contra la seguridad jurídica; luego, sería preferible, en lugar de utilizarla, que la Administración procediera a modificar el reglamento asumiendo todos los riesgos que ello pudiera implicar; en todo caso, sería conveniente prohibir dicha práctica en una futura reforma del Capítulo VIII del Título I, del Decreto con fuerza de Ley Orgánica de la Administración Pública.

En esta misma línea de razonamiento es preciso apuntar que existe un sector de la doctrina en Venezuela, que postula que los reglamentos internos no requieren ser publicados en la Gaceta Oficial para que adquieran eficacia, pero somos partidarios, en aras de la preservación al máximo de la seguridad jurídica, que todo acto normativo de un órgano nacional debe ser publicado en la Gaceta Oficial de la República Bolivariana de Venezuela, máxime después de la entrada en vigencia de la LOPA.

Los anteriores planteamientos en torno a la publicación de los reglamentos nacionales, son susceptibles de ser extendidos a los estadales y municipales, pero por supuesto que para una mejor información sobre la disciplina que los rige en este aspecto, resulta necesario examinar los correspondientes ordenamientos municipales y estadales.

IX. PÉRDIDA DE VIGENCIA DE LOS REGLAMENTOS

1. Por actos del Poder Ejecutivo

En virtud de que en el procedimiento de elaboración de los reglamentos previsto en el Decreto con fuerza de Ley Orgánica de la Administración Pública, se omite establecer cómo pierden vigencia, debe admitirse que, tratándose de un acto normativo, o de una verdadera ley en sentido material, rigen por analogía, el artículo 7 del Código Civil y el 218 de la Constitución de 1999, los cuales disponen que las leyes se derogan por otras leyes, luego un reglamento derogará a otro reglamento, pudiendo también reformarlo total o parcialmente. Es decir, que corresponde al órgano que dictó el reglamento determinar discrecionalmente su pérdida de vigencia. En este punto cabe recordar al principio de inderogabilidad de los reglamentos por actos singulares (art. 13 de la LOPA).

2. Por actos del Poder Legislativo

En virtud de que rige el principio de preferencia o primacía de la Ley sobre el reglamento, resulta lógico que las leyes sancionadas por el Poder Legislativo deroguen a cualquier reglamento, pudiéndose configurar, conforme a esa regla, los siguientes supuestos:

i) Un reglamento independiente puede ser derogado por otro reglamento independiente, pero en caso de ser sancionada una ley que regule la materia disciplinada por dicho reglamento, el mismo quedará derogado total y absolutamente con la entrada en vigencia de la ley. Fue precisamente lo que ocurrió con la primera Ley de Licitaciones sancionada por el Parlamento en el año 1990, pues durante mucho tiempo la materia estuvo regida por reglamentos independientes, que resultaba válido por no formar parte dicha materia de la reserva legal, pero una vez promulgada el referido texto legislativo *ipso iure* el reglamento dictado por Ejecutivo Nacional perdió toda su vigencia. Cabe advertir que en esos casos aun cuando la ley deje de regular, por ejemplo, por omisión, algún aspecto disciplinado en el reglamento independiente, no puede pretenderse la vigencia parcial de este en lo atinente al dispositivo que regulaba el aspecto omitido por el legislador.

ii) En el caso de un reglamento ejecutivo de una ley reformada total o parcialmente, lo lógico es que dicho reglamento acompañe en su pérdida de vigencia a la ley reformada totalmente, en virtud de que lo accesorio sigue la suerte de lo principal, mas la doctrina y la jurisprudencia están contestes en que el reglamento se mantiene parcialmente vigente, si alguno de sus dispositivos resultan compatibles con la nueva ley. Fue lo que ocurrió cuando la Ley del Estatuto de la Función Pública de 2002, derogó la Ley de Carrera Administrativa de 1975, pero continuó vigente parcialmente el Reglamento General de la Ley de Carrera Administrativa de 1982, reformado parcialmente en 1999.

Puede ocurrir que no funcione este mecanismo de compatibilización del reglamento de la ley derogada con la ley nueva, si esta expresamente decide derogar tanto la ley como su reglamento o reglamentos. Conviene señalar que la potencialidad derogatoria de los reglamentos, que ostentan las leyes sancionadas por el Parlamento, la poseen igualmente los actos con fuerza de ley, verbigracia los decretos con fuerza de ley emanados del Presidente de la República en Consejo de Ministros, de conformidad con lo preceptuado en el artículo 236 (num. 8) de la Constitución de 1999.

3. Por actos del Poder Judicial

Como es sabido dentro de las competencias fundamentales del Poder Judicial está la de ejercer el control de la legalidad de los actos del Poder Público, mediante la declaratoria, con fuerza de verdad legal de la voluntad de la Ley en cada caso concreto, o sea, que a través del fallo judicial se determina la conformidad o disconformidad de los actos del Poder Público con el ordenamiento jurídico. Por tanto, los reglamentos entran en ese ámbito de competencia. El vicio de ilegalidad acompaña a los actos reglamentarios (reglamentos ejecutivos) cuando sus disposiciones alteran el espíritu, propósito o razón de la Ley reglamentada, o cuando sencillamente infringen disposiciones de cualquier Ley o acto con fuerza de Ley. En el caso de los independientes, cuando infringen alguna disposición de ley o de un acto con fuerza de ley. De manera que la ilegalidad se produce cada vez que se atenta contra los límites anteriormente señalados.

Los reglamentos que presenten el referido vicio son impugnables por ante el TSJ, en Sala Político Administrativa, de conformidad con lo preceptuado en el artículo 266 (num. 5) de la Constitución de 1999, y tocará a dicho órgano jurisdiccional dictar la correspondiente sentencia que puede ser estimatoria o desestimatoria del recurso. En el primer caso declarará la nulidad del reglamento o de los artículos impugnados, y en el segundo, por el contrario, declarará que mantiene su vigencia.

En el caso de que los reglamentos –cualquiera que sea su tipología– irrespeten el principio de supremacía constitucional, esto es, cuando sus disposiciones colidan con preceptos constitucionales, o bien que los reglamentos independientes disciplinen materias que forman parte de la reserva legal, se configurará el vicio de inconstitucionalidad, para lo cual era necesario, en criterio de la extinta Corte Suprema de Justicia, que el esquema normativo reglamentario denunciado colida directamente con la Constitución, o en términos, de la doctrina de ese máximo Tribunal, constituya una violación directa de la Constitución, tal como lo declaró en sentencia proferida el 28-06-1983 (Caso Cenadica).

En fin, ante la configuración del vicio de inconstitucionalidad en los términos antes expuestos, cualquier interesado puede intentar la acción popular de inconstitucionalidad contra el reglamento que lo presente, por ante el TSJ, en Sala Político Administrativa, de conformidad con lo dispuesto en el citado artículo 266 (num. 5) de la Constitución vigente. Si la demanda es declarada con lugar, el Tribunal anulará el acto o los artículos impugnados, y ordenará que la sentencia se publique en la Gaceta Oficial, indicando en el sumario de la misma el acto o disposición anulados.

X. LÍMITES AL EJERCICIO DE LA POTESTAD REGLAMENTARIA (RELACIONES LEY-REGLAMENTO)

1. La Constitución

El principio de superioridad material –las disposiciones constitucionales valen más que el resto de todos los instrumentos que integran el ordenamiento jurídico, lo que torna inmune el texto constitucional frente a esos instrumentos, y correlativamente la validez de estos depende de la sintonía que guarden con dicho texto, sin duda plenamente vigente en Venezuela (art. 7 Const)– impone como primer límite al Poder Ejecutivo y en general a la Administración Pública en ejercicio de la potestad reglamentaria, el respeto a los preceptos constitucionales. Vale subrayar que este constituye un límite infranqueable, absoluto, para cualquiera de los órganos o figuras subjetivas que de hecho o de derecho ejercen la potestad reglamentaria. Por tanto, cualquier infracción del mismo, conducirá a la nulidad o a la inaplicación del reglamento.

2. La Ley

Cabe recordar que la Revolución Liberal siguiendo las enseñanzas de ROUSSEAU, reivindicó la primacía de la ley como producto normativo, posición esta que fue superada con la vigencia del principio de supremacía constitucional antes mencionado, no obstante, es preciso recordar también que toda la construcción conceptual acerca de la potestad reglamentaria, parte de la relación dialéctica que desde sus orígenes se ha configurado entre la ley y el reglamento. De otra parte, si bien es cierto que actualmente se han diversificado y crecido los instrumentos normativos que integran el ordenamiento jurídico (Tratados, decretos-leyes, ordenanzas, decretos legislativos o decretos con fuerza de ley, normas comunitarias, etc.), de todas maneras tanto la esencia como la existencia del reglamento continúan estando en función de la ley.

Efectivamente, la relación antes descrita sigue basándose en la idea de la preferencia o primacía de la Ley sobre el reglamento, de manera que siendo ambos actos normativos, el segundo siempre tendrá un carácter secundario con respecto a la primera. Esa idea de preferencia de la Ley encuentra diversas manifestaciones concretas que erigen a la ley en un límite infranqueable por el reglamento. Entre dichas manifestaciones pueden citarse la denominada *fuerza de Ley*, que torna inmune al texto legislativo frente a la normativa reglamentaria, es decir, que el denominado elemento innovativo de los reglamentos para el ordenamiento jurídico, no surte ningún efecto sobre la ley o los actos con rango o fuerza de Ley.

En realidad la fuerza de ley constituye un límite para el reglamentista, el cual le impone la prohibición de dictar normas reglamentarias que contradigan las leyes. Nótese que hablamos de las leyes y no de la ley reglamentada, la cual lógicamente también se incluye en el plural. Esto quiere decir, por ejemplo, que un reglamento ejecutivo puede ser compatible totalmente con la ley reglamentada, pero si contiene disposiciones que colidan con otras leyes o con actos con fuerza ley, habrá franqueado el límite en comento, razón por la cual estará viciado de nulidad por ilegalidad.

La otra manifestación tiene que ver con los espacios materiales ocupados por la ley y el reglamento, o lo que algunos autores suelen estudiar bajo la denominación de "*materia reglamentaria o materia objeto del reglamento*". En ese sentido la preferencia o primacía de la Ley casi podría ilustrarse con la famosa expresión inglesa utilizada para indicar que cualquier materia podía ser regulada mediante ley, "*salvo convertir un hombre en mujer*". En efecto, de todo el universo de materias que pueden ser objeto de la potestad legislativa, existen algunas que por disposición constitucional únicamente pueden ser reguladas por ley, constituyendo la "*reserva legal*", que estudiaremos más adelante; por tanto, sobre las mismas el Parlamento ejerce una especie de monopolio, lo que configura una interdicción para el reglamentista, quien a través de los reglamentos ejecutivos únicamente puede ocupar los espacios limitados y secundarios atinentes a esas materias, y una interdicción absoluta para los reglamentos independientes.

Pero además el resto de las materias (las que no entran en la reserva legal) que constituye la inmensa mayoría de ese universo puede ser regulado *preferente y exclusivamente* por la ley. *Preferentemente*, porque el reglamentista está facultado para llegar a tener incidencia sobre ese ámbito material, en la medida en que el legislador la abandone, o dicho de otra manera, que el Parlamento no legisle sobre el mismo, pues siempre el Legislativo tendrá la prioridad o la primacía para abordarlo mediante ley, lo que comportará la exclusión automática del reglamento de ese ámbito, y en caso de que estuviera ocupado la exclusión se traducirá en su derogación total; y *exclusivamente*, porque una vez que el legislador actúa sobre el referido ámbito, se produce lo que la doctrina denomina "*congelación del rango*", dando lugar a una "*reserva de ley formal*", que impide, salvo deslegalización –que no existe en Venezuela– la incidencia del reglamento sobre ese universo de materias, en virtud de que pasa a ser de la exclusiva competencia del Parlamento, ya que si bien el reglamentista podía regularlas antes de la actuación del Parlamento, a partir de ese momento estará impedido de hacerlo, so pena de incurrir en una ilegalidad; de allí la exclusividad de la Ley en la disciplina del ámbito material en comento.

A mayor abundamiento, cabe apuntar que a diferencia de lo que ocurre en Francia, no existe en nuestro ordenamiento jurídico una materia reservada al reglamento. Más aún: estas expresiones de primacía de la Ley (exclusividad y preferencia) permiten que por voluntad del legislador materias de las que integran el universo reseñado, que estén reguladas por un reglamento independiente, pasen a ser regidas por ley. O sea, que el principio no solo permite que la Ley ocupe espacios que antes estaban ocupados por el reglamento, sino que puede determinar los que debe llenar el reglamento, ampliándolos, restringiéndolos, o delimitándolos, en virtud de que las normas de la ley pueden contener previsiones en ese sentido. En algunos ordenamientos, que no es el caso del nuestro, en virtud del impedimento que se deriva del artículo 236 (num. 10) de la Constitución de 1999, que atribuye una potestad general de reglamentación al Presidente de la República, el principio en comento puede conducir a que en la Ley se establezca la prohibición de su propia reglamentación, o inclusive la de reglamentar una materia determinada.

En efecto, descartamos esa posibilidad (prohibición de reglamentación de una ley), en razón de que la tantas veces aludida disposición constitucional posibilita que cualquier ley –inclusive los Códigos– pueda ser susceptible de reglamentación por parte del Ejecutivo Nacional. Igualmente son susceptibles de reglamentación los decretos con fuerza de ley dictados de conformidad con el artículo 236 (num. 8) de la Constitución de 1999, así como las leyes orgánicas, mas no así las leyes especiales aprobatorias de Tratados Internacionales, ya que son de actos singulares en forma de ley, configuración esta que las torna irreglamentables.

De modo, pues, que en la relación Ley-Reglamento el principio de preferencia o de primacía de la primera, se erige como un límite infranqueable para el ejercicio de la potestad reglamentaria, por parte de la Administración.

XI. RESERVA LEGAL Y POTESTAD REGLAMENTARIA

1. Breve perfil histórico de la reserva legal

Autores como AMATO (1994), GARCÍA DE ENTERRÍA (1990) y LAVAGNA (1976) sostienen que los orígenes de la reserva legal (idea involucrada en el concepto) se remonta a las Asambleas parlamentarias medievales, especialmente las inglesas, las cuales en su intento por limitar la actuación del Rey, logran obtener que este, después de muchas luchas, acepte que existen materias excluidas de su ámbito de potestad legislativa, por ser de la exclusiva competencia de dichas Asambleas. Esas materias eran las relativas a la imposición de tributos y al establecimiento de delitos y penas. La mencionada idea va encontrar su desarrollo, e incluso la acuñación del término "*reserva legal*" en la doctrina alemana a finales del siglo XIX, debido, como lo hemos reseñado antes, al sistema dualista que se impuso en ese país después de la derrota de Napoleón, el cual se caracterizó porque el Monarca mantuvo casi todos los poderes que detentaba durante el Absolutismo, pero contando con la presencia de una Asamblea parlamentaria (Dieta) con un número reducido de funciones.

Precisamente en ese contexto político surge de la doctrina el concepto de Ley en sentido material, a partir de la premisa que solo podía considerarse tal aquella que contenía proposiciones jurídicas, en virtud de que incidía o afectaba la esfera jurídica de los administrados, razón por la cual necesariamente requería la aprobación parlamentaria, al igual que los denominados reglamentos jurídicos (ya mencionados) que también necesitaban la autorización de la Dieta para ser dictados.

El surgimiento del concepto de reserva legal dentro de ese marco conceptual y doctrinario, obedece a una finalidad garantista o garantizadora de los derechos de los ciudadanos, dado que ambos órganos (Rey y Dieta) ostentaban potestad normativa; por tanto se imponía la identificación de un conjunto de materias de suma importancia, vinculadas a lo que abstractamente se denominó derechos de libertad y propiedad (impuestos, delitos y penas en la Edad Media), con la finalidad de sustraerlas –al igual que los Parlamentos Medievales– de la esfera de competencia del Rey, y atribuirlas de forma exclusiva al Parlamento, lo que condujo a postular que dichas materias únicamente podían ser reguladas por Ley. Fue así como la doctrina alemana de fines del Siglo XIX elaboró e impuso en ese país el concepto de reserva legal.

Conviene precisar que esta institución viene a ser recibida en las Constituciones de países europeos, cuyos ordenamientos se forjan al calor de la Revolución Liberal (Francia, Italia, España, etc.) en el siglo XX, pues como se indicó en páginas anteriores, la consagración formal de la primacía del Parlamento y de su producto normativo: la Ley, impedía también formalmente que el Gobierno pudiera regular materias como la libertad, la propiedad, así como otros derechos similares, máxime si se tiene en cuenta que la conceptuación de dichos derechos obedece a la teoría liberal que los reputa como fundamentales (naturales), los cuales no pueden ser afectados por el Estado, sin el consentimiento de los ciudadanos, pues estos participan del Pacto Social para lograr la preservación de esos derechos, no para sacrificarlos; de allí que la concepción de ROUSSEAU acerca de la Ley como expresión de la voluntad general, conduce por esa misma vía a sostener que la limitación de la libertad y la propiedad únicamente pueden provenir de sus titulares, quienes lo hacen mediante sus representantes en el Parlamento.

Bajo ese marco conceptual parecía innecesario en los referidos países la institución de la reserva legal, pero la evolución política de los mismos, que en la práctica conduce, con las debidas adaptaciones y matices, a una especie de régimen dualista, como el alemán, en el cual tanto el Gobierno como el Parlamento tienen atribuida la potestad normativa, dio lugar a que en sus ordenamientos jurídicos se implantara el concepto de reserva legal.

Cabe destacar que la doctrina en la búsqueda del contenido de los derechos de libertad y propiedad, por ser los conceptos ordenadores de la reserva legal, superó la concepción original, esto es, la que nace en los Parlamentos Medievales, y al respecto SANTAMARÍA (1990) puntualiza:

> Así el concepto de propiedad, que originariamente no aludía sino a los derechos reales, termina por englobar a todos los derechos de contenido patrimonial, cualquiera que sea naturaleza. Por su parte el concepto de libertad, inicialmente limitado a su específica manifestación de libertad personal (esto es, garantía frente a la detenciones arbitrarias y prohibición de servidumbre), es reinterpretado muy tempranamente para conferirle el significado que poseía en la Declaración Francesa de 1789: esto es, como el derecho de hacer todo lo que no esté prohibido por la Ley, y el de no hacer lo que ésta no ordene.

Lo cierto es que actualmente la figura de la reserva legal está presente en casi todas las Constituciones de los países del mundo occidental, y que su regulación se sustenta en la concepción original, esto es: un conjunto de materias que debido a la importancia que se le confiere desde el punto de vista jurídico y político, únicamente puede ser disciplinado por Ley. Y quizás hoy su vigencia se justifica aún más, debido a que el Gobierno o Poder Ejecutivo pretende por diferentes vías devaluar la función de los Parlamentos, entre otras, intentando asumir competencias que históricamente han sido de estos, entre ellas la regulación de los derechos y las garantías de los ciudadanos.

De modo, pues, que la reserva viene a ser un mecanismo constitucional de distribución de poderes normativos entre el Parlamento y el Poder Ejecutivo, que permite al primero neutralizar los mencionados intentos del segundo, pues impide que este a través del mecanismo de potestad reglamentaria anule la principal función del órgano parlamentario, ya que la Constitución dispone que determinadas materias estén vedadas al Ejecutivo, y por el contrario, necesariamente deban entrar en la esfera de competencia del Parlamento. De allí pues, la pertinencia y vigencia de la institución de la reserva legal.

2. Regulación constitucional

En Venezuela la figura de la reserva legal obedece al anterior marco conceptual elaborado por la doctrina del Derecho público, en virtud de que la Constitución establece que determinadas materias deben ser disciplinadas solamente por ley, razón por la cual se excluye toda posibilidad de que las mismas sean reguladas mediante reglamentos. En esa perspectiva la reserva legal presenta un aspecto negativo que consiste en la interdicción de las fuentes de rango sublegal (reglamentos) de regular dichas materias, y un aspecto positivo que se traduce en el deber que le impone la Constitución a la Asamblea Nacional de disciplinar las materias que ella indique, sin que esta pueda eludir el cumplimiento de dicho deber por ninguna razón. En otros términos, el legislador tiene que regular real y efectivamente las materias que le señale el constituyente.

Es preciso destacar que la Constitución de 1999, al igual que la de 1961, carece de disposiciones que regulen de manera general el ámbito material de las leyes, y que tampoco contiene una enunciación específica y completa de las materias reservadas a la ley. Quizás lo que más se acerque a dicha enunciación sea el dispositivo contenido en el artículo 156 (num. 32) de la Constitución que pauta como competencia del Poder Público Nacional:

> 32. La legislación en materia de derechos, deberes y garantías constitucionales; la civil, mercantil, penal, penitenciaria, de procedimientos y de derecho internacional privado; la de elecciones; la de expropiación por causa de utilidad pública o social; la de crédito público; la de propiedad intelectual, artística e industrial; la del patrimonio cultural y arqueológico; la agraria; la de inmigración y poblamiento de los pueblos; la de pueblos indígenas y territorios ocupados por ellos; la del trabajo, previsión y seguridad sociales; la de sanidad animal y vegetal; la de notarías y registro público; la de bancos y la de seguros; la de loterías, hipódromos y apuestas en general; la de organización y funcionamiento de los órganos del Poder Público Nacional y demás órganos e instituciones nacionales del Estado; y la relativa a todas las materias de la competencia nacional.

La lista de materias contenida en el dispositivo transcrito resulta incompleta, debido a que en el texto constitucional aparecen numerosos preceptos consagratorios de reserva, muchos de los cuales ciertamente se refieren a materias enumeradas en la lista anterior, mas otros aluden a materias que no figuran en la misma. Así por ejemplo, cuando remite la disciplina de algunos tópicos, a leyes orgánicas (entre otros los artículos 128, 147, 247, 262, 273 292,302, 313) o a leyes ordinarias, como las previstas en los artículos 14, 18, 53, 68, 104, 200, 205 y 332, entre otros.

3. Expresiones lingüísticas utilizadas en la consagración de la reserva legal

La doctrina nacional sostiene que también pueden identificarse las materias que integran la reserva legal acudiendo a las expresiones lingüísticas utilizadas por el constituyente, tales como las siguientes presentes en la Constitución de 1999: "*La ley regulará*"(arts. 8, 67, 68, 261, 307); "*regulado por ley*" (arts. 55, 67, 331); "*determine la ley*" (arts. 11, 28, 42, 44 num. 1, 46 num. 3, 85, 135, 146, 148, 166, 173, 175, 179 num. 6, 225, 253, 255, 259, 267, 279, 284, 293 num. 10); "*establezca la ley o establecidas en la ley*" (arts. 13, 28, 31, 50, 68, 72, 77, 83, 89 num. 2, 96, 98, 99, 104, 108, 109, 111, 112, 115, 133, 145, 182, 187 num. 9 y num. 12, 255,

267, 275, 277, 279, 285 num. 4, 295, 317, 318); "*la ley establecerá*" (arts. 14, 50, 70, 76, 99, 100, 101, 111, 117, 144, 156 num. 16, 167 num. 4, 181, 206, 268, 304, 320, y disposición transitoria décima octava); "*señalados en la ley*" (art. 17); "*La ley garantizará*" (arts. 21 num. 2, 63, 93, 103, 255); "*de acuerdo con la ley*" (arts. 35, 46 num. 4, 47, 110, 114, 185, 277, 312, 319, 328); "*La ley dictará*" (art. 38); "*previstos en la ley*" (arts. 41, 54, 255, 317); "*de conformidad con la ley*" o "*conforme a la ley*" (arts. 45, 47, 51, 52, 55, 56, 75, 81, 91, 95, 100, 109, 111, 118, 125, 127, 134, 143, 151, 163, 164 num. 5, 168, 200, 205, 228, 232, 241, 244, 258, 275, 281 num. 3 y num. 6, 289 num. 1, num. 2 y num. 3, 296, 330, 332); "*se regirán por ley*" (art. 53), "*indique la ley*" (art. 58); "*la ley limitará*" (art. 60); "*que fije la ley*" (arts. 65, 129, 319); "*de conformidad (o de acuerdo) con la respectiva ley*" (arts. 167 num. 6, 324); "*la ley proveerá*" (art. 135); "*que la ley establezca*" (arts. 87, 142, 187 num. 3, 265, 325); "*La ley adoptará*" (art. 87); "*La ley dispondrá*" (art. 89); "*La ley determinará*" (arts. 94, 105, 110, 144, 260, 264, 283, 286, 290), "*atendiendo a la ley*" (art. 104); "*atribuya la ley*" (arts. 178 num. 8, 329); "*La ley creará*" (art. 184); "*La ley propenderá*" (art. 255), "*La ley regulará*" (arts. 67, 68 y 269), "*dispuesto en la ley*" (art. 280).

De lo antes expuesto es fácil inferir que no resulta sencillo determinar cuáles son efectivamente las materias reservadas a la ley, pues aparte de la lista contenida en el artículo 156 (num. 32) el basamento en las mencionadas fórmulas lingüísticas, a los fines de dicha determinación, puede conducir a equívocos debido a que habría que determinar cuándo el Constituyente usa el término "*ley*" con la acepción de norma jurídica en sentido amplio (norma escrita, independientemente de su rango), y cuándo alude a Ley formal, que es evidentemente el caso que configura la reserva.

A los fines de lograr ese cometido será necesario estudiar cada uno de los artículos que potencialmente contenga una reserva, derivada de algunas de las expresiones lingüísticas antes señaladas, lo cual escapa al objetivo de este trabajo. Sin embargo, seguramente contribuirá a facilitar ese análisis tener en cuenta que muchas disposiciones contentivas de las aludidas expresiones lingüísticas no son más que reiteraciones de las reservas delineadas en el artículo 156 (num. 32). Así por ejemplo, las de los artículos 38, 50, 55 y 60 entre otros, porque están referidos a la regulación de derechos y garantías constitucionales, los cuales de conformidad con el citado artículo 156 (num. 32), necesariamente deben ser regulados por ley, 86 (seguridad social), 312 (crédito público), que también figuran en el referido esquema normativo. La situación es igual para casi todo el resto materias mencionadas en ese artículo (156, num. 32).

Ahora bien, la situación es diferente cuando nos encontramos con algunas de las mencionadas expresiones lingüísticas que no guardan ninguna relación con el artículo 156 (num. 32) de la Constitución, que son bastantes por cierto, ya que puede ocurrir que ellas estén referidas ciertamente a leyes formales, pero igualmente podría suceder que su connotación fuera la de norma jurídica, razón por la cual la materia podría ser disciplinada tanto por la ley como por el reglamento. En ese caso ha dicho la doctrina que es necesario analizar el dispositivo constitucional, empezando en primer lugar por la expresión lingüística misma, pues algunas de ellas son tan categóricas que no generan dudas acerca de la voluntad del constituyente de consagrar una reserva legal, tales como: "*será regulada por una ley especial*" (art. 55), "*La ley garantizará*" (arts. 21, 63), "*La Ley establecerá*" (arts. 14, 50, 70, 99, 101), "*de conformidad* (o de acuerdo) *con la respectiva ley*" (arts. 167 num. 6, 324), "*Se regirán por ley*" (art. 53), "*establecida por ley*" (art. 50, 104, 176), "*la ley regulará*" (arts. 67, 68). En cambio, en otros casos la expresión podría conducir a pensar que es utilizada en la acepción de norma jurídica (independientemente de su rango), como por ejemplo: "*de conformidad con la ley*" (arts. 45, 52, 56, 91, 95), "*conforme a la ley*" (arts. 55, 125, 258), "*establezca la ley*" (arts. 72, 83, 98, 109). "*fije la ley*" (arts. 65, 129, 319), etc.

A los fines de dilucidar la eventual duda, entonces habrá que estudiar el correspondiente dispositivo en forma particular, evaluando entre otras las siguientes variables: **a)** por supuesto que debe partirse del marco referencial constituido por el artículo 156 (num. 32) constitucional, de tal suerte que si la fórmula lingüística revela una reiteración o una especificación, como en el caso de los derechos, deberes y garantías constitucionales, de las materias allí enumeradas, entonces deberá reputarse que se trata de una reserva legal; **b)** a continuación debe examinarse la materia regulada, pues si se trata de tributos, por ejemplo, toda la carga histórica-conceptual involucrada en dicha materia, seguramente conducirá a interpretar que con la expresión el constituyente intentó consagrar una reserva, y así otras materias similares; y **c)** luego, debe examinarse la ubicación del dispositivo en el texto constitucional y su relación con otros esquemas normativos de ese mismo texto, así como con los principios constitucionales fundamentales, lo que va a permitir perfilar la materia regulada, de tal manera que al final de ese proceso se podrá tener una mejor opinión acerca de la consagración o no de una reserva legal.

Muy importante en la dilucidación del contenido de estas fórmulas lingüísticas, de consagración o no de reserva de ley, resulta la fórmula propuesta por SANTAMARÍA (1991), quien sostiene que toda la actividad anteriormente descrita debe ir precedida por la presunción *iuris tantum* de reserva, en el sentido de que: "*toda remisión de la CE a la ley ha de presumirse que constituye una reserva de Ley, salvo que una interpretación en profundidad del precepto permita concluir, total o parcialmente lo contrario".*

Por otro lado, conviene indicar que la doctrina italiana ha elaborado una distinción entre reserva absoluta y relativa de ley, basándose básicamente en la correspondiente expresión lingüística contenida en la norma constitucional. Al respecto señala MARTINES (1994) que se estaría en presencia de la primera, cuando se utilicen expresiones como "*por ley*", "*La ley establece*", "*en los casos y modos previstos por la ley*". Otra parte de la doctrina (LAVAGNA) ejemplifica casos de reserva relativa, con las expresiones "*sobre la base de la ley*", "*según disposiciones de la Ley*", etc. Esta clasificación ha sido objeto de críticas, pero interesa resaltar de la misma, que la reserva absoluta implica en criterio de LAVAGNA (1976) "*prohibición categórica e integral de regular ciertas materias con actos distintos a la ley formal*". En cambio, la relativa permite que la materia reservada sea regulada estableciendo en la ley las normas básicas y remitiendo al reglamento el resto. La actual doctrina italiana mantiene la distinción entre reserva absoluta y reserva relativa, pero soslaya el fundamento original de las fórmulas lingüísticas, y se orienta por la tesis formulada por LAVAGNA, en el sentido que son de reserva legal absoluta aquellas materias que deben ser reguladas completa y exhaustivamente por ley. Se citan como ejemplos de las mismas la libertad personal (art. 13, num. 2 Const.), las sanciones penales (art. 25, num. 2 Const) y la potestad organizativa (art. 97 num. 3 Const.), y de reserva legal relativa, aquellas materias que deben ser disciplinadas también por ley, pero únicamente en sus aspectos fundamentales, pudiendo completarse el trazado de dicha disciplina mediante actos normativos de rango sublegal (MAZZAROLLI, 1993).

En Venezuela la doctrina y la jurisprudencia admiten una y única clase de reserva legal, razón por la cual toda materia que sea objeto de la misma, debe ser regulada mediante Ley, lo que no impide, como veremos más adelante, que una vez promulgada dicha Ley, la misma pueda ser reglamentada conforme a lo previsto en el artículo 236 (num. 10) de la Constitución.

4. La denominada reserva de ley del Parlamento (materias reservadas a la ley reguladas por actos con fuerza de ley)

Es preciso recordar que el artículo 187 constitucional atribuye a la Asamblea Nacional la competencia exclusiva para legislar en materias de competencia nacional, pero igualmente es necesario recordar que tal atribución no tiene un carácter absoluto, pues el propio texto constitucional en sus artículos 203, tercer aparte, y 236 (num. 8), como lo expusimos al estudiar las leyes habilitantes y los decretos con fuerza de ley, se encarga de derogarla de manera temporal al establecer que el Presidente de la República en Consejo de Ministros tiene la potestad de dictar decretos con fuerza de ley. Por consiguiente, al consagrarse constitucionalmente la figura de los decretos con fuerza de ley, se impone la necesidad de establecer una diferencia entre la reserva de ley y la reserva de ley del Parlamento, o de ley dictada exclusivamente por el Parlamento. En efecto, si bien la institución de la reserva legal surgió para crear una interdicción al Ejecutivo en la regulación normativa de ciertas materias, la evolución constitucional demuestra que razones históricas impusieron en un determinado momento, la necesidad de suprimir dicha interdicción bajo ciertas circunstancias y requisitos, lo que a la postre resultó constitucionalizado mediante la figura de los decretos leyes y los decretos legislativos, que son actos normativos que se caracterizan esencialmente por tener la misma fuerza o rango de una ley formal. O sea, que se reconoció la validez de una "*legislación no parlamentaria*", la cual se extendió a los esquemas constitucionales consagratorios de la reserva de ley.

A partir de esas regulaciones debió admitirse consecuencialmente que la delegación de la potestad legislativa del Parlamento al Poder Ejecutivo comportaba que mientras este Poder hiciese uso de dicha potestad estaba facultado, en principio, para regular todas las materias que de suyo entraban en la esfera de competencia del primero, incluyendo lógicamente las reputadas como de reserva legal. En otros términos, mientras el Poder Ejecutivo detente esa potestad carece de sentido que se invoque la garantía de la reserva legal; de allí entonces que el Presidente de la República pueda modificar o derogar cualquier ley formal que regule materias típicamente de reserva legal, como por ejemplo tributos, salvo, claro está, que la Constitución contenga límites explícitos o implícitos a dicha potestad del Ejecutivo.

Planteado de esa manera el asunto, resulta concluyente que el Presidente de la República en Consejo de Ministros puede regular, atendiendo a los parámetros establecidos en la ley habilitante, mediante decretos con fuerza de ley, cualquiera de las materias que a lo largo de la Constitución son reservadas a la ley. En esa línea de razonamiento resulta válido que el Poder Ejecutivo discipline mediante decretos con fuerza de ley materias como tributos y penas, consideradas como emblemáticas de la reserva legal. No obstante, cabe destacar que de conformidad con las previsiones constitucionales, algunas materias que entran en la reserva legal pueden llegar a ser de la "*reserva de ley del Parlamento*", en virtud de que únicamente deben ser reguladas por leyes dictadas por la Asamblea Nacional, lo que excluye toda posibilidad de que lleguen a ser disciplinadas mediante decretos con fuerza de ley.

El concepto de "*de reserva de ley del Parlamento*" está estrechamente conectado con los límites materiales implícitos de los decretos con fuerza de ley que examinamos en el capítulo anterior, ya que dichos límites están constituidos por materias que siendo parte de la reserva legal, como se expresó antes, no pueden ser reguladas por medio de los referidos instrumentos normativos, sino única y exclusivamente por ley formal sancionada por la Asamblea Nacional, es decir, que sobre esas materias delibera ese órgano y ningún otro del Estado. Por tal razón el proceso de identificación de los casos de "*reserva de ley del Parlamento*" parte de examinar el texto constitucional con la finalidad de observar más que el acto (ley), la competencia exclusiva y excluyente que se le confiere a la Asamblea Nacional, de manera explícita o implícita.

Pues bien, en estos casos también contribuye a la referida identificación la naturaleza del producto legislativo que resulta del ejercicio de la competencia por el Parlamento. En efecto, normalmente ocurre que ese producto está constituido por una "*Ley meramente formal*", o como lo denomina MOLES un "*acto singular en forma de ley*", que como expresamos en el capítulo III está privado de las notas de la generalidad y de la abstracción, en virtud de que limita su incidencia al seno de la organización constitucional del Estado, y fundamentalmente en las relaciones entre la Asamblea Nacional y el Gobierno o la Administración. Son ejemplos de esta reserva la materia presupuestaria, ya que de conformidad con el artículo 313 constitucional el presupuesto debe ser aprobado anualmente por ley, y la materia relativa a los Tratados Internacionales, los cuales deben ser aprobados por ley, de acuerdo con lo preceptuado en el artículo 187 (num. 18) de la Constitución. En ambos casos se trata de "*leyes meramente formales*", cuya sanción sirve al Parlamento para ejercer una particular forma de control sobre el Gobierno y la Administración Pública, o mejor como lo denomina la doctrina italiana, revelan una especie de cogestión entre la Asamblea y el Ejecutivo Nacional, y ponen de manifiesto el ejercicio de esa competencia exclusiva y excluyente por el Parlamento que da lugar a una específica forma de reserva legal, denominada "*reserva de ley del Parlamento*".

5. Ámbito de la reserva legal en el marco de la Constitución de 1999

Evidentemente que la reserva legal, como dijimos precedentemente, surte todos sus efectos frente al reglamento, mas cabe preguntarse si igualmente lo hace ante las Constituciones y leyes estadales, o las ordenanzas municipales. Esa interrogante tiene que ser respondida atendiendo a la forma de Estado Federal descentralizado de la República Bolivariana de Venezuela, en los términos consagrados en el artículo 4 de la Constitución, y en ese orden de ideas es necesario acudir, en primer lugar, al criterio de la competencia, razón por la cual las normas que consagran la reserva legal deben ser interpretadas sobre la base del criterio relativo a qué Poder Público (Nacional, Estadal o Municipal) está atribuida la materia contenida en dichas normas. Así por ejemplo, casi todos los tópicos enumerados en el artículo 236 (num. 32) de la Constitución constituyen reserva legal nacional, es decir, que ellos no pueden ser regulados ni por las Constituciones, ni por las leyes estadales ni por ordenanzas municipales. Sin embargo, a los fines de la dilucidación del asunto en relación a las leyes estadales, es necesario ponderar la nueva situación originada en las competencias concurrentes a que se contrae el artículo 165 constitucional, el cual prevé, para efectos de su propia regulación, una nueva categoría de leyes nacionales (las leyes de bases) y una a nivel estadal (las leyes de desarrollo); pudiendo estas en el marco del proceso de descentralización llegar a asumir la disciplina de materias enumeradas en el citado artículo 156 (num. 32) de la Constitución.

En el contexto del marco conceptual anterior, estimamos que sería un grave error pretender desarrollar las garantías constitucionales por una ley que no fuera nacional, lo que excluye toda posibilidad de regulación por una ley estadal o una ordenanza municipal, ni tampoco pueden utilizarse estos instrumentos normativos en las siguientes materias: civil, mercantil, penitenciaria, elecciones, crédito público, propiedad intelectual, etc. En cambio, en materia de procedimiento administrativo, mas no penal ni civil, es posible su regulación mediante una ordenanza municipal o una ley estadal, como efectivamente ocurrió en la mayoría de los estados y municipios durante la vigencia de la Constitución de 1961, y resulta válido que continúe ocurriendo con la de 1999. O sea, que las aludidas competencias concurrentes conducen a que la reserva legal no opere frente a leyes estadales y ordenanzas municipales. Eso explica porque tanto los estados como los municipios podían y pueden crear tributos -en las materias que les atribuye la Constitución- pese a que el artículo 224 constitucional consagraba como de reserva legal la materia tributaria, consagración que se mantiene inalterada en el artículo 317 de la Constitución de 1999.

En suma, la reserva de Ley prevista en la Constitución puede operar frente a leyes estadales y ordenanzas municipales, y así ocurre en la mayoría de los casos, pero en otros -los menos- resulta posible que la misma materia sea regulada por los estados y los municipios, siempre y cuando se haga por ley u ordenanza (ley municipal), lo que en definitiva mantiene la esencia de la reserva legal, pues pese a que debe ser vinculada al principio de competencia derivado de la forma de Estado Federal, y por ende, de la coexistencia de distintos subsistemas normativos, de todas maneras la regulación debe producirse por Ley (estadal o municipal), mas nunca por un reglamento del gobernador o del alcalde.

De otra parte, cabe reiterar conforme a lo expuesto en el punto anterior que la reserva legal nacional no opera frente a los denominados decretos con fuerza de ley (art. 236, num. 8), en virtud de que los mismos tienen la fuerza de una Ley, razón por la cual la doctrina ha entendido que las materias objeto de reserva legal pueden ser disciplinadas con este tipo de instrumentos normativos, salvo los casos de "*reserva de ley del Parlamento*" antes citados. Así ocurrió durante la vigencia de la Constitución de 1961 (mayo de 1994) con la Ley de Impuesto sobre la Renta, el Código Orgánico Tributario, la Ley de Impuesto al Consumo Suntuario y a las Ventas al Mayor, materias todas que se inscriben en el concepto de legalidad tributaria contenido en el artículo 317 de la Constitución de 1999, y perfectamente podían ser reguladas nuevamente mediante este tipo de instrumentos normativos, pues, como sostuvimos precedentemente, ello estaría ajustado a ese nuevo texto constitucional.

Esta tesis no era compartida por MOLES CAUBET (1981) quien consideraba que las materias que son objeto de reserva legal debían regularse:

> ...precisamente por la ley formal sin que quepa sujetarlas a la regulación de otra fuente distinta. Por ejemplo, un Código Penal no puede ser objeto de un Reglamento ni siquiera de un Decreto ley en los países que lo tienen previsto.

Sobre esa tesis del aludido autor expusimos en nuestro libro "*Régimen Jurídico de la Potestad Reglamentaria en Venezuela*" que no encontraba mucho respaldo en Venezuela, pues la praxis constitucional demostraba que se solían disciplinar materias de evidente reserva legal, como por ejemplo, crear Institutos Autónomos (FIV y FOGADE) mediante decretos leyes. Claro está que había que respetar los límites constitucionales materiales de los decretos leyes (materia económica y financiera), razón por la cual el ejemplo del Código Penal no resultaba válido en Venezuela, dado que no se podían traspasar los linderos antes señalados. Obviamente que esa tesis debe reputarse superada, ahora con mayor razón, no solo porque los decretos con fuerza de ley pueden disciplinar materias de reserva legal, sino porque ahora su ámbito material es más amplio.

6. Reserva legal como límite al ejercicio de la potestad reglamentaria

A lo largo de las páginas anteriores hemos sido reiterativos en cuanto al contenido positivo de la reserva legal, en virtud de que la misma comporta una interdicción reglamentaria. Corresponde ahora determinar cómo opera dicha interdicción en los distintos tipos de reglamentos. Así se observa que en lo atinente a los *reglamentos independientes* la interdicción es absoluta, es decir, que en ausencia de una Ley o un acto con fuerza de Ley, si fuere el caso, como por ejemplo en materia de impuestos patrimoniales, el Ejecutivo no podrá dictar un reglamento de esa naturaleza con la pretensión de cubrir el mencionado vacío legislativo. Ni siquiera en el caso de una necesidad o emergencia, en virtud de que no existen los denominados reglamentos de necesidad en Venezuela, pues en esa circunstancia habrá que recurrir a la técnica de los estados de excepción (art. 337-339 Const.). En lo atinente a los reglamentos ejecutivos es posible con arreglo a lo dispuesto en el artículo 236 (num. 10) de la Constitución, reglamentar las leyes dictadas en materias de reserva legal, aun cuando esas leyes sean orgánicas, o cuando se trate de un decreto con fuerza de ley dictado de conformidad con el artículo 236 (num. 8) de la Constitución.

Reiteramos que la reserva legal contiene un mandato positivo para el legislador que lo obliga a disciplinar toda la materia, pudiendo remitir al reglamentista el establecimiento de detalles para la mejor ejecución de la ley. Por tanto, deben considerarse prohibidas las remisiones genéricas que posibiliten en realidad un "*reglamento independiente*". Tampoco son admisibles en este campo, inclusive en los países que los contemplan en sus ordenamientos, los reglamentos delegados, en virtud de que constituiría una infracción directa de las normas constitucionales que consagran la reserva legal.

El Tribunal Constitucional Español, en sentencia del 24-07-1984, precisó la relación de la reserva legal con la potestad reglamentaria ejecutiva del Gobierno. Por considerar que la tesis resulta válida en nuestro país, la transcribimos en su parte básica:

> Este principio de reserva de Ley entraña, en efecto, una garantía esencial de nuestro Estado de Derecho, y como tal ha de ser preservado. Su significado último es el de asegurar que la regulación de los ámbitos de libertad que corresponden a los ciudadanos dependa exclusivamente de la voluntad de sus representantes, por lo que tales ámbitos han de quedar exentos de la acción del Ejecutivo y, en consecuencia, de sus productos normativos propios, que son los reglamentos. El principio no excluye, ciertamente, la posibilidad de que las leyes contengan remisiones a normas reglamentarias, pero sin que tales remisiones hagan posible una regulación independiente y no claramente subordinada a la Ley, lo que supondría una degradación de la reserva formulada por la Constitución en favor del legislador.

El fallo transcrito parcialmente, resulta pertinente en nuestro ordenamiento, en virtud de que el citado artículo 236 (num. 10) constitucional, como expresamos antes, permite la reglamentación de las leyes dictadas en materia de reserva legal, pero atendiendo a límites muy precisos, a fin de evitar que de esa manera se eludan las disposiciones de la Constitución consagratorias de reservas legales. Y quizás los más importante de resaltar de dicho fallo sea que atendiendo a los más modernos lineamientos doctrinarios concibe a la reserva legal como una garantía esencial del Estado de Derecho, cuya finalidad última es la preservación de los ámbitos de libertad de los ciudadanos, los cuales quedarían a discreción del Gobierno, si mediante la referida técnica no fuesen sustraídos de su esfera de competencia, logrando de esa manera, como expresa la sentencia, que materias tan esenciales a la libre convivencia social, como son la libertad y la propiedad, sean disciplinadas por el órgano teóricamente más representativo, y por ende, más legítimo y plural, como lo es el Parlamento.

Pero además como sostiene SANTAMARÍA (1961) en la actualidad la técnica de la reserva legal es una garantía del Parlamento frente al Gobierno, pues impide que este por la vía de la reglamentación, que como hemos dicho es una técnica expedita y sumaria, llegue a anular la competencia legislativa del Parlamento, máxime si se tiene en cuenta que el Poder Ejecutivo -en la realidad- tiene la casi totalidad de la iniciativa legislativa; y por otra parte constituye una garantía frente a la propia institución parlamentaria, que ante las materias reservadas por la Constitución, se ve constreñido a legislar real y efectivamente sobre las mismas.

XII. CIRCULARES E INSTRUCTIVOS

1. Planteamiento de la situación

El programa de la Escuela de Derecho incluye este punto, sin mayor fundamento, en el tema relativo a la potestad reglamentaria, pues estimamos que debería formar parte del relativo a los actos administrativos, máxime si se tiene en cuenta que la LOPA, en su artículo 17, le otorga dicha categoría. Sin embargo, cabe pensar que dicha inclusión tiene su razón de ser en la tendencia no infrecuente de dictar verdaderos reglamentos bajo el manto formal, o mejor de la denominación de circular, y sobre todo de "*instructivo*". Cabe además agregar que en otros ordenamientos en lugar del vocablo "*instructivos*", usado más frecuentemente entre nosotros, tal vez influenciados por los llamados "*instructivos presidenciales*" se utiliza el de "*instrucciones de servicio*".

La doctrina mayoritaria -nacional y extranjera- (RONDÓN DE SANSÓ 1981, ENTRENA CUESTA 1990, DROMI 1983, LARES 1990, BASSI, 1995) está conteste en que las circulares e instrucciones constituyen expresión de la denominada actividad interna de la Administración. En ese marco conceptual se inscribe la tesis de VILLEGAS BASAVILBASO, citado por DROMI, cuando define a las instrucciones y circulares como:

> ...manifestaciones del poder jerárquico, que tiende a dar directivas a los agentes de la Administración Pública en la ejecución de la ley, constituyendo simplemente un mecanismo interno de la Administración Pública para obtener unidad de dirección y de acción, a pesar de la pluralidad de los órganos.

DROMI (1983) agrega que son actos internos de la Administración, no actos administrativos, ya que no producen efectos jurídicos inmediatos sobre los administrados, posición esta que si se atiende al marco conceptual que informa a este tipo de actos, resulta correcta. Sin embargo, la misma pareciera no enteramente aplicable en Venezuela, en virtud de que después de la entrada en vigencia de la LOPA, tanto las circulares como las instrucciones (instructivos) son definidos como actos administrativos, puesto que así se desprende de la interpretación concordada de sus artículos 14 y 17, el primero de los cuales preceptúa: "*Los actos administrativos tienen la siguiente jerarquía: decretos, resoluciones, órdenes, providencias y otras decisiones dictadas por órganos y autoridades administrativas*". A su vez el 17 estatuye:

> Las decisiones de los órganos de la Administración Pública Nacional, cuando no les corresponda la forma de decreto o resolución, conforme a los artículos anteriores, tendrán la denominación de orden o providencia administrativa. También, en su caso, podrán adoptar las formas de instrucciones o circulares.

Queda claro, entonces, a la luz de las disposiciones transcritas, que los instructivos y circulares son actos administrativos. Sin embargo, ello no resuelve el problema generado con la forma en que son consagrados en el citado artículo 17 de la citada ley, pues de la interpretación del mismo, sin duda, surge una neta diferenciación de estos actos con los *decretos y resoluciones*, mas no ocurre lo mismo con las *órdenes y providencias*, ya que conforme al citado dispositivo pareciera que existe una categoría de actos administrativos –de los cuales se excluyen los que se corresponden, insistimos, con los que deben revestir la forma de decretos y resoluciones– que pueden adoptar indistintamente la forma de órdenes, providencias, instrucciones o circulares.

Pensamos que la anterior problemática tiene su origen en la falta de previsión conceptual del legislador, al combinar erróneamente disposiciones de la Ley de Procedimientos Administrativos Española 1958, (derogada casi totalmente en 1992, y modificada por la Ley 4/1999 de 13 de enero, del Régimen Jurídico de las Administraciones Públicas y del Procedimiento Administrativo Común, y nuevamente, por la Ley 39/2015, del 1° de octubre, de Procedimiento Administrativo Común de las Administraciones Públicas), que sirvió de modelo a la nuestra, con la concepción de acto administrativo contenida en los citados artículos de la LOPA, pues si bien en la citada ley española estaban previstas las instrucciones y las circulares, la misma se cuidaba de darle una definición que se inscribía dentro del marco conceptual antes expuesto (expresiones de la actividad interna y de la potestad jerárquica). Efectivamente, el artículo 7 de la citada Ley pautaba "*Los órganos superiores podrán dirigir con carácter general la actividad de los inferiores, mediante instrucciones y circulares*".

Planteada de esa manera la situación, entendemos que no resulta posible excluir a los instructivos y a las circulares de la tipología de los actos administrativos contenida en la LOPA; sin embargo, consideramos acertado pensar que cuando el artículo 17 expresa: "*También, en su caso podrán adoptar las formas de instrucciones o circulares*", cabe interpretar que la particularización derivada de la frase "*en su caso*", tiene como finalidad conferirle una especial naturaleza a dichos actos, la cual debe inferirse del marco conceptual elaborado en torno a los mismos, tanto por la doctrina nacional, como la extranjera.

En este orden de razonamiento la Administración solo podrá acudir a las instrucciones y a las circulares cuando pretenda actuar internamente, sobre la base de la jerarquía administrativa, razón por la cual las instrucciones constituirán una especial categoría de actos administrativos: actos internos, dictados por los órganos administrativos competentes atendiendo al principio de jerarquía administrativa que rige a la Administración Pública Venezolana. Por lo demás esta es la orientación que privó en varios fallos dictados por la extinta Corte Suprema de Justicia, en Sala Político Administrativa.

2. Circulares

En el contexto del marco conceptual antes expuesto, y también de la práctica administrativa venezolana, las circulares constituyen la expresión o forma de un acto de naturaleza interna, mediante el cual un órgano administrativo superior actúa como informador de otros órganos inferiores, sobre determinados actos, hechos o circunstancias. Siempre aparece dirigido a una pluralidad de destinatarios, pues carece de sentido cuando es utilizada para dirigirse a un solo órgano o destinatario. Así por ejemplo, el Rector de una Universidad informa a todos los Profesores la fecha en que se comenzará a requerir la respectiva calcomanía para que puedan ingresar con sus vehículos a la Universidad, o cuando el Viceministro informa a los Directores los días y horas en que deberán rendirle cuenta.

De lo expuesto se colige que las circulares tienen una evidente utilidad práctica para el funcionamiento de la Administración, y en criterio de RONDÓN DE SANSÓ (1981) son:

> ...simples formas jurídicas, sin contenido sustancial propio, ya que se desvincula de las características que pueda poseer su eventual contenido. En efecto, cuando se le imputa a un órgano la violación de una circular, lo que se alega en realidad es una violación del acto que es comunicado a través de ella.

La aludida autora separa la forma y el fondo de la circular, pero si bien consideramos que hasta 1981 la tesis podía resultar acertada, no es menos cierto que después de la entrada en vigencia de la LOPA en 1982, la cual define a las circulares como verdaderos actos administrativos, perdió pertinencia, además a lo anterior habría que adicionar que por esa vía de razonamiento resultaría posible desagregar todos los actos administrativos a los cuales la Ley les da una denominación: decretos, resoluciones, órdenes y providencias, en forma (la denominación) y fondo (contenido).

O sea, que el argumento resultaría válido para todos los actos emanados de la Administración Pública, y se sabe que tal desagregación no tiene cabida ni siquiera cuando resultan impugnados, ya que no se cuestiona formalmente el acto contenido en el decreto, en la resolución o en la providencia, sino el decreto, la resolución y la providencia, que lógicamente supone la impugnación de dicho acto, tratándose el asunto meramente formal, de manera que tal forma de razonar, además de muy afinada, reiteramos, que parece no ajustarse a la concepción de actos administrativos contenida en la citada ley de procedimientos. Dejamos constancia que Rondón De Sanso publicó el libro del que tomamos la cita, antes de la promulgación del referido texto legislativo.

3. Instrucciones (instructivos presidenciales)

Las instrucciones "*son directivas de actuación que las autoridades superiores imponen a sus subordinados en virtud de atribuciones propias de la jerarquía*" (Garrido Falla, 1989). O, según Rondón De Sansó (1981):

> Las prescripciones que los superiores jerárquicos hacen a los funcionarios y órganos inferiores, en relación con el ejercicio de su poder discrecional, respecto al funcionamiento y organización de los oficios y en lo que atañe al trámite de los procedimientos administrativos y de las modalidades de prestación de los servicios públicos.

De las definiciones transcritas se evidencia que la potestad de dictar instrucciones radica, como indicamos antes, en el principio de jerarquía administrativa, con la particularidad de que a diferencia de lo que ocurre con las circulares, dicha potestad es atribuida exclusivamente al máximo jerarca del órgano, o de la figura subjetiva. Luego, conforme a lo preceptuado en el artículo 226 de la Constitución, que establece el carácter de Jefe del Ejecutivo Nacional del Presidente de la República, en concordancia con el artículo 46 del Decreto con fuerza de Ley Orgánica de la Administración Pública, que establece que esta rama de la Administración está bajo la dirección y control general del Presidente de la República, por ende, corresponde a este en forma exclusiva y excluyente dictar instrucciones, al Vicepresidente Ejecutivo, los Vicepresidentes Sectoriales, los Ministros, y a las máximas autoridades directivas y administrativas (Presidentes, Consejos Directivos o Juntas Directivas) de los Institutos Autónomos.

Pero más que referirnos a las instrucciones en forma general, consideramos pertinente examinar una, o quizás la modalidad más importante que ellas adoptan en nuestro país: los instructivos presidenciales. Efectivamente, a partir de 1970 comenzaron a dictarse estos actos que, como expresamos anteriormente, pretenden ser una modalidad de las instrucciones de servicio, emanadas del Presidente de la República, pero cuyo contenido rebasó muchas veces el delineado bajo el marco conceptual antes indicado, en virtud de que excedió el ámbito interno de la Administración Pública, llegando a extenderse hasta los propios administrados, además de que las materias sobre la cual incidían van más allá de lo que pudiera llamarse meramente "*organizativo*". Al respecto resulta ilustrativa la tesis de RONDÓN DE SANSÓ (1981) sobre dicho contenido, cuando sostiene que versan sobre los siguientes temas: "*técnicas presupuestarias, modalidades para el gasto público, recaudación de ingresos, organización de los servicios, asignación de tareas a organismos o grupos de organismos, técnicas de control, bienes públicos e interpretación general de la Ley*".

De modo pues, que si se pretende considerar a los instructivos presidenciales, como una modalidad de las instrucciones de servicio, debe admitirse al mismo tiempo que la tesis de la autora citada no es precisamente ortodoxa. Pero antes de entrar a examinar esas particularidades y su relación con la potestad reglamentaria, que es lo que finalmente interesa en este tema, expondremos los elementos más resaltantes de este tipo de actos:

i) *Fundamentación normativa*. Durante la vigencia de la Constitución de 1961 la doctrina y la jurisprudencia nacional estaban contestes en que la misma radicaba en el artículo 181 de la Constitución, que preceptuaba que el Presidente de la República era el "*Jefe del Ejecutivo Nacional*", lo que resultaba equivalente, en criterio de la doctrina y jurisprudencia indicada, a decir que era el máximo jerarca de la Administración Pública Nacional, tanto de la Central como de la Descentralizada. Se trataba de una tesis interpretativa, en virtud de que la Constitución, a diferencia de la de otros países, por ejemplo la colombiana (art. 189) no contiene ninguna disposición que erija al Presidente de la República en la máxima autoridad administrativa.

La aludida tesis que predominaba tanto en la doctrina como en la jurisprudencia, pese a que en realidad no llegó a ser desarrollada *in extenso*, se ajustaba, en nuestro criterio, al contexto de la organización de la Administración Pública Nacional, trazado a grandes rasgos por la Constitución. En efecto, si bien es cierto que la expresión constitucional "*Jefe del Ejecutivo Nacional*", se correspondía con la connotación constitucional de "*Jefe del Gobierno*", no es menos cierto que el artículo 190 del texto constitucional derogado atribuía competencias gubernativas y administrativas al Presidente de la República, siendo el número de las últimas mucho mayor que el de las primeras.

De modo pues, que el Presidente de la República estaba legitimado constitucionalmente para realizar funciones administrativas, luego, siendo el Jefe del Ejecutivo Nacional, debía ser también el máximo jerarca administrativo nacional, incluyendo en ese manto jerárquico a los titulares de los órganos de los entes de la Administración Descentralizada, dado que los mismos resultan de un proceso de descentralización funcional a partir de la Administración Central, razón por la cual sus máximas autoridades, con poquísimas excepciones eran y son designadas precisamente por el Presidente de la República.

En suma, resultaba fuera de discusión la potestad del Presidente de la República, actuando como máximo jerarca de la Administración Pública para dictar instructivos, a tenor de lo dispuesto en el artículo 181 de la Constitución de 1961, en concordancia, agregamos nosotros, con el 190 *ejusdem*.

Bajo la vigencia de la Constitución de 1999, todo apunta a que la referida tesis doctrinaria permanece su validez, pues la situación normativa constitucional se mantiene inalterada, pese a que indirectamente se delinea la Administración Pública en el artículo 141, a partir de los fines que debe perseguir y de su sujeción a la ley y al derecho, y de alguna manera se intenta diferenciarla del gobierno, cuando se establece que corresponde al Presidente de la República dirigir la acción del gobierno (art. 236, num. 2), y se atribuye a la Asamblea Nacional la facultad de controlar al Gobierno y a la Administración Pública (art. 187, num. 3), en cambio, no se llega a pautar quien es el máximo jerarca de la Administración Pública, como si ocurre en el artículo 189 de la Constitución Colombiana, lo que conduce a sostener la inalterabilidad de la situación, específicamente en lo concerniente a la normativa acerca de las condiciones de Jefe que ostenta el Presidente de la República, esto es, de Jefe de Estado y del Ejecutivo Nacional, en cuya condición dirige la acción de gobierno (art. 226), y de Comandante en Jefe de la Fuerza Armada (art. 236, num. 5).

Esta ausencia de consagración del Presidente de la República como máximo jefe de la Administración Pública Nacional, y por el contrario el establecimiento de su carácter de director de la acción de gobierno, así como la creación del Vicepresidente Ejecutivo de la República, a quien se le atribuye la función de coordinar la Administración Pública Nacional (art. 239, num. 2), no modifica, en nuestro criterio, la tesis derivada ahora del artículo 226 de la Constitución que erige al Presidente de la República en Jefe del Ejecutivo Nacional, que postula que en este último carácter es a la vez el máximo jerarca de la Administración Pública Nacional, en fuerza de las razones expuestas precedentemente.

Por otra parte sería absurdo, por ejemplo, pretender atribuirle esa titularidad al Vicepresidente Ejecutivo, dado que le corresponde coordinar la Administración Pública, pues esa coordinación debe realizarla siguiendo las instrucciones que le imparta el Presidente de la República, y además este alto funcionario es de libre nombramiento y remoción del Presidente de la República, lo que revela entonces claramente que no puede, en estricto rigor lógico, ser el Jefe de la Administración Pública Nacional, ya que solo puede detentar el carácter de jefe una sola persona, pudiendo ese carácter estar expresamente señalado en la normativa, lo cual no ocurre en este caso, o bien derivarse implícitamente de la misma, para lo que resulta determinante entonces examinar las potestades que se le confieren al o a los funcionarios que potencialmente pudieren reunir la referida condición. Es en ese marco conceptual que resulta indudable el carácter de Jefe de la Administración Pública Nacional del Presidente de la República, pues basta solamente leer las atribuciones que le confiere el artículo 236 constitucional, entre las cuales destaca la mencionada precedentemente (nombrar y remover al Vicepresidente Ejecutivo).

A mayor abundamiento cabe invocar a favor de esta tesis el artículo 46 del Decreto con fuerza de Ley Orgánica de la Administración Pública, que resulta compatible con el artículo 226 constitucional, al establecer que el Presidente de la República es el Jefe de la Administración Pública, en su carácter de Jefe del Ejecutivo Nacional; de allí entonces que resulta concluyente la validez de la tesis esbozada bajo la vigencia de la Constitución de 1961, acerca de la competencia del Presidente de la República para dictar instructivos, en su carácter de máximo jerarca de la Administración Pública Nacional, derivado de su condición de Jefe del Ejecutivo Nacional, sobre la base ahora de la interpretación concordada de los artículos 226 y 236 de la Constitución de 1999.

ii) *Formalidad.* Son actos dictados únicamente por el Presidente República, esto es, que no son refrendados por ningún Ministro, lo que ha conducido a algunos autores (Rondón De Sansó) a indicar que podrían tener visos de inconstitucionalidad, en razón de que el ahora artículo 236, parte *in fine*, correspondiente al 190 de la Constitución derogada establece que:

> Los actos del Presidente o Presidenta de la República, con excepción de los señalados en los ordinales 3 y 5, serán refrendados para su validez por el Vicepresidente Ejecutivo o Vicepresidenta Ejecutiva y el Ministro o Ministra o Ministros o Ministras respectivos.

Sin duda que esta posición podría resultar acertada si se interpreta que la potestad de dictar instructivos, dada que su fundamentación se deriva del artículo 226, antes 181, de la Constitución, debe adicionarse a las veinticuatro atribuciones contenidas en el artículo 236 *ejusdem*.

Sin embargo, pensamos que el planteamiento constituye una extrapolación indebida, en primer lugar, porque esa pretendida adición resulta por vía de interpretación, y en segundo lugar, porque se trata de una potestad conferida al máximo jerarca de la Administración, el cual siendo un órgano unipersonal no requiere por definición ejercerla conjuntamente con otro funcionario u órgano, salvo que la actuación del otro comportara una condición de validez del acto que emane del desenvolvimiento de la aludida atribución, que no es el caso. Por tanto, tal exigencia, en ausencia de disposición alguna en tal sentido, sería como exigirle a un Ministro que en su carácter de máximo jerarca de la organización ministerial tuviera que solicitar el refrendo de alguno de los Directores para que sus actos adquirieran validez; y en tercer lugar, es preciso señalar que si bien los instructivos son actos productos del ejercicio de una potestad que se deriva del carácter de máximo jerarca de la Administración Pública que ostenta el Presidente de la República, en realidad no son actos de ejecución directa de la Constitución, o mejor dicho, de origen constitucional, como los enumerados en el artículo 236 de la Constitución. Todos los razonamientos anteriores conducen a sostener que los instructivos presidenciales no requieren el refrendo ministerial para adquirir validez.

Demás esta advertir que si conceptualmente el basamento de los instructivos presidenciales es la potestad jerárquica, resulta perfectamente válido, y ocurre con cierta frecuencia, que cualquier jerarca administrativo (Ministro, Presidente de Instituto Autónomo, Rector de una Universidad y hasta Director de un Servicio Desconcentrado sin Personalidad Jurídica), actuando de conformidad con la correspondiente norma atributiva de competencia, dicte válidamente instructivos.

4. Instructivos y potestad reglamentaria

Como advertimos precedentemente, la creciente utilización de los instructivos presidenciales y no presidenciales durante la vigencia de la Constitución de 1961, tendencia esta que puede mantenerse y hasta incrementarse bajo el texto constitucional de 1999, condujo a que en no pocas oportunidades excedieran su ámbito de actuación interna, y extendieran su radio de aplicación a las situaciones jurídicas de los administrados. En efecto, ello ocurre cuando quien los dicta en lugar de establecer prescripciones derivadas de la potestad jerárquica, destinadas a orientar y dirigir la actuación de sus subordinados, crea verdaderas normas jurídicas aplicables a figuras subjetivas que no integran la organización administrativa. Pensamos que ni siquiera se puede utilizar este tipo de actos (instructivos) para dictar normas que rijan exclusivamente en el ámbito interno (reglamentos internos u organizativos), pues la naturaleza de ellos, como ha quedado demostrado, resulta esencialmente diferente a la de los actos normativos.

En todo caso, ante la incertidumbre que genera el exceso en el contenido de los instructivos, tal como ha quedado dicho, debe regir el principio doctrinario recogido en un fallo del Tribunal Supremo Español, que postula que la nomenclatura de los instrumentos jurídicos puede resultar irrelevante a los fines de determinar su verdadera naturaleza. En ese orden de ideas en el referido fallo se asienta que: "*La calidad de una norma no depende del nombre que se le dé, sino de lo que dispone; no es cuestión de nomenclatura, sino de contenido*" (sentencia del 01-12-1961, citada por Boquera Oliver). Por tanto, ante un acto denominado instructivo, es preciso revisar su contenido, y si el mismo tiene carácter normativo habrá que intentar identificar su verdadera naturaleza, que no puede ser otra que reglamentaria, por provenir de la Administración Pública.

Ahora bien, si llega a determinarse que tiene naturaleza reglamentaria, dado que los reglamentos revisten la forma de decretos o resoluciones, según el caso, y tienen una fundamentación normativa diferente a la de los instructivos, resulta obvio que el denominado instructivo -reglamento- estará viciado de nulidad, por resultar afectado por el vicio de falso supuesto de derecho, en virtud de que pretende fundamentarse en una norma inadecuada. Así por ejemplo, si el Presidente de la República dicta uno de estos actos sobre la base de lo dispuesto en el artículo 226 de la Constitución, pero el análisis de su contenido revela que verdaderamente se trata de un reglamento ejecutivo, estaríamos en presencia del falso supuesto de derecho enunciado. La imputación de este vicio conduciría a la nulidad del instructivo, que por lo demás no revestiría la forma que deben adoptar los reglamentos.

Pero podría ocurrir que atendiendo al principio aludido por el fallo del Tribunal Supremo Español, se considerare que pese al vicio antes enunciado, se trata de un verdadero reglamento, entonces habría que acudir a los métodos expuestos en páginas anteriores para cuestionar los reglamentos ilegales o inconstitucionales, si estuvieren afectados por dichos vicios. De otra parte, cabe destacar que cuando el análisis del contenido del instructivo demuestre que no tiene carácter reglamentario, pero sus prescripciones se extiendan más allá del ámbito interno de la Administración, e incidan sobre las situaciones jurídicas de los administrados, entonces estará viciado de ilegalidad, porque el máximo jerarca estaría ejerciendo su potestad sobre personas que no guardan relación alguna con él, y mucho menos de subordinación o de supremacía especial, razón por la cual resultará impugnable por ante el órgano jurisdiccional competente.

Cabe reiterar, finalmente, dado el desbordamiento del ejercicio de la potestad reglamentaria de la Administración Pública, acudiendo a diversas denominaciones, incluyendo a la de instructivo, que resulta necesario abrir un período de discusión y reflexión que conduzca a normativizar expresamente dicho ejercicio, lo que a su vez permitirá establecer precisas diferencias entre instructivos y reglamentos, evitando de esa manera la práctica irregular de dictar actos reglamentarios bajo el nombre de instructivos.

BIBLIOGRAFÍA

AMATO, GIULIANO y AUGUSTO BARBERA. *Manuale di Diritto Pubblico*. Editorial Il Mulino. Bologna, 1994, 4° ed.

ASAMBLEA NACIONAL CONSTITUYENTE. *Gaceta Constituyente (Diario de Debates)*. Octubre-noviembre 1999 y noviembre 1999-enero 2000. Caracas, 2000.

BAÑO LEÓN, JOSÉ. *Los ámbitos del reglamento independiente*. En el libro "Estudios sobre la Constitución Española. Homenaje al Profesor Eduardo García de Enterría I". Civitas, Madrid, 1991.

___. *Los límites constitucionales de la potestad reglamentaria*. Civitas. Madrid, 1991.

BASSI, FRANCO. *Lezioni di Diritto Amministrativo*. Giuffrè. Milano, 1995, 4° ed.

BREWER, ALLAN. *Estado de Derecho y control judicial*. Instituto Nacional de la Administración Pública. Alcalá de Henares-Madrid, 1987.

BOQUERA OLIVER, JOSÉ. *Derecho Administrativo*. Civitas. Madrid, 1986, 9° ed.

CARRE DE MALBERG, R. *Teoría General del Estado*. México, 1948.

CARLASSARE, L. *Regolamenti dell' Essecutivo e Principio di Legalitá*. Giuffré. Milano, 1966.

___. Voce "Regolamento". En *Enciclopedia del Diritto*. Vol. XXXIX. Giuffrè. Milano, 1988.

CARRASQUERO, OTTO. *Los instrumentos jurídicos municipales*. FUNDACOMUN. Caracas, 1992.

CERRONI, G. *La Potestà Regolamentare tra forma di Governo e Sistema delle Fonti. La tipologia dei Regolamenti Governativi nella L. n. 400 del 1988*. UTEH. Torino, 1991.

CRISAFULLI, VEZIO. *Lezioni di Diritto Costituzionale*. Cedam. Padova, 1976.

___. Voce "Atto normativo". En *Enciclopedia del Diritto*. Vol. IV. Giuffrè. Milano, 1964.

DE OLIVEIRA FRANCO, MANOEL. *La potestad reglamentaria*. En el libro "El Derecho Administrativo en Latinoamérica II". Ediciones Rosaristas. Bogotá, 1986.

GALATERIA, LUIGI y M. STIPPO. *Manuale di Diritto Amministrativo*. UTEH. Torino, 1993.

GALLI, ROCCO. *Corso di Diritto Amministrativo*. Cedam. Padova, 1994, 2° ed.

GARCÍA DE ENTERRÍA, EDUARDO y TOMÁS-RAMÓN FERNÁNDEZ. *Curso de Derecho Administrativo* I. Civitas. Madrid, 1990.

GARCÍA MACHO, R. *Reserva de ley y potestad reglamentaria*. Editorial Ariel. Barcelona, 1988.

GARRIDO FALLA, F. *Tratado de Derecho Administrativo*. Volumen I. Editorial Tecnos. Madrid, 1989, 11° ed.

GIANNINI, MASSIMO. Voce "Regolamento.Problematica Generale". En *Enciclopedia del Diritto*. Vol XXXIX. Giuffrè. Milano, 1988.

MARTINES, TEMISTOCLE. *Diritto Costituzionale*. Giuffrè. Milano, 1994, 8° ed.

LAVAGNA, CARLO. *Istituzioni di Diritto Pubblico*. Editorial UTEH. Torino, 1976.

MAZZAROLLI, L. G. PERICU y OTROS. *Diritto Amministrativo*. Monduzzi. Bologna, 1993.

MOLES CAUBET, A. *Lecciones de Derecho Administrativo. Parte General* En "Revista de la Facultad de Ciencias Jurídicas y Políticas". N° 84. Universidad Central de Venezuela. Caracas, 1984.

MOLES CAUBET, A, PÉREZ LUCIANI, J y OTROS. *Contencioso Administrativo en Venezuela*. Editorial Jurídica Venezolana. Caracas, 1981.

PEÑA SOLÍS, JOSÉ. *Régimen jurídico del ejercicio de la odontología en Venezuela*. UCV. Caracas, 1989.

PAREJO ALFONSO, L. A. JIMÉNEZ BLANCO y OTROS. *Manual de Derecho Administrativo*. Editorial Ariel. Barcelona, 1992.

RONDÓN DE SANSÓ, HILDEGARD. *Teoría general de la actividad administrativa*. Facultad de Ciencias Jurídicas y Políticas. UCV. Caracas, 1981.

SANDULLI, ALDO. *L'Attività Normativa della Pubblica Amministrazione*. Giuffrè. Milano, 1970.

SANTAMARÍA PASTOR, JUAN. *Fundamentos de Derecho Administrativo* I. Editorial Centro de Estudios Ramón Areces S.A. Madrid, 1991.

___. *Principios de Derecho Administrativo*. Centro de Estudios Ramón Areces. Madrid, 1998.

URUETA AYOLA, MANUEL. *La potestad reglamentaria*. En el libro "El Derecho Administrativo en Latinoamérica II". Ediciones Rosaristas. Bogotá, 1986.

ZANOBINI, GUIDO. *Il Fondamento Giuridico della Potestá Regolamentare*. En "Scritti Vari di Diritto Pubblico". Giuffrè. Milano, 1955.

CAPÍTULO VI: FUENTES NO ESCRITAS. PRÁCTICA ADMINISTRATIVA. FUENTES SUPLETORIAS

I. PREMISA INTRODUCTORIA (ACERCA DE LA EXISTENCIA DE LAS FUENTES NO ESCRITAS Y DE LA RELEVANCIA DEL TEMA)

Cabe recordar que después de la Revolución Francesa se produce en el continente europeo una monopolización de la producción legislativa por parte del Estado, la cual correspondió en un primer momento al Poder Legislativo, compartida posteriormente, como vimos en el capítulo anterior, con el Ejecutivo. De ese modo el derecho -en su casi totalidad- va a resultar el producto de la voluntad estatal expresada por escrito, predominando este derecho (la ley), defendido por la burguesía revolucionaria, frente al consuetudinario (la costumbre), defendido por los partidarios del antiguo régimen. Este predominio mantenido, con pocas matizaciones, durante dos siglos en el continente, ha conducido a interrogarse acerca de sí el ordenamiento constituido exclusivamente por normas escritas, basta para resolver todos los problemas jurídicos que puedan llegar a presentarse en una comunidad, o dicho de otra manera, si ese ordenamiento es completo, careciendo por esa razón, de fisuras o "lagunas".

Si la respuesta a la anterior interrogante es afirmativa, como sostienen algunos autores, entonces habría que admitir que carecería de sentido intentar esbozar una tesis sobre "las fuentes no escritas del Derecho"; pero, en cambio, si resulta negativa, y por tanto, se admite la existencia de lagunas en el ordenamiento jurídico, indudablemente que cobraría pertinencia conceptual la necesidad de formular la referida tesis. Pues bien, la doctrina ha asumido posturas en uno y en otro sentido. Así, los partidarios de la "plenitud" o suficiencia del ordenamiento jurídico escrito, al negar la existencia de lagunas, afirman que existe una norma general comprensiva de los casos no previstos. DONATI, citado por GARRIDO FALLA (1989), expresa al respecto:

> ...que incluso un ordenamiento legislativo exclusivamente formado por un conjunto de disposiciones particulares referidas a casos específicamente determinados, aparece también como un ordenamiento necesariamente completo, en cuanto en su base existe una norma general exclusiva que sirve a solucionar cuantos casos no han sido específicamente previstos por las antedichas normas concretas.

Atendiendo a dicho postulado, el autor italiano concluye señalando que de la estructura del ordenamiento, conformada por un conjunto de disposiciones particulares, las cuales prevén determinados casos, y establecen para ellos la existencia de determinadas obligaciones que a su vez comportan también limitaciones específicas, se deriva una norma general traducida así: "*en todos los demás casos no deberá haber limitación alguna*"; de allí entonces que todo acontecimiento posible encuentre regulación sobre la base de esa norma general o residual, impidiendo que se configuren lagunas.

La otra postura doctrinaria, que por cierto cuenta con el respaldo mayoritario de la doctrina, admite la existencia de lagunas en el ordenamiento jurídico escrito, en virtud de que el legislador carece de la capacidad para regular la totalidad de la experiencia humana, a lo que debe agregarse que también le resulta materialmente imposible prever todas las posibles transformaciones y cambios de toda naturaleza que tan rápidamente ocurren en ese ámbito; de allí entonces que esas carencias conduzcan a la configuración de las mencionadas lagunas en el ordenamiento escrito, ya que impiden que este contenga todas y cada una las correspondientes soluciones normativas. Por tanto, resulta necesario acudir a otras normas jurídicas extra positivas no escritas, para colmar los referidos vacíos, las cuales sirven de fundamento al mismo Derecho, siendo ese el motivo por el que algunos autores partidarios de esta corriente prefieren hablar de "lagunas de la ley", en lugar de "lagunas del Derecho" o del ordenamiento jurídico.

Es preciso advertir que la tesis en comento encuentra pleno respaldo en el Derecho positivo de la mayoría de los países pertenecientes al denominado sistema de Derecho continental, pues en casi todos ellos tiene cabida en sus ordenamientos una disposición general que establece que en defecto de una normativa escrita reguladora del asunto controvertido, el juzgador debe acudir a otras fuentes no escritas, como la costumbre y los Principios Generales del Derecho. Tal previsión aparece contenida, por ejemplo, en el Código Civil Español (art. 1.3 y 1.4), en el Código Civil Italiano, en lo atinente a la costumbre (art. 1, num. 4), y en lo relativo a los Principios Generales del Derecho (art. 12). En el nuestro por lo que respecta también a los mencionados principios, en el artículo 4° del Código Civil. Además generalmente esos mismos Códigos o los de Procedimiento Civil, suelen establecer de manera categórica la prohibición de la absolución de la instancia (art. 244 del Código de Procedimiento Civil); de manera, pues, que la tendencia predominante en los señalados países, es a admitir la existencia de fuentes no escritas del Derecho. Cabe agregar que el artículo 260 de la Constitución de 1999, como veremos más adelante, crea una especial fuente de derecho de los pueblos indígenas denominada tradiciones o costumbres ancestrales, que sirven de bases a las "instancias de justicia".

Ahora bien, en lo concerniente a Venezuela, la armonización de la anterior conclusión con el principio de enunciación de las fuentes, conduce a afirmar en términos generales la única fuente no escrita está constituida por los denominados Principios Generales del Derecho, la cual, como prescribe el citado artículo 4° del Código Civil resulta aplicable subsidiariamente a cualquier rama del Derecho, incluyendo lógicamente al Derecho Administrativo. No ocurre lo mismo con la costumbre, que puede considerarse como el ejemplo más emblemático de este tipo de fuentes normativas, en virtud de que, como veremos más adelante, en nuestro ordenamiento muy pocas disposiciones, además para casos muy concretos y delimitados, la configuran como fuente no escrita. Planteada así la situación, no queda más que reconocer la poca importancia de incluir el tema de las "*fuentes no escritas del Derecho*", en un Programa de Derecho Administrativo, pues estaría limitado única y exclusivamente a los Principios Generales del Derecho que, como sabemos, tienen igualmente una aplicación restringida, por su carácter de fuente subsidiaria, así como también porque la mayoría de dichos principios han sido positivizados, razón por la cual pierden el carácter de fuente "*no escrita*". A lo anterior debe agregarse que este es un tema propio de la Teoría General que en los programas de las Escuelas de Derecho suele estudiarse en la asignatura "*Introducción al Derecho*". Por consiguiente, los anteriores argumentos aconsejarían excluir dicho tema de nuestra materia de enseñanza; pero como tal exclusión ni siquiera pareciera estar planteada, resulta necesario que lo expongamos en la forma más general posible, enfatizando cada punto o aspecto, que guarde relación con el Derecho Administrativo.

II. COSTUMBRE

1. Concepto y fundamento como fuente no escrita

A la forma reflexiva y racional de producción del derecho por el Estado (leyes escritas), se contrapone la forma espontánea de creación por la propia comunidad, esto es, mediante la práctica constante y uniforme de una conducta, por parte de los miembros de un grupo social, con la convicción de que tal comportamiento es jurídicamente obligatorio, denominada doctrinariamente como costumbre. Cabe advertir que en algunos períodos históricos el derecho consuetudinario prevaleció sobre la ley, pero a raíz de la Revolución Francesa, salvo en los países ubicados en el llamado sistema del *common law*, en los cuales, dicho sea de paso, actualmente cada día cobra más importancia la ley escrita, el predominio de esta resulta indudable; de modo, pues, que actualmente en los Estados del sistema de Derecho continental, la importancia de la costumbre como fuente del derecho resulta casi irrelevante.

De otra parte, es preciso indicar que las teorías de la voluntad y de la convicción pretenden explicar el fundamento de la validez de la costumbre como fuente del Derecho. En efecto, la primera tiene su origen en el Derecho Romano, en el cual se partía de la premisa de que la costumbre estaba basada en el tácito consentimiento del pueblo, razón por la cual debía otorgársele igual valor que a la ley. La segunda, postulada por la Escuela histórica, cuyos partidarios preconizaban que el Derecho era un producto espontáneo de la vida social, y por tanto, colocaba como fuente de todo Derecho a la común convicción jurídica; de tal manera que la costumbre no era más que el espíritu del pueblo. Sostiene ESPIN (1959) que esta Escuela afirma que "*la costumbre es la fuente más pura de la revelación del Derecho preexistente en el espíritu del pueblo, y su valor, es por tanto, superior al de la ley*".

Actualmente dicha discusión está superada, por lo menos en los países pertenecientes al sistema de Derecho continental, pues sin duda, en todos ellos al igual que respecto a otras normas jurídicas, rige el principio de la estatalidad del derecho, en virtud de que la costumbre únicamente cobrará virtualidad jurídica, en tanto y en cuanto una norma escrita dictada por el órgano competente del Estado le reconozca idoneidad como fuente del Derecho. Ya hemos dicho que la tendencia es hacia un reconocimiento parcial, dado que en casi todos los casos esa norma le confiere un carácter supletorio o subsidiario. Así ocurre en España y en Italia, pero en Venezuela ni siquiera reviste esa característica, dado que no aparece mencionada conjuntamente con los Principios Generales del Derecho en el artículo 4° del Código Civil, y en otras pocas normas dispersas en distintas leyes se alude a la costumbre mercantil, laboral y en arrendamiento de casas (reparaciones menores). En fin, paradójicamente el fundamento de la costumbre como "*fuente no escrita*" radica en una fuente escrita, pues actualmente las tesis de la voluntad y de la convicción carecen de pertinencia conceptual; por tanto, resulta concluyente que en un país la costumbre será fuente del derecho, sí y solo sí, una disposición legal o constitucional explícita o implícitamente, la configura como tal.

2. Elementos

Conforme a la tesis doctrinaria tradicional, todavía válida, la estructura de la costumbre consta de los siguientes elementos: **a)** la repetición constante de un comportamiento en forma prolongada en el tiempo (*repetitio facti o inveterata consuetudo*), que resulta equivalente a un uso uniforme, general y duradero, por cuanto debe consistir en la realización de actos semejantes, los cuales no necesariamente tienen que observarse en todo el territorio de un Estado, en virtud de que existen costumbres locales, debiendo esa realización de actos corresponder a la generalidad, y no a sujetos aislados; **b)** la convicción jurídica o elemento sicológico, esto es, que al asumir ese comportamiento estén persuadidos de estar cumpliendo una obligación jurídica, o actuando conforme a derecho (*opinio iuris ac necessitatis*). En fin, la conjunción de estos dos elementos es lo que torna posible, conforme a la doctrina mayoritaria, postular la existencia de una costumbre que puede llegar a revestir, según el correspondiente ordenamiento, el carácter de fuente no escrita del Derecho.

Sobre este punto existe coincidencia doctrinaria, y quizás lo más importante de destacar, como ha afirmado SORRENTINO (1994) sea, que debido a la fuerza propia derivada de la aludida conjunción, siempre sujeta, claro está, a una previsión legislativa, que tiene la costumbre, no rigen en torno a ella las disposiciones sobre la producción normativa (una ley solo puede ser derogada por otra ley o por un acto con fuerza de tal), sino más bien su efectividad. En este orden de razonamiento no cabe, por ejemplo, afirmar que una costumbre deroga o modifica a otra, sino que pierde la referida efectividad, bien como consecuencia de la falta de repetición del comportamiento material que constituye el elemento externo de la estructura de la norma consuetudinaria (*repetitio facti*), o del elemento sicológico (*opinio iuris ac necessitatis*). Una vez perdida la efectividad, consecuentemente, como es obvio, pierde a su vez su carácter de fuente del Derecho, razón por la cual no podrá ser invocada válidamente, a los fines de resolver un caso no previsto en el ordenamiento escrito.

3. Clasificación

Una primera clasificación se sustenta en el ámbito territorial de aplicación, originando la costumbre general, válida para todo el territorio de un país, y la costumbre particular, válida para una parte de ese territorio, pudiendo ser a su vez regional y local. Así por ejemplo el artículo 1612 del Código Civil está referido únicamente a la costumbre local; en cambio, el artículo 9 del Código de Comercio remite tanto a la costumbre general, como a la local. La segunda clasificación está basada en la relación de la costumbre con la ley, originando así la costumbre *secundum legem*, la *praeter legem* y la *contra legem*. La primera denominada también interpretativa, establece el sentido en que debe ser interpretada o aplicada una ley escrita; la segunda, denominada también introductiva, regula una materia no disciplinada por la ley escrita, luego, cobra eficacia únicamente cuando una ley deja regular una materia o determinados aspectos de la misma, reenviando a la costumbre tal cometido, y la tercera, denominada también abrogativa, porque deroga total o parcialmente una ley escrita. Como es fácil imaginarse, actualmente la validez de la costumbre *contra legem* es negada, tanto por la doctrina, como expresamente en la casi totalidad de los Derechos positivos. En suma, de las tres, la que aparece mayormente recogida en las leyes es la segunda (*praeter legem*).

En doctrina se ha discutido si la costumbre tiene eficacia legal o sublegal, o mejor dicho, si es equiparable a instrumentos de rango legal y sublegal. Lógicamente el tenor de la discusión está orientado por la forma como el respectivo ordenamiento jurídico le confiere idoneidad a la costumbre jurídica. Y en esa perspectiva metodológica visualizar dos situaciones hipotéticas: **a)** que la ley formal reenvíe a la costumbre la regulación de una determinada materia o parte de ella; **b)** que el reenvío tenga un carácter netamente dispositivo y general, esto es, que la aplicación de la costumbre solo resultará posible en ausencia de cualquier tipo de norma escrita.

Pues bien, en nuestro criterio, cualquiera discusión en ese sentido, derivada de las referidas situaciones hipotéticas, carece de sentido en Venezuela, en virtud de que en las pocas leyes en que aparece consagrada la costumbre –en forma dispersa–, tal consagración tiene un carácter subsidiario de las fuentes escritas, o dicho de otra manera los aludidos dispositivos legales –dispersos– rigen (erigen la costumbre en fuente del Derecho), en ausencia absoluta de cualquier norma escrita, independientemente de su rango, razón por la cual resulta forzoso concluir que la costumbre tendrá una fuerza menor que cualquier norma escrita.

En ese orden de ideas deberá rechazarse la tesis que postula que la costumbre tendrá rango legal cuando sea una ley formal la que reenvíe la regulación de una determinada materia o parte de ella, a este fuente no escrita de derecho., como ocurre por ejemplo con el 9 del Código de Comercio, en primer lugar, por el carácter subsidiario de la ley (norma escrita) con que es erigida, pues en caso de que sea sancionada cualquier ley en sentido material, regirá esta y no la costumbre, en segundo lugar, porque como vimos en el Capítulo III, la única ley que puede transferir la competencia legislativa, y eso solamente al Poder Ejecutivo, es la habilitante, pero dicha transferencia debe encontrar concreción en un instrumento normativo escrito; el decreto ley, razón por la cual debe excluirse toda posibilidad de que sea mediante uno no escrito (costumbre).

Adelantamos que esta tesis acerca del carácter subsidiario de la costumbre como fuente de derecho, resulta válida inclusive para la costumbre o tradición ancestral que sirve de base a las instancias de justicia, pues como veremos más adelante, dicha costumbre o tradición necesariamente debe ser compatible con la Constitución y la ley; de allí que en caso de incompatibilidad con estas fuentes escritas de derecho, la referida fuente no escrita perderá todo su valor, por lo que resulta acertado postular que tampoco estas novísimas fuentes de derecho indígena tienen rango legal.

4. Particularidad que reviste la consagración de la costumbre como fuente no escrita del Derecho en Venezuela

A diferencia de lo que ocurre en España e Italia, países en los cuales sus respectivos Códigos Civiles contienen sendas disposiciones de carácter general que consagran a la costumbre como fuente supletoria o subsidiaria del Derecho, en Venezuela no existe una regulación semejante, pues el artículo 4° del Código Civil que, como vimos precedentemente, erige como tal a los Principios Generales del Derecho, omite toda referencia a la costumbre. Tampoco encontramos una disposición equivalente en ninguna otra disposición de nuestro ordenamiento jurídico. Sin embargo, dicha ausencia normativa no comporta la negativa absoluta de la vigencia de esta fuente no escrita, lo que ocurre es que su consagración tiene un carácter excepcional, en virtud de que únicamente vale para contadas y precisas materias, siendo ellas la mercantil (art. 9 del Código de Comercio), la laboral (art. 16, literal "E", del Decreto con fuerza de Ley Orgánica del Trabajo, de los Trabajadores y Trabajadoras) y la atinente al arrendamiento de casas (art. 1612 del Código Civil). Dichos dispositivos normativos preceptúan respectivamente:

> Art. 9 C. Com. Las costumbres mercantiles suplen el silencio de la ley, cuando los hechos que las constituyen son uniformes, públicos y generalmente ejecutados en la República o en una determinada localidad y reiterados por un largo espacio de tiempo que apreciarán prudencialmente los Jueces de Comercio.
>
> Art. 16, del DFLOTTT. Las fuentes de derecho del trabajo son las siguientes:
>
> ...
>
> e) Los usos y costumbres en cuanto no sean contrarias a las normas imperativas de carácter constitucional y legal.
>
> Art. 1612 del CC. Se estará a la costumbre del lugar respecto a las reparaciones menores o locativas que hayan a ser a cargo del inquilino. (Énfasis añadido).

La transcripción de los anteriores esquemas normativos revela la posición particular que asume el legislador al consagrar a la costumbre como fuente no escrita del Derecho, no solo por la diferencia derivada de la naturaleza de las tres materias enumeradas, sino por el rol que le atribuye en cada caso. Así, sin entrar a examinar el alcance de cada uno de esos dispositivos, observamos que: la mercantil tiene un carácter general y local a la vez, pero supletoria de la ley; por tanto, solo adquiere la condición de fuente no escrita en el caso de que el asunto controvertido no esté disciplinado por ninguna ley escrita. Por consiguiente, debe ser clasificada como costumbre *praeter legem*. Además para que pueda ser invocada por las partes y aplicada por el Juez, debe reunir las siguientes características: uniformidad, publicidad, generalidad y reiteración, atributos estos que apreciará discrecionalmente el Juez mercantil. Tal como está configurada la regulación legal en comento, es dable presumir que resulta remota la posibilidad de que la costumbre tenga aplicación como fuente no escrita, entre otros factores impeditivos, porque, en primer lugar, la globalización de la economía y la integración económica, conducen a una legislación escrita exhaustiva, y en segundo lugar, porque resulta muy difícil que el progreso tecnológico en el campo de las telecomunicaciones permita que un comportamiento reúna las condiciones exigidas por el artículo 9 del Código de Comercio (uniformidad, reiteración, generalidad y publicidad), y mucho menos la imposición de la convicción de estar cumpliendo una obligación jurídica.

En lo tocante a la costumbre laboral regulada en la transcrita disposición del Decreto con fuerza de Ley Orgánica del Trabajo, los Trabajadores y Trabajadoras casi nos atrevemos a afirmar que se trata de un mero ejercicio legislativo, pues igual que la anterior tiene carácter supletorio, pero en *quinto lugar*, esto es, que solo resulta aplicable en defecto de la Constitución, de los tratados, pactos y convenciones internacionales suscritos y ratificados por la República, de las leyes laborales y "los principios que las inspiran", de la convención colectiva o del laudo arbitral. Además, conforme al artículo 4° del Código Civil, en ausencia de previsiones en la citada ley que caractericen a dicha costumbre, deberá reunir los mismos requisitos exigidos a la costumbre mercantil antes señalados. De tal modo que también en este caso, pese a la buena voluntad del legislador, las probabilidades de que la costumbre opere como fuente no escrita, resultan igualmente remotas.

La costumbre en materia de arrendamiento de casas (civil) regulada en el artículo 1612 del Código Civil, es igualmente supletoria o *praeter legem*, pues tiene su origen en que el legislador conscientemente renuncia a regular lo concerniente a las reparaciones menores en arrendamiento de casas, y por tanto, reenvía la disciplina de dicha materia a la costumbre, es decir, le confiere idoneidad de fuente no escrita, pero para suplir -insistimos- el silencio consciente o querido del legislador, a diferencia de la costumbre mercantil en que la consagración tiene como finalidad cubrir una omisión involuntaria del legislador. Claro está, que al igual que las anteriores, para lograr revestir ese carácter tiene que reunir las características estatuidas en el artículo 9 del Código de Comercio.

De otra parte, el hecho de que el aludido artículo tenga un carácter dispositivo, lo que supone que puede ser modificado o derogado por voluntad de las partes contratantes, le resta mucha importancia, dado que en este caso la aplicación de la costumbre como fuente no escrita, además de estar sujeta a que reúna las condiciones antes indicadas, va a estar condicionada fundamentalmente por la voluntad del arrendador y del arrendatario. De allí que también sean muy remotas las probabilidades de su aplicación.

Queda así demostrada la particularidad y la reducida importancia que reviste la costumbre como fuente no escrita del Derecho en Venezuela, no obstante para completar la exposición en torno a esta materia, es necesario recordar el principio general recogido en el artículo 7º del Código Civil que prohíbe categóricamente la costumbre *contra legem*, cuando expresa que no vale alegar contra la observancia de las leyes el desuso ni la costumbre o práctica en contrario por antiguo o universales que sean, lo que no es más que un trasunto del artículo 218 de la Constitución que establece que las leyes solo pueden ser derogadas por otras leyes o abrogadas por referendo. Esta prohibición -aunque redundante- también aparece formando parte de los transcritos dispositivos de la Constitución y del Decreto con fuerza de Ley Orgánica del Trabajo, los Trabajadores y Trabajadoras consagratorios de la costumbre como fuente no escrita del Derecho Laboral.

En conclusión, el ordenamiento jurídico venezolano no consagra a la costumbre de manera general como una fuente no escrita del Derecho, ni con carácter supletorio, y mucho menos con carácter principal. En cambio sí lo hace en forma particular en materia de arrendamiento de casas, mercantil y laboral, pero de tal manera que resulta, en esta última materia nugatoria dicha consagración, debido a que las probabilidades de su aplicación resultan remotas. Así mismo, el carácter excepcional de las disposiciones antes examinadas, impide que por vía de interpretación analógica se pretenda extender la aplicación de la costumbre a otros casos y a otras materias.

5. La costumbre como fuente del Derecho Administrativo

En torno al punto del tema mencionado en el epígrafe, la doctrina se debate entre posiciones francamente contradictorias, en virtud de que un sector de ella, con diferentes matices, postula su carácter de fuente, y otro se lo niega abiertamente. A tal fin algunos de los que se inscriben en la primera postura parten de un argumento meramente formal: si la costumbre es fuente del Derecho, y el Administrativo no es más que una rama de este, entonces también debe ser fuente de dicha rama. Otros invocando al principio de legalidad que sirve de marco de actuación a la Administración Pública, admiten aún en el contexto del aludido argumento formalista, un papel muy limitado de la costumbre, en razón de que su incidencia estaría reducido a contadas materias, como los ejemplos citados por autores españoles que sustentan este criterio (Municipios que funcionan en el régimen de Concejo abierto y Tribunales de Aguas).

La otra tesis totalmente contraria a la anterior, comienza por señalar que el hecho de que la costumbre sea fuente del Derecho no implica que sea fuente de todo Derecho (GARRIDO FALLA), tesis esta que en nuestro criterio resulta sustancialmente correcta, porque precisamente la razón de la existencia de ramas del Derecho obedece a que cada una de ellas tiene un objeto de estudio particular y diferente, lo que a su vez conduce a pensar que algunas de las instituciones de la Teoría General no resultan aplicables a todas y cada una de esas ramas. Consideramos que eso es precisamente lo que ocurre con la costumbre en el Derecho Administrativo; de allí pues el cuestionamiento de su pertinencia como fuente de esta rama, jugando a favor de esta tesis las siguientes razones: **a)** porque el principio de legalidad se concreta en la atribución de potestades a los órganos (competencia), las cuales son ejercidas por sus titulares, lo que excluye toda posibilidad de que la costumbre pueda tener aplicación en lo que se refiere al ejercicio de dichas competencias por parte de los titulares de los referidos órganos; **b)** porque aún en lo concerniente al ejercicio de competencias discrecionales debe quedar excluida, ya que como es sabido, la libertad que en este caso se le otorga al órgano para apreciar la oportunidad y el mérito del asunto, la cual resultaría inexistente al imponerse la regla consuetudinaria (costumbre) y; **c)** porque finalmente el examen de los elementos estructurales de la costumbre demuestran fehacientemente su inaplicabilidad a la relación jurídico administrativa.

En efecto, el elemento externo (*inveterata consuetudo*) que como sabemos está configurado por un comportamiento repetido, uniforme, general y público, el cual tiene su origen en las múltiples relaciones entabladas entre sujetos privados, diferentes entre sí, que es además el que hace surgir la convicción de que al realizar dicho comportamiento se actúa conforme a derecho, o mejor dicho, se cumple una obligación jurídica, indudablemente que está absolutamente ausente en la relación jurídico administrativa, puesto que si bien el administrado puede variar en cada caso, la otra parte, la Administración Pública, siempre será la misma, además de que es la facultada por el ordenamiento (principio de legalidad) para adoptar decisiones, la más de las veces unilaterales; de allí entonces que materialmente resulte casi imposible que en esa relación llegue a presentarse la *inveterada consuetudo*, o sea, el elemento externo.

Y ni que decir del elemento interno (*opinio iuris ac necessitatis*), puesto que el mismo está sujeto a la existencia del anterior, por tanto, al faltar el primero no cabe hablar del segundo; además de que en todo caso los actos de la Administración no son el producto de la convicción de estar cumpliendo una obligación jurídica, sino más bien del deber *ipso iure* que comporta la atribución de una potestad jurídica. En fin, la característica de la relación jurídico administrativa, sustantivamente diferente a la jurídico-privada, impide que el administrado como sujeto extraño a la Administración, pueda crear una costumbre obligatoria para esta, y viceversa.

Somos partidarios de la tesis que en términos generales niega a la costumbre el carácter de fuente del Derecho Administrativo, aun cuando una disposición general del ordenamiento le otorgue el carácter de fuente del Derecho, como sucede en España e Italia. Sin embargo, es necesario tener presente que en la apreciación de este problema lo que privará será el Derecho positivo; por tanto, si por ejemplo un dispositivo normativo en determinado sector del Derecho Administrativo, obedeciendo tal vez a la tradición, como ocurre en España con los ejemplos antes citados, reenvía a la costumbre la regulación del mismo, indudablemente que en ese caso tendrá que admitirse como fuente no escrita de esta rama del Derecho.

Por lo que respecta a Venezuela, sobre la base del principio de la enunciación de las fuentes del Derecho, y dada la forma particularizada y excepcional como es consagrada la costumbre con el carácter de fuente no escrita, concluimos que ella no resulta fuente del Derecho Administrativo, lo que no significa -cuestión improbable dada las características actuales de esta rama- que una ley pueda coyunturalmente erigirla en fuente no escrita, siempre lógicamente *praeter legem*.

6. La costumbre o tradición como fuente de Derecho de los pueblos indígenas en la Constitución de 1999

A. Premisa introductoria

Lo primero que debemos precisar es que este acápite nos limitaremos exclusivamente a aproximarnos conceptualmente a la costumbre o tradición de los pueblos indígenas consagrada *ex novo* por el artículo 260 de la Constitución de 1999, como fuente de Derecho de los mencionados pueblos, no obstante consideramos necesario indicar al mismo tiempo, que pese a la ubicación de dicho dispositivo en la topografía constitucional (Capítulo III: "Del Poder Judicial y del Sistema de Justicia"), debe ser interpretado en concordancia con los artículos que van del 119 al 126 que integran el capítulo denominado

"De los derechos de los pueblos indígenas", que su vez forma parte del Título III ("De los Derechos Humanos y Garantías y de los Deberes"), en virtud de que en dicho capítulo, por primera vez en la historia constitucional venezolana, se reconoce ampliamente, como se asienta en la Exposición de Motivos de la Constitución:

> ...la existencia de los pueblos indígenas, sus formas de organización, culturas e idiomas propios, así como sus hábitats y los derechos originarios sobre las tierras que ancestral y tradicionalmente ocupan y que son indispensables para garantizar su continuidad biológica y sociocultural, las cuales son asiento de sus referentes sagrados e históricos.

En efecto, concebidos de esa manera amplia y casi integral los derechos de los pueblos indígenas, resulta congruente que al regular el Poder Judicial y el Sistema de Justicia, el constituyente haya instituido una jurisdicción especial que le permita a las autoridades legítimas de esos pueblos aplicar instancias de justicias, basadas en sus tradiciones y costumbres ancestrales, por supuesto que ajustándose a la Constitución, la ley y el orden público.

B. La costumbre o tradición como fundamento de las instancias de justicia

Es necesario comenzar señalando que en la oportunidad en que fue presentado el Anteproyecto de Constitución el hoy artículo 260 le correspondía el 294, y aparecía concebido en los siguientes términos:

> Las autoridades legítimas de los pueblos indígenas podrán ejercer funciones jurisdiccionales dentro de sus territorios, según sus propias normas y procedimientos, siempre que no sean contrarios a esta Constitución, a la ley y al orden público. La ley determinará la forma de coordinación de esta jurisdicción especial con el sistema judicial nacional.

El dispositivo transcrito del Anteproyecto recogía la concepción presente en las Constituciones de Perú (art. 149), Ecuador (art. 191), y reproducía en la práctica textualmente el artículo 246, integrante del Capítulo 5, denominado "De las Jurisdicciones Especiales", que su vez forma parte del Título VIII ("De la Rama Judicial"), de la Constitución Colombiana de 1991, reformada en 1997, el cual preceptúa:

> Las autoridades de los pueblos indígenas podrán ejercer funciones jurisdiccionales dentro de su ámbito territorial, de conformidad con sus propias normas y procedimientos, siempre que no sean contrarios a la Constitución y leyes de la República. La Ley establecerá las formas de coordinación de esta jurisdicción especial con el sistema judicial nacional.

Lo primero que advertimos es que el artículo transcrito de la Constitución de Colombia, reproducido en el Anteproyecto, a diferencia de la de Perú y Ecuador, no erige, por lo menos expresamente, a la costumbre como la fuente del Derecho sobre la cual debe articularse la "*jurisdicción especial indígena*". En efecto, el artículo 149 del texto constitucional del primer país mencionado (Perú), establece categóricamente que las Autoridades de las comunidades nativas pueden ejercer funciones jurisdiccionales *de conformidad con el derecho consuetudinario*, y el artículo 191 de la Constitución del segundo país aludido (Ecuador), establece que "*las autoridades de los pueblos indígenas ejercerán funciones de justicia aplicando normas y procedimientos propios para la solución de conflictos internos de conformidad con sus costumbres o derecho consuetudinario*".

Esta omisión textual de la Constitución Colombiana relativa a la falta de consagración de la costumbre o derecho consuetudinario como base de la jurisdicción, que no nos atrevemos de calificar de contextual, pues ello supondría la realización de un estudio de todas las normas de esa Constitución que regulan los derechos indígena, así como las concernientes a las de la "*Rama Judicial*", cuestión que escapa a los objetivos del presente trabajo; de allí que la mencionada omisión que puede no resultar tal, cuando se examine en el contexto de la Carta Magna Colombiana, pasó al Anteproyecto de la Constitución de 1999, y en este sí afirmamos que resultaba una omisión tanto textual como conceptual, ya que resulta obvio que no se puede pretender crear una nueva jurisdicción, por lo demás especialísima, cuya base primigenia de funcionamiento no radique en el ordenamiento jurídico ordinario, sin determinar cuál es la fuente de derecho sustantiva que servirá de eje articulador de la misma. Esa era precisamente la situación que se configuraba con el traslado automático al anteproyecto de la Constitución de 1999, del citado precepto de la Constitución Colombiana.

Pues bien, a pesar del amplio y extenso debate que se dio en la primera discusión del Anteproyecto, en la sesión correspondiente al 31-10-1999, en torno al capítulo denominado de los "Derechos de los Pueblos Indígenas", en la sesión del 05-11-1999, cuando correspondió examinar en la misma primera discusión el artículo 294, consagratorio de la jurisdicción especial de los pueblos indígenas, nuevamente se suscitó un intenso debate, ciertamente no en relación a la inexistencia en el dispositivo de la fuente del Derecho que serviría de basamento a la nueva jurisdicción especial que se pretendía crear, pues el mismo se limitó a debatir las posiciones antagónicas anteriores, ahora traducidas en la posibilidad de que la Constitución llegara a crear una jurisdicción distinta a la del resto de los venezolanos, francamente minoritaria, y la otra que postulaba que la consagración de una jurisdicción especial para los pueblos indígenas, no era más que la consecuencia de haberle reconocido previamente sus derechos, abiertamente mayoritaria.

Sin embargo, a raíz de una intervención del Constituyente H. Escarrá, quien expuso que estaba de acuerdo con la ratio de la disposición, mas no así con la expresión "*funciones jurisdiccionales*" porque con su utilización "*en realidad se está abordando la teoría del Estado, y sólo ejercen funciones jurisdiccionales los estados. No lo ejercen los pueblos, no lo ejercen las autoridades legítimas*", se acordó designar una Comisión que le diera una nueva redacción al precepto. En esa misma sesión (05-11-1999), dicha Comisión integrada por los constituyentes Pablo Medina, H. Escarrá, Noelí Pocaterra y Mario Isea, propuso a la Asamblea Nacional Constituyente la nueva redacción del artículo, que resultó aprobada sin ningún tipo de discusión, por unanimidad, quedando redactado el artículo 294, que después pasó a ser el 260, en los siguientes términos:

> Las autoridades legítimas de los pueblos indígenas podrán aplicar en su hábitat instancias de justicia con base en sus tradiciones ancestrales y que sólo afecten a sus integrantes, según sus propias normas y procedimientos, siempre que no sean contrarios a esta Constitución, a la Ley y al orden público. La ley determinará la forma de coordinación de esta jurisdicción especial con el sistema judicial nacional.

Ahora bien, el cambio fundamental que se observa en el artículo modificado radica en que se coloca a la tradición indígena como la base fundamental de las "*instancias de justicia*" que pueden aplicar las autoridades legítimas de esos pueblos, y en definitiva, de la jurisdicción especial, que al parecer inútilmente se pretendió eliminar con la modificación propuesta. Efectivamente, basta comparar el dispositivo constitucional (art. 260), con el que traía el proyecto, para percatarse que este último efectivamente atribuía competencias jurisdiccionales a las autoridades legítimas de dichos pueblos, pero igualmente puede constatarse de la simple lectura del dispositivo modificado que pasó a integrar la Constitución de 1999, que aparece atribuida esa potestad a las mismas autoridades legítimas de los referidos pueblos, solo que la expresión "*funciones jurisdiccionales*" fue sustituida por "*instancias de justicia*". No obstante, es obvio que la aplicación de las instancias de justicia, no es más que una expresión concreta de la función jurisdiccional, la cual por si existiera alguna duda aparece orgánicamente reafirmada en artículo 260 cuando establece "*La ley determinará la forma de coordinación de esta jurisdicción especial con el sistema judicial*". De modo, pues, que el cambio terminológico no afectó para nada la competencia jurisdiccional que se les confería en el dispositivo del Anteproyecto a las autoridades de los pueblos indígenas, y mucho menos desvirtuó la idea de la creación de una nueva jurisdicción especial indígena.

Pero retomando el hilo de la exposición acerca del cambio esencial que se desprende del precepto propuesto por la Comisión, y aprobado por la Asamblea, relativo al establecimiento de la tradición ancestral como base de la aplicación de las instancias de justicia, que indudablemente cubre la indicada omisión del Anteproyecto, el cual –se insiste– al reproducir el dispositivo de la Constitución Colombiana, no contenía referencia a fuente alguna de derecho que permitiera el ejercicio de las aludidas funciones jurisdiccionales, en virtud de que si se consideraba que tal remisión era a sus "*propias normas y procedimientos*", la misma carecía de sentido, pues es bien sabido que los pueblos indígenas actualmente carecen de derecho escrito.

Por lo tanto, no resultaba posible intentar incluir en la palabra norma una fuente de derecho no escrito, tal como la costumbre o el uso, ya que ello es válido cuando en un ordenamiento coexisten fuentes escritas y no escritas, que no es el caso, como se ha dicho, de los pueblos indígenas.

De allí entonces que al haber colocado, como categóricamente lo expresa la Constitución, a las tradiciones ancestrales como base de las instancias de justicia, no cabe duda, en nuestro criterio, que erigió como fuente del derecho y eje central de esta jurisdicción especial a la tradición ancestral, pues sin la existencia de la misma es imposible que las autoridades de los pueblos indígenas puedan dictar sus fallos, denominados constitucionalmente "*instancias de justicias*"; en virtud de que la función de juzgar (aplicar instancias de justicia) en cualquier sistema, desde el más imperfecto hasta el más perfecto, requiere necesariamente que el Juez (autoridad legítima) tenga un parámetro normativo (escrito o no escrito) con que comparar la conducta, comportamiento o situación que es elevada a su conocimiento. Sin ese parámetro –insistimos– no es posible predicar actividad de juzgamiento. Y precisamente la modificación del anteproyecto tuvo la virtud de erigir a la tradición en esa fuente normativa.

Sin embargo, en la consagración de la referida fuente al parecer privó más un criterio sociológico o antropológico que jurídico, ya que en lugar de utilizar el término uso o costumbre para referirse al mencionado parámetro normativo, prefirió el de tradición ancestral, desconociendo de esa manera la doctrina jurídica pacífica y consolidada sobre las fuentes del Derecho, que destaca como fuente no escrita fundamental, y casi única a la costumbre, pero además la utilización del mencionado término (tradición) pareciera contradecir el postulado básico del capítulo relativo a los derechos de los pueblos indígenas, contenido en el artículo 119 constitucional, relativo al reconocimiento de la existencia de esos pueblos, su organización sociopolítica y económica, sus culturas, usos y costumbres.

Por otra parte la tradición, por lo menos desde el punto de vista semántico, supone "*la transmisión de noticias, composiciones litera-*

rias, doctrinas, ritos, costumbres. Doctrina, costumbre, etc. conservada en un pueblo por transmisión de padres a hijos" (Diccionario de la Lengua Española. Real Academia Española). "*Transmisión de generación en generación, de hechos históricos, doctrinas, leyes, costumbres, etc.*" (Diccionario Pequeño Larousse), razón por la cual, en primer lugar, pareciera que toda tradición tendiera a ser ancestral, y en segundo lugar, que es posible establecer una relación de género a especie entre tradición y costumbre, ya que la primera al comportar la transmisión oral de modos de vida en general, incluye lógicamente aquellos comportamientos desarrollados por los pueblos indígenas en forma reiterada, por largo tiempo, precisamente con la convicción de que se trata de una obligación.

Pues bien, tanto el contenido semántico del término tradición, como el contexto constitucional en el que se consagran los derechos de los pueblos indígenas, conduce a considerar que cuando el artículo 260 de la Constitución alude a la tradición ancestral como basamento del poder de juzgamiento conferido a las autoridades legítimas de los pueblos indígenas, debe entenderse referido a la costumbre indígena como fuente fundamental de derecho para la creación de esa jurisdicción especial; por lo tanto, consideramos que la Constitución creó esa nueva fuente del Derecho en Venezuela, la cual pasamos a estudiar sucintamente. Y en ese orden de ideas es posible inferir del precepto y del texto constitucional las siguientes características de la costumbre, como fuente de Derecho de los pueblos indígenas:

i) *Debe tener carácter ancestral.* Estimamos que el constituyente, dada la trascendencia de la creación de una jurisdicción especial de esta naturaleza, se cuidó, a diferencia de lo que ocurre con los instrumentos legales consagratorios de la costumbre como fuente del Derecho en otros ámbitos, de darle un especial calificativo a la costumbre de los pueblos indígenas, que erige en la base de la aplicación de las instancias de justicia, esto es, el de ancestral, lo que en principio supone la pervivencia intergeneracional de un comportamiento o conducta, o dicho de otra manera, la repetición en forma prolongada en el tiempo, prolongación que pareciera mucho mayor que la exigida por la doctrina jurídica para considerar a la costumbre como fuente del Derecho en otros campos, pues se insiste que para poder estar revestida del calificativo de ancestral, es necesario que por lo menos haya sido transmitida de una generación a otra.

ii) *La repetitio facti y opinio ius ac necessitatis como elementos implícitos en la costumbre ancestral indígena.* Sin duda que la exigencia constitucional concerniente a que la costumbre sea ancestral encuadra en el requisito denominado doctrinariamente *repetitio facti* o *inveterata consuetudo*, inclusive superándolo con creces, al igual que en el *opinio ius ac necessitatis*, pues al revestir esa característica de ancestral, debe presuponerse que se trata de una conducta o comportamiento reiterado de los integrantes de los pueblos indígenas durante un largo tiempo, y este elemento a su vez (transmisión generacional), constituye en sí mismo una presunción de que ha privado la convicción acerca del cumplimiento de una obligación jurídica, ya que de ninguna otra manera puede explicarse el comportamiento reiterado por tanto tiempo. Inclusive nos atrevemos a afirmar que no parece tan fácil la configuración de costumbres ancestrales, dada las actuales condiciones de vida de los pueblo indígenas, razón por la cual será necesario que en la ley que deberá dictarse para coordinar la jurisdicción especial a que alude el dispositivo bajo examen, sea contextualizado el término ancestral, pudiendo tomar como basamento el criterio que maneja la doctrina sobre este elemento de la costumbre jurídica.

iii) *Debe ser compatible con la Constitución, la ley y el orden público.* Pese a que el tenor literal del dispositivo bajo examen puede conducir a predicar la compatibilidad mencionada en el epígrafe, únicamente con las "*normas y procedimientos*" que se arbitran para aplicar las instancias de justicia por las autoridades legítimas de los pueblos indígenas, es preciso subrayar que tal compatibilidad debe predicarse principalmente en relación a la costumbre ancestral, que insistimos constituye el eje sobre el cual se articula la potestad de juzgamiento de las referidas autoridades, en virtud de que sería contrario a elementales reglas de razonamiento lógico y jurídico, pretender negar dicha exigencia de compatibilidad al aludido eje central, máxime si se tiene en cuenta, estimamos nosotros, que esas normas y procedimientos serán también, por lo menos por ahora, expresión de esa costumbre ancestral.

Por otra parte, cabe subrayar que la tesis que manejamos se ajusta al principio de supremacía constitucional delineado en el artículo 7 de la Constitución, ya estudiado en el Capítulo III, en razón de que en el supuesto de que privase la postura fundamentada en el tenor literal del artículo 260 del texto constitucional, y se excluyese la exigencia de la compatibilidad de la costumbre ancestral con la Constitución y la Ley, entonces habría que admitir que esa fuente del Derecho Indígena no encontraría límite en el ordenamiento jurídico, pudiendo en consecuencia derogar a la Constitución y a la ley, lo que constituiría una clara transgresión del citado artículo 7 de la Constitución, que además de consagrar el principio de supremacía constitucional, a la vez consagra el de jerarquía normativa, y del artículo 6 del artículo del Código Civil que proscribe la costumbre *contra legem*. Por tanto, resulta concluyente que la costumbre, además de ancestral, debe ser compatible con la Constitución, la ley y el orden público, para poder ser fuente del Derecho Indígena.

iv) *Tiene un ámbito restringido.* El constituyente tal vez influenciado por la discusión que se generó en la oportunidad en que se produjo la discusión del artículo bajo examen, durante la cual los opositores a su recepción en el texto constitucional esgrimieron argumentos relativos al posible juzgamiento de personas no pertenecientes a los pueblos indígenas, por las autoridades legítimas de esos pueblos, y lógicamente tomando como base la costumbre ancestral de los mismos, se cuidó de precisar el ámbito geográfico y subjetivo de la costumbre ancestral indígena, como base para su aplicación de las instancias de justicia. Así al referirse a su "*hábitat*" no hace más que deslindar territorialmente la jurisdicción especial, de tal manera, por ejemplo, que las autoridades legítimas del pueblo indígena ubicado en el occidente del país, carecerá de competencia para aplicar instancias de justicia a otro ubicado en el sur. Por supuesto, que esta delimitación aparece estrechamente relacionada con la subjetiva, en virtud de que la jurisdicción especial rige exclusivamente para los integrantes de los pueblos indígenas, por lo que se excluye categóricamente de la misma, a quien no forme parte de esos pueblos.

Sin embargo, quedaría por determinar si cuando el precepto constitucional delimita el ámbito subjetivo a sus "*integrantes*", pretende a referirse a cada pueblo indígena en particular, que en el caso venezolano pudiera obedecer a la ubicación geográfica, o más bien considerar la expresión "*pueblos indígenas*" como un género, de tal modo que bastaría que el sujeto sea indígena, independientemente del pueblo o etnia a la que pertenezca para que le resulten aplicables las instancias de justicia, o mejor dicho, para que esté sujeto a la jurisdicción especial creada en el artículo 260 constitucional. Claro está que la adopción de esta tesis supondría que la costumbre ancestral de un pueblo es válida en cualquier otro pueblo, lo que no deja de suscitar duda, porque rompería con la exigencia de la convicción jurídica implícita en el concepto de costumbre ancestral, e inclusive habría que tomar muy en cuenta al adoptar una decisión en relación a este asunto, que el principio de que la costumbre vale exclusivamente entre integrantes de una misma etnia o pueblo, aparece recogido, por ejemplo, en el artículo 54 de la Ley Indígena 19.253 de Chile, que preceptúa "*La costumbre hecha valer entre indígenas pertenecientes a la misma etnia, constituirá derecho, siempre que no sea incompatible con la Constitución de la República*". En todo caso, este será otro importante aspecto que deberá ser dilucidado en la ley prevenida en la Constitución.

Finalmente, delimitada como han sido, las características que en nuestro criterio, debe revestir la costumbre ancestral para poder ser erigida, conforme a la Constitución, en fuente del Derecho Indígena, nos atrevemos a afirmar que no será tarea fácil la implantación efectiva de la jurisdicción especial a la que dicha costumbre sirve de base, e inclusive después de sancionada la ley especial, ello tardará un tiempo más largo que corto en ocurrir, debido a las condiciones y circunstancias en que se desarrolla la vida de los pueblos indígenas, los cuales se encuentran prácticamente diseminados por todo el país, y parcialmente concentrados, dentro de esa diseminación, en cuatro o cinco regiones, según los datos recabados por el Consejo Nacional Electoral para organizar la elección de los representantes indígenas a la Asamblea Nacional, y a los correspondientes Consejos Legislativos Regionales. También constituye una variable que debe ser considerada la especie de "*nomadismo*", que en realidad es más bien una "huida" hacia los centros poblados, impuesto por las adversas condiciones socio económicas en que viven.

De allí entonces que la vigencia real de la costumbre indígena como fuentes del Derecho tendrá que esperar un cierto tiempo, lo que no obsta lógicamente para predicar su validez en el marco de la Constitución de 1999, de tal suerte que se trata de una fuente no escrita, diferente a la contemplada en el artículo 4 del Código Civil, de carácter principal, y no subsidiario, cuya validez está sujeta a su compatibilidad con la Constitución, la Ley y el orden público. Y si se tratara de determinar su rango habría que aceptar que es rango legal, dado que va a constituir la única fuente del Derecho sobre la cual se articulará la jurisdicción indígena. Por supuesto, debemos insistir, que será fuente en tanto en cuanto no colida con los instrumentos normativos antes mencionados.

III. PRÁCTICA ADMINISTRATIVA

1. Definición (práctica y precedente)

Visto que la mayoría de la doctrina desestima a la costumbre como fuente del Derecho Administrativo, algunos autores han pretendido sustituirla por la denominada "*práctica administrativa*", que consiste en la actuación constante y uniforme por parte de la Administración, en lo concerniente a la solución de determinado problema, derivada de la eficacia obtenida en oportunidades precedentes en el abordaje de dicho problema; de tal modo que la base de la práctica, en este marco de referencia, está constituida no por una norma jurídica, sino más bien por una actuación anterior exitosa. Además esta concepción apunta, en esencia, hacia la formación de una especie de regla, válida únicamente en el seno de la Administración. De otro lado, en virtud de que su base de sustentación –como expresamos antes– está representada por una actuación anterior, entonces resultará más acertado hablar de práctica administrativa en la medida en que el comportamiento administrativo que le sirva de sustento sea más continuo, o dicho de otra manera, valdrá más como práctica una actuación de un órgano administrativo que sea expresión de una anterior, reiterada en diversas oportunidades. Concebida de esa manera, la práctica puede abarcar múltiples espacios en el seno de la Administración Pública, ya que en un mismo sector, por ejemplo el del Desarrollo Urbano, órganos ubicados en distintas regiones pueden adoptar prácticas diferentes para abordar el mismo asunto. Igualmente puede ocurrir en el Subsistema de Educación Superior.

Ahora bien, una parte de la doctrina sostiene que la anterior concepción de práctica administrativa resulta restringida, en virtud de que alude exclusivamente a las actuaciones materiales repetidas, constituyendo en realidad una mera "rutina" administrativa, razón por la cual sus adherentes consideran que debe ampliarse a la conducta igual y reiterada, pero que comporte la adopción de una decisión que incida sobre los intereses legítimos o los derechos subjetivos de los administrados, esto es, incorporar al concepto práctica administrativa a los denominados *precedentes*. Sin embargo, tal posición no resulta pacífica, pues otros autores opinan que es necesario diferenciar la práctica administrativa que está referida esencialmente a la identidad de operaciones materiales, de los precedentes que están referidos fundamentalmente a la identidad de decisiones. Esta discusión es zanjada por una parte de la doctrina española (GARRIDO FALLA, 1991, BOQUERA OLIVER, 1992), postulando que el concepto de práctica administrativa debe abarcar a las dos nociones antes expuestas, y que lo importante en todo caso, afirma el primer autor, es que la práctica, sea *stricto sensu*, o el precedente, tengan la virtud de que de su observancia puedan deducirse beneficios o perjuicios para situaciones jurídicas individualizadas; de allí que considere irrelevante su diferenciación.

De modo pues, que pareciera positivo acoger el criterio pragmático del citado autor, pero haciendo notar, por nuestra parte, que en la gran mayoría de los casos el beneficio o perjuicio -precisamente porque atañe a la toma de decisiones-, provendrá de la invocación del precedente, y no de la práctica en sentido restringido, que como sabemos concierne a la repetición de operaciones materiales. Inevitablemente el orden de la exposición conduce a interrogarse sobre el carácter de fuente del Derecho Administrativo de la práctica, y al respecto la respuesta, en términos generales, tiene que ser negativa. Así se desprende del examen del Derecho Comparado, no obstante cabe advertir que la determinación en cada Derecho positivo dependerá de si aparece enunciada o no como tal en el ordenamiento que se examine.

Reiteramos que la tendencia dominante es a no incluirla. Tampoco se puede pretender equipararla a la costumbre, pues si bien la actuación repetida del comportamiento por la Administración podría equiparase a la *inveterata consuetudo*, faltaría el elemento psicológico (*opinio juris ac necessitatis*). Por tanto, podemos concluir que la práctica administrativa, en general, debe desestimarse como fuente del Derecho Administrativo, y ni siquiera resulta posible hacerla valer como equivalente a la costumbre. Esta conclusión conduce a otra interrogante: ¿Sí no es fuente del Derecho, cuál es su valor jurídico?, aspecto que inmediatamente pasamos a examinar.

2. Valor jurídico

El valor de la práctica está vinculado con el efecto vinculante que pueda tener para la Administración, cuando a esta le corresponda resolver un asunto igual o equivalente, y al respecto consideramos que sirve de orientación la posición de GARRIDO FALLA (1991), cuando asienta que:

> La posible obligatoriedad de las prácticas administrativas no deriva simplemente de la fuerza que para la Administración tengan sus propios precedentes. Entendemos, antes bien, que la Administración puede lícitamente apartarse de sus propios precedentes: 1º si se trata de materia en las que actúa con poderes reglados, por entender que la interpretación de la ley que se ha venido haciendo no es correcta, 2º Si se trata de materias en las que actúa con poderes discrecionales, por entender que los criterios hasta entonces aplicados son inoportunos o contrarios al interés público; si bien en ese caso el cambio de criterio deberá realizarse con carácter general para el futuro, y no como derogación del criterio anterior para resolver un caso concreto.
>
> En cambio, a nuestro juicio, la obligatoriedad de las prácticas administrativas surge allí donde, como consecuencia de las mismas, haya podido crearse un principio de apariencia jurídica que induzca al administrado a creer correcta una actuación suya en un sentido determinado, y especialmente si el cambio de criterio implica discriminación contraria al principio de igualdad ante la ley que consagra el artículo 14 de la Constitución.

A pesar de que la doctrina transcrita orienta en la apreciación del valor de la práctica administrativa, no permite resolver todos los problemas que suscita el punto bajo examen. Efectivamente, la doctrina mayoritaria está conteste en que la Administración, en aras de cumplir sus cometidos (tutela del interés público), puede cambiar sus criterios en cualquier tiempo, siempre que dicho cambio no lesione situaciones jurídicas consolidadas. Hasta allí la tesis del citado autor resulta incuestionable, porque además encuentra respaldo en la Jurisprudencia y en el Derecho positivo, pero la misma se quiebra, o mejor dicho, origina serias dudas cuando condiciona el valor vinculante de la práctica, a una apariencia jurídica que induzca al administrado a considerar que su actuación es ajustada a derecho, porque aún en ese caso predomina el principio de la tutela del interés público que autoriza a la Administración a desvincularse de criterios anteriores.

Tal separación puede operar de dos maneras: **a)** porque el órgano competente estime que la nueva interpretación es la que realmente se ajusta a la *ratio* de la norma aplicada y **b)** porque la apreciación del mérito o la oportunidad impongan la adopción de una solución diferente a casos iguales o similares resueltos anteriormente; de allí entonces que la práctica administrativa carezca de entidad jurídica para servir de fundamento único de un recurso administrativo o contencioso administrativo. Así lo ha declarado el Tribunal Supremo Español en reiterados fallos, de los cuales transcribimos parcialmente el dictado el 16-11-1973.

> ...la conformidad de los actos hay que referirla al Ordenamiento Jurídico y no al proceder observado por la Administración en otros casos, porque el posible desacierto en el ejercicio de potestades administrativas no sometidas a la revisión jurisdiccional, no puede justificar la posterior anulación de los actos correctos de la Administración, a pretexto de agravios comparativos que, si bien obligan cuando sean conocidos a la motivación formal exigida por el artículo 43 de la Ley de Procedimiento Administrativo para los actos que se separen del criterio seguido en actuaciones precedentes, no vinculan a seguir el mismo criterio, sin que ello signifique autorizar la arbitrariedad discriminatoria, contraria al principio de igualdad ante la ley, sino a consagrar la supremacía de ésta en la actuación administrativa.

De modo, pues, que todo pareciera apuntar hacia la desestimación del criterio de la "apariencia jurídica" para hacer valer el efecto vinculante de la práctica administrativa, sin embargo, dicha práctica puede tener un valor instrumental en la impugnación de un acto que sea el resultado de la separación de la Administración de un criterio anterior. Hacemos notar el carácter de valor instrumental, porque el impugnante puede, según las particularidades del caso, denunciar la infracción del derecho –casi siempre de rango constitucional– a la no discriminación, basándose precisamente en la práctica imperante hasta el momento de la adopción del acto impugnado. Pero en realidad el fundamento de la impugnación radicará en el citado principio constitucional, que en el ámbito administrativo se traduce en el deber de la Administración de darle un tratamiento igual a todos los administrados que se encuentren en la misma situación, de tal manera que la comparación de los criterios –el anterior y el contenido en el acto– pueden eventualmente servir al administrado para demostrarle al Tribunal que la Administración incurrió en un abuso de poder al lesionar el mencionado derecho.

Acotamos que tal demostración resulta bastante difícil por las razones antes expuestas, que pueden servir de base para que la Administración cambie de criterio, pues ni aun cuando se parta de la premisa, sostenida por algunos autores, de que el precedente constituye, en virtud del antes citado principio, un límite a la potestad discrecional de la Administración, resulta fácil esa demostración porque dicha tesis contradice la connotación conceptual inherente a ese tipo de potestades, la cual está centrada precisamente en el margen de libertad para apreciar el mérito y oportunidad del asunto; de allí que el precedente no puede llegar a erigirse a priori en un límite al ejercicio de una potestad discrecional. Entonces, la Administración siempre podrá invocar en defensa de su acto, con muchas probabilidades de éxito, esos elementos (mérito y oportunidad), los cuales escapan al control de los órganos jurisdiccionales. En suma, en este marco interpretativo, la práctica o el precedente, como suele denominarse, carece de fuerza obligatoria, pero nada obsta que pueda ser invocado para demostrar la violación del derecho a la no discriminación, teniendo presente las dificultades probatorias antes indicadas.

3. Valor de la práctica administrativa en Venezuela

En primer lugar, cabe destacar atendiendo a los argumentos expuestos en los puntos anteriores, que la práctica administrativa no forma parte de las fuentes del Derecho, y en segundo lugar, que resultan válidos en nuestro país todos los razonamientos que conducen a negar en términos generales el carácter obligatorio a dicha práctica, los cuales por lo demás encuentran concreción en el artículo 11 de la LOPA, que prescribe:

> Los criterios establecidos por los distintos órganos de la administración pública podrán ser modificados, pero la nueva interpretación no podrá aplicarse a situaciones anteriores, salvo que fuere más favorable a los administrados. En todo caso, la modificación de los criterios no dará derecho a la revisión de los actos definitivamente firmes. (Énfasis añadido.

En realidad el dispositivo transcrito regula la potestad de la Administración para modificar sus propios criterios, lo que hace suponer que dichos criterios han servido de base de sustentación de decisiones atinentes a derechos o intereses legítimos de los administrados, razón por la cual está referido dentro de la acepción general de práctica administrativa a los denominados precedentes. Este *ius variandi* de los criterios, conferido a la Administración, tiene un carácter general, lo que quiere decir que opera por cambios en la interpretación de la norma, esto es, que una tesis interpretativa derivada de una o varias disposiciones legales, puede ser sustituida por otra, que le sirve para dictar un acto, por ejemplo, contrario, a los que venía dictando sobre la base de la interpretación que privaba hasta ese momento, pero igualmente opera por razones de mérito y oportunidad, cuando se trata de actos predominantemente discrecionales.

Esta potestad elimina toda posibilidad de la impugnación de un acto administrativo basada en un precedente, aun cuando la situación fáctica de la cual se derive el acto sustentado en el nuevo criterio sea igual o equivalente a la que servía de marco al criterio modificado. De modo, pues, que de conformidad con el artículo 11 de la LOPA el precedente carece de fuerza obligatoria para la Administración. Queda abierta la posibilidad de que el administrado acuda a la ayuda instrumental -como expusimos antes- de la situación derivada del cambio de criterio, o si se quiere "*de la violación del precedente*" para tratar de demostrar que dicha "*violación*" comportó una lesión al principio de igualdad recogido en el artículo 21 de la Constitución, así como al artículo 30 de la Ley antes citada, que impone a la Administración el respeto al principio de imparcialidad. Pero reiteramos que en ese caso la impugnación estaría fundamentada en la infracción de los referidos principios, y no en la violación del precedente administrativo.

Lógicamente el válido ejercicio de dicho *ius variandi* aparece condicionado en el citado esquema normativo por el cumplimiento de varios requisitos, cuyo examen escapa a los objetivos perseguidos con el desarrollo del presente trabajo; por tanto, nos limitamos a enunciarlos: **a)** el nuevo criterio no puede tener carácter retroactivo, o como dice la disposición no puede aplicarse a situaciones anteriores, lo que no hace más que revelar la vigencia del principio de irretroactividad de los actos administrativos, trasunto del de irretroactividad de la ley (art. 24 Const.); **b)** excepcionalmente puede aplicarse a situaciones anteriores cuando fuere más favorable a los administrados; y **c)** el nuevo criterio no faculta a la Administración, ni actuando de oficio, ni a instancia de parte, para revisar los actos definitivamente firmes, pues de lo contrario se atentaría contra el principio de seguridad jurídica. Queda, pues demostrado, mediante una disposición expresa del ordenamiento jurídico venezolano, que los precedentes administrativos carecen de fuerza vinculante para la Administración, y que por tal razón esta puede separarse en cualquier tiempo de los criterios interpretativos que les sirven de fundamento a sus actos, sin que ello constituya una infracción legal.

IV. PRINCIPIOS GENERALES DEL DERECHO

1. Noción y origen

GARCÍA DE ENTERRÍA (1990) sostiene que los Principios Generales del Derecho "*expresan los valores materiales básicos de un ordenamiento jurídico, aquellos sobre los cuales se constituye como tal, las convicciones ético fundamentales de una comunidad*". Antes de analizar la definición conviene recordar que según H. RODRÍGUEZ (1989) fue Tomás de Aquino quien por primera vez utilizó la expresión "*Principios Universales del Derecho*", y también parece que resultó consagrado normativamente por primera vez en el Código Civil Austríaco de 1797, siendo denominados en ese texto legal "*Principios Generales y Naturales del Derecho*", cuya finalidad era cubrir la ausencia de normas legales expresas y de normas análogas (fuente supletoria). Originalmente, debido a la primacía del Derecho Civil, dicha consagración los erigía exclusivamente como fuente subsidiaria o supletoria de esa rama del Derecho, pero posteriormente pasaron a tener ese carácter en las demás disciplinas jurídicas.

La doctrina se ha trenzado en un debate acerca del fundamento mismo de los Principios Generales del Derecho, y como el lector habrá intuido dos son las tesis principales que participan en dicho debate, a saber: una que encuentra ese fundamento en el derecho natural, concebido este como fuente primaria, anterior a la ley escrita, es decir, como una fuente primigenia extrapositiva, pero anterior y superior al derecho escrito, destacando los partidarios de esta postura que la misma legitimidad del Derecho positivo depende de su conformidad con el Derecho natural (iusnaturalismo); y otra, que niega la existencia de principios jurídicos fuera del ordenamiento jurídico, afirmando, que estos principios están constituidos por las bases inspiradoras de las instituciones contenidas en el Derecho positivo (positivismo). Lo cierto es, como vimos antes, que la primera tesis encontró originalmente concreción en el citado Código Civil Austríaco de 1797, y la segunda en el Código Albertino Italiano de 1837, que los denominó "*Principios Generales del Derecho*".

Todavía la discusión no ha concluido, y los autores siguen pronunciándose a favor o en contra de una u otra tesis; sin embargo, la consagración de estos principios en la mayoría de los Derechos positivos pareciera estar sustentada en la tesis positivista. En todo caso, lo que si debe quedar claro es que casi todos los principios invocados por los naturalistas, que según ellos se derivan de la razón subjetiva (iusnaturalismo racionalista) y de la ley divina (iusnaturalismo cristiano), han sido recogidos en instrumentos normativos, produciéndose de esa manera su positivización.

2. El carácter y el valor de fuente del Derecho que revisten estos principios

Históricamente, pese a tener una enorme trascendencia conceptual, los Principios Generales del Derecho han sido consagrados casi siempre como una fuente supletoria del derecho escrito y del derecho consuetudinario, así como de la analogía. En efecto, lo vimos en el caso de los dos Códigos en los cuales fueron recogidos originariamente (Austríaco y Albertino), y esa tendencia se ha mantenido durante todo el tiempo sin mayores modificaciones. Sin embargo, hay que advertir que quizás sea Francia uno de los pocos países, sino el único, en el cual por obra del Consejo de Estado y del Consejo Constitucional, ha llegado a dárseles valor constitucional y legal, y por ende, carácter de fuente principal.

Efectivamente, como apuntan Vedel (1984) y Rivero (1984) hasta la Constitución de 1958, estos principios estaban situados en la jerarquía de las leyes. Así, en ese orden de razonamiento, el primer autor trae a colación un ejemplo emblemático derivado de un fallo del Consejo de Estado: ante una Ley que prohibía expresamente todo recurso administrativo y judicial contra determinadas decisiones administrativas, dicho órgano declaró que el referido texto legislativo:

> ...no había tenido ni como objeto ni como efecto la prohibición del ejercicio del recurso por exceso de poder, recurso que está abierto incluso sin texto específico, contra todo acto administrativo y que tiene como efecto asegurar de acuerdo con los principios generales del derecho, el respeto de la legalidad.

Pues bien, el fallo transcrito demuestra el valor que el Consejo de Estado Francés le otorgaba a estos principios hasta la Constitución de 1958, al punto que en la práctica llegaba hasta inaplicar una norma de rango legal, sobre la base de la preservación de uno de dichos principios, haciéndolo prevalecer sobre la ley escrita.

Después de la entrada en vigencia de la Constitución de 1958, el Consejo de Estado se vio en la necesidad de revisar su criterio en torno al valor legislativo de los principios, en virtud de que el artículo 37 de ese texto constitucional, como vimos en el capítulo anterior, creó la figura de los reglamentos autónomos, los cuales en principio no están subordinados a la ley, lo que en estricto rigor jurídico conducía a que los aludidos reglamentos escapasen al control del Consejo de Estado, al tener los principios bajo examen valor legislativo, o rango legal; por esa razón ya en una sentencia de 1959 el mencionado órgano jurisdiccional, declaró que los reglamentos estaban subordinados a los Principios Generales del Derecho. Posteriormente el Consejo Constitucional, señala Rivero, diferenció entre los principios de valor constitucional que surgen de los textos a los cuales se refiere el Preámbulo de la Constitución de 1958 y los principios de valor solamente legislativo, de tal modo que estableció una clasificación jerárquica normativa de los mismos.

Sin duda que el régimen francés resulta atípico en la regulación de los Principios Generales del Derecho como fuente normativa, pero tal vez ello se deba en gran parte a la influencia de los postulados de la Revolución Francesa sobre ese sistema jurídico, y lógicamente a la interpretación que de los mismos ha realizado el Consejo de Estado. Así, de alguna manera, lo reconoce RIVERO cuando afirma:

> Estos principios son tomados en su mayoría, sea de la tradición liberal de 1789 (igualdad de los ciudadanos ante la autoridad pública, libertad de conciencia, posibilidad para una ciudadano amenazado por una sanción de defenderse contra los agravios alegados en su contra), sea de las necesidades de la vida social (continuidad de los servicios públicos, control del superior sobre los actos del inferior), sea de los imperativos de la equidad (principio del enriquecimiento sin causa).

Queda, pues demostrado que el régimen francés acerca de los Principios Generales del Derecho se distancia del sistema tradicional recogido en la mayoría de los Códigos Civiles, en los cuales aparecen consagrados con el carácter de fuente supletoria de la ley, de la costumbre y de la analogía. Inclusive cabe hacer notar que una respetable postura doctrinaria como la mantenida por GARCÍA DE ENTERRÍA en España, después de la promulgación del Código Civil de 1974, que le atribuye un valor superior a los mismos, no ha encontrado mayor respaldo ni en la jurisprudencia, ni en la propia doctrina. A tal fin, el aludido autor realiza un exhaustivo análisis del tema, comenzando por resaltar la importancia que refleja la propia denominación: son "*Principios*", por su carácter básico en sentido ontológico, no solo lógico, como soportes primarios estructurales del sistema entero del ordenamiento. Son "*Generales*", porque trascienden de un precepto concreto y organizan y dan sentido a muchos de ellos. Y son principios del "*Derecho*", porque constituyen fórmulas técnicas del mundo jurídico y no simples criterios morales, y concluye señalando, en orden a la finalidad perseguida al esbozar su tesis que: "*Si en todos los campos del Derecho <u>el papel de los principios generales es cardinal</u>, y no sólo, como pretendió la antigua redacción del artículo 6 del CC, <u>como simple norma subsidiaria</u> aplicable en defecto de Ley o costumbre*" (énfasis añadido).

Cabe reiterar que esta respetable posición doctrinaria no ha encontrado mayor respaldo en la doctrina española, y tal vez ello obedezca al peso de la tradición en la forma de consagrar esos principios, siempre como fuente supletoria, en los Códigos Civiles, pese a que en el caso español detentan el carácter de "*informador del ordenamiento jurídico*" (art. 1.4). Por tanto, en ese país se mantiene el predominio de la tesis tradicional. Al respecto GARRIDO FALLA sostiene:

> Frente a tal concepción, cabe configurar a los principios generales del Derecho como fuente subsidiaria, sólo aplicable a falta de Derecho escrito y consuetudinario. Prescindiendo de posibles soluciones de "lege ferenda", no hay duda de que es esta conclusión la que se impone a la vista de nuestro Derecho positivo.

En fin, la formulación tradicional de los Principios Generales del Derecho como fuente normativa, evidencia su carácter de fuente supletoria o subsidiaria, pero además la redacción en que se concreta dicha formulación –categórica en el sentido de darle el referido carácter– pareciera aconsejar la desestimación de cualquier intento de elevarlos a fuente principal.

Es preciso subrayar que además de fuente del Derecho en el sentido indicado, la doctrina ha interpretado que cuando la norma los erige en informadores del ordenamiento jurídico, como ocurre en el citado artículo del Código Civil español, tienen la función de orientadores en la labor interpretativa de las normas jurídicas positivas, lo que en criterio de GARCÍA AMIGO (1979), tiene por lo menos dos consecuencias: **a)** que las posibles contradicciones entre las disposiciones normativas concretas se resolverán sobre la base de los principios generales y; **b)** que el principio general inspirador de una disposición que genere dudas dará la clave para su interpretación.

3. Los Principios Generales del Derecho en el ordenamiento venezolano

Nuestro Código Civil, siguiendo la tradición europea, configura, de manera indirecta, a estos principios como una fuente supletoria de la ley escrita y de la interpretación analógica. En efecto, en su artículo 4° prescribe:

> A la Ley debe atribuírsele el sentido que aparece evidente del significado propio de las palabras, según la conexión de ellas entre sí, y la intención del legislador.
> Cuando no hubiere disposición precisa de la Ley, se tomarán en consideración las disposiciones que regulan casos semejantes o materias análogas; <u>y si hubiere todavía dudas, se aplicarán los principios generales del derecho</u>. (Énfasis añadido).

En realidad, se trata de una consagración indirecta de los principios bajo examen porque, como expresamos en un capítulo precedente, nuestro Código Civil, a diferencia de lo que ocurre con otros instrumentos similares, como el italiano y el español, carece absolutamente de una norma enunciativa de las Fuentes del Derecho, pues el transcrito artículo 4° se limita a establecer *las reglas de interpretación de las leyes*, o mejor dicho, de las fuentes normativas, mas no enumera el elenco de estas y mucho menos establece su gradación jerárquica. Sin embargo, el juego que establece el legislador al dictar esas pautas interpretativas, permite inferir, sin ningún tipo problema, que los Principios Generales del Derecho constituyen una fuente del Derecho, formalmente de rango legislativo, cuya finalidad es suplir a la ley (carácter supletorio o subsidiario), en virtud de que únicamente resultan aplicables en ausencia de norma expresa, o de norma legal análoga.

Sin embargo, ha de subrayarse que esta tesis interpretativa genera una interrogante acerca del rango que detentan los principios bajo análisis en el sistema de jerarquía de las fuentes del Derecho en Venezuela, la cual se origina en la postura que pueda asumirse acerca de la acepción que deba darse al término ley utilizado en el transcrito artículo 4° del Código Civil, esto es, si está referida a la ley formal o actos con valor de tal, o a toda norma escrita, independientemente de su rango. Siempre hemos sido partidarios de interpretar los primeros catorce artículos del Código Civil (De las leyes y sus efectos y de las reglas generales para su aplicación) en el contexto de la Teoría General, o sea, como reglas válidas para todas las ramas del Derecho, de tal modo que orientados por los principios que informan dicha postura debe considerarse que el término "*ley*" a que alude el artículo 4° transcrito, supera la estrecha connotación conceptual derivada de la previsión contenida en el artículo 202 de la Constitución (ley formal), extendiéndose a toda clase de norma jurídica escrita, independientemente de su rango (Constitución, ley, reglamento, resolución de carácter normativo, etc.).

Por consiguiente, en el marco de esta tesis, por ejemplo, una disposición escrita de rango sublegal excluiría *ipso iure* toda posibilidad de aplicación de un Principio General del Derecho, o dicho de otra manera, el valor de dichos principios sería inferior al de los reglamentos. Sin embargo, estimamos que la validez de la tesis en comento, dada la importancia y trascendencia de los Principios Generales del Derecho, aun cuando se participe de la orientación positivista o naturalista, amerita una seria reflexión cuyo punto de partida tiene que ser el marco conceptual e histórico que ha contribuido a la consolidación de dichos principios como fuentes normativas, a los fines de equipararlos –siempre manteniendo el carácter de fuente subsidiaria o supletoria– a los actos normativos de rango legal. Además en la aludida reflexión debe tenerse muy en cuenta la inserción –de manera indirecta– que el legislador hace de los Principios Generales del Derecho, como fuente, en un esquema normativo destinado a establecer las reglas de interpretación de las leyes, lo que induce a privilegiar ese carácter de fuente al momento de atribuirle su rango, que resulta una cuestión distinta al mecanismo de aplicación: principal o supletorio.

En todo caso, pese a que esa dilucidación escapa a los objetivos de este trabajo, de todas maneras asomamos nuestras dudas acerca de la validez de la tesis que supone la exclusión de la aplicación de los Principios Generales del Derecho, frente a las normas escritas de rango sublegal, la cual se basa, como dijimos antes, únicamente en la acepción de norma escrita atribuida al término ley consagrado en el artículo 4° del Código Civil, pero que soslaya el análisis de las variables antes mencionadas (importancia histórica, conceptual y cultural, consagración como fuente normativa, y diferencia entre rango de la fuente y mecanismos de aplicación). De allí entonces que la referida dilucidación pareciera apuntar preliminarmente hacia una solución diferente a la primera postura descrita (ley como sinónimo de norma escrita, y prevalencia de toda norma de esa clase sobre los Principios Generales del Derecho).

En conclusión, en el ordenamiento jurídico venezolano los principios bajo examen constituyen una fuente del Derecho de carácter supletorio, razón por la cual solo resultan aplicables en ausencia de norma escrita expresa o análoga, pero nada impide que puedan orientar en la interpretación de las normas escritas (función interpretativa).

4. Los Principios Generales del Derecho como fuentes del Derecho Administrativo (positivización)

Si se admite que estos principios constituyen una fuente subsidiaria o supletoria del Derecho en general, lógicamente, no existiendo ningún impedimento, de orden conceptual, como ocurre con la costumbre, también deben considerarse como fuente del Derecho Administrativo, con el mismo carácter. Ahora bien, cabe advertir que la gran mayoría de dichos principios han sido positivizados, las más de las veces en normas de rango constitucional. Así por ejemplo, en casi todos los ordenamientos aparecen recogidos en el campo del Derecho Público o Administrativo, los siguientes: el de igualdad de los administrados ante la Administración, el de enriquecimiento sin causa, el de la buena fe, el del abuso de derecho, el *non bis in idem*, el de responsabilidad patrimonial de la Administración, el de legalidad, el atinente al silencio administrativo, el de responsabilidad de los funcionarios públicos, el de igualdad ante la ley, los atinentes a los derechos a la vida, a la libertad personal, a la defensa y al debido proceso, el de expropiación por causa de utilidad pública, previo pago de justa indemnización, el de irretroactividad de las leyes y de los actos administrativos, el relativo al derecho a la personalidad, etc. Demás está decir que muchos de los mencionados principios han pasado a formar parte de Declaraciones Universales y regionales de Derechos (Convención Americana sobre Derechos Humanos, Declaración Universal de los Derechos Humanos, Pacto Internacional de Derechos Civiles y Políticos, etc.).

Quizás el factor determinante de esa creciente positivización haya sido el avance hacia un Estado social y democrático de derecho, no obstante, conviene destacar que la mayoría de la doctrina considera que, debido a la condición de elementos básicos estructurales de todo el ordenamiento jurídico que revisten estos principios, su consagración en una norma positiva, cualquiera que sea su rango, no les hace perder la referida condición, ya que lo único que resulta modificado es su carácter de fuente, pues de no escrita pasan a fuente escrita, y de subsidiaria o supletoria, pasan a principal. De tal modo que pese a su recepción en normas escritas continúan siendo "*Principios Generales del Derecho*", lo que, dicho sea paso, no significa la supresión de los no escritos, ya que siempre habrá la posibilidad de inferir, mediante el método inductivo, de las normas que conforman el Derecho positivo, principios no escritos; por ejemplo, en Venezuela, a pesar que todos los principios mencionados anteriormente aparecen recogidos en la Constitución o en instrumentos normativos de rango legal, es posible inferir la vigencia del principio de seguridad jurídica que es uno de los pocos que no aparece positivizado. Por consiguiente, resulta correcto, mientras sea admisible la vigencia de esta fuente no escrita, afirmar que el derecho positivo no comprende todo el ordenamiento jurídico.

Pero volvamos al carácter de fuente en el campo del Derecho Administrativo, lo cual, como quedó dicho, está fuera de toda discusión, y en tal sentido traemos nuevamente a colación, el criterio de GARCÍA DE ENTERRÍA:

> Si en todos los campos del Derecho el papel de los principios generales es cardinal (...), ello es especialmente cierto en el ámbito del Derecho Administrativo. Por la peculiaridad de su sistema de normas escritas, al que ya nos hemos referido, sólo un esqueleto firme de principios puede permitir orientarse en el magma innumerable de dichas normas, en su mayor parte ocasionales e incompletas, sometidas a un proceso de cambio incesante y continúo (...) Pero hay razones más específicas para asignar necesariamente un valor más relevante que en otros sectores a la técnica de los principios generales del Derecho en el Derecho Administrativo. La primera de esas razones puede ser la abundancia con que en el Derecho Administrativo se producen, como ya hemos anotado, ese tipo de leyes que hemos llamado "leyes medidas". (Énfasis añadido).

La sola lectura del párrafo transcrito permite colegir, dada las características particulares del Derecho Administrativo (legislación motorizada, leyes medidas, normas incompletas, dispersión normativa, etc.), la importancia que reviste esta fuente normativa, aun concebida con carácter supletorio, en el desarrollo de esta rama del Derecho, la cual hace valer el citado autor en España, pero evidentemente que puede ser extendida a cualquier país perteneciente al sistema de Derecho continental, y por tanto, a Venezuela.

V. ANALOGÍA

1. Premisa introductoria

Debemos comenzar por señalar que la tendencia dominante en la doctrina es a rechazar la consagración de la analogía como fuente del Derecho, y a conceptuarla en cambio como un método de interpretación e integración de las normas jurídicas. También esa tendencia predomina en la casi totalidad de los Derechos positivos, en los cuales no figura en la enunciación de las fuentes que suelen contener los dispositivos de los Códigos Civiles; pero sí aparece regulada en la norma general que suele incluirse para establecer los principios sobre la interpretación de las leyes. Así el artículo 4.1 del Código Civil Español estatuye: "*Procederá la aplicación analógica de las normas cuando éstas no contemplen un supuesto específico, pero regulen otro semejante entre los que se aprecie identidad de razón*", así mismo el artículo 12 del Italiano obedece a esa misma orientación, cuando dispone que "*Si una controversia no puede ser decidida con una disposición precisa, debe acudirse a las disposiciones que regulan casos similares o análogos*". El artículo 4° del Código Civil venezolano se inscribe en esa misma línea conceptual, en virtud de que estatuye que "*Cuando no hubiere disposición precisa de la Ley, se tendrán en consideración las disposiciones que regulen casos semejantes o materias análogas*".

También la jurisprudencia de la Sala Político Administrativa del TSJ, se inscribe en esa tesis en su sentencia N° 4242 de fecha 16-06-2005, según la cual:

> ...respecto a la aplicación analógica requerida por la recurrente, observa la Sala que conforme a lo previsto en el artículo 4 del Código Civil, la utilización de la analogía como medio de integración del ordenamiento jurídico, tiene lugar cuando el legislador no hubiere previsto expresamente una determinada situación.

De modo, pues, que siendo la analogía un método de interpretación y de integración normativa, en lugar de una fuente, por razones estrictamente lógicas, los instrumentos normativos al establecer el orden de prelación de las fuentes a las que debe recurrir el intérprete, suelen, como ocurre en los códigos mencionados, imponerle que antes de acudir a los Principios Generales del Derecho, tiene que aplicar la analogía, si resultare procedente. De conformidad con ese orden normativo, resultaba aconsejable referirse en primer lugar a la analogía, y luego a dichos principios; sin embargo, hemos considerado conveniente abordar primero a todas las fuentes (ley, costumbre y principios), con la finalidad de darles un tratamiento unitario en los aspectos en que los equipara su naturaleza, y posteriormente pasar a estudiar las instituciones que sin tener el carácter de fuentes, guardan una estrecha relación con estas, al punto que algunos autores las califican como indirectas (analogía, jurisprudencia y doctrina).

2. Breve perfil histórico

Pese a que como enseña la doctrina europea ningún sistema jurídico puede prescindir en la práctica de la analogía, sostiene ATIENZA RODRÍGUEZ (1986) que la expresión aparece por primera vez en Europa a mediados del siglo XVI, dando nombre a un tipo de interpretación que consistía *en "tratar de eliminar las aparentes contradicciones de un cuerpo de leyes confrontando, es decir, comparando (de ahí el empleo de la expresión 'analógica'), las distintas leyes entre sí" (interpretatio* analógica). Posteriormente en los siglos XVII y XVIII, sobre la base de la premisa de que todas las leyes están unidas entre sí por un sistema lógico, se pasa al concepto de analogía *iuris*, concebida como un procedimiento general para llenar las lagunas del ordenamiento, y es a final del último de los mencionados siglos, cuando aparece el concepto *de* analogía *legis* que predomina hasta los actuales momentos, esto es, el procedimiento particular mediante el cual el intérprete ante la insuficiencia, o la ausencia de una previsión legislativa para resolver un caso concreto, recurre a la disciplina jurídica (norma) dictada para un caso semejante.

BOBBIO (1957) afirma que el concepto de analogía *legis* que actualmente manejamos, se corresponde en términos generales, con lo que los juristas medievales denominaron *argumentun a simili y argumentun a pari*, pero al mismo tiempo hace notar que para dichos juristas no consistía únicamente en la búsqueda del espíritu o significado de la norma, sino también en su adaptación y extensión sobre la base de la *ratio legis*. En suma, como ha quedado demostrado, la mayoría de los Derechos positivos fueron incorporando el concepto de analogía *legis*, en la acepción de método de interpretación e integración normativa, y desestimaron el de *analogía iuris*, el cual actualmente solo constituye una mera referencia doctrinaria.

3. Base de la analogía

El fundamento de este método interpretativo es rigurosamente lógico, en virtud de que parte del postulado de que los hechos de la misma naturaleza deben tener la misma regulación (*ubi eadem ratio ibi eadem dispositio*). En ese mismo orden de ideas BOBBIO expresa que la fórmula básica de la analogía es aquella en que puestos dos términos en relación de semejanza entre sí, se extiende a uno el predicado del otro, representándola así: "(1) M *es* P (2) S *es semejante a* M (3) S *es* P".

La base antes descrita permite concluir señalando que solamente resultará posible recurrir al razonamiento por analogía, o interpretación analógica, cuando sea posible determinar una relación de semejanza entre algunos elementos del caso regulado expresamente por una norma, y algunos elementos de otro no regulado. Sin embargo, es preciso aclarar que no se trata de cualquier elemento entre los dos casos, sino como sostiene TORRENTE (1968):

> ...aquellos entre los elementos del caso regulado, en los cuales sea posible encontrar la misma justificación de la disciplina que sobre este último ha dictado el legislador. Cuando exista identidad de ratio -es decir, cuando el principio que ha inspirado la norma reguladora del caso prevista resulte idóneo para operar del mismo modo, dado los elementos de semejanza entre los dos casos, también para aquel no regulado- entonces el Juez aplica a este último una norma no escrita que infiere de la escrita.

Debemos advertir que una parte de la doctrina sostiene que debe diferenciarse entre el fundamento lógico y el fundamento normativo de la analogía. El primero estaría constituido por la relación de semejanza antes explicada, que conduce a la misma regulación normativa, y el segundo, por la existencia de una norma expresa del ordenamiento que declare la validez de la analogía, como ocurre con el artículo 4° del Código Civil, o a falta de una de esa clase, implícita que, según ATIENZA RODRÍGUEZ tendrá una naturaleza semejante a la norma que prohíbe las antinomias, agregando que de no existir tales normas el ordenamiento jurídico no podría ni haberse establecido ni conservarse. Otra parte de la doctrina habla de un solo fundamento que abarca el lógico y el jurídico, sobre la base de que ese fundamento radica en la misma razón suficiente, la cual comprende el fundamento normativo o la causa o motivo de la norma.

Lo cierto es que la diferenciación enunciada permite que el legislador limite la procedencia de la aplicación de la analogía en ciertas esferas del ordenamiento, tales como en materia sancionatoria y en normas excepcionales, como veremos más adelante.

4. Analogía legis y analogía iuris. Analogía e interpretación extensiva

Ya dijimos que en la evolución histórica de la analogía, surgieron dos clases diferenciadas: la analogía *legis* y la analogía *iuris*. En la primera, la solución al caso no previsto se encuentra en una expresa disposición legislativa que regule un caso semejante, y en la segunda, la solución del caso no regulado es inferida de la totalidad de la legislación vigente, o mejor dicho, del ordenamiento jurídico. O sea, que a diferencia de la analogía *legis* no resulta posible buscar la solución en una norma que regula un caso similar, sino en un principio o una regla que se extrae del análisis del ordenamiento jurídico en su conjunto. BOBBIO resume la diferencia entre estas dos clases de analogía así:

> Se trata de un procedimiento lógico distinto de la analogía "legis": aquí (en la analogía "legis") existe una relación de semejanza entre caso y caso, entre materia y materia; allí (en la analogía "iuris") una relación de subsunción entre la especie y el género, entre el caso no regulado y el principio general invocado para regularlo.

Queda así expuesta la diferencia entre estas dos clases de analogía, e igualmente debe subrayarse la tendencia predominante en la doctrina, acerca de que los Derechos positivos suelen referirse a la analogía *legis*, en virtud de que la *iuris* se aproxima mucho más a los Principios Generales del Derecho, al punto que algunos autores la califican como una especie de estos. Por esa razón pareciera, a la luz de lo dispuesto en el artículo 4° del Código Civil, que resulta ajustado a derecho aplicar en los casos en que sea procedente, a la analogía *legis*, y abstenerse de aplicar la *iuris*, pues el eventual espacio de la misma aparece ocupado por los mencionados principios.

Por otro lado, pese a que algunos autores suelen postular la existencia de una identidad entre analogía e interpretación extensiva, la doctrina mayoritaria afirma lo contrario, en virtud de que la última aclara el sentido de la ley, armonizando la insuficiencia de la letra con su espíritu, o dicho de otra manera, adecuando el tenor literal de la norma a la efectiva voluntad legislativa, razón por la cual precisa el significado de una norma ya formulada; en cambio, en la analogía el intérprete descubre una norma no formulada.

5. Límites

Hemos dicho que diferenciar el fundamento lógico del fundamento jurídico de la analogía, posibilita que el legislador pueda establecer determinados límites a la interpretación analógica; límites que están presentes expresa o implícitamente en casi todos los Derechos positivos, y que surgieron al calor de intensos debates doctrinarios, pero que prácticamente ya forman parte de nuestra cultura jurídica, al ser universalmente aceptados. En ese orden de ideas cabe señalar que esos límites están constituidos por la prohibición de la interpretación analógica en las leyes penales y excepcionales, y su basamento radica, en criterio de una parte de la doctrina, en el respeto al principio de seguridad jurídica y de legalidad. Otro sector opina que en realidad la razón de ser de esas prohibiciones encuentra su base de sustentación en la necesidad de llevar hasta sus últimos efectos el cumplimiento de la ley, esto es, el respeto a su espíritu y razón, pues en la interpretación analógica no existe ninguna norma relativa al caso no previsto. De allí que García Amigo sostenga que:

> En las normas penales, excepcionales o temporales, no se trata, como requiere la analogía, de que el legislador debiera haber regulado el supuesto no previsto en ellas, sino que su intención es precisamente de que aquellos supuestos no previstos por la norma excepcional o temporal se regulen por la norma general.

En conclusión, la prohibición de aplicar la analogía a las normas penales y excepcionales, deriva de una sencilla regla lógica: la analogía permite aplicar la ley a casos que probablemente el legislador la hubiera aplicado, y las normas penales y excepcionales, por el contrario el legislador no quiere que resulten aplicadas fuera de los casos estrictamente regulados. Finalmente, es necesario subrayar que si bien estos límites operan con relación a la analogía, mas no ocurre lo mismo con la interpretación extensiva, pues, como se dijo antes, en este caso se trata de una norma existente, pero insuficientemente expresada en su letra; por tanto, resulta viable interpretar extensivamente normas penales y excepcionales.

Estos límites aparecen expresamente consagrados en el artículo 14 del Código Civil italiano, y en el 4.2 del español. Efectivamente dichos dispositivos preceptúan:

> Art. 14. Las leyes penales y aquellas que consagran excepciones a leyes generales o a otras leyes, no se aplican más allá de los casos y tiempos en ellas previstos.
> Art. 4.2. (...) Las leyes penales, las excepcionales y las de ámbito temporal no se aplicarán a supuestos ni en momentos distintos de los comprendidos expresamente en ellas.

Cabe hacer notar que en el Código Civil no existe una disposición similar; sin embargo, tanto la doctrina como la jurisprudencia, consideran que las aludidas prohibiciones operan en el ordenamiento jurídico venezolano.

Finalmente, es preciso destacar que existe una especie de límite natural, derivado de la estructura del razonamiento analógico: semejanza de supuestos de hechos (regulado y no regulado) e identidad de razón, la cual se erige entonces en un límite lógico, que resulta imposible modificar o alterar válidamente para aplicar la analogía a cualquier caso no previsto. Pero además dicho límite lógico, es a su vez un límite legal, dado que son los propios instrumentos legales los encargados de establecer que únicamente procederá la aplicación analógica cuando esté probada la configuración de la aludida estructura (semejanza de hechos e identidad de razón), e inclusive tal obligación también puede inferirse del hecho de que dichos instrumentos legales estatuyen que en caso de dudas sobre la aplicación analógica, el intérprete debe recurrir a los Principios Generales del Derecho, o sea, que el legislador tiende a facilitar el respeto a la disposición normativa que disciplina la aplicación analógica. Por esa razón, si el Juez sortea ese límite, incurrirá en una infracción legal, el cual, dicho sea de paso, no tiene el carácter de los anteriores, pues es en realidad la prohibición de violación que acompaña a todas las normas que consagran estas instituciones jurídicas, pero lo consignamos como tal, por razones meramente didácticas.

6. La analogía en el ordenamiento jurídico venezolano (recepción en el Derecho Administrativo)

Ya expresamos que conforme al artículo 4°, único aparte, del Código Civil, la analogía no resulta una fuente del Derecho, sino más bien un método de interpretación o integración de la ley, que encuentra aplicación en todas las disciplinas jurídicas, y con mayor razón en el Derecho Administrativo que por disciplinar a la Administración Pública es la única rama del Derecho que ha sido denominada "*legislación motorizada*", todo lo cual hace prever, como en efecto ocurre, la existencia de múltiples situaciones no disciplinadas por el legislador, bien por descuido, o en la mayoría de los casos por la dinámica que impone ese constante ajustamiento del ordenamiento administrativo, sobre todo mediante el ejercicio de la potestad reglamentaria, lo que sin duda origina vacíos o lagunas, para cuya solución resulta fundamental la analogía. En fin, todo lo expuesto precedentemente permite presumir que en un país como el nuestro, el Derecho Administrativo sea la disciplina que presenta mayores posibilidades para la aplicación de la analogía.

Finalmente, es preciso destacar que tanto la doctrina de la extinta Corte Suprema de Justicia, como de la extinta Corte Primera de lo Contencioso Administrativo, era pacífica y consolidada en la conceptuación de la analogía como método para interpretar e integrar el Derecho Administrativo, sobre la base de lo dispuesto en el citado artículo 4, aparte único, del Código Civil, pero sobre todo interesa destacar que dicha doctrina había recibido favorablemente, pese a la inexistencia de normas expresas en ese sentido, la tesis de los límites impuestos a la interpretación analógica (leyes penales y excepcionales). En efecto, en una sentencia de fecha 26-03-1996, que repite varias anteriores, la Corte en Pleno declaró al respecto:

> En criterio de los representantes de Cadafe y Edelca, ante el silencio del legislador en relación con el plazo dentro de del cual se debe consignar el cartel ya publicado en los juicios de nulidad de actos de efectos generales, es lógico aplicar, por analogía, el plazo de quince días para consignar dicho cartel, previsto en el citado artículo 125.
>
> En criterio de esta Corte, tal como lo afirmó en otras oportunidades recientes (...) no es aplicable por analogía la disposición del artículo 125 de la Ley Orgánica de la Corte Suprema de Justicia al caso de los

> juicios de nulidad de actos generales, por cuanto no existe vacío legislativo alguno. El establecimiento, sólo en el capítulo relativo a los juicios contra actos administrativos de efectos particulares, revela la intención del legislador de establecer una regulación diferente para cada tipo de juicio. De haber querido extender tal disposición a ambos procedimientos, habría incluido la norma contenida en el artículo 125, en el capítulo de "Disposiciones comunes".
> Además es principio general del Derecho y, verdadera garantía para el administrado, el que las normas que establezcan sanciones no pueden aplicarse a casos distintos a los expresamente previstos en ellas, en el mismo sentido en que es mandataria la interpretación extensiva de las normas que regulan derechos o consagran garantías. (Énfasis añadido).

Este principio sobre los límites de la aplicación de la analogía en materia penal ha sido acogido por la Sala Constitucional del TSJ, en su sentencia N° 828 de fecha 25-06-2015, cuando expresa: "*Una segunda garantía genérica del principio de legalidad, ahora de carácter material, impone que la ley que desarrolle las anteriores garantías deba ser: (...) .escrita (lex scripta), de modo tal que no se pueda recurrir a la analogía como fuente del Derecho Penal*".

VI. JURISPRUDENCIA

1. Premisa introductoria

Observamos que en algunos Tratados y Manuales de Teoría General, y sobre todo de Derecho Administrativo, tanto la jurisprudencia como la doctrina son calificadas como fuentes del Derecho *supletorias o indirectas*, pese a que formalmente no revisten el carácter de tales, porque conforme al principio de enunciación expreso o implícito de las fuentes normativas, que como sabemos permite la identificación de una fuente del Derecho, en casi todos los países integrantes del sistema de Derecho continental, ellas no aparecen mencionadas, y también porque la tesis que les niega el aludido carácter resulta mayoritaria en la doctrina y en la misma jurisprudencia, no obstante, debemos reconocer que en el ámbito del Derecho Administrativo, particularmente en Venezuela, sobre todo la jurisprudencia, juega un papel que nos atrevemos a calificar como de "fuente fáctica" o "fuente real", y quizás contribuya a reforzar dicho rol, por su innegable efecto expansivo, la consagración en el artículo 335 de la Constitución del carácter vinculante de las interpretaciones que establezca la Sala Constitucional del TSJ, sobre el contenido y alcance de las normas y principios constitucionales, inclusive para las otras Salas de dicho Tribunal; de allí entonces que en una obra como esta resulte necesario abordar, aunque sea en sus líneas generales, el estudio tanto de la jurisprudencia como de la doctrina.

2. Concepto y requisitos

Previamente es preciso intentar deslindar el concepto jurisprudencia, entendida como doctrina de los Tribunales, debido a que en los últimos tiempos en el país tiende a imponerse una tesis implícita que pretende calificar a toda sentencia, independientemente de su construcción conceptual, de su carácter reiterado o no, y de la jerarquía del Tribunal que la dicte, como doctrina jurisprudencial. Así en el marco de la aludida tendencia es jurisprudencia tanto la sentencia de un Tribunal de Municipio como la del Máximo Tribunal, igualmente si es fallo único, o reiterado en diversas oportunidades.

Esta postura, debemos reconocerlo, resulta en realidad más que implícita, fáctica, ya que no encuentra ningún respaldo formal ni en la doctrina, ni en las decisiones de los Tribunales, debido a que ninguna obra ni artículo científico la califica como tal jurisprudencia, ni tampoco sentencia alguna ha sentado dicho criterio; sin embargo, es lo cierto que encuentra aplicación reiterada en sede administrativa y jurisdiccional; de allí que más bien sea el resultado de la "fuerza de los hechos". Ahora bien, en razón de que consideramos errónea dicha postura, y lo que es más grave aún: que le está causando un grave perjuicio al desarrollo del Derecho, estimamos necesario formular algunas precisiones, con la ayuda de la doctrina y del Derecho Comparado, acerca del concepto de jurisprudencia que debería imperar en Venezuela, o por lo menos que debería ser sometido a discusión en los ambientes académicos y forenses, a los fines de derivar las conclusiones pertinentes sobre este importante asunto.

En primer lugar, debe recordarse que todo fallo judicial está fuertemente influenciado por las circunstancias específicas que rodean o sirven de contexto a cada caso, sin embargo, ello no impide, y ocurre con frecuencia, que dichos fallos en su parte motiva contengan pronunciamientos que trasciendan los límites particulares y específicos del caso, razón por la cual son susceptibles de ser generalizados. Es precisamente esa parte del fallo la que constituye la jurisprudencia, o como también suele denominarse, la doctrina jurisprudencial. En segundo lugar, pese a que no existe ninguna consagración normativa que así lo establezca, una elemental regla lógica aconseja conceptuar únicamente como jurisprudencia a los fallos judiciales que revisten algún grado de uniformidad y constancia, que son las notas que dan lugar a que se utilice la expresión "jurisprudencia pacífica y consolidada", lo que en esta línea conceptual no haría más que revelar una tautología, pero a su vez demuestra que quienes usan dicha expresión, consciente o inconscientemente, reconocen que las mencionadas notas resultan esenciales para darle el calificativo de jurisprudencia a un fallo judicial.

Por esa razón no debería otorgársele ese carácter a un fallo único, pues al fin y al cabo la jurisprudencia no es más que el resultado de la aplicación de las normas jurídicas (ley, costumbre y Principios Generales del Derecho), para la solución de un caso concreto, que requiere un previo proceso interpretativo de la norma o normas pertinentes, pero para ello es necesario que ese resultado (sentencia) sea, como expresamos antes, uniforme y constante. Y es lo cierto que en un fallo único faltan evidentemente esas dos notas; por tanto, no puede ser calificado ni de pacífico ni de consolidado; de allí entonces el impedimento conceptual para calificar una sentencia de esta clase como jurisprudencia.

Sin embargo, nada obsta para que sin llegar a atribuirle el carácter de jurisprudencia, las partes puedan invocar en un juicio el valor de un fallo único, pero exclusivamente como un antecedente, nunca en este marco referencial -insistimos- como jurisprudencia. Por supuesto, que esta afirmación no es válida para el caso de un fallo único de la Sala Constitucional del TSJ que contenga una interpretación de normas y principios constitucionales, como lo veremos más adelante. En tercer lugar, aunque actualmente pueda considerarse discutible en Venezuela, rechazamos la calificación de jurisprudencia que se atribuye a los fallos emanados de cualquier Tribunal, pues pensamos que únicamente, teniendo en cuenta la función que ella juega en la corrección de los criterios dispares que en ejercicio de su independencia judicial emanan los órganos judiciales (uniformidad en la interpretación y aplicación de la ley), pueden calificarse como tales, los dictados por los máximos órganos judiciales, o mejor dicho, a los que corresponda emanarlos en última o única instancia. En el caso de la jurisprudencia contencioso administrativa los dictados por la Sala Político Administrativa del TSJ, por los Juzgados Nacionales de lo Contencioso Administrativo y, en pocos casos, por los Juzgados Superiores Estadales de la Jurisdicción Contencioso Administrativa.

Debemos destacar que los conceptos doctrinarios enunciados *supra*, acerca de los requisitos que deberían reunir los fallos judiciales para poder ser calificados como jurisprudencia o doctrina jurisprudencial, comienzan a formar parte, de manera expresa de los Derechos positivos. Así por ejemplo, un Código Civil relativamente nuevo como el español, sin llegar a calificarla como fuente del Derecho, establece expresamente los mencionados requisitos. En efecto, en su artículo 1.6 prescribe: "La jurisprudencia *complementará el ordenamiento jurídico con la doctrina que,* *de modo reiterado*, *establezca el* *Tribunal Supremo* *al interpretar y aplicar la ley, la costumbre y los principios generales del derecho*" (énfasis añadido).

Esta categórica disposición de Derecho positivo, que no hace más que recoger la doctrina jurisprudencial predominante en España hasta 1974, induce, en nuestro criterio, a reflexionar acerca de la urgente necesidad de elaborar un marco doctrinario que clarifique y sistematice el concepto de jurisprudencia en Venezuela, y de esa manera superar el concepto un tanto "alegre" que actualmente manejan casi todos los operadores jurídicos (jueces, administradores y profesores universitarios), que además es aceptado usualmente en casi todos los Tribunales de la República.

3. Valor de la jurisprudencia en Venezuela

Ya afirmamos, basándonos en el principio de enunciación de las fuentes normativas, así como en el análisis doctrinario, que la jurisprudencia no es fuente del Derecho en nuestro país. Sin embargo, importa ahora precisar que la Constitución de 1999, consagró la imperatividad de cierta jurisprudencia con la atribución que ahora ostenta la Sala Constitucional del TSJ, para establecer interpretaciones vinculantes de los preceptos constitucionales las cuales obligan a todos los tribunales de la República, incluso a las demás Salas del referido Tribunal.

Cabe destacar que existen distintas líneas jurisprudenciales (diversidad jurisprudencial), las cuales en materia civil, penal y social encuentran su corrección, de alguna manera, en las sentencias de las Salas de Casación Civil, Penal y Social; y en el caso de la Jurisdicción Contencioso Administrativa, fácticamente en las de la Sala Político Administrativa del TSJ y en las de los Juzgados Nacionales de la Jurisdicción Contencioso Administrativa, sin que esto signifique, salvo las aludidas decisiones de la Sala Constitucional del referido TSJ y la excepción que señalaremos más adelante, que los fallos provenientes de esos máximos órganos judiciales tengan carácter vinculante.

En efecto, cuando hablamos de corrección nos referimos a que ante la diversidad de criterios de jueces de distintas instancias y circunscripciones sobre una misma materia, se impone el peso de los fallos de los mencionados Tribunales, bien por el carácter vinculante de las aludidas decisiones de la Sala Constitucional, bien por la autoridad que ellos representan, bien, en materia civil y social por la exhortación contenida en el artículo 321 del Código de Procedimiento Civil a los jueces de instancia, para que procuren acoger la doctrina de casación establecida en casos análogos, a los fines de defender la integridad de la legislación y la uniformidad de la jurisprudencia, o bien por razones eminentemente pragmáticas, derivadas de la previsión legislativa que estatuye que la mayoría de las sentencias de los Tribunales de instancia o Contencioso Administrativos deben ser conocidas en apelación o en casación por el TSJ, o por los Juzgados Nacionales de la Jurisdicción Contencioso Administrativa, según los casos.

Pero insistimos que tal acatamiento a la doctrina jurisprudencial de esos máximos órganos judiciales, que al fin y al cabo se traduce en el aludido poder de corrección ejercido por ellos, no proviene de ningún dispositivo normativo, debido a las razones antes expuestas, pues el citado artículo 321 del Código de Procedimiento Civil solo contiene una mera exhortación, lo que permite, como veremos más adelante, a los jueces distanciarse o separarse en cualquier caso de la aludida doctrina jurisprudencial, es decir, contrariarla válidamente; de allí entonces el carácter no vinculante de la misma, con excepción de los indicados fallos de la Sala Constitucional del TSJ.

Sin embargo, es preciso destacar que el artículo 322 del citado Código establece -excepcionalmente- que la doctrina de casación, tanto estimatoria como desestimatoria, resulta vinculante para el juez de reenvío, quien debe acatarla incondicionalmente, pues de llegar a contrariarla, queda abierta a la parte interesada la facultad de interponer el recurso de nulidad ante la propia Sala de Casación Civil, y ahora también ante la Sala de Casación Social, si esas Salas determinan que efectivamente fue contrariada su doctrina, ordenará al Juez que dicte una nueva sentencia obedeciendo fielmente la aludida doctrina, pudiendo imponerle una sanción hasta por la cantidad de diez mil bolívares, sin perjuicio de la responsabilidad que puedan exigirle las partes.

De modo, pues, que el citado artículo 321 del Código de Procedimiento Civil consagra el caso en que la doctrina de la casación es vinculante, pero exclusivamente para el Juez de reenvío, lo que resulta coherente con la función defensora de la integridad de la legislación y de la uniformidad de la jurisprudencia atribuida a la casación.

Advertimos que las comentadas disposiciones, precisamente por su carácter excepcional, no admiten aplicación analógica, por tanto, se mantiene en vigencia el principio de la no obligatoriedad, o sea, el carácter no vinculante de la jurisprudencia. En suma, con excepción de lo preceptuado en el artículo 335 de la Constitución que ha reconocido que las interpretaciones de la Sala Constitucional del TSJ, sobre las normas y los principios constitucionales, son obligatorios para todos los tribunales de la República, incluso para las demás Salas de ese Supremo Tribunal, y de lo establecido en el artículo 321 del Código de Procedimiento Civil, la jurisprudencia en Venezuela no tiene carácter vinculante, y por ende, no es fuente del Derecho.

4. Jurisprudencia como fuente "real" del Derecho en el ámbito del Derecho Administrativo en Venezuela

Por las razones antes expuestas, reiteramos que la jurisprudencia no es formalmente fuente del Derecho, pero desde hace algunos años asistimos a un extraño proceso gradual, pero al mismo tiempo intenso de conversión fáctica de la jurisprudencia en fuente "real" de Derecho. Esta situación que en principio podría, considerarse positiva si se atiende al poder corrección que ella juega sobre la diversidad jurisprudencial, en realidad resulta, en nuestro criterio, negativa para la evolución del ordenamiento jurídico. En efecto, en el ámbito contencioso administrativo venía y continúa produciéndose una verdadera "*sacralización*" de las sentencias de la Sala Político Administrativa de la extinta Corte Suprema de Justicia, ahora del TSJ, y de las extintas Cortes Primera y Segundo de lo Contencioso Administrativo, ahora de los Juzgados Nacionales de la Jurisdicción de lo Contencioso Administrativa, producto de la veneración pragmática, que no intelectual, que le rinden los abogados litigantes, los titulares de órganos administrativos, los Jueces Contencioso Administrativos, así como de la invocación –casi ritual– que de la misma realizan los mencionados órganos judiciales, lo que en los hechos las convierte en verdaderas "*referencias normativas*" que se tornan casi inmodificables.

En efecto, es fácil constatar que hoy en día el abogado está más preocupado por transcribir un fallo anterior, independientemente de su calidad o de si realmente contiene alguna doctrina, que de tratar de encontrar la *ratio* de la norma que le sirve de fundamento a su acción, y que los Jueces inferiores de los aludidos órganos judiciales, la más veces se limitan a transcribir mecánicamente "*jurisprudencia*", sin atreverse sobre la base del citado principio constitucional de la independencia y autonomía judicial, a contrariar cualquiera sentencia de esos máximos Tribunales, e inclusive es hasta posible encontrar un recurso contencioso administrativo fundamentado exclusivamente en la jurisprudencia; de allí entonces que haya devenido en una "real" –que no formal– fuente del Derecho, lo que indudablemente desestimula el estudio tanto por parte de los abogados, como por jueces, en virtud de que resulta más fácil y útil acudir a esa fuente "real", para lo cual lo único que se requiere es transcribir parcial o totalmente, muchas veces acudiendo inclusive a la descontextualización, fallos del TSJ o de los Juzgados Nacionales de la Jurisdicción Contencioso Administrativa, y estos órganos a su vez tienden a repetir, sin mayor reflexión la primera sentencia dictada en una determinada materia, a la que eufemísticamente se suele denominar "líder". La situación descrita permite colegir, sin mayor esfuerzo intelectual, como la jurisprudencia ha venido convirtiéndose en un factor que en lugar de favorecer la evolución del ordenamiento jurídico, atenta contra la misma.

Debe quedar claro que en situaciones de normalidad la Jurisprudencia, sin llegar a ser fuente del Derecho, tiene una importancia relevante en el Derecho Administrativo, por las características ya enunciadas de esta disciplina, en virtud de que sienta principios generales, por ende, susceptibles de generalización. Cabe recordar en este sentido la trascendental importancia que ha jugado la jurisprudencia del Consejo de Estado Francés en la construcción del Derecho Administrativo, no solo de ese país, sino de la mayoría de los que integran el denominado sistema de Derecho continental. Sin embargo, estimamos que el valor "real" de fuente que todos los operadores jurídicos le atribuyen a la llamada jurisprudencia de la Sala Político Administrativa del TSJ y de los Juzgados Nacionales de la Jurisdicción Contencioso Administrativa, revela una anormalidad en el funcionamiento del sistema judicial y del entero sistema jurídico, y que el asunto se torna más grave cuando recordamos el concepto "alegre" de jurisprudencia que impera en nuestro país; por tanto, pensamos que es necesario reflexionar sobre dicha anormalidad, a los fines de redimensionar el rol que juega esa jurisprudencia en la vida jurídica del país.

No obstante todo lo expuesto precedentemente, como no podemos cerrar los ojos ante la realidad, en virtud de que este es un libro dedicado fundamentalmente a estudiantes, dudamos que la situación cambie a corto plazo, razón por la cual pasamos a enumerar los órganos de la Jurisdicción Contencioso Administrativa, cuyas sentencias, en el contexto de la situación explicada, no pueden ser obviadas, sobre todo por los abogados litigantes. Ellos son, según lo dispuesto en el artículo 11 de la Ley Orgánica de la Jurisdicción Contencioso Administrativa, en orden jerárquico: la Sala Político Administrativa del TSJ, los Juzgados Nacionales de la Jurisdicción Contencioso Administrativa, los Juzgados Superiores Estadales de la Jurisdicción Contencioso Administrativo, los Tribunales Superiores Contencioso Tributarios que forman parte de la jurisdicción contencioso administrativa y finalmente, los Juzgados de Municipio de la Jurisdicción Contencioso Administrativa.

Ahora bien, como de jurisprudencia se trata, si bien la Sala Político Administrativa del TSJ, es el máximo órgano de la aludida jurisdicción, es necesario advertir que los Juzgados Nacionales de la Jurisdicción Contencioso Administrativa (primero y segundo), que también tiene carácter nacional, en muchos casos deviene *ope legis* en máximo órgano, bien porque conoce en apelación las sentencias dictadas por los Juzgados Superiores Estadales de lo Contencioso Administrativo; de allí que la jurisprudencia más importante con excepción de la emanada de la Sala Constitucional, resulta la de la Sala Político Administrativa del TSJ y la de los Juzgados Nacionales de la Jurisdicción Contencioso Administrativa, sin que esto signifique que carezca de importancia la proveniente de los otros Tribunales que conforman esta jurisdicción.

5. Carácter vinculante de las interpretaciones de la Sala Constitucional sobre el contenido o alcance de las normas y principios constitucionales

Como expusimos en el Capítulo III, la Constitución de 1999 creó la Jurisdicción Constitucional (art. 266, num. 1), y atribuyó su ejercicio al TSJ, de manera fundamental a su Sala Constitucional, órgano este que es erigido en máximo y último intérprete de la Constitución, a los fines de garantizar la supremacía y efectividad de las normas y principios del texto constitucional (art. 335). En el artículo 336, en once numerales, precisa las competencias de la referida Sala, cuyo análisis revela que si bien la función primordial es la clásica de todo órgano de esta naturaleza, esto es, el control de la constitucionalidad, mediante los sistemas concentrados y difuso, excede dicho marco competencial clásico, en virtud de que se le asignan funciones como la de resolver colisiones legales, dirimir controversias constitucionales entre cualquiera de los órganos del Poder Público, revisar las sentencias definitivamente firmes de amparo constitucional, etc.

No obstante, independientemente de la virtud o defecto que pueda atribuírsele al aludido precepto constitucional, bien porque se excedió en la atribución de competencias, o bien porque dejó de incluir algunas, interesa destacar, a los efectos del desarrollo del tema, que para el ejercicio de cualquiera de las funciones enumeradas en el precepto, la metodología fundamental, o la única de que dispone la Sala Constitucional, consiste en la interpretación de las normas o principios de la Constitución vinculados al caso. Así por ejemplo, resulta lógico que ante una acción de nulidad de una ley, la interpretación será la base del test de compatibilidad con la Constitución que deberá aplicar la Sala, pudiendo una vez obtenido el resultado declarar la compatibilidad de la ley, o la incompatibilidad o rechazo, lo que conducirá a declarar su nulidad.

Pero igualmente lo es la interpretación la que presida la actuación del órgano constitucional al resolver las controversias constitucionales que se susciten entre órganos del Poder Público, o revisar la constitucionalidad de los decretos que declararen los estados de excepción dictados por el Presidente de la República, y en general tendrá que ser esa la actividad fundamental que desarrollará la Sala para poder ejercer las demás atribuciones contempladas en el citado artículo 336 constitucional.

Pues bien, conforme a lo expuesto en los párrafos precedentes, queda demostrado que la actividad principal de la Sala Constitucional es la hermenéutica o interpretativa de las normas o principios de la Constitución; de allí la trascendente importancia que reviste el artículo 335 *ejusdem*, que confiere carácter vinculante, inclusive para las otras Salas del TSJ, al resultado de esa actividad interpretativa.

A lo anterior hay que agregar que en fecha 01-08-2000 la Sala declaró que era competente para conocer recursos de interpretación constitucional, agregando de esa manera, mediante una decisión bastante discutible, una nueva competencia a la Sala, la cual tiene una grandísima incidencia en el carácter vinculante que reviste la doctrina de la Sala, en virtud de que las sentencias que dicte para resolver este tipo de recursos contendrán, como es lógico, únicamente interpretaciones sobre normas o principios constitucionales. Esa competencia le fue conferida posteriormente por vía legal, en la LOTSJ de 2010.

Planteada así la situación, no cabe duda que la jurisprudencia de la Sala Constitucional del TSJ juega un papel relevante, tanto desde el punto de vista cualitativo, como cuantitativo, en el contexto del ordenamiento jurídico venezolano, máxime si a lo anterior se agrega la correlación acertada que establece la Constitución entre el control difuso y el control concentrado de la constitucionalidad, que conduce siempre, lo que no ocurría en el pasado, a que sea la Sala Constitucional la que en definitiva emita el último pronunciamiento, obviamente interpretativo, sobre el instrumento normativo sometido a control, independientemente del tipo de que dicho control sea concentrado o difuso.

La relevancia radica precisamente en el carácter vinculante que tienen las aludidas decisiones tanto para todos los órganos del sistema judicial, inclusive, se insiste para las demás Salas del TSJ, y por extensión para todos los órganos del Poder Público, pues la obligatoriedad también se impone a ellos, que ciertamente no aparecen mencionados en el citado artículo 335 constitucional, ya que el mismo solo están enunciados los órganos del Poder Judicial, pues en todo caso la obligación de los demás órganos y figuras subjetivas del Poder Público, es posible derivarla del artículo 7 *ejusdem*, que impone a todas las personas y los órganos que ejercen el Poder Público la sujeción al texto constitucional, debido a que esas interpretaciones de la Sala Constitucional, al determinar el alcance y sentido de las normas y principios constitucionales, deben considerarse integradas a la propia Constitución en el dispositivo o principio que corresponda.

De modo, pues, que las interpretaciones de la Sala Constitucional al revestir el aludido carácter vinculante, devienen en verdaderas fuentes de Derecho, e inclusive pueden llegar a servir hasta para fundamentar recursos administrativos o contencioso administrativos, e igualmente servirán de basamento a todo tipo de demandas en las distintas áreas, sin que las autoridades administrativas o jurisdiccionales, so pena de sanciones que deberán ser establecidas en le ley, puedan quebrantar dicha jurisprudencia. Por tanto, los operadores jurídicos, dada la intensa y productiva actividad interpretativa que deberá desarrollar la Sala Constitucional, deberán arbitrar las fórmulas para conocer oportunamente sus decisiones, y la propia Sala a su vez estará obligada a arbitrar mecanismos expeditos que posibiliten ese conocimiento por parte de los interesados, pues de lo contrario, dada la amplitud competencial, y el carácter de fuentes del derecho de sus decisiones que contengan tesis interpretativas (casi todas), podría configurarse una transgresión a los derechos a la tutela judicial efectiva y al debido proceso contemplados en los artículos 26 y 49 de la Constitución.

Finalmente, debemos señalar que, en nuestro criterio, las interpretaciones de la Sala Constitucional, si bien son vinculantes para las demás Salas y los Tribunales de la República, no lo son para la propia Sala Constitucional, quien está facultada para cambiar o modificar sus interpretaciones, con excepción lógicamente de cuando dichas interpretaciones conduzcan a declarar la incompatibilidad de un texto legislativo con la Constitución, o dicho de otra manera, su inconstitucionalidad, pues en ese caso la Sala deberá anularlo, funcionando, como indicaba KELSEN, como un legislador negativo.

En este orden de razonamiento insistimos en que debe admitirse la procedencia de la potestad de la Sala Constitucional para modificar sus interpretaciones, pues como bien sostienen RUBIO LLORENTE y ARAGÓN REYES (1988):

> Interpretar la Constitución significa entre otras cosas, adaptar el sentido de sus preceptos a la "realidad social del tiempo en que han de ser aplicados", y esa adaptación que es una verdadera "recreación" constante de la Constitución por obra de su máximo intérprete, la realiza el Tribunal si tiene la facultad (absolutamente necesaria) de revisar su propia doctrina. Si ello se le niega, se distorsiona, evidentemente, el genuino carácter de la jurisdicción constitucional, se contradice la finalidad propia de la institución y se elimina uno de los elementos que, con mayor fortuna, suele coadyuvar a la permanencia de las Constituciones y a la evitación de sus excesivas reformas. El ejemplo norteamericano resulta en este punto absolutamente esclarecedor.

En abono de esta tesis hay que tomar muy cuenta la variable denominada por SANTAMARÍA (1998) "*incidencia en la Constitución de la dinámica política*", la cual puede originar en el proceso interpretativo la creación de pautas de comportamiento extraconstitucional, y la alteración del significado de los preceptos constitucionales, mediante la concreción y la modificación del significado (mutación constitucional).

La única duda que se nos plantea en torno al carácter no autovinculante de la doctrina de la Sala Constitucional, sobre todo porque puede llegar a tener una importante incidencia sobre la seguridad jurídica, es la relativa a las decisiones que recaen sobre el recurso de interpretación constitucional, creado precisamente por vía interpretativa y recogido posteriormente en la LOTSJ, de 2010, pues pareciera poco congruente con el aludido principio de seguridad jurídica, que una interpretación derivada exclusivamente de un recurso instituido con esa única finalidad, pudiera ser modificada mediante otro recurso de interpretación, o bien con ocasión de ejercer la Sala cualquiera de las otras atribuciones contempladas en el artículo 336 constitucional.

En definitiva, concluimos en que las interpretaciones acerca del contenido y alcance de las normas y de los principios constitucionales, emanadas de la Sala Constitucional del TSJ, originadas en ejercicio de cualquiera de las competencias que le atribuye el artículo 336 de la Constitución, tienen carácter vinculante para todos los Tribunales de la República, incluyendo a las demás Salas del TSJ, razón por la cual devienen, independientemente de que sean reiteradas o no (pueden estar contenidas en una única sentencia), en jurisprudencia, que a su vez se erige en una efectiva fuente del Derecho.

VII. DOCTRINA

1. Concepto

Suele denominarse doctrina a las opiniones y tesis elaboradas por los juristas (tratadistas, docentes universitarios e investigadores) sobre determinados problemas jurídicos, quienes los analizan, mediante la metodología jurídica, o las técnicas particulares que corresponden a cada rama del Derecho, con la finalidad de proponer soluciones ante la Administración, los Jueces o exponerlas en la cátedra universitaria. Generalmente la doctrina se exterioriza mediante los denominados dictámenes, los artículos publicados en fuentes primarias de información, las tesis de grado, los trabajos de ascensos de los profesores universitarios, los manuales y tratados. El concepto abarca también, como es lógico, el examen crítico del derecho positivo y de las decisiones jurisprudenciales.

2. Valor

Reiteramos que conforme al principio de enunciación de las fuentes normativas, la doctrina no constituye una fuente formal de Derecho, pero sin duda ejerce una notable influencia –no tan destacada como la jurisprudencia– en el desarrollo y evolución del sistema jurídico. Cabe recordar que los romanos durante cierto período histórico le confirieron el valor de fuente, pues el Emperador Valentiniano III, mediante una Constitución conocida como "*Ley de Citas*" creó en el año 426 lo que la doctrina conoce como el "tribunal de los muertos" constituido por cinco grandes tribunos: Papiniano, Paulo, Ulpiano, Gayo y Modestino, cuyas opiniones eran consideradas fuentes del Derecho. La "*Ley de Citas*" es incorporada al Código Teodosiano, perdiendo vigencia en el año 529 cuando es derogada por el Código Justiniano. De este antecedente histórico se desprende que el valor de la doctrina dependía de la autoridad científica de los jurisconsultos, esto es tan cierto, que los Emperadores les concedían solo a algunos la facultad para evacuar consultas con fuerza de ley (*ius publice respondendi ex autoricte pincipii*). En cambio, existían otros que obtenían dicha concesión, e igualmente evacuaban consultas, pero sin fuerza legal (*ius publice respondendi*).

El mencionado remoto antecedente histórico evidencia lo que ya dijimos sobre la instauración de la doctrina como fuente del Derecho, pero sobre todo demuestra que su valor está muy relacionado con la autoridad científica de quien emite la opinión o tesis, no obstante, cabe advertir que el término autoridad obedece aquí al peso lógico y científico que revisten dichas opiniones, el cual es capaz de persuadir a los jueces y a los mismos legisladores, quienes muchas veces resuelven puntos controvertidos o incorporan a las leyes determinadas disposiciones, atendiendo a criterios doctrinarios dotados de la aludida característica. Queremos enfatizar, en virtud de que este libro va dirigido a jóvenes estudiantes y profesionales, que hay que cuidarse mucho de invocar y sacralizar el superado "método de autoridad", propio del conocimiento dogmático, que no amerita demostración, como ocurre en el mundo religioso y en algunas organizaciones políticas, al evaluar el papel de la doctrina en el sistema jurídico. Dicho de otra manera: la doctrina debe convencer o persuadir únicamente por la fuerza lógica de sus argumentos, por la validez de la metodología utilizada, y por la relación causa-efecto que exista entre los aludidos argumentos y las conclusiones, y no por el nombre del autor de la misma. Claro está que si se trata de un jurista reconocido nacional o internacionalmente, existe la presunción de que sus opiniones están revestidas de las características antes indicadas.

3. Valor en el Derecho Administrativo

Desde el primer capítulo hemos repetido que las peculiaridades del Derecho Administrativo ("*legislación motorizada*", derecho en constante formación, regulación de situaciones particulares, ausencia de codificación, etc.), confieren en el ámbito de esta disciplina jurídica a la jurisprudencia y a la doctrina mayor valor que en el de otras ramas del Derecho. En ese orden de razonamiento resulta indudable que la última mencionada ha jugado también un papel fundamental en la construcción del Derecho Administrativo, al pasar los autores después de las últimas décadas del siglo XIX de la mera exégesis de las normas, al estudio sistemático del ordenamiento, es decir, del Derecho Positivo y de la jurisprudencia, logrando significativos avances en esta rama jurídica, al punto que, como dijimos en el segundo capítulo, el período que corre entre esa fecha y la culminación de la Primera Guerra Mundial, ha sido denominado por una parte de la doctrina como el "*período de oro del Derecho Administrativo*". Por supuesto, que en esos avances también jugó un papel protagónico la doctrina jurisprudencial. Actualmente, señala RIVERO, que la doctrina cumple, en el ámbito del Derecho Administrativo, las siguientes funciones:

> ...se encarga de organizar este derecho de manera sistemática, destacando los principios que inspiran las soluciones legislativas y jurisprudenciales; por otra parte en divulgar el derecho así organizado -que sin ello sería difícil de conocer- y finalmente en juzgar este derecho, bajo el triple punto de vista de su coherencia, de su adecuación al fin social que persigue, y de su conformidad con la justicia, preparando así la vía a las reformas de las que saldrá el derecho de mañana.

La opinión (doctrina) transcrita de RIVERO sintetiza magistralmente las funciones que cumple la doctrina en el campo del Derecho Administrativo, y pese a que desde que dicha opinión fue emitida por el citado autor ha transcurrido bastante tiempo, debe convenirse en que esas funciones permanecen inalteradas, lógicamente con las debidas matizaciones. Por tanto, sin llegar a ser fuente normativa formal, la doctrina adquiere en el caso venezolano, en algunas oportunidades, al igual que la jurisprudencia, pero con mucho menos frecuencia, la condición de fuente "real", debido al peso de la autoridad de algunos juristas, sobre todo en el campo del Derecho Público. Lo grave de la situación es que en algunas ocasiones cuenta más el nombre, que el poder de convicción o persuasión de las tesis esgrimidas, e inclusive hasta pueden encontrarse ejemplos de esa situación anómala en algunos fallos de la extinta Corte Suprema de Justicia, los cuales contienen extensos párrafos de la opinión de un autor, pero sin ni siquiera un comentario del mismo, y mucho menos un análisis a los fines de encuadrar la situación controvertida en el marco de la referida opinión. Así la función de la doctrina se desnaturaliza, ya que no logra inscribirse en ninguna de las líneas enumeradas en ese sentido por el autor francés antes citado.

Cabe, finalmente, para evitar confusiones en los lectores, aclarar que la doctrina, como ya lo expresamos, está constituida por las tesis o teorías jurídicas elaboradas por los autores, pero también se denomina doctrina en Venezuela la emanada de determinados órganos administrativos, siendo la más conocida y prestigiosa, en materia administrativa, durante la vigencia de la Constitución de 1961, la emanada de la Procuraduría General de la República, pero que ahora suponemos, debido a la ambigüedad con que aparece redactada la norma que lo crea (art. 251), será la que provenga del Consejo de Estado, en su carácter de "*órgano superior de consulta del Gobierno y la Administración Pública Nacional*", pues esa función consultiva, a diferencia de las que tenía asignada la Procuraduría General de la República, pareciera estar destinada, como lo expresa el mismo artículo, principalmente a "*recomendar políticas de interés nacional en aquellos asuntos a los que el Presidente o Presidenta de la República reconozca de especial trascendencia y requiera su opinión*". Por otra parte, conforme al artículo 247 *ejusdem* pareciera que la Procuraduría General de la República conserva una parte de sus antiguas funciones consultivas, por lo menos en lo tocante a la defensa de los intereses patrimoniales de la República, pues en esa defensa se incluye la labor de asesoría, e igualmente cumple el rol de asesor en la aprobación de los contratos de interés público nacional.

Igualmente puede existir una doctrina de la Consultoría Jurídica de un Ministerio, de una Universidad, de una Sindicatura Municipal, etc. Quizás lo más importante de destacar –a los fines de evitar la aludida confusión– es que también se acostumbra utilizar con cierta frecuencia la expresión "doctrina del Tribunal Supremo de Justicia ", cuando en realidad se trata de la jurisprudencia de ese órgano judicial, pero de ninguna manera dicha práctica puede conducir a equiparar el término doctrina, en la acepción desarrollada en este acápite, con el usado en la aludida expresión lingüística. Para evitar cualquier error sería preferible, en ese caso, acompañar la palabra doctrina del vocablo "jurisprudencial" (doctrina jurisprudencial).

Bibliografía

ASAMBLEA NACIONAL CONSTITUYENTE. *Gaceta Constituyente (Diario de Debates)*. Octubre-noviembre 1999. Caracas, 2000.

BASSI, FRANCO. *Lezioni di Diritto Amministrativo*. Giuffrè. Milano, 1995.

BOBBIO, NORBERTO. "*Analoíia*" en Novissimo Digesto Italiano. UTET. Torino, 1957.

BOCANEGRA, RAÚL. "Sobre el alcance de las sentencias del Tribunal Constitucional". En el libro Estudios sobre la Constitución Española. Homenaje al Profesor Eduardo García de Enterría I. Civitas. Madrid, 1991.

BOQUERA OLIVER, JOSÉ. *Derecho Administrativo*. Civitas. Madrid, 1992.

CASSESE, SABINO. *Las bases del Derecho Administrativo*. Ministerio para las Administraciones Públicas. Madrid, 1994.

Constitución Política de la República del Ecuador.

Constitución Política de la República del Perú.

Constitución Política de Colombia.

CRISAFULLI, VEZIO. *Lezioni di Diritto Costituzionali*. Cedam. Padova, 1976.

DE LAUBADERE, ANDRE. *Traité de Droit Administratif*. LGDJ. París, 1976.

DIEZ PICAZO, LUIS. *Experiencias jurídicas y teoría del derecho*. Ariel. Barcelona, 1973.

DE OTTO, IGNACIO. *Derecho Constitucional*. Ariel. Barcelona, 1991.

ESPIN, DIEGO. *Derecho Civil Español*. Editorial Revista de Derecho Privado. Madrid, 1959.

FLORES VALDES, JOAQUIN ARCES. *Los principios generales del derecho y su formulación Constitucional*. Civitas. Madrid, 1990.

FRAGA, GABINO. *Derecho Administrativo*. Editorial Porrúa. México, 1958.

GALATERIA, LUIGI y MASIMO STIPO. *Manuale di Diritto Amministrativo*. UTET. Torino, 1993.

GARCÍA AMIGO, MANUEL. *Instituciones de Derecho Civil*. Editorial Revista de Derecho Privado. Madrid, 1979.

GARCÍA DE ENTERRÍA, EDUARDO y TOMÁS-RAMÓN FERNÁNDEZ. *Curso de Derecho Administrativo*. Civitas. Madrid, 1990.

GARRIDO FALLA, FERNANDO. *Tratado de Derecho Administrativo. Volumen I*. Tecnos. Madrid, 1989.

Ley Indígena 19.253 De la República de Chile.

PAREJO, LUCIANO, ANTONIO JIMÉNEZ y OTROS. *Manual de Derecho Administrativo*. Ariel. Barcelona, 1992.

PIGA, FRANCO. "*Prassi Amministrativa*" en Enciclopedia del Diritto. Volumen XXXIV. Giuffrè. Milano, 1985.

RIVERO, JEAN. *Derecho Administrativo*. Universidad Central de Venezuela. Caracas, 1984.

RODRÍGUEZ ATIENZA, MANUEL. *Sobre la analogía en el Derecho*. Civitas. Madrid, 1986.

RODRÍGUEZ, HUMBERTO. *Los principios generales del derecho en la contratación colectiva*. Librería Jurídica Wilches. Bogotá, 1989.

RUBIO LLORENTE, FRANCISCO y MANUEL REYES ARAGÓN. "*La Jurisdicción Constitucional*". En el libro La Constitución Española de 1978. Civitas. Madrid, 1988.

SANTAMARÍA PASTOR, JUAN. *Principios de Derecho Administrativo. Vol. I. Centro* de Estudios Ramón Areces. Madrid, 1998.

SORRENTINO, FEDERICO. "*Le Fonti del Diritto*". En el libro Manuale di Diritto Pubblico. Il Mulino, Bologna, 1994.

TORRENTE, ANDREA. *Manuale di Diritto Privato*. Giuffrè Milano, 1968.

VEDEL, GEORGES. *Derecho Administrativo*. Aguilar. Madrid, 1980.

CAPÍTULO VII: PRINCIPIO DE LEGALIDAD Y DISCRECIONALIDAD ADMINISTRATIVA

I. Premisa introductoria

En primer lugar debemos insistir en nuestra posición concerniente a la necesidad de examinar, sobre todo si se persiguen fines didácticos, al estudiar una figura, institución o principio jurídico, aunque sea en forma sucinta, su origen, y de ser posible su evolución histórica. En el caso del principio de legalidad, tal postura cobra mayor pertinencia todavía, en virtud de su importancia en la consagración y perfeccionamiento del Estado de derecho, pero sobre todo porque desde su origen hasta la época actual ha constituido y constituye una garantía clave en la tutela de la libertad, en su sentido más amplio, de los ciudadanos frente al Estado, o mejor, frente a la Administración Pública. Por esa razón nos atrevemos a postular que va más allá de un principio jurídico para erigirse más bien en un "*principio de la civilización occidental*". De allí entonces la necesidad de bosquejar históricamente -en forma resumida- tanto su origen como su evolución, antes de entrar a examinar su significado y aplicaciones en nuestro ordenamiento jurídico.

II. Origen y configuración histórica del principio de legalidad

1. Francia y los Principados Alemanes

Para poder comprender el origen del principio de legalidad es necesario ubicarse en el marco del denominado Estado Absoluto, y particularmente tomar en consideración la situación derivada de la total desvinculación del Rey o de sus delegados, tanto en lo administrativo como en lo jurisdiccional, de la Ley. Tal desvinculación comportaba la inexistencia de límites para la voluntad del monarca, de tal suerte que sus actos eran totalmente inimpugnables, razón por la cual los súbditos no tenían ningún tipo de derechos subjetivos públicos. Planteada así la situación resultaba que la fuente de todo el derecho radicaba en el Monarca, por lo que estaba legitimado, como asientan García De Enterría (1990) y Santamaría (1991), para actuar "*tanto por normas generales como por actos singulares o sentencias contrarias a aquéllas*".

Como es sabido en el seno del propio Estado Absoluto germina la reacción que va a dar lugar a su desaparición, así como a su sustitución por el denominado Estado liberal burgués de derecho, o si se quiere, "Estado de Derecho", el cual va a montarse sobre dos principios fundamentales: el de separación de poderes y el de legalidad, el primero de corte esencialmente político, y el segundo esencialmente jurídico, ambos -debe destacarse- construidos atendiendo a la idea básica de la libertad -en términos amplios- considerada como derecho natural de los ciudadanos. El que nos interesa analizar ahora es postulado por los revolucionarios burgueses partiendo precisamente del cuestionamiento de esa voluntad indiscutida e inimpugnable del Rey, concebida como fuente única del derecho. Dicho cuestionamiento conduce a erigir a la Ley como expresión de la voluntad general, en términos de ROUSSEAU, en el límite de todas las actuaciones tanto del Estado como de los ciudadanos, y esencialmente como la nueva fuente del derecho que debía regir en lo adelante. Por cierto que esa concepción quedó recogida muy temprano en el proceso revolucionario, pues el artículo 5 de la Declaración de Derechos del Hombre y del Ciudadano (1789), preceptuaba en forma emblemática que: "*Todo lo que no está prohibido por la Ley no puede ser impedido y nadie puede ser forzado a hacer lo que ella no ordena*", concretándose aún más, en la Constitución de 1791, en los siguientes términos: "*No hay en Francia autoridad superior a la Ley. El Rey no reina más que por ella y sólo en nombre de la Ley puede exigir obediencia*" (énfasis añadido).

En suma, pues, con el advenimiento del Estado de Derecho se impone la plena vigencia de la Ley, la cual viene a constituirse en un límite infranqueable tanto por las autoridades públicas, como por los ciudadanos, originándose así la formulación teórica del principio de legalidad concebido sintéticamente como "*la sujeción a la Ley*", por lo que todo acto estatal o de la Administración Pública debe estar necesariamente fundamentado en una ley preexistente. Bajo esta perspectiva no cabe pensar en actos derivados de la sola voluntad del monarca o de cualquiera otra autoridad, pues se requiere que tal facultad le sea atribuida por una ley previa. Luego, el mecanismo operacional, pese a su gran carga ideológica y conceptual resulta sencillo: la legitimidad de la actuación de los poderes públicos está condicionada por su ajuste a una Ley previa. Es necesario añadir que en los tiempos inmediatos a la Revolución el mecanismo operativo del principio funciona en términos muy rígidos, debido a que el Parlamento reivindica y asume el monopolio de la potestad normativa, prohibiendo cualquier intento de ejercicio de la misma por parte de la Administración, correspondiéndole a esta únicamente ejecutar la Ley sancionada por el órgano legislativo; de allí que comience a dársele la denominación tanto a la Administración como al gobierno de "Poder Ejecutivo".

Pues bien, en este contexto la acción de la Administración Pública (administrar) consistía en la emanación de actos en ejecución de la

Ley, la cual –insistimos– únicamente podía ser sancionada por el Parlamento, por lo que necesariamente debía existir una norma legal previa que facultase al Poder Ejecutivo para actuar caso por caso, de tal modo que este podía hacer solo lo que estaba permitido por esa normativa, quedándole prohibido realizar todo aquello no previsto legalmente. En cambio, la situación de los ciudadanos era la contraria, pues podían hacer todo lo que no estaba prohibido por la Ley.

Si el principio de legalidad nace bajo esa perspectiva conceptual en Francia, en cambio en los Principados Alemanes recibe una formulación totalmente contraria, pues como lo explica SANTAMARÍA (1991), debido al régimen dualista que imperaba en dichos Estados, el cual estaba caracterizado, en términos generales por el hecho de que la soberanía continuaba residiendo en el Monarca, en virtud de que el Parlamento se limitaba únicamente a sancionar aquellas leyes que incidían sobre los derechos de libertad y propiedad de los súbditos, lo que conducía a que el Gobierno y la Administración (Monarca) –a diferencia de lo que ocurría en Francia– no fueran meros ejecutores de la Ley, la cual funcionaba más bien como un límite externo de su actuación, salvo en lo atinente a los derechos de libertad y propiedad. Por consiguiente, el principio de legalidad recibe una formulación absolutamente contraria a la francesa: tanto los ciudadanos como la Administración pueden hacer todo aquello que no esté prohibido legalmente; razón por la cual no se requería la vigencia de una ley previa que se constituyese en la base de sustentación de cada uno de los actos estatales, salvo para el caso de que esos actos afectasen los derechos de libertad y propiedad de los súbditos, pues entonces sí debían estar autorizados por una Ley aprobada por la Asamblea Estamental (Dieta), lo que por lo demás resulta explicable en virtud de la permanencia del absolutismo, con pocas matizaciones, bajo la forma de régimen dualista.

2. Evolución histórica

La tesis impuesta originalmente por los revolucionarios franceses acerca de la monopolización de la potestad normativa, y la consiguiente conversión de la Administración en una simple y mecánica organización ejecutora de la Ley, tuvo una vigencia efímera, debido a que prontamente quedó demostrada su inaplicabilidad, y ya para el año VIII, en la Constitución Napoleónica se le confirió al Poder Ejecutivo la potestad reglamentaria. Luego, a partir de ese momento no es solamente la Ley sancionada por el Parlamento el instrumento único que sirve de base de sustentación al principio, sino también los actos normativos dictados por la propia Administración, base esta que se va ampliar posteriormente a fines del siglo XIX, gracias a la tesis de HAURIOU, quien la vincula al conjunto de todas las normas jurídicas, independientemente de su clase, rango u órgano de donde emanen, otorgándole a ese conjunto normativo la denominación de "*bloque de la legalidad*", conceptuando de ese modo a la "Ley" en sentido amplísimo, esto es, como equivalente a norma jurídica escrita o no, según la norma sobre la normación vigente en cada ordenamiento jurídico.

A esta importante ampliación de la base de sustentación del principio, ("*bloque de la legalidad*"), siguió la posición asumida por un sector de la doctrina que comenzó a cuestionar la rigidez del principio, derivada de la necesidad de la vigencia de una ley –en el sentido indicado– previa, que condicionase la validez de todas y cada una de las actuaciones de la Administración. Cabe destacar que dicho sector además propuso la flexibilización del principio, pues consideraba que debía operar únicamente de esa manera (ley previa) cuando las actuaciones administrativas incidieran sobre los derechos fundamentales de los ciudadanos; en cambio, en todas las demás la Ley debía funcionar, como un mero límite externo, es decir, igual que para los administrados (todo lo que no está prohibido está permitido). Esta postura doctrinaria surgida en Francia en el Siglo XIX suscitó y continúa suscitando serias polémicas, como lo veremos más adelante, en los países en los que logra imponerse la vigencia del principio de legalidad administrativa bajo la influencia de las ideas jurídicas originadas en la Revolución Francesa.

En los Principados Alemanes el principio evolucionó en sentido contrario, debido a las tesis formuladas por la doctrina alemana del Derecho Público (Mayer, Laband, Jellinek) en el último tercio del Siglo XIX, acerca de "*la reserva legal*" y de la "*ley en sentido material*" (toda disposición que afectase los derechos de los administrados debía ser sancionada mediante Ley, o debía estar contenida en un Reglamento, previa autorización del órgano legislativo). La imposición de dichas tesis condujo a ampliar exageradamente el ámbito de la reserva legal, y consecuentemente dio lugar a que prácticamente la mayoría de las actuaciones de la Administración requiriesen de una ley previa como base de sustentación. Solo estaban exceptuados los actos internos y los no ablatorios favorables a la Administración. Ha de tenerse en cuenta que esta situación dificultó la operatividad del principio de legalidad, hasta el punto que casi condujo a reproducir el postulado original francés: la administración puede hacer únicamente lo que tiene atribuido por la Ley. En fin, la evolución histórica del principio de legalidad se presenta particularmente antagónica, ya que los países europeos bajo la influencia francesa tendieron a flexibilizarlo y en los países germánicos se impuso la tendencia contraria.

La exposición precedente acerca del origen y evolución del principio de legalidad, además de permitir acceder en forma esquemática al significado ideológico y conceptual con que nace dicho principio, orienta bastante a los efectos de tomar posición en torno a lo que podría considerarse actualmente como el punto nodal del mencionado principio, o sea, su concepción y lógicamente su vigencia en cada ordenamiento jurídico, pues partiendo de la tesis originaria francesa, con la matización de HAURIOU sobre el bloque de la legalidad, dicha concepción es articulada sobre la base de la tesis doctrinaria conocida como "*vinculación positiva*". En cambio, si el punto de partida es la tesis originaria de los Principados Alemanes, entonces la concepción reposará sobre la tesis doctrinaria contraria, conocida como "*vinculación negativa*", las cuales pasamos a estudiar a continuación.

III. TESIS QUE SIRVEN DE FUNDAMENTO AL PRINCIPIO DE LEGALIDAD ADMINISTRATIVA

1. Vinculación negativa

Esta tesis tiene su origen –como dijimos antes– en el sistema dualista germánico, pero es perfeccionada hasta llevarla a su mejor formulación por la doctrina francesa y de otros países que siguen el modelo del Estado de Derecho, con la intención de flexibilizar el principio. En efecto, la forma extremadamente rígida como se consagra el principio en Francia (la Administración solo puede actuar válidamente si está habilitada por una ley previa, de lo contrario esa actuación será nula), conduce prontamente a intentos de flexibilización. Es así como la doctrina comenzó a erigir a la Ley como un mero límite externo, de tal modo que en todo el espacio dejado libre por ese límite puede la Administración desarrollar sus actividades, sin necesidad de que una norma la habilite previamente para que las mismas se reputen válidas.

Quizás la mejor imagen de esa situación nos la proporciona CASSESE (1995), cuando afirma que la Ley se presenta como un círculo, en cuyo ámbito todo comportamiento es lícito, pues la ilicitud solo surgirá cuando la Administración traspase dicho círculo. Es la misma situación que confrontan los ciudadanos frente a la Ley, la cual se traduce en postular que todo lo que no esté prohibido legalmente, está permitido. La prohibición radica precisamente en el límite externo constituido por la Ley. Un sector de la doctrina italiana (FOIS, 1973) explica la tesis de la vinculación negativa señalando que revela una relación de compatibilidad entre los actos de la Administración y la Ley, lo que supone la inexistencia de contradicciones o antinomias en dicha relación ("*no contrariedad*", la denomina MOLES, 1997).

En consecuencia, en el marco de esta tesis, un acto administrativo resulta válido, pese a que su emanación no haya sido atribuida previamente por la Ley a la Administración, siempre y cuando no sea incompatible, o mejor dicho, no infrinja una norma jurídica. Y en este mismo orden de razonamiento solamente será nulo cuando sea incompatible –explícita o implícitamente– con el Derecho; de allí el por qué la posición de la Administración Pública resulta idéntica a la de las personas frente a la Ley, pues al igual que ellas está facultada para hacer todo aquello que la Ley no prohíba.

De lo anteriormente expuesto se desprende la enorme flexibilidad que acompaña a la tesis de la vinculación negativa que sirve de base a la construcción del principio de legalidad, razón por la cual ha sido objeto de severos cuestionamientos, al punto que García De Enterría (1990) afirma que en dicha concepción subyace:

> ...un nuevo eco de la nefasta doctrina del "principio monárquico", que pretende justificar en la condición histórica del monarca como jefe del Ejecutivo un principio de libertad autonómica en la organización de la Administración, que la liberaría de su dependencia de la Ley.

2. Vinculación positiva

Reiteramos que con el advenimiento del Estado de Derecho se impone en Francia la idea de la vinculación positiva de la Administración a la Ley, como fundamento del principio de legalidad, la cual conduce a postular dicho principio sobre la base de que la Administración solo puede emanar válidamente los actos establecidos previamente en una Ley. Dicho en otros términos: el fundamento necesario de la actuación administrativa radica en una atribución legal expresa; de tal modo que si no existe dicha atribución el acto debe reputarse prohibido. En términos del sector de la doctrina italiana antes citado, se habla en lugar de compatibilidad, de *conformidad* con la ley, en el sentido de que todo acto de la Administración debe estar autorizado, habilitado o fundado en una norma legal.

Así observamos claramente la diferencia entre la "*compatibilidad*" y la "*conformidad*" con la ley, pues como hace notar Igartua Salaverria (1996) "*Esta versión del término 'conforme' es más positiva (lo autorizado está positivamente fundado) que la primera, pero aquélla la presupone. En efecto, todo acto autorizado por la Ley y el derecho debe también ser compatible con éstos*". Entonces, a diferencia de la fórmula de la vinculación negativa, la positiva se resume así: la Administración está facultada para hacer únicamente lo que está expresamente previsto en una Ley, o sea, lo que es "*conforme*" a la Ley; en consecuencia, todo lo no previsto está prohibido, por tanto, en esta perspectiva doctrinaria desaparecen los espacios libres de actuación del Poder Ejecutivo, o dicho de otra manera, ningún acto puede ser emanado al margen de la Ley. Y se considera que está al margen, cuando la facultad para emanarlo no aparece contemplada expresamente en el ordenamiento jurídico.

Pues bien, esa tesis, que como se dijo precedentemente, tuvo una vida efímera, al ser sustituida rápidamente por la de la vinculación negativa, vuelve a cobrar plena vigencia después de la Primera Guerra Mundial, cuando la doctrina europea comienza a formular serias críticas al funcionamiento de la Administración Pública fundamentada en el principio de legalidad concebido sobre la base de la tesis de vinculación negativa. Una de las causas fundamentales de las aludidas críticas, encontró su razón de ser en el hecho de que la tesis de la "*vinculación negativa*", fue aprovechada por el Poder Ejecutivo para invocar la inimpugnabilidad de todos los actos que eran dictados sin estar autorizados por la Ley, ya que al recaer en espacios libres de normativización, no resultaba posible que con su emanación se violase Ley alguna, además de que estaban basados en la libertad de actuación de la Administración, razón por la cual eran incluidos en su esfera de discrecionalidad; de allí entonces, como asienta GARCÍA DE ENTERRÍA, que el principio en comento "*operaba en una franja estrechísima de su actividad, en tanto que lo sustancial de ésta quedaba completamente al margen de la legalidad y de la correspondiente fiscalización jurisdiccional*".

En definitiva, puede decirse que el aprovechamiento por parte de las Administraciones Públicas del basamento conceptual de la tesis de la "*vinculación negativa*" del principio de legalidad administrativa, para evadir en múltiples sectores de sus actividades el control jurisdiccional abrió las puertas a los cuestionamientos indicados, pues el referido basamento originó una patología, consistente en la invocación por parte de la Administración de la inmunidad jurisdiccional para la mayoría de sus actos.

Los aludidos cuestionamientos son iniciados por la denominada Escuela de Viena (KELSEN y MERKL), en razón de que el postulado fundamental de esa corriente radica en el normativismo, el cual parte de la ejecución gradual de las normas, comenzando por la Constitución, para explicar el origen de las funciones fundamentales del Estado, de tal modo que toda función o poder debe resultar de la ejecución de una norma. Por lo tanto, en ese marco conceptual, para esta Escuela resulta censurable e inexplicable que la Administración dicte actos que no sean el producto de la ejecución de la ley, como ocurría bajo el predominio de la doctrina basada en la tesis de la vinculación negativa.

Por esa razón KELSEN y MERKL, como asienta SANTAMARÍA sostienen que "*todo poder en virtud del cual se realice una acción (aun cuando sea un poder discrecional) ha de ser previamente conferido o atribuido por una norma*". La crítica iniciada por la Escuela de Viena encontró eco en la doctrina francesa (CARRE DE MALBERG), Italiana (ZANOBINI) y Española (BALLBE) conduciendo nuevamente al predominio de la tesis de la vinculación positiva, constituyendo expresiones concretas de la misma en el derecho positivo, el artículo 18 de la Constitución de Austria de 1920 (la Administración no puede actuar sino sobre el fundamento de la Ley), y el artículo 20, párrafo 3, de la Ley Fundamental de la República Federal de Alemania de 1949 (los poderes ejecutivo y judicial están obligados a respetar la Ley y el Derecho).

Ha de aclararse que el retorno de la tesis de la vinculación positiva abarca la noción de "*bloque de la legalidad*" acuñada por HAURIOU, de modo que si bien se mantiene el postulado de que la Administración únicamente puede actuar cuando exista una norma previa que la habilite para ello, el espectro de la legalidad crece significativamente al conceptuarse a la ley en forma amplísima, es decir, como toda norma jurídica escrita o no escrita. La vigencia de la tesis de la vinculación positiva conduce a sostener que "*el principio de legalidad de la Administración opera, pues, en la forma de una cobertura legal de toda la actuación administrativa: Sólo cuando la Administración cuenta con esa cobertura legal previa su actuación es legítima*" (GARCÍA DE ENTERRÍA, 1990).

Quizás la definición más completa y más rigurosa del principio de legalidad administrativa en el contexto de la tesis de la vinculación positiva, esbozada por la doctrina, sea la siguiente: "*todos y cada uno de los actos de la Administración Pública deben estar fundamentados en una regla de derecho, la cual se convierte en una medida de su licitud o ilicitud*". En efecto, conforme a la definición transcrita ningún acto puede escaparse a una cobertura legal expresa, pues si esta no existe en la forma indicada, el acto debe reputarse nulo, y en caso de que efectivamente esté presente la regla de derecho, ella se convierte pragmáticamente en la medida de su licitud o ilicitud, en virtud de que viene a constituir la parte más significativa de su motivación jurídica.

Finalmente, es necesario reiterar que partidarios de la tesis de la vinculación positiva son, entre otros, autores como, KELSEN, MERKL, CARRE DE MALBERG, ZANOBINI, ALESSI, JESCH, BALLBE y GARCÍA DE ENTERRÍA, lo que sin duda, debido al prestigio científico de dichos juristas, le confiere un peso específico en la doctrina del Derecho público europeo, y lo que es más importante aún: evidencia su predominio incuestionable en el campo del derecho positivo, inclusive en el ámbito constitucional, como ocurre en Alemania, Austria, Italia y España.

3. Tesis ecléctica

El antagonismo entre las dos tesis antes explicadas, ha conducido a un sector de la doctrina, por considerar que actualmente ambas resultan insuficientes para servir de fundamento al principio de legalidad administrativa, a asumir una posición intermedia que resulta del intento de armonizar dichas tesis. SANTAMARÍA (1991), quien quizás sea su principal partidario, en virtud de la calidad y cantidad de los argumentos que aporta a los efectos de su fundamentación en la doctrina española, la formula así:

> En términos generales puede decirse que el régimen de vinculación positiva o de previo apoderamiento legal afecta a todas las actuaciones de la Administración con eficacia ablatoria; esto es, que inciden en cualquier situación jurídica de los sujetos (públicos o privados) en forma limitativa o extintiva; en las restantes la regla general es la de la vinculación negativa.

De la formulación transcrita observamos que el autor citado toma como punto de partida la clasificación de los actos de la Administración en ablatorios y no ablatorios, y conforme a la doctrina dominante, tendrán la categoría de los primeros, aquellos que afecten la situación jurídica de los administrados, limitándola o extinguiéndola. En este mismo orden de ideas la doctrina alemana suele referirse a "*Administración de limitación*", para indicar que es la propia Administración que inicia la relación mediante una medida administrativa que limita o extingue los derechos del administrado (por ejemplo imposición de una sanción, orden de clausura de un establecimiento sanitario, requisición de un bien, etc.), de lo que sigue que cualquier otra actuación de la Administración que no sea encuadrable en la aludida premisa tendrá eficacia no ablatoria, concretamente, aquella clase de "*actividades de prestación con aceptación o uso voluntario de las mismas por los administrados*" (COSCULLUELA, 1993), denominada por la doctrina alemana "Administración Prestacional", cuyo punto de partida radica en la pretensión del administrado a una medida favorable; de tal modo que en la realización o emanación de esta clase de actividad operará la tesis de la vinculación negativa. Por consiguiente, conforme a esta postura doctrinaria no se requerirá el apoderamiento o habilitación previos (vinculación positiva) para un grupo, no solo numeroso, sino significativo, de actos que se inscriben dentro de la llamada administración prestacional, por la doctrina alemana, y por la española administración de fomento (obras públicas, sanidad, subvenciones, investigaciones, cultura, etc.), así como de la actividad interna de la Administración.

Ha de destacarse que el citado autor español se cuida de hacer algunas precisiones en relación a esta tesis, entre las cuales cabe citar que: **a)** la actividad prestacional que comporta gasto público de todas maneras estará sujeta a la vinculación positiva debido a la vigencia del principio de legalidad presupuestaria; **b)** los actos de "*doble efecto*", como son conocidos en la doctrina alemana, por resultar favorables para unos administrados, pero a la vez desfavorables para otros (por ejemplo una decisión en materia urbanística que beneficie a un administrado, pero a la vez perjudique a otro u otros), por tener aunque sea de manera indirecta naturaleza ablatoria, deberán ser dictados basados en la tesis de la vinculación positiva y; **c)** que no basta la división en términos genéricos entre actos ablatorios y no ablatorios, o entre actos de la "*Administración de limitación*" y actos de *la* "*Administración prestacional*" para requerir el apoderamiento legal o no, ya que puede ocurrir que la actuación en el ámbito de la administración imponga realizar actos que incidan en la esfera jurídica de los administrados, limitándole o extinguiéndole derechos.

Así por ejemplo la Administración Municipal –en el marco de esta tesis– no requerirá apoderamiento previo para iniciar unas jornadas deportivas en su jurisdicción (vinculación negativa), pero en cambio para obligar a participar a sus empleados en las mismas, si lo necesitará (vinculación positiva). De modo, pues, que aunque se participe de la tesis ecléctica será necesario examinar caso por caso las actuaciones administrativas que se suscriban en el ámbito de la Administración prestacional, ya que esa clasificación no garantiza *a priori*, como terminamos de ejemplificar, que algunas de ellas, en razón de su particularidad, carezcan de entidad para limitar o extinguir los derechos de los administrados, caso en el cual deberá privar la tesis de la vinculación positiva en la aplicación del principio de legalidad administrativa.

Vale destacar finalmente que también esta tesis (ecléctica) cuenta con importantes seguidores en Italia, país en el cual se traduce en postular que solo los actos autorizatorios requieren de apoderamiento legal previo (vinculación positiva), dejando el resto dentro del marco de actuación libre de la Administración, derivado del límite externo constituido por la Ley (vinculación negativa). Entre esos seguidores destacan GIANNINI (1990), CASSESE (1995) y GALATERIA (1994), el primero de los cuales sostiene, en el sentido indicado, que el principio de legalidad "*más que una regla de contenido de la actividad administrativa, es una regla a los límites de ésta, la cual se inserta en la dialéctica entre autoridad y libertad*".

4. Significado actual del principio

Independientemente de cualquiera de las tres tesis explicadas anteriormente (vinculación positiva, vinculación negativa y ecléctica) a que pueda adscribirse el lector, hoy en día, como resultado de la discusión doctrinaria y de las posturas jurisprudenciales, pareciera existir consenso acerca del significado del principio bajo examen, puesto que se ha superado la concepción original, derivada del monopolio de la potestad normativa por el Parlamento, y el carácter de mero "*ejecutor*" de leyes sancionadas por el órgano legislativo que ostentaba la Administración (Poder Ejecutivo), pues esta pasó prontamente a ejercer la potestad reglamentaria, y en la actualidad su actividad está presidida fundamentalmente por el principio de la tutela del interés general.

Por consiguiente, si lo que se pretende es lograr que la actuación de la Administración esté revestida de cobertura legal, que puede concretarse en una vinculación mínima (negativa), máxima (positiva) o intermedia (ecléctica), y dado que la Ley parlamentaria ha dejado de ser el único instrumento legal, resulta lógico que dicha cobertura pueda aludir a cualquier acto de carácter normativo. En efecto, como lo expresamos antes, así lo planteó HAURIOU, a finales del siglo XIX utilizando la expresión "*bloque de la legalidad*", lo que condujo a la ampliación del significado del principio, partiendo de una definición de ley equivalente a norma jurídica escrita o no escrita, articulada a la norma sobre la normación vigente en cada ordenamiento jurídico, en virtud de que si esa norma solo califica como Fuente del Derecho a las leyes escritas, formarán parte de ese bloque todos y cada uno de los actos escritos que revistan carácter normativo; en cambio, si califica como Fuentes del Derecho también a las "*leyes no escritas*", entonces además de las escritas, también estas formarán parte de dicho bloque (costumbre, usos, Principios Generales Del Derecho).

Cabe añadir que en el contexto de esa orientación doctrinaria que informa al principio de legalidad administrativa, los ordenamientos jurídicos han arbitrado fórmulas que apuntan a plasmar en el Derecho positivo el concepto de "*bloque de la legalidad*" de HAURIOU. De este modo la Constitución Alemana de 1949, en su artículo 20, párrafo 3, establece que "*el poder ejecutivo y el judicial están vinculados a la ley y al Derecho*", modelo que fue seguido por la Constitución Española de 1978, en sus artículos 9.1 y 103, que respectivamente preceptúan "*los ciudadanos y los poderes públicos están sujetos a la Constitución y al resto del ordenamiento jurídico*" y "*La Administración pública sirve con objetividad los intereses generales (...) con sometimiento pleno a la ley y al Derecho*".

Demás está decir que el aludido precepto no ha dejado de generar polémica, sobre todo en Alemania, como sostiene SANTAMARÍA, en virtud de que algunos autores de ese país afirman que el significado de "*Derecho*" en la previsión constitucional se refiere al Derecho Natural o a la justicia material, mientras que otros consideran que dicha referencia concierne a las vertientes axiológica y positiva (conflictos entre justicia y ley) presente en toda norma jurídica. Pero como afirma el citado profesor español pareciera preferible en la búsqueda del significado del principio de legalidad administrativa, entender la aludida expresión constitucional como equivalente a la "*totalidad del sistema normativo*", o mejor, a la "*totalidad del ordenamiento jurídico*", cualquiera que sea el rango de las normas que lo integran, e independientemente del procedimiento de producción de las mismas (parlamentario, administrativo, parlamentario- administrativo), o bien derivado del desarrollo de las relaciones que se entablan en la propia comunidad (costumbres, usos, prácticas), sí así aparece contemplado en la correspondiente norma sobre la normación.

En los términos anteriores queda claramente expresado el significado actual del principio de legalidad, el cual -insistimos- encuentra cabal expresión en una fórmula arquetípica que se traduce en la necesaria vinculación entre la actividad de la Administración y el ordenamiento jurídico (Ley), con prescindencia de la discusión sobre su nivel o grado de intensidad, de tal manera que puede concluirse afirmando con la doctrina mayoritaria que ninguna actividad desarrollada por órgano administrativo alguno puede eludir al Derecho, lo que configura en términos de la doctrina española la "*sumisión plena de la Administración a la Ley y al Derecho*" o la "*plena juridicidad de la acción administrativa*".

IV. CONCRECIÓN DEL PRINCIPIO DE LEGALIDAD MEDIANTE LA TÉCNICA DE ATRIBUCIÓN DE POTESTADES

Cabe recordar que la potestad fue definida por ROMANO como una situación de poder que faculta para imponer decisiones a otros, a los efectos de lograr el cumplimiento de un fin, la cual resulta estructuralmente idéntica en el ámbito del derecho público y en el del derecho privado, no obstante pese a esa equiparación estructural general, la doctrina encuentra una diferencia significativa entre la potestad pública y la privada, pues la primera tiene su origen en el ordenamiento jurídico, y su titular es distinto al titular del interés tutelado, por ello ha sido denominada potestad-función, ya que es ejercida en interés de otro. En el caso de la Administración Pública, ese interés es el de la comunidad (interés general).

En cambio, la potestad privada tiene origen contractual y excepcionalmente legal, confundiéndose en ella, el titular del interés tutelado y el titular de la potestad. Atendiendo a esa diferencia, y sobre todo al contraste que realiza la doctrina española (GARCÍA DE ENTERRÍA y SANTAMARÍA) entre potestad y derecho subjetivo, definimos la potestad pública, como la situación de poder caracterizada por tener objeto y contenido genéricos, carecer de un correlato obligacional, dar lugar a un estado pasivo de sujeción, y encontrar su origen en el ordenamiento jurídico (atribución normativa), razón por la cual resulta irrenunciable, inmodificable, intransferible e imprescriptible, características estas, que como lo veremos más adelante, aparecen recogidas en el Decreto con Rango, Valor y Fuerza de Ley Orgánica de la Administración Pública.

Pues bien, García De Enterría sobre la base del concepto de potestad, y dado que es uno de los más importantes preconizadores de la vinculación positiva de la Administración a la Ley, presenta una tesis bastante atractiva, tanto desde el punto de vista lógico como práctico, acerca de la relación existente entre el principio de legalidad y la atribución de potestades públicas a la Administración. En efecto, en el marco de esa relación, sostiene dicho autor que el principio se concretaría en el acto de atribución de potestades a los órganos administrativos, constituyendo la potestad atribuida el título de apoderamiento, o de autorización de cada una de las actuaciones administrativas.

Esta tesis o proposición presenta una gran ventaja, en virtud de que permite a los administrados, de una manera sencilla, determinar, *prima facie*, la validez de un acto administrativo, mediante la constatación de la atribución o no a la Administración de la potestad invocada para dictar dicho acto. Así por ejemplo, si la Dirección de Salud Pública del Ministerio de Salud ordena el cierre de un establecimiento hospitalario, bastará, como cuestión previa, a los fines de comenzar a indagar sobre su legalidad, determinar si el ordenamiento jurídico le otorgó esa potestad a la referida dependencia administrativa.

Insistimos en que la tesis del profesor García de Enterría luce sumamente atractiva, pues permite comprender, y lo que es más importante aún, explicar operacionalmente el principio de legalidad administrativa, como un proceso legal de desagregación de potestades; no obstante, cabe observar que pierde fuerza cuando el aludido principio se articula a la vinculación negativa de la Administración a la Ley (límite externo, compatibilidad) o a la tesis ecléctica (ley como límite externo de las actividades que no tengan eficacia ablatoria), en razón de que resulta casi imposible descomponer minuciosamente el principio de legalidad en tantas potestades como actos pueda o tenga que dictar la Administración, pues no basta asignar potestades generales de actuación, porque en el marco de dicha tesis, ello no comporta un título de apoderamiento o autorización para todas y cada una de las actuaciones que deben emanar de los órganos administrativos.

Reconocemos que esa objeción pierde fuerza cuando, como efectivamente ocurre actualmente, la mayoría de la doctrina y la jurisprudencia es partidaria de la tesis de la vinculación positiva. Además debemos agregar que la postura de García de Enterría sirve para explicar con una gran dosis de pertinencia lógica y conceptual la figura organizativa de la competencia, como una concreción o medida de la potestad, y en definitiva de la legalidad.

V. TÉCNICAS LEGISLATIVAS PARA LA REALIZACIÓN DEL PRINCIPIO DE LEGALIDAD ADMINISTRATIVA

Sin duda que el principio de legalidad administrativa es una de las bases fundamentales del Estado de derecho, y obviamente del Derecho Administrativo, y como ha quedado demostrado, pese a la divergencia en cuanto a su contenido (intensidad mínima o máxima de la vinculación de la Administración a la Ley), existe consenso acerca de su significado y sobre todo acerca del carácter esencial (necesario) de la sumisión de la Administración a la Ley y al Derecho, o dicho de otra manera, a la totalidad del ordenamiento jurídico. Pero este postulado fundamental podría carecer de eficacia si los órganos estatales competentes, especialmente los legislativos, no logran diseñar y consagrar normativamente un conjunto de técnicas que garanticen la verdadera realización del principio de legalidad.

Orientada por esa idea la doctrina española (especialmente ENTRENA CUESTA, 1989 y GARRIDO FALLA, 1989) ha derivado de los ordenamientos jurídicos las más importantes de estas técnicas, las cuales han tenido acogida tanto doctrinaria (RONDÓN DE SANSÓ, 1981) como legislativa en Venezuela, como lo demostraremos más adelante. A continuación presentamos un resumen de las mencionadas técnicas:

i) En un orden de prioridad, pese a que el principio está articulado sobre la idea del bloque de la legalidad, la Administración está sometida en primer lugar a las leyes sancionadas por el Parlamento, y a los actos con fuerza y rango de Ley. A los efectos de la materialización de esta técnica ha de recordarse que la reserva legal juega un papel clave en la determinación de las materias que necesariamente deben ser disciplinadas mediante Ley, de tal modo que una vez sancionadas las leyes por el Poder Legislativo a ellas deben someterse preferentemente los órganos administrativos.

ii) En la aplicación de los instrumentos normativos constitutivos del ordenamiento jurídico (bloque de la legalidad) debe respetarse el sistema jerárquico de las Fuentes del Derecho, tanto las exógenas a la Administración, como las endógenas (las que ella produce: reglamentos, resoluciones, providencias, etc.).

iii) En estricto acatamiento al principio de legalidad, la Administración está impedida de derogar o alterar mediante actos singulares resoluciones de carácter general (normativas) dictadas por ella, aunque dichas resoluciones emanen de un órgano inferior al que pretenda dictar el acto particular. Esta técnica refleja lo que la doctrina italiana (ZANOBINI, 1958) denomina "*inderogabilidad singular de los reglamentos*", siendo en realidad más una tautología, que una expresión concreta del principio que estamos examinando, pues si la Administración está obligada a someterse al ordenamiento jurídico en su totalidad, e integrando los reglamentos dicho ordenamiento, no resulta ni explicable ni justificable que pueda dispensarse su cumplimiento (alteración o derogación), mediante actos particulares de la Administración.

Cabe destacar que la vigencia del aludido principio no significa que el órgano administrativo competente quede inhabilitado para derogar o modificar las decisiones normativas de carácter general, pues en todo momento podrá realizar esa modificación o derogatoria, pero para ello necesariamente deberá acudir a otro acto normativo de igual o superior rango. Mientras no lo dicte operará el principio de la inderogabilidad singular de los reglamentos.

iv) Además de las anteriores reglas de conducta (exteriores), la Administración está sometida también a una especie de regla psicológica: el deber de tener a la vista en todas sus actuaciones el interés público o general. Demás está señalar que la violación de esta regla psicológica tiene una relevante importancia a los fines del control administrativo o jurisdiccional de los actos administrativos, en virtud de que configura el vicio de dichos actos, denominado "*desviación de poder*".

v) La violación de cualquiera de las reglas anteriores por la Administración da lugar a que el acto que concrete la infracción se considere viciado de nulidad o anulabilidad, según la gravedad de la misma, legitimando a los interesados para interponer los correspondientes recursos administrativos o contenciosos administrativos, con la finalidad de lograr la declaratoria de esa nulidad, e inclusive la propia Administración puede llegar a reconocer de oficio dicha nulidad. Esta regla se inscribe dentro del control a que en todo caso está sometida la actividad administrativa.

VI. CONSAGRACIÓN DEL PRINCIPIO DE LEGALIDAD ADMINISTRATIVA EN EL ORDENAMIENTO JURÍDICO VENEZOLANO

1. Previsión en la Constitución vigente y su comparación con la Constitución derogada

Es necesario iniciar este acápite señalando que la Constitución de la República Bolivariana de Venezuela de 1999 se limita a repetir casi textualmente el dispositivo contenido en el artículo 117 del texto constitucional de 1961. En efecto, este último prescribía: "*La Constitución y las leyes definen las atribuciones del Poder Público, y a ellas debe sujetarse su ejercicio*", y el artículo 137 de la vigente estatuye: "*Esta Constitución y la ley definen las atribuciones de los órganos del Poder Público, a las cuales deben sujetarse las actividades que realicen*" (énfasis añadido). De la simple comparación de ambos textos se evidencia la aludida repetición, pues algunas de las palabras destacadas del texto de 1999, permiten precisar, mas no modificar el principio de legalidad que aparecía consagrado en el artículo 117 de la Constitución derogada. Tal precisión se deriva de la utilización del término órgano por parte del constituyente, pues demuestra que el concepto de Poder Público a que alude el esquema constitucional es en sentido subjetivo (complejo de entes y órganos), despejando de esa manera cualquier duda derivada de la posible asociación con el sentido sustantivo u objetivo que también puede revestir la expresión Poder Público.

Efectivamente, la Constitución derogada aludía a las "*atribuciones del Poder Público*", en forma genérica; en cambio, la vigente basándose en la teoría del órgano, establece que las atribuciones le corresponde ejercerlas a los órganos en que se desagrega ese Poder Público, los cuales a su vez aparecen y deben aparecer claramente delineados en la Constitución o en las leyes. En ese orden de ideas, cabe destacar, por ejemplo, que un acto del Poder Ejecutivo Nacional, siempre será dictado por un órgano del mismo, llámese Presidencia de la República, Consejo de Ministros, Ministro, Gabinete Sectorial, etc., y no por el referido Poder en abstracto. Igualmente ocurre con los restantes Poderes Públicos en que se integra el Poder Nacional (Legislativo, Judicial, Ciudadano y Electoral), así como con los Poderes Estadales y Municipales. La precisión bajo examen termina de completarse cuando el artículo 137 constitucional vincula a los órganos de los Poderes Públicos, con "*las actividades que realicen*", o mejor dicho con sus actuaciones, las cuales lógicamente se pueden traducir en actos, actuaciones y abstenciones. Pues bien, esta primera aproximación al nuevo esquema constitucional contentivo del principio de legalidad, permite concluir que se mantiene la concepción del texto constitucional de 1961, con la particularidad de que la precisa en los términos antes señalados.

Por otra parte, la lectura del citado artículo 137 permite colegir que a diferencia de otros textos constitucionales, no configura de una manera clara y categórica al principio de legalidad, pues pese a que bajo la vigencia de la Constitución de 1961, tanto la doctrina como la jurisprudencia admitían sin discusión que era la expresión de dicho principio, criterio que debe mantenerse, en virtud de conservarse inalterado el dispositivo, no llega a revestir ni la claridad conceptual ni la precisión de las disposiciones de las Constituciones extranjeras anteriormente citadas, que a continuación transcribimos a título ejemplificativo: Artículo 18 de la Constitución de Austria de 1920: "*La Administración no puede actuar sino sobre el fundamento de la Ley*". Artículo 20, párrafo 3, de la Ley Fundamental de la República Federal Alemana, de 1949: "*Los poderes ejecutivo y judicial están obligados a respetar la Ley y el Derecho*". Artículo 103 de la Constitución Española de 1978: "*La Administración pública sirve con objetividad a los intereses generales (...) con sometimiento a la ley y al Derecho*".

2. Examen del principio de legalidad sobre la base de la evolución constitucional

A los efectos de intentar completar lo relativo a la naturaleza y alcance del dispositivo consagratorio del principio de legalidad en el artículo 137 de la Constitución de la República Bolivariana de Venezuela, resulta conveniente conocer su origen y evolución constitucional. Así observamos que su antecedente más remoto aparece en el artículo 8 de la Constitución de 1830, concebido en los siguientes términos: "*El Poder Supremo se dividirá para su administración en Legislativo, Ejecutivo y Judicial. Cada Poder ejercerá las atribuciones que le señala esta Constitución, sin excederse en sus límites respectivos*".

La Constitución de 1857 (art. 6) perfecciona el dispositivo, en virtud de que sustituye la expresión Poder Supremo por "*Poder Público*" y adiciona el término leyes después de Constitución. En la de 1858 el precepto es consagrado en forma indirecta (art. 156). Desde la Constitución Federal de 1864 hasta la de 1893, la referencia es exclusivamente a los Ministros, así: Art. 77. "*Todos los actos de los Ministros deben arreglarse a esta Constitución y a las leyes; su responsabilidad no se salva por la orden del Presidente, aunque la reciban escrita*".

Desde la Constitución de 1901 hasta la de 1929 se mantiene el principio de la obligatoriedad del ejercicio del Poder Público conforme a la Constitución y las leyes, pero es redactado de manera diferente, con la finalidad de resaltar la procedencia de sanciones derivadas de la violación de dicho principio. Así el artículo 28, repetido en el resto de los textos constitucionales mencionados, establecía: "*El ejercicio de todo Poder Público acarrea responsabilidad individual, por extralimitación de las facultades que la Constitución otorga o por quebrantamiento de la ley que organiza sus funciones en los términos que esta Constitución y las leyes establecen*".

En las Constituciones de 1931, 1936, 1945, 1947, 1953 y 1961 se mantiene el principio, pero se le da una redacción al dispositivo que lo consagra, bastante próxima a la de la vigente. Tal proximidad aparece claramente revelada en el artículo 84 de la Constitución de 1947, que repite sustantivamente los correspondientes dispositivos de los anteriores textos constitucionales vigentes a partir de 1931. El aludido precepto constitucional estatuía: "*El Poder Público se ejercerá conforme a esta Constitución y a las leyes que derivan sus atribuciones y facultades. Todo acto que extralimite dicha definición constituye una usurpación de atribuciones*".

El artículo 42 de la Constitución de 1953 lo repite en términos idénticos. En la de 1961, se desvincula, desde el punto de vista textual, la usurpación de atribuciones de la definición del principio de legalidad, lo que no quiere decir que la figura o mejor el vicio de los actos deje de existir, sino que queda implícito en el propio artículo 117, así como en el 118 *ejusdem* que regulaba la separación de funciones (poderes). Como quedó demostrado la Constitución vigente repite la disposición de 1961, y por tanto, de la misma igualmente es posible inferir el aludido vicio, el cual se configurará cuando cualquier órgano del Poder Público se extralimite en el ejercicio de sus funciones, o dicho en los términos constitucionales no se sujete a la Constitución o la Ley que defina sus atribuciones (arts. 138 y 139).

Pues bien, sin duda, que el examen de las Constituciones venezolanas demuestra que el principio de legalidad concebido como uno de los principios fundamentales del denominado Estado de derecho, por oposición al Estado Absoluto, ha estado presente en ellas desde la de 1830, pero al mismo tiempo dicha consagración refleja la necesidad de vincular el ejercicio de cada una de las atribuciones del Poder Público a la Constitución y las leyes, ya que ninguna otra conclusión puede inferirse de la prohibición de excederse de sus límites (Constituciones de 1830, 1857 y 1858), o del establecimiento de responsabilidad por excederse de dichos límites (Constituciones de 1864 a 1929), o de la configuración de la "*usurpación de funciones*" cuando se extralimiten esos límites (Constituciones de 1931 a 1953), la cual también puede inferirse de la interpretación concordada de los artículos 117 y 118 de la Constitución derogada, que al igual que la vigente agregaba lo que puede considerarse un caso extremo de transgresión de los aludidos límites, mediante la figura de la usurpación de autoridad (artículos 119 y 139 respectivamente). Como se expresó precedentemente la Constitución de 1999 mantiene inalterada la connotación conceptual del principio, y por tanto, resulta válida la conclusión de la vinculación de su definición vinculándola –no textualmente– con el aludido vicio de usurpación de funciones. De modo, pues, que pese a la mencionada diferencia del artículo 137 con los dispositivos constitucionales extranjeros transcritos, que consagran el principio de legalidad, no cabe duda de que efectivamente recoge ese principio erigiéndolo en basamento fundamental del Estado de Derecho, y por tanto, como límite a la actuación de todos los Poderes Públicos.

3. Principio de legalidad administrativa como parte del principio de legalidad

Queda por dilucidar si actualmente, tal como aparece concebido el artículo 137 constitucional, en dicho esquema normativo tiene cabida el principio de "*legalidad administrativa*", de acuerdo con los artículos 137, 141, 259 y 274 de la Constitución y 4 del Decreto con fuerza de Ley Orgánica de Administración Pública. Tal dilucidación pasa por determinar el alcance de la expresión "Poder Público" a que se contrae el mencionado esquema normativo, y pensamos que en tal sentido luce acertada la tesis de MOLES CAUBET (1997), cuando afirma que el *"texto constitucional se refiere al Poder Público en sentido genérico, como Poder del Estado atinente a la totalidad de sus funciones incluyendo a la potestad administrativa, o sea a la situación subjetiva constituida por el complejo de poderes, derechos y deberes pertenecientes a la administración"*. En el marco de la tesis expuesta por MOLES, que vincula las dos acepciones que puede denotar la expresión Poder Público (subjetivo y objetivo), esto es, el complejo de entes y órganos (subjetivo) que ejercen las funciones públicas, cualquiera que sea su naturaleza (objetivo), y le permite postular el carácter genérico que adopta en la Constitución, luce acertado concluir que la disposición contenida en el artículo 137 de la Constitución, pese a su poca precisión en relación al "principio de legalidad administrativa", que por lo demás desde el punto de la técnica legislativa no tenía porque contenerla, en virtud de que su finalidad era consagrar el principio de legalidad, como fundamento del Estado de Derecho, comprende también a la legalidad administrativa, al referirse a los necesarios límites legales para el ejercicio por parte de los órganos del Poder Público de las actividades que realicen, y como es obvio la mayoría de esas actividades, cuando se examina el cuadro de las funciones de los Poderes Públicos en el marco constitucional, son de naturaleza administrativa, o mejor dicho, emanan de órganos administrativos. Por consiguiente, el principio de legalidad delineado en el artículo 137 constitucional se refiere principalmente, visto en su perspectiva cuantitativa, a la legalidad administrativa. Es preciso añadir finalmente que la Constitución de 1999, a diferencia de la anterior, consagra indirecta, pero expresamente el principio de legalidad administrativa en el artículo 274, cuando atribuye a los órganos del Poder Ciudadano velar por *"la aplicación del principio de la legalidad en toda la actividad administrativa"*.

También es posible inferir la fundamentación del principio de legalidad administrativa del artículo 259 –antes 206– constitucional, que confiere competencia a los órganos de la jurisdicción contencioso administrativa para anular los actos administrativos generales o individuales contrarios a derecho, incluso por desviación de poder. En efecto, aunque de manera indirecta, pero a la vez categórica, ese precepto constitucional impone el deber a toda la Administración Pública de emanar actos con sujeción al derecho, o conforme a derecho, so pena de ser anulados por los tribunales competentes.

De todos los artículos constitucionales, antes señalados, es posible derivar de manera indirecta el principio de legalidad administrativa, pero es el artículo 141 constitucional, el que concreta el principio de legalidad administrativa, el cual es del siguiente tenor:

> La Administración Pública está al servicio de los ciudadanos y ciudadanas y se fundamenta en los principios de honestidad, participación, celeridad, eficacia, eficiencia, transparencia, rendición de cuentas y responsabilidad en el ejercicio de la función pública, con sometimiento pleno a la ley y al derecho.

Conforme al artículo transcrito *supra*, la Administración Pública queda sometida totalmente a la ley y al Derecho, razón por la cual toda actuación de esta debe estar prevista previamente en una ley, o dicho en sentido negativo, sin habilitación o autorización legal previa, la Administración está impedida de actuar válidamente, debido a que únicamente puede hacer solo aquello para lo cual está expresamente facultada por un texto legislativo, teniendo lógicamente –en el marco de esta tesis– prohibido todo aquello que no le está permitido legalmente. En efecto, así se desprende del propio contenido del precepto bajo examen, que califica de "pleno" el sometimiento de la Administración Pública a la ley y al Derecho.

Por lo demás así aparece establecido en términos contundentes en el artículo 4 del Decreto con fuerza de Ley Orgánica de la Administración Pública de 2014, que estatuye:

> La Administración Pública se organiza y actúa de conformidad con el principio de legalidad, por el cual la asignación, distribución y ejercicio de sus competencias se sujeta a lo establecido en Constitución de la República Bolivariana de Venezuela, las leyes y a los actos administrativos de carácter normativo, dictados formal y previamente conforme a la ley, en garantía y protección de las libertades públicas que consagra el régimen democrático, participativo y protagónico.

4. Predominio de la tesis de la vinculación positiva

En nuestro país hasta la publicación en la Gaceta Oficial del decreto ley de Reforma de la Ley Orgánica de la Administración Central, de fecha 14-12-1999, que fue derogado por la Ley Orgánica de la Administración Pública de 2001, tanto la jurisprudencia como la doctrina estaban contestes en que el principio de legalidad administrativa estaba sustentado en la tesis de la vinculación positiva. Esa postura es asumida plenamente por LARES MARTÍNEZ (1974), al incorporarse a la Academia de Ciencias Políticas y Sociales, y proponer una definición del principio bajo examen, sobre la base de la referida tesis, en los siguientes términos:

> Aplicado a la función administrativa, el principio de legalidad significa que todos y cada uno de los actos de la administración deben estar ceñidos a las leyes y demás normas preestablecidas de carácter general. No podrá hablarse de la aplicación de tal principio sino

> cuando el autor del acto haya obrado en virtud de una regla atributiva de competencia, y además, se adapten a las reglas generales preestablecidas cada uno de los elementos integrantes del acto administrativo.

Se inscribía también dentro de esta posición BREWER (1984), para quien la aplicación del principio de legalidad a la Administración: "*implica que todos los actos de la Administración Pública han de ser cumplidos o ejecutados dentro de las reglas o normas preestablecidas por la autoridad competente*".

En fin, la doctrina mayoritaria venezolana era y sigue siendo partidaria de la tesis de la vinculación positiva a los fines de la conceptuación del principio de legalidad administrativa. Igual posición asume la jurisprudencia, pues así se desprende de la temprana doctrina del máximo Tribunal de la República. En efecto, en sentencia de fecha 14-10-1958, la Corte Federal sostuvo en tal sentido:

> Que el principio alegado por el recurrente, según el cual, ante el silencio de la Ley, lo que no está prohibido debe tenerse por permitido, es máxima de derecho privado derivada de la idea fundamental de la libertad individual, que no tienen aplicación en el derecho público, en cuyo ámbito rige el principio opuesto de estricta sujeción a pautas y atribuciones legales.

Esa misma orientación privó en la sentencia dictada por la extinta Corte Suprema de Justicia, en Sala Político Administrativa, el 06-06-1985 (caso Álvarez Domínguez), y especialmente, en la proferida por la extinta Corte Primera de lo Contencioso Administrativo en fecha 09-08-1995 (caso Socorro Peraza Tirado), la cual declaró categóricamente que "*síguese del principio aludido –el de legalidad– que para predicar la validez de las actuaciones de cualquier rama del Poder Público, éstas deben contar con el respaldo de una norma de Derecho que habilite tal actuación*", acogiéndose además en dicho fallo a la tesis de GARCÍA DE ENTERRÍA (1990), precedentemente mencionada, atinente a que el principio de legalidad administrativa se torna operativo mediante la técnica de la atribución de potestades, de tal modo que "*toda acción administrativa se nos presenta así como ejercicio de un poder atribuido previamente por la Ley y por ella delimitado y construido. Sin una atribución legal previa de potestades la Administración no puede actuar, simplemente*" (énfasis añadido).

Ese mismo criterio jurisprudencial que recoge la tesis de la vinculación positiva como soporte del principio de legalidad administrativa, parece desprenderse de varias sentencias con la misma orientación doctrinaria, dictadas por la Sala Constitucional del TSJ, de las cuales transcribimos a título de ejemplo un párrafo significativo de una de ellas:

> ...la potestad que ejerzan los órganos integrantes del Poder Público sólo podrán ser ejercidas con base en una norma de rango legal preexistente que rija sus funciones, de allí, que, la consagración de este principio de legalidad, implica la sujeción que se debe tener al obrar con respecto a un ordenamiento jurídico preexistente, hasta en sede administrativa, donde sus procedimientos (disciplinarios o sancionatorios) se encuentran sujetos al marco de la legalidad (SSC/TSJ 28-04-2005).

En cuanto a la consagración específica del principio de legalidad administrativa, observamos que a diferencia de todas las Constituciones anteriores, la de 1999, contiene una disposición categórica en ese sentido, mediante la cual establece en su artículo 141, que la Administración Pública está sometida plenamente en su actuación, a la ley y al derecho. La referida disposición tiene su fuente en la Constitución española (art. 103.1), y el precepto español utilizó como modelo la Constitución alemana.

Queda evidenciado desde el punto de vista del derecho positivo como desde el punto de vista jurisprudencial, el predominio de la denominada tesis de la vinculación positiva en relación al principio de legalidad.

5. Alcance del término "ley" en el artículo 137 de la Constitución

Una vez demostrado que el principio de legalidad administrativa está articulado sobre la base de la tesis de la vinculación positiva, corresponde ahora determinar si dicho principio se refiere exclusivamente al concepto de ley formal a que se contrae el artículo 202 de la Constitución, y a los actos con fuerza y rango de Ley (decretos con fuerza de ley). En tal sentido es preciso destacar que en Venezuela durante la vigencia de 1961 privó en forma casi unánime el criterio de que el citado precepto constitucional debía considerarse referido al "*bloque de la legalidad*" aludido en su tiempo por HAURIOU, esto es, a toda clase de actos normativos, sean de rango constitucional, legal o sublegal, de tal suerte que la fuente de sustentación de un acto administrativo puede radicar en un instrumento de rango legal, pero igualmente en uno de rango sublegal, inclusive emanado del propio órgano que dicta el acto (autovinculación).

Por supuesto que cuando se coloca como base del principio bajo examen al denominado "*bloque de la legalidad*", entonces en el análisis de la actuación administrativa debe tenerse siempre presente el principio de jerarquía normativa delineado ahora en el artículo 7 de la Constitución, el cual a nivel sublegal encuentra fundamento en los artículos 11 y 13 de la LOPA. En otras palabras, el término Ley derivado del artículo 137 de la Constitución ha de entenderse conceptuado como *"norma jurídica en sentido amplio"*, es decir, escrita o no escrita, en el contexto de las normas sobre la normación que rigen en Venezuela (predominio de las fuentes escritas, y vigencia marginal de las no escritas). En esta óptica interpretativa es preciso reconocer que las críticas que se pueden formular a la postura que articula el principio de legalidad administrativa a la tesis de la vinculación positiva, resultan atenuadas, en virtud de que se flexibiliza su rigidez, debido al amplio espectro normativo que puede servir de fundamento a todas y cada una de las actuaciones administrativas, que va desde una norma constitucional hasta la contenida inclusive en un reglamento interno dictado por la propia Administración.

Planteada así la situación cobra plena validez la tesis que ha venido sosteniendo tanto la jurisprudencia como la doctrina acerca del concepto de *"ley"* a que alude el artículo 137 constitucional consagratorio del principio de legalidad, esto es, que en el mismo se incluyen todas las fuentes del derecho a que se refiere la norma o normas sobre la normación, sea escrita o consuetudinaria, independientemente de su rango (constitucional, legal o sublegal). Tesis que por lo demás encuentra pleno respaldo en el propio texto constitucional, en lo que asignación de competencias se refiere.

6. Consagración de las técnicas legislativas de concreción del principio de legalidad administrativa en Venezuela

Como expusimos precedentemente, no basta el mero precepto constitucional para asegurar que el principio de legalidad administrativa sea efectivamente operativo en un determinado ordenamiento, por tal razón la doctrina ha arbitrado fórmulas que se traducen en las técnicas legislativas enunciadas precedentemente, de las cuales están presentes en el Derecho venezolano, las que a continuación enumeramos:

i) Con relación a la técnica de la sumisión de la Administración Pública a la ley formal y a los actos con rango y fuerza de ley, cabe señalar que la misma se desprende del principio de jerarquía normativa que rige en Venezuela ahora expresamente de conformidad con el artículo 7 de la Constitución, el cual además encuentra desarrollo indirecto en otros de sus dispositivos (art. 336, num. 1, 2, 3, 5, y 8, art. 23 y 236, num. 10), así como en los artículos 8 del Código de Procedimiento Civil y 3 de la Ley de Derecho Internacional Privado, que evidencian la fuerza derogatoria de la ley formal frente a actos de menor de rango, e inclusive del mismo rango (ley posterior), así como la inmunidad o resistencia frente a instrumentos normativos sublegales, y el artículo 14 de la LOPA que establece la jerarquía de los actos dictados por la Administración, dentro de los cuales se incluyen dos que pueden revestir carácter normativo (decretos y resoluciones), sobre los cuales opera –insistimos– la fuerza derogatoria de los actos con rango y fuerza de ley.

De tal manera que en el contexto del denominado "*bloque de la legalidad*", la Administración deberá sumisión a la Ley y a los actos con rango o fuerza de ley, antes que a los actos de rango sublegal. Esta técnica también encuentra concreción en el principio de la reserva legal, el cual, como es sabido, implica que por obra de la Constitución determinadas materias únicamente pueden ser disciplinadas por leyes formales o actos con fuerza o valor de ley, de tal suerte que el sometimiento a la ley será en esas materias a la Ley formal, mas no a los instrumentos derivados de la potestad normativa de la Administración.

ii) La técnica que se traduce en la necesidad de que en la aplicación de las fuentes del Derecho Administrativo constitutivas del denominado "*bloque de legalidad*", a los efectos de fundamentar los actos administrativos, deba respetarse el principio de jerarquía normativa, tanto en lo atinente a las fuentes exógenas, como a las endógenas, se desprende a nivel constitucional de las normas que delinean el principio de jerarquía normativa antes citadas, y a nivel legal de los artículos 13 y 14 de la LOPA, los cuales configuran el principio de jerarquía a nivel sublegal, cuando disponen respectivamente, que ningún acto administrativo podrá violar lo establecido en otro de superior jerarquía, y que los actos administrativos tienen el siguiente orden jerárquico: decretos, resoluciones, órdenes, providencias y otras decisiones (instrucciones o circulares) dictadas por órganos y autoridades administrativas. Debe entenderse que nos referimos únicamente a actos normativos emanados de la Administración.

iii) La técnica que se traduce en la regla de prohibir a la Administración la derogación o modificación de actos de carácter general mediante actos particulares o singulares, aparece recogida en el artículo 13 de la LOPA, el cual prescribe que los actos de carácter particular están impedidos de vulnerar lo establecido en una disposición administrativa de carácter general, aun cuando fueren dictados por autoridad igual o superior a la que dictó la disposición general ("*inderogabilidad singular de los reglamentos*").

iv) La técnica que se traduce en la especie de regla psicológica que obliga a la Administración en todas sus actuaciones, a estar orientada por la preservación del interés público o general, aparece consagrada en el artículo 12 de la LOPA, en lo atinente a los actos discrecionales, los cuales deben ser dictados manteniendo la debida proporcionalidad y adecuación con "*los fines de la norma*", que no pueden ser otros que aquellos vinculados con el interés general.

v) La técnica que se traduce en poner a disposición de los administrados los recursos administrativos y contencioso administrativos, cuando la Administración infrinja cualquiera de las reglas anteriores, aparece consagrada en los artículos 94 (recurso de reconsideración), 95 (recurso jerárquico) y 97 (recurso de revisión) todos de la LOPA, y arts. 23 num. 5 y 6, 24 num. 5, 25 num. 3 y 27 (recurso contencioso administrativo de nulidad), todos de la Ley Orgánica de la Jurisdicción Contencioso Administrativa, dispositivos estos que armonizan o resultan compatibles con el artículo 259 –antes 206– de la Constitución que consagra la jurisdicción contencioso administrativa.

7. Revisión del criterio que coloca el fundamento del principio de legalidad administrativa en la tesis de la vinculación positiva a la Ley

Aun cuando se admita que el principio de la legalidad administrativa alude al denominado *"bloque de la legalidad"*, y no exclusivamente a la ley formal y los actos con fuerza y valor de ley, como ocurre en Venezuela, conduce a ampliar y a la vez a flexibilizar la operatividad del principio, estimamos necesario que debería avanzarse doctrinaria y jurisprudencialmente hacia la tesis ecléctica postulada por SANTAMARÍA, que no es más que la armonización de las tesis de la vinculación negativa y la positiva, con la finalidad de lograr un mejor y eficiente funcionamiento de la Administración Pública, sin que para ello deba sacrificarse su basamento conceptual esencial (sujeción de los actos administrativos a la Ley), y por ende, tampoco los derechos de los administrados que entran en relación con las autoridades administrativas. Efectivamente, de privar la referida tesis se mantendría la vinculación positiva (máxima legalidad) para las actuaciones de naturaleza ablatoria, debido a que ellas limitan o extinguen los derechos de los administrados e integran a la denominada, por la doctrina alemana, "*Administración de limitación*" (expropiación, clausura de establecimiento sanitario, requisición etc.), de tal manera que la emanación de esta clase de actos no podrá reputarse válida, si no está fundada en una disposición legal previa y expresa que apodere o habilite a la Administración para hacerlo.

En cambio, en las actuaciones con eficacia no ablatoria, inscritas en criterio de la doctrina alemana en la "Administración prestacional", porque el administrado lo que pretende es una medida favorable, no se requerirá dicho apoderamiento por una ley previa; por tanto, privará la tesis de la vinculación negativa. De imponerse esta postura ecléctica, en la emanación de muchos actos que se inscriben dentro de los sectores correspondientes a las obras públicas, sanidad, subvenciones, investigaciones, cultura y fomento, la Administración Pública no estaría subordinada a la existencia de normas expresas que previamente la habiliten a tal efecto, logrando así imprimirle mayor dinamismo a la función pública, lo que seguramente redundará en la consecución de las metas y objetivos propuestos, así como tutelar con mayor eficacia el interés general. Llegado a este punto, consideramos que debe abrirse un debate en torno al tema, pues hasta ahora se ha impuesto, sin mayores reflexiones la tesis de la vinculación positiva, haciendo abstracción de que las tendencias prevalecientes en el Derecho Comparado apuntan hacia la denominada postura ecléctica, y lo que es más importante aún: en nuestro caso la situación de la Administración Pública pareciera aconsejar el inicio de ese proceso de discusión y reflexión en el campo doctrinario y jurisprudencial.

No dejamos de reconocer que la posición expresada en el párrafo anterior choca frontalmente con disposición contenida en el artículo 4, del Decreto con fuerza de Ley Orgánica de la Administración Pública, razón por la cual, resulta dudoso que llegue a imponerse la denominada tesis ecléctica, máxime si se tiene en cuenta que la mayoría de la doctrina y la jurisprudencia se inclinan a favor de la tesis de la vinculación positiva.

VII. DISCRECIONALIDAD ADMINISTRATIVA Y SUS LÍMITES (LA POTESTAD DISCRECIONAL DE LA ADMINISTRACIÓN)

1. Marco conceptual e histórico

A. Premisa introductoria

Es necesario precisar que tradicionalmente se ha establecido una estrechísima relación conceptual entre principio de legalidad y discrecionalidad administrativa, o mejor dicho potestades discrecionales de la Administración. Así aparece reseñado en la doctrina mayoritaria nacional, y lo que es más importante aún, en un significativo número de programas de estudio de Derecho Administrativo de las Escuelas de Derecho del país. Quizás ello obedezca a la concepción, completamente superada, como lo veremos más adelante, de concebir a la discrecionalidad administrativa como una excepción al principio de legalidad administrativa. En todo caso la relación conceptual estrecha entre las dos figuras sí existe, pero no en los términos antes expuestos, sino porque -siguiendo a la doctrina española- las potestades discrecionales son expresiones emblemáticas del principio de legalidad, pues actualmente existe consenso doctrinario acerca de que la denominada discrecionalidad administrativa lo que constituye es una verdadera remisión normativa. Dicho en palabras sencillas pero categóricas, no resulta posible predicar la existencia de potestades discrecionales de la Administración Pública, sino predica la previa existencia, o mejor la previa vigencia del principio de legalidad administrativa. Luego, salta a la vista la necesidad de estudiar la discrecionalidad administrativa para lograr abordar el examen del referido principio en forma integral. Allí radica la explicación de esta parte del libro.

B. Perfil histórico y terminología

Sostiene GIANNINI (1981) que durante el siglo XIX la discrecionalidad era considerada como un hecho fundamentalmente procesal, debido a que durante casi todo ese período la doctrina del Consejo de Estado Francés admitió la existencia de "*actos discrecionales o de pura administración*", los cuales pese a la vigencia del principio de legalidad administrativa, por su misma naturaleza, gozaban, al igual que los actos de gobierno, de un régimen de inmunidad jurisdiccional. En esa perspectiva doctrinaria una gran cantidad de actos emanados de la Administración quedaban, solamente por ser considerados como discrecionales, exceptuados del control del Consejo de Estado, y por ende, los ciudadanos cuyos derechos subjetivos resultaban afectados por dichos proveimientos, carecían de medios jurídicos para su defensa, de tal manera que la discrecionalidad, si bien era un hecho fundamentalmente procesal, constituía en realidad una verdadera excepción al principio de legalidad que se traducía en la infracción de los derechos -que hoy denominamos- de la defensa y al debido proceso, lo que sin duda reflejaba también un problema capital de derecho sustantivo, al punto que el autor suizo HANS HUBERT, citado por GARCÍA DE ENTERRÍA (1983) llegó a sostener que la "*discrecionalidad era el verdadero caballo de Troya en el seno del Derecho Administrativo de un Estado de Derecho*".

Como es dable imaginarse la tesis de los *actes discrétionaire ou de pure administration*, pronto comenzó a recibir las críticas de la doctrina. A tal efecto se esgrimió el argumento incuestionable de que en todo acto discrecional existían elementos reglados, por lo que era un grave error conceptual predicar su absoluta inmunidad jurisdiccional, pues por lo menos en lo atinente a los aludidos elementos se imponía el ejercicio de ese control. Pese a que la tesis contraria a los actos discrecionales o de pura administración fue esbozada en el siglo XIX por LAFERRIERE, resultó acogida por primera vez por el Consejo de Estado en la sentencia *denominada* Arrêt *Grazietti* del 31-01-1902.

HAURIOU al estudiar dicho fallo sostuvo la tesis de la inexistencia de actos discrecionales, postulando en su lugar la existencia de un poder o potestad discrecional, que se encontraba más o menos en todos los actos emanados de la Administración, el cual consistía en la apreciación del "*mérito*" de dichos actos. Hay que hacer notar que esta postura de HAURIOU jugó un papel decisivo en la conceptuación actual de la figura bajo examen, en virtud de que permitió superar el criterio original de actos discrecionales o de pura administración antes expuesto.

La *Arrêt Grazietti* constituyó el punto de partida de una discusión en el seno de la jurisprudencia y de la doctrina, aún no terminada, tendente a delimitar conceptualmente a la potestad discrecional, siempre apoyándose en la idea de los elementos reglados presentes en el resultado del ejercicio de esa potestad (actos administrativos), destacándose entre ellos *la finalidad* que la ley asigna al atribuir la potestad, a la cual está necesariamente vinculada la Administración al hacer uso de la misma, so pena de incurrir en ilegalidad. Hay que reconocer que correspondió al Consejo de Estado, atendiendo al anterior principio, reducir el ámbito de la inmunidad jurisdiccional del poder discrecional, al determinar que el recurso por exceso de poder resultaba procedente cuando en su actuación la Administración irrespetase la aludida finalidad, en virtud de que en ese caso se configuraba el vicio conocido como "desviación de poder" (*détournemen de pouvoir*).

La consagración de esta causal de nulidad de los actos administrativos significó en su tiempo, y aún mantiene ese significado, un enorme progreso en la reducción, o mejor dicho, en la colocación en sus justos límites, del poder discrecional de la Administración. La Ciencia Jurídica ha continuado avanzando en ese sentido, estableciendo todos y cada uno de los límites de la potestad bajo examen, como lo veremos más adelante, inclusive llegando a darle connotación de tal a los Principios Generales del Derecho.

C. Potestad discrecional como expresión concreta del principio de legalidad

Es necesario hacer notar que todavía en algunos Manuales es posible encontrar reflejada la tesis que concibe a la discrecionalidad o a la potestad discrecional como una excepción al principio de legalidad administrativa, de tal suerte que dicha potestad resultaría, o sería la consecuencia de la existencia de una laguna legal, ya que ante el silencio de la ley nacería a favor de la Administración un ámbito de libertad de actuación. Desde ya afirmamos que se trata de una postura absolutamente superada hace varias décadas, puesto que muy por el contrario, la potestad discrecional de la Administración constituye una demostración incuestionable de la plena vigencia del principio de legalidad administrativa, por lo que no puede ser concebida -insistimos- como el producto de una situación de indeterminación de reglamentación jurídica. El mencionado principio, como expresamos en páginas anteriores, se torna operativo cuando se desagrega en potestades públicas que son atribuidas a los entes públicos y a sus órganos. Precisamente, como lo expondremos más adelante, esa atribución dará origen a una potestad discrecional o a una potestad reglada, dependiendo de la fijación total de las condiciones y requisitos para su ejercicio (reglada, vinculada), o parcial, mediante el establecimiento de algunas de esas condiciones o requisitos, dejando los demás a la estimación del órgano competente (discrecional).

En esta línea de pensamiento SANTAMARÍA afirma que el poder discrecional "*no es el producto del reconocimiento de un ámbito de libertad a la Administración, sino la consecuencia de una remisión normativa*". Estimamos muy acertada la opinión del autor español, en virtud de que conduce a sostener, pese a la libertad de elección propia del concepto de poder discrecional, que este no puede existir, y quizás en términos más radicales, ni siquiera puede pensarse fuera del contexto del principio de legalidad administrativa. Por lo tanto, solo es posible hablar de la potestad discrecional de un ente público u órgano administrativo cuando haya sido atribuida expresamente por una norma legal, pues de lo contrario será un poder arbitrario, esto es, sin fundamentación en el ordenamiento jurídico. GARCÍA DE ENTERRÍA (1981), firme partidario de esta tesis, sentencia el asunto con una afirmación emblemática: "No *hay acto sin potestad previa, ni potestad que no haya sido atribuida positivamente por el Ordenamiento Jurídico. Es falsa, pues, la tesis, bastante común por otra parte, de que hay potestad discrecional, allí donde no hay norma*".

2. Enmarcamiento conceptual

A. Hacia una definición de la potestad discrecional

Si la potestad discrecional no es más que la concreción en términos operativos del principio de legalidad, resulta fácil inferir entonces que la existencia o no de discrecionalidad dependerá de la forma en que el legislador atribuya sus potestades a los entes públicos y a sus órganos. Así, si lo hace identificando puntualmente cada uno de los elementos de la potestad atribuida, es decir, las condiciones o requisitos para su ejercicio, de tal forma que una vez constatados los mismos por el órgano competente, automáticamente se desencadene la decisión, estaremos en presencia de una potestad reglada o vinculada, verbigracia aquella que se confiere a un Colegio Profesional para inscribir a los miembros de la correspondiente profesión. En este caso, como sostiene la doctrina italiana, no se deja a la Administración ningún espacio para el ejercicio de la potestad, motivo por el cual deberá predicarse la inexistencia de la discrecionalidad.

En cambio, cuando la atribución del poder por parte del legislador no llega a establecer todos y cada uno de los requisitos y condiciones para su ejercicio, o sea, que no fija, previamente la conducta, ni tampoco el contenido de la misma, dejando un margen de apreciación al órgano competente en el momento en que le corresponde adoptar el acto derivado de la aplicación de la norma atributiva de la potestad, estamos ante un poder discrecional, en el cual ese margen de apreciación, de elección, de opción, o de libertad de la Administración, es la variable fundamental para revelar su presencia o existencia. En ese orden de ideas, constituye ejemplo de potestad discrecional aquella otorgada por la Constitución al Presidente de la República para designar o remover a los Ministros.

En suma, desde el punto de vista práctico resulta sencillo identificar la existencia de una potestad discrecional de la Administración, pues basta examinar, en los términos antes expuestos, las correspondientes normas atributivas de competencia de un ente público, o de un órgano administrativo. Así, si esas normas confieren un espacio decisional al órgano competente, en relación con uno o varios de los elementos que condicionan el ejercicio de dicha potestad, podrá predicarse el carácter discrecional de la misma. Por el contrario, si agotan ese espacio decisional podrá predicarse el carácter reglado o vinculado de la potestad pública.

Sin embargo, es preciso destacar que constituye un error adoptar una posición maximalista en torno a la potestades discrecionales y regladas, es decir, concebirlas como figuras absolutamente contrarias, pues como bien lo advirtió Hauriou en los primeros años del siglo XX, solo es posible sostener la existencia de un poder administrativo "*más o menos*" discrecional, e igualmente se ha pronunciado la doctrina en relación con el reglado, de tal suerte que los actos derivados del ejercicio de esos poderes, por más discrecionales que sean, tendrán un mínimo de regla. Lo mismo ocurre con los reglados, en virtud de que siempre revelarán un margen mínimo de discrecionalidad.

B. Núcleo de la potestad discrecional (libertad de selección, de opción, de escogencia)

a. Tesis de la doctrina española

Reiteramos que el ejercicio de este tipo de potestades comporta para la Administración una libertad, una opción, una selección en la oportunidad de dar aplicación a la norma atributiva de la potestad, la cual, según la doctrina mayoritaria española y francesa, así como una parte de la italiana, opera frente a la estimación de variables fundamentalmente extrajurídicas (económicas, sociales, políticas, etc.) que pueden y generalmente dan origen a un conjunto de alternativas, todas igualmente válidas, de las cuales la Administración escoge una de ellas, ninguna de las cuales está vinculada a norma jurídica alguna. El cuadro de las referidas alternativas comprende desde la no actuación hasta la adopción de la decisión. Precisamente esa elección, que en el fondo constituye una apreciación subjetiva del órgano competente, materializa el ejercicio de la potestad discrecional.

Esa libertad de selección, que en todo caso –insistimos– es una libertad legal porque está contenida en la norma atributiva de la potestad, refleja lo que SANTAMARÍA denomina "*creación de un ámbito de indiferencia jurídica relativa*", porque, como expresamos antes, en sede administrativa lo que se produce es una estimación subjetiva, derivada de razones de conveniencia, de oportunidad, o de mérito en términos de una parte de la doctrina italiana, que constituye la base de la actuación o de la no-actuación administrativa, según el caso. Es preciso subrayar que esa libertad existe para la Administración precisamente porque hay opciones o alternativas derivadas de las razones de la naturaleza antes mencionada, es decir, esencialmente extrajurídicas, debido a que en su ponderación la Administración no pretende compararlas ni con la norma atributiva de competencia, ni con ninguna otra disposición del ordenamiento jurídico.

Sin embargo, es necesario reconocer que tal libertad no puede ir más allá de los Principios Generales del Derecho; o sea, no puede atentar contra dichos Principios; de allí entonces la razón del citado autor para aludir a un "*ámbito de indiferencia jurídica relativa*". Ahora bien, esa "*indiferencia jurídica*" que colorea a las variables ponderadas por la Administración, es la que conduce a la inmunidad jurisdiccional de los actos que resultan del ejercicio de este tipo de potestades, siendo esta la característica básica del acto discrecional, y en definitiva el núcleo esencial de las referidas potestades, que –reiteramos– finalmente se traduce en una libertad de opción o elección entre varias alternativas, derivadas de razones fundamentalmente extrajurídicas (oportunidad y conveniencia).

b. Tesis de la doctrina italiana

La doctrina Italiana mayoritaria (GIANNINI, MAZZAROLI, CASSESE, CERRULLI) si bien acepta que el núcleo de la potestad discrecional radica en la mencionada libertad de elección, u opción, en cambio desestima que dicha libertad encuentre su fundamento en razones o reglas extrajurídicas, como lo sostuvieron en su tiempo otros reputados autores italianos, entre los cuales cabe mencionar a MORTATI, GASPARRI y CODACCI PISANELLI. En efecto, GIANNINI y los otros autores citados al principio del párrafo parten de la premisa de que toda potestad pública es en definitiva una "*potestad función*", en virtud de que es atribuida a los órganos administrativos para tutelar intereses públicos, y en el caso de las potestades discrecionales con mayor razón tal atribución debe comportar el señalamiento del o de los intereses que deben tutelarse con su ejercicio, de tal manera que a cada potestad corresponde lo que la mencionada doctrina denomina un "interés primario". Este hecho obliga al órgano competente a tener como objetivo prioritario la protección del mismo. Sin embargo, la referida corriente doctrinaria advierte que normalmente el interés primario va acompañado por un conjunto de intereses secundarios (públicos, colectivos y hasta privados) que también la autoridad administrativa debe tener en cuenta en el momento de materializar su libertad de elección u opción.

Es en el contexto de ese marco conceptual que Giannini afirma que el contenido de la discrecionalidad "*es una ponderación comparativa del interés primario con los intereses secundarios*", pudiendo, inclusive, en determinados casos llegar a privar los intereses secundarios sobre el primario, por lo que deberá producirse un proveimiento negativo. Así por ejemplo, si se admitiera que la potestad que establece el Decreto con fuerza de Ley de Minas al Ministerio de Desarrollo Minero Ecológico para otorgar concesiones mineras, persigue como interés primario el desarrollo de la minería, y una empresa transnacional solicitase una concesión para explotar un área que está integrada a un parque nacional, en el cual habitan desde tiempos inmemoriales comunidades indígenas, la Administración estaría ante un interés primario (desarrollo de la minería contemplado en la norma atributiva de competencia), pero constituirían intereses secundarios la protección ambiental y de las comunidades indígenas, por lo que de la ponderación, estimación, valoración del primero con los segundos, debe resultar una decisión, que bien puede consistir en la negación de la solicitud, o en el otorgamiento de la concesión sobre la base del establecimiento de ciertas condiciones que preserven el ambiente y garanticen las condiciones de vida de las comunidades indígenas, sin llegar a sacrificar sus costumbres, lengua y en definitiva su cultura.

En esa misma línea de pensamiento podrían mencionarse muchos otros ejemplos: la potestad para adoptar un plan urbano, o para expropiar un terreno para la construcción de una planta industrial, de una escuela, de un hospital, etc., en todos los cuales luce claramente que entran en juego, además del interés primario contemplado en la norma atributiva, intereses secundarios. De modo, pues que para esos autores la opción o selección de la autoridad administrativa va a estar afincada en la ponderación de los mencionados intereses, los cuales -insistimos- aparecen delineados en la correspondiente norma atributiva de competencia, o resultan de la concordancia de esta con otras disposiciones del ordenamiento jurídico, soslayando de esa manera toda referencia a las variables extrajurídicas que constituyen, en criterio de la doctrina española y francesa, así como de parte de la italiana, el fundamento de esta libertad de la Administración.

c. Dudas que genera la tesis de la doctrina italiana y posibles soluciones

La tesis en comento plantea serias dudas acerca de la inmunidad, y en definitiva de la legalidad del acto que resulte del ejercicio de una potestad discrecional, en cuya adopción el órgano competente atienda exclusivamente al interés primario previsto en la norma atributiva de competencia, e ignore cualquier ponderación de los denominados intereses secundarios. Tales dudas parecieran disiparse cuando la aludida tesis se complementa con la idea de CERRULLI (1997), concerniente a que la libertad de selección tiene que estar presidida por el principio de razonabilidad, en virtud de que cada selección "*debe ser consecuencia desde el punto de vista lógico de las premisas derivadas de los datos evidenciados en la situación concreta*". En esa óptica, sobre el acto discrecional recae el control de razonabilidad del Juez, pues toda opción debe resultar razonable, ya que como sostiene el citado autor "*ello torna los motivos de la acción administrativa concreta, siempre relevantes jurídicamente, lo que permite desvelar los fines efectivamente perseguidos, consintiendo valorar su legitimidad*".

En conclusión, la libertad legal de elegir, de optar, constituye el núcleo fundamental de la potestad discrecional, y siempre dicha elección, en el marco sobre todo de la doctrina española, significa una escogencia sobre la base de un haz de alternativas, fundamentalmente extrajurídicas, todas válidas idealmente, la cual resulta inmune al control judicial, con la diferencia de que la doctrina mayoritaria italiana postula que la selección necesariamente pase por la ponderación del interés primario contemplado en la norma atributiva de competencia con los intereses secundarios, atendiendo a un criterio de razonabilidad, el cual viene a convertirse en un elemento de control judicial de los actos discrecionales, control este, como lo veremos más adelante, también planteado por la doctrina española desde otra óptica, lo que en definitiva reduce el ejercicio de la potestad discrecional a la opción que resulta de la comparación de los referidos intereses, y excluye que en el mismo entren en juego variables extrajurídicas (conveniencia y oportunidad).

Sin embargo, observamos que inclusive en el contexto del marco conceptual de la doctrina en comento, puede ocurrir que la libertad de elección, debido a razones extrajurídicas, surja después que la Administración pondera los intereses atendiendo al criterio de razonabilidad, es decir, que con posterioridad a ese momento (ponderación) se le presenten varias opciones igualmente válidas. Sería el caso, siguiendo nuestro ejemplo anterior, que la solicitud de concesión de explotación minera hubiese sido formulada por tres empresas, todas las cuales, una vez hecha la ponderación de intereses y aplicado el criterio de razonabilidad, por la Administración, están en idénticas condiciones, por lo que se impone seleccionar una y desestimar a las demás, pese a la inexistencia de normas referenciales que regulen la situación.

Pues bien, en ese caso CERULLI, uno de los partidarios de la doctrina en comento, señala que se trata de una "*cuestión de mérito*", que resulta contrapuesta al criterio de discrecionalidad. Al respecto cita ejemplos que califica como "*cuestiones de mérito*" como los siguientes: la instalación de una fábrica industrial estatal en este u otro lugar del territorio municipal, todos equidistantes del centro, todos igualmente idóneos por no presentar contraindicaciones de carácter ambiental, etc.; la concesión de un bien o servicio público a una u otra empresa solicitante, entre algunas dotadas de la misma idoneidad técnica o económica, de la misma experiencia. Sin embargo, tales ejemplos, en nuestro criterio, por el contrario, evidencian que la "*cuestión de mérito*" a que alude el citado autor, conduce al final a una opción de la Administración atendiendo a razones extrajurídicas.

En tal línea de pensamiento habrá que admitir con GALLI (1994), otro autor italiano, al parecer no inscrito en la corriente en comento, que la "*cuestión de mérito*" expresa "*la oportunidad del acto administrativo y por tanto la conformidad de la opción discrecional con reglas no jurídicas de conveniencia y buena administración*", concepto que sin duda coincide con el núcleo fundamental de la doctrina española y francesa, pues al ser la "*cuestión de mérito*" una competencia exclusiva y excluyente de la Administración, como también lo es la libertad de elección basada en razones extrajurídicas, opera en ambos casos la inmunidad jurisdiccional de los actos que resultan de los mismos, debido a que sobre tales razones, así como sobre la "*cuestión de mérito*", conceptuada en sentido de conveniencia u oportunidad, no puede pronunciarse el Juez Administrativo, en virtud de que constituye el resultado del ejercicio del poder discrecional: su núcleo esencial.

De allí que "*el mérito*" de un acto discrecional esté exento de todo tipo de control, ya que de admitirse dicho control se atentaría contra el principio de separación de poderes, configurándose de esa manera la sustitución de la discrecionalidad de la Administración por la discrecionalidad del Juez, y de allí también finalmente, la identidad que parece configurarse -en esta perspectiva- entre la libertad de opción o de escogencia, de las doctrinas francesas y españolas, y la "*cuestión de mérito*" de la doctrina italiana.

C. Elementos sobre los cuales puede incidir la libertad de elección (an, quid, quomodo y quando)

Como expresamos precedentemente, toda potestad discrecional contiene elementos de regla, y toda potestad reglada tiene un mínimo de discrecionalidad. Contribuye a reafirmar la relatividad de estos conceptos el hecho de que inclusive la propia libertad de opción, núcleo esencial de la potestad discrecional, está caracterizada casi siempre por su carácter parcial, pues resulta muy extraño que esa libertad abarque a todos y cada uno de los elementos que integran el acto que resulta del ejercicio de la potestad, es decir, a los que la tradicional doctrina italiana denomina el *an*, el *quid*, el *quomodo* y el *quando*.

Por consiguiente, la discrecionalidad (opción) incidirá sobre el *an* cuando de la norma se desprenda la opción para el órgano administrativo de adoptar o no un proveimiento, por ejemplo aprobar o no aprobar un plan masivo de vacunación; sobre el *quid*, en el caso de que se decida adoptar el proveimiento, recayendo la opción sobre el contenido concreto del mismo, es decir, siguiendo con el ejemplo, el número de vacunas, la dosis, la población (infantil, adulta o toda); sobre el *quomodo* cuando la opción está referida a las modalidades de aplicación del acto, por ejemplo, si la vacunación será oral o mediante inyecciones, y sobre el *quando* en el caso de que el órgano administrativo tenga la opción de seleccionar el momento que considere más oportuno para adoptar el proveimiento (en época de vacaciones escolares o en época de actividad escolar, por ejemplo).

La exposición anterior, así como el ejemplo meramente descriptivo al que hemos acudido, derivada de la clásica doctrina italiana en esta materia, contribuye, desde el punto de vista didáctico, a una mejor comprensión de la forma como se operacionaliza el margen de libertad en que se concreta todo poder discrecional. Efectivamente, ese margen –atendiendo a lo que disponga la norma– podrá incidir sobre todos, sobre uno, sobre más de uno de esos elementos, de tal forma que el análisis del precepto normativo permitirá determinar hablar de libertad de opción o discrecionalidad en el *an*, en el *quid*, en el *quomodo*, o en el *quando*, o en todos ellos conjuntamente, produciéndose de esa manera un acto ampliamente discrecional, pero esos casos resultan muy raros, porque generalmente la discrecionalidad comprende varios de sus elementos, pero no la totalidad.

En conclusión, el margen de libertad de opción o discrecionalidad abarcará todo el ámbito que dejan libres las prescripciones normativas, de tal manera que la discrecionalidad resultará proporcional a ese ámbito de prescripción normativo. Por supuesto, que en caso de inexistencia de dichas prescripciones esa libertad resultará ampliada, pudiendo ocurrir también, dependiendo de la técnica legislativa utilizada, que las prescripciones estén destinadas a enfatizar la voluntad del legislador de otorgar esa libertad en cada uno de los referidos elementos, como cuando la norma atributiva de competencia es de un tenor como el siguiente: "*La autoridad administrativa podrá adoptar la medida que juzgue más conveniente para la protección del medio ambiente*".

D. Los elementos reglados de la potestad discrecional

Reiteramos la posición dominante en la doctrina desde hace bastante tiempo, acerca de la inexistencia de un poder discrecional total y absoluto. Orientada por esa tesis la misma doctrina, en la búsqueda de elementos que sirvieran para controlar judicialmente el ejercicio de dicho poder, ha terminado por aislar unos elementos reglados comunes a toda potestad discrecional. En tal sentido la doctrina española se refiere a **a)** la existencia misma de la potestad, pues no debe olvidarse que ella existe en tanto en cuanto deriva de una norma jurídica, o mejor dicho, constituye una expresión concreta del principio de legalidad administrativa; **b)** la extensión de la potestad, la cual puede medirse acudiendo a los indicadores antes mencionados del *an*, el quid, el *quomodo* y el *quando*; **c)** la competencia para ejercerla, ya que siempre estará atribuida a un órgano de un ente público, **d)** el fin, en virtud de que la potestad es conferida para tutelar o conseguir una finalidad pública, pues cabe recordar que todas las potestades públicas -discrecionales o no- están funcionalizadas, precisamente porque deben ser ejercidas en pro de la consecución de un interés general o público, que puede estar consagrado en la correspondiente norma expresa o implícitamente, y **e)** el procedimiento, debido a que la Administración está obligada a actuar o ejercer la potestad siguiendo los módulos procedimentales previstos en las leyes, los cuales contienen elementos que garantizan el ejercicio de los derechos ciudadanos frente a la Administración que ejerce la potestad discrecional.

Finalmente, advertimos que el aislamiento de los elementos reglados, como veremos más adelante, ha jugado un papel capital en el control de la discrecionalidad administrativa por parte del Poder Judicial, en razón de que han sido erigidos por la doctrina en límites del poder discrecional de la Administración Pública.

3. Control del ejercicio de potestades discrecionales (límites de la discrecionalidad administrativa)

A. Premisa introductoria

Sin duda que el basamento conceptual del poder discrecional radica en la inmunidad jurisdiccional del margen de libertad de elección (núcleo esencial), que la ley confiere a la Administración, o sea, la exclusión de todo tipo de control; por lo tanto, a cualquier lector desprevenido pudiera parecer que el título del presente acápite reflejaría una contradicción, mas tal contradicción resulta inexistente, porque tanto la doctrina como la jurisprudencia en la búsqueda de técnicas reductoras del margen de discrecionalidad administrativa, han identificado ciertas variables que permiten ejercer el control jurisdiccional sobre los actos que provienen del ejercicio de potestades discrecionales, lo que ha dado lugar, según la naturaleza de esas variables, al control sobre los elementos reglados, al control sobre los hechos determinantes, y al control basado en el respeto a los Principios Generales del Derecho de los actos discrecionales.

B. Control sobre elementos reglados

Como indicamos anteriormente, la doctrina y la jurisprudencia han aislados ciertos elementos de los actos que resultan del ejercicio de las potestades discrecionales (actos discrecionales), que siempre tienen el carácter de reglados, razón por la cual quedan sometidos al control de los órganos jurisdiccionales, transformándose, por esa razón, de actos inimpugnables en actos impugnables. Entre esos elementos cabe señalar: la existencia de la potestad misma y su dimensión, la competencia, el fin y el procedimiento, sobre los cuales resulta relativamente sencillo ejercer el mencionado control. Así por ejemplo, si hemos dicho que el primero de esos elementos está referido a la existencia misma de la potestad, lógicamente si un órgano administrativo dicta un acto, sobre la base de una potestad inexistente (establecimiento de un impuesto mediante una resolución), potestad que por razones obvias no puede haberle sido atribuida, el Tribunal al ejercer el control sobre el acto deberá declararlo nulo. Igualmente ocurre si el órgano excede la dimensión de la potestad conferida (en el *an*, en el *quid*, etc.).

También será nulo un acto discrecional que emane de un órgano al cual no se le haya atribuido la facultad para dictarlo, es decir, que carezca de competencia. El control del órgano jurisdiccional operará de la misma manera sobre el acto que infrinja las reglas del procedimiento diseñado legalmente para la constitución de dicho acto (procedimiento constitutivo), produciéndose la nulidad aun cuando exista la potestad y el órgano que lo haya dictado tenga conferida la competencia (por ejemplo, cuando se impide al interesado el acceso al expediente, siendo que una norma expresa lo prevé, a los fines de materializar el derecho a la defensa).

El control será ejercido sobre la finalidad del acto, cuando en la emanación de este se ignore el fin que la norma atribuye al ejercicio de la potestad, y por tanto, esa emanación obedezca a una finalidad distinta a la prevista en la ley, pues una vez producido dicho desfase teleológico, se configura el vicio denominado, desde el siglo XIX por el Consejo de Estado Francés, como "*desviación de poder*". Ello ocurre, por ejemplo cuando el Rector de una Universidad dicta un acto disciplinario que entra en su esfera de competencia (expulsión de un estudiante), siguiendo el procedimiento contemplado en la Ley, pero en lugar de hacerlo para preservar la disciplina universitaria, que es el fin contemplado en la norma que le atribuye la potestad, lo hace porque el alumno es un líder estudiantil que ha sometido a severas críticas públicas la calidad de su gestión rectoral, originándose una clara desviación de la finalidad legal, que no es otra que lograr mantener la disciplina universitaria.

C. Control sobre hechos determinantes de la discrecionalidad administrativa

Este control judicial opera sobre la base de la necesaria determinación que debe realizar la Administración del supuesto de hecho contemplado en la norma, de cuya existencia o realización depende el ejercicio del poder discrecional, pues la libertad de apreciación subjetiva en que se concreta el referido poder no puede extenderse a la facultad de decidir si ese supuesto fáctico (hecho determinante) existe o no existe. Así por ejemplo, si el hecho determinante de la potestad discrecional que la norma confiere a un jerarca administrativo para conceder ascensos a los funcionarios que están bajo su dependencia, consiste en que hayan realizado cursos de cuarto nivel en su especialidad, y en ejercicio de dicho poder otorga el ascenso a uno que no ha realizado el curso, o lo niega a otro, alegando que no posee diploma de cuarto nivel, cuando en su expediente personal reposa un diploma de esa clase, sin duda que el hecho determinante, que por lo demás siempre será una realidad inocultable en los términos de la norma, no llega a configurarse. Por tal razón, en virtud de que el aludido hecho constituye la base de sustentación del margen de libertad de apreciación subjetiva, el núcleo esencial de la discrecionalidad, el Juez al ejercer el control debe declarar la nulidad del acto discrecional, por la inexistencia del hecho o de los hechos determinantes de la potestad discrecional.

En definitiva, como los "hechos determinantes" al fin y al cabo son hechos reales, no puede llegar a constituir una facultad de la Administración determinar si ellos ocurrieron o no, ya que por el contrario esa determinación es una cuestión fáctica que tiene que derivarse objetivamente del respectivo expediente. Así en el ejemplo anterior, la constatación de que determinados funcionarios realizaron o no cursos de cuarto nivel, escapa a la libertad de apreciación subjetiva del órgano administrativo, en el momento de conceder o negar el ascenso, para convertirse en el hecho objetivo del cual depende, de conformidad con la norma, el ejercicio de la potestad discrecional.

En fin, esa libertad de apreciación subjetiva tendrá necesariamente su origen en la concurrencia de los hechos determinantes contemplados en la norma, pues solo a partir de ese momento podrá optarse por una de las alternativas que lleguen a configurarse. Además para que efectivamente concurran los hechos determinantes, resulta necesario entender que los mismos deben subsumirse en la hipótesis normativa abstracta; de allí que en el proceso de control judicial no basta limitarse a constatar la concurrencia del presupuesto fáctico de la norma, sino que también debe evaluarse el proceso de subsunción del mismo en el presupuesto normativo. No dejamos de observar que quizás la doctrina al utilizar la expresión "hechos determinantes", da por sentada tal situación, pues al ser "determinantes" del ejercicio de la potestad discrecional, es precisamente porque se parte del supuesto de la existencia del referido proceso de subsunción.

Señala García De Enterría (1990) que pese a que esta modalidad de control de los actos discrecionales es de una lógica elemental, solo a fines de la década del siglo pasado se comienza a utilizar en Francia, y añade que esa tardanza quizás se deba a la tendencia prevaleciente de establecer una equivalencia entre el recurso de casación y el recurso contencioso administrativo, pues como es sabido en el primero el Tribunal solo conoce sobre las posibles infracciones del Derecho, y en general no puede entrar a conocer los hechos, y en el segundo, como se le atribuía a los jueces contencioso administrativos una función esencialmente revisora, por lo que teóricamente también estaban impedidos de entrar a conocer los hechos, quedando reducida su función únicamente al conocimiento de las infracciones legales en que había incurrido la Administración; de allí la mencionada equivalencia. Planteada así la situación se producía una interdicción para el Tribunal Contencioso, al no poder examinar la concurrencia efectiva de los hechos determinantes de la potestad discrecional, y en consecuencia, la libertad del órgano administrativo le permitía discernir sobre la existencia o no de esos hechos determinantes, en virtud –insistimos– de que el Tribunal únicamente conocía de las infracciones legales (el derecho), por el carácter revisor de la jurisdicción, todo lo cual impedía el cuestionamiento jurídico de la decisión en lo atinente a la concurrencia del hecho o de los hechos de los cuales dependía el ejercicio de la potestad discrecional.

Como expresamos anteriormente, esta situación ha sido superada, pues actualmente se admite explícitamente –desde la ley española, reguladora de la Jurisdicción Contencioso Administrativa, de 27 de diciembre de 1956, derogada por la Ley 29/1998, de 13 de julio– o implícitamente, que cuando es intentado un recurso contencioso administrativo el cuestionamiento del acto impugnado abarca tanto al derecho como a los hechos, al punto que uno de los vicios que más es objeto de denuncias es el denominado "falso supuesto de hecho". De modo, pues, que esta modalidad de control de los actos discrecionales, constituye un gran paso de avance en el proceso de reducción, a sus justos límites, de las potestades discrecionales de la Administración Pública.

D. Control basado en los Principios Generales del Derecho

Corresponde ahora referirnos a la modalidad de control de la potestad discrecional mediante la confrontación del resultado de su ejercicio (acto discrecional) con los Principios Generales del Derecho, pero antes conviene destacar, como lo hace Santamaría, que esta modalidad representa un salto cualitativo en el proceso de reducción de la discrecionalidad administrativa, porque a diferencia de las anteriores (control sobre los elementos reglados y sobre los hechos determinantes), incide precisamente sobre el margen de libertad de apreciación subjetiva que detenta la Administración para dictar su decisión. Dicho de otra manera, toca al núcleo esencial del poder discrecional.

Efectivamente, las primeras modalidades de control (elementos reglados y hechos determinantes), si bien en su tiempo constituyeron y continúan constituyendo un significativo avance en la reducción de la discrecionalidad, debido a que el ámbito originario de la misma era demasiado amplio, no hacen como, sostiene el citado autor, más que colocar la potestad discrecional en sus justos límites, sin llegar realmente a afectar la libertad legal de escoger entre varias alternativas válidas a que se contrae el concepto de potestad discrecional.

En cambio, cuando se acude a los Principios Generales del Derecho, después de escrutar el acto discrecional con base en las anteriores modalidades, sin que pueda ser anulado, lo que hace el Juez –siguiendo el ejemplo anterior– es comparar la decisión de otorgar la concesión a la empresa "A" en lugar de las empresas "B" y "C", con principios no escritos del Derecho, tales como la proporcionalidad, la igualdad, la buena fe, la seguridad jurídica, etc., razón por la cual entra a tocar sensiblemente las razones de conveniencia o de oportunidad que privaron en el Administrador para otorgar la concesión, esfera esta que por definición resulta inmune judicialmente, de tal forma que en este caso sí estamos efectivamente en presencia de una verdadera reducción de la discrecionalidad administrativa; de allí que se imponga utilizar esta técnica con mucha cautela, en virtud de lo difícil que resulta aprehender conceptualmente a los Principios Generales del Derecho, máxime si se tiene en cuenta que casi todos ellos aparecen positivizados en la propia Constitución y en instrumentos de rango legal.

En esta línea conceptual es importante hacer notar que la doctrina española explica, basada en el precepto contenido en el artículo 103.1. de la Constitución, que establece el sometimiento de la Administración Pública a la Ley y al Derecho, que si bien el ejercicio de una potestad discrecional (en su núcleo fundamental) implica la no sujeción a la Ley, ello no significa a la luz del citado dispositivo constitucional que también esté exceptuada del sometimiento al Derecho; de allí entonces que postule la existencia del control fundamentado en los Principios Generales del Derecho, sobre una base de derecho positivo (el artículo 103.1 de la Constitución). Cabe finalmente recordar que conforme a la doctrina mayoritaria italiana, a diferencia de la francesa y la española, las modalidades de control reposan fundamentalmente en el control del fin del acto y el criterio de razonabilidad que preside la decisión discrecional.

Es menester destacar finalmente que la Constitución de 1999, siguiendo el modelo de la española, establece en el artículo 141 que la Administración Pública es una organización al servicio de la comunidad, y le corresponde ejercer la función pública con sometimiento pleno a la Ley y al derecho, lo que revela la sujeción de los órganos administrativos a todo el ordenamiento jurídico, y no solo a la Ley, por lo que resulta posible abrir cauces para la discusión, siguiendo la orientación de la doctrina española, acerca de la pertinencia de erigir en nuestro país a los Principios Generales del Derecho en otro factor o variable que permita controlar efectivamente el margen de discrecionalidad administrativa. Por supuesto, que dada la novedad de esa disposición, antes de asumir cualquier postura hermenéutica resulta necesario intentar determinar la naturaleza y alcance del artículo 141 constitucional, en lo concerniente a la expresión *"la ley y el derecho"*, para de esa manera postular, como lo hacen los españoles, que los Principios Generales del Derecho, están comprendidos en la aludida expresión, para lo cual debe armonizarse, a los efectos de su contextualización, el citado artículo 141 de la Constitución con el artículo 4 del Código Civil, que es el único que menciona a los Principios Generales del Derecho, conceptuándolo como una metodología subsidiaria (la última) para la interpretación de las leyes. De modo, pues, que en la actualidad apenas se visualiza la posibilidad de la apertura de un debate sobre este factor de control de la discrecionalidad administrativa. Esperemos que sea fructífero.

En suma, hemos visto hasta aquí que la jurisprudencia y la doctrina han encontrado técnicas jurídicas de control que tienen como finalidad la reducción de la potestad discrecional de la Administración, pero al mismo tiempo la exposición demuestra que aun utilizando con ese fin de los Principios Generales del Derecho, en los términos antes expuestos, siempre quedará abierto un espacio de libertad de apreciación subjetiva a la Administración para dictar actos discrecionales, que escapa a todo tipo de control jurisdiccional.

E. Resultado del control ejercido sobre actos discrecionales

Consideramos conveniente referirnos aunque sea sucintamente al resultado del control de los actos discrecionales, materia sobre la cual en los últimos tiempos ha originado una interesante polémica en España entre varios profesores de Derecho Administrativo, todos los cuales concuerdan en la existencia del referido control, invocando como razón fundamental el hecho de que por disposición constitucional (art. 9.3) los actos de la Administración, y por ende, los discrecionales, no pueden ser arbitrarios (interdicción de la arbitrariedad), lo que conduce, según Atienza (1995), a que:

> ...deben estar motivados, es decir, deben estar basados en razones y no ser la mera expresión de la voluntad del órgano que los dicta; esas razones no deben ser contrarias a la realidad, es decir, no pueden contradecir los hechos relevantes de la decisión (hechos determinantes); entre esas razones y la decisión debe existir una relación de coherencia. Lo que el Juez debe controlar, por tanto, es que existen esas razones, que las mismas no contradicen los hechos determinantes de la realidad y que resultan congruentes con la decisión (con el acto discrecional).

Lo expuesto por el citado autor revela, como indicamos precedentemente, que el control se ejerce sobre los elementos reglados, los hechos determinantes y los Principios Generales del Derecho, especificando el funcionamiento del mecanismo de control en lo que corresponde a los motivos o hechos determinantes, mediante la figura de la congruencia, por lo que la tesis de los profesores involucrados en la aludida polémica, no presenta ninguna diferencia con el marco conceptual que sobre esta materia (control de la discrecionalidad) delineamos en páginas anteriores. Por tanto, la fuente de la aludida discusión radica exclusivamente en el resultado del control, lógicamente cuando el Juez encuentra que el acto discrecional excede los mencionados límites, en virtud de que, por una parte, Tomás R. Fer-

NÁNDEZ (1994) sostiene que ese resultado normalmente consiste en la anulación del acto, y excepcionalmente en la sustitución del acto discrecional por la decisión judicial, únicamente cuando:

> a) al final del proceso (es decir, en el momento de la toma de decisión por el Juez) sólo es posible una única solución (el margen de discrecionalidad se habría reducido a cero); b) de esta manera se restablece una situación jurídica individualizada o, dicho de otra manera, se garantiza la efectividad de la tutela judicial (Atienza).

En cambio, SÁNCHEZ MORÓN (1993) y PAREJO ALFONSO (1994), rechazan que el control de los actos discrecionales pueda conducir a la sustitución de la decisión administrativa por la decisión judicial, pues afirma en tal línea de pensamiento el último de los mencionados autores que el:

> ...control judicial consiste más bien en supervisar, censurar y corregir la actuación de otro, con el contenido y la intensidad y el alcance que se quieran, pero sin poder llegar en ningún caso a comprender en la correspondiente actividad, sin más, la sustitución de la controlada, pues ello supondría la confusión entre una y otra.

El primero sigue la misma orientación, porque considera que:

> ...si se constata la infracción de alguno de los límites jurídicos del ejercicio de la discrecionalidad, el órgano judicial no puede determinar el contenido de la decisión a adoptar en sustitución de la anulada, salvo que en realidad se llegue a la conclusión, mediante el razonamiento jurídico, de que sólo hay una solución posible en derecho.

En definitiva estos autores cuestionan la tesis de FERNÁNDEZ porque conduce al "*activismo judicial*" y predica una ilegítima injerencia de los jueces en una materia reservada por la Ley a la Administración.

Hemos pretendido hacer una síntesis muy apretada, siguiendo a ATIENZA de la discusión aún en curso en España sobre los resultados del control de los actos discrecionales, porque, pese a que no debe olvidarse que dicha polémica se enmarca en trascendentes disposiciones constitucionales, como la contenida en el citado artículo 103.1 de la Constitución de 1978, que pauta el sometimiento de la Administración a la Ley y al derecho, lo que permite afirmar, con algún fundamento, como lo hace FERNÁNDEZ, que el control es de la juridicidad y no de la legalidad, pudiendo en el marco de esa orientación conceptual pretender que el control se extienda no solo a la legalidad de la decisión, sino también a la oportunidad o conveniencia de la decisión discrecional; al igual que la contenida en el artículo 24.1 que consagra la garantía de la tutela judicial efectiva, la cual permitiría pensar en la posibilidad de extender el resultado del control a la sustitución de la decisión discrecional irregular, por la correspondiente decisión judicial, cuando se den los supuestos enunciados en la tesis de FERNÁNDEZ.

Sin duda que tal posición doctrinaria no puede menos que calificarse de novedosa e importante, porque traza una senda de progreso, no solo en el área del control de los actos discrecionales, sino en el de todos los actos administrativos en general, en virtud de que intenta abrir un espacio en el dogma sacrosanto de la interdicción de la sustitución de la Administración por la decisión judicial, que tanto problema ha generado en lo concerniente al valor de las sentencias dictadas por los tribunales contencioso administrativos, y fundamentalmente en el logro de su ejecución. De todas maneras dicha tesis queda sujeta a la discusión y a la toma de posición de los lectores, porque los argumentos de los que la contradicen, además de inscribirse en la corriente doctrinaria dominante, tienen un peso científico considerable.

4. Discrecionalidad técnica

Cabe advertir, en primer lugar, que esta clase de discrecionalidad, ha sido una creación de la Jurisprudencia de los órganos contencioso administrativos italianos, y pese a la fuerte crítica recibida de la doctrina mayoritaria de ese país, la tesis jurisprudencial aún mantiene su predominio, y ha sido explicada así: en algunas oportunidades la Administración tiene atribuida la competencia para dictar actos que requieren la aplicación de conocimientos especializados de distintas disciplinas como ingeniería, arquitectura, medicina, química, historia, arqueología, etc., de tal manera, que por ejemplo dictar una medida sanitaria, basada en la existencia de una epizootia, que impida que el ganado vacuno del Estado afectado por la epidemia pueda pasar a otros Estados, va a depender del criterio técnico veterinario acerca de las características de la enfermedad que afecta al ganado de dicho Estado. O acordar la demolición de un inmueble va a depender de que el criterio de los ingenieros determinen que se encuentra en estado ruinoso; o el decomiso de un determinado medicamento va a estar basado en el criterio médico o farmacéutico, que establezca que su uso genera efectos secundarios sumamente perjudiciales a la salud, de tal modo que los mencionados actos administrativos sucesivos al criterio técnico, aparecen como obligados, o mejor dicho como "*debidos*" por la Administración.

Por esa razón la mencionada doctrina jurisprudencial italiana sostiene que la autoridad administrativa competente tiene atribuido un poder discrecional con un contenido técnico (discrecionalidad técnica); por lo tanto, el Juez que ejerza el control sobre esos actos, debido a que los indicados criterios técnicos forman parte del margen de libertad de elección de la Administración estará impedido de examinarlos. Así por ejemplo, en esa línea conceptual no podrá designar unos expertos para que se pronuncien sobre dichos criterios técnicos, de tal modo que en el ejercicio del control el Juez se limitará a valorar la razonabilidad de la decisión basada en esos criterios, y en la ponderación de los intereses en juego.

En definitiva, la discrecionalidad técnica alude a la expresión de los criterios emanados de profesionales de distintas Ciencias, que conducen a la adopción de una decisión, resultando equivalente al margen de apreciación de las variables extrajurídicas (conveniencia y oportunidad), cuando se dicta un acto discrecional que no requiere de este tipo de criterios. Por tanto, en ese aspecto la decisión resulta inmune jurisdiccionalmente, debido a que el Juez está impedido de entrar a valorar los aludidos criterios técnicos, por ejemplo mediante un nuevo examen realizado por otros profesionales de la misma disciplina. Reiteramos que esta posición jurisprudencial, aunque prevaleciente actualmente, está fuertemente cuestionada por la casi totalidad de la doctrina de ese país.

Así GIANNINI demuestra con ejemplos contundentes que la denominada discrecionalidad técnica no puede ser considerada como discrecionalidad administrativa, pues si bien es juicio, falta la selección de la alternativa, ya que esta procederá en un momento subsiguiente, cuando se deba adoptar la decisión. Agrega que en muchos casos la discrecionalidad administrativa aparece solo parcialmente condicionada por la discrecionalidad técnica, pues podría ocurrir que el criterio técnico condujese a una determinada manera de actuar, y el órgano administrativo decidiese abstenerse de actuar, o actuar de manera diferente después de ponderar determinados intereses, los cuales no tenían que ser examinados por los técnicos.

Cabe finalmente advertir que la tesis de la discrecionalidad técnica prevalece en la jurisdicción contencioso administrativa italiana, pero en cambio es rechazada en la jurisdicción ordinaria, en razón de que el Juez de esta jurisdicción conoce plenamente la actividad técnica desplegada por la Administración, por lo que en la fase de instrucción está facultado para revisar los criterios derivados de esa actividad. Así lo ha declarado en reiterados fallos la casación italiana. La discusión sobre la discrecionalidad técnica no tiene cabida ni en la doctrina española ni en la francesa; por consiguiente, los criterios técnicos que sirven de base a los actos discrecionales, no forman parte del núcleo esencial de estos (libertad para escoger la alternativa), y son susceptibles, por tal razón de ser sometidos a cuestionamiento ante el Juez competente.

5. Conceptos jurídicos indeterminados y discrecionalidad administrativa

Los conceptos jurídicos indeterminados en el campo del Derecho Administrativo son definidos por Sainz Moreno (1976) como "*aquellas fórmulas jurídicas que regulan la actividad de la administración, sin que precisen la medida o decisión administrativa concreta, en un caso particular, pero delimitando su orientación, como cuando se habla de orden público, de utilidad común, interés general*". García De Enterría (1990) puntualiza que lo esencial del concepto jurídico indeterminado es que "*la indeterminación del enunciado no se traduce en una indeterminación de las aplicaciones del mismo, las cuales sólo permiten una unidad de solución justa en cada caso*". Y en ese orden de ideas ejemplifica señalando que o hay buena fe o no la hay, el precio es justo o no lo es, hay falta de probidad o no. O sea, que tal indeterminación no impide la delimitación del caso concreto a que alude, y es tarea esencial del intérprete obtener la única solución justa contenida en el concepto jurídico indeterminado.

Es necesario afirmar que los conceptos jurídicos indeterminados son propios y hasta se podría decir que connaturales a todo proceso de normación, razón por la cual, si bien abundan en el Derecho Público, también los encontramos con cierta frecuencia en casi todas las ramas del Derecho Privado. Así, pueden mencionarse "justo título", "buena fe", "falta de probidad", "diligencia del buen padre de familia", "atraso", etc. Por otro lado, indica Barnes (1993) que la doctrina alemana, que quizás sea la que ha estudiado con mayor profundidad los conceptos jurídicos indeterminados, construyó la concepción acerca de ellos sobre premisas fundamentales, como las siguientes: **a)** en la interpretación del concepto debe encontrarse una única solución justa para el caso singular; **b)** debido a que admiten una única solución justa, los jueces están facultados para controlar la corrección de dicha solución, tanto desde el punto de vista fáctico como jurídico, pero este principio de plena revisibilidad admite excepciones en casos de exámenes y de otras pruebas similares; **c)** son clasificados en empíricos o descriptivos y normativos o de valor, basándose los primeros en objetos o sucesos de la realidad, tales como "anochecer", "amanecer", "peligro", etc.; en cambio, a los segundos les falta la referencia a la realidad, e incorporan juicios de valor metajurídicos o derivados del estado de avance de una ciencia o de una técnica. Como es dable imaginarse los normativos son los que presentan mayores problemas a los efectos de su interpretación.

La síntesis conceptual anterior sobre los conceptos bajo examen adquiere pertinencia en el tratamiento del tema de la discrecionalidad administrativa, debido a que durante mucho tiempo se identificó a la discrecionalidad con la utilización en la Ley de este tipo de conceptos, lo que condujo a sostener que el proceso de su interpretación entraba dentro de la libertad de estimación subjetiva que, como hemos dicho, constituye el núcleo esencial de la potestad discrecional, y por ende, a excluir del ámbito del control jurisdiccional a la interpretación que de esos conceptos realizaba la Administración, ampliándose de esa manera exageradamente el área de las potestades discrecionales de la Administración.

La doctrina alemana ha precisado las diferencias cualitativas existentes entre la discrecionalidad administrativa y los conceptos jurídicos indeterminados en los términos expuestos anteriormente, y en España ha correspondido a GARCÍA DE ENTERRÍA, perfilar atendiendo al marco conceptual elaborado en Alemania, esas diferencias, las cuales resumimos así: el concepto jurídico indeterminado admite una única solución justa, derivada de su interpretación; en cambio, en ejercicio de una potestad discrecional la Administración decide optando por una, entre varias soluciones, todas justas. La dilucidación del alcance y naturaleza del concepto jurídico indeterminado requiere de un proceso eminentemente intelectivo que conduce a su interpretación correcta, y en definitiva supone una operación de hermenéutica jurídica, que se traduce en la aplicación de una norma jurídica (la que contiene el concepto jurídico indeterminado); en cambio, la discrecionalidad administrativa al comportar la libertad de elección entre varias soluciones justas, expresa la voluntad de la Administración, pero fundamentada en razones o criterios extrajurídicos, por no estar contemplados en la Ley, los cuales son apreciados subjetivamente por la Administración.

Pero lo más importante, y la razón de abordar en forma resumida las anteriores diferencias entre los conceptos jurídicos indeterminados y la discrecionalidad administrativa en este tema, radica precisamente en que dichas diferencias permiten el control por parte de los órganos jurisdiccionales de la aplicación al caso concreto de esos conceptos, pudiendo determinar si efectivamente, a la luz de las pruebas que obren en el expediente, la Administración adoptó la única solución justa. Al fin y al cabo la aplicación de estos conceptos no hacen más que revelar una aplicación e interpretación de la Ley (de la norma que los contiene), lo que, como hemos insistido a lo largo de estas páginas, no ocurre con el núcleo esencial de la decisión discrecional (la libertad para optar por una entre varias soluciones justas), ya que por el contrario, no se trata de la aplicación de una norma jurídica, sino más bien de adoptar una decisión sobre la base de razones y criterios extrajurídicos.

En conclusión, en el estado actual de la doctrina y la jurisprudencia no cabe pretender, como ocurría en épocas anteriores, considerar equivalente el proceso de interpretación y aplicación de los conceptos jurídicos indeterminados, con el ejercicio de las potestades discrecionales, pues en verdad lo correcto es predicar las señaladas diferencias cualitativas, ya que tal posición permite ubicar la situación en los marcos conceptuales que corresponden, sobre todo en lo concerniente a la inmunidad jurisdiccional de los actos discrecionales, y al sometimiento al control de los tribunales de los actos mediante los cuales son aplicados los conceptos bajo examen.

6. Potestades no discrecionales, vinculadas o regladas

Como expusimos precedentemente, todas las potestades públicas tienen su origen en el proceso de desagregación u operativización del principio de legalidad administrativa, el cual da lugar tanto a las discrecionales como a las no discrecionales, dependiendo de la conformación de la norma que atribuye esas competencias. En las segundas, no discrecionales, denominadas generalmente por la doctrina como vinculadas o regladas, observamos que la Ley establece todos y cada uno de los presupuestos para su ejercicio, pero al mismo tiempo fija la consecuencia que se genera de la constatación de dichos presupuestos por parte del órgano administrativo competente, la cual se traduce en la emanación de la correspondiente decisión, igualmente prevista en la Ley.

Realmente la norma atributiva de la potestad lo que hace es configurar una relación causa efecto entre los requisitos y condiciones para el ejercicio de la potestad y el resultado del mencionado ejercicio, de tal forma que la Administración reduce su actividad a aplicar casi automáticamente el dispositivo normativo, en virtud de que carece de margen alguno de apreciación, o mejor dicho, no tiene ninguna posibilidad de seleccionar la decisión que debe adoptar, porque –insistimos– la misma aparece delineada claramente en la Ley. Así por ejemplo, la Ley de Universidades atribuye a los Consejos de Facultades decidir la jubilación de los profesores que hayan prestado por los menos veinticinco años al servicio de esos Institutos de Educación Superior. Pues bien, una vez que ese órgano constata que el solicitante cumple el mencionado requisito, únicamente le queda una opción: la prevista en la Ley (norma atributiva de competencia), esto es, otorgarles la jubilación.

Queda en evidencia que en el caso de las potestades regladas o vinculadas no es el órgano administrativo el que determina los efectos del acto que resulta de su ejercicio, dado que esos efectos son determinados por la Ley, los cuales se desencadenan en el momento de la constatación o verificación de los presupuestos de hecho del acto, razón por la cual la Administración solo se limita a actuar o ejecutar la Ley (actuativa o ejecutiva). La doctrina italiana señala que estas potestades encuentran concreción con mayor frecuencia en las actividades administrativas meramente cognoscitivas, dirigidas a verificar ciertas cualidades o características de personas o cosas, tal como ellas se evidencian en la realidad. En ese orden de ideas, expresa: "*El resultado de esta actividad cognoscitiva (de verificación) es traducido en actos jurídicos productores de efectos establecidos por la Ley*" (CERULLI). En esta línea de pensamiento se ubica GIANNINI cuando afirma que "*no hay discrecionalidad en la actividad cognoscitiva de las administraciones, así como en todas aquellas actividades que se concretan solamente en manifestaciones de actividades de ciencia, de opinión, de juicio: falta en todos estos casos el momento de la escogencia*".

De modo, pues, que como su propio nombre lo indica, las potestades regladas o vinculadas, implican que la actuación administrativa está ligada incondicionalmente a todos los términos y condiciones contemplados en la norma atributiva de competencia. Así se desprende del ejemplo de la jubilación expuesto anteriormente, en el cual el Consejo de la Facultad, una vez que constata o verifica que el solicitante ha cumplido el referido requisito legal, está impedido de estimar o valorar alternativa distinta alguna, pues queda constreñido *ope legis* a otorgarle el beneficio al solicitante, en razón de que ese es el único efecto que la Ley apareja a la referida verificación.

Queda claro entonces que la diferencia entre las potestades discrecionales y las no discrecionales (regladas o vinculadas), radica exclusivamente en el margen de libertad para actuar que concede la norma a la Administración, en el caso de las primeras. Sin embargo, los actos que resultan del ejercicio de ambas son iguales, tanto en lo atinente a sus efectos, como las situaciones jurídicas que pueden afectar (derechos subjetivos e intereses legítimos). Así por ejemplo resultan estructuralmente idénticos los actos de los órganos competentes de la Universidad, mediante los cuales se otorga la jubilación al profesor (acto reglado) y se designa o remueve al Director de una Escuela (acto discrecional).

Finalmente, ha de advertirse, como lo hace GIANNINI, que no todas las actuaciones de las autoridades administrativas que resultan de espacios libres dejados por la Ley (márgenes de libertad decisional), pueden llegar a calificarse como discrecionales, en virtud de que tal calificación está reservada solamente para los casos de las potestades funcionalizadas. Por consiguiente, cuando el acto no es el producto del ejercicio de una de estas potestades, sino de la Administración como sujeto de derecho privado, no habrá discrecionalidad sino autonomía privada.

VIII. Potestad discrecional (discrecionalidad administrativa) en el ordenamiento jurídico venezolano

1. Premisa introductoria

Corresponde ahora determinar cuáles de los lineamientos teóricos expuestos en los puntos anteriores, derivados en su gran mayoría de la doctrina y la jurisprudencia extranjera, encuentran aplicación en el ordenamiento venezolano. A tal fin acudiremos a la jurisprudencia de la Sala Político Administrativa de la extinta Corte Suprema de Justicia a partir de 1961, la cual aparece conformada aproximadamente por unos ocho fallos fundamentales, todos orientados en la misma línea conceptual, no obstante excepcionalmente podremos valernos de sentencias anteriores a ese año, así como, bajo la vigencia de la Constitución de 1999, de algunas sentencias de la Sala Constitucional y de la Sala Político Administrativa del TSJ. Finalmente, examinaremos la norma contenida en el artículo 12 de la LOPA, que como es sabido entró en vigencia en 1982.

2. Postulados teóricos presentes en el ordenamiento jurídico venezolano

A. Potestad discrecional como expresión del principio de legalidad

Cabe advertir que ni la doctrina ni la jurisprudencia se han detenido a examinar el postulado que sirve de título al presente acápite, tal vez porque lo consideran como un principio sobreentendido, no obstante, sin mucho énfasis, desde la sentencia "Reingruber" dictada el 06-11-1958, la extinta Corte Suprema de Justicia de manera indirecta, basada en una cita del autor francés Bonnard, lo invocó como fundamento de la potestad bajo examen, al expresar:

> Puede decirse, entonces, que el acto discrecional se produce cuando la Administración actúa en ejercicio del poder de libre apreciación que le deja la ley para decidir si debe obrar o abstenerse, o cómo ha de obrar o qué alcance ha de dar a su actuación.

También de manera indirecta aparece invocado el postulado en comento en la serie de sentencias sobre esta materia que se inician en 1982 con el caso "Depositaria Judicial", incluyendo aquellas que al tener como fondo los denominados "*conceptos jurídicos indeterminados*", se refieren a la potestad discrecional ("RCTV Hola Juventud", "Morales Longart" "Nueva República", "Cervecería de Oriente" y la "La Escuelita").

Por tanto, ha faltado que el Máximo Tribunal de la República desarrolle este principio fundamental en materia de potestad discrecional, pues la forma indirecta como aparece en los aludidos fallos, quizás haya contribuido a que todavía varios titulares de órganos administrativos consideren que la discrecionalidad constituye una excepción al principio de legalidad administrativa; y en consecuencia, actúen orientados por esa concepción absolutamente equivocada. Respecto a esta falta de definición clara de la discrecionalidad administrativa como expresión del principio de legalidad administrativa, vale citar el ejemplo del extinto Consejo Supremo Electoral en 1988, cuando decidió que un partido político, en proceso de división, participase en el proceso electoral con dos tarjetas distintas, sobre la base de que la decisión adoptada tenía un carácter discrecional, debido a que existía un vacío respecto de esa situación en la derogada Ley Orgánica del Sufragio.

Ahora bien, de manera directa, bajo la Constitución de 1999, la Sala Constitucional del TSJ, ha acogido este postulado al citar en la sentencia N° 1265 de 05-08-2008, párrafos contundentes sobre el referido principio de los autores españoles SANTAMARÍA PASTOR y E. GARCÍA DE ENTERRÍA, en los siguientes términos:

> ...esta potestad discrecional, para ser legal y legítima es necesariamente parcial, ya que el dispositivo legal (en este caso la Ley Orgánica de la Contraloría General de la República y del Sistema Nacional de Control Fiscal), debe establecer algunas condiciones o requisitos para su ejercicio, dejando las demás a la estimación del órgano competente. Al respecto, SANTAMARÍA expone que el poder discrecional no es el producto del reconocimiento de un ámbito de libertad a la Administración, sino la consecuencia de una remisión normativa (atribuida expresamente por una norma legal).
> En este orden de ideas, G.D.E. argumenta que "...no hay acto sin potestad previa, ni potestad que no haya sido atribuida positivamente por el ordenamiento jurídico. Es falso, pues, la tesis, bastante común por otra parte, de que hay potestad discrecional, allí donde no hay norma".

Por su parte, el derecho positivo se encarga, también directamente, de recoger la discrecionalidad, al vincular necesariamente en el artículo 12 de la LOPA, el resultado del ejercicio de las potestades discrecionales (actos discrecionales) a su consagración expresa en la Ley. En efecto, el aludido precepto dispone:

> Aun cuando una disposición legal o reglamentaria deje alguna medida o providencia a juicio de la autoridad competente, dicha medida o providencia deberá mantener la debida proporcionalidad y adecuación con el supuesto de hecho y con los fines de la norma, y cumplir los trámites requisitos y formalidades necesarios para su validez y eficacia.

De modo, pues, que –insistimos– a la luz del dispositivo transcrito no existe acto –poder– discrecional sin estar consagrado en una disposición legal, lo que en definitiva configura el basamento normativo -en nuestro país- del principio planteado por la doctrina española atinente a que la potestad discrecional es la expresión concreta de una remisión normativa, que finalmente no es más que el trasunto del postulado a que alude el acápite.

B. Inexistencia de potestades (actos) absolutamente discrecionales y absolutamente regladas

Este postulado originado en la doctrina francesa (HAURIOU) tiene plena pertinencia tanto en la doctrina como en la jurisprudencia. En efecto, así lo admiten tanto RONDÓN DE SANSÓ como BREWER, y desde la sentencia "Depositaria Judicial" de 1982, la extinta Corte Suprema de Justicia lo reiteró en todas siguientes que dictó sobre la materia, al desechar la falsa oposición entre "acto reglado" y "acto discrecional" advertida por la doctrina del siglo XIX, concluyendo "*acerca de la imposibilidad de concebir un acto administrativo como enteramente discrecional, ya que será siempre dicho acto -así se lo siga calificando de discrecional a secas- una adecuada mezcla de discrecionalidad y regla*". En suma, cabe concluir que en nuestro país prevalece el criterio de que en toda potestad discrecional existen elementos reglados, y en toda potestad reglada o vinculada existe un mínimo de discrecionalidad.

C. Núcleo de la potestad discrecional constituido por la libertad de selección, de opción, de escogencia, entre varias alternativas, todas justas

Al respecto cabe señalar que este importante postulado, clave para construir el concepto de potestad discrecional, no ha sido totalmente desarrollado ni por la doctrina, ni por la jurisprudencia durante la vigencia de la Constitución de 1961, pues estas apenas llegan a tocarlo indirectamente. Así H. RONDÓN DE SANSÓ expresa que "*la discrecionalidad se visualiza así como una esfera de libertad dentro del círculo cerrado de la legalidad administrativa, destinada a permitirle a la Administración en ciertos campos específicos, una actuación que no sea la simple ejecución de un dispositivo legal*". En la sentencia del caso "RCTV Hola Juventud" del 05-05-1983, se delinea mejor el postulado bajo examen, cuando al diferenciar los conceptos jurídicos indeterminados, de las potestades discrecionales, se asienta "*Mientras éstas dejan al funcionario la posibilidad de escoger su criterio entre una o varias soluciones justas*".

Por su parte, la Sala Constitucional recogió el postulado bajo examen de manera directa, en la sentencia N° 1265 de fecha 05-08-2008, en la cual sostuvo que "*el núcleo de esa potestad discrecional es la libertad de selección, de opción, de escogencia, entre varias alternati-*

vas, todas justas". También la Sala Político Administrativa se pronunció en el mismo sentido en la sentencia N° 2127 de fecha 09-10-2001, al declarar la potestad discrecional como "*la facultad que otorga la Ley a la autoridad administrativa para escoger entre varias soluciones igualmente autorizadas ex lege en un caso en concreto*".

Observamos que las sentencias carecen en relación al punto bajo examen, de la debida extensión y profundidad, lo que le resta el carácter esclarecedor que deberían detentar, máxime si se tiene en cuenta que a pesar de ser dicho postulado el núcleo esencial de la potestad discrecional, ninguno de los fallos termina de relacionarlo, como debe ser, con su efecto inmediato, esto es, "mérito" y "conveniencia u oportunidad", que es precisamente lo que ha dado origen a controversias, porque es la parte de la potestad expresada en el acto derivado de su ejercicio que escapa al poder de revisión de los órganos jurisdiccionales, razón por la cual un sector de la doctrina, vista esa inmunidad, ha llegado a sostener que el Juez no debe limitarse a controlar la legalidad, sino también la legitimidad (conveniencia u oportunidad). Así mismo cabe recordar en ese sentido el planteamiento de una parte de la doctrina española acerca de la necesidad de que los jueces controlen la "juridicidad", en lugar de la legalidad, fundamentados en que la Constitución de ese país en el artículo 103.1 establece que la Administración está sometida a la Ley y al derecho.

En fin, pese a las anteriores sentencias, de las cuales es posible desprender el núcleo del concepto de discrecionalidad administrativa, aún hace falta que nuestra jurisprudencia desarrolle una tesis sobre este postulado, que oriente a la Administración en el ejercicio de las potestades discrecionales, de tal forma que resulte posible aprehenderlo, comprenderlo y ubicarlo en sus justos marcos legales y conceptuales, pues insistimos en que las opciones aluden a variables "*extrajurídicas*", todas justas, de tal manera que cuando la Administración selecciona una de ellas, esa decisión al no estar enmarcada sustantivamente por normas jurídicas escapa a los parámetros concernientes al control de la legalidad, propios de la Jurisdicción Contencioso Administrativa.

De otra parte, es preciso reconocer que el aspecto relativo a la inimpugnabilidad de los actos discrecionales fue reivindicado por la sentencia "Reingruber" (1958), pero sin vincularlo de manera directa a la libertad de selección. En efecto, en dicho fallo la Corte declaró:

> ...es de la naturaleza de todo acto realizado en ejercicio de una facultad discrecional, el que no pueda ser revisado o anulado por otro poder en lo que se refiere al mérito o fondo. Esta conclusión resulta evidente, porque de lo contrario, esa facultad discrecional no sería tal.

A su vez esa doctrina es citada en la sentencia "Depositaria Judicial", agregando que la medida discrecional está exenta de control, porque el Juez en la apreciación de las razones que condujeron a su adopción, no puede sustituir al Administrador por "*motivos obvios de diferenciación y especialización de funciones conectadas con el principio de separación de poderes*".

Por lo tanto, visto que la jurisprudencia se refiere en forma parcial e incompleta al postulado bajo estudio, insistimos en que es necesario que ambos elementos del núcleo fundamental de la potestad discrecional (selección entre opciones justas, e inimpugnabilidad del acto que resulta de la selección), sean desarrollados armónica, coherente y exhaustivamente, permitiendo así avanzar hacia la construcción de un marco teórico del poder discrecional, que conduzca a discernir operacionalmente el concepto de potestad discrecional como una libertad de selección fundada en variables extrajurídicas, así como los parámetros que rodean el principio de inimpugnabilidad de los actos discrecionales, pero sobre todo avanzar hacia la definitiva exclusión de un control de legitimidad (examen de las razones de conveniencia y oportunidad), salvo que excepcionalmente el mismo sea fundamentado en los Principios Generales del Derecho.

D. Elementos sobre los cuales puede incidir la libertad de elección que constituye el núcleo de la potestad discrecional

Ninguna de las sentencias revisadas alude directamente a esta tesis de la doctrina italiana que, de alguna manera, viene a ser un indicador de la extensión de la potestad discrecional, no obstante, desde que se admite en todas ellas que el acto discrecional tiene gradaciones que están en función de los elementos reglados que contiene, es posible postular que tal gradación también puede estar en función de la conformación que de la potestad realiza la norma atributiva, de tal suerte que el otorgamiento de la competencia puede abarcar el *an*, el *quid*, el *quomodo* y el *quando* (la totalidad de los elementos). Ello ocurre cuando las disposiciones atributivas de la potestad son redactadas más o menos en los siguientes términos: "*Cuando el Ministerio lo juzgue conveniente podrá otorgar la licencia*". Sin embargo, es necesario precisar que la referida conformación normativa puede abarcar uno o varios de esos elementos, sin llegar a extenderse a la totalidad; de allí entonces que resulte posible afirmar que el análisis de las normas correspondientes conducirá a identificar potestades más o menos discrecionales, dependiendo del número de elementos sobre los cuales incida, y que perfectamente a la luz de la jurisprudencia es posible predicar esta posibilidad en el ordenamiento jurídico venezolano. En el campo doctrinario H. RONDÓN DE SANSÓ acepta expresamente dicho predicamento.

3. Control del ejercicio de la potestad discrecional

A. Sobre los elementos reglados

Tanto la jurisprudencia como la doctrina han sido receptivas a las tesis originadas en la doctrina extranjera hace bastante tiempo, acerca del control del ejercicio de las potestades discrecionales. Quizás la recepción no llegue a ser total, es decir, atendiendo a todas las variables mencionadas en el epígrafe, no obstante hacia allá parecieran orientarse, en virtud de que no existen impedimentos jurídicos para que los órganos jurisdiccionales puedan ejercer ese mismo tipo de control, claro que en su forma más refinada, esto es, el basado en los Principios Generales del Derecho, a lo mejor requiere todavía un proceso de afinamiento conceptual, y tal vez también alguna modificación legislativa, pero como se expresó en párrafos anteriores, el artículo 141 de la Constitución, al establecer que la Administración en el ejercicio de la función pública debe sujetarse a la Ley y al Derecho, abre un cauce para que se inicie la discusión, que inclusive puede llegar a conducir a la aludida modificación legislativa, sobre este importantísimo factor de control de la discrecionalidad administrativa.

La idea del control sobre los actos discrecionales ya aparece recogida en la sentencia "Reingruber" de 1958, incidiendo fundamentalmente sobre los elementos reglados del acto, por cuanto declaró que:

> Esta conclusión resulta evidente, porque de lo contrario, esa facultad discrecional no sería tal, ni propia de un poder, pero si puede ser materia de revisión por lo que se refiere a la incompetencia del funcionario que lo dictó, a defecto de forma del acto, o a su ilegalidad, en cuyo caso procede su revocación o anulación.

Esta tesis ha sido reiterada en los restantes fallos mencionados, y acogida por la Sala Constitución en la citada sentencia N° 1265, al expresar "*El control jurisdiccional del acto discrecional podría implicar la nulidad del acto discrecional, si se advierte incompetencia del ente que lo dicte, incongruencia fáctica (falso supuesto de hecho), incongruencia teleológica (desviación de poder) o incongruencia formal (vicio de procedimiento)*", todo lo cual revela el ejercicio del control jurisdiccional sobre los denominados, por la doctrina extranjera, elementos reglados del acto discrecional, los cuales siempre están presentes en este tipo de actos, quedándole al Juez, en primer lugar, determinar la existencia misma de la potestad, así como su extensión, operación que consiste en encontrar la norma que atribuye la competencia, pues no debe olvidarse que la discrecionalidad no es más que una remisión normativa; en segundo lugar, establecer si el órgano que dictó el acto es el facultado por la norma cuya existencia se determinó; en tercer lugar, el ajustamiento del órgano a la reglas que disciplinan el procedimiento constitutivo del acto, y en cuarto lugar, la compatibilidad del acto con la finalidad contenida expresa o implícitamente en la norma atributiva de la potestad. Dicho de otra manera establecer que el acto obedezca a la referida finalidad legal.

El anterior orden de análisis del acto discrecional, a los efectos de su control, constituye solo un modelo didáctico, pues corresponderá al Juez establecer los criterios de prioridad en el examen de esos elementos reglados cuando le corresponda conocer la impugnación de un acto de esta naturaleza, por supuesto que atendiendo a los alegatos invocados en el recurso, pero lo importante es que los mencionados elementos reglados constituirán unos indicadores que no podrán ser soslayados en el ejercicio de su función contralora. Tampoco deberán ser descuidados por el impugnante, en virtud de que le servirán para formalizar su recurso, y mucho menos por la propia Administración, ya que la infracción de cualquiera de ellos pone en juego la validez y la eficacia del acto que emane.

B. Sobre los hechos determinantes

También la jurisprudencia se ha pronunciado a favor del control sobre los "*hechos determinantes de la discrecionalidad*", bajo la denominación de "*congruencia y veracidad*" de los hechos, razón por la cual los fallos mencionados asientan que todo acto discrecional debe contener los motivos que sirvieron de fundamento de su emanación. Así en el fallo "Depositaria Judicial", reiterado en el caso "Nueva República", se lee:

> La obligatoriedad de la expresión de los motivos que llevaron a la Administración a adoptar el acto, ya sea reglado o discrecional, permite al juez, especialmente en estos últimos, y sin sustituirse a aquélla, revisar, no obstante, la veracidad y la congruencia de los hechos que, a través de la motivación expresada, el funcionario alega que ocurrieron, y con base en los cuales adoptó –apreciándolos según las circunstancias de oportunidad y conveniencia que tuvo a la vista– la medida posteriormente recurrible ante la jurisdicción contenciosa.

Queda claro entonces que el control sobre los actos discrecionales, conforme a la doctrina de la extinta Corte Suprema de Justicia va más allá de los elementos reglados, pues se extiende a los hechos determinantes de la discrecionalidad (control de la exactitud, veracidad y congruencia de los hechos), de lo cual resulta que todo acto discrecional debe contener los motivos que le sirven de fundamento, los cuales devienen, por tal razón en un requisito determinante de su validez, de tal suerte que la motivación de elemento de forma pasa a ser –en este caso– en la práctica elemento de fondo, puesto que la única manera de examinar si el margen de libertad que se concede a la Administración obedece a los hechos que condicionan la legalidad de la utilización de dicho margen, y en definitiva la legalidad del acto, es ciertamente constatando que esos elementos están configurados, o en términos de nuestra jurisprudencia, su veracidad y congruencia, y ello únicamente puede ocurrir material y jurídicamente si es posible entrar a conocer y evaluar los motivos del acto.

En fin, el postulado teórico de la doctrina extranjera encuentra una concreción operativa en nuestra jurisprudencia: la obligatoriedad, so pena de nulidad, de que todo acto discrecional contenga los motivos que le sirven de fundamento de hecho y de derecho. Obviamente solo a partir de la constatación de la existencia de esos motivos podrá operar el control sobre los hechos determinantes de la discrecionalidad.

C. Con base en los Principios Generales del Derecho

Por lo que respecta al control fundamentado en estos Principios, cabe advertir que no encuentra respaldo alguno en la jurisprudencia, tal vez porque en nuestro ordenamiento, a diferencia de lo que ocurre en Francia y España, por ejemplo, no tienen ni entidad conceptual ni normativa, en virtud de que únicamente aparecen recogidos en el artículo 4° del Código Civil, como un mecanismo subsidiario de segundo nivel, en el proceso hermenéutico, además de las dificultades que se presentan con su manejo conceptual, máxime si se tiene en cuenta que la mayoría de ellos se encuentran positivizados. A lo anterior hay que añadir –insistimos– que el control basado sobre estos Principios incide efectivamente sobre el núcleo del poder discrecional, esto es, sobre las razones de conveniencia y oportunidad (selección entre opciones justas, extrajurídicas), cuyo examen, como hemos visto, en criterio de la jurisprudencia, escapa al Juez contencioso administrativo (inmunidad judicial del acto discrecional), razón por la cual inclusive en los países mencionados, donde los citados Principios están posicionados en la Constitución, la jurisprudencia los maneja cautelosa y conservadoramente, pues un control indiscriminado de esta naturaleza, daría al traste con las potestades discrecionales de la Administración Pública, las cuales incuestionablemente resultan imprescindibles para que esta pueda cumplir con los cometidos que le imponen la Constitución y las Leyes.

No obstante lo expuesto anteriormente, es preciso indicar que en el ámbito de la doctrina nacional BREWER es partidario de aplicar en Venezuela el control de los actos discrecionales sobre la base de los Principios Generales del Derecho, pero igualmente es menester observar que tal tesis, pese a que fue formulada hace bastante tiempo no tuvo respaldo ni doctrinario ni jurisprudencial, sin que ello signifique que deba dejarse de lado, por el contrario, estimamos necesario abrir una discusión que en el contexto del ordenamiento jurídico venezolano elabore un marco conceptual acerca de dichos Principios, por supuesto que atendiendo a los lineamientos que en tal sentido brinda el Derecho comparado, para posteriormente establecer algunos criterios a los fines de su aplicación en el control de los actos discrecionales, siempre y cuando se considerare procedente y conveniente ejercer el aludido control, pues no dejan de surgirnos dudas acerca de su fundamentación basada exclusivamente en una mera concepción doctrinaria, aun cuando esté muy bien fundamentada, ya que por esa vía podría originarse una especie de control de la legitimidad de los actos administrativos, hasta ahora desconocido en nuestro ordenamiento, pues es bien sabido que los jueces realizan un control de legalidad de los actos discrecionales, motivo por el cual están impedidos en el ejercicio de sus funciones, de entrar a conocer las razones de conveniencia y oportunidad que condujeron a la Administración a su adopción. Cabe recordar finalmente lo expuesto en páginas anteriores acerca de la posibilidad de que este tipo de control pueda llegar a ejercerse sobre la base de lo dispuesto en el artículo 141 de la Constitución de 1999, previa apertura de la discusión teórica correspondiente, lo que inclusive podría comportar modificaciones legislativas. Pero esa posibilidad –reiteramos– pasa el aludido debate, en el cual deberán analizarse los razonamientos antes mencionados, que en definitiva guardan estrecha relación con el núcleo esencial de las potestades discrecionales (conveniencia, oportunidad, mérito), y la inmunidad jurisdiccional de los actos originados en su ejercicio.

D. Hacia un modelo didáctico del control de los actos discrecionales

A continuación proponemos un modelo didáctico para comprender mejor el control de los actos discrecionales en nuestro ordenamiento jurídico así: Los requisitos de validez y eficacia de los actos derivados del ejercicio de la potestad discrecional son: **a)** La existencia de la potestad, así como su dimensión, para lo cual se requiere la identificación de la correspondiente norma atributiva, que viene a ser una aplicación del principio de legalidad administrativa (arts. 137, 141, 259 y 274 Const.); **b)** La competencia que sirve de base a la autoridad administrativa para dictar el acto, que debe buscarse también en la norma atributiva (art. 4 DFLOAP), y además viene a ser una aplicación indirecta (interpretación a contrario) del artículo 19 (num. 4) de la LOPA; **c)** La congruencia del acto con los presupuestos de hecho y los fines de la norma, tal como lo ordena el artículo 12 de la LOPA, y; **d)** La congruencia con los elementos formales (procedimiento), como lo dispone el mismo dispositivo antes mencionado. Por consiguiente, el incumplimiento de cualquiera de los mencionados requisitos viciará de nulidad al acto. Así por ejemplo, se configurará el vicio de incompetencia en cualquiera de sus modalidades, cuando el acto sea dictado por una autoridad a la cual la norma no le haya atribuido esa facultad. Dicho vicio será, en principio, de nulidad absoluta a tenor de lo pautado en el citado artículo 19 (num. 4) de la LOPA.

El vicio de incongruencia *"fáctica o teleológica"* estará presente en el acto cuando la autoridad administrativa lo dicte dando por cierto el presupuesto de hecho del mismo, pese a su inexistencia (fáctica), o cuando el acto esté distanciado de la finalidad que le asigna la Ley (teleológica). En esos casos los actos estarán viciados de nulidad, por haberse infringido el artículo 12 de la LOPA. En cambio, el vicio de *"incongruencia formal"* se configurará cuando la Administración irrespete la estructura procedimental contemplada en la Ley. Al examinar este asunto ha de tenerse presente que ciertamente existen unos procedimientos generales (ordinario y sumario) en la Administración Pública, pero las reglas que los disciplinan pueden ser derogadas por leyes especiales (art. 47 de la LOPA), lo que obliga a recordar esta disposición cuando se ejerza el control sobre los actos discrecionales, en virtud de que a los procedimientos especiales contenidos en leyes o actos de rango legal privan sobre los generales previstos en la LOPA.

De tal manera que de predicarse una incongruencia formal o procedimental de un acto discrecional, deberá fundamentarse en el artículo 12 de la LOPA, armonizándolo con el dispositivo normativo que disciplina el procedimiento infringido, que bien puede ser, como hemos sostenido antes, de la misma LOPA o de cualquier otro instrumento normativo de igual rango.

En conclusión, el modelo anterior permite visualizar los requisitos de los actos que resultan del ejercicio de potestades discrecionales, cuyo estricto cumplimiento revela su validez y eficacia, pudiendo calificarlos en el campo de la medicina como sanos, pero a la vez permite detectar patologías derivadas de su incumplimiento, que originan los vicios antes mencionados (incompetencia, incongruencia fáctica, teleológica y formal), los cuales pueden conducir a su nulidad.

4. Tesis de la discrecionalidad técnica en el ordenamiento jurídico venezolano

Ya expusimos que la tesis de la discrecionalidad técnica tiene su origen en la jurisprudencia administrativa italiana, la cual sostiene que los criterios técnicos que sustentan la adopción de un acto por parte de la autoridad administrativa, integran la potestad discrecional, en cuyo ejercicio se origina; por consiguiente, el Juez que conozca dicho acto está impedido de examinarlos; de allí entonces que se hable de una categoría de discrecionalidad distinta: la técnica, contrapuesta a la administrativa o pura, a pesar de que en estos casos sigue siendo administrativa por resultar el ejercicio de una potestad atribuida a un órgano administrativo, pero con la particularidad de que la decisión depende enteramente del criterio técnico o científico, ya que una vez emitido este, el acto de la Administración tiene que estar en función del mismo (determinada la ruina debe demolerse el edificio). Pues bien, esta tesis jurisprudencial italiana, pese a que continúa aplicándose en los Tribunales Administrativos, es rechazada por la mayoría de la doctrina de ese país, como vimos antes, la cual postula categóricamente la inexistencia de este tipo de discrecionalidad.

En Venezuela la materia ha sido poco estudiada, apenas BREWER (1975), de manera incidental, admite su existencia y la define como "*aquella que no es controlable jurisdiccionalmente, pues se trata de cuestiones que han de resolverse a la vista de un juicio técnico emitido por un órgano especializado de la Administración*". En cambio, H. RONDÓN DE SANSÓ es partidaria de rechazarla, sumándose así a la doctrina italiana, concretamente a la posición de GIANNINI, quien como expusimos precedentemente, considera que si bien la discrecionalidad técnica es juicio, falta la selección de la alternativa, lo cual ocurre en un momento posterior, cuando deba adoptarse la decisión. Y lo que es más importante –observamos nosotros– no existe realmente una relación causa efecto entre el juicio técnico y la decisión de la Administración, ya que el referido juicio puede aconsejar una modalidad de actuación, y la autoridad administrativa estar facultada para actuar de manera diferente, o abstenerse de actuar, después de realizar la ponderación de determinados intereses, los cuales no fueron, ni tenían que ser ponderados por los técnicos.

Así en vía ejemplificativa puede suceder que los técnicos veterinarios determinen la existencia de una epizootia y recomienden el sacrificio de los animales, pero el Ministro de Salud al evaluar la situación decide adoptar una medida diferente: aislamiento de los animales, impidiendo que puedan salir del territorio del Estado en que se presentó la enfermedad. También puede ocurrir sencillamente ante la declaración de "*ruina*" del edificio, derivada de un criterio técnico, cuando el funcionario competente decida abstenerse de ordenar su demolición.

Si bien el examen de la doctrina nacional revela las dos posiciones antes expuestas sumariamente, no ocurre lo mismo en el ámbito jurisprudencial, pues desconocemos que algún fallo judicial se haya pronunciado sobre la existencia o inexistencia de la discrecionalidad técnica, pero todo pareciera indicar que de plantearse la situación, debería optarse por la posición de rechazar la modalidad en comento, en virtud de que en el ejercicio de su potestad contralora sobre los actos discrecionales los órganos jurisdiccionales siempre han reivindicado como variable fundamental de dicho control, la necesidad de constatar la veracidad y la congruencia de los hechos con la decisión adoptada, de tal manera que si la determinación de esa congruencia y veracidad conduce a que en sede judicial pueda entrarse a examinar, mediante expertos, el o los criterios técnicos que sirvieron de base al acto impugnado deberá reexaminarse el criterio técnico que sirvió de base a la Administración, mediante la referida experticia.

Así por ejemplo, si la Administración Sanitaria ordenó decomisar unos alimentos importados por estar contaminados con una sustancia radiactiva, corresponderá al Juez evaluar el criterio técnico acerca de la contaminación, a los efectos de emanar su fallo. En suma, estimamos que la discrecionalidad técnica es una categoría que debe ser rechazada en Venezuela, por carecer de fundamentación en el Derecho positivo, en la jurisprudencia, y en la doctrina.

5. Distinción entre potestades discrecionales y conceptos jurídicos indeterminados en la jurisprudencia

Por cuanto concierne a este punto es preciso señalar que la jurisprudencia venezolana siguiendo las enseñanzas de GARCÍA DE ENTERRÍA, superó la tesis que identificó a la discrecionalidad, con la utilización en las leyes de conceptos jurídicos indeterminados, lo que conducía a incluir dentro del margen de libertad de la Administración (núcleo esencial) a la interpretación de dichos conceptos, la cual por esa razón quedaba liberada del control del Juez. Efectivamente, así lo hizo el Máximo Tribunal en la sentencia "RCTV - Hola Juventud", del 05-05-1983, en la cual estableció una neta diferencia entre las potestades discrecionales y los conceptos jurídicos indeterminados en los siguientes términos:

> El presupuesto de hecho -ofensa a la moral pública- incorpora a la norma uno de aquellos elementos que la doctrina administrativa ha denominado conceptos jurídicos indeterminados, y que se diferencian claramente de las llamadas potestades discrecionales. Mientras éstas dejan al funcionario la posibilidad de escoger según su criterio entre varias soluciones justas, no sucede lo mismo cuando se trata de la aplicación de un concepto jurídico indeterminado. Se caracterizan estos últimos por ser conceptos que resulta difícil de delimitar con precisión en su enunciado, pero cuya aplicación no admite sino una sola solución justa y correcta, que no es otra que aquélla que se conforme con el espíritu, propósito y razón de la norma.

Este postulado que informa el principio de discrecionalidad administrativa es recibido en la citada sentencia N° 2127 emanada de la

Sala Político Administrativa de fecha 09-10-2001, al declarar en términos precisos:

> En efecto, apuntando a la distinción doctrinaria entre la potestad discrecional: facultad que otorga la Ley a la Autoridad Administrativa para escoger entre varias soluciones igualmente autorizadas ex lege en un caso concreto (donde en más de las veces será por razones de oportunidad que se tome o no la decisión); y los actos que atienden a conceptos jurídicos indeterminados: aquellos que sólo admiten una justa solución, es decir, que el ordenamiento jurídico sólo permite o autoriza una específica resolución con absoluta exclusión de otras.

De más está señalar que esta doctrina es pacífica y reiterada en los Tribunales contencioso administrativos, de suerte que la relación potestad discrecional – conceptos jurídicos indeterminados se mantiene en la jurisprudencia venezolana dentro del marco conceptual elaborado por la doctrina europea más moderna, lo que lógicamente no garantiza que todo el tiempo la "*única interpretación justa*" que admita un concepto jurídico indeterminado, sea apreciada de la misma manera por todos los tribunales, ni que un mismo Tribunal esté impedido de cambiar su criterio sobre esa "*única interpretación justa*".

Por supuesto que esta eventual falta de uniformidad puede ser corregida en la gran mayoría de las veces por la doctrina emanada del máximo órgano de la Jurisdicción Contencioso Administrativa, pero en todo caso interesa destacar que la posición jurisprudencial en comento reduce el margen de inmunidad jurisdiccional de la Administración, al establecer la referida distinción entre la potestad discrecional y los conceptos jurídicos indeterminados, los cuales, por esa razón, a diferencia de los actos discrecionales, están sujetos al control judicial.

6. Enmarcamiento normativo del concepto de potestad discrecional

A. Consagración normativa de los actos discrecionales

En realidad el artículo 12 de la LOPA no contiene un modelo normativo que discipline integralmente a las potestades discrecionales de la Administración Pública, sino más bien la enunciación de los elementos que deben ser tomados en cuenta por la autoridad administrativa cuando deba ejercer una de esas potestades, y lo que es más importante el establecimiento de esos elementos como indicadores indispensables para el control de los actos que resultan del aludido ejercicio (actos discrecionales), en sede jurisdiccional, y eventualmente hasta en sede administrativa. El referido esquema normativo preceptúa:

> Aun cuando una disposición legal o reglamentaria deje alguna medida o providencia a juicio de la autoridad administrativa competente, dicha medida o providencia deberá mantener la debida proporcionalidad y adecuación con el supuesto de hecho y con los fines de la norma y cumplir con los trámites, requisitos y formalidades necesarios para su validez y eficacia.

La extinta Corte Suprema de Justicia sostuvo que las variables fundamentales en que la Ley coloca el peso del control del ejercicio de las potestades bajo examen son la proporcionalidad y la adecuación del acto discrecional, especificando que ellas valen tanto para los elementos de fondo de dicho acto (supuesto de hecho o elementos determinantes y finalidad), como para los de forma (procedimiento). Cabe advertir que aparentemente son dos variables distintas, pero un examen de las mismas en el contexto del dispositivo normativo en que aparecen consagradas, revela que en realidad se trata de una sola variable expresada con diferentes palabras (proporcionalidad y adecuación), las cuales apuntan hacia el mismo objetivo: lograr la congruencia entre el acto derivado del ejercicio de la potestad discrecional, y los hechos determinantes y la finalidad de la norma (presupuestos de hecho y fines) a los cuales la norma condiciona la emanación del acto.

Esta orientación interpretativa obedece a que el intento de examinar por separado la proporcionalidad y la adecuación del acto con los presupuestos de hecho y los fines de la norma, demuestra que el término proporcionalidad tiene que interpretarse como sinónimo de adecuación, es decir, como correspondencia entre las cosas, ya que no admite el significado de "*igualdad de razones*" o de "*magnitudes proporcionales*", que es la interpretación que priva, por ejemplo, en el Derecho Administrativo Sancionatorio (proporcionalidad entre el ilícito disciplinario y la sanción impuesta), en virtud de que no resulta posible predicar la proporcionalidad entre los hechos determinantes (presupuestos de hecho de la norma) y el acto que emana la autoridad administrativa.

Así, por ejemplo, si una norma establece que ante la declaración de ruina de un edificio, el alcalde podrá ordenar la demolición, la reconstrucción o cualquier otra medida que tienda a preservar la vida y seguridad de los ciudadanos, pero obviamente el hecho determinante del acto que adopte el alcalde no puede llegar a apreciarse en términos de magnitudes proporcionales (menos ruina, más ruina, medianamente ruinoso), pues tal apreciación consiste únicamente en constatar la existencia o la inexistencia de la ruina del edificio, y una vez realizada la misma, corresponde al alcalde adoptar el acto previsto en la norma.

Queda demostrado así que la variable proporcionalidad utilizada por el legislador no se corresponde con la idea de igualdad de razones o de magnitudes proporcionales, porque no es posible afirmar -en ese sentido- que el acto (demolición, reconstrucción, etc.) guarda proporcionalidad con la existencia de la ruina, sino más bien que es adecuado o ajustado a la constatación de ese hecho; de allí entonces la razón que nos conduce a sostener que el término proporcionalidad debe interpretarse como adecuación o correspondencia. Este mismo razonamiento resulta válido para rechazar la posibilidad de predicar la proporcionalidad del acto -con el significado de igualdad de razones o de magnitudes proporcionales- con los fines de la norma, pues igualmente en ese caso solo cabría determinar si el acto emanado por la autoridad administrativa está conforme o no con los referidos fines normativos, no pudiendo, en consecuencia, pretender justificarse la validez del acto sobre la base de que está "*más o menos*" conforme con la finalidad perseguida por la Ley, y que por tal razón guarda la "*proporcionalidad*" requerida en el esquema normativo bajo examen.

En suma, el término proporcionalidad debe ser interpretado como "correspondencia" por lo que en esa óptica interpretativa vendría a ser un sinónimo del de "adecuación" utilizado en el artículo 12 de la LOPA. Por esa razón pensamos que puede resultar útil, en virtud de que permitiría reducir equívocos, considerar que cuando el dispositivo normativo en comento alude a la proporcionalidad y a la adecuación que debe existir entre el acto y el presupuesto de hecho, y los fines de la norma, en realidad lo que dibuja es el requisito de la congruencia entre el acto y los referidos elementos del mismo, entendiéndolo como la necesaria correspondencia que debe existir entre el acto con sus hechos determinantes, así como con los fines que deben perseguirse con su emanación, ambos contemplados en la norma atributiva de competencia. Colocados en esta perspectiva resulta sencillo determinar, desde el punto de vista operativo, si el requisito de la congruencia fue cumplido por la Administración, ya que bastará solamente constatar la existencia o inexistencia del hecho determinante del acto, y sí este obedece a los fines de la norma.

A mayor abundamiento es preciso señalar que la utilización del término congruencia, y sobre todo la idea que él expresa, para referirse al requisito en comento, está presente en la jurisprudencia de la extinta Corte Suprema de Justicia, tal como se desprende de la sentencia dictada en el caso "Nueva República", uno de cuyos fundamentos radica precisamente en la falta de congruencia del acto impugnado ("*Lo decidido no guardó entonces congruencia con los fundamentos de hecho que dicen apoyarlo*"). De modo pues que la denominación bajo examen no resulta extraña a la doctrina del máximo Tribunal de la República.

B. Requisito de la "congruencia" como un indicador importante en la impugnación de los actos discrecionales

Como se asienta en el epígrafe este requisito constituye, sin duda, un indicador muy importante cuando se pretende impugnar un acto discrecional, ya que de considerarse que existe incongruencia fáctica, es decir, entre el acto y los hechos determinantes previstos en la norma como los supuestos que condicionan su procedencia, podrá invocarse el vicio de "falso supuesto de hecho", el cual se configuraría porque la Administración –siguiendo con el ejemplo que venimos utilizando– considera como cierta la "ruina" del edificio, y tal hecho en realidad resulta inexistente. También podrá considerar el interesado configurada una "incongruencia teleológica" entre el acto y la finalidad a la que la ley condiciona su emanación, invocando en ese caso el vicio de "desviación de poder", el cual como, dijimos en páginas anteriores, fue una creación del Consejo de Estado Francés en el siglo pasado, que permitió reducir el margen de discrecionalidad de la Administración, vicio este que por lo demás aparece expresamente positivizado en el artículo 259 –antes 206– de la Constitución, cuando establece la competencia de los órganos de la Jurisdicción Contencioso Administrativa para anular los actos administrativos "*incluso por desviación de poder*", y que encuentra su mayor concreción en materia de ejercicio de potestades discrecionales –en los términos aquí expuestos– en el artículo 12 de la LOPA, en caso de que ocurra su infracción, debido al distanciamiento del acto de los fines de la norma atributiva de competencia.

En conclusión, la congruencia del acto que resulte del ejercicio de una potestad discrecional con el presupuesto de hecho y con los fines de la norma, se erige en un requisito fundamental de validez de este tipo de actos, cuyo incumplimiento se traduce en una violación del artículo 12 de la LOPA, expresada en "incongruencia fáctica" e "incongruencia teleológica", que originan los vicios de falso supuesto de hecho y desviación de poder respectivamente, vicios estos que pueden, como expresamos antes, servir de fundamento al recurso administrativo o jurisdiccional, según el caso, que pretenda intentar el interesado.

C. Requisito de la "congruencia formal" previsto en el artículo 12 de la LOPA

Ha de advertirse además que el dispositivo normativo aludido en el epígrafe establece un requisito adicional: "*el cumplimiento de los trámites, requisitos y formalidades necesarios para su validez y eficacia*", el cual también puede conceptuarse como congruencia, pero referido a un aspecto formal del acto administrativo: el procedimiento, en este caso constitutivo, que es un elemento que ha adquirido una gran importancia desde el momento en que la doctrina y la jurisprudencia aceptan que cada Poder expresa su actividad a través de un procedimiento típico, correspondiéndole a la Administración o Poder Administrativo el procedimiento administrativo, el cual aparece consagrado en las leyes (nacionales, estadales y municipales), mediante el delineamiento de una estructura procedimental (desagregada en fases interrelacionadas que dan origen al acto definitivo) que sin duda tiene visos garantísticos para los ciudadanos, quienes de esa manera pueden conocer a ciencia cierta el *iter* que necesariamente debe seguir la autoridad administrativa que ejercite una potestad discrecional, y quizás lo más importante sea que en dicha estructura debe aparecer claramente delineada la participación de los administrados a los efectos de permitirles ejercer los derechos a la defensa y al "debido procedimiento" (proceso), consagrados expresamente en los artículos 26 y 49 de la Constitución de la República Bolivariana de Venezuela.

De modo, pues que cuando la Administración se distancia de cualquiera de las fases en que se desagrega el procedimiento constitutivo del acto discrecional, estamos en presencia de una violación del artículo 12 de la LOPA, lo que afecta la validez de su actuación. Pero también dicho distanciamiento puede ocurrir una vez terminado el referido procedimiento, esto es, en la fase de notificación, originándose un vicio que afecta la eficacia del acto, como expresamente lo dispone el esquema normativo bajo examen.

En fin, también el respeto a la estructura procedimental contemplada en la Ley (en el ámbito nacional generalmente en la LOPA: procedimiento sumario y ordinario), es erigido por el citado artículo 12 en un requisito de validez y eficacia de los actos discrecionales, cuyo incumplimiento puede conducir en sede jurisdiccional o administrativa, a la nulidad de dichos actos. Así lo declaró el máximo Tribunal de la República desde hace bastante tiempo, inclusive antes de la vigencia del citado texto legislativo. En ese sentido cita Brewer una sentencia de la antigua Corte Federal del 17-07-1953 que recoge el mencionado requisito cuando expresa: "*eludiendo toda norma de derecho, pues la autoridad administrativa debe observar siempre los preceptos legales sobre formalidades del acto*". Lógicamente después de la entrada en vigencia de la LOPA el deber de respetar las aludidas formalidades ha devenido en un requisito impretermitible de validez de los actos discrecionales y lógicamente también los reglados.

En conclusión, el artículo 12 de la LOPA no llega a trazar una disciplina ni siquiera medianamente completa sobre las potestades discrecionales de la Administración Pública, puesto que se limita fundamentalmente a regular los requisitos que deben cumplir los titulares de los órganos administrativos para ejercerlas cabalmente, "positivizando" de manera indirecta la existencia de las referidas potestades. Tal regulación, en cambio, toca diríamos que casi exhaustivamente su aspecto neurálgico, pues no debe olvidarse que la esencia de dichas potestades radica en que los actos derivados de su ejercicio resultan inmunes jurisdiccionalmente. Por lo tanto, el referido aspecto alude precisamente al control ejercido por los órganos jurisdiccionales en la parte que resultan controlables, erigiendo en indicadores de dicho control el cumplimiento o incumplimiento de los mencionados requisitos (existencia y dimensión de la potestad, congruencia fáctica, congruencia teleológica y congruencia formal), a los que debe añadirse el concerniente a la competencia que, en cierto sentido, también es posible inferir del citado artículo 12 de la LOPA, en virtud de establecer categóricamente que dichos límites deben ser respetados por la autoridad competente, pues obviamente si el titular del órgano carece de la potestad para emanar el acto, este resultará viciado *ab initio*, y no se requerirá entrar a examinar el cumplimiento o incumplimiento de los otros requisitos.

Por consiguiente, el control ejercido por los Jueces sobre la base de los elementos presentes en el citado dispositivo normativo, puede dar a lugar a que el acto sea declarado nulo, por presentar uno o varios de los siguientes vicios: incompetencia –en criterio sentado por la extinta Corte Suprema de Justicia– manifiesta y relativa, incongruencia fáctica (falso supuesto de hecho), incongruencia teleológica (desviación de poder) e incongruencia formal (vicio del procedimiento), los cuales resumen aquellos vicios indicados por la doctrina extranjera cuando se infringen los elementos reglados y los hechos determinantes de los actos discrecionales, quedando excluido del dispositivo de la LOPA bajo examen, el control fundamentado en los Principios Generales del Derecho, lo que no implica, como expusimos en páginas anteriores, la negativa *a priori* a aceptar su consagración, pero lógicamente sobre otra base normativa, máxime si se tiene en cuenta el referido artículo 141 de la Constitución, en lo concerniente al deber de sujeción de los órganos administrativos a la ley y al derecho.

BIBLIOGRAFÍA

ATIENZA, MANUEL. "*Sobre el control de la discrecionalidad administrativa. Comentarios a una Polémica*". En Revista Española de Derecho Administrativo Nº 85. Enero-marzo. Civitas. Madrid, 1995.

BARNES, JAVIER. *La justicia Administrativa en el Derecho Comparado*. Civitas. Madrid, 1993.

BASSI, FRANCO. *Lezioni di Diritto Amministrativo*. Giuffrè. Milano, 1995.

BASSI, FRANCO. "*Note sulla discrezionalitá amministrativa*". En el Libro Trasformazioni del Diritto Amministrativo (in onore di M.S. Giannini). Giuffré. Milano, 1995.

BREWER, ALLAN. *Fundamentos de la Administración Pública*. Editorial Jurídica Venezolana.

BREWER, ALLAN. "Los límites del poder discrecional de las autoridades administrativas". En Jurisprudencia de la Corte Suprema 1930-1974 y Estudios de Derecho Administrativo. Tomo I. Universidad Central de Venezuela. Caracas 1975.

BREWER, ALLAN y ORTIZ LUIS. *Jurisprudencia Contencioso Administrativa*. Editorial Jurídica Venezolana. Caracas, 1996.

CASSESE, SABINO y RITA PÉREZ. *Manuale di Diritto Pubblico*. La Nuova Italia Scientifica. Roma, 1995.

CASSESE, SABINO. *Casi e materiali di Diritto Amministrativo*. Il Mulino. Bologna, 1990.

CERULLI, VINCENZO. *Corso di Diritto Amministrativo*. Giapichelli Editore. Torino, 1997.

COSCULLUELA, LUIS. *Manual de Derecho Administrativo*. Civitas. Madrid, 1993.

DE LAUBADERE, ANDRE. *Traité de Droit Administratif*. Librairie Générale de Droit et Jurisprudence. París, 1976.

DIEZ, MANUEL. *Derecho Administrativo*. Tomo I. Omeba. Buenos Aires, 1963.

FERNÁNDEZ, RAMÓN T. *De la Arbitrariedad de la Administración*. Civitas. Madrid, 1994.

FOIS, SERGIO "*Legalitá. Principio di*". En Enclipopedia del Diritto. Volumen XXIII. Giuffré. Milano, 1973.

GALATERIA, LUIGI y MASIMO STIPO. *Manuale di Diritto Amministrativo*. UTEH. Torino, 1993.

GALLI, ROCCO. *Corso di Diritto Amministrativo*. Cedam. Padova, 1994.

GARCÍA DE ENTERRÍA, EDUARDO. *La Lucha contra las inmunidades del Poder*. Civitas. Madrid, 1991.

GARCÍA DE ENTERRÍA, EDUARDO y TOMÁS-RAMÓN FERNÁNDEZ. *Curso de Derecho Administrativo*. Civitas. Madrid, 1990.

GIANNINI, MASSIMO. *Derecho Administrativo*. Instituto Nacional de la Administración Pública. Madrid, 1991.

GARRIDO FALLA, FERNANDO. *Tratado de Derecho Administrativo*. Tecnos. Madrid, 1989.

GONZÁLEZ, SANTIAGO. *La Jurisdicción Contencioso Administrativa en Alemania*. Civitas. Madrid, 1993.

IGARTUA, JUAN. "*Principio de legalidad, conceptos jurídicos indeterminados y discrecionalidad administrativa*". En Revista Española de Derecho Administrativo N° 92. Octubre-diciembre. Civitas. Madrid, 1996.

LARES, ELOY. *El principio de legalidad aplicado a la Administración*. (Tesis de incorporación a la Academia de Ciencias Políticas y Sociales). Publicado por la Facultad de Derecho de la UCV. Caracas, 1974.

MAZZAROLI, L, G. PERICU y OTROS. *Diritto Amministrativo*. Monduzzi Editori. Bologna, 1993.

MOLES, ANTONIO. "*El Principio de legalidad y sus implicaciones*". En el libro Estudios de Derecho Público. Facultad de Ciencias Jurídicas y Políticas de la UCV. Caracas, 1997.

PAREJO ALFONSO, LUCIANO. *Administrar y Juzgar dos funciones constitucionales distintas y complementarias*. Tecnos. Madrid, 1993.

PAREJO ALFONSO, LUCIANO, A. JIMÉNEZ y OTROS. *Manual de Derecho Administrativo*. Ariel. Barcelona, 1992.

PRAT, JULIO. "*La Discrecionalidad Administrativa*". En el Libro El Derecho Administrativo en Latinoamérica II. Ediciones Rosaristas. Bogotá, 1986.

PIRAS, ALDO "*Discrezionalitá Amministrativa*". En Enciclopedia del Diritto. Volumen XIII. Giuffrè. Milano, 1964

RONDÓN DE SANSÓ, HILDEGARD. "*Aspectos generales de la actividad administrativa*". En el Libro Homenaje al Profesor Antonio Moles Caubet. Facultad de Ciencias Jurídicas de la UCV. Caracas, 1981.

SÁNCHEZ MORÓN, MIGUEL. *Discrecionalidad administrativa y control judicial*. Tecnos. Madrid, 1994.

SANTAMARÍA, JUAN. *Fundamentos de Derecho Administrativo*. Centro de Estudios Ramón Areces. S.A. Madrid, 1991.

SARRIA OLCOS, CONSUELO. "*La Discrecionalidad Administrativa*". En el Libro El Derecho Administrativo en Latinoamérica II. Ediciones Rosaristas. Bogotá, 1986.

UNIVERSIDAD CATÓLICA DEL TÁCHIRA. *Las Constituciones de Venezuela*. San Cristóbal, 1985.

VEDEL, GEORGE. *Derecho Administrativo*. Aguilar. Madrid, 1980.

ZANOBINI, Guido. *Corso di Diritto Amministrativo*. Giuffré Milano, 1958.

www.ingramcontent.com/pod-product-compliance
Lightning Source LLC
LaVergne TN
LVHW052209200926
848481LV00001B/62

* 9 7 9 8 9 0 5 2 9 0 0 6 0 *